M-PER

POLITIQUE DE LA CONCURRENCE DANS LES PAYS DE L'OCDE

1991-1992

ORGANISATION DE COOPÉRATION ET DE DÉVELOPPEMENT ÉCONOMIQUES

ORGANISATION DE COOPÉRATION
ET DE DÉVELOPPEMENT ÉCONOMIQUES

En vertu de l'article 1er de la Convention signée le 14 décembre 1960, à Paris, et entrée en vigueur le 30 septembre 1961, l'Organisation de Coopération et de Développement Économiques (OCDE) a pour objectif de promouvoir des politiques visant :

— à réaliser la plus forte expansion de l'économie et de l'emploi et une progression du niveau de vie dans les pays Membres, tout en maintenant la stabilité financière, et à contribuer ainsi au développement de l'économie mondiale ;

— à contribuer à une saine expansion économique dans les pays Membres, ainsi que les pays non membres, en voie de développement économique ;

— à contribuer à l'expansion du commerce mondial sur une base multilatérale et non discriminatoire conformément aux obligations internationales.

Les pays Membres originaires de l'OCDE sont : l'Allemagne, l'Autriche, la Belgique, le Canada, le Danemark, l'Espagne, les États-Unis, la France, la Grèce, l'Irlande, l'Islande, l'Italie, le Luxembourg, la Norvège, les Pays-Bas, le Portugal, le Royaume-Uni, la Suède, la Suisse et la Turquie. Les pays suivants sont ultérieurement devenus Membres par adhésion aux dates indiquées ci-après : le Japon (28 avril 1964), la Finlande (28 janvier 1969), l'Australie (7 juin 1971), la Nouvelle-Zélande (29 mai 1973) et le Mexique (18 mai 1994). La Commission des Communautés européennes participe aux travaux de l'OCDE (article 13 de la Convention de l'OCDE).

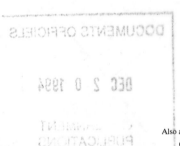
Also available in English under the title:
COMPETITION POLICY
IN OECD COUNTRIES
1991-1992

Avant-propos

Cette publication comporte les rapports des pays de l'OCDE présentés au Comité du droit et de la politique de la concurrence en mai et décembre 1992. Ils concernent l'Allemagne, l'Autriche, l'Australie, la Belgique, le Canada, le Danemark, l'Espagne, les États-Unis, la Finlande, la France, l'Irlande, l'Italie, le Japon, les Pays-Bas, la Norvège, la Nouvelle-Zélande, le Portugal, le Royaume-Uni, la Suède, la Suisse ainsi que les Communautés européennes. De plus, les rapports de deux pays non membres (Pologne et Hongrie) ont été pour la première fois inclus dans la publication. Les rapports sont précédés d'un résumé des faits marquants qui soulignent les aspects nouveaux de la politique de la concurrence, de la législation sur la concurrence et les tendances nouvelles qui apparaissent dans l'application de la législation. Durant la période concernée, l'accent a une fois de plus été mis sur la recherche et la poursuite de pratiques horizontales de fixation de prix et de soumissions concertées entre entreprises ainsi que sur le contrôle des fusions susceptibles d'avoir des effets anticoncurrentiels.

Les rapports sont rendus publics par chacun des gouvernements des pays Membres. Le résumé est rendu public sous la responsabilité du Secrétaire général de l'OCDE, qui a également pris la décision de publier le présent volume sous cette forme.

Table des matières

PRINCIPAUX FAITS NOUVEAUX DANS LE DOMAINE DE LA POLITIQUE DE LA CONCURRENCE EN 1991 ET AU DÉBUT DE 1992

I. Résumé

Durant cette période, de nouvelles lois ont été adoptées ou sont entrées en vigueur dans deux pays -- l'Irlande et l'Italie -- et la réglementation de la concurrence a été sensiblement modifiée au Danemark et au Japon. En outre, des projets de réforme ont été examinés en Australie, en Autriche, en Finlande, en Norvège et en Suède.

La mise en oeuvre de la politique de la concurrence a été axée cette fois encore sur la détection et la répression des accords horizontaux de fixation des prix et des soumissions concertées et sur la surveillance des fusions pouvant avoir des effets anticoncurrentiels.

Les autorités chargées de la concurrence ont poursuivi leurs efforts visant à ce que les effets bénéfiques des forces du marchés soient pleinement exploités dans le plus grand nombre possible d'activités économiques, y compris celles soumises à des réglementations particulières.

II. Droit de la concurrence : Nouvelles réglementations et projets de réforme

En **Australie**, le gouvernement a entériné les principales recommandations de modification de la loi sur les pratiques commerciales qui avaient été formulées par la Commission permanente du Sénat pour les affaires judiciaires et constitutionnelles. Les corrections apportées comprennent la modification du critère pour interdire les fusions et acquisitions ayant pour effet de restreindre notablement la concurrence sur un marché important, un net alourdissement des amendes pour violation des dispositions ayant trait aux pratiques commerciales restrictives et à la protection des consommateurs, la mise en place d'un formulaire simple de notification obligatoire avant fusion et l'exécution des engagements pris devant la Commission des pratiques commerciales par les parties dont est examiné le comportement sur le marché.

En **Autriche**, des propositions de réforme de la loi sur les ententes ont été présentées au début de 1992. Un projet de loi devrait être soumis ultérieurement au parlement. Ces propositions concernent essentiellement la mise en place d'un dispositif de contrôle des fusions, avec des règles particulières pour le secteur des médias, un contrôle plus strict de l'abus de position dominante, de plus larges compétences d'exécution pour le Tribunal des ententes et un régime d'exemption pour les accords de distribution.

En **Belgique**, les arrêtés d'exécution de la loi du 5 août 1991 sur la protection de la concurrence économique, dont l'entrée en vigueur est fixée au 1er avril 1993, sont en voie de rédaction et seront soumis pour approbation au Ministre et au Conseil d'Etat.

Au **Canada**, un projet de loi a été déposé le 6 avril 1992 à la Chambre des Communes en vue de modifier l'article 55 de la loi sur la concurrence. Il s'agit de réprimer plus efficacement plusieurs pratiques trompeuses caractéristiques des systèmes de vente pyramidale.

Au **Danemark**, la loi sur la concurrence, entrée en vigueur le 1er janvier 1990, a été modifiée de façon que les informations sur les entreprises rendues publiques par le Conseil de la concurrence contribuent plus efficacement à promouvoir la concurrence. Les nouvelles dispositions concernent les prérogatives du Conseil de la concurrence en matière de publication d'informations, le droit d'accès du public aux documents et dossiers et le droit de former un recours contre les décisions relatives à l'accès du public.

En **Finlande**, suite au rapport transmis au Ministère du commerce et de l'industrie par le Groupe de travail sur la réglementation de la concurrence, le gouvernement a soumis le 18 octobre 1991 un projet de nouvelle loi sur la concurrence dont l'adoption était prévue pour 1992. Les principales caractéristiques de ce projet de loi sont les suivantes : un régime plus restrictif pour les pratiques horizontales de fixation des prix et pour les soumissions concertées, une approche des accords verticaux fondée sur la règle de raison, sauf pour les prix imposés, et un dispositif de notification obligatoire en cas de fusion pour les entreprises se trouvant en position dominante ou opérant dans des secteurs réglementés comportant d'importantes barrières administratives à l'entrée. Il est prévu également de refondre le régime de sanctions, afin que la nouvelle loi soit plus dissuasive.

En **France**, l'ordonnance du 1er décembre 1986 sur la liberté de la concurrence et des prix n'a pas été modifiée. Les travaux se sont poursuivis en ce qui concerne la rédaction des lois et des décrets nécessaires pour transposer en droit français les directives de la CE relatives aux procédures visant à accroître la concurrence dans l'attribution des marchés publics de travaux.

En **Allemagne**, la loi contre les restrictions à la concurrence et la loi contre la concurrence déloyale n'ont pas été modifiées et aucune modification n'a été proposée.

En **Hongrie**, la loi concernant l'interdiction des pratiques commerciales déloyales est entrée en vigueur le 1er janvier 1991. Cette loi interdit les pratiques commerciales déloyales, les pratiques mensongères à l'égard des consommateurs, les accords susceptibles de restreindre la concurrence économique et l'abus de position dominante. Elle instaure également un dispositif d'examen des fusions et acquisitions.

En **Irlande**, la nouvelle loi sur la concurrence, qui abroge la plupart des dispositions de la loi de 1972 sur les pratiques restrictives, a été soumise au Dail (parlement) le 12 avril 1991 et adoptée le 22 juillet 1991. La plupart des dispositions de cette loi, notamment celles concernant la création de l'Autorité de la concurrence, sont entrées en vigueur le 1er octobre 1991.

Cette loi introduit en droit irlandais des principes fondés sur les articles 85 et 86 du traité instituant la Communauté économique européenne, avec certaines différences sur le plan des procédures administratives et des procédures d'exécution par rapport à celles mises en oeuvre par la Commission des CE. Par ailleurs, elles refond le régime de surveillance des fusions.

En **Italie**, avec l'adoption du décret-loi n° 74 du 25 janvier 1992, le rôle de la Haute Autorité pour le marché et la concurrence a été notablement élargi, cet organisme pouvant maintenant agir contre les publicités mensongères des entreprises de façon à prévenir ou empêcher tout dommage causé de ce fait aux entreprises ou aux consommateurs.

Au **Japon**, une loi modifiant la loi antimonopole est entrée en vigueur. Cette nouvelle loi a pour objet de réprimer plus sévèrement les pratiques anticoncurrentielles, en aggravant considérablement les pénalités dont sont passibles les entreprises participant à des ententes.

La Commission des pratiques loyales (FTC) a adopté en 1991 un certain nombre de mesures de restructuration interne pour pouvoir mieux lutter contre les infractions à la loi sur la concurrence.

La Commission, à la suite du rapport soumis en 1990 par le Groupe consultatif sur les systèmes de distribution, les pratiques commerciales et la politique de la concurrence, a publié des lignes directrices faisant état de son interprétation et de sa politique à l'égard des pratiques commerciales dans le domaine de la distribution.

En **Nouvelle-Zélande**, la loi de 1986 sur le commerce n'a pas été modifiée, mais le gouvernement envisage de déposer un projet de loi modifiant sur plusieurs points le régime des fusions et des prises de contrôle, le champ d'application des normes de la concurrence et la responsabilité de la Commission pour le commerce à raison des dommages découlant d'engagements pris en liaison avec des injonctions intérimaires.

En **Norvège**, la commission constituée pour proposer une nouvelle loi sur la concurrence a soumis son rapport au gouvernement en octobre 1991.

En **Pologne**, la loi antimonopole de 1990 a été modifiée par le Parlement durant la période considérée : le seuil de part de marché a été porté de 30 à 40 pour cent pour les positions dominantes, seuil qui présume de l'existence d'une position dominante ; les prérogatives de l'Office antimonopole ont été élargies en cas de concentration anticoncurrentielle et les personnes ne fournissant pas des informations exactes aux demandes de renseignements de l'Office sont désormais passibles d'amendes.

En outre, quatre équipes d'experts ont été mises en place pour rédiger une série de réglementations relatives aux concentrations entre les entreprises, à la distribution exclusive et aux approvisionnements exclusifs, à certaines catégories de brevets et d'accords de licence ainsi qu'à diverses catégories d'accords horizontaux. Ces réglementations s'inspireront de celles actuellement en vigueur dans la Communauté européenne. Elles ont pour but de rendre plus efficace la loi antimonopole en l'harmonisant avec le droit de la concurrence communautaire.

Au **Portugal**, la loi sur la concurrence n'a pas été modifiée. Toutefois, des modifications de la réglementation relative à la surveillance des concentrations et aux abus de dépendance économique sont envisagées.

En **Espagne**, en vertu du décret royal n° 755/91 du 10 mai, la Direction générale pour la protection de la concurrence relève désormais du Secrétariat d'Etat pour l'économie et les finances internationales. La nouvelle structure se composera de cinq sous-directions chargées respectivement des enquêtes, du suivi de l'application des décisions du Tribunal pour la protection de la concurrence, de la conduite d'études sectorielles, de la collaboration avec les institutions internationales s'occupant de concurrence et de l'examen des fusions.

En **Suède**, le Ministère de l'Industrie et du Commerce a rédigé un mémorandum contenant une série de propositions de modification du nouveau projet de loi sur la concurrence soumis antérieurement par la Commission suédoise pour la concurrence. Ces propositions visent à rapprocher la réglementation suédoise de la réglementation communautaire.

En **Suisse**, une commission parlementaire a demandé au gouvernement de proposer des modifications de la loi sur les cartels, afin de simplifier les procédures de contrôle des cartels, d'introduire une réglementation pour le contrôle des fusions et d'élargir les pouvoirs d'exécution de la Commission des cartels.

Au **Royaume-Uni**, la réglementation de la concurrence n'a pas été modifiée ; on notera en particulier qu'aucun texte n'est entré en vigueur en 1991 pour donner suite aux propositions présentées par le gouvernement en vue de réformer la loi sur les pratiques commerciales restrictives (voir le rapport annuel précédent).

Suite aux recommandations de la Commission des monopoles et des fusions, deux textes régissant le secteur des cartes de crédit ont été adoptés afin d'interdire certaines pratiques restrictives qui avaient été mises en oeuvre par des émetteurs de cartes de crédit.

Aux **États-Unis**, la Commission des sanctions a adopté de nouvelles directives pour les infractions pénales aux lois antitrust commises après le 1er novembre 1991 par des organisations (entreprises) ; elle a élargi la fourchette (15-20 pour cent au lieu de 20-50 pour cent) du volume du commerce réalisé par l'organisation affectée par la violation. Les personnes physiques ne respectant pas les lois antitrust après le 1er novembre 1991 sont passibles de peines d'emprisonnement plus sévères et de peines d'amende un peu moins lourdes.

Le Ministère de la Justice a formulé toute une série de commentaires sur des projets ou propositions de loi. Dans une lettre de juillet 1991 adressée à la Commission des affaires judiciaires du Sénat, il s'est fermement opposé à certaines dispositions visant à étendre l'application du National Cooperative Research Act de 1984 (NCRA) aux co-entreprises de production, en raison du caractère discriminatoire de ces dispositions à l'égard des entreprises étrangères. Le Ministère a également fait part à cette Commission de son opposition à des dispositions qui auraient eu pour effet d'introduire des critères moins stricts pour la preuve de l'existence d'accords de prix de vente imposés, ce qui aurait empêché les fabricants et les distributeurs de conclure des accords de distribution bénéfiques pour la concurrence dans un large éventail de marchés. M. Rill, Assistant Attorney General, a témoigné le 15 septembre 1991 devant la Commission consultative sur les conférences maritimes ; il s'est prononcé en faveur de la suppression de l'exemption des conférences maritimes au regard du droit antitrust et a estimé également qu'il fallait mettre fin au régime de déclaration et d'exécution des tarifs.

La Federal Trade Commission (FTC) a soumis de nouveau les observations écrites qu'elle avait formulées lors de la précédente législature à l'intention du Sénat et de la Commission de la Chambre des Représentants pour les affaires judiciaires au sujet de propositions de loi sur les prix imposés. La FTC s'est opposée à ces nouveaux textes, en faisant valoir que le droit actuel était suffisant pour remédier aux cas de mise en oeuvre anticoncurrentielle des accords de prix imposés. La FTC s'est également prononcée contre la codification de la règle de l'illicéité *per se*, considérant que les tribunaux devaient continuer à jouir de la latitude nécessaire pour interpréter les lois antitrust à la lumière des analyses économiques actuelles.

Dans la **Communauté européenne**, dans le cadre du programme pour la création d'un marché commun des services et équipements de télécommunications, la Commission a publié des lignes directrices concernant l'application de la réglementation de la concurrence aux entreprises de télécommunications (articles 85 et 86 du traité de Rome) et aux États membres (article 90).

Pour faire avancer la libéralisation des transports aériens engagée en 1987, la Commission a formulé une série de propositions concernant l'agrément des transporteurs aériens, l'accès de ces transporteurs aux liaisons intra-communautaires, ainsi que les tarifs des services aériens intra-communautaires. Elle a également formulé des recommandations visant à élargir, au vu de ces nouvelles propositions, ses prérogatives en matière de concurrence dans les transports aériens.

III. Application de la législation et des politiques de la concurrence

En **Australie**, la Commission des pratiques commerciales a instruit un certain nombre de demandes d'autorisation de pratiques interdites en vertu de la loi sur les pratiques commerciales et elle a réexaminé les autorisations accordées ces dernières années. Ont été autorisés un accord d'exclusivité pour l'approvisionnement en méthanol, un dispositif d'accréditation pour le transport et le stockage de produits chimiques agricoles, une acquisition dans le secteur des services de remorquage du port de Melbourne, un accord concernant la participation à la chambre de compensation du marché d'instruments à terme de Sydney, la publication d'un barème de prix pour les raisins et un accord pour la réparation de transmissions d'automobiles. Par contre, l'acquisition d'activités de transport par conteneur et la mise en place de normes pour les meubles capitonnés ont été refusées.

Dans le domaine des fusions et acquisitions, la Commission des pratiques commerciales a examiné 103 fusions ou projets de fusion durant la période considérée. 58 opérations avaient un caractère horizontal, une avait un caractère vertical, 23 concernaient des modifications de participations et 10 de nouvelles entrées sur le marché.

En **Belgique**, le Commissaire-rapporteur a instruit deux affaires d'abus de puissance économique dans deux secteurs : les foires du livre et le placement et l'entretien d'ascenseurs. Il a conclu au classement de ces deux affaires, après examen détaillé démontrant l'absence d'abus de puissance économique.

Au **Canada**, le Bureau de la politique de la concurrence a reçu 14 557 plaintes concernant des affaires de publicité trompeuse et de pratiques commerciales dolosives. Des poursuites ont été engagées dans 44 nouvelles affaires et 43 affaires se sont clôturées par une condamnation. Entre le 1er avril 1991 et le 31 mars 1992, le Bureau s'est occupé de 22 poursuites engagées pendant les années antérieures et de 10 poursuites intentées pendant l'année. Sur les cinq poursuites terminées au cours de l'année, une condamnation a été confirmée et deux plaidoyers de culpabilité ont été acceptés, l'un ayant donné lieu à un acquittement et l'autre à une ordonnance d'interdiction.

Parmi les affaires les plus notables dont a été saisi le Tribunal de la concurrence, on citera la décision rendue en janvier 1992 à l'encontre de Laidlaw Waste Systems Ltd., qui a éclairci certains points concernant l'application des dispositions ayant trait à l'abus de position dominante. Le Tribunal a jugé que la série d'acquisitions opérées par Laidlaw, ses contrats de services exclusifs à long terme et le recours ou la menace de recours à des actions en justice à l'encontre de concurrents et de clients n'avaient d'autre justification que d'exclure les concurrents des marchés géographiques en cause en créant de fortes barrières à l'entrée et en limitant la possibilité pour les concurrents qui subsistaient de pouvoir opérer dans des conditions de concurrence sur le marché des services de ramassage des déchets.

Durant l'année civile 1991, 739 acquisitions ont été enregistrées ; dans 544 de ces opérations l'acquéreur était une société à capitaux étrangers ou sous contrôle étranger et dans 195 opérations la prise de contrôle était le fait d'entreprises dont on ignorait si elles étaient d'appartenance étrangère ou sous contrôle étranger. Les opérations les plus importantes de fusion ont eu lieu dans les secteurs suivants : construction d'avions de navette, produits de la minoterie et de la boulangerie, services de télécommunications et services de distribution de produits pétroliers.

Au **Danemark**, le Conseil de la concurrence a rendu 49 décisions durant la période considérée. Depuis l'entrée en vigueur de la loi sur la concurrence, 77 affaires ont été portées devant le Tribunal d'appel pour la concurrence et dans 8 affaires la décision du Conseil de la concurrence a été annulée.

Le Conseil de la concurrence a terminé des enquêtes sur la situation de la concurrence dans le secteur du recyclage du papier et il a conclu à l'existence de pratiques concertées de prix entre un certain nombre d'entreprises ainsi qu'à des restrictions à l'accès au marché. D'autres enquêtes ont été conduites dans le secteur des services financiers et de l'asphalte.

408 fusions ont été enregistrées durant la période considérée ; il s'est agi pour l'essentiel (environ 70 pour cent) de prises de contrôle horizontales, qui élargiront la part de marché des sociétés fusionnées.

En **Finlande**, 240 affaires de pratiques restrictives ont été soumises en 1991 à l'Office de la libre concurrence. L'Office a statué dans 77 affaires.

En **France**, le Conseil de la concurrence a encore développé ses activités par rapport à l'année précédente ; en 1991, 129 affaires ont été soumises au Conseil, contre 123 en 1990. Ces affaires se ventilent de la façon suivante : 101 saisines (contre 83 en 1990), 16 demandes de mesures provisoires (contre 19 en 1990) et 12 demandes d'avis (contre 22 en 1990). En 1991, le Conseil a rendu 66 décisions (contre 64 en 1990), dont 6 à propos de demandes de mesures provisoires. Des amendes atteignant un montant total de 40 287 200 francs ont été infligées à 108 entreprises ou organisations professionnelles.

Certaines des décisions qu'il a rendues en 1991 ont permis au Conseil de la concurrence de mieux définir ses compétences en matière de protection de la concurrence. Le Conseil est intervenu en particulier contre des pratiques anticoncurrentielles ayant trait à certains marchés régis par des réglementations particulières, comme dans la distribution, la programmation et la projection de films, la distribution d'automobiles et la fourniture de services professionnels.

Le Conseil a intensifié son action contre les activités anticoncurrentielles émanant des associations professionnelles qui visent à fixer les prix de produits et services par le biais de l'échange d'informations ou d'autres formes de coopération.

En 1991, la Cour d'appel de Paris, qui connaît des appels interjetés contre les décisions du Conseil de la concurrence en matière d'ententes, d'abus de position dominante et d'abus de dépendance économique, a rendu 34 arrêts dans ce domaine.

La Direction générale de la concurrence, de la consommation et de la répression des fraudes a mené de nombreuses enquêtes concernant des pratiques commerciales déloyales.

Pour ce qui est des concentrations, la Direction générale a enregistré au total 605 opérations en 1991 (contre 639 en 1990) susceptibles d'avoir une incidence sur les marchés concernés. Les principaux secteurs en cause étaient les suivants : biens d'équipement (21.4 pour cent), biens de consommation (17 pour cent), services (16.1 pour cent) et biens intermédiaires (15.8 pour cent).

En **Allemagne**, 224 ententes ont été légalisées en 1991, soit une légère diminution par rapport à l'année précédente. Un grand nombre de ces ententes légalisées visaient à permettre aux petites et moyennes entreprises de coopérer afin de pouvoir concurrencer efficacement les grandes entreprises. Une procédure importante dirigée contre des grossistes du secteur du verre, pour accords illicites en matière de prix, a suivi son cours.

Les actions de l'Office fédéral des ententes dirigées contre les abus de position dominante sont restées secondaires. Du fait de l'internationalisation croissante de l'économie allemande et des règles très strictes en matière de preuve fixées par les tribunaux allemands, elles se sont limitées à des marchés régionaux ou locaux et à certains secteurs comme l'énergie et le gaz.

En 1991, 2 007 fusions ont été notifiées à l'Office, contre 1 548 l'année précédente ; 696 fusions ont été notifiées au premier semestre de 1992. Cette forte progression tient dans une large mesure aux opérations de concentration concernant des entreprises de l'ex-RDA. Ces fusions étaient purement nationales pour 90 pour cent et internationales pour 10 pour cent.

Durant la période considérée, l'Office a interdit 3 fusions, pour atteinte à la concurrence dans le commerce de gros de produits agricoles en Allemagne du Sud, dans le secteur de la publicité dans la région de Leipzig et sur le marché national des fours industriels. L'une de ces trois fusions n'est plus susceptible de recours.

En **Hongrie,** l'Office de la concurrence économique a ouvert en 1991 176 enquêtes ; 144 ont été clôturées avant le 31 décembre et 32 se sont poursuivies en 1992. Le Conseil de la concurrence a tranché 77 affaires, concernant notamment 5 ententes et 28 abus de position dominante.

L'Office n'a eu à connaître que d'un nombre relativement faible d'ententes, mais il faut s'attendre à l'avenir à une multiplication des collusions avec l'achèvement des privatisations.

Quatre affaires d'abus de position dominante portaient sur des prix excessifs. L'Office est néanmoins conscient des problèmes qui se posent pour déterminer le niveau de prix à considérer comme concurrentiel.

En **Irlande**, avec l'entrée en vigueur de la nouvelle loi sur la concurrence, le Directeur de la consommation s'est essentiellement consacré à la mise en oeuvre de l'ordonnance sur les produits alimentaires, puisque toutes les autres ordonnances prises en vertu de la loi sur les pratiques restrictives sont devenues caduques en 1991. Deux grandes enquêtes ont été menées durant l'année pour accords sur les prix dans la distribution du lait et du pain.

La nouvelle Autorité chargée de la concurrence, a défini les procédures de prénotification, de notification et d'examen des affaires. Aucune décision n'avait été rendue au 31 décembre 1991 dans les 14 affaires notifiées.

En **Italie**, la Haute Autorité chargée de la concurrence et du marché s'est prononcée dans une affaire d'abus de position dominante, 21 affaires d'accords anticoncurrentiels et 352 affaires de concentration.

Dans une affaire concernant le secteur des télécommunications, SIP, une entreprise à capitaux publics en situation de monopole légal pour la téléphonie vocale, a tenté de restreindre la concurrence sur le marché connexe de l'utilisation de cartes de crédit pour les services téléphoniques, empêchant ainsi l'accès d'un concurrent au réseau.

La Haute Autorité a procédé à une enquête sur le secteur du béton pré-mélangé. L'enquête a permis d'établir l'existence d'accords collusoires. Une autre enquête a porté sur le secteur laitier qui connaît actuellement une rationalisation et une concentration intenses.

Au **Japon**, la Commission pour les pratiques commerciales loyales (FTC) a clôturé 186 affaires en 1991. Dans 24 affaires, elle a ordonné aux entreprises de renoncer à leurs pratiques illicites ; elle a ouvert trois procédures d'audition et lancé des avertissements dans 33 affaires. Enfin, elle a infligé à 52 entrepreneurs impliqués dans 9 affaires d'entente des amendes d'un montant total de 12 186 830 000 yen.

Parmi les décisions les plus importantes, on citera celles concernant les accords de fixation des prix pour la production de ciment dans la région d'Hokkaido et pour la commercialisation de chariots élévateurs à Tokyo. Toutes les entreprises impliquées ont été condamnées à des amendes.

224 affaires d'exemption d'ententes ont été enregistrées en 1991, c'est-à-dire le même nombre qu'en 1990. La plupart de ces affaires concernaient des petites et moyennes entreprises et des ententes à l'exportation visant à éviter des frictions dans les relations commerciales.

En 1991, la Commission ne s'est opposée à aucune des 2 116 fusions qui lui ont été notifiées. L'une des plus grosses opérations concernait deux grandes banques commerciales, Kyowa Bank Ltd. et Saitama Bank Ltd. La Commission a conclu que cette fusion ne porterait pas sensiblement atteinte à la concurrence parce que la nouvelle banque n'aurait pas en définitive une part de marché plus importante que celle détenue par d'autres grandes banques commerciales. La fusion devait par ailleurs permettre d'améliorer la qualité des services fournis à la clientèle.

En **Nouvelle-Zélande**, des décisions judiciaires ont été rendues dans six affaires ayant donné lieu à enquête de la part de la Commission du commerce. Dans deux de ces affaires, les défendeurs ont reconnu qu'ils avaient enfreint la loi sur le commerce et ont accepté de payer des amendes. En outre, la Commission a conclu plusieurs règlements administratifs à l'amiable dans des affaires justifiant des poursuites. Un certain nombre d'instances sont encore en cours.

La Commission a lancé également une enquête portant sur l'ensemble du secteur des télécommunications, à la suite de plaintes concernant la situation de la concurrence dans ce secteur. Un premier rapport a montré que la concurrence ne s'était pas développée pour certains services à valeur ajoutée et certains services de réseaux nécessitant une interconnexion avec Telecom Corporation. De nouvelles investigations sont en cours.

Dans le cadre du nouveau régime de notification volontaire avant fusion, la Commission a enregistré 52 fusions au titre de l'article 66 (approbation) et une au titre de l'article 67 (autorisation). La Commission a examiné plusieurs affaires, notamment dans le secteur laitier et le commerce de détail.

En **Norvège**, la Direction des prix a poursuivi l'examen de divers dispositifs de remises de fidélité, de rabais cumulatifs et de prix imposés émanant d'entreprises en position dominante et elle est intervenue contre certaines réglementations appliquées par des organisations des professions libérales qui limitaient la concurrence entre leurs membres. La Direction s'est également opposée aux préavis de résiliation trop longs imposés par les entreprises d'électricité pour dissuader leurs clients de changer de fournisseur.

L'une des principales affaires de fusion examinées concernait Nora Industrier et Orkla Borregard. Cette fusion aurait abouti à une position dominante sur le marché du chocolat et des confiseries, des en-cas et des sirops de fruits, pouvant avoir des effets nocifs sur la concurrence. La Direction a recommandé au Conseil des prix d'ordonner à Orkla de céder certains des actifs qu'elle détenait sur le marché pour que la fusion puisse être autorisée. Le Conseil des prix a suivi la recommandation de la Direction des prix.

En **Pologne**, l'Office antimonopole a ouvert, en 1991, 83 procédures, dont 73 à l'initiative des parties concernées. Durant cette période, l'Office a pris 113 décisions, dont 70 concluant à l'absence de pratiques monopolistiques ; dans 23 affaires, les investigations complémentaires n'ont pas révélé d'éléments justifiant une action. Les 20 autres décisions ont conclu à l'existence de la totalité ou d'une partie des pratiques monopolistiques alléguées.

En 1990 et en 1991, le Tribunal antimonopole s'est prononcé sur 13 recours (sur un total de 17 dont il a été saisi durant ces deux ans) contre des décisions de l'Office antimonopole. Le Tribunal a confirmé sept décisions, en a annulé quatre et en a modifié une partiellement. Quatre affaires sont encore en instance devant le Tribunal, tandis qu'une poursuite a été arrêtée, le recours ayant été retiré.

Au **Portugal**, la Direction générale de la concurrence et des prix a procédé durant la période considérée à cinq enquêtes. A l'issue de ces enquêtes, elle a déféré quatre affaires au Conseil de la concurrence. Au cours de la même période, le Conseil de la concurrence a rendu neuf décisions. Dans l'une des affaires les plus importantes, le Conseil a pu préciser et limiter les dispositions de la réglementation de la concurrence exemptant les instances publiques.

La Direction générale ne s'est opposée à aucune des 26 opérations de concentration qui lui ont été notifiées durant la période considérée.

En **Espagne**, la Direction générale pour le droit et la politique de la concurrence a instruit 64 nouvelles affaires, dont 27 devraient être déférées au Tribunal pour la protection de la concurrence.

En 1991, la Direction générale a reçu 11 notifications volontaires avant fusion et ne s'est opposée à aucune des opérations notifiées, car elles ne semblaient pas entraver une concurrence efficace sur le marché.

En **Suède**, l'Ombudsman pour la concurrence a enregistré 423 affaires, dont 20 pour cent de sa propre initiative et 65 pour cent à la suite de notifications et d'enquêtes.

L'une des affaires les plus importantes examinées par le Tribunal du marché concernait une fusion dans le secteur laitier. Le Tribunal a jugé que la fusion envisagée renforcerait une position dominante existante et aurait des effets nocifs à long terme sur les prix et l'efficience du secteur. En conséquence de ce jugement, la fusion a été annulée.

L'Ombudsman a réglé un certain nombre d'affaires ayant trait en particulier à l'acier renforcé, aux matériels de conditionnement et de traitement du lait liquide, aux transports par chemin de fer ainsi qu'à la vente, au stockage et à la distribution du carburant pour avions.

En 1991, 280 acquisitions ont été enregistrées (contre 342 en 1990). En termes d'effectif, les plus grosses opérations ont eu lieu dans les secteurs des machines, du matériel de transport, de la chimie, du pétrole, du charbon, du caoutchouc et du plastique.

En **Suisse**, la Commission des cartels a ouvert trois enquêtes concernant les heures d'ouverture des magasins, le marché des automobiles et le secteur de la presse. Elle a également achevé des enquêtes concernant le marché du lait, les caisses-maladie et le secteur du sable, du gravier et du béton prêt à l'emploi dans la région de Bâle. Par ailleurs, elle a suivi l'application des conclusions émises antérieurement pour les secteurs de l'essence et de la farine panifiable.

Dans le domaine des fusions, la Commission a achevé l'examen de l'opération Schindler/FFA. Elle a également procédé à des enquêtes préalables pour des fusions concernant la presse, le commerce de détail, la bière, les assurances, l'aviation et les kiosques.

Au **Royaume-Uni**, 619 nouveaux accords ont été enregistrés en vertu de la loi de 1976 sur les pratiques commerciales restrictives, ce qui porte le nombre total des accords à 10 000 depuis 1956. Le Directeur général a saisi le Tribunal des pratiques restrictives de plusieurs accords délibérément dissimulés et non notifiés. Ces accords concernaient la tarification des services d'autobus dans le Leicestershire, la distribution de gazole dans le nord-est de l'Angleterre et la construction de pannes faîtières en acier par les principaux fabricants du Royaume-Uni. Des actions en justice ont été intentées ou sont en préparation pour plusieurs autres ententes sur des prix ou accords de partage des marchés dans les secteurs suivants : sucre, isolation thermique, autobus et retransmission télévisée des courses de chevaux dans les établissements de paris.

34 plaintes pour infraction à la loi sur les prix imposés ont été enregistrées en 1991, soit une légère diminution par rapport à l'année précédente. Dans quatre affaires, des assurances écrites ont été obtenues de la part des fournisseurs, qui se sont engagés à ne pas imposer des prix minimums à leurs distributeurs.

Le Directeur général a publié dans le cadre de la loi sur la concurrence de 1980 deux rapports d'enquête. Le premier a trait aux mesures prises par le Conseil du tourisme du Pays de Galles pour interdire à l'organisme publicitaire contrôlé par lui de passer des annonces d'agents immobiliers ayant dans leurs fiches des biens qui n'avaient pas été vérifiés conformément à un système mis en place par le Conseil. L'enquête a conclu que les mesures de promotion prises par le Conseil n'étaient pas anticoncurrentielles. La seconde enquête concernait le système de remise accordée par British Coal Corporation aux négociants en charbon si ceux-ci limitaient leurs achats d'un certain type de charbon importé. L'enquête a conclu que bien que le système ait eu pour but de limiter la concurrence des importations, il ne la restreignait pas en fait sensiblement.

Le Directeur général a saisi en 1991 la Commission des monopoles et des fusions (MMC) de trois affaires de monopole (services de navires transbordeurs de Cross-Solent, allumettes et briquets à jeter, promotion télévisée de produits des sociétés de télévision).

La MMC a publié durant la période considérée cinq rapports. Dans son rapport sur les garanties de construction pour les habitations neuves, elle a constaté qu'il existait un monopole d'échelle en faveur du National House Building Council (NHBC) et a conclu que le règlement N° 12 du NHBC -- qui obligeait ses affiliés à lui notifier toutes les habitations neuves aux fins d'assurance, même s'ils souhaitaient recourir à un autre système d'assurance -- allait à l'encontre de l'intérêt général en limitant les possibilités qui s'offraient aux affiliés du NHBC de faire appel aux services de concurrents.

En ce qui concerne la fourniture de café soluble dans le commerce de détail, la MMC a estimé que la situation de monopole dont bénéficiait Nestlé n'allait pas et n'était pas susceptible d'aller à l'encontre de l'intérêt général. Dans son rapport sur le secteur des rasoirs et lames de rasoir, la MMC a conclu à l'existence d'un monopole d'échelle en faveur d'un producteur dominant et elle a considéré que la participation financière de ce producteur au rachat des actifs d'un concurrent risquait d'être préjudiciable à l'intérêt général. La MMC a recommandé que ce producteur se dessaisisse de sa participation dans l'entreprise concurrente et de ses titres de créance sur cette entreprise.

En ce qui concerne les boissons pétillantes, la MMC a constaté l'existence de plusieurs éléments préjudiciables à l'intérêt général dans la manière dont les fabricants traitaient avec leur clientèle du secteur des loisirs, et notamment de restrictions verticales de divers types.

Dans son rapport sur la fourniture de photocopieurs électrostatiques indirects, la MMC a constaté qu'aucune des situations de monopole n'était préjudiciable à l'intérêt général. Par ailleurs, la MMC a pris diverses mesures suite à un rapport antérieur sur l'approvisionnement en gaz.

Dans le cadre de la loi de 1986 sur les services financiers, le Directeur général a examiné l'incidence, du point de vue de la concurrence, de plusieurs propositions de modification formulées à la suite de rapports défavorables consacrés au règlement du SIB relatif à la divulgation d'informations sur les produits d'assurance-vie et les fonds de placement, aux règles appliquées par l'International Stock Exchange pour la publication des transactions et la transparence des prix, ainsi qu'aux dispositifs mis en oeuvre par ce même organisme pour la diffusion des informations concernant les entreprises.

En 1991, l'Office pour la loyauté dans le commerce a examiné 285 fusions ou projets de fusion (contre 369 l'année précédente). 183 de ces opérations ont justifié une enquête au titre de la loi sur les pratiques commerciales restrictives. En 1991, le Ministre a saisi la MMC, pour enquête, de sept fusions qui paraissaient devoir être préjudiciables à la concurrence.

Dans le domaine des fusions, la MMC a publié 13 rapports durant l'année considérée. Dans six affaires, dont quatre lui avaient été déférées parce que l'acquéreur était considéré comme une entreprise publique ou une entreprise contrôlée par l'Etat, la MMC a conclu que la fusion n'allait pas à l'encontre de l'intérêt général. Dans les sept autres affaires, elle a conclu en sens inverse et le Ministre a demandé au Directeur général que des mesures soient prises pour remédier aux effets préjudiciables.

Aux **États-Unis**, la Division antitrust du Ministère de la Justice a engagé, en 1991, 99 actions antitrust et ouvert 151 enquêtes officielles. Il y a eu poursuites pénales dans 81 affaires. Les défendeurs ont été condamnés à des peines représentant 10 000 jours d'incarcération, dont 6 652 jours d'incarcération effective. Les amendes et dommages-intérêts se sont élevés à plus de 27.1 millions de dollars. A la fin de 1991, 146 affaires étaient en cours d'instruction devant un grand jury. Dans le cadre de son programme d'enquêtes administratives, la Division antitrust a procédé en 1991 à 469 enquêtes. Elle a proposé 13 règlements amiables ou jugements définitifs dans des affaires civiles et 12 ont été homologués par les tribunaux.

Toutes affaires confondues, la Federal Trade Commission (FTC) a émis un avis, déposé deux recours administratifs et approuvé définitivement 11 règlements amiables ; elle avait donné son approbation provisoire en fin d'année à 10 règlements amiables. La Commission a ouvert 91 enquêtes préliminaires et 38 enquêtes complètes ; 28 enquêtes préliminaires ont été transformées en enquêtes complètes. Les juridictions administratives ont rendu quatre jugements initiaux. La FTC a intenté trois actions devant les juridictions civiles, qui ont abouti à cinq condamnations à des amendes.

La Cour Suprême n'a statué sur aucune affaire soumise par la FTC ou le Ministère de la Justice. Le Ministère est intervenu dans une affaire privée qui a été jugée en 1991 et dans plusieurs affaires pour lesquelles la Cour Suprême n'a pas statué sur le fond en 1991.

743 nouvelles actions civiles et pénales antitrust ont été intentées devant les juridictions fédérales de district au cours de l'exercice se terminant le 30 juin 1991, soit une hausse de 34.6 pour cent par rapport à l'année précédente (il y avait eu cette année-là 552 actions). Le nombre des actions privées a augmenté de 43.8 pour cent. Il est passé de 452 en 1990 à 650 en 1991.

Le Ministère a intenté des poursuites pénales pour entente sur les prix et répartition des marchés dans un grand nombre de secteurs, notamment l'élimination des déchets industriels, les boissons non alcoolisées, les cylindres en acier, les bateaux de marque Lund, les carrosseries d'autobus scolaires, certains tubes de puissance et les produits de nettoyage à sec. Il a continué également de s'attaquer aux pratiques anticoncurrentielles dans le domaine des marchés publics fédéraux, en intentant des actions pénales contre des fournisseurs de gants, d'uniformes, de lait, de fruits de mer, de boissons non alcoolisées et de services de construction, pour entente sur les prix et soumissions frauduleuses.

Le Ministère a procédé au suivi des règlements amiables et des jugements rendus afin de déterminer s'ils avaient des effets anticoncurrentiels ou ne servaient plus l'intérêt général. En 1991, il a fait le nécessaire pour mettre fin à plusieurs règlements amiables périmés, notamment dans des secteurs comme les systèmes de détection de fumée, les grands magasins de vente au détail et la distribution de films.

La FTC a agi à l'encontre de toute une série de pratiques concernant un large éventail de produits et de services, notamment les services médicaux, la retransmission des matches des équipes universitaires de football, les jeux vidéo, les services rendus par les médecins dans certaines régions de Floride et les services de kinésithérapie au Connecticut.

En ce qui concerne les fusions, le Ministère et la FTC ont reçu 2 930 dossiers concernant 1 537 opérations notifiées en application du programme de notification préalable des fusions dans le cadre de la loi Hart-Scott-Rodino.

En 1991, le Ministère a ouvert une enquête officielle pour 61 fusions et acquisitions. Il a contesté 14 projets et intenté finalement quatre actions afin de faire obstacle à l'opération. Dix projets ont été abandonnés ou restructurés après l'annonce, par le Ministère, de son intention d'intenter une action ou de déposer une plainte.

En 1991, la FTC s'est efforcée de bloquer quatre fusions. Elle a déposé deux plaintes administratives, conclu dix règlements amiables pour remédier aux effets anticoncurrentiels et a accepté pour 1 222 opérations de mettre fin par anticipation au délai de carence prévu par la loi Hart-Scott-Rodino.

En 1991, la **Commission européenne** a adopté 13 décisions au titre des articles 85 et 86 du traité CEE. Douze décisions ont été prises sur la base de l'article 85 du traité CEE : une décision mettant fin à l'exemption d'amendes au bénéfice d'un accord notifié, quatre décisions d'interdiction sans amende, deux décisions d'interdiction avec amende et cinq décisions d'exemption au titre de l'article 85 (3). Dans une affaire, une entreprise a été condamnée à une amende pour abus de position dominante (article 86 du traité CEE).

La Commission a décidé d'infliger des amendes d'un montant total de 75 millions d'écus à la société Tetra Pak pour diverses infractions à l'article 86 du traité CEE sur le marché des équipements de conditionnement d'aliments liquides, et notamment pour l'obligation faite à la clientèle d'utiliser exclusivement les cartons Tetra Pak.

Durant la période considérée, 60 affaires de fusion ont donné lieu à une décision finale en vertu du règlement de contrôle des concentrations. La Commission a adopté quatre décisions d'autorisation de concentrations dans le cadre de l'article 8 (2) de ce règlement après l'ouverture d'une procédure ; dans trois de ces décisions elle a imposé certaines conditions et obligations. Elle a interdit une opération de concentration, sur la base de l'article 8 (3) pour incompatibilité avec le marché commun.

La Commission a également rendu 29 décisions au titre des articles 65 et 66 du traité CECA.

IV. Déréglementation, privatisation et politique de la concurrence

En **Australie**, les autorités ont poursuivi leur action pour intensifier la concurrence dans les secteurs déréglementés. La loi de 1991 sur les télécommunications a mis en place un cadre réglementaire à même de promouvoir la concurrence entre exploitants au niveau, notamment, de la tarification et de l'accès au marché. Dans le secteur de l'aviation, le gouvernement a annoncé diverses initiatives visant à réduire les barrières entre le marché australien et les marchés internationaux et à ouvrir la voie à un marché unique avec la Nouvelle-Zélande.

En **Autriche**, les autorités ont encore pris des mesures pour remédier aux effets anticoncurrentiels des règles et normes régissant certaines activités, en s'attachant tout particulièrement à éliminer ou réduire considérablement le recours au contrôle des prix.

Au **Canada**, le Directeur des enquêtes et recherches a formulé de nouvelles observations à l'intention des instances réglementaires ayant en charge diverses activités dans les secteurs des transports, des télécommunications, de l'agriculture, de l'énergie et des professions libérales.

En **Finlande**, l'Office de la libre concurrence a formulé 11 propositions visant à la suppression de réglementations inutiles limitant la concurrence dans tout un ensemble de secteurs.

En **France**, le régime de tarification de plusieurs secteurs réglementés a été modifié. Il s'est agi d'établir un lien entre le prix des produits et services et la productivité, de faire en sorte que les prix soient davantage conformes aux coûts effectifs et de répercuter sur le consommateur une partie des gains de productivité.

En **Allemagne**, après la cession de grandes entreprises industrielles, les autorités mettront l'accent dans les privatisations sur les services, notamment les transports, les télécommunications et les activités bancaires. Dans certains cas, les mesures envisagées de démantèlement ne seront possibles qu'après modification des lois régissant les secteurs en cause.

En **Hongrie**, l'Agence pour les biens de l'Etat doit consulter l'Office de la concurrence économique en cas de privatisation d'entreprises détenant une position dominante. En 1991, l'Agence a sollicité l'avis de l'Office à onze reprises. Toutefois, la réglementation de la concurrence ne contient aucune disposition propre à empêcher la privatisation d'entreprises en position monopolistique ou dominante. A plusieurs occasions, pour des raisons qui tiennent aux priorités financières et budgétaires, les aspects ayant trait à la concurrence n'ont pas été pleinement pris en compte lors des décisions de privatisation.

En **Italie**, la Haute Autorité pour la concurrence et le marché a demandé au gouvernement et au parlement, sur la base de l'article 21 de la loi sur la concurrence, de libéraliser rapidement les services portuaires et de réviser certaines dispositions du Code maritime. Elle a également recommandé l'ouverture à la concurrence des services de téléphonie cellulaire, fournis actuellement par une seule société à capitaux publics, la SIP.

Par ailleurs, la Haute Autorité rédige actuellement divers rapports, en vertu de l'article 24 de la loi sur la concurrence, concernant les mesures à prendre pour intensifier la concurrence dans la passation des marchés publics, la distribution commerciale et le franchisage.

Au **Japon**, la Commission des pratiques loyales (FTC), pour limiter le régime d'exemption prévu dans la loi antimonopole, a demandé au Groupe d'étude chargé de la réglementation et de la politique de la concurrence d'examiner les problèmes en cause et de lui soumettre des propositions. Un rapport a été publié à ce sujet en juillet 1991.

En **Nouvelle-Zélande**, le gouvernement instaure actuellement un régime de concurrence dans la distribution de l'électricité et du gaz naturel en mettant fin au régime de concession géographique. Le contrôle des prix du gaz naturel sera supprimé et des obligations d'information seront instituées en ce qui concerne la tarification et les modalités d'approvisionnement, afin que les clients et les concurrents puissent avoir connaissance des pratiques mises en oeuvre par les entreprises dominantes dans le secteur de l'électricité et du gaz.

En **Norvège**, la Direction des prix a soumis ses observations au sujet d'une proposition du gouvernement visant à remédier à la dégradation de l'environnement due au stockage et à la réutilisation des pneus. La Direction a estimé que ce dispositif exigerait une étroite coopération entre les négociants en pneus et serait nocif pour la concurrence dans ce secteur. Elle a donc recommandé que toute mesure réglementaire destinée à protéger l'environnement soit conçue de manière à préserver l'autonomie d'action des négociants en pneus.

En **Pologne**, l'Office antimonopole a apporté son concours à la formulation de la politique économique du gouvernement. Il a en particulier mis en avant les menaces pesant sur la concurrence du fait de mesures réglementaires et administratives excessives et a appelé à une accélération de la déréglementation. Des représentants de l'Office ont pris part aux activités des commissions gouvernementales chargées des programmes de restructuration de certains secteurs, surtout en ce qui concerne l'agriculture, l'énergie et la métallurgie. L'Office était également représenté au conseil d'administration de plusieurs sociétés à capitaux publics occupant une position monopolistique.

Au **Portugal**, un nouveau décret-loi a soumis aux règles de la concurrence la télévision par câble. Le programme de privatisation a continué d'être mis en oeuvre. D'importantes opérations de privatisation ont eu lieu dans le secteur bancaire, l'assurance, les transports routiers et le raffinage du pétrole.

En **Suède**, l'Ombudsman pour la concurrence, dans les observations qu'il a formulées à propos d'une note ministérielle exposant un nouveau projet de loi sur les médicaments, a demandé que la concurrence joue davantage dans le secteur pharmaceutique.

Au **Royaume-Uni**, un projet de loi visant à intensifier la concurrence dans le secteur du gaz et de l'eau a été rendu public le 8 novembre 1991. Le gouvernement pourra mettre fin au monopole détenu par British Gas pour la fourniture aux utilisateurs moyens (moins de 25 000 thermies par an). Ce nouveau texte a également pour but d'intensifier la concurrence dans le secteur de la distribution de l'eau en abrogeant les dispositions qui réservent au fournisseur agréé, dans la limite de 30 mètres de ses conduites, la desserte de nouveaux clients.

Aux **États-Unis**, le Ministère de la justice et la Federal Trade Commission se sont prononcés en faveur d'une plus vive concurrence dans les secteurs réglementés, en appelant à mettre fin aux interférences inutiles avec les mécanismes du marché. Le Ministère a formulé en particulier des observations dans les domaines suivants : la réglementation des systèmes de réservation informatique des compagnies aériennes, la prestation de services aériens, la commercialisation du lait et des oranges, la réglementation des tarifs des transports maritimes, la réglementation de l'accès aux centraux téléphoniques urbains, la fourniture de programmes hors réseau par les chaînes de télévision et la fourniture de services de transport et d'entreposage.

Dans le cadre de son programme de défense des consommateurs et de la concurrence, la FTC a soumis des observations à diverses instances à l'échelon fédéral ou à l'échelon des États dans des secteurs tels que les services juridiques, les transports maritimes, la propriété de stations de radio/télévision, les services bancaires, les services aéroportuaires, les programmes de télévision par câble, le raffinage de l'essence, les transports par camion sur le territoire des États, les services de télécommunications sur le territoire des États, la prescription de médicaments et le code de déontologie du Nouveau Mexique.

Dans la **Communauté européenne**, la Commission a adressé au titre de l'article 169 du Traité CEE des avis motivés à trois États membres, la Grèce, l'Irlande et l'Italie, qui n'avaient pas notifié de mesures pour se conformer à la directive 90/388/CEE sur les services de télécommunications.

Dans le cadre de l'action qu'elle mène pour mettre en place un marché unique de l'énergie dans les secteurs du gaz et de l'électricité, la Commission a intenté une action au titre de l'article 169 du Traité CEE contre les États membres accordant des droits exclusifs pour l'importation ou l'exportation de gaz ou d'électricité.

AUSTRALIE

(juillet 1991-juin 1992)

I. Modifications apportées au droit et à la politique de la concurrence

Le 1er juillet 1991, le Pr. Allan Fels a été nommé président à temps plein de la Commission des pratiques commerciales (la "Commission") pour une période de cinq ans. Le Pr. Fels est un économiste de formation et un juriste confirmé. Il a pris congé de son poste de professeur d'administration et de directeur de l'Ecole supérieure de la gestion à l'Université de Monash pour rejoindre la Commission.

Le Pr. Fels a succédé au Pr. Robert Baxt dont le mandat expirait au 30 juin 1991.

Nouvelles dispositions législatives

Une nouvelle définition du terme "territoire" a été incorporée dans l'article 4(1) du *Trade Practices Act de 1974* (TPA) (loi sur les pratiques commerciales). La notion de "territoire" tel que ce terme a été défini dans la loi s'étendra désormais à l'Ile Christmas et aux Iles Cocos (Keeling). A la suite du rapport "Islands in the Sun" (Iles au soleil) (le rapport, établi à l'issue de la première phase de l'enquête menée sur les régimes juridiques des territoires australiens extérieurs et du Territoire de la Baie de Jervis par le Comité permanent de la Chambre des représentants pour les affaires juridiques et constitutionnelles), le gouvernement a décidé qu'il y avait lieu de remplacer par des lois australiennes (Australie occidentale et Commonwealth) les régimes applicables à ces îles qui relevaient jusque-là de Singapour.

Les amendements au TPA ont permis à la Commission d'imposer des redevances pour certaines de ses activités selon le principe du "paiement par l'utilisateur". Les amendements permettront à la Commission d'élargir l'assiette de ses recettes. Le nouvel article 171 A autorise la Commission à prélever des redevances pour les documents qu'elle publie dans l'exercice de ses fonctions ou de ses pouvoirs. L'article 172, modifié, permet d'adopter des réglementations qui habilitent la Commission à imposer des redevances pour certaines de ses activités. Les règlements qui ont été adoptés autorisent la Commission à prélever des redevances lorsqu'elle organise des séminaires ou qu'elle fournit des intervenants ou des informations pour les conférences.

Les articles 12 et 13 du TPA ont été modifiés par la loi de 1991 portant amendement de la loi sur les relations industrielles ; il est prévu que les membres de la Commission ont droit à des congés tels qu'ils sont fixés par le tribunal des relations industrielles, ainsi que d'autres droits à congé définis par le ministre compétent.

Mesures connexes

Le *Mutual Assistance in Business Regulation Act* (loi sur l'assistance mutuelle dans la réglementation d'une entreprise) a été adopté en mai 1992 et promulgué le 23 octobre de la même année. Aux termes de cette loi, la Commission et un certain nombre d'autres agences pourront aider les organes de réglementation étrangers lorsqu'ils administrent ou appliquent des lois commerciales étrangères, en recueillant et en transmettant les informations, documents et preuves pertinents. Cette loi prescrit que le Procureur général doit autoriser la divulgation de l'information, et de la sorte la Commission sera mieux placée pour obtenir une aide analogue. La législation doit aussi permettre à des instances telles que la Commission d'obliger les entreprises à fournir des informations et de la documentation, et à témoigner sous serment à la suite des demandes formulées des agences étrangères.

Le *Federal Court of Australia Amendment Act* (loi de 1991 modifiant la Cour fédérale d'Australie) prévoit une procédure qui doit permettre à une personne d'introduire une action au nom d'un groupe d'au moins sept personnes ayant des griefs à l'encontre du même défendeur dès lors que ces griefs soulèvent un problème de droit ou de fait commun et important et résultent de circonstances identiques, analogues ou connexes. Le nouvel article 33 ZG précise que les nouvelles dispositions n'affectent pas le début ou la poursuite de toute autre action en représentation engagée devant la Cour par exemple au titre du TPA. Quant au nouvel article 33 ZH, il précise que la Cour est habilitée à faire droit aux demandes des membres du groupe au titre de l'article 87 du *Trade Practices Act*. Cet article permet à la Cour de rendre des ordonnances dans les cas d'infractions aux dispositions de la Partie V "Protection des consommateurs" et de la Partie IV "Pratiques commerciales restrictives".

L'État de la Nouvelle-Galles du Sud a promulgué le *Government Pricing Tribunal Act* de 1992 de façon à instituer un tribunal de cet État chargé de déterminer le prix maximum des services de monopole fournis par des agences gouvernementales et de faire rapport sur les politiques suivies par ces agences en matière de fixation de prix. La clause 4 de cette loi définit "un service de monopole public" comme étant un service fourni par une agence gouvernementale et déclaré être un service de monopole public par les règlements ou par le ministre. Ces services sont ceux pour lesquels il n'existe pas de marché concurrentiel ni de marché contestable à court terme par des fournisseurs potentiels.

Projets de modifications

Dans le rapport annuel de l'année dernière ont été examinés plusieurs projets importants concernant la réforme de la législation sur la concurrence, approuvés par le gouvernement et présentés pour examen au Comité permanent du Sénat sur les affaires juridiques et constitutionnelles (Comité Cooney). Le Comité a remis son rapport au Sénat en décembre 1991. Le Gouvernement a décidé d'accepter les principales recommandations du Comité préconisant des modifications de la loi sur les pratiques commerciales sur les points suivants :

-- interdiction des fusions et des acquisitions qui ont pour effet de restreindre sensiblement la concurrence sur un marché important ;

-- majoration sensible des amendes en cas d'infraction aux dispositions relatives aux pratiques commerciales restrictives et à la protection des consommateurs ;

-- adoption d'une forme simple de notification obligatoire préalable aux fusions ;

-- exécution des engagements pris devant la Commission par les parties dont le comportement sur le marché est examiné.

Le nouveau critère en matière de fusions devrait s'accompagner d'une liste de facteurs statutaires dont il sera tenu compte pour déterminer si une fusion réduit sensiblement la concurrence. L'objectif de cette liste est d'aider les parties à interpréter les modifications et à préciser l'intention qui préside à l'application du critère permettant de déterminer s'il y a restriction sensible de la concurrence. En outre, la Commission des pratiques commerciales élaborera des directives administratives qui indiqueront dans le détail comment elle se propose d'appliquer le nouveau critère.

Les facteurs statutaires qu'il est proposé de prendre en considération pour déterminer si une fusion a pour effet de limiter sensiblement la concurrence sur un marché important de biens ou de services seront les suivants :

a) niveau effectif et potentiel de la concurrence des importations sur le marché considéré ;

b) importance des obstacles à l'entrée, c'est-à-dire mesure dans laquelle de nouveaux participants peuvent accéder au marché ou en sortir, actuellement ou dans l'avenir ;

c) le niveau de concentration sur le marché considéré ;

d) l'importance du pouvoir de riposte ;

e) la faculté pour l'entreprise résultant de la fusion d'accroître ses prix ou ses marges de profit de façon sensible et durable sans en être empêchée par d'autres entreprises opérant sur le marché ;

f) la mesure dans laquelle existent ou peuvent exister des substituts acceptables pour les produits de l'entreprise résultant de la fusion ;

g) les caractéristiques dynamiques du marché, y compris la croissance, l'innovation et la différenciation des produits ;

h) la probabilité de voir la fusion aboutir à l'éviction d'un concurrent vigoureux et effectif ;

i) la nature et l'ampleur de l'intégration verticale ; et

j) tout autre facteur pertinent.

Les nouvelles amendes maximales en cas d'infraction à la loi sur les pratiques commerciales seront :

-- de 10 millions de dollars australiens pour les sociétés et de 500 000 dollars australiens pour les particuliers, pour la Partie IV (pratiques commerciales restrictives) autres que les articles 45D et 45E (ayant trait aux boycottages secondaires) ;

-- de 200 000 dollars australiens pour les sociétés et de 40 000 dollars australiens pour les particuliers, pour la Partie V (protection des consommateurs).

L'amende actuelle de 250 000 dollars australiens reste applicable pour les articles 45D et 45E. Les autres propositions de modifications ramèneraient de 45 à 30 jours la période limite accordée à la Commission pour examiner s'il y a lieu ou non d'autoriser une fusion dans l'intérêt général, tandis que le tribunal (organe chargé d'examiner les décisions d'autorisation) devra généralement achever son examen dans un délai de 60 jours. Par ailleurs, lorsqu'ils doivent se prononcer sur des demandes d'autorisation pour des motifs d'intérêt général, la Commission et le tribunal doivent examiner si l'entreprise résultant de la fusion peut améliorer les résultats de l'Australie en matière d'exportation et si les produits intérieurs peuvent remplacer les produits importés.

Actuellement, le TPA interdit aux sociétés commerciales et industrielles d'adopter un comportement déraisonnable dans leurs relations commerciales avec les consommateurs. Le gouvernement a décidé d'introduire une nouvelle disposition interdisant un comportement déraisonnable dans des activités commerciales et industrielles.

Lors de la Conférence spéciale réunissant les Premiers Ministres, le 30 juillet 1991, les gouvernements de l'État fédéral, des États et des Territoires sont convenus de replacer la politique de la concurrence dans un cadre national. Le 4 octobre 1992, le Premier Ministre a annoncé que l'application du TPA ferait l'objet d'un examen impartial. Cet examen doit déterminer en particulier s'il convient d'élargir le champ d'application de la loi de façon à pouvoir faire échec efficacement au comportement ou à des entreprises anticoncurrentielles qui actuellement n'entrent pas dans ce champ d'application, en particulier dans les domaines ci-après relevant de la compétence du Commonwealth, des États et des Territoires :

-- les entreprises commerciales d'État ;

-- les instances responsables de la commercialisation ;

-- les instances non dotées de la personnalité morale ;

-- les marchés publics passés par les administrations du Commonwealth, des États, des Territoires ainsi que les municipalités.

II. Mise en oeuvre de la législation et des politiques de la concurrence

Action contre les pratiques anticoncurrentielles

Commission des pratiques commerciales

La Commission est une instance indépendante ayant pour principale mission de faire respecter les dispositions du TPA concernant les pratiques et les fusions anticoncurrentielles. Elle a pour double fonction de faire appliquer la loi et de statuer.

Décisions contentieuses

La fonction contentieuse consiste pour la Commission à utiliser son pouvoir discrétionnaire pour autoriser certaines formes de comportement par ailleurs interdites par la loi sur les pratiques commerciales. Lorsqu'il s'agit d'accords susceptibles de limiter sensiblement la concurrence, le demandeur doit convaincre la Commission que les clauses de ces accords entraînent pour le public un avantage qui compense l'effet restrictif de concurrence. Lorsqu'il s'agit de boycottages primaires ou secondaires, d'accords de vente liée, de fusions et d'acquisitions, le demandeur doit convaincre la Commission que le comportement entraîne pour le public un avantage tel que l'autorisation doit être donnée.

L'autorisation peut être demandée pour des accords contraires à la concurrence, des boycottages secondaires et des clauses d'exclusivité. Elle n'est pas accordée s'il y a fixation de prix des produits, abus de puissance économique, prix de vente imposés ou discrimination par les prix.

La notification confère la même protection que l'autorisation et peut être accordée pour un comportement lié à des clauses d'exclusivité relevant de l'article 47. La protection est assurée aussi longtemps que la Commission ne l'a pas révoquée.

Autorisations

BHP Petroleum Pty Ltd (BHPP) a été autorisée à conclure un accord d'exclusivité avec ICI Australia Operations Pty Ltd et Borden Australia Pty Ltd pour l'approvisionnement de méthanol. BHPP envisageait de construire une usine-pilote de fabrication de méthanol dans l'État de Victoria et pour que cette usine soit viable, la seule façon était de lier les deux principaux utilisateurs de méthanol en Australie par des contrats d'exclusivité. La Commission a été convaincue que le projet d'usine entraînerait des avantages substantiels pour la collectivité, notamment en permettant à l'Australie de subvenir à ses propres besoins en méthanol et éventuellement d'exporter ce produit dans l'avenir. Elle a également constaté que le projet renforcerait les structures de fabrication pétrochimique de l'État de Victoria, créerait des emplois et permettrait à l'Australie de mieux commercialiser ses connaissances technologiques.

Une ancienne autorisation a été révoquée et une autorisation nouvelle a été accordée à l'Agricultural and Veterinary Chemicals Association of Australia (AVCA). Cette autorisation s'étendait au système d'homologation de l'AVCA, selon lequel les locaux utilisés pour le transport, la manutention et le stockage des produits chimiques agricoles doivent être conformes aux normes édictées en application de la législation des États et des Territoires sur les produits dangereux. L'ancienne autorisation a été révoquée car AVCA a déclaré qu'elle ne pouvait se conformer à certaines conditions de l'autorisation ayant trait aux coûts et à la surveillance. La nouvelle autorisation a modifié certaines de ces conditions.

L'autorisation a été refusée pour le projet d'acquisition par Conaust Limited des opérations conteneurisées de Terminal Properties of Australia Pty Ltd, opérant sous le nom de Trans-Ocean Terminals, et situées à Adélaïde. La Commission a estimé que l'acquisition ne se limiterait pas à un transfert de la domination déjà existante de Terminal Properties dans les opérations dans les terminaux conteneurisés du port d'Adélaïde car Conaust exerçait d'importantes activités de manutention tant dans ce port que dans un certain nombre de ports australiens. Les avantages pour la collectivité dont Conaust faisait état -- amélioration du rendement des dockers grâce à une technologie de pointe et l'utilisation rationnelle de la main-d'oeuvre -- n'ont pas été prouvés comme le souhaitait la Commission. La Commission a estimé que ces améliorations pouvaient résulter d'autres réformes introduites dans les conditions de travail à quai plutôt que du projet d'acquisition.

Howard Smith Industries Pty Limited a été autorisé à racheter les intérêts de son partenaire McIlwraith McEacharn Operations Ltd, dans les services de remorquage de Melbourne (Melbourne Tug Services). Il devenait ainsi l'unique fournisseur de services de gros remorqueurs dans ce port. La Commission a estimé que le principal avantage d'intérêt général qu'entraînerait l'acquisition serait un accroissement de l'efficience du fait de la mise en service de deux remorqueurs omni-directionnels qui réduiraient les frais de remorquage pour les usagers. Elle a estimé que l'autorité du port de Melbourne et l'Autorité chargée de la surveillance des prix empêcheraient Howard Smith de profiter indûment de son pouvoir de monopole.

Qantas Airways Ltd a été autorisé à conclure pour le compte d'Australia-Asia Airlines un accord sur les tarifs pratiqués sur les vols Australie-Taiwan. Cette autorisation prolongeait la précédente, qui permettait à Quantas de conclure des accords tarifaires avec des transporteurs non membres de l'Association internationale des transporteurs aériens.

Sept autorisations demandées par le Marché à terme de Sydney et sa filiale à 100 pour cent, la chambre de compensation des opérations à terme de Sydney, pour un certain nombre d'accords visant les procédures et les membres de la Chambre de compensation, ont été accordées. Certes, les accords risquaient d'être contraires aux articles 45 et 47 (accords, arrangements, contacts limitant sensiblement la concurrence sur le marché et accords d'exclusivité), mais la Commission s'est rendue aux arguments faisant état d'avantages d'intérêt général, à savoir une chambre de compensation "australianisée" pour le marché à terme des produits, une réduction des risques de défaillances à l'étranger ainsi que la conservation des bénéfices dans le marché à terme australien.

Travel Industries Automated Systems Pty Ltd (TIAS) a été autorisé à acheter les droits de commercialisation de deux systèmes de réservation informatisée -- Quantas Distribution Services (propriété de Quantas) et Southern Cross Distribution Systems Pty Ltd (propriété commune d'Ansett et d'Australian). Trois grosses compagnies aériennes d'Australie se partagent à égalité la propriété de TIAS, et du fait de la fusion, les compagnies aériennes se partageraient à égalité les droits de commercialisation australiens sur plus de 95 pour cent des systèmes de réservation informatisée (CRS) exploités dans le pays. L'autorisation a été accordée sous réserve qu'Ansett et Australian Airlines prennent immédiatement des mesures pour assurer la dernière offre à Sabre, un concurrent des CRS. De surcroît, elles devaient adopter un code de conduite pour les systèmes de réservation informatisée. La Commission a admis que la fusion permettrait de rationaliser les communications et de réaliser des économies sur les coûts.

Le Winegrape Growers's Council of Australia (Conseil des viticulteurs d'Australie) a été autorisé pour une période de quatre ans à publier un barème indicatif des prix des raisins. Les prix réels devaient être fixés par voie de négociations entre acheteurs et vendeurs. La Commission a reconnu que dans le passé, les viticulteurs n'avaient pas pu disposer des mêmes informations que les vignerons et que bon nombre d'entre eux n'avaient pas les capacités nécessaires pour interpréter les informations relatives au marché. Le nouveau dispositif devait encourager les échanges et l'analyse des informations ce qui, par voie de conséquence, pouvait améliorer l'efficience sur le marché.

Deux demandes d'autorisation formulées par la Furniture Manufacturers' Association of Australia (FMAA) (Association australienne des fabricants de meubles) ont été refusées ; elles visaient l'agrément d'une norme sur l'inflammabilité des meubles capitonnés. La Commission a estimé que les quelques avantages qui pouvaient en résulter étaient compensés par des inconvénients, tels que des sanctions très sévères en cas de non-respect du projet de code, des problèmes de santé et de sécurité liés aux substances chimiques utilisées dans les produits ignifugés ainsi qu'une majoration des prix des meubles. A son avis, les avantages pour le public seraient mieux assurés si la branche d'activité appliquait un programme volontaire. Par la suite, la FMAA a introduit une demande de réexamen auprès du Tribunal des pratiques commerciales.

L'Australian Transmission Rebuilders' Association (ATRA), qui exploite le National Reciprocal Warranty Program (Programme national de garantie mutuelle) pour la réparation des transmissions de moteurs automatiques a vu son autorisation prorogée de 5 ans. Aux termes du programme, les membres de l'ATRA sont convenus de réparer gratuitement les transmissions qui ont été précédemment remises en état par un autre membre de l'Association. Au titre de l'autorisation prorogée, la garantie offerte par l'ATRA est passée d'un an (ou 20 000 km) à trois ans (ou 60 000 km). La Commission a acquis la conviction que le dispositif présentait un certain nombre d'avantages pour les consommateurs.

Réexamen des autorisations

La Commission est habilitée à réexaminer et à révoquer les autorisations si elle constate une évolution importante des circonstances agissant sur la concurrence ou l'intérêt général dans les domaines en cause. Une réforme micro-économique, une restructuration des activités ainsi que de nouvelles technologies ont radicalement modifié au cours des quelques dernières années les conditions dans lesquelles opèrent plusieurs industries australiennes. La Commission a entrepris de réexaminer systématiquement à la lumière de ces modifications les autorisations accordées dans le passé.

La Commission a commencé à réexaminer une série d'autorisations qui visaient les arrangements conclus depuis un certain nombre d'années pour la distribution des journaux et des revues. Lorsqu'elle avait accordé l'autorisation, la Commission avait déclaré que ces accords étaient contraires à la concurrence mais qu'ils répondaient à l'intérêt général en instituant un système de distribution des publications à faible coût.

En 1991-92, les membres appartenant à un système d'agences de presse de l'État de Victoria se sont montrés prêts à libérer les accords de distribution. Ils proposaient d'introduire des modifications dans le système consistant en une séparation des fonctions de livraison et de vente au détail, une suppression des droits territoriaux, plus de souplesse dans les taux de commission, une réduction des pouvoirs du Newsagency Council, instance comprenant des représentants des éditeurs et des agences de presse, chargée d'appliquer le système réglementé.

La Commission réexamine les autorisations accordées à la Victorian Stock Agents Association (Association des éleveurs de l'État de Victoria) et à la Stock and Station Agents Association of New South Wales (Association des éleveurs et des fermiers de la Nouvelle Galles du Sud). La situation semble avoir sensiblement évolué depuis l'octroi des autorisations en 1984.

La Commission a également fait savoir qu'en 1992-93 elle procéderait à un réexamen des autorisations accordées dans les secteurs suivants : l'immobilier (barème d'honoraires, arrangements instituant une liste multiple et formulaires standard) ; le système d'autorisation appliqué par le Conseil des médias d'Australie ; l'Association internationale des transports aériens (tarifs et problèmes connexes).

Tribunal des pratiques commerciales

Le Tribunal des pratiques commerciales (le Tribunal) réexamine les décisions rendues par la Commission en matière d'autorisations et de notifications.

L'appel introduit devant le Tribunal en 1991 par McIlwraith McEacharn Ltd et Howard Smith Industries Pty Ltd a été suspendu en décembre 1991. Les parties avaient saisi le Tribunal après que la Commission eût réexaminé et révoqué une autorisation antérieure au motif que la situation avait sensiblement évolué. Par la suite, Howard Smith a demandé l'autorisation de racheter les activités de McIlwraith McEarcharn dans les services de remorquage de Melbourne (Melbourne Tug Services) et l'autorisation a été accordée.

Conaust Limited s'est pourvu devant le Tribunal pour un réexamen de la décision de la Commission lui refusant l'autorisation d'acquérir les opérations conteneurisées de Terminal Properties of Australia Pty Ltd dans le port d'Adélaïde. Aucune date pour une audience sur le fond n'a été fixée car le

Ministre de la marine de l'Australie méridionale a, en février 1992, engagé une procédure devant la Cour Suprême de l'État pour reprendre à Conaust le contrôle du terminal.

L'Association australienne des fabricants de meubles s'est pourvue en appel devant le Tribunal après que la Commission lui ait refusé, comme indiqué plus haut, l'autorisation d'appliquer une norme sur l'inflammabilité des meubles capitonnés. La décision n'est pas encore intervenue.

Échanges internationaux

Évolution de la situation sur le marché trans-Tasman

Dans le rapport annuel sur l'année 1990, il a été procédé à un examen assez détaillé du *Trade Practices (Misuse of Trans-Tasman Market Power) Act* (loi de 1990 sur les pratiques commerciales (exploitation abusive d'une position dominante sur le marché trans-Tasman) qui modifiait la loi de 1974 sur les pratiques commerciales par un élargissement des dispositions concernant l'abus de pouvoir économique (article 46) aux marchés trans-Tasman (marchés australiens ou néo-zélandais ou marchés combinés australiens-néo-zélandais pour les produits, ou pour les produits et les services, mais pas uniquement pour les services).

L'article 46A et les amendements connexes apportés à la loi sur les pratiques commerciales ont constitué des éléments législatifs majeurs pour le droit de la concurrence couvert par l'ANZCERTA -- *Australian New Zealand Closer Economic Relations Trade Agreement* -- (Accord commercial sur le resserrement des relations économiques entre l'Australie et la Nouvelle-Zélande) qui prévoit l'élimination progressive des obstacles au commerce trans-Tasman. L'article 46A a été promulgué après la signature d'un protocole sur l'accélération du libre-échange de produits entre les deux pays. Le protocole prévoyait que des mesures antidumping ne seraient plus de mise à partir de la libéralisation des échanges des produits le 1er juillet 1990 et de l'application des lois relatives à la concurrence à tout comportement anticoncurrentiel affectant l'échange de biens trans-Tasman.

Les Gouvernements australien et néo-zélandais ont signé le 1er juillet 1988 un Mémorandum d'accord sur l'harmonisation du droit des affaires à l'issue du Réexamen de l'ANZCERTA de 1988. Le Mémorandum d'accord stipule que les deux Gouvernements doivent "examiner les possibilités d'harmoniser les lois commerciales et les pratiques de réglementation, notamment la suppression de tout obstacle qui aurait été identifié". Comme il était affirmé dans le Mémorandum, le processus d'harmonisation a pour objectif de créer des conditions commerciales bénéfiques pour tous, y compris la suppression de tous obstacles au commerce qui peuvent résulter des différences entre les lois commerciales et les pratiques de réglementation des deux pays. Pour être effective, l'harmonisation n'exige pas nécessairement que les lois des deux pays se copient mutuellement ni que l'on applique le "plus petit commun dénominateur". Le processus d'harmonisation implique que les lois commerciales soient examinées de façon à identifier, en premier lieu, celles de leurs disposition dont la diversité a conduit à un accroissement des coûts de transaction et, en second lieu, celles dont l'harmonisation permettrait de réduire sensiblement ces coûts.

Le Comité directeur des fonctionnaires chargé d'identifier les secteurs du droit des affaires pouvant donner lieu à une harmonisation (conformément au Mémorandum d'entente) a présenté en juillet 1992 son rapport au gouvernement australien dans lequel il formulait les recommandations suivantes :

-- Réunion des représentants des groupements d'intérêts australiens et néo-zélandais qui donneraient leur avis sur les problèmes concrets ayant pu se poser en raison des seuils différents fixés, d'une part dans les articles 36 et 36A du Commerce Act de Nouvelle-Zélande (NZCA : "position dominante" sur le marché) et, d'autre part, dans les articles 46 et 46A de la loi australienne sur les pratiques commerciales (TPA : Abus d'une position permettant de contrôler substantiellement un marché) ;

-- Modification de l'article 36A du NZCA et de l'article 46A du TPA de façon à en étendre l'application à l'utilisation anti-concurrentielle d'un pouvoir de marché à l'encontre d'une personne opérant ou se proposant d'opérer sur un marché de services exclusivement (ces articles étaient limités aux marchés de biens, ou de biens et de services, en raison de l'énoncé de l'article 4 du Protocole ci-dessus qui ne visait que le "libre-échange de produits") ;

-- Elargissement des pouvoirs d'enquête conférés à la Commission des pratiques commerciales par l'article 155A (pouvoir d'obtenir des informations et des documents en Nouvelle-Zélande lorsqu'il s'agit de marchés trans-Tasman) et par l'article équivalent 98H du NZCA, à l'interdiction visant les pratiques commerciales restrictives et les fusions stipulées dans le NZCA et le TPA ;

-- Elargissement des conditions d'application et du cadre de procédure définies pour l'article 46A et l'article 36A à toutes les interdictions actuelles contre le comportement anti-concurrentiel dans la NZCA et la TPA. Les réformes de procédure devraient être renforcées - notamment l'obtention de preuves dans l'autre pays par téléphone ou liaison vidéo, l'exécution trans-Tasman des citations à comparaître dans des procédures civiles autres que dans les affaires relevant du droit de la famille, et la fourniture de la preuve de l'existence de lois et de documents publics officiels dans l'autre pays, par des moyens sensiblement analogues à ceux prévus dans la Partie VA de l'Australian Evidence Act (loi australienne sur la preuve) et dans le New Zealand Judicature Amendment Act (loi portant modification de la procédure judiciaire en Nouvelle-Zélande) ;

-- Décision de ne prendre aucune mesure à ce stade pour élargir aux marchés trans-Tasman, la portée des interdictions de comportement anti-concurrentiel mais de suivre de très près l'évolution de la situation ;

-- Décision de ne pas modifier actuellement l'article 51(2)(g) de la TPA et l'article 44(1)(g) du NZCA qui prévoit une exemption de l'application des dispositions relatives aux pratiques commerciales restrictives de l'une et l'autre loi pour les accords qui portent exclusivement sur l'exportation des produits ou la prestation de services dans des territoires extérieurs aux deux pays, mais d'envisager leur suppression pour le commerce trans-Tasman s'il était décidé d'étendre aux marchés trans-Tasman d'autres dispositions relatives aux pratiques commerciales restrictives ;

-- Le Comité directeur se prononce contre l'établissement d'une nouvelle autorité unique trans-Tasman ou d'un mécanisme commun chargé d'examiner conjointement les fusions car on ne sait pas exactement si les avantages d'un régime trans-Tasman propre aux fusions compensent les inconvénients de ce projet ;

-- L'existence de l'interdiction per se des accords de vente forcée de l'article 47 du TPA ne soulève pas un problème important d'harmonisation et sa présence dans cette loi traduit essentiellement une question de politique intérieure propre à l'Australie, mais la question devra être suivie de près ;

-- La décision rendue par la Haute Cour de Nouvelle-Zélande dans l'affaire *Fisher & Paykel contre Commission du commerce* [1990] 2 NZLR 731 ne prouve pas qu'il soit nécessaire d'introduire des amendements législatifs pour harmoniser les dispositions traitant des pratiques d'exclusivité (la Haute Cour de NZ avait estimé que les pratiques d'exclusivité de Fisher & Paykel n'avaient pas eu pour effet de réduire sensiblement la concurrence au sens de l'article 27 du NZCA. Cette décision a suscité quelques critiques en Australie faisant valoir qu'elle avait eu pour effet de limiter l'accès des fabricants australiens au marché néo-zélandais alors que leurs homologues néo-zélandais ne faisaient l'objet d'aucune restriction du même ordre. Le Comité estime que le résultat n'aurait pas été différent même si le NZCA contenait une disposition énoncée dans les mêmes termes que l'article 47 du TPA ;

-- Les ministres notent que le projet de majoration des amendes en Australie contribuera à en harmoniser le montant dans le NZCA et le TPA ;

-- L'Australie envisage de doter la Cour fédérale des pouvoirs nécessaires pour édicter des règles permettant à un tribunal d'avoir recours à des assesseurs lorsqu'il s'agit d'évaluer des preuves à caractère économique ;

-- Nécessité de réformer la loi australienne sur la preuve surtout lorsqu'il s'agit de preuves concernant des problèmes économiques, et nécessité pour l'Australie et la Nouvelle-Zélande d'œuvrer en faveur d'une uniformisation ou d'une harmonisation substantielle des lois relatives aux problèmes de preuve secondaires et aux registres commerciaux de façon que l'adoption de pratiques modernes pour la gestion des registres permette de se conformer aux lois dans les deux pays.

Application extra-territoriale de la loi antitrust américaine

En 1992, l'Australie (par le truchement du Comité du droit et de la politique de la concurrence de l'OCDE et par voie diplomatique à Washington) a fait part au gouvernement des États-Unis de ses préoccupations devant la façon dont la politique antitrust américaine a récemment évolué ; cette politique revient à dire que le Ministère de la justice pourrait engager une action en exécution contre un comportement d'un pays étranger ayant un effet contraire sur les exportations des États-Unis. Ces préoccupations rejoignent celles qu'avait déjà suscitées en Australie l'application des lois antitrust américaines au plan international ; l'Australie estime que la meilleure façon de régler les problèmes des obstacles au commerce d'exportation américain est de recourir à des négociations commerciales appropriées et non d'affirmer unilatéralement que le droit antitrust américain est applicable.

Il est pris note que le Ministère de la justice des États-Unis va poursuivre sa politique qui consiste à se conformer aux usages de courtoisie internationale lorsqu'il prend des décisions d'exécution au titre de lois antitrust, décisions qui peuvent influer sensiblement sur les intérêts légitimes d'un autre gouvernement. Le gouvernement australien est certes sensible à cette précision, mais celle-ci n'aura pas d'effet sur les parties non gouvernementales qui, fortes de ce changement de politique, risquent d'être encouragées à engager des actions en dommages et intérêts au triple.

L'Australie a la conviction que les États-Unis continueront de lui adresser des notifications et d'organiser avec elle des consultations conformément aux lignes directrices de l'OCDE et à l'Accord de 1982 entre l'Australie et les États-Unis sur la coopération dans les affaires antitrust si le Ministère de la justice, ou la Commission fédérale du commerce, décidait d'engager une action ou une enquête quelconque dans le cadre de cette nouvelle politique.

Autorisations au titre de l'Article 5

Comme on l'a indiqué dans les rapports annuels précédents, l'article 5 du TPA prévoit actuellement une application extraterritoriale limitée dans les cas prévus par le dit article. Il est admis que cette application extraterritoriale risque d'empiéter sur l'application des législations ou des politiques étrangères en vigueur dans le pays où a été constaté le comportement en cause. Lorsqu'il a engagé une procédure au titre de la loi, le Gouvernement peut tenir compte de l'intérêt du pays étranger et, au besoin, engager des consultations avec le Gouvernement de ce pays. Mais dans le cas d'une procédure privée, il est extrêmement improbable que des consultations de ce genre puissent avoir lieu. Pour remédier à cette situation, l'Article 5 prévoit, dans ses paragraphes 3 et 4 qu'une personne ne peut ni invoquer un comportement extraterritorial ni demander que soit prise une ordonnance concernant ce comportement sans l'autorisation préalable du Procureur général.

Le Ministère a traité pendant l'année plusieurs requêtes introduites au titre de l'Article 5, par des parties privées qui demandaient au Procureur général d'autoriser des particuliers à se prévaloir du comportement extraterritorial dans des procédures engagées en application du TPA. Le Procureur général se prononce après avoir déterminé si le comportement prétendument contraire aux dispositions de la loi était nécessaire ou expressément autorisé par la loi du pays étranger en cause et s'il est de l'intérêt national d'accorder l'autorisation.

Dans la plupart des cas, le comportement incriminé consistait en des fausses présentations (comportement trompeur ou induisant en erreur, visé à l'Article 52 du TPA), et non un comportement interdit par les dispositions relatives aux pratiques commerciales restrictives.

III. Affaires importantes

Contrats, arrangements ou accords limitant les opérations ou affectant la concurrence (Article 45)

Association des stations-service de la Nouvelle Galles du Sud

La Commission a engagé en octobre 1991 une action contre l'association des stations-service de la Nouvelle-Galles du Sud et contre deux de ses dirigeants. Elle a allégué que les défendeurs avaient essayé d'inciter les exploitants de stations-service à conclure un arrangement entre eux afin d'accroître les marges de détail sur les ventes d'essence à Sydney. La Commission a déclaré que les défendeurs adhéraient à un programme national mis en place par les revendeurs d'essence pour accroître les marges à l'occasion d'une campagne sur le thème "L'essence, source de prospérité" (prosper from petrol).

En juillet 1992, le Tribunal a débouté la Commission estimant que l'Association des stations-service avait publié des prix conseillés, mais qu'il n'existait entre les négociants aucun accord de pratiquer ces prix et que rien ne prouvait que des sanctions ou l'application des prix aient été envisagées : un accord ou un arrangement général visant simplement à accroître les marges par rapport à celles existants auparavant ne pouvait raisonnablement constituer un accord ou un arrangement visant à fixer, contrôler ou maintenir des prix.

La Commission s'est pourvue en appel en août devant la Cour fédérale.

Abus d'un pouvoir de marché (article 46)

Singapore Airlines Limited contre Taprobane Tours WA Pty Ltd

En décembre 1991, un arrêt a été rendu en appel dans l'affaire *Singapore Airlines Limited contre Taprobane Tours WA Pty Ltd*, et le demandeur est parvenu à faire renverser une décision le déclarant coupable d'avoir enfreint l'article 46 de la loi. Le Tribunal de première instance avait jugé que Singapore Airlines avait abusé de son pouvoir de marché en 1987 en évinçant Taprobane Tours WA Pty Ltd du marché lucratif des voyages organisés au départ des états de l'est vers les Iles Maldives. Taprobane pouvait uniquement vendre en gros ses services vers les Iles Maldives, pour des voyages organisés au départ de l'Australie occidentale.

La Cour fédérale a déclaré que le marché considéré, notion essentielle pour l'issue de la procédure, avait été défini de façon trop étroite et que le juge n'avait pas examiné dans quelle mesure la capacité de Singapore Airlines à influer sur les prix de gros et de détail était limitée par les voyages sur d'autres destinations. Elle a conclu que Singapore Airlines ne détenait pas un pouvoir substantiel sur le marché considéré.

Computermate Products (Aust) Pty Ltd contre Broderbund Software Inc. et Dataflow Computer Services

Computermate Products (Aust) Pty Ltd a introduit une demande reconventionnelle en soutenant que Broderbund Software Inc. et Dataflow Computer Services avaient abusé de leur pouvoir de marché en engageant une action devant les tribunaux pour l'empêcher de procéder à des importations parallèles illicites vers l'Australie d'un certain programme de logiciel. Computerland n'avait pas réussi à établir que Broderbund ou Dataflow détenait un pouvoir substantiel sur l'un ou l'autre des marchés considérés pour le programme logiciel en cause. La Cour fédérale a jugé qu'il n'existait pas d'obstacle important à l'accès aux marchés de gros ou de détail pour le logiciel destiné à des programmes pédagogiques ou à des jeux. Il n'y avait pas non plus de preuve qu'un accord de vente liée ait créé un obstacle de ce genre. La question de l'abus de pouvoir économique n'a pas été évoquée car il a été constaté qu'aucune des sociétés ne détenait un pouvoir de marché important.

Dowling contre Dalgety Australia

Un courtier en bestiaux qui avait demandé son adhésion à une Association de vendeurs de cheptel a vu sa demande rejetée par les chambres d'agriculture, membres de cette association au motif que les halles où avaient lieu les ventes aux enchères étaient leur propriété et qu'elles n'avaient pas l'intention d'autoriser les non-propriétaires des locaux à les utiliser pour y vendre du cheptel. Le courtier a invoqué des infractions à l'article 45 (accords visant à restreindre sensiblement la concurrence) et à l'article 46 (abus de pouvoir économique).

Le Tribunal a rejeté la demande du courtier. S'agissant de l'article 45, le Tribunal a estimé que les propriétaires de la halle n'avaient pas eu l'intention de restreindre sensiblement la concurrence sur le marché de la commercialisation du cheptel : ils souhaitaient uniquement faire en sorte que leur actif commun ne soit pas partagé avec d'autres. En ce qui concerne l'Article 46, il ne leur était pas apparu que les propriétaires de la salle de vente aient détenu un pouvoir de marché substantiel ; en effet, bien que l'on puisse, lorsque l'on examine le pouvoir économique d'une société, tenir compte non seulement de son pouvoir individuel mais aussi du pouvoir supplémentaire qu'elle détient par le biais d'accords, d'arrangements ou de contrats avec d'autres, les propriétaires de la halle ne détenaient pas en l'espèce le pouvoir de marché nécessaire.

Eastern Express contre General Newspapers

Comme indiqué dans le précédent Rapport annuel, le propriétaire d'un journal de banlieue, l'"Eastern Express", soutenait que les actionnaires de "Wentworth Courier" avaient pratiqué une politique de "prix d'éviction", en infraction à l'article 46, en matière de tarifs publicitaires pour l'immobilier. Le Tribunal a conclu que si même la notion de pouvoir substantiel sur un marché peut s'étendre au bénéfice que retire une société des accords, arrangements ou contrats conclus avec d'autres sociétés (comme c'était le cas pour la société en nom collectif en cause), on ne pouvait dire en l'espèce que le "Wentworth Courier" détenait le pouvoir de marché nécessaire : après l'entrée de l'"Eastern Express" sur le marché, le "Wentworth Courier" ne pouvait fixer ses tarifs publicitaires, quelles qu'aient été les actions de son concurrent, et ne pouvait agir de façon indépendante, de sorte que la question d'un abus de pouvoir de marché substantiel ne se posait pas.

Prix de vente imposés (Article 48)

ICI Australia Operations Pty Ltd

La Commission a engagé en juillet 1990 une action contre ICI Australia Operations Pty Ltd, alléguant que cette société pratiquait des prix de vente imposés en violation de l'Article 48 de la TPA. En novembre 1991, la société a été condamnée à verser une amende globale de 250 000 dollars australiens pour avoir enfreint à quatre reprises l'Article 48, et l'engagement qu'elle avait pris d'informer son personnel sur les obligations qu'il avait au titre du TPA a été sérieusement contesté par la Cour fédérale.

La Commission soutenait que ICI pratiquait des prix de vente imposés lorsqu'elle s'efforçait d'inciter une coopérative de gros et l'un de ses membres revendeurs à ne pas vendre ses deux principaux herbicides agricoles, Fusilade et Sprayseed, à des prix inférieurs aux prix spécifiés.

ICI a reconnu s'être rendue coupable de quatre infractions. Pour le juge Olney de la Cour fédérale, il était inadmissible qu'une grosse société occupant une place importante dans le milieu des affaires enfreigne une disposition fondamentale de la loi. Plusieurs éléments montraient qu'il fallait lui infliger une forte amende :

-- les prix de vente imposés traduisaient "un comportement concerté de la part de personnes ayant des responsabilités de gestion", et non des actes isolés, commis par inadvertance par des employés subalternes ;

-- les produits en cause faisaient l'objet d'une forte demande dans le monde agricole ;

-- ce n'était pas la première fois qu'une société appartenant au groupe ICI était reconnue coupable de pratique de prix de vente imposés -- en 1983, ICI Petrochemicals Ltd avait été condamnée à une amende de 20 000 dollars australiens pour avoir tenté de contrôler le prix de vente Baquacil.

Par la suite, ICI a fait appel devant la Cour fédérale en demandant le rejet des injonctions. La Commission a introduit un appel reconventionnel demandant que ces injonctions soient confirmées en des termes plus compréhensibles pour les milieux d'affaires dans le sens le plus large. Les appels ont été examinés en juin 1992 et le jugement a été suspendu.

Penfolds Wines Pty Ltd

Comme indiqué dans le dernier rapport, la Commission s'était pourvue en appel devant la Cour fédérale de Perth, dans l'affaire dans laquelle elle soutenait que Penfolds Wines Pty Ltd et deux de ses responsables pratiquaient des prix de vente imposés. En décembre 1991, la Cour fédérale a débouté la Commission.

La Cour fédérale a confirmé la décision du juge Lee, constatant que Penfolds n'avait pas enfreint la loi sur les pratiques commerciales et qu'elle n'avait pas fixé de prix réel auquel un grossiste en boissons alcoolisés pouvait vendre un produit Penfolds. Le fait d'inciter à accroître le prix ne peut être assimilé à la pratique de prix de vente imposés visée à l'Article 96(3) du TPA.

Boycottage secondaire (Article 45D et E)

Australasian meat industry employees union contre meat and allied trades federation of Australia

La décision accusant Australasian Meat Industry Employees Union (AMIEU) d'avoir enfreint les dispositions du TPA relatives au boycottage secondaire a été infirmée en appel par la Cour fédérale. En première instance, la Cour fédérale avait jugé que les arrêts de travail observés par les ouvriers de l'industrie de la viande dans un certain nombre d'abattoirs du Queensland et de l'État de Victoria constituaient un boycottage secondaire, en violation de l'Article 45D du TPA. Elle avait estimé que les arrangements et les accords entre le syndicat et ses membres étaient conçus pour et allaient probablement avoir pour effet d'empêcher dans une large mesure les divers exportateurs dans les abattoirs desquels survenaient ces arrêts de travail d'avoir des activités dans le commerce de la viande entre l'Australie et des régions extérieures à l'Australie.

S'appuyant sur la décision rendue par la Haute Cour dans l'affaire *Devenish contre Jewel Food Stores Pty Ltd* (1991), la Cour fédérale siégeant toutes chambres réunies a estimé que le comportement des requérants ne tombait pas sous le coup de l'alinéa (1)(b) de l'Article 45D. Elle a accepté des arguments selon lesquels le refus des employés de préparer la viande empêchait les employeurs de procéder à leurs approvisionnements, mais qu'en tant que tel, ce refus ne dissuadait pas et n'empêchait pas les clients d'acheter de la viande. La Cour fédérale a également rejeté les arguments invoqués par la Meat and Allied Trades Federation, à savoir que les employés des divers abattoirs avaient agi de concert et en vue d'un objectif commun. Ces griefs n'étaient pas soutenus par des preuves.

La Cour a conclu que si les arrêts de travail avaient peut-être bien été prévus pour faire perdre de l'argent aux employeurs, le principal motif de l'action des syndicats était de persuader les employeurs de faire droit à leurs revendications.

Attaques contre les pouvoirs d'enquête de la Commission des pratiques commerciales

Pendant l'année, plusieurs sociétés se sont attaquées aux pouvoirs d'enquête accordés à la Commission au titre de l'Article 155 de la loi. Aux termes de cet article, la Commission est habilitée à exiger d'une personne qu'elle fournisse des informations ou des documents et/ou assiste au procès pour fournir des preuves sous serment ou par déclaration solennelle. Cet article stipule aussi que la Commission peut autoriser l'un des membres de son personnel à pénétrer sur des lieux, à examiner tous documents et/ou à en prendre copie.

En décembre 1991, Mayne Nickless Limited s'est pourvue devant la Cour fédérale en attaquant les notifications que lui avait adressées la Commission en novembre lors de son enquête sur un accord ou arrangement présumé entre des compagnies de transport. La procédure a été par la suite suspendue et Mayne Nickless a pris l'engagement de se conformer aux notifications.

Des compagnies de transport -- TNT Australia Pty Ltd, Ansett Transport Industries (Operations) Pty Ltd et J McPhee & Son (Australia) Pty Ltd -- ont attaqué les notifications dont elles avaient fait l'objet au titre de l'Article 155 à l'occasion de la même enquête. Les procédures, engagées en novembre 1991, se poursuivent.

En mars 1992, plusieurs compagnies d'assurance-maladie de Tasmanie ont attaqué des notifications que la Commission avait édictées à leur encontre au titre de l'Article 155 dans le cadre de son enquête sur un comportement présumé anticoncurrentiel dans cette branche d'activité. En avril, les assureurs ont accepté de ne pas poursuivre la procédure et de couvrir les coûts de la Commission. Les enquêtes ont repris leur cours.

IV. Fusions et concentration

Résumé des activités

L'Article 50 de la loi sur les pratiques commerciales interdit les fusions dès lors qu'elles auraient pour effet de conférer à la société absorbante une domination sur le marché ou d'accroître une domination qu'elle exerce déjà. La Commission a examiné 103 fusions ou projets de fusions en 1991-92. Dans 58 cas, il s'agissait de fusions horizontales, l'une était une fusion verticale, 23 des changements dans des participations et 10 des acquisitions par de nouveaux venus sur un marché. Dans trois cas, les projets ont été abandonnés ou modifiés en tenant compte des préoccupations de la Commission. Trois autres ont fait l'objet de demandes d'autorisation auprès de la Commission et dans un de ces cas l'autorisation a été refusée (la demande introduite par Conaust, évoquée plus haut sous la rubrique "Autorisation", a été rejetée).

Fusions importantes

Tourang Limited/John Fairfax Group

La Commission a examiné les effets sur les marchés en cause des trois offres d'achat du Groupe de journaux John Fairfax. Ces trois offres -- émanant de Tourang Limited (par l'intermédiaire d'un consortium regroupant la Consolidated Press Holdings de M. Kerry Packer et l'éditeur canadien Conrad Black), d'Independent Newspapers et du groupe Australian Independent Newspapers (AIN) -- paraissaient avoir enfreint éventuellement l'Article 50.

Comme Fairfax semblait dominer le marché des petites annonces classées à Melbourne, à Sydney, ou dans les deux villes, la Commission craignait que l'une quelconque de ces offres ne place l'acquéreur dans une position plus forte que celle de Fairfax pour dominer le marché considéré. L'offre de Tourang lui paraissait particulièrement préoccupante car Consolidated Press détenait déjà des intérêts considérables dans la télévision et les revues. Par la suite, M. Packer s'est retiré de Tourang Limited, apaisant ainsi les craintes de la Commission.

Westpac Banking Corporation/AMP Society

Une "alliance stratégique" entre Westpac Banking Corporation et l'AMP Society, par laquelle les deux sociétés ont décidé de concentrer leurs activités et de ne pas se faire concurrence sur leurs principaux marchés respectifs, a éveillé les préoccupations de la Commission. L'accord par lequel Westpac avait acquis auprès d'AMP les activités de banque avec le public, celle-ci prenant le contrôle de la filiale assurance-vie de Westpac, n'était pas contraire à l'article 50 car il n'avait pas abouti à la création d'une société dominante.

La Commission était préoccupée par une clause de non concurrence et des dispositions d'exclusivité figurant dans l'accord de vente, mais les deux compagnies soutenaient qu'elles étaient exonérées par l'article 51(2)(e) de la loi qui prévoit une dérogation spéciale aux dispositions relatives à la concurrence lorsque ces clauses ont uniquement pour objet de protéger l'acquéreur sur le plan de la notoriété. La Commission ne disposait pas de preuves suffisantes pour établir que ces clauses en tant que telles limitaient sensiblement la concurrence.

BHP/New Zealand Steel

La Commission a décidé de ne pas s'opposer à une proposition faite en 1992 par Broken Hill Proprietary Limited (BHP) d'acheter les actions de New Zealand Steel que la société australienne n'avait pas acquises lors d'une offre de prise de contrôle en 1989. La Commission s'était opposée à l'offre précédente devant la Cour fédérale la jugeant contraire à l'article 50 car elle aurait renforcé sensiblement la position de BHP sur le marché australien de certains produits sidérurgiques. Cette affirmation n'a pas été maintenue dans la procédure devant les tribunaux. L'affaire a été réglée lorsque BHP s'est engagée à ne pas contrarier les efforts de New Zealand Steel pour acquérir une nouvelle technologie et à demander l'accord de la Commission si elle avait l'intention d'accroître sa participation dans New Zealand Steel.

Lorsque BHP a lancé sa deuxième offre, la Commission a décidé de ne pas s'y opposer au motif que les projets de réduction de droits de douane accroîtraient probablement la concurrence des importations sur le marché sidérurgique. De plus, il est apparu que New Zealand Steel connaissait des difficultés financières et que BHP était le seul acheteur sérieux.

General Motors Corporation (Australia)/Toyota Motor Corporation

Un projet de General Motors Corporation et Toyota Motor Corporation visant à fusionner leurs activités de construction de voitures pour particuliers en Australie n'a pas suscité d'interrogations quant à une domination du marché. L'ampleur des importations et de la concurrence dans l'industrie automobile en Australie ferait contrepoids à la nouvelle entité.

Spicers Paper Limited/Edwards Dunlop and Company Ltd

La Commission ne s'est pas opposée à une proposition de fusion entre les deux principaux fabricants de papier d'Australie, Spicers Paper Limited et Edwards Dunlop and Company Ltd. Selon la Commission, la nouvelle entité serait bien propriétaire de plusieurs marques réputées, mais ses possibilités de contrôler le marché seraient limitées par le fait que ce sont les prix et la qualité qui détermineraient en définitive la décision des acheteurs.

Fusion des activités maritimes dans le détroit de Bass

La Commission ne s'est pas opposée à un projet de fusion des activités maritimes dans le détroit de Bass, envisagé par ANL Searoad Holdings Pty Ltd et Union Shipping Australia Ltd. La Commission a conclu que l'entreprise commune ne serait pas en mesure de dominer le marché car elle serait en butte à la concurrence exercée par Brambles, concurrent bien armé et à celle de deux exploitants de moindre envergure. De plus, l'entreprise commune ne contrôlerait ni les services portuaires, ni les contrats avec les gros chargeurs ni les besoins des chargeurs de moindre dimension.

V. Mesures réglementaires, commerciales et industrielles

Le Gouvernement poursuit ses réformes micro-économiques dans le cadre du programme de déréglementation et d'ajustement structurel. La Commission des pratiques commerciales joue un rôle capital dans l'application du droit de la concurrence dans les secteurs déréglementés. Les services du Procureur général s'emploient à appliquer le plus largement possible et en tant que de besoin les politiques de la concurrence, et contribuent à l'élaboration de la politique gouvernementale à l'égard des secteurs déréglementés.

Le Comité ministériel sur l'ajustement structurel

Le Comité ministériel sur l'ajustement structurel, établi par le gouvernement en 1987, continue de contrôler l'élaboration des politiques sur toutes les questions qui affectent l'efficience de l'économie, l'objectif étant de respecter le calendrier fixé par le gouvernement pour sa réforme micro-économique.

L'évolution de la situation dans certains secteurs déréglementés est exposée ci-après dans ses grandes lignes :

Télécommunications

Au cours de la période examinée, le programme du Gouvernement visant à introduire la concurrence dans les télécommunications a sensiblement progressé.

La loi de 1991 sur les télécommunications, qui établit une structure de réglementation favorable à la concurrence, a pris effet le 1er juillet 1991. Elle prévoit notamment l'octroi de licences d'exploitation à des transporteurs de réseau général et à des transporteurs publics mobiles en concurrence ; des mesures de protection globales (notamment en ce qui concerne l'accès, l'interconnexion, le numérotage, la présélection, la séparation des comptes, les pouvoirs et immunités, la fixation des tarifs) afin d'encourager la concurrence entre les entreprises de transmission ; une concurrence accrue entre les prestataires de services grâce à des dispositions non discriminatoires et des possibilités de revente des services nationaux et internationaux ; enfin la libre-concurrence dans l'offre des Public Access Cordless Telecommunications Services (PACTS ou CT-2) (Services de télécommunications publics sans cordon). La concurrence a été maintenue pour l'offre d'équipement et de câblage des moyens.

Le Gouvernement a accordé des licences pour le réseau général et les services publics mobiles à l'Australian and Overseas Telecommunications Corporation (AOTC) et à Optus Communications. Utilisant les installations de l'AOTC, Optus a commencé à proposer des services mobiles en juin 1992 et devrait commencer à offrir des services fixes en décembre 1992. Elle a également entrepris la construction de son propre réseau.

Au cours de la période examinée, le Gouvernement a également engagé une procédure permettant de sélectionner un troisième transporteur public mobile d'ici la fin de 1992 qui pourrait commencer à opérer en juillet 1993.

Une instance de réglementation indépendante, l'Australian Telecommunications Authority (AUSTEL), en consultation avec la Commission des pratiques commerciales, applique le droit de la concurrence dans le secteur. Aux termes de la *Loi sur les télécommunications,* cette instance a pour tâche spécifique de favoriser la concurrence et de faire rapport au Gouvernement sur la façon dont fonctionnent les mécanismes de protection de la concurrence. Certains accords notamment en ce qui concerne des interconnexions entre transporteurs bénéficient, aux termes de cette loi, d'une exemption à l'application des dispositions de la partie IV du TPA.

Activités portuaires

Au cours de l'année dernière, l'évolution consistant, dans le secteur de la manutention, à passer du régime sectoriel de l'emploi à un régime de recrutement par l'entreprise a été presque achevée. Ceci a permis aux entreprises de manutention opérant dans tous les ports de villes capitales et dans la plupart des ports régionaux d'adopter des pratiques d'exploitation plus souples et plus rentables.

L'amélioration de la productivité bénéficie aux utilisateurs directs des installations portuaires, ce qui assure une meilleure fiabilité des services de transport maritime, une rotation plus rapide des navires, ainsi qu'une baisse, dit-on, de 20 à 25 pour cent par rapport aux tarifs 1990/91 pour les frais de manutention lors de la conclusion de nouveaux contrats ou du renouvellement de contrats anciens.

L'évolution des structures étant bien engagée dans les ports, les autorités s'attachent actuellement à garantir que les avantages de la réforme soient répercutés sur les usagers sous la forme d'une réduction des coûts et d'une amélioration des services. La Prices Surveillance Authority (Autorité chargée de surveiller les prix) a joué un rôle important pour que le transfert de ces avantages aux usagers soit effectif. Elle suit l'évolution des principaux frais de manutention et elle devait présenter en septembre 1992 un rapport sur les montants perçus par les armements et les conférences maritimes pour les prestations à terre.

Les gouvernements des États progressent dans la commercialisation des opérations assurées par leurs autorités portuaires, et ils mettent en place des structures qui permettent aux autorités portuaires d'opérer de façon plus rentable.

Au cours des deux dernières années, ces mesures ont permis d'améliorer la productivité et l'efficience des opérations portuaires et de réduire globalement les retards dans l'accueil des navires. Pour soutenir ce processus de réforme, la Commission a ouvert une enquête sur les services et les activités des autorités portuaires et elle doit présenter d'ici mars 1993 un rapport sur les accords soumis à l'influence des pouvoirs publics qui conduisent à une utilisation inefficiente des ressources.

Aviation

La déréglementation de l'industrie des transports aériens intérieurs intervenue en octobre 1990 a eu pour effet d'intensifier la concurrence entre Ansett, Australian Airlines, Eastwest et un nouvel entrant, Compass Airlines. Compass Airlines a cessé ses activités en décembre 1991.

La première année qui a suivi la déréglementation, les tarifs aériens sur les principales routes inter-États ont baissé et les compagnies aériennes ont acheminé un nombre record de 16.7 millions de passagers.

Dans son rapport sur la faillite de Compass Airlines, la Commission a jugé que la principale raison était que cette compagnie avait mal apprécié les possibilités du marché aérien intérieur. Sa stratégie consistant à concurrencer par les prix les deux compagnies déjà implantées, alors qu'elle ne disposait que d'un capital limité était, étant donné les circonstances, inévitablement vouée à l'échec.

Malgré la faillite de Compass Airlines, le marché des transports aériens inter-États est resté compétitif et les compagnies aériennes ont continué de proposer d'importants rabais. A la fin de mars 1992, les tarifs moyens pratiqués sur les principales routes intérieures étaient d'environ 20 pour cent inférieurs à ce qu'ils étaient avant la déréglementation d'octobre 1990. Le nombre de passagers transportés sur les principales routes au cours de l'année se terminant en juin 1992 a été de 16 pour cent supérieur à celui de l'année précédente. Dans ce chiffre entrait un nombre important de passagers qui prenaient l'avion pour la première fois.

Une nouvelle compagnie aérienne, utilisant le nom de Compass Airlines, a entrepris d'exploiter des vols sur les principales routes de la côte orientale, avant de les étendre vers la côte occidentale et d'autres aéroports en juillet 1993.

Dans le cadre de sa déclaration de février 1992 intitulée "Une seule nation", le Gouvernement a annoncé une stratégie et un calendrier pour la poursuite de la réforme dans l'industrie aéronautique australienne. Cette stratégie doit faire tomber la barrière entre les secteurs aéronautiques intérieur et international de l'Australie et ouvrir la voie au développement d'un marché unique avec la Nouvelle-Zélande.

Principaux faits importants propres au secteur du transport aérien :

-- ouverture par le Gouvernement de discussions avec la Nouvelle-Zélande sur l'établissement éventuel d'un marché aérien unique avec ce pays et sur les étapes intermédiaires de cette évolution ;

-- vente d'Australian Airlines à Qantas et projet de cession de toute l'entité résultant de la fusion ;

-- mise en place d'une structure permettant de mettre en oeuvre une politique de désignation multiple de compagnies aériennes internationales australiennes, y compris l'adoption par le Parlement d'une loi portant création à partir du 1er juillet 1992 de l'International Air Services Commission (Commission sur les services aériens internationaux) chargée de répartir la capacité de transport internationale et les droits d'exploitation entre les compagnies aériennes internationales de l'Australie.

Radiodiffusion

En 1991/92, le principal fait nouveau intervenu dans la politique de la radiodiffusion a été le Broadcasting Services Act (Loi sur les services de radiodiffusion) déposé devant le Parlement le 4 janvier 1992 et adopté le 26 juin de la même année. La nouvelle loi actualise enfin la loi de 1942 sur la radiodiffusion et tend à définir une structure de réglementation pour ce secteur qui doit permettre à l'Australie d'aborder le nouveau siècle. Les dispositions relatives à la télévision payante ont été supprimées et soumise à un Comité restreint du Sénat pour plus ample examen.

Certes, le Broadcasting Services Act de 1992 continue à imposer des obligations aux entreprises de radiodiffusion, mais ses dispositions ont été replacées dans le cadre de la réforme élargie du Gouvernement et elles visent à promouvoir une concurrence raisonnable et un ajustement structurel dans le secteur en permettant à celui-ci de tirer profit des nouvelles technologies à mesure qu'elles deviennent exploitables. Pour la première fois, une législation sur la radiodiffusion fixera des objectifs définissant clairement les résultats que le Parlement souhaite voir découler de la réglementation de ce secteur. La plupart des dispositions de la loi de 1992 ainsi que les dispositions législatives provisoires connexes entreront en vigueur le 5 octobre 1992.

L'une des caractéristiques du cadre de réglementation mis en place par la loi est l'accent mis sur la nécessité de traiter chacun des différents services de radiodiffusion de façon cohérente mais pas nécessairement uniforme.

Cette approche reconnaît que les divers médias ainsi que leurs services d'information et de variétés peuvent influencer différemment le public australien.

Par exemple, une radiodiffusion libre est plus omniprésente et plus persuasive qu'une chaîne thématique -- aussi les réglementations applicables doivent-elles tenir compte de l'influence potentielle de chacune.

S'agissant du contrôle sur la propriété et de la politique de la concurrence, les principales dispositions nouvelles de la loi sont les suivantes :

-- Trois services de télévision commerciale au plus seront autorisés sur le marché, sous réserve d'un réexamen avant le milieu de 1997, des avantages qui pourraient en résulter au plan national si dans chaque zone couverte par une licence, ce chiffre était supérieur à trois.

-- La participation étrangère est limitée à 15 pour cent s'il s'agit d'une personne physique et à 20 pour cent au total, le nombre de directeurs étrangers étant lui aussi limité à 20 pour cent.

-- Le bassin d'audience des réseaux de télévision a été porté de 60 à 75 pour cent.

-- Quant au contrôle exercé sur la radio, les changements sont notamment les suivants : suppression des limites à la participation étrangère, suppression des limites actuelles à la participation de 50 pour cent des licences détenues au niveau des États de la Fédération, suppression de la limite maximale de 16 licences au plan national et autorisation de détenir 2 licences par marché.

-- Ces modifications tiennent compte de la maturité de l'industrie de la radio, du degré de concurrence dans la prestation des services, de la perte d'influence de la radio par rapport à la télévision et de la nécessité de fournir un plus grand nombre de services sur les petits marchés de la radio desservis actuellement par un seul service.

Autre texte législatif important adopté au cours de cette période, le Special Broadcasting Service Act (loi de 1991 sur les services spéciaux de radiodiffusion), adopté par le Parlement le 23 décembre 1991. La loi crée la SBS, société indépendante, dotée des mêmes pouvoirs et de la même structure que l'Australian Broadcasting Corporation, l'autre entreprise de la radiodiffusion nationale non commerciale. La nouvelle charte contenue dans la loi confirme le rôle prépondérant de la SBS en tant que chaîne multiculturelle australienne. La loi autorise aussi la SBS à accepter en nombre limité des annonces publicitaires et des sponsors pour lui permettre de compléter le financement public par des recettes additionnelles.

VI. Études intéressant la concurrence

Un grand nombre d'études importantes ont été consacrées par les pouvoirs publics ou par le secteur privé à une évaluation de la concurrence sur certains marchés nationaux. On citera notamment :

-- Les études élaborées par la Commission de l'industrie, qui publie un grand nombre de rapports, notamment :

   a) un rapport récent "Energy Generation and Distribution" (Production et distribution de l'énergie), dans lequel est examinée la possibilité d'accroître la concurrence et d'améliorer l'efficience de la production et de la distribution d'énergie en Australie. Plusieurs recommandations énoncées dans le rapport ont été ou sont sur le point d'être mises en oeuvre ;

   b) un rapport "Rail Transport" (Transport ferroviaire) qui identifie les problèmes rencontrés dans le transport ferroviaire en matière de fixation des prix, de productivité et de qualité du service, et recommande un certain nombre de réformes nécessaires pour surmonter ces difficultés. Le rapport indique aussi les avantages et les effets susceptibles de découler de ce processus de réforme ;

-- Comité d'enquête spécifique sur l'industrie pétrolière australienne (Comité Wright) :

   a) examen de la structure du secteur et des conditions d'exploitation, notamment le bien-fondé de la réglementation actuelle de la branche d'activité (en ce qui concerne à la fois les prix pratiqués par les entreprises et d'autres aspects de l'exploitation). Le Comité a également formulé un certain nombre de recommandations dont l'objet est d'assurer une concurrence entre tous les participants dans des conditions d'égalité ;

-- Rapport sur les banques et la déréglementation par le Comité permanent de la Chambre des représentants sur les finances et l'administration publique (Comité Martin) :

   a) examen de la structure et du comportement des participants dans le secteur bancaire, ainsi qu'une série de recommandations permettant de poursuivre la réforme de l'industrie bancaire et du système financier dans son ensemble ;

-- Rapport du Comité permanent du Sénat sur les affaires juridiques et constitutionnelles, sur le caractère suffisant ou non des contrôles législatifs exercés actuellement sur les fusions, les monopoles et les acquisitions (Comité Cooney) décembre 1991 :

a) examen général des fusions, de la loi sur les pratiques commerciales et des branches d'activité en Australie, et série de recommandations concernant la législation actuelle sur les pratiques commerciales. La principale recommandation du Comité était de réintroduire le critère de "réduction sensible de la concurrence" pour les fusions, en remplacement du critère actuel de "domination". Le Gouvernement a décidé récemment d'accepter certaines des recommandations notamment la réintroduction du critère de "restriction sensible de la concurrence" pour les fusions.

-- Rapport du Comité de la Chambre des représentants sur la Presse (Comité Lee) :

a) examen de la politique de la concurrence (et d'autres questions) liée à la presse écrite, en particulier le problème de la concentration de la propriété dans l'industrie des journaux ;

-- La Commission des pratiques commerciales a réalisé un grand nombre d'études sur les thèmes suivants :

a) Le marché de l'assurance du crédit à la consommation -- étude visant à déterminer comment la commercialisation et la vente de l'assurance crédit à la consommation affectent la concurrence dans la branche d'activité et aussi la façon dont les consommateurs comprennent le prix des polices d'assurance crédit ;

b) Étude sur la distribution des journaux et des revues -- son objet était d'identifier et, si possible, de proposer les façons d'éliminer les inconvénients contraires à la concurrence observés dans les systèmes de distribution, en particulier ceux qui empêchent la vente au détail des journaux et des revues.

c) Réglementation du marché des professions libérales en Australie -- cette étude a défini une structure permettant d'examiner les effets de la concurrence et les avantages pour le public de la réglementation du marché des professions libérales en Australie.

Dans le cadre de son examen des marchés des professions libérales, la Commission a notamment :

-- publié en 1992 un rapport final sur la profession de comptable dans laquelle elle concluait que la réglementation de la profession n'empêche pas en définitive l'activité des concurrents. Toutefois, certains domaines particuliers suscitaient ses inquiétudes : restrictions sur la publicité, barème d'honoraires et structures de la clientèle publique, ainsi que réglementation applicable en cas d'insolvabilité et de travaux d'audit. Plusieurs recommandations préconisant des modifications ont été formulées ; elles sont actuellement examinées par les principaux organismes professionnels ;

-- présenté un projet de rapport sur l'étude de la profession d'architecte. Dans ce rapport, la Commission a jugé que le marché des services de construction était généralement concurrentiel et que la part traditionnellement assurée par les architectes avait été réduite du fait de la concurrence et des conditions économiques. Toutefois, plusieurs contraintes ont été imposées par les réglementations des États et des Territoires, notamment des réglementations sur la publicité en Australie occidentale, une clause "conception responsable" dans le Queensland, qui réserve la conception des immeubles les plus importants aux architectes et ingénieurs enregistrés, et les réglementations de l'état de Victoria concernant l'éviction et la concurrence. La Commission s'est également demandé si les règles anti-concurrentielles régissant la publicité et les honoraires, les arrangements en matière de discipline et les prescriptions de résidence, allaient dans le sens de l'intérêt général ;

-- entrepris, en mai 1992, une étude sur la principale profession libérale en Australie, à savoir la profession juridique. La Commission examinera si les règles qui régissent la prestation des services juridiques limitent indûment la concurrence, freinent l'innovation ou empêchent les consommateurs de bénéficier de la baisse des prix et d'un choix plus large. Elle examinera les diverses possibilités de réformer les réglementations en vigueur d'une façon qui contribuerait à accroître la concurrence et l'efficience sans compromettre les avantages pour le public.

Appendice

Publications de la Commission des pratiques commerciales et articles privés parus au cours de la période examinée

Publications de la Commission

Application of the Trade Practices Act to intellectual property (Application de la Loi sur les pratiques commerciales à la propriété intellectuelle), juillet 1991 : Manuel destiné au milieu d'affaires et aux professions libérales qui indique les limites fixées par la loi au comportement adopté pour maintenir ou favoriser les droits de propriété intellectuelle.

Accountancy -- TPC study of the professions (Comptabilité -- Etude de la Commission des pratiques commerciales sur les professions libérales). Projet de rapport, octobre 1991, et Rapport final, juin 1991. Résultats de l'étude de la Commission sur la profession de comptable.

Architects -- TPC study of the professions. (Architectes -- Etude de la Commission sur les professions libérales). Rapport final, juillet 1992. Rapport d'enquête de la Commission sur la réglementation des architectes.

The failure of Compass Airlines (La faillite de Compass Airlines). Février 1992. Rapport de la Commission sur la faillite de la première compagnie entrée sur le marché déreglementé des transports aériens intérieurs.

Guarantors -- problems and perspectives (Garants -- Problèmes et perspectives). Mars 1992. Document de synthèse sur les études de la Commission relatives aux garants des prêts.

Life insurance and superannuation (Assurance-vie et pensions de retraite). Juin 1992. Document d'information qui évoque les questions qu'examinera la Commission dans son étude sur l'expérience des consommateurs en matière d'assurance-vie et sur les agents retraités.

The market for consumer credit insurance (Le marché de l'assurance-crédit à la consommation). Juin 1991. Résultat de l'étude de la Commission sur la concurrence, l'efficience et le bien-être des consommateurs dans la vente de l'assurance-crédit à la consommation.

Port leasing policies -- effects on competition and efficiency (Mesures concernant le crédit bail dans les ports -- Effets sur la concurrence et l'efficience). Juin 1991. Document d'étude sur l'impact des politiques de crédit-bail dans les ports dans un secteur en cours de réforme.

Priorities for 1992 & 1993 (Priorités pour 1992 et 1993). Juin 1992. Cette communication établit les priorités de la Commission pour l'année à venir en insistant sur trois thèmes principaux.

Self-regulation of promotion and advertising of therapeutic goods (Auto-discipline dans la commercialisation et la publicité des produits thérapeutiques). Projet de rapport, décembre 1991 et Rapport final, juillet 1992. Résultats de l'étude de la Commission sur les codes de conduite affectant la commercialisation et la publicité des produits thérapeutiques.

Unconscionable conduct and the Trade Practices Act -- possible extension to cover commercial transactions (Comportement déraisonnable et Loi sur les pratiques commerciales -- possibilité d'élargir les dispositions de cette loi aux transactions commerciales). Juin 1991. Rapport de la Commission dans lequel celle-ci préconise, pour réglementer les comportements déraisonnables dans les transactions commerciales, l'élaboration d'une nouvelle section du TPA étayée par des codes de conduite et des voies de recours.

Articles privés

CUNLIFFE, I. et C. Anthony WILLIS (1991), 'Competition law and telecommunications', *Current Development in Intellectual Property and Trade Practices*, May, 24-28.

FELS, Allan (1992), 'The future of competition policy in Australia', *Sydney Papers* 4(2), Autumn, 1-11.

JOHNS, B. (1992), 'Competition regulation of telecommunications', *Communications Law Bulletin* 12 (1), June, 24-25.

LAW COUNCIL OF AUSTRALIA (1992), 'Don't increase business burden', *Australian Law News* 27 (3), April, 18-19.

PENGILLEY, Warren (1991), 'Trade Practices Act penalties', *Australian and New Zealand Trade Practices Law Bulletin* 7 (2), May, 13-18.

'Fisher and Paykel can tie up their New Zealand outlets; but could an Australian manufacturer do the same in Australia? How "harmonised" and how fair is CER?', *Australian Corporate Lawyer* 1 (1), 1991, 19-21.

'Misuse of market power in the travel and tourist industry', *Australian Corporate Lawyer* 1 (1), 1991, 23-26.

'Queensland Wire and its progeny decisions; how competent are the courts to determine supply prices and trading conditions?', *University of Western Australia Law Review 21* (2), December 1991, 225-257.

PURL, Kamal (1991), 'Australian copyright and competition policy: the interface', *European Intellectual Property Review* 13 (11), November, 413-422.

RYAN, Margaret (1991), 'Copyright and competition policy - conflict or peaceful co-existence', *Intellectual Property Journal* 2 (4), November, 206-220.

AUTRICHE

(1991-1992)

I. Proposition portant amendement à la loi sur les cartels

Au début de 1992, un projet d'amendement à la loi sur les cartels a été soumis à discussion. Selon le calendrier prévu, le projet de loi doit être présenté au Parlement cet été ; mais on prévoit déjà un certain retard en raison de quelques points sur lesquels les opinions divergent.

La proposition ne modifie pas les principes de base ni le cadre institutionnel dans lequel s'applique la loi actuelle sur les ententes.

Outre quelques légères modifications, la proposition met l'accent sur les quatre points suivants :

-- Introduction d'un contrôle des fusions prévoyant des règles particulières pour les fusions dans le domaine des médias, l'objectif étant de ne pas compromettre la diversité dans ce secteur ;

-- Renforcement du contrôle des abus de position dominante, l'objectif étant là aussi de ne pas aller à l'encontre de la pluralité des médias ;

-- Modifications destinées à améliorer l'application pratique de la loi sur les cartels ;

-- Simplification des règles applicables aux accords de distribution verticaux.

Les modifications seraient les suivantes :

Contrôle des fusions :

Certaines fusions pourront être interdites par le Tribunal des cartels. La loi s'applique aux entreprises dont le chiffre d'affaires global atteint au moins 2 milliards de schillings sur le marché autrichien. Les projets de fusion répondant à ce critère doivent être notifiés au Tribunal des cartels et leur réalisation est subordonnée à la décision de ce Tribunal. Le contrôle des fusions a donc un caractère préventif.

Une fusion est interdite lorsqu'elle crée ou renforce une position dominante. Il existe toutefois deux motifs "d'exemption" : en premier lieu, lorsque la fusion améliore les conditions de la concurrence ; en second lieu, si elle est nécessaire pour améliorer ou pour renforcer la compétitivité internationale des entreprises en cause. Dans ce dernier cas, la fusion doit également être justifiée d'un point de vue économique global. Le Tribunal des cartels peut également modifier le projet de fusion en imposant des restrictions ou en modifiant les modalités.

Le Tribunal doit se prononcer dans un délai de six mois. Si aucune décision n'est prise dans ce délai, la fusion est réputée approuvée.

Fusions des entreprises dans le secteur des médias

Les règles spéciales qui s'appliquent au secteur des médias ont pour objet d'en préserver la pluralité, objectif qui en principe n'est pas propre à la loi sur les cartels. Pour ce type de fusions, les seuils sont variables : si la fusion vise au moins deux entreprises du secteur, elle doit être notifiée sauf exception. Si les entreprises en cause exercent un contrôle indirect sur des médias (services connexes), le seuil est alors fixé à 50 millions de schillings. Seront interdites les fusions dont on pense qu'elles peuvent avoir des effets contraires sur la pluralité des médias.

Renforcement du contrôle des abus de position dominante

L'objectif est essentiellement de maintenir la pluralité des médias et c'est dans ce contexte qu'il faut replacer les modifications envisagées. Il est dit expressément qu'une limitation de la pluralité des médias peut être qualifiée d'abus de position dominante. Par ailleurs, le Tribunal des cartels est habilité non seulement à interdire un abus mais aussi à ordonner certaines actions destinées à empêcher qu'un comportement abusif ne se perpétue ou ne se répète. Le renforcement du contrôle des abus s'explique par la forte concentration des quotidiens en Autriche. En dernier ressort, le Tribunal des cartels aurait la possibilité d'ordonner une scission. Cette possibilité est mentionnée dans l'exposé des motifs du projet de loi.

Élargissement des compétences du Tribunal des cartels

Aux termes des dispositions actuelles de la loi sur les cartels, seule la juridiction criminelle peut se prononcer sur les infractions à la loi ; en principe, est exclue toute évaluation préalable par le Tribunal des cartels. Un certain nombre de dispositions du projet de loi définissent la compétence réelle du

Tribunal des cartels -- notamment une compétence globale en matière d'exposé des conclusions.

Droit d'introduire des plaintes individuelles

La loi actuelle stipule que les entreprises n'ont pas le droit d'introduire directement des plaintes devant le Tribunal des cartels, par exemple à l'encontre d'abus de position dominante de la part d'une autre entreprise. Seules sont habilitées à le faire les associations spéciales, en particulier les partenaires sociaux. La nouvelle loi instituera le droit des entreprises d'introduire des demandes. Ces droits individuels s'étendent notamment au droit de chaque entreprise de demander l'interdiction d'une entente ou la révocation d'une autorisation donnée à une entente.

Accords de distribution verticaux

Le projet exonère des règles sur les ententes, les accords de distribution verticaux qui sont donc traités dans un chapitre distinct, ce qui permet de simplifier et d'harmoniser l'ensemble des règles actuelles. La fixation des prix n'est pas considérée comme une forme d'accord de distribution verticale et le régime applicable est celui des ententes.

L'élément principal est que ces accords sont autorisés en principe mais qu'ils doivent être notifiés au Tribunal des cartels.

Toutefois, ils peuvent être interdits pour les mêmes raisons que les cartels, surtout lorsqu'ils ne peuvent être justifiés d'un point de vue économique global. Un règlement administratif peut accorder une dérogation générale.

Questions controversées

Comme on l'a déjà indiqué plus haut, le projet comporte un certain nombre de dispositions controversées. La liste ci-après est donc donnée à titre indicatif et, du fait de la divergence des intérêts, elle est en partie contradictoire.

-- Le projet ne modifie pas les principes existants ni le cadre institutionnel actuellement en vigueur. Certains exigent la mise en place d'un organisme -- qui serait dans une large mesure indépendant -- chargé des questions de concurrence ainsi que l'instauration d'un principe d'interdiction, énoncé dans les mêmes termes que l'article 85 du Traité de Rome.

-- Demande d'une interdiction *per se* des ententes sur les prix.

-- Champ des exemptions sectorielles : pour des raisons constitutionnelles, sont exclues les restrictions de la concurrence affectant le tourisme, les stations thermales et les produits de soins naturels ou les fournisseurs d'énergie. En raison de l'importance des secteurs en cause, les règles relatives aux ententes et certaines de celles qui ont trait aux accords verticaux de distribution ne s'appliquent pas aux secteurs suivants : les banques, lorsqu'il s'agit d'accords sur les taux d'intérêt concernant les comptes d'épargne traditionnels ; les assurances et coopératives, ainsi que le commerce des livres, d'art, de musique, journaux et revues, lorsqu'il est fait obligation aux détaillants de pratiquer les prix et autres conditions fixées par le fabricant ou d'autres membres du circuit de distribution.

-- Fixation de seuils dans le contrôle des fusions, surtout lorsqu'il s'agit des banques et des assurances.

II. Modifications du dispositif juridique régissant la concurrence

Pendant le premier semestre de 1992, un certain nombre de réglementations désuètes applicables dans le domaine de la concurrence doivent venir à expiration. La débureaucratisation et la libéralisation sont désormais des objectifs importants qui devront être atteints grâce à diverses mesures législatives destinées à favoriser des activités concurrentielles.

La loi sur la déréglementation de la concurrence, promulguée au début de 1992, a entraîné la suppression de la loi sur les rabais. La réglementation applicable aux cadeaux gratuits a fait l'objet d'un compromis : vis-à-vis des consommateurs, l'interdiction vise uniquement les annonces qui leur sont faites, mais entre entreprises, l'offre même de cadeaux ne sera plus autorisée.

Par ailleurs, il est interdit de limiter les soldes à de petites quantités. Les réglementations applicables aux soldes prévoient une autorisation spéciale lorsqu'il s'agit de fermetures de commerces, de cas de force majeure etc. Les soldes saisonniers (par exemple les soldes d'hiver ou d'été) doivent avoir lieu aux dates fixées par les chambres provinciales.

La loi sur les prix n'est désormais applicable qu'en temps de crise. Dans le texte précédent, les prix des biens et des services, définis dans une annexe à la loi avaient été fixés par les autorités responsables des prix. La fixation par les pouvoirs publics des prix de la viande et des saucisses, du lait, du sucre, du pain, des céréales et des produits de la meunerie n'était déjà plus pratiquée ces dernières années. Cette procédure longue et coûteuse ne se justifiait donc plus.

Les réglementations sur les prix seront autorisées pour les sources d'énergie distribuées en réseau (électricité, chauffage urbain, gaz) et pour les produits pharmaceutiques. En outre, les réglementations sur les prix ne seront désormais autorisées que pour les produits pour lesquels sont adoptées des mesures de contrôle et d'orientation, et uniquement s'il y a risque de déséquilibre sur le marché pouvant entraîner une crise des approvisionnements. Les pénuries saisonnières ne constituent pas une situation de ce genre qui n'existera que si les mesures d'"organisation des marchés" sont insuffisantes. Le nouvel élément est la possibilité d'imposer un blocage des prix d'une durée maximale de six semaines en cas de danger imminent.

L'obligation qui existe déjà, de répercuter sur les consommateurs les réductions ou les suppressions de droits de douane ou de paiements compensatoires applicables aux produits agricoles, a été étendue aux taxes et aux impôts.

Un projet d'amendement au "Gewerbeordnung" devrait favoriser la concurrence en général. Il est prévu de réorganiser les commerces bénéficiant d'une licence et d'exiger uniquement une preuve de la qualification, et d'accroître par ailleurs le nombre des professions de libre exercice ("freie Gewerbe").

III. Evolution récente dans la structure commerciale

Secteur bancaire

Comme dans les autres pays, les responsables des décisions et les gestionnaires en Autriche étudient de plus en plus les décisions stratégiques à prendre quant à la taille optimale des institutions bancaires. C'est là l'une conséquence des problèmes structurels qui peuvent découler du Traité de l'EEE.

A la fin de 1990, la part de marché des cinq principales banques d'Autriche se répartissait ainsi :

-- 30.4 pour cent pour les prêts,

-- 33.9 pour cent pour les actifs,

-- 45.3 pour cent pour les dépôts, et

-- 27.2 pour cent pour les dépôts d'épargne.

En 1991, deux de ces cinq banques ont fusionné, ce qui a entraîné un accroissement correspondant des parts de marché des cinq principales banques, parts qui s'établissaient ainsi à la fin de 1991 :

-- 33.5 pour cent pour les prêts,

-- 37.8 pour cent pour les actifs,

-- 52.1 pour cent pour les dépôts, et

-- 31.3 pour cent pour les dépôts d'épargne.

Comme les parts de marché de toutes les banques, à l'exception des deux qui sont désormais les plus importantes, sont à peu près égales ou inférieures à 5 pour cent au regard de la plupart des critères, la fusion a eu pour résultat d'accroître de façon assez limitée les parts de marché telles qu'elles sont mesurées pour les parts des cinq principales banques. Toutefois, les parts de marché des deux plus grosses banques ont nettement augmenté.

Brasseries

Après la prise de contrôle par l'une des principales brasseries de 30 pour cent des parts d'une autre grosse brasserie, le chiffre d'affaires global de ces deux brasseries représente à peu près les deux tiers du marché autrichien.

IV. Application du droit et de la politique de la concurrence

Une version résumée du rapport de la Commission paritaire des cartels sera présentée séparément.

L'entente sur les ciments autrichiens, qui a fait récemment beaucoup de bruit, paraît intéressante au regard des discussions sur les rapports existant entre les politiques commerciales et les politiques de la concurrence nationales.

L'entente autrichienne sur les ciments regroupe tous les producteurs autrichiens dont la part de marché représente environ 5 milliards de Schillings. Les importations et les exportations sont insignifiantes. Les prix pratiqués sont d'un quart ou d'un tiers supérieurs à ceux pratiqués dans le pays voisin, l'Allemagne. Les échanges entre des régions voisines de l'Autriche et de l'Allemagne sont eux-mêmes très limités.

V. Relations internationales

Avec l'entrée en vigueur du Traité de l'EEE le 1er janvier 1993, l'Autriche en adoptera aussi les règles de concurrence qui sont pour l'essentiel tout à fait identiques à celles des Communautés européennes.

BELGIQUE

(1991)

I. Modifications ou projets de modifications des lois et politiques de concurrence

La loi du 27 mai 1960 sur la protection contre l'abus de puissance économique n'a pas fait l'objet de modification.

La loi du 5 août 1991 sur la protection de la concurrence économique (qui a été décrite dans le précédent rapport) n'a pas fait l'objet de modification. Les arrêtés d'exécution nécessaires à son entrée en vigueur sont en cours de rédaction afin d'être soumis au Ministre et au Conseil d'Etat. Cette loi entrera en vigueur le 1er avril 1993.

II. Application de la législation et des politiques de concurrence

Nouvelles affaires

En 1991, trois affaires ont été introduites dans le cadre de la loi du 27 mai 1960. Il s'agit de :

a) une demande ministérielle d'instruction dans le secteur de la dératisation

Selon une série d'articles parus dans la presse, trois groupes de sociétés spécialisées dans la chasse aux rats se partageraient le marché de la dératisation et, en particulier, les marchés publics qui touchent à ce secteur.

Il semble, en effet, que ces trois groupes qui contrôlent ou détiennent des parts dans d'autres sociétés du secteur situées tant en Flandre qu'en Wallonie, auraient notamment conclu, dans le courant des années 1980, un accord prévoyant la répartition entre elles des marchés publics de dératisation.

Le Comité supérieur de Contrôle, soupçonnant une telle entente, a d'ailleurs déjà effectué une perquisition auprès de ces sociétés dans le but de saisir des documents comptables relatifs à la passation de marchés publics.

Se fondant sur ces éléments, le Ministre a chargé le Commissaire-rapporteur, sur la base de l'article 7 de la loi, de procéder à une instruction.

b) une plainte contre un distributeur exclusif de limonade ainsi que contre ses concessionnaires régionaux exclusifs

Selon cette plainte, ce distributeur abuserait de sa position dominante pour appliquer des conditions tarifaires et de livraison discriminatoires vis-à-vis de certains grossistes indépendants.

c) une demande ministérielle d'instruction à l'encontre d'une société de distribution d'eau qui abuserait de sa position dominante pour exiger la désignation, dans chaque immeuble de logements, d'un représentant commun chargé notamment de recevoir les factures et d'en acquitter le montant.

Au cas où cette exigence ne serait pas satisfaite, cette société de distribution se réserverait le droit d'interrompre ses fournitures d'eau.

Estimant que ces éléments pouvaient constituer des indices d'abus de puissance économique, le Ministre a chargé le Commissaire-rapporteur de procéder, conformément à l'article 4 de la loi du 27 mai 1960 précitée, à une instruction en la matière.

Conclusions du Commissaire-rapporteur

Au cours de l'année 1991, le Commissaire-rapporteur a conclu au classement (après instruction) de deux affaires sur la base de l'article 7 de la loi.

Il s'agit :

1. *De l'information engagée d'office dans le secteur des foires du livre.* A la suite de l'enquête qu'il avait ordonnée, le Commissaire-rapporteur a conclu qu'il n'y avait plus - pour autant qu'il ait jamais existé - d'abus de puissance économique et qu'il n'y avait, dès lors, pas lieu de poursuivre la procédure.

Pour asseoir sa conviction, le Commissaire-rapporteur a fait procéder à l'examen du commerce du livre, de la formation des prix et de la liberté d'organisation et d'accès des exposants aux foires du livre en Belgique.

Il est apparu que la situation qui avait justifié l'engagement de la procédure avait fortement évolué, qu'il ne se posait plus de problèmes, surtout en ce qui concerne la liberté d'organisation et d'accès, et que plus aucune plainte n'était enregistrée.

La proposition de classement faite par le Commissaire-rapporteur a été communiquée au Ministre qui a partagé cet avis.

2. De la demande ministérielle d'instruction dans le secteur du placement et de l'entretien des ascenseurs.

Après avoir examiné les résultats de l'enquête à laquelle il avait fait procéder, le Commissaire-rapporteur est arrivé à la conclusion que l'existence d'un abus de puissance économique ne pouvait être établie et que, dès lors, il n'y avait pas lieu de poursuivre la procédure.

Pour étayer son opinion, il s'est basé sur l'enquête qui a révélé que si dans le secteur des ascenseurs, comme dans les autres secteurs économiques, les grandes sociétés sont certes favorisées vis-à-vis de leurs concurrents de dimension plus modeste, dans le cas présent les quatre grands groupes de sociétés actifs dans ce secteur

-- n'exercent pas de pression sur les opérateurs tiers pour les décourager d'effectuer des entretiens sur le territoire situé dans le rayon d'action des grandes sociétés ;

-- n'exercent pas de pression au niveau des tarifs des contrats d'entretien.

L'enquête révèle en outre que toutes les entreprises entretiennent les ascenseurs de leur marque ainsi que ceux des marques concurrentes, sauf exception pour des raisons techniques.

Cette proposition de classement a été communiquée au Ministre qui l'a estimée justifiée.

CANADA

(1er avril 1991-31 mars 1992)

I.   Modifications adoptées ou envisagées des lois et politiques en matière de concurrence

Modifications législatives

Résumé des nouvelles dispositions de la Loi sur la concurrence

Le 6 avril 1992, un projet de loi fut déposé à la Chambre des communes visant à modifier les dispositions de la Loi sur la concurrence concernant les systèmes de vente pyramidale. Il sera question à l'article 55 des mesures visant à réprimer les pratiques trompeuses suivantes que l'on retrouve communément dans les systèmes de vente pyramidale :

-- le droit à une rétribution pour avoir recruté un autre participant (autrefois interdit par l'alinéa 55(1)a de ladite loi) ;

-- la consignation abusive de marchandises (la vente de marchandises aux recrues en quantité injustifiable) ;

-- l'achat obligatoire de marchandises comme condition d'adhésion ;

-- l'absence d'un droit de retour des marchandises ;

-- l'utilisation d'exemples non représentatifs pour exagérer les possibilités de gains.

Étant donné qu'une protection adéquate sera assurée relativement à la consignation abusive de marchandises, au retour de marchandises et à l'utilisation d'exemples non représentatifs, les dispositions actuelles interdisant le versement de primes à l'égard de marchandises destinées aux adhérents à un tel système ont été retirées de la loi.

Les modifications proposées entreraient en vigueur le 1er janvier 1993. Les entreprises visées auront ainsi le temps de revoir leur plan de commercialisation et de prendre les mesures qui s'imposent pour qu'il soit conforme à l'article modifié.

Les principales modifications à apporter à la *Loi sur la concurrence* ont trait aux accords ou arrangements prévus à l'article 49 et aux exemptions relatives aux fusions que comprennent le paragraphe 94 b) et l'article 113, lesquels ne s'appliquaient auparavant qu'aux banques. L'article 49 s'applique désormais aux "institutions financières fédérales", qui comprennent les banques, les compagnies assujetties à la *Loi sur les compagnies fiduciaires et les compagnies de prêt et les compagnies ou sociétés assujetties à la Loi sur les compagnies d'assurance*. Les exemptions relatives aux fusions qui sont prévues au paragraphe 94 b) et à l'article 113 s'appliquent dorénavant aux institutions financières fédérales dans le cas où le ministre des Finances assure le Directeur du Bureau de la politique de concurrence que la fusion est faite dans l'intérêt du système financier.

Lois ou propositions connexes

Élaboration de politique

Les politiques du gouvernement, qu'elles portent sur certaines activités commerciales ou l'ensemble de l'économie, influent souvent sur la concurrence dans les industries intéressées. Cela explique pourquoi le Directeur participe activement aux activités d'élaboration de politiques menées par le Ministère et entre les ministères qui influencent le système de marché. Sa participation a, dans bien des cas, pris la forme d'une aide fournie au cours des premières étapes d'élaboration de projets de loi. De plus, le Directeur a été appelé par le passé à témoigner devant des comités parlementaires désireux de connaître son opinion au sujet des répercussions de projets de loi sur la concurrence. En outre, on confie parfois au personnel du Bureau la tâche d'établir des études ou d'autres documents destinés à un usage interministériel sur différentes questions relatives à la politique de concurrence.

Activités connexes

Concurrence et marché canadien

Pendant l'année financière, les activités d'établissement de politiques menées par le Bureau ont eu trait principalement à l'état de la concurrence sur le marché canadien et à la mesure dans laquelle les lois-cadres et les politiques globales favorisent la concurrence.

Le Bureau a collaboré étroitement avec le ministère de l'Industrie, des Sciences et de la Technologie (MIST), le ministère des Finances et d'autres ministères fédéraux à la réalisation de plusieurs projets à ces sujets en 1991-1992. Le personnel du Bureau a participé à une importante étude sur les avantages concurrentiels de l'industrie canadienne qui a été réalisée sous la direction du professeur Michael Porter de l'université Harvard et qui a été terminée à l'automne 1991. Cette étude, intitulée "Le Canada à un carrefour", visait essentiellement l'importance de la rivalité sur le marché national dans la promotion de la compétitivité internationale des entreprises canadiennes et a souligné l'important rôle que jouait la mise en application efficace de la Loi sur la concurrence dans la promotion de la prospérité future du Canada. De plus, le personnel du Bureau a aidé à l'établissement de deux documents sur la prospérité et le compétitivité produits par le MIST et le ministère des Finances à l'automne 1991 et aux travaux subséquents du Secrétariat de l'Initiative de la prospérité qui venait d'être créé. Le Bureau a participé avec d'autres ministères fédéraux à une enquête sur la réaction des entreprises à la mondialisation menée par le Conference Board du Canada. Les résultats initiaux de l'enquête ont été rendus publics vers la fin de l'année financière 1991-1992, et le rapport d'enquête intégral devrait être publié pendant l'été 1992.

Le Bureau a terminé ses travaux relatifs au projet concernant les politiques du Ministère qui s'intitulait "Marché canadien et orientation internationale". Ce projet avait pour but d'évaluer les répercussions de l'évolution de la nature du commerce international sur les politiques globales du Ministère au sujet du marché pendant les années 90. Les travaux accomplis pendant l'année ont consisté à achever les enquêtes concernant les activités internationales courantes du Ministère et ses besoins en base de données à plus long terme, à examiner le rôle que joue le gouvernement fédéral dans l'établissement de la politique sur les normes et à réaliser une vaste recherche documentaire pour dégager les tendances commerciales et économiques mondiales. Les résultats du projet ont mis en évidence l'importance croissante des lois-cadres ayant trait au marché qu'administre le Ministère, y compris la Loi sur la concurrence, dans la promotion de l'intégration et de la prospérité économiques du Canada ainsi que sa capacité de concurrencer efficacement sur le marché international. Dans le rapport final sur le projet, on propose un certain nombre de projets devant permettre d'étudier de façon plus poussée les liens entre les domaines sur lesquels portent les politiques et l'interaction entre la concurrence au Canada et la compétitivité à l'étranger.

De plus, des membres du personnel du Bureau ont terminé une analyse de la politique de concurrence et des rapports entre le régime fédéral et cette politique, afin de contribuer à l'évaluation de questions ayant trait à l'union économique canadienne. Cette analyse a mis en évidence le rôle unificateur que joue la politique de concurrence dans différents régimes supranationaux et unions économiques étrangères ainsi qu'à l'intérieur du Canada. Un document comprenant les résultats de l'analyse a été publié dans le Canadian Competition Policy Record.

Politiques sur la concurrence et le commerce

Depuis un an, le Bureau a participé activement à différentes tribunes sur l'élaboration de politiques internationales sur le commerce et la concurrence. En tant que membre actif de la délégation canadienne au sein du groupe de travail sur les investissement créés aux fins de négociations concernant l'Accord de libre-échange entre le Canada et les États-Unis (ALÉ) et le GATT, le Bureau a contribué à l'établissement de solides positions canadiennes et aux recherches préalables. En outre, il a aidé aux travaux interministériels accomplis à l'appui des discussions menées dans le cadre du FMI, du Mécanisme d'examen des politiques commerciales du GATT, de l'Accord multilatéral sur l'énergie et de la Charte européenne de l'énergie.

Le Bureau a non seulement continué de contribuer régulièrement aux travaux du comité de l'OCDE sur le droit et les politiques en matière de concurrence (CDPC), mais a aussi entrepris un examen préliminaire des liens et de l'interaction entre les politiques sur la concurrence et les politiques commerciales et rédigé un document à ce sujet aux fins des discussions futures du comité de l'OCDE sur le commerce et du CDPC.

Pendant l'année, le Bureau a continué de participer aux travaux interministériels destinés à établir la position du Canada aux fins des négociations découlant de l'article 1907 de l'Accord de libre-échange entre le Canada et les États-Unis (ALÉ) au sujet des problèmes que posent les subventions et le dumping. Les efforts faits jusqu'à présent ont porté sur la possibilité de remplacer le régime antidumping actuel par la législation sur la concurrence. Le Bureau estime que les travaux techniques accomplis par d'autres organismes fédéraux, des groupes du monde des affaires et lui-même portent à croire que le régime de remplacement serait économiquement souhaitable, techniquement faisable et dans l'intérêt des parties à l'ALÉ. Les travaux en cours comprennent des consultations auprès de groupes industriels et des milieux universitaires ainsi que la continuation des discussions concernant les sujets en cause au sein de différentes tribunes internationales comprenant l'OCDE.

L'initiative américano-japonaise sur les obstacles structurels (IOS) est une importante initiative nouvelle née au début des années 90 et illustrant le rôle grandissant de la politique de concurrence et les liens qui l'unissent aux autres politiques économiques nationales et internationales. Un membre du personnel du Bureau a procédé à une analyse des volets des négociations au sujet de l'IOS qui ont trait à la politique de concurrence et à leurs répercussions sur le Canada. Un document fondé sur cette analyse a été publié dans le Canadian Competition Policy Record.

Dernièrement, on s'intéresse de plus en plus au rôle que jouent les marchandises du "marché gris" dans l'économie canadienne et au recours aux marques de commerce pour restreindre l'importation de ces marchandises. Le

Bureau de la politique de concurrence a demandé au professeur Nancy Gallini, de l'Université de Toronto, de réaliser une étude sur ces questions et le rapport entre la politique de concurrence et elles. Cette étude est axée sur les fonctions proconcurrentielles des marques de commerce et leur application au commerce international ainsi que sur les problèmes que peut poser l'utilisation des marques de commerce à des fin anticoncurrentielles.

Programme d'information et de conformité

Le Canada a toujours mis l'accent, dans l'application de la Loi, sur les enquêtes et les poursuites. Cette approche continuera d'être une des principales méthodes d'application de la Loi. Cependant, il est nettement possible, dans certaines circonstances, de tenter de maintenir et d'encourager la concurrence de façon plus efficace, plus sûre, plus rapide et plus économique grâce à des moyens axés sur l'application volontaire de la Loi. C'est pourquoi on accorde actuellement plus d'importance qu'auparavant à la communication et à la sensibilisation du public en tant que moyens de mieux faire comprendre la Loi.

Programme des allocutions

Le Directeur ainsi que les gestionnaires du Bureau ont accepté, au cours de l'année, un certain nombre d'invitations à parler devant des associations de commerce ainsi que d'autres groupes professionnels et gens d'affaires intéressés par la politique de concurrence. Les thèmes de ces allocutions portaient entre autres sur la politique canadienne concernant les fusions sur un marché économique mondial sans cesse plus intégré, l'évolution de la jurisprudence, les priorités de mise en application, ainsi que les initiatives pour rendre les dispositions de la Loi plus transparentes.

Le Directeur a participé à un certain nombre de réunions de consultation plus restreintes avec des représentants de différents milieux d'affaires de la profession juridique, des milieux universitaires, et avec des députés et des associations défendant les intérêts du monde des affaires et des consommateurs.

Programme des avis consultatifs

Le Programme des avis consultatifs est destiné à aider les gens d'affaires désireux de ne pas contrevenir aux dispositions de la Loi. Dans le cadre de ce programme, le Directeur encourage les chefs d'entreprise, les avocats et toute autre personne intéressée à demander un avis afin de savoir si un projet d'affaires ou une pratique commerciale donnerait lieu à une enquête menée en vertu de la Loi.

Les avis consultatifs ainsi donnés sont fondés sur la jurisprudence, sur les avis antérieurs et sur les politiques énoncées par le Directeur. Puisque celui-ci n'a pas le pouvoir de réglementer les pratiques commerciales ou de décider de leur légalité, quiconque demande un avis consultatif n'est pas lié par celui-ci et est libre d'adopter le projet ou la pratique en question. Cependant, il est entendu que le Tribunal de la concurrence ou d'autres tribunaux peuvent en être saisi. D'autre part, le Directeur ne peut pas être lié par l'avis qu'il donne, pas plus que ses successeurs.

Les avis consultatifs portent sur des faits bien précis. Les projets d'affaires peuvent faire l'objet d'un examen ultérieur si leurs modalités sont modifiés au cours de leur réalisation ou si les conditions changent de manière à modifier les incidences des projets sur le marché.

Pour faciliter davantage la conformité aux dispositions sur les fusions, la Loi autorise le Directeur à délivrer des certificats de décision préalable à l'égard des fusions qui ne posent pas de problème en matière de concurrence.

Bulletins d'information

L'expansion du programme d'information auprès du public en ce qui a trait à la Loi et à son administration a été identifiée comme hautement prioritaire. Au cours de la dernière année financière, des lignes directrices révisées sur la publicité trompeuse ont été émises, ainsi que les principes directeurs sur les représentations concernant l'environnement sur les étiquettes et dans la publicité conjointement avec le Bureau de la Consommation. Le travail concernant deux bulletins d'information s'est poursuivi, les Lignes directrices sur les prix d'éviction ainsi que les Lignes directrices sur la discrimination par les prix. Les Lignes directrices sur les prix d'éviction ont été émises le 21 mai 1992 et l'émission des Lignes directrices sur la discrimination par les prix est prévue pour l'automne 1992.

Communications avec les médias

Des représentants du Bureau informent régulièrement le public, par l'entremise des médias, au sujet des questions relatives à la concurrence. Le Bureau reconnaît le rôle important que jouent les communications fréquentes et efficaces avec les médias dans le cadre de son programme d'information et d'éducation du public. Pendant l'année, le Bureau a publié régulièrement des communiqués et des documents d'information indiquant le détail des cas importants et justifiant sa position. De plus, il a tenu des conférences de presse afin d'aider les médias à comprendre l'application des dispositions de la Loi dans différentes circonstances.

II. Application des lois et des politiques en matière de concurrence

Mesures de répression des pratiques anticoncurrentielles (sauf le fusionnement)

Statistiques sur les activités des autorités et des tribunaux en matière de concurrence

Au cours de l'exercice clos le 31 mars 1992, le Bureau s'est occupé de 22 poursuites engagées pendant les années antérieures et de 10 poursuites intentées pendant l'année. Des cinq poursuites terminées au cours de l'année, une condamnation a été maintenue et deux plaidoyers de culpabilité ont été acceptés, l'un ayant donné lieu à un acquittement et l'autre à une ordonnance d'interdiction. Les poursuites terminées ont comporté des amendes de $Can340 000. Neuf poursuites étaient encore en instance à la fin de l'année. Dans celle des fournisseurs de gaz comprimé, cinq entreprises et deux cadres de direction ont plaidé coupables à des accusations de fixation de prix par collusion.

Pendant l'année financière, le Bureau a maintenu un degré élevé d'activités concernant les dispositions de la Loi qui portent sur la publicité trompeuse et les pratiques commerciales dolosives. Le nombre total de plaintes reçues par la Division fut 14 557. Des poursuites ont été portées dans 44 nouvelles causes et 43 ont été terminées.

Description des principales affaires

La présente section résume un certain nombre d'affaires importantes afin d'illustrer la nature et la portée des activités d'application de la Loi entreprises durant l'année. Elle est divisée en trois parties : la partie (i) décrit des affaires d'intérêt national ayant fait l'objet de poursuites en vertu des dispositions pénales de la Loi, la partie (ii), des affaires nationales de nature non pénale la partie (iii), d'autres affaires, et la partie (iv), des affaires ayant des répercussions sur la scène internationale.

i)   Affaires d'intérêt national (Affaires criminelles)

Les affaires criminelles sont déférées au Procureur général du Canada. Celui-ci détermine s'il y a lieu de porter des accusations, et c'est lui qui mène les poursuites en application de la Loi. Outre la peine imposée à une personne déclarée coupable d'une infraction, le paragraphe 34(1) de la Loi prévoit qu'un tribunal peut rendre une ordonnance interdisant à cette personne ou à toute autre personne de continuer ou de répéter l'infraction ou de faire toute chose qui permette de continuer ou de répéter l'infraction. De plus, une ordonnance d'interdiction peut être obtenue sans condamnation lorsque les procédures sont engagées au moyen d'une plainte du Procureur général du Canada ou du procureur général d'une province en vertu du paragraphe 34(2).

Pendant l'année, le Bureau a maintenu un degré élevé d'activité relative aux dispositions de la Loi qui portent sur la publicité mensongère et les pratiques commerciales déloyales. Des accusations ont été portées dans 44 nouvelles affaires et 43 poursuites se sont terminées par des condamnations. Plusieurs de celles-ci ont donné lieu à l'imposition d'amendes considérables. Par exemple, le 25 juin 1991, *IFA Intercontinental Fine Arts Ltd.* s'est vu imposer une amende de $Can100 000 après avoir été reconnue coupable d'avoir donné des indications trompeuses sur des reproductions d'oeuvres d'art. Le 4 septembre 1991, *139834 Canada Inc.*, exploitant l'entreprise appelée *Distribution Copie Centrale/Distribution Copy Central,* s'est vu imposer une amende de $Can120 000 pour avoir donné des indications trompeuses en faisant la promotion par téléphone d'un toner pour photocopieuse. Le 22 janvier 1992, *Donald Mercer Cormie* a été reconnu coupable d'avoir fait une déclaration trompeuse dans le rapport annuel de 1985 du Principal Group. Il s'est vu imposer une amende de $Can500 000, soit la plus élevée des amendes jamais imposées à un particulier en vertu de la Loi.

Le montant total des amendes imposées en vertu des dispositions en question est demeuré élevé, dépassant celui de l'année dernière et devenant le deuxième en importance depuis le début. Cela témoigne, du moins partiellement, de l'accent que met le Bureau sur les causes qui présentent un intérêt national du point de vue de leurs répercussions sociales ou économiques ou de l'établissement de jurisprudence. Toutefois, cet accent a influencé la complexité des affaires, maintenu le nombre des poursuites relativement constant par rapport aux années antérieures et porté le nombre des renvois au Procureur général du Canada à celui d'il y a deux ans. De plus, il faut tenir compte du fait que les enquêtes sur certaines causes chevauchent les années financières.

La *Charte* a continué d'influencer la durée et la complexité des affaires, bien que la décision de la Cour suprême du Canada dans l'affaire *R.c.Wholesale Travel Group Inc.* ait dissipé certains doutes au sujet de la capacité de mise en oeuvre de la disposition générale sur la publicité trompeuse. La Cour suprême a maintenu qu'il appartient à l'accusé de prouver qu'il a fait preuve de diligence raisonnable et qu'il a pris des précautions raisonnables pour que sa publicité n'ait pas d'effet trompeur. La décision n'a pas fait augmenter considérablement le fardeau de la preuve qui incombe à la Couronne dans de telles poursuites. Toutefois, la condition préalable rendant le recours à la défense fondée sur la diligence raisonnable conditionnel à une rétractation dans les délais impartis, a été unanimement jugée anticonstitutionnelle et, par conséquent, n'est plus en vigueur.

Il se peut que le climat du monde des affaires soit en train de devenir plus litigieux. Que ce soit à cause de la *Charte* ou parce que le monde des affaires est plus conscient qu'auparavant des répercussions négatives des poursuites sur ses intérêts, on assiste peut-être au début d'une diminution de la conformité volontaire. C'est pourquoi il faudra peut-être recourir plus souvent à des mandats de perquisition et à d'autres moyens formels d'obtention de preuves, qui sont plus longs.

ii)   Affaires d'intérêt national (examinables)

Lorsqu'il s'agit d'affaires pouvant être examinées, c'est en déposant une demande auprès du Tribunal que le Directeur entame des procédures en justice. Le Tribunal est habilité à rendre diverses ordonnances pour rectifier les effets de la conduite en question. Il peut également rendre des ordonnances avec le consentement du Directeur et des parties visées par la demande d'ordonnance.

La *Loi sur le Tribunal de la concurrence* stipule que toute personne intéressée peut demander l'autorisation d'intervenir dans les procédures se déroulant devant le Tribunal afin de présenter des observations ayant trait à ces procédures. Cette loi accorde au procureur général de chaque province des droits d'intervention devant le Tribunal.

Le Bureau a pour objectif, entre autres, de contribuer au développement d'une jurisprudence relative aux affaires fondamentales pouvant être examinées. Le Tribunal a rendu quelques décisions qui ont contribué à la réalisation de cet objectif quant aux dispositions sur l'abus de position dominante et le refus de vendre.

La décision dans l'affaire *Directeur c. The NutraSweet Company (NutraSweet)* porte sur les conditions des contrats entre *NutraSweet* et ses clients concernant la vente d'aspartame, un édulcorant intense. En exigeant l'exclusivité ainsi que d'autres restrictions, de telles conditions rendent difficile l'obtention par les concurrents d'une part du marché canadien. Le 4 octobre 1990, le Tribunal a décidé que ces conditions étaient contraires aux dispositions des articles de la Loi sur l'abus de position dominante et l'exclusivité en matière de vente et a donc interdit à *NutraSweet* d'honorer ou de passer un contrat contenant de telles dispositions. Les motifs de la décision du Tribunal comprennent des indications précieuses sur le sens que donne le Tribunal à plusieurs termes figurant dans la Loi et sur la façon dont il abordera, en général, des questions telles que la définition d'un marché. De plus, les motifs procuraient des éclaircissements importants quant aux types de questions qui ne sont pas expressément mentionnées dans la Loi mais que le Tribunal est disposé à examiner avant d'exercer son pouvoir discrétionnaire d'ordonner des mesures correctives.

Par ailleurs, la décision du Tribunal souligne la complexité de l'application de la disposition sur l'abus de position dominante à un ensemble de faits particulier. Elle révèle que la nature d'une pratique n'est pas déterminante et établit qu'il faut examiner également le but de la pratique et les conditions structurelles du marché. Dans le cas de *NutraSweet*, la décision est liée au fait que le Tribunal a jugé que les pratiques avaient pour but non pas de permettre la distribution efficace du produit, mais bien d'empêcher l'implantation de concurrents sur le marché et d'entraver l'expansion d'entreprises existantes. Par conséquent, la décision indique clairement que ce ne sont pas toutes les clauses d'exclusivité des contrats qui sont contestables.

La décision du Tribunal dans la demande déposée contre *Laidlaw Waste Management Systems Ltd.* (*Laidlaw*) par le Directeur en mars 1991 éclaircit certaines des questions soulevées par la décision dans l'affaire *NutraSweet*. Il était soutenu dans cette demande que *Laidlaw* s'était livrée à des pratiques constituant un abus de position dominante en matière de vente de services d'enlèvement des déchets solides par conteneurs à des clients commerciaux de trois districts de l'île Vancouver (Colombie-Britannique). Les pratiques en question comprenaient une série d'acquisitions de concurrents, un recours fréquent à des contrats de services restrictifs et à long terme, différentes techniques répréhensibles de passation de contrats, une pratique anticoncurrentielle d'établissement de prix discriminatoires et le recours ou la menace de recours à des actions en justice pour exclure des concurrents des marchés. On soutenait que ces agissements avaient réduit la concurrence sensiblement en entravant l'accès aux marchés en question et en restreignant la capacité des concurrents qui restaient de concurrencer efficacement.

Les audiences devant le Tribunal ont commencé le 28 octobre 1991. Le Tribunal a rendu sa décision le 20 janvier 1992. Par la suite, il a délivré, le 11 février 1992, une ordonnance interdisant à *Laidlaw* d'acquérir d'autres concurrents sur les trois marchés géographiques en l'espèce pour une période de trois ans. De plus, le Tribunal a ordonné à *Laidlaw* de réduire la durée de ses contrats de service, leur a interdit d'exiger de leurs clients qu'ils obtiennent le service de ramassage des déchets exclusivement de *Laidlaw* et leur a ordonné de cesser de faire valoir ou d'intégrer certaines clauses inacceptables à leurs contrats présents et futurs.

La décision dans l'affaire *Laidlaw* est la première mettant en cause le secteur tertiaire de l'économie. Comme la décision sur la cause *NutraSweet*, la décision dans l'affaire *Laidlaw* fournit un précieux élément de jurisprudence en matière de définition de marché et d'identification d'agissements anticoncurrentiels qui ne sont pas expressément prévus par l'article 78. Il est particulièrement important que le Tribunal ait conclu que la série d'acquisitions de *Laidlaw*, son contrat de service à long terme restrictif et son recours ou sa menace de recours à des actions en justice contre des concurrents et des clients constituaient des agissements anticoncurrentiels. Bien que le Tribunal ait reconnu que ces pratiques ne sont pas généralement anticoncurrentielles, ayant des motifs économiques et commerciaux légitimes, il a conclu que *Laidlaw* ne pouvait pas justifier juridiquement, économiquement ou commercialement le recours à ces pratiques à une fin autre que celle d'exclure des concurrents des marchés géographiques en l'espèce.

Pour déterminer si les contrats de *Laidlaw* étaient anticoncurrentiels, le Tribunal a tenu compte de la nature et du but des clauses ainsi que de l'effet qu'elles avaient eu sur les marchés en l'espèce, des intérêts commerciaux des clients desservis grâce aux contrats, du degré de limitation ou de modification de la concurrence découlant des contrats et de la nature de l'intention de se livrer à une pratique anticoncurrentielle.

Le Tribunal a déterminé le marché géographique approprié dans une optique fonctionnelle, tenant compte de l'existence de contraintes imposées par la réglementation, de la conduite antérieure et actuelle des fournisseurs des services en question, des frais de transport, des préférences des clients et de la densité de population. Le Tribunal a conclu que les critères qui servent à déterminer le marché géographique approprié dans les cas de fusionnement ne s'appliquaient pas nécessairement aux cas d'abus de position dominante puisque dans ces derniers, c'est la situation existante plutôt que la situation prévue qui est en cause.

Laidlaw n'a pas fait appel contre la décision.

Quant à la disposition sur le refus de vendre, le Tribunal a ordonné à *Xerox Canada Inc.* (*Xerox*), pendant l'exercice précédent, d'accepter *Exdos Corporation* en tant que client aux fins de l'approvisionnement, aux conditions de commerce normales, en certaines pièces pour photocopieuses *Xerox* ainsi qu'en manuels et ressources connexes. La décision du Tribunal confirme que les pièces de rechange du fabricant peuvent être considérées comme des produits pertinents aux fins de la disposition.

La décision ne signifie pas que toutes les situations où un fournisseur cesse de vendre ses produits à un client seront assujetties à l'article en question. Le Directeur retiendra principalement les cas où une information factuelle prouve qu'il existe une insuffisance de concurrence entre les fournisseurs du produit et que l'incapacité de s'approvisionner convenablement se produit en raison de cette insuffisance. Il tiendra compte, avant de décider de déposer une demande d'ordonnance corrective, de l'existence de motifs commerciaux judicieux sur lesquels se fonde le refus, ou d'autres facteurs pertinents. Par exemple, le Tribunal a indiqué clairement, dans les décisions dans *l'affaire* Xerox et une autre affaire concernant *Chrysler Canada Ltd.* (décrite ci-dessous), qu'il est disposé à examiner des preuves des frais administratifs ou autres coûts imposés à un fournisseur ou des preuves des facteurs d'efficacité économique qui justifieraient un refus.

Des appels ont été interjetés à l'égard des décisions *NutraSweet* et *Xerox*. Il n'a pas encore été statué sur ces appels. L'appel de *NutraSweet* porte à la fois sur la décision et sur la question de savoir si la composition du Tribunal garantit suffisamment l'indépendance et l'impartialité juridiques. Les motifs de l'appel de

Xerox n'avaient pas encore été indiqués à la fin de l'année financière. L'appel de *NutraSweet* devait être entendu vers la fin du printemps 1992.

Le 14 novembre 1991, *Chrysler Canada Ltd.* (*Chrysler*) a déposé devant la Cour suprême du Canada une requête en contestation à l'égard de l'ordonnance du Tribunal de la concurrence et du jugement de la Cour fédérale d'appel. Le motif invoqué dans cette requête est que le Tribunal de la concurrence avait défini trop étroitement les termes "produit", "marché" et "touché sensiblement dans la conduite de ses affaires". *Chrysler* a soutenu qu'on n'avait pas prouvé dans l'argumentation l'existence d'un rapport de cause à effet entre "l'incapacité de se procurer le produit de façon suffisante" et le fait d'être "touché sensiblement". *Chrysler* a également soutenu que l'article 75 de la Loi sur la concurrence ne s'applique pas aux cas où il n'y a qu'un seul fournisseur (parce qu'il y est question de "fournisseurs"). En dernier lieu, *Chrysler* a soutenu que l'interprétation donnée à l'article 75 par le Tribunal de la concurrence dépassait la compétence du Parlement du Canada. *Chrysler* a précisé que l'article 75 porte sur une relation contractuelle, sujet qui relève exclusivement de la compétence des provinces en matière de droits de propriété et de la personne, selon le paragraphe 92(13) de la Loi constitutionnelle. Une décision de la Cour suprême du Canada sur le droit d'interjeter appel était attendue pour la fin de l'année financière.

Les ordonnances du Tribunal sur les affaires susmentionnées ont eu pour effet inattendu de mettre en évidence le temps et l'effort considérables que le Bureau doit consacrer à la mise en application de la Loi. En février 1990, des poursuites pour outrage au tribunal avaient été intentées contre *Chrysler* parce que l'entreprise n'avait pas respecté les modalités d'une ordonnance de vente rendue par le Tribunal en 1989 au sujet de la fourniture de pièces d'automobiles pour fin d'exportation à R. Brunet de Montréal. Le 10 juillet 1990, la Cour fédérale d'appel a jugé que le Tribunal n'était pas habilité à imposer des sanctions pour outrage au tribunal commis *ex facie curiae* ou hors de sa présence. Le Procureur général peut toutefois engager des poursuites criminelles pour outrage au tribunal en cas d'infraction à une règle du Tribunal. Le Procureur général a demandé l'autorisation de faire appel devant la Cour suprême du Canada de la décision concernant l'outrage au tribunal. La Cour suprême du Canada a entendu l'affaire le 31 janvier 1992. On attendait la décision de la Cour suprême du Canada à la fin de l'exercice.

iii) Autres affaires

Pendant l'année, le Bureau s'est occupé non seulement des affaires devant le Tribunal, mais aussi de 13 enquêtes officielles et d'un certain nombre d'examens préliminaires qui ont nécessité des ressources humaines et financières considérables. Six des enquêtes officielles ont été commencées pendant l'année financière.

Le Bureau s'efforce, dans la mesure du possible, de régler les affaires par des moyens de remplacement. Par exemple, il a été annoncé dans un communiqué de presse publié le 2 octobre 1991 que le Directeur avait accepté des engagements de *Mark Breslin et son groupe de compagnies* (*les compagnies de M. Breslin*) à s'abstenir de se livrer à des agissements anticoncurrentiels et de pratiquer l'exclusivité dans le secteur de l'industrie canadienne du spectacle qui a trait aux monologues comiques. Ces pratiques restreignaient la capacité des humoristes du monologue comique de vendre librement leurs services et réduisaient la concurrence en limitant l'accès aux agences artistiques et l'accessibilité des organisateurs de spectacles aux humoristes du monologue comique. Le Directeur avait auparavant accepté des engagements à l'égard d'autres dispositions de la Loi mais il s'agissait de la première fois qu'il acceptait des engagements dans un cas d'abus de position dominante ou d'exclusivité.

Par suite d'une enquête officielle, le Directeur a conclu que *les compagnies de M. Breslin* avaient contrôlé sensiblement la prestation de services de monologue comique en Ontario et qu'elles se livraient à des agissements anticoncurrentiels et à une pratique d'exclusivité qui avaient ou risquaient d'avoir pour effet d'empêcher ou de réduire sensiblement la concurrence sur le marché ontarien des services de monologue comique. Les agissements relevés pendant l'enquête du Bureau et assujettis aux engagements comprennent le fait d'exiger que les humoristes du monologue comique auxquels *les compagnies de M. Breslin* donnent du temps de scène ne participent qu'à des spectacles qu'elles approuvent et le fait d'exiger que ces humoristes ne prennent des engagements que par l'entremise des agences artistiques autorisées par *les compagnies de M. Breslin.*

Après avoir attiré l'attention *des compagnies de M. Breslin* sur les graves préoccupations au regard de la concurrence que soulevaient ces politiques et qu'elles aient été avisées de l'intention du Directeur de saisir le Tribunal de la concurrence de l'affaire en l'absence d'un autre moyen de la régler, *les compagnies de M. Breslin* se sont engagées envers le Directeur à ne pas se livrer à des agissements anticoncurrentiels. Dans ce cas, le règlement grâce à des engagements a permis d'apaiser rapidement les craintes du Directeur.

Pendant l'exercice clos en mars 1992, un certain nombre de plaintes sur de prétendus refus de vendre ont été closes soit parce que le fournisseur a décidé de changer de pratique ou que les parties intéressées ont pris d'autres arrangements.

Une loi modifiant les lois fédérales relatives aux institutions financières (*Loi sur les compagnies fiduciaires et les compagnies de prêt, Loi sur les banques, Loi sur les compagnies d'assurance* et *Loi sur les associations coopératives de crédit*) a reçu l'assentiment royal en décembre 1991. Des membres du personnel du Bureau de la politique de concurrence ont contribué à l'établissement de cette loi au fil de nombreuses années. De plus, le personnel du Bureau a établi un certain nombre de modifications prêtant à conséquence qui sera apporté à la Loi sur la concurrence dans le cadre de la nouvelle législation financière fédérale en question ; celle-ci ainsi que les modifications indiquées doivent entrer en vigueur sous peu.

Les principales modifications à apporter à la *Loi sur la concurrence* ont trait aux accords ou arrangements prévus à l'article 49 et aux exemptions relatives aux fusionnements que comprennent le paragraphe 94 b) et l'article 113, lesquels ne s'appliquaient auparavant qu'aux banques. L'article 49 s'applique désormais aux "institutions financières fédérales", qui comprennent les banques, les compagnies assujetties à la *Loi sur les compagnies fiduciaires et les compagnies de prêt et les compagnies ou sociétés assujetties à la Loi sur les compagnies d'assurance*. Les exemptions relatives aux fusionnements qui sont prévues au paragraphe 94 b) et à l'article 113 s'appliquent dorénavant aux institutions financières fédérales dans le cas où le ministre des Finances assure le Directeur que la fusion est faite dans l'intérêt du système financier.

iv) Affaires d'intérêt international

Aucune affaire ayant d'implications internationales n'a été apportée au cours de l'exercice clos le 31 mars 1992.

Fusions et concentration d'entreprises

Statistiques sur les fusions et la concentration

Les fusions survenues au Canada ont diminué considérablement en 1991 selon le Registre des fusions (tableau 1). Néanmoins, le nombre des examens entrepris pendant l'année financière 1991-1992 par la Direction des fusions est demeuré comparable à celui des années précédentes. Environ 90 pour cent des examens entrepris portaient sur des transactions devant faire l'objet d'un avis ou découlaient de demandes de certificat de décision préalable. Malgré la diminution du degré global d'activité relative aux fusions, le volume des transactions devant faire l'objet d'un avis n'a pas changé et le nombre des demandes de certificat de décision préalable a augmenté d'environ 13 pour cent par rapport à l'exercice 1990-1991.

Tableau 1. Fusions et acquisitions enregistrées annuellement depuis 1960

Année	Etrangères*	Canadiennes**	Total
1960	93	110	203
1961	86	152	238
1962	79	106	185
1963	41	88	129
1964	80	124	204
1965	78	157	235
1966	80	123	203
1967	85	143	228
1968	163	239	402
1969	168	336	504
1970	162	265	427
1971	143	245	388
1972	127	302	429
1973	100	252	352
1974	78	218	296
1975	109	155	264
1976	124	189	313
1977	192	203	395
1978	271	178	449
1979	307	204	511
1980	234	180	414
1981	200	291	491
1982	371	205	576
1983	395	233	628
1984	410	231	641
1985	466	246	712
1986	641	297	938
1987	622	460	1082
1988	593	460	1053
1989	691	400	1091
1990	676	268	944
1991	544	195	739

*   Fusions visant une société acquéreurse d'appartenance ou sous contrôle
    étranger (la nationalité de la participation majoritaire dans la société
    acquise avant la fusion a pu être étrangère ou canadienne).

** Fusions visant une société acquéreuse dont on ignore si elle est
    d'appartenance ou sous contrøle étranger (la nationalité de la
    participation majoritaire dans la société acquise avant la fusion a pu être
    étrangère ou canadienne).

Les efforts faits par le Bureau pour perfectionner les moyens de relever rapidement les cas qui peuvent poser des problèmes en matière de concurrence ont grandement accéléré l'évaluation. La réduction du temps consacré aux examens a également été favorisée dans une mesure appréciable par la publication des Lignes directrices en avril 1991. Les documents soumis au Bureau depuis ce temps indiquent que le but principal des Lignes directrices, qui est de donner une orientation, a été atteint.

Puisque les conditions économiques auxquelles les entreprises doivent faire face n'ont guère changé, bon nombre des tendances en matière de fusionnement qui sont indiquées dans le rapport annuel de l'année dernière se sont maintenues au cours de l'axercice 1991-1992. La tendance à mettre l'accent sur les entreprises principales et à se départir d'activités jugées accessoires aux objectifs à long terme des entreprises est demeurée très marqué. Puisque bon nombre de ces ventes ont été effectuées à des concurrents potentiels, le nombre des fusions horizontales n'a pas diminué proportionnellement au total de l'activité de fusions. De plus, les transactions découlant des initiatives gouvernementales de privatisation et de réforme de la réglementation ont été courantes pendant la période.

Comme le tableau 2 en fait état, le Directeur a entrepris l'examen de 195 transactions de fusion au cours de l'exercice (seuls les dossiers ayant nécessités au moins deux jours d'examen y figurent) incluant, en partie, 76 avis préalables et 98 demandes de certificats de décision préalable. En outre, il a poursuivi l'examen de 42 dossiers ouverts pendant l'exercice précédent. Parmi les fusions examinées au cours de l'exercice, une fusion fut abandonnée en raison des objections du Directeur et deux étaient en instance auprès du Tribunal de la concurrence.

Description de causes de fusions

La liste des fusions exclut toute fusion qui n'a pas été annoncée publiquement par les parties. Elle comprend certaines fusions importantes et complexes dont la presse a longuement traité mais sur lesquelles le Directeur ne s'est pas prononcé publiquement et qui ne font pas l'objet d'observations distinctes ci-après. Ce qui suit est un résumé succinct de certaines des fusions principales examinées par le Directeur cette année.

Tableau 2. Examen des fusions

	1987-88	1988-89	1989-90	1990-91	1991-92
Examens entrepris (au moins deux jours d'examen)					
Examens portant sur les transactions devant faire l'objet d'un avis	65	92	109	75	76
Examens découlant d'une demande de certificat de décision préalable	40	70	87	87	98
Autres examens	41	29	23	31	21
Total des examens entrepris	**146**	**191**	**219**	**193**	**195**
Dossiers classés					
Parce que le fusionnement ne pose pas de problème selon la Loi	120	166	204	170	183
Avec surveillance seulement	7	10	13	10	5
A la suite d'une restructuration préalable à la réalisation	2	1	-	-	-
A la suite d'une restructuration ultérieure ou d'engagements ultérieurs à la réalisation	2	3	1	2	-
Moyennant une ordonnance par consentement	-	-	3	-	-
Suite à un litige	-	-	-	-	1
Abandon de la fusion projetée en tout ou en partie, en raison des objections du Directeur	2	2	2	1	1
Total des dossiers classés[1]	**133**	**182**	**223**	**183**	**190**
Certificats de décision préalable délivrés[2]	26	59	72	70	65
Avis consultatifs donnés[2]	21	20	17	17	9
Examens en cours à la fin de l'année[3]	27	36	32	42	47
Total des examens de l'année	**160**	**218**	**255**	**225**	**237**
Demandes et avis de demande au Tribunal					
Classés ou retirés	-	2	3	-	1
En instance	2	2	2	3	2
Projetés	-	2	-	-	-

1. Comprend les certificats de décision préalable et les avis consultatifs ainsi que les affaires qui ont été classées ou retirées au Tribunal de la concurrence.

2. Sont également comptés au total des dossiers classés.

3. Certaines données figurant dans les rapports des années précédentes ont été modifiées.

i) De Havilland Aerospace Canada Inc./Boeing of Canada Ltd. (succursale de Havilland)

En décembre 1990, Alenia-Aeritalia e Selenia Spa (Alenia) d'Italie et Aérospatiale SNI (Aérospatiale) de France ont, par l'entremise de leur filiale canadienne en propriété exclusive de Havilland Aerospace Canada Inc., avisé le Directeur de leur intention d'acheter la succursale de Havilland de Boeing of Canada Ltd. Un examen détaillé a été effectué afin de déterminer la mesure dans laquelle la transaction proposée pouvait influencer la concurrence sur le marché des aéronefs de navette. En septembre 1991, le Directeur a conclu que la transaction n'influencerait pas suffisamment la concurrence au Canada pour que soit justifiée la présentation d'une demande au Tribunal. En octobre 1991, la Commission des Communautés européennes a bloqué la transaction en vertu de son propre règlement sur les concentrations. Alenia et Aérospatiales ont abandonné leur projet d'achat en novembre 1991. En mars 1992, de Havilland Inc., compagnie appartenant à 51 pour cent à Bombardier Inc. et à 49 pour cent au gouvernement de l'Ontario, a acheté la succursale de Havilland à Boeing of Canada Ltd.

ii) Maple Leaf Mills Limited/Ogilvie Mills Ltd.

En septembre 1990, Maple Leaf Mills Limited (Maple Leaf) et Ogilvie Mills Ltd. (Ogilvie), les deux plus importantes minoteries du Canada, ont annoncé qu'elles convenaient de s'associer pour combiner leurs affaires relatives à la farine et aux produits connexes de boulangeries. L'examen du Directeur a porté sur un certain nombre de questions complexes englobant l'évaluation des marchés géographiques, le potentiel de concurrence étrangère compensant la création d'une entreprise dominante sur les marchés intérieurs et les gains d'efficience soulevés par les parties.

Après avoir été avisées de la conclusion du Directeur selon laquelle la transaction initiale proposée réduisait sensiblement la concurrence sur certains marchés, les parties ont présenté au Directeur un certain nombre de propositions destinées à apaiser ses craintes relatives à la concurrence afin qu'il ne soit pas nécessaire de saisir le Tribunal de l'affaire. Les parties ont rejeté la proposition initiale du Directeur consistant à reporter la transaction de six mois après l'élimination, en vertu de l'Accord de libre-échange, des restrictions applicables à l'importation des produits du blé des États-Unis, y compris la farine, pour permettre une vérification du degré de pénétration par les minoteries américaines que présumaient les parties. Ces restrictions, qui empêchaient effectivement les minoteries étrangères de concurrencer sur le marché canadien depuis le début des années 1940, ont été éliminées le 10 mai 1991.

Le Directeur a conclu que l'accès des minotiers des États-Unis aux marchés canadiens à l'extérieur du sud de la Colombie-Britannique et du sud de l'Ontario que permet le libre-échange de la farine ne donnerait pas lieu à une concurrence suffisante pour empêcher la société résultant de la fusion de hausser les prix. Il a considéré que le reste de l'ouest du Canada et le marché de la farine qui comprend le Québec et les provinces de l'Atlantique sont suffisamment isolés de la concurrence américaine potentielle en raison des frais de transport élevés, de la capacité excédentaire limitée des minoteries dans les régions voisines des États-Unis, de la forte intégration verticale des minoteries et boulangeries canadiennes qui restreint le potentiel de pénétration des marchés et de la différence de qualité des produits qui est généralement favorable aux minoteries canadiennes. Le contrôle de la concurrence associée aux importations sur les marchés pertinents a effectivement indiqué que la farine importée des États-Unis comptait pour moins d'un pour cent de la consommation canadienne de farine en 1991.

Le Directeur a consenti à accepter, au lieu d'un report, l'engagement des parties à céder à des tierces parties viables, après la concentration, une meunerie à Medicine Hat et une autre à Montréal. Selon la proposition du Directeur, un certain volume de farine de blé dur fourni aux boulangeries de la société résultant de la fusion dans l'ouest du Canada devait être vendu par appel d'offres afin de faciliter encore davantage la pénétration des marchés. Le Directeur était disposé à exercer une surveillance du marché ontarien pendant un an afin de vérifier la pénétration par des concurrents Américains que présumaient les parties. Puisque cette pénétration sur le marché ontarien ne s'est pas révélée suffisante au cours de l'année de vérification, il a été indiqué aux parties que le Directeur prendrait les mesures nécessaires pour apaiser ses craintes relatives à la concurrence. Après environ six semaines de discussions avec le Directeur, les parties ont décidé, le 15 mai 1991, d'abandonner la fusion proposée.

iii) Télésystème National Limité/Télésat Canada

Le gouvernement du Canada a annoncé, dans son budget du 20 février 1990, son intention de vendre sa participation de 49.3 pour cent dans Télésat Canada (Télésat). Pour obtenir d'autres renseignements sur la vente des actions du gouvernement et l'implication du Directeur dans le processus de vente, veuillez consulter la description de la fusion d'Alouette Telecommunications Inc./Télésat Canada qui figure dans la section suivante intitulée "Examens en cours".

Télésystème National Limité (Télésystème National) a annoncé publiquement son intention de présenter une soumission à l'égard des actions de Télésat Canada appartenant au gouvernement. Le Directeur a examiné cette soumission selon une procédure identique à celle qu'il avait suivie relativement à la soumission présentée par Alouette Telecommunications Inc. Le Directeur a conclu que la soumission de Télésystème National n'aurait pas pour effet d'empêcher ou de réduire sensiblement la concurrence puisqu'il a constaté qu'il n'y avait que très peu de concurrence entre les deux compagnies. C'est pourquoi le Directeur aurait eu des motifs insuffisants de saisir le Tribunal de la concurrence de la transaction proposée si le gouvernement l'avait acceptée.

iv) Produits Shell Canada Limité/Pay Less Gas Co. (1972) Ltd.

Comme il a été indiqué à la fin de l'année dernière au sujet de l'acquisition de certains éléments d'actif de Pay Less Gas Co. (1972) Ltd. par Produits Shell Canada Limité, le Directeur avait examiné les propositions qui lui avaient été présentées par les parties et une solution acceptable était attendue. Les parties ont apporté des modifications aux transactions de manière à apaiser les craintes du Directeur relatives aux dispositions de la Loi qui portent sur les concentrations. Le Directeur a accepté des engagements des parties à lui donner un préavis de toute application des dispositions ou toute modification des transactions pouvant changer sensiblement la relation entre les parties ou le contrôle de celles-ci.

Examens en cours

Les examens de plusieurs transactions importantes étaient encore en cours à la fin de l'année.

i) Alouette Telecommunications Inc./Télésat Canada

Comme indiqué ci-dessus, le gouvernement du Canada a annoncé dans son budget du 20 février 1990 qu'il entendait vendre sa participation de 49.3 pour cent dans Télésat Canada (Télésat). La vente a commencé officiellement par l'adoption de la *Loi sur la réorganisation et l'aliénation de Télésat Canada*, soit le 17 décembre 1991. Afin qu'il puisse être tenu compte des questions relatives à la politique de concurrence que soulevait la vente, le gouvernement fédéral a exigé que toutes les soumissions soient assujetties à un examen approfondi en vertu des dispositions de la *Loi sur la concurrence* qui a trait aux fusions.

Les premières soumissions devaient être reçues au plus tard le 30 janvier 1992 à minuit. Elles devaient être examinées des points de vue financier, commercial et de la politique gouvernementale afin que soit dressée une courte liste de personnes devant être invitées à présenter de nouvelles soumissions. Conformément aux conditions de la vente, les soumissions du deuxième tour, qui devaient être reçues au plus tard le 10 mars 1992, devaient comprendre soit un certificat de décision préalable, soit une lettre du Directeur indiquant que la transaction ne soulevait pas de problèmes de concurrence. De plus, le Directeur devait présenter ses conclusions au gouvernement quant à l'incidence probable de chacune des soumissions sur la concurrence, en indiquant notamment s'il avait des motifs suffisants, en cas d'acceptation de la soumission par le gouvernement, de présenter une demande au Tribunal de la concurrence en vertu des dispositions de la Loi qui portent sur les fusions.

Telecom Canada (maintenant appelé Stentor) et Spar Aerospace Limited ont présenté selon la procédure prévue dans la loi sur la privatisation, par l'entremise d'une société appelée Alouette Telecommunications Inc. (Alouette), une soumission en vue de l'acquisition des actions du gouvernement dans Télésat. Alouette a annoncé publiquement la présentation de cette soumission. Les membres de Telecom Canada détenaient déjà collectivement 41 pour cent des actions dans Télésat avant la présentation de la soumission en leur nom.

Le Directeur a conclu que la soumission d'Alouette réduirait ou empêcherait la concurrence mais pas de façon sensible. Il n'est arrivé à cette conclusion qu'après un examen très soigneux des répercussions de la transaction proposée sur la concurrence. On a obtenu beaucoup d'information d'un vaste éventail de personnes ayant un intérêt dans l'industrie des télécommunications ou une connaissance de celle-ci. En ce qui concerne les produits, le Directeur a retenu les trois marchés suivants aux fins de son examen : prestation de services de télécommunication (y compris les services de transmission de la parole, des données et des images) à des entreprises à services terrestres, prestation de services de télécommunication à des entreprises de radiodiffusion, et prestation de services de télécommunication à des clients d'affaires ("services d'affaires concurrentiels").

Le Directeur a jugé que les activités commerciales actuelles des deux parties ne se recoupaient pas de façon appréciable et que cela tenait principalement à l'avantage inhérent à l'utilisation d'une technologie par rapport à une autre pour des applications d'affaires spécifiques. C'est pourquoi le Directeur n'a pas pu conclure que l'acquisition réduirait sensiblement la concurrence. De plus, le Directeur a examiné soigneusement la possibilité d'un empêchement futur de la concurrence par suite de l'acquisition de Télésat par Alouette. Il a jugé, pour des raisons semblables à celles qui l'ont convaincu que l'acquisition ne réduirait pas sensiblement la concurrence, qu'il n'y avait pas de motif lui permettant de conclure que la transaction empêcherait sensiblement la concurrence.

Le Directeur entend surveiller les effets de la transaction sur l'industrie. La *Loi sur la concurrence* prévoit un délai de trois ans après sa réalisation en substance au cours duquel le Tribunal de la concurrence peut être saisi d'un fusionnement s'il a pour effet de réduire ou d'empêcher sensiblement la concurrence.

ii) Industrie des télécommunications

Un certain nombre de changements se sont produits dans l'industrie canadienne des télécommunications, y compris la réorganisation de Telecom Canada de manière à former le groupe de compagnies Stentor, la modification de la direction et de la propriété de Téléglobe Canada, la vente des actions du gouvernement dans Télésat Canada, le dépôt par le gouvernement du projet de loi C-62 intitulé *Loi concernant les télécommunications*, et la récente décision du CRTC au sujet de la concurrence dans la prestation de services téléphoniques interurbains et les questions connexes ayant trait à la revente et au partage. Le Directeur a reçu des plaintes au sujet des incidences de certains de ces changements sur la concurrence dans l'industrie en question. Comme la presse l'a indiqué, une de ces plaintes était une demande présentée par six résidents en vertu de l'article 9 de la *Loi sur la concurrence*. Cette demande présentée au nom d'ACC Longue Distance Ltd. avait trait à l'effet des pratiques commerciales de Bell Canada sur les revendeurs de services de télécommunications. Le Directeur est en train d'examiner les plaintes à la lumière des différentes dispositions de la *Loi sur la concurrence*.

iii) Canron Inc./Scepter Manufacturing Company Limited

Il s'agit d'un projet consistant à combiner les opérations de fabrication de tuyaux en plastique de Canron Inc. et de Scepter Manufacturing Company Limited. Les autres opérations des deux compagnies ne sont pas influencées par la transaction. L'analyse des répercussions de la transaction sur la concurrence a permis de conclure qu'elle n'aurait vraisemblablement pas pour effet de réduire sensiblement la concurrence, même si les parties ont une part considérable du marché du tuyau en plastique. Les facteurs qui ont réduit les craintes soulevées par cette part de marché importante comprennent la disponibilité de produits de remplacement aux fins de certaines utilisations finales, la concurrence appréciable pour laquelle interviennent les importations de tuyaux de plastique des États-Unis et les entraves relativement faibles à l'accès à l'industrie.

iv) Les Supermarchés A&P Limitée/Steinberg Inc.

Pour en savoir plus long sur l'évaluation de cette transaction par le Directeur, veuillez vous reporter au rapport annuel de l'année dernière.

Selon la transaction proposée, le Supermarché A&P Limitée (A&P) ferait l'acquisition de la plupart des éléments d'actif de Steinberg Inc. (Steinberg) en matière de vente au détail de produits alimentaires en Ontario. Pour apaiser les craintes relatives à la concurrence qui ont été exprimées par le Directeur, A&P s'est engagée, le 22 octobre 1990, à se dessaisir de 11 supermarchés dans le centre et le sud-ouest de l'Ontario. En mars 1992, A&P n'avait pas encore pu trouver d'acheteur pour ses supermarchés de Welland et de Windsor. Conformément aux engagements, le Directeur a exigé qu'un fiduciaire soit chargé de la vente de ces magasins A & P. Le fiduciaire n'a pu trouver d'acheteur pour l'un ou l'autre de ces magasins. Le Directeur a conclu que la procédure suivie avait permis de constater qu'il n'existait aucune demande à l'égard des deux supermarchés en question et qu'aucun profit ne pouvait être tiré du remplacement de ceux-ci par d'autres, compte tenu des conditions des deux marchés géographiques. Par conséquent, il a libéré A&P de son obligation de se dessaisir des deux supermarchés en l'espèce.

Le dessaisissement d'un des autres supermarchés a été complété en février 1992. Les négociations avec des acheteurs éventuels de tous les autres magasins allaient bon train à la fin de mars 1992. C'est pourquoi le Directeur a jugé qu'il serait préférable de permettre à A&P de poursuivre ses négociations plutôt que d'exiger que les supermarchés soient confiés à un fiduciaire selon les engagements. Le Directeur continuera de surveiller attentivement les progrès réalisés par A&P et est prêt à invoquer la disposition sur le fiduciaire s'il juge que cela est nécessaire.

v) IBM Canada Ltée/Westbridge Computer Corp.

En mars 1991, Westbridge Computer Corporation (Westbridge) a annoncé son projet d'acquérir toutes les actions d'International Semi-Tech Microelectronics Inc. (ISTM) dans STM Systems Corp. et de conclure avec IBM Canada Ltée (IBM) une entente faisant de celle-ci un des principaux investisseurs dans Westbridge. Westbridge a été fondée en 1988 pour mener certaines des activités relatives à la technologie de l'information du gouvernement de la Saskatchewan, lequel est devenu un important actionnaire de Westbridge par l'entremise de Saskatchewan Telecommunications (SaskTel). La transaction proposée a été conclue en juin 1991, IBM acquérant une participation de 27 pour cent dans Westbridge. SaskTel et ISTM détenaient, elles aussi, 27 pour cent chacune des actions de Westbridge, les autres actions étant publiques. Par ailleurs, IBM s'est vu accorder une option qui lui permettrait d'acquérir 51 pour cent des actions dans Westbridge. IBM a indiqué au Directeur, au moment de la transaction initiale, qu'elle prévoyait profiter de cette option dans un proche avenir.

Après avoir réalisé un examen approfondi de la transaction au cours duquel il a tenu compte de la part de marché qu'aurait l'entreprise résultant de la fusion, de la facilité d'accès au marché de la main-d'oeuvre extérieure (qui consiste à faire exercer par des fournisseurs extérieurs des fonctions relatives aux systèmes de gestion de l'information) ainsi que de l'existence d'un nombre appréciable de concurrents et de leur croissance rapide, le Directeur a indiqué aux parties que le fusionnement n'aurait probablement pas pour effet de réduire ou d'empêcher sensiblement la concurrence. L'examen du Directeur a aussi porté sur l'intention d'IBM d'augmenter sa participation dans Westbridge. Vers le début de 1992, Westbridge a adopté pour raison sociale ISM Information Systems Management Corporation (ISM). En mars 1992, IBM s'est prévalu de son option d'acquérir 51 pour cent des actions dans ISM.

vi) Merlin Gerin (Canada) Inc./Square D Canada Electrical Equipment Inc.

Pendant l'année, l'acquisition de Square D Canada Electrical Equipment Inc. (Square D Canada) par Merlin Gerin (Canada) Inc. (Merlin Gerin) a fait l'objet d'un examen approfondi en vertu des dispositions de la *Loi sur la concurrence* qui a trait aux fusionnements. L'examen a été entrepris par suite de l'acquisition par la société française Schneider S.A. (Schneider) de The Square D Company (Square D Company), société mère américaine de Square D Canada. Cela a eu pour effet au Canada de mettre en propriété commune Square D Canada, Merlin Gerin, Télémécanique Canada Ltée et Federal Pioneer Limited. Ces entreprises se livraient au Canada à la fabrication et à la fourniture d'équipement de distribution électrique et d'appareils de commandes industrielles.

La transaction a été annoncée le 4 mars 1991, date où Schneider a publié son offre publique d'achat à l'égard des actions de Square D Company. À la lumière des renseignements dont on disposait à ce moment-là, le Directeur a engagé une enquête officielle le 18 avril 1991. La transaction entre Schneider et Square D Company a été conclue aux États-Unis après que Schneider ait eu fourni au Directeur un engagement visant à tenir les actifs distincts afin de donner le temps de procéder à une évaluation des répercussions de la transaction sur la concurrence au Canada.

L'analyse exhaustive des preuves obtenues pendant l'enquête a fait conclure au Directeur que la fusion n'aurait vraisemblablement pas pour effet de réduire sensiblement la concurrence. De plus, l'analyse a permis de conclure que les marchés de produits influencés par la transaction étaient ceux des appareils de commande industriels et de l'équipement de distribution électrique. On a conclu, dans les deux cas, que le marché géographique correspondant était le Canada. Pour ce qui est des appareils de commande industriels, les preuves dont on disposait indiquaient que le résultat de la combinaison des parts du marché des parties ne dépassait pas les seuils établis dans les Lignes directrices pour l'application de la Loi (Fusionnements) quant à la domination de marché ou à l'interdépendance. Pour ce qui est de l'équipement de distribution électrique, les preuves dont on disposait indiquaient que les parties détenaient des parts de marché importantes. Toutefois, la preuve ayant trait à la concurrence réelle post-concentration livrée par des entreprises telles que Westinghouse Canada Inc. et Siemens Electric Limited ainsi que l'implantation probable sur le marché canadien de la General Electric Company, qui compte parmi les plus importants fournisseurs d'équipement de distribution électrique des États-Unis, ont porté le Directeur à conclure que la fusion n'aurait pas vraisemblablement pour effet de réduire sensiblement la concurrence.

Le Directeur a jugé qu'il convenait de surveiller les effets de la fusion sur le marché pendant la période de trois ans que prévoit l'article 97 de la Loi. C'est pourquoi l'enquête sur la fusion n'avait pas été close à la fin de l'année.

vi)   Wolverine Tube (Canada) Inc./Les Industries de métaux Noranda Limité

L'objet de l'examen était l'acquisition par Wolverine Tube (Canada) Inc. (Wolverine) de l'actif des Industries de métaux Noranda Limité (Noranda), acquisition qui a été terminée le 31 octobre 1988 après que le Directeur eût procédé à un examen approfondi en vertu des dispositions de la Loi qui portent sur les concentrations. Les parties étaient les deux seuls fabricants canadiens de tubes en cuivre et en alliage de cuivre. A la suite de l'examen initial, le Directeur avait conclu que la fusion n'aurait vraisemblablement pas pour effet de réduire sensiblement la concurrence parce que les éléments disponibles indiquaient que Noranda se retirerait du marché à défaut de fusion et qu'il n'y avait pas d'autre acheteur pour l'actif de Noranda qui serait préférable sur le plan de la concurrence.

En juin 1991, on a reçu une demande présentée en vertu de l'article 9 de la Loi au nom des membres de l'Association canadienne des travailleurs des industries mécaniques et assimilées et de l'Office and Technical Employees Union. Ces parties soutenaient que l'acquisition avait eu pour effet de réduire ou d'empêcher sensiblement la concurrence. Le Directeur a engagé une enquête en vertu de l'article 10 de la Loi le 12 juin 1991. Les allégations des requérants reposaient particulièrement sur le fait que Wolverine avait fermé l'usine de New Westminster qui appartenait auparavant à Noranda et avait refusé de la vendre à un groupe créé par les syndicats et des hommes d'affaires intéressés. De plus, les requérants ont soutenu que Wolverine avait fabriqué des tubes de cuivre de qualité inférieure aux normes.

Les preuves accumulées pendant l'enquête n'ont pas confirmé les allégations des requérants. Ces preuves ont indiqué, en fait, que, depuis la fusion de Wolverine et de Noranda, les importations de tubes de cuivre des États-Unis avaient augmenté considérablement et correspondaient à une concurrence efficace à Wolverine même si cette entreprise est le seul fabricant canadien du produit. Les résultats de l'enquête menée par le Directeur ont été communiqués aux requérants, qui ont déposé par la suite, en vertu de l'article 18 de la *Loi sur la Cour fédérale*, une requête en mandement contre le Directeur devant la division de première instance de la Cour fédérale. Cette requête a été jugée irrecevable après une audience tenue le 15 novembre 1991 pendant laquelle la Cour a conclu qu'elle ne relevait pas de sa compétence.

Les requérants ont, en outre, soutenu que la conduite de Wolverine constituait un abus de position dominante au sens de l'article 79 de la Loi. Ce point a fait l'objet, lui aussi, de l'enquête officielle engagée par le Directeur le 12 juin 1991. L'examen en vertu de l'article 79 n'était pas encore achevé à la fin de l'année.

Suivi de dossiers antérieurs

Voici les faits nouveaux survenus pendant l'année financière relativement à trois opérations de concentration importantes examinées par le Directeur au cours des années antérieures :

i) Consumers Packaging Inc./Domglass Inc.

Comme il est indiqué dans le rapport de l'année dernière, le Directeur a annoncé, le 25 avril 1989, qu'il ne s'opposerait pas à la fusion des activités de fabrication de contenants de verre de Consumers Packaging Inc. (Consumers) et de Domglass Inc. (Domglass). La décision du Directeur tenait notamment au fait que Consumers s'était engagée à demander, en vertu de l'Accord de libre-échange, une réduction accélérée des tarifs applicables à l'importation des contenants de verre. On n'a pas encore accédé à la demande de Consumers dans la liste des articles faisant l'objet de cette réduction.

ii) Compagnie pétrolière Impériale Ltée/Texaco Canada Inc.

Le rapport annuel du Directeur pour l'année qui s'est terminée le 31 mars 1990 décrit le règlement ayant donné lieu à une ordonnance par consentement concernant des craintes relatives à la concurrence dont l'acquisition par la Compagnie pétrolière Impériale Ltée. (Impériale) des actions de Texaco Canada Inc. (Texaco) a fait l'objet. Après de longues audiences publiques, le Tribunal de la concurrence a délivré, le 6 février 1990, une ordonnance exigeant qu'Impériale se dessaisisse de tous les éléments d'actif d'aval de Texaco dans les provinces de l'Atlantique ainsi que de neuf terminaux d'entreposage et de 410 stations-service situés dans d'autres régions du pays. De plus, Impériale doit fournir un volume précis d'essence à des entreprises indépendantes de commercialisation de produits pétroliers en Ontario et au Québec pendant une période pouvant atteindre dix ans, et doit remplir certaines autres conditions.

Le rapport annuel de l'année dernière indique un certain nombre d'événements qui se sont produits pendant la période du 31 mars 1990 au

31 mars 1991, inclusivement. Depuis la publication du rapport de l'année dernière, d'autres événements relatifs à l'affaire ont eu lieu :

-- Le Directeur a permis à Impériale de se dessaisir de trois des terminaux d'entreposage de produits pétroliers qui sont situés à l'extérieur des provinces de l'Atlantique et lui a accordé un délai supplémentaire aux fins du dessaisissement du dernier terminal pour que puissent être achevées les négociations suivies avec un acheteur potentiel.

-- Impériale s'est dessaisie ou a reçu la permission de se dessaisir de 53 des 71 stations de vente d'essence au détail dont il lui restait à se dessaisir à l'extérieur des provinces de l'Atlantique et s'est vue accorder un délai supplémentaire pour terminer la négociation de la vente de sept points de vente lui appartenant. Les points de vente appartenant aux détaillants sont vendus à mesure qu'expirent leurs contrats avec Impériale.

-- Impériale a dépassé son engagement à approvisionner des entreprises indépendantes de l'Ontario et du Québec.

-- Ultramar Canada Inc. (Ultramar), qui a acquis les éléments d'actif de Texaco dans les provinces de l'Atlantique, s'est engagée envers le Directeur, à l'automne de 1990, à maintenir en exploitation pour sept ans la raffinerie Eastern Passage, à se dessaisir de cinq stations-service en Nouvelle-Écosse et dans l'Île-du-Prince-Édouard et à se dessaisir de terminaux d'entreposage de produits pétroliers situés à Chatham (Nouveau-Brunswick) et à Dartmouth (Nouvelle-Écosse). Depuis un an, le Directeur a approuvé le dessaisissement par Ultramar des cinq stations-service. En outre, Ultramar a trouvé des acheteurs éventuels pour les deux terminaux et a engagé des négociations avec eux. On prévoit que le Directeur approuvera le dessaisissement de ces terminaux avant la fin de 1992.

-- L'année dernière, il a été indiqué qu'un des intervenants aux audiences, soit Barron Hunter Hargrave Strategic Resources Inc. (Barron) avait fait appel de l'ordonnance du Tribunal à la division d'appel de la Cour fédérale le 6 mars 1990. Barron soutenait que le Tribunal avait commis une erreur en jugeant que son champ de compétence ne comprenait que les questions faisant l'objet de l'ordonnance par consentement proposé (OCP) dont le Directeur l'avait saisi. Pareil jugement empêchait le dépôt de preuves relatives à des questions non assujetties à l'OCP telles que le secteur amont de l'industrie pétrolière canadienne. En outre, l'appelant soutenait que l'avis donné au sujet de l'OCP était contraire aux principes de la justice naturelle. Barron avait demandé à la Cour de suspendre l'ordonnance par consentement et de rouvrir la procédure devant le Tribunal ou d'exiger qu'Impériale se dessaisisse de la totalité des éléments d'actif ou des actions de Texaco Canada en les laissant intacts. La Cour a entendu l'appel le 10 mars 1992 et rendu son jugement le jour même. Elle a jugé l'appel irrecevable et tenu l'appelant de payer les frais judiciaires.

iii) Tree Island Industries Limited/Davis Wire Industries Ltd.

L'affaire a été traitée dans le rapport annuel de l'année dernière, où l'on indiquait que le Directeur attendait, à la fin de l'année, que Davis Wire Industries Ltd. soit vendue conformément aux engagements donnés par Tree Island Industries Limited et Georgetown Industries, Inc., sa société mère. La vente de Davis Wire Industries à David Lloyd a été conclue le 23 mai 1991.

Demandes présentées au tribunal de la concurrence

Pendant l'année financière, le Tribunal de la concurrence a rendu sa décision au sujet de la demande présentée par le Directeur sur l'acquisition de certains fondoirs de Canada Packers Inc. par Maple Leaf Mills Limited. À la fin de l'année, le Tribunal n'avait pas encore rendu sa décision sur la demande du Directeur concernant un certain nombre d'acquisitions effectuées par Southam Inc. dans la région continentale inférieure de la Colombie-Britannique. À la fin de l'année, la Cour suprême du Canada avait été saisie de l'affaire de l'acquisition par Alex Couture Inc. de deux fondoirs montréalais. Ces questions sont traitées ci-dessous.

i) Maple Leaf Mills Limited/Canada Packers Inc.

Le 4 juillet 1990, Hillsdown Holdings (Canada) Inc. (Hillsdown) a acquis, par l'entremise de sa filiale Maple Leaf Mills Limited (Maple Leaf), 56 pour cent des actions ordinaires de Canada Packers Inc. Hillsdown a acquis, entre autres, le fondoir Orenco à Dundas (Ontario) alors que Maple Leaf contrôlait les fondoirs existants à Moorefield (Ontario). Le 15 février 1991, le Directeur a présenté au Tribunal de la concurrence une demande visant à obtenir une ordonnance en vertu de l'article 92 de la *Loi sur la concurrence*. Le Directeur a demandé au Tribunal d'ordonner à Hillsdown de se dessaisir du fondoir Orenco parce qu'il croyait que l'acquisition de celui-ci réduisait sensiblement la concurrence sur le marché ontarien des services de fondoirs. L'audience a eu lieu à Ottawa du 25 novembre au 18 décembre 1991. Dans sa décision du 8 mars 1992, le Tribunal refuse de délivrer l'ordonnance demandée par le Directeur. Bien qu'il ait reconnu que la fusion réduira la concurrence, le Tribunal n'était pas convaincu qu'il la réduirait sensiblement de manière à constituer une infraction à l'article 92 de la *Loi sur la concurrence*.

ii)   Southam Inc./Lower Mainland Publishing Ltd.

Le Directeur a contesté l'acquisition par Southam Inc. (Southam) des journaux *The Vancouver Courier, North Shore News* et *Real Estate Weekly*. Southam a présenté à la division de première instance de la Cour fédérale du Canada une contestation de la constitutionnalité de la *Loi sur la concurrence* et de la *Loi sur le Tribunal de la concurrence*. De plus, Southam a demandé la suspension de l'audience du Tribunal. Cependant, sa motion a été rejetée. La décision a fait l'objet d'un appel que la division d'appel de la Cour fédérale a jugé irrecevable le 22 mai 1991. Le 29 avril, le Tribunal de la concurrence a rendu une ordonnance sur la confidentialité des documents. Le 20 juin 1991, il a rendu une ordonnance sur l'utilisation des renseignements obtenus par la communication de la preuve. Le Directeur a appelé de ces deux ordonnances. Le Directeur a demandé et obtenu la permission de modifier son avis de demande afin qu'il traite plus clairement de la question de la vente de services de publicité de détail dans les journaux desservant plusieurs marchés. Le 9 août 1991, le Tribunal a rejeté une demande d'intervention présentée par un journaliste à la pige qui craignait qu'il existe un monopole de la diffusion de l'information. Les audiences sur le bien-fondé de la demande du Directeur ont commencé le 4 septembre 1991 et se sont poursuivies jusqu'au 25 octobre, dates où elles ont été ajournées. Elles ont repris le 13 janvier 1992 et se sont terminées le 24 janvier. À la fin de l'année, une décision n'avait pas encore été rendue.

iii)   Alex Couture Inc., (Sanimal Industries Inc.)/Lomex Inc, Paul & Eddy Inc.

A la fin de l'année, les questions constitutionnelles n'étant pas encore réglées, le Tribunal de la concurrence n'avait pas encore entendu la demande du Directeur portant sur l'acquisition par *Alex Couture Inc.* (appartenant à Sanimal Industries Inc.) des fondoirs Lomex Inc. et Paul & Eddy Inc. En septembre 1991, la Cour d'appel du Québec a rendu sa décision relative au jugement de la Cour supérieure du Québec. Le juge de première instance avait déclaré inconstitutionnelles certaines dispositions de la Loi relatives aux fusionnements ainsi qu'au Tribunal de la concurrence. La Cour d'appel a invalidé la décision de la Cour supérieure sur deux questions, en déterminant que les alinéas 92 (1) *e*) (i), 92 (1) *f*) (i) et 92 (1) *f*) (ii) de la Loi ne portent pas atteinte à la liberté d'association garantie par l'article 2 *d*) de la Charte ; la Cour a aussi décidé que le Tribunal de la concurrence offre des garanties suffisantes d'indépendance et d'impartialité, telles qu'exigées par l'article 11 *d*) de la Charte. La Cour a également confirmé le jugement de première instance portant sur deux questions. En premier lieu, la Cour a déterminé que la Loi ne contrevient pas au partage des compétences établi en vertu de la Loi constitutionnelle de 1867, et a été validement adoptée en vertu du chef de compétence (paragraphe 92 (2) - échange et commerce) et ce, à la lumière de la décision de la Cour suprême du Canada dans *G.M. c. City National Leasing*. En second lieu, la Cour est d'avis que les activités exercées par les intimés, Alex Couture Inc. et al, ne sont pas réglementées par la province d'une manière qui donne lieu a l'application de la doctrine de l'industrie réglementée. En novembre 1991, les intimés ont soumis à la Cour suprême une requête visant à porter en appel la décision de la Cour d'appel. En mars 1992, la Cour suprême n'avait toujours pas décidé si elle allait entendre l'appel des intimés.

III. Le rôle des autorités en matière de concurrence dans l'élaboration et l'application des autres politiques ou lois

Observations aux offices, commissions et autres tribunaux

Selon les articles 125 et 126 de la Loi, le Directeur est autorisé à présenter des observations et des preuves aux offices, commissions ou autres tribunaux fédéraux et provinciaux. De plus, le Ministre peut ordonner qu'une observation soit présentée par le Directeur à un office de réglementation fédéral. Le Directeur ne peut présenter des observations aux offices de réglementation provinciaux que s'ils y consentent ou en font la demande. En sa qualité d'avocat de la concurrence, le Directeur peut présenter des observations non-mandatées à des organismes tels que des comités ou groupes de travaux gouvernementaux dans les cas où ses connaissances particulières peuvent éclairer l'examen de certaines questions.

Description des principales observations

i) Transports

En juin 1991, le Directeur a présenté d'autres observations à la Commission royale d'enquête sur le transport des passagers, créés pour mener une enquête et déposer un rapport au sujet d'un système national intégré de transport interurbain des passagers qui répondrait aux besoins futurs des Canadiens.

Le Directeur a présenté des observations de vive voix et par écrit à la Commission à l'automne de 1990. Lors de la publication de son rapport intérimaire en avril 1991, la Commission a invité le Directeur à formuler d'autres observations. Ayant fait état de la nécessité pour un tel système d'accorder la priorité à l'efficacité économique en mettant l'accent davantage sur la concurrence et en fondant la gestion de l'infrastructure de transport sur des principes commerciaux, le Directeur a signalé qu'une plus grande efficacité dans la prestation des services pourrait également faciliter l'atteinte des objectifs des politiques en matière d'équité.

A la fin de l'exercice, la Commission n'avait pas encore publié son rapport final.

Le Groupe de travail québéco-ontarien sur les trains rapides auxquels le Directeur a présenté un mémoire en mai 1990, a publié son rapport en mai 1991. Le Groupe de travail a conclu qu'un service de trains de voyageurs rapides aurait d'importantes retombées positives sur le plan des voyages d'affaires et d'agrément dans le corridor Québec-Windsor. Toutefois, il a conclu également qu'il ne convient pas de prendre une décision définitive avant de connaître les résultats des études et des consultations dont son rapport donnait les grandes lignes.

En matière de transports, le personnel a continué de participer aux activités d'un groupe de travail se rapportant au Conseil canadien des administrateurs en transport motorisé (CCATM). L'origine de ce groupe est décrit dans le rapport annuel de 1990. En mai 1991, le groupe de travail a présenté son troisième Rapport annuel dans lequel il examine les principaux facteurs dont tiennent compte les organismes de réglementation provinciaux aux fins de l'application des nouveaux critères d'accès transitoire d'intérêt public au marché que comprend la *Loi de 1987 sur les transports routiers.*

Le Bureau a continué de prendre part à une révision suivie de la *Loi de 1987 sur les conférences maritimes.* Celle-ci soustrait certaines pratiques des conférences maritimes internationales (cartel) à l'application de la Loi sur la concurrence. Le personnel du Bureau a contribué à la conception et au lancement d'études réalisées par des consultants pour déterminer s'il existe un besoin soutenu d'exempter les conférences maritimes de l'application de la législation sur la concurrence. De plus, le personnel a contrôlé un autre examen de la législation américaine sur les conférences maritimes que mène une commission présidentielle des États-Unis.

En dernier lieu, le personnel du Bureau a continué de participer aux consultations interministérielles concernant l'approche des négociations d'un nouvel accord entre le Canada et les États-Unis sur les services aériens.

ii) Télécommunications

Les observations présentées dans le domaine des télécommunications sont demeurées axées sur l'introduction d'une plus grande concurrence dans ce secteur et la limitation de la capacité des intimés d'élargir leur marché pour qu'il englobe des services potentiellement concurrentiels. En avril 1991, le CRTC a entamé l'audience principale afin d'examiner les requêtes déposées par Unitel Communications Inc. (Unitel) et le consortium B.C. Rail Telecommunications/Lightel en vue d'interbrancher leurs réseaux à ceux de plusieurs compagnies de téléphone canadiennes. Le Directeur a participé à l'audience en témoignant lui-même et en contre-interrogeant les autres parties, puis en présentant, en juillet 1991, sa plaidoirie finale dans laquelle il a souligné les avantages découlant de l'introduction de la concurrence dans la prestation de services interurbains, notamment sur le plan des prix et des services innovateurs. Le Directeur a également souligné la nécessité de libéraliser encore davantage les règles régissant la revente et le partage.

En octobre 1991, la Competitive Telecommunications Alliance (CTA) a demandé au CRTC de réexaminer et de modifier la Décision Télécom 9-11 approuvant l'introduction, par les membres de Télécom Canada, du service d'escompte de volume pour les appels interurbains "Avantage Canada". La CTA avait demandé que soient levées les restrictions empêchant les revendeurs d'avoir accès au tarif "Avantage Canada". En novembre 1991, le Directeur a présenté un mémoire au CRTC dans lequel il a recommandé que ces restrictions soient réduites au minimum. En novembre 1991, le Directeur a signalé que la revente est l'un des facteurs clés qui encouragent la prestation de services de télécommunication efficaces. Il a souligné également qu'un marché de revente dynamique est l'une des conditions nécessaires à une concurrence effective. Au 31 mars 1992, le CRTC n'avait pas encore rendue sa décision relativement à la requête de la CTA.

En décembre 1990, le CRTC a amorcé une procédure d'examen du règlement de Téléglobe Canada Inc. Au cours d'une audience publique tenue en août 1991, le Directeur a formulé des observations portant principalement sur des questions générales de politique et de réglementation, y compris la politique en matière de concurrence. De l'avis du Directeur, la concurrence entre d'autres fournisseurs de services outre-mer permettrait de satisfaire à la demande de services innovateurs des consommateurs et obligerait les fournisseurs de services à accroître leur efficacité. Selon le Directeur, permettre la revente et le partage constituerait un premier pas important en vue de l'introduction de la concurrence dans la prestation de ces services. Dans l'intervalle, toutefois, c'est-à-dire en attendant l'arrivée sur le marché d'autres fournisseurs de services outre-mer, le CRTC devrait continuer de réglementer Téléglobe, adoptant un système plus souple de réglementation axé sur les stimulants. Le 19 décembre 1991, le CRTC a publié la Décision Télécom 91-21 par laquelle, entre autres, il a approuvé la revente et le partage de lignes directes internationales de Téléglobe destinées à une utilisation conjointe, à certaines conditions. Étant donné l'insuffisance des preuves présentées par Téléglobe, le CRTC a refusé de modifier ses méthodes de calcul du taux de rendement, préférant revenir en 1993 sur la question de la méthode de réglementation de Téléglobe qui serait à privilégier.

Le 3 mars 1992, le CRTC a publié la Décision Télécom CRTC 1992-1 par laquelle il a mis fin à la procédure amorcée en 1988 portant sur la base de données de l'annuaire téléphonique de Bell Canada. Il s'agissait de déterminer si l'accès aux inscriptions des abonnés de Bell Canada continuerait d'être fourni sur une base exclusive à Télé-Directe (Publications) Inc., un affilié de Bell, ou si un accès au moins partiel et général à cette base de données sous une forme lisible par une machine serait accordé sur une base tarifaire. Le Directeur est intervenu pour présenter des arguments en faveur d'un accès sur une base tarifaire, signalant que cette base de données, à toutes fins utiles, ne peut être reproduite et que, par conséquent, il s'agit d'un outil d'importance capitale pour les nouvelles entreprises éventuelles dans divers secteurs liés à l'information, par exemple la publicité dans les annuaires téléphoniques. Le CRTC a décidé qu'un accès tarifié à certains éléments de la partie non résidentielle de la base de données sur les abonnés serait accordé à compter de juillet 1992.

iii) Agriculture

En mai 1991, le Directeur a présenté un mémoire à la Commission ontarienne de la commercialisation du poulet. Il lui avait déjà présenté un mémoire en août 1989. Dans l'un et l'autre cas, la Commission avait demandé au Directeur de lui faire connaître ses vues sur des questions liées à l'établissement des prix de vente de poulets vivants en Ontario, dans le cadre du système de règlement de l'offre.

La question dont il s'agissait était celle des primes, c'est-à-dire du prix supérieur au prix officiel fixé pour les poulets vivants versé par les transformateurs aux producteurs. La Commission a tâché d'interdire les primes et de jumeler les producteurs aux transformateurs.

Dans le mémoire qu'il a présenté en 1991, le Directeur a passé en revue les résultats du régime d'approvisionnement exclusif de 1989 à 1991, à la lumière de l'analyse et des recommandations figurant dans le mémoire présenté en 1989. Le Directeur a déclaré que les résultats obtenus confirmaient ce qu'il avait prédit en 1989, c'est-à-dire qu'il était impossible d'empêcher le versement de primes dans une économie de marché ou réglementée dans laquelle il y a de nombreuses façons de procéder à des transactions commerciales.

Selon le Directeur, des ententes axées sur le marché donneraient un secteur de la transformation plus efficace et plus compétitif que ne le ferait la réglementation du prix versé aux producteurs pour les poulets vivant et des parts de marchés accordés aux transformateurs. Il a recommandé que l'on règle la question des primes dans le cadre de l'actuel système de gestion de l'offre en augmentant la part de la production nationale dont disposent les aviculteurs de l'Ontario.

En mars 1992, le ministère de l'Agriculture de l'Ontario a accepté de revenir à un système ouvert de gestion des approvisionnements de poulets vivant en Ontario, comme le proposait la Commission, afin de rendre le marché plus réceptif. L'approvisionnement exclusif et l'interdiction visant les primes ont été abolis.

En application des recommandations formulées dans les rapports du Groupe de travail national sur la volaille et du Groupe de travail national sur l'industrie laitière, établis dans le cadre de l'initiative Partenaires dans la croissance, le Tribunal canadien du commerce extérieur a entrepris une enquête sur le contingentement des importations de produits laitiers et de la volaille. L'enquête ne porte ni sur le total des contingents d'importation ni sur l'établissement de contingents relativement à la production nationale, mais uniquement sur les méthodes d'allocation des contingents établis.

Le Directeur s'est inscrit au dossier en tant que partie intéressée pour suivre les délibérations. Il a la possibilité d'intervenir au besoin.

iv) Énergie

En juin 1991, un mémoire a été présenté au nom du Directeur au Law Amendments Committee de la Nouvelle-Écosse concernant l'élimination de restrictions réglementaires applicables à l'industrie du pétrole. En juillet 1991, le gouvernement de la Nouvelle-Écosse a éliminé les restrictions applicables aux prix et à l'accès dans cette province.

v) Professions

Le Directeur s'intéresse depuis longtemps à la réglementation des professions. En général, il a soutenu que les mandats des organismes professionnels autonomes devaient être restreints aux questions ayant directement trait à la qualité du service et à la sécurité du public, sans limiter indûment la concurrence des points de vue des prix, de la publicité ou de ses autres aspects importants. C'est pourquoi le Directeur a présenté, le 14 août 1990, des observations à un comité législatif québécois chargé d'examiner la *Loi sur le courtage en immeuble* du Québec. Il a recommandé que la nouvelle réglementation de l'industrie en question soit précisément définie de manière à restreindre la capacité d'un organisme autonome proposé d'établir des règlements pouvant le mettre à l'abri de l'application de la Loi. La *Loi sur le courtage en immeuble* a été adoptée le 20 juin 1991 et certains articles de cette loi sont entrés en vigueur le 11 septembre 1991.

Le 5 novembre 1991, la Commission royale sur les services de santé et leur coût établie en Colombie-Britannique a présenté son rapport au gouvernement de la province. Le rapport a repris plusieurs des recommandations formulées par le Bureau dans le mémoire écrit qu'il a présenté à la Commission. Il est recommandé dans le rapport, par exemple, d'éliminer les dispositions législatives et réglementaires qui ont pour effet de soustraire des activités anticoncurrentielles à l'application de la *Loi sur la concurrence*.

Activités reliées au commerce international

Relations bilatérales

Le Bureau entretient des relations bilatérales avec des organismes antitrust de différents pays. En général, ces relations se déroulent dans le cadre de la recommandation adoptée en 1986 par le Conseil de l'OCDE au sujet de la coopération entre les pays membres en matière de pratiques commerciales restrictives. Selon cette recommandation, les pays en question doivent échanger des avis et se consulter lorsqu'un membre se livre à une pratique commerciale restrictive pouvant influencer les intérêts nationaux importants d'un autre membre. La coopération antitrust entre le Canada et les États-Unis est régie par un protocole d'entente distincte signé en 1984. En vertu de ce protocole, deux réunions bilatérales ont été tenues avec des organismes antitrust des États-Unis. Ces réunions avaient pour but, entre autres, de discuter de nouvelles améliorations à apporter au protocole. Le Directeur invite les entreprises canadiennes à lui signaler des cas où des pratiques commerciales restrictives étrangères influencent la concurrence sur un marché canadien.

Durant l'exercice, le Canada a présenté cinq avis et en a reçu huit d'autres pays. Tous les avis mettaient en cause des organismes antitrusts américaines. Les autorités du Bureau ont tenu des réunions avec des représentants des organismes dont relève la concurrence dans la Communauté économique européenne, au Brésil, au Mexique, en Australie, en Nouvelle-Zélande et au Japon. Ces réunions avaient pour but d'étudier de façon plus poussée les mécanismes d'amélioration de la coopération antitrust bilatérale et internationale et d'aider des pays tels que le Brésil et le Mexique à se doter de lois modernes sur la concurrence. En outre, un membre du Bureau a fait partie d'une mission technique en Malaisie destinée à aider le gouvernement du pays à établir une loi sur la concurrence et à créer un organisme chargé de sa mise en application. Puisque la Direction générale IV des Communautés européennes, qui est chargée de la politique de concurrence, a élargi son champ d'activité, la fréquence de l'interaction avec les Communautés européennes a augmenté proportionnellement.

On a entrepris un échange de personnel avec le bureau australien de la concurrence. De plus, le Bureau accueillera un agent de la commission néo-zélandaise du commerce.

Négociations multilatérales

Le Bureau participe depuis longtemps aux travaux de groupes multilatéraux tels que le comité de l'OCDE sur le droit et les politiques en matière de concurrence. Celui-ci permet un échange d'information sur des sujets d'intérêt commun et aide, s'il y a lieu, à l'uniformisation des politiques antitrust des différents pays qui y participent.

Au cours de l'année financière, le Bureau a collaboré étroitement avec le Secrétariat de l'OCDE à la réalisation d'un programme de travail à moyen terme destiné à mettre davantage l'accent sur les répercussions de la mondialisation, les liens entre les politiques et la convergence des mécanismes de mise en application des lois antitrust sur le plan international et à l'intérieur des pays membres. À la lumière de sa participation à ce programme de travail, le personnel du Bureau a rédigé une ébauche de document de travail à l'intention des pays Membres de l'OCDE sur les liens entre la politique de concurrence et d'autres politiques, participe avec des représentants d'autres pays Membres de l'OCDE à l'exploration du potentiel d'harmonisation des politiques sur les concentrations et des pratiques de mise en application de ces politiques, et a prononcé un discours concernant l'interaction grandissante entre les politiques sur la concurrence et sur le commerce pendant le symposium de l'OCDE au sujet des questions commerciales des années 1990 tenu en novembre 1991. En se fondant dans une grande mesure sur les efforts du Bureau, le Comité de l'OCDE sur le droit et les politiques en matière de concurrence a entrepris un programme de travail de concert avec le comité des Echanges de de l'OCDE.

En sa qualité de président du groupe de travail n°4 de l'OCDE, le Directeur a terminé une étude sur la politique de concurrence et le franchisage. Le Comité a consenti par la suite à la publication des résultats de cette étude, sous la responsabilité du Secrétaire Général de l'OCDE.

Le Bureau prend régulièrement part aux travaux du groupe intergouvernemental d'experts de la Conférence des Nations Unies sur le commerce et le développement (CNUCED) qui s'occupe des pratiques commerciales restrictives.

Le Bureau a pris part à des discussions quadilatérales avec des experts sur la politique de la concurrence venant de la CEE, des États-Unis et du Japon ; ces duscussions avaient pour but de faire avancer le texte de l'Accord général sur les échanges de services. Certaines de ces améliorations ont été reprises dans le texte Dunkell du GATT.

Activités touchant d'autres politiques et législations

Accord de libre-échange nord-américain (ALÉNA)

Le Bureau de la politique de concurrence (BPC) a largement contribué à la préparation du rapport sur les négociations reliées aux articles en matière de concurrence. Les propositions en question reconnaissent le rôle grandissant que joue la politique de concurrence sur le commerce et l'investissement. Le Bureau a également participé, au niveau des sous-groupes interministériels, aux questions reliées aux règles d'origine, à l'automobile, aux subventions/solutions au commerce, aux principes des services et à la propriété intellectuelle.

L'approche canadienne vis-à-vis les négociations de l'ALÉNA est basée sur l'Accord de libre-échange entre le Canada et les États-Unis et fut coordonnée de près avec les efforts du Canada lors de l'Uruguay Round sur les négociations du commerce multilatéral (NCM).

Coopération entre le Canada et la Communauté Européenne

Le Bureau de la politique de concurrence (BPC) et la Direction générale IV de la concurrence (DG-IV) de la Commission européenne ont présenté des lignes directrices afin d'améliorer la coopération en participant à un certain nombre de réunions de consultation et en échangeant des informations.

La délégation de la DG-IV et les autorités du Bureau se sont rencontrées à Ottawa pour discuter des questions antitrust d'intérêt mutuel et des moyens plus efficaces afin d'améliorer la coopération entre la CEE et le Canada.

DANEMARK

(juillet 1991-juillet 1992)

I. Modifications ou projets de modification de la législation et des politiques de la concurrence

Résumé des dispositions législatives nouvelles (droit de la concurrence et législation connexe)

La Loi danoise sur la concurrence, qui est entrée en vigueur le 1er janvier 1990, a été modifiée avec effet à compter du 1er juin 1992.

Les nouvelles dispositions concernent :

-- le pouvoir du Conseil de la concurrence de publier des informations ;

-- le droit du public de prendre connaissance des documents et des dossiers ; et

-- le droit de former un recours contre les décisions relatives à l'accès du public.

L'amendement n'a pas pour objectif d'apporter un changement au caractère prioritaire de l'activité du Conseil de la concurrence, là où la transparence, par exemple par la publication de comptes rendus d'enquête, reste le moyen le plus important de servir l'objectif de la loi. Par conséquent, le Conseil de la concurrence conserve ses pouvoirs étendus de publication d'informations sous la forme de rapports, etc. Néanmoins, l'amendement a pour objectif d'axer dans une plus large mesure l'information relative aux entreprises particulières sur la stimulation de la concurrence.

Le Conseil de la concurrence ne peut divulguer d'informations ni au sujet de questions techniques, y compris la recherche, les méthodes de production et les produits, ni au sujet d'éléments concernant la clientèle d'entreprises particulières relevant des autorités danoises chargées de la surveillance des services en matière de banque, d'assurance et de valeurs mobilières.

Le Conseil de la concurrence peut ne pas divulguer des informations autres que les informations susvisées si une entreprise ou une association risque de subir un dommage financier très grave et :

1. si d'autres entreprises, etc. seront en mesure de retirer un avantage indu, sur le plan de la concurrence, de leur divulgation, ou

2. dans certains cas précis.

La première condition susvisée a été instituée par l'amendement. Aux termes de cette disposition, la question de la non-divulgation est subordonnée à une évaluation de l'importance de l'information en ce qui concerne la stimulation de la concurrence sur le marché danois, mesurée par rapport aux effets préjudiciables sur le marché intérieur et sur le marché des exportations que la divulgation des informations risque d'exercer sur l'entreprise en cause.

La condition préalable du caractère injustifié de l'avantage en matière de concurrence, par comparaison avec l'objectif de transparence de la loi, suppose que cette exception ne s'applique qu'en cas de disproportion entre l'importance de l'information sous l'angle de la concurrence et le risque d'un préjudice financier considérable. Cette importance de l'information sur le plan de la concurrence est tributaire des conditions du marché, de l'intérêt de l'information pour le marché et du comportement concurrentiel de l'entreprise en cause.

L'amendement annule le droit du public de s'informer au sujet des affaires dont le Conseil de la concurrence a à connaître. Le public ne pourra désormais prendre connaissance que des accords et des décisions notifiées ou des informations pouvant être soumises afin de rendre transparents les marchés sur lesquels la concurrence n'est pas suffisamment viable; le Conseil de la concurrence peut cependant décider que ces informations ne seront pas à la disposition du public, sous réserve des conditions susvisées en ce qui concerne la possibilité de dissimuler l'information ayant trait à la publication des rapports par le Conseil de la concurrence, etc.

L'amendement a également pour résultat qu'en règle générale, les décisions sur le droit de prendre connaissance des documents et des décisions sur la non-divulgation ne pourront faire l'objet d'un recours devant le Tribunal d'appel de la concurrence.

A compter du 1er juillet 1992, les activités du Conseil de la concurrence sont régies par :

-- la loi de 1989 sur la concurrence (dans sa version modifiée),

-- la loi de 1966 sur les appels d'offres à la concurrence,

-- l'article 23 de la loi de 1966 sur les produits pharmaceutiques (dans sa version modifiée).

Dans le cadre de la gestion de l'application de :

-- la loi de 1990 sur l'approvisionnement en énergie thermique (dans sa version modifiée), et de

-- la loi de 1976 sur l'approvisionnement en énergie électrique (dans sa version modifiée),

le secrétariat du Conseil de la concurrence s'acquitte également des tâches administratives de la Commission chargée des prix du gaz et de l'énergie thermique ainsi que de la Commission chargée des prix de l'électricité.

Enfin, le secrétariat du Conseil de la concurrence se voit attribuer certaines tâches par :

-- la loi de 1972 (dans sa version modifiée) sur le contrôle de l'application du règlement n° 11/1960 de la CEE concernant la suppression de discriminations en matière de prix et conditions de transport (1960) ;

-- la loi de 1972 (dans sa version modifiée) sur le contrôle de l'application des règlements communautaires sur les monopoles et sur les pratiques restrictives.

Autres mesures applicables, y compris publication de directives

Aucune directive particulière n'a été publiée au cours de la période considérée.

Propositions des pouvoirs publics tendant à modifier la législation et les politiques de la concurrence

Au cours du débat parlementaire sur le projet de modification de la loi sur la concurrence, plusieurs groupes ont souligné qu'une refonte fondamentale de la loi sur la concurrence devait être envisagée, de manière à ce que la législation danoise sur la concurrence soit fondée davantage sur le principe de l'interdiction, comme c'est le cas pour la législation communautaire sur la concurrence et dans la plupart des autres pays membres de la CEE.

En conséquence, le Ministre de l'industrie a engagé une série de négociations avec de nombreuses associations professionnelles afin d'être éclairé au sujet des positions prises envers

-- un passage du principe de contrôle, en tant que base de la législation danoise sur la concurrence, à un principe d'interdiction, dans le même esprit que celui qui inspire la législation communautaire,

-- une modification des dispositions de la loi en vigueur en matière de transparence,

-- l'institution d'un contrôle des fusions.

Les associations consultées n'ont pu s'entendre au sujet d'une recommandation commune au ministère de l'industrie, qui ne prendra donc provisoirement aucune initiative en vue de la modification de la loi sur la concurrence.

II. Application de la législation et des politiques de la concurrence

Action dirigée contre les pratiques anticoncurrentielles

Résumé des activités des autorités chargées de la concurrence

Activités du Conseil de la concurrence

Au cours de la période considérée (de juillet 1991 à juillet 1992), le Conseil de la concurrence a tenu 12 réunions et statué dans 49 affaires.

Le Conseil de la concurrence statue sur les questions de principe ou d'une vaste portée, de même que dans les cas où la décision implique une évaluation du champ d'application de la loi. Un grand nombre d'autres affaires sont habituellement réglées par le Secrétariat.

Activités du Tribunal d'appel de la Concurrence

Entre l'entrée en vigueur le 1er janvier 1990 de la loi sur la concurrence et juillet 1992, le Tribunal d'appel de la concurrence a été saisi de 77 affaires.

Dans 26 affaires le Tribunal a rejeté le recours et, dans huit affaires, il a infirmé la décision du Conseil de la concurrence. Vingt dossiers ont été retirés et les 23 autres affaires sont toujours en instance.

Exposé d'affaires importantes

Transparence

i) Notifications

Ainsi qu'il a été indiqué dans le rapport annuel pour la période 1990-1991, KTAS (la plus grande entreprise de téléphone au Danemark) a formé un recours contre une décision du Tribunal de la concurrence devant la Haute Cour. Le Tribunal d'appel de la concurrence avait confirmé une décision du Conseil de la concurrence au sujet de l'obligation de notifier un accord d'exclusivité de distribution entre KTAS et L.M.Ericsson A/S en ce qui concerne certains équipements téléphoniques. KTAS s'est désistée de son action devant la Haute Cour et a par conséquent accepté l'obligation de notifier l'accord.

Le rapport annuel pour la période 1990-1991 a également signalé que Bang & Olufsen A/S avait également formé un recours contre la décision du Conseil de la concurrence au sujet de l'obligation de notifier un accord que cette firme avait conclu avec Philips A/S. Le Tribunal d'appel de la concurrence a infirmé la décision du Conseil de la concurrence. Il a notamment déclaré que la disposition relative à l'obligation de notification devait être tenue pour applicable aux questions relatives à la commercialisation et non aux accords sur la recherche ou sur les aspects financiers etc., qui constituaient l'essentiel de l'accord en cause.

ii) Non-divulgation

Dans une affaire, le Conseil de la concurrence a estimé qu'un accord notifié en ce qui concerne les remises et les conditions de livraison de matériels d'installation électrique devait être porté en entier à la connaissance du public. La décision a été arrêtée conformément aux règles en vigueur avant l'amendement à la loi sur la concurrence avec effet au 1er janvier 1992.

Simultanément, le Conseil de la concurrence a déclaré à l'entreprise en cause que, si l'affaire avait été traitée conformément aux dispositions de la nouvelle loi, les conditions de non-divulgation de l'accord ou de parties de cet accord n'auraient été remplies. La transparence était également le principe directeur de la nouvelle loi.

Les observations au sujet du projet de loi ont fait ressortir clairement qu'il devait exister une disproportion entre l'importance des données relatives à la stimulation de la concurrence sur le marché danois et l'effet préjudiciable théorique que la divulgation risquait d'exercer sur la firme en cause.

Le simple fait qu'une firme risque de subir un préjudice financier considérable imputable à la transparence, en raison de la perte de bénéfices importants consécutifs à des pratiques anticoncurrentielles, ne peut servir à justifier la non-divulgation. D'autres firmes ne seront pas en mesure d'en tirer un avantage injustifié, la loi ne servant son objectif que grâce à la stimulation de la concurrence.

Les entreprises demandant la non-divulgation doivent mettre en évidence le risque effectif d'effets préjudiciables dans chaque cas particulier.

iii) Enquêtes sur le marché

-- Le Conseil de la concurrence a procédé à une enquête sur le marché du papier recyclé.

Dans le secteur du recyclage du papier, à chaque stade successif des opérations commerciales, interviennent dans une large mesure des regroupements d'entreprises. Par exemple, les marchands de papier recyclé sont des filiales des papeteries qui utilisent le papier recyclé dans leur production.

L'enquête a fait apparaître que les prix danois du papier recyclé sont fixés dans le cadre de négociations entre plusieurs entreprises présentes sur le marché, sur la base de leur connaissance des conditions internationales des prix et des marchés. Les prix internationaux ne sont pas directement transparents; par exemple, il n'existe pas de cours du papier recyclé, qui est écoulé au niveau international à des prix différents sur plusieurs marchés.

Sur le marché suédois du papier recyclé, les prix sont plutôt élevés et stables en raison des avantages tirés de la stabilité des approvisionnements. Les prix sur le marché allemand sont fonction des fluctuations des conditions du marché et sont par conséquent très tributaires, par exemple, des approvisionnements de papier recyclé en provenance des États-Unis.

Il semble exister certaines restrictions en ce qui concerne l'accès au marché danois du papier recyclé, ce qui tient à des conflits d'intérêts entre les entreprises anciennes et nouvelles sur le marché. Ce phénomène se manifeste notamment par le refus des usines utilisant le papier recyclé pour leur production d'accepter de nouveaux fournisseurs.

-- Le Conseil de la concurrence a publié cinq documents dont l'ensemble constitue une étude de la structure et des conditions concurrentielles du secteur financier. C'est là la première étude globale du secteur financier établie du point de vue de la concurrence.

Cette étude constitue le complément de plusieurs communications, qui ont été établies initialement pour servir de point de départ au Conseil de la concurrence à l'établissement d'un ordre des priorités pour ses activités dans le secteur financier. C'était là un domaine inédit pour le Conseil de la concurrence, lorsqu'il a été mis en place en 1990.

-- Les nouvelles enquêtes ont été entreprises dans les secteurs suivants :

- les agences immobilières

- l'influence des taxes sur l'énergie du point de vue de la concurrence

- la sidérurgie

- les commissions et intérêts bancaires payés par la clientèle privée

- le marché de l'épargne à long terme des particuliers

- le marché des polices d'assurance tous risques des ménages.

Pratiques anticoncurrentielles

i)   Produits pharmaceutiques

Le Conseil de la concurrence a soumis l'affaire relative à la fixation des prix par Glaxo à la Commission des Communautés européennes.

Glaxo, qui est une des principales entreprises de produits pharmaceutiques au Royaume-Uni, avait commercialisé trois nouveaux produits au Danemark (Zofran, Severent et Imigran) à des prix exorbitants, ce qui était une politique qui préoccupait l'administration danoise de la santé.

Sur demande du ministre de la santé, le ministre de l'industrie a demandé au Conseil de la concurrence d'examiner le point de savoir si la question du caractère raisonnable de ces prix pouvait être réglée de la manière la plus commode conformément à la loi danoise sur la concurrence ou si le Conseil de la concurrence jugeait plus judicieux de demander à la Commission des Communautés européennes de se saisir de l'affaire en application des dispositions du traité CEE relatives à la concurrence.

Glaxo avait apparemment mis au point une stratégie de la commercialisation de ses nouvelles préparations pharmaceutiques à des prix élevés égaux sur les différents marchés nationaux et il était à prévoir que la politique de cette firme en matière d'établissement des prix soulèverait les mêmes difficultés dans les autres pays membres de la Communauté où ces préparations pharmaceutiques étaient commercialisées.

Le pouvoir du Conseil de la concurrence de prendre des mesures contre les prix demandés par une entreprise internationale de produits pharmaceutiques pour ses préparations particulières est très restreint et une action isolée prise par les autorités danoises ne pouvait guère être efficace.

Aux termes de l'article 86 du traité CEE, toute exploitation abusive d'une position dominante dans le marché commun ou dans une partie importante de ce marché est interdite. L'exploitation abusive peut notamment consister à imposer des prix d'achat ou de vente non équitables, ou d'autres conditions commerciales non équitables.

Comme il s'agissait d'une affaire intéressant le marché commun dans son ensemble, le Conseil de la concurrence a décidé de demander à la Commission des Communautés européennes d'examiner cette affaire et le point de savoir s'il y a exploitation abusive en violation de l'article 86 du traité CEE.

ii)   Assurances

Le rapport annuel pour 1990-1991, a signalé que l'Association danoise de l'assurance contre les pertes et dommages avait formé un recours contre la décision du Conseil de la concurrence d'engager des négociations avec l'association en application de l'article 11 de la loi sur la concurrence. Les négociations prévues visaient à faire expliquer par l'association à ses affiliés que sa recommandation en faveur de l'uniformisation des exigences relatives aux mesures de prévention n'avait aucunement pour eux de caractère obligatoire.

L'association veille à l'exécution d'actions préventives et de tâches techniques en matière d'assurances pour le compte des compagnies d'assurance au Danemark.

Le Tribunal d'appel de la concurrence a infirmé la décision du Conseil de la concurrence. Il souligne notamment que, compte tenu du fond de la recommandation, il n'existe pas de motif de la juger obligatoire ou qu'elle entraînerait l'uniformisation complète des exigences en ce qui concerne les mesures de précaution à prendre contre le cambriolage. La recommandation doit être censée faciliter à la clientèle la possibilité de changer de compagnie et de comparer les clauses et conditions des firmes particulières. Il s'ensuit que la concurrence est renforcée en ce qui concerne les primes et d'autres aspects.

iii) Professions libérales

Le Conseil de la concurrence a entamé une série de négociations avec 17 organisations professionnelles des professions médicales et des conseillers juridiques, financiers et techniques et avec les autorités compétentes afin de faire abroger ou libéraliser les règles qui entravent ou restreignent la concurrence dans ces secteurs.

Une analyse par recoupement des conditions de la concurrence au sein des professions libérales fait apparaître qu'un grand nombre de ces professions étaient protégées contre la concurrence par un réseau de règlements.

Ces règlements sont établis par les autorités ou par les organisations professionnelles et ils sont fondés sur plusieurs motifs. Dans certain cas, ils correspondent aux exigences normales en matière de bonne pratique professionnelle, mais, de l'avis du Conseil de la concurrence, de nombreuses règles vont au-delà de ce qui peut être tenu pour nécessaire pour que ces exigences soient satisfaites.

Les règlements anticoncurrentiels sont dans une large mesure identiques d'une profession à l'autre et, de manière caractéristique, ils concernent la publicité, la commercialisation, les honoraires recommandés, l'implantation, l'emploi et les relations professionnelles, ainsi que le remplacement des conseillers.

A la suite du dépôt d'une plainte, le Conseil de la concurrence a estimé que certaines dispositions établies par l'association professionnelle des *solicitors* sous la forme d'une série de règles déontologiques constituaient une restriction non raisonnable à la liberté des échanges pour les firmes privées de recouvrement des créances. Par conséquent, le Conseil de la concurrence a décidé d'engager des négociations avec cette association afin d'en éliminer les effets préjudiciables.

La plainte a été déposée par une firme qui gère à l'échelle du pays des services d'information, de financement et de recouvrement de créances dans le secteur du crédit. Cette firme coopère avec des hommes de loi dans l'ensemble du pays, mais a en outre mis en place une liaison commerciale "permanente" avec un homme de loi qui est directement associé aux activités de recouvrement de créances. Plusieurs hommes de loi dont l'activité principale est le recouvrement des créances avaient fait valoir que cette liaison commerciale constituait une infraction aux règles déontologiques.

Le Conseil a estimé que l'association professionnelle des *solicitors* utilisait les règles déontologiques afin de poursuivre une politique dont l'objectif était d'éliminer la concurrence des firmes privées de recouvrement des créances en rendant leurs activités non rentables et par conséquent en créant ou en maintenant un monopole "naturel" pour les activités propres des hommes de loi en matière de recouvrement des créances.

L'association a formé un recours contre cette décision devant le Tribunal d'appel de la concurrence, qui n'a pas encore statué.

iv) Accords horizontaux sur les prix

Le Tribunal d'appel de la concurrence a confirmé la décision du Conseil de la concurrence ordonnant à l'association des entreprises de peinture de cesser de diffuser une liste de prix parmi ses affiliés. Il s'ensuit qu'à l'avenir, ces entreprises auront à calculer leurs propres prix en fonction de leurs propres comptes d'exploitation.

Le Tribunal d'appel de la concurrence soutient que la liste des prix des entreprises de peinture, en appliquant des modes de calcul uniformes, entraîne l'uniformisation des prix, soit un effet contraire à l'objectif de la loi sur la concurrence et qui, à cet égard, n'est pas contrebalancé par d'autres avantages. Il ajoute que, même s'il s'agit d'un domaine où le travail à la pièce est la règle, et si les listes des prix n'étaient que recommandées, cette liste exerçait un effet sensible sur l'établissement des prix des travaux facturés et un effet considérable en matière de formation des prix dans le cadre des appels d'offres.

Désormais, il n'existe plus de liste des prix comportant des prix client uniformes dans le secteur du bâtiment de la construction. Les listes de prix des travaux de pose de vitres, de maçonnerie, de menuiserie et de charpenterie ont déjà été supprimées et le Conseil de la concurrence a été informé que l'association des tailleurs de pierre avait cessé de diffuser des listes de prix de ce type.

Le Conseil de la concurrence a établi un rapport sur les conditions de la concurrence dans le secteur de l'asphalte. Ce rapport fait apparaître que l'industrie de l'asphalte est caractérisée par une concurrence restreinte, une surcapacité et des prix élevés. Les entreprises de ce secteur se sont tacitement entendues afin de faire payer des prix presque égaux, ce qui a éliminé la concurrence au niveau des prix.

Au surplus, ces entreprises concluent divers types d'accords de coopération -- notamment en matière de production -- ce qui a pour effet de renforcer leur interdépendance. Par conséquent, la structure existante du marché devient rigide ; les parts du marché des entreprises particulières restent presque inchangées pendant une longue période, nonobstant les fluctuations sensibles du chiffre d'affaires global. Il en est résulté l'existence d'une capacité excédentaire et de prix très élevés dans ce secteur.

En outre, les auteurs du rapport en concluent que l'accès au marché est entravé par des obstacles considérables, ce qui tient partiellement à des coûts élevés d'établissement pour les nouvelles entreprises et, partiellement, à la discrimination au niveau des prix qui s'exerce au détriment d'entrepreneurs sans production propre, lorsqu'ils tentent de faire concurrence aux entreprises en place de ce secteur.

Enfin, l'industrie est caractérisée par le fait que les autorités de gestion de la voie publique -- qui achètent environ 80 pour cent de la production d'asphalte -- ne semblent pas attacher d'importance aux aspects concurrentiels des activités de ce secteur sur le marché. Les critères de qualité danois pour la production de l'asphalte sont un des facteurs qui peuvent faire obstacle à ce que les entreprises étrangères affrontent la concurrence sur le marché danois.

Compte tenu de ce rapport, le Conseil de la concurrence a décidé d'informer les entreprises du secteur que les listes de prix utilisées dans le cadre de la vente d'asphalte départ usine entraîne des effets préjudiciables à la concurrence et qu'il se proposait d'engager des négociations avec le secteur au sujet du calcul de remises raisonnables qui soient fonction des coûts réels.

Le Conseil de la concurrence a également décidé de procéder à une enquête sur le point de savoir si l'existence de nombreuses normes et spécifications différentes pour l'asphalte exerce un effet préjudiciable à la concurrence.

v)   Refus d'approvisionner

Il a déjà été indiqué dans le rapport annuel pour 1990-1991 qu'un fabricant de meubles danois avait formé un recours contre une ordonnance du Conseil de la concurrence, lui enjoignant de reprendre ses livraisons à un revendeur.

Le Tribunal d'appel de la concurrence a confirmé la décision du Conseil de la concurrence. Il a évoqué les travaux préparatoires de la loi sur la concurrence, au cours desquels il a été déclaré que, dans les affaires concernant le refus de vendre, il pouvait être nécessaire d'appliquer un critère assez strict et limité dans le temps pour la définition du marché.

Le Tribunal a également confirmé l'ordonnance enjoignant à un fabricant de radiateurs automobiles de reprendre ses livraisons à deux réparateurs de ces radiateurs. Cette affaire a été mentionnée dans le rapport annuel pour 1990-1991.

vi)   Interdiction des prix de vente imposés

Hummel Sport Danmark A/S avait rapporté une disposition en matière de fixation des prix qui avait été prévue dans l'accord de distribution de cette firme. Cette disposition constituait une infraction à l'interdiction, prévue à l'article 14 de la loi sur la concurrence, frappant l'application de prix imposés minimum. Hummel Sport Danmark A/S est une firme en copropriété de Hummel A/S et de plusieurs distributeurs d'articles de sport qui, lorsqu'ils achètent un portefeuille d'actions de 25 000 couronnes danoises, obtiennent un droit de vendre en exclusivité les articles Hummel au Danemark.

L'affaire avait pour origine une plainte émanant d'un distributeur d'articles de sport, que Hummel avait cessé d'approvisionner parce qu'il accordait une remise de 20 pour cent à sa clientèle.

Se fondant sur trois plaintes, le Conseil de la concurrence a examiné le contrat type d'une firme de distribution d'instruments et de matériels de musique provenant de la firme japonaise Roland aux revendeurs de ces instruments et matériels. Il a estimé que le contrat contenait une disposition qui risquait de violer l'article 14 de la loi sur la concurrence. Aux termes de cette disposition, les revendeurs étaient tenus d'incorporer tous leurs coûts dans leurs prix et le fournisseur avait un droit illimité à l'accès aux comptes formant la base de leurs calculs.

Par la suite, la firme a annulé la disposition susvisée.

Il a déjà été indiqué dans le rapport annuel pour la période 1990-1991, que la dérogation à l'article 14 de la loi sur la concurrence, en vertu de laquelle les producteurs et les importateurs de tabac étaient autorisés à imposer des prix de revente du tabac, avait été rapportée à compter du 1er janvier 1992.

Le 20 décembre 1991, le Parlement danois a cependant adopté une loi sur les prix forfaitaires du tabac, qui maintient le droit d'appliquer des prix imposés pour le tabac, sauf pour les cigares.

Fusions et concentrations

Le rapport du Conseil de la concurrence sur les fusions et les prises de contrôle en 1991 fait encore apparaître que l'activité a été intense sur le marché danois en ce qui concerne les fusions. 408 entreprises comptant 31 000 salariés et dont le chiffre d'affaires global était de 30 milliards de couronnes ont été acquises en 1991.

La plupart des prises de contrôle (environ 70 pour cent) se sont réalisées sur le plan horizontal, ce qui se soldera par un accroissement de la part de marché des entreprises qui subsisteront.

Des entreprises étrangères ont acquis 60 entreprises danoises comptant environ 5 000 salariés et un chiffre d'affaires dépassant sensiblement 6 milliards de couronnes danoises. Les entreprises d'autres pays membres de la Communauté européenne ont été prédominantes, avec près de la moitié des acquisitions, la Suède restant le pays dont les acquisitions d'entreprises danoises sont les plus nombreuses, soit un tiers de toutes les acquisitions étrangères en 1991.

III. Le rôle des autorités chargées de la concurrence dans l'élaboration et l'application d'autres mesures

Le Conseil de la concurrence n'est pas habilité à prendre des mesures dans des domaines régis par d'autres autorités publiques. Néanmoins, en application de l'article 15 de la loi sur la concurrence, il peut prendre contact avec l'autorité publique compétente et lui signaler les effets potentiellement préjudiciables sur la concurrence. Sa communication à ce sujet doit être publiée.

Produits pharmaceutiques génériques

Nettopharma est une entreprise de produits pharmaceutiques de création récente, qui s'est spécialisée dans la vente d'articles à bas prix sur le marché danois. Les préparations sont réalisées par une usine néerlandaise et vendues par la firme à près de la moitié du prix des préparations pharmaceutiques qui étaient alors les moins chères pour un contenu et un effet identiques.

A titre de représailles, les concurrents ont réduit leurs prix, en les faisant passer exactement au même niveau que Nettopharma, de sorte que toutes les préparations au sein du groupe de concurrents en cause ont désormais le même prix et leur action a presque arrêté la vente des produits Nettopharma.

Paradoxalement, le véritable problème concernant Nettopharma tient au système de remplacement par des produits génériques, qui a été mis en place en vue de la stimulation de la concurrence au niveau des prix dans le secteur de la pharmacie. Selon ce système, le médecin peut décider, en inscrivant un "G" sur la prescription, que le médicament prescrit peut être remplacé par une préparation synonyme moins chère, lorsque le produit est fourni par le pharmacien. Dès lors, le pharmacien doit livrer la préparation synonyme la moins chère, à moins que la différence avec le produit prescrit ne soit inférieure à 5 couronnes danoises. Ce système a été appliqué dans une mesure croissante par les généralistes et a, par conséquent, contribué à l'abaissement des prix.

Néanmoins, la substitution de produits génériques exerce certains effets imprévus, le marché des produits pharmaceutiques ne fonctionnant pas normalement. Les fournisseurs doivent réduire leurs prix jusqu'au niveau le plus bas du marché pour les préparations synonymes en cause, parce que s'il en était autrement, l'indication d'un "G" sur la prescription signifierait que le pharmacien ne vend pas leur préparation, mais uniquement le produit bon marché. C'est bien là ce qui s'est produit. Les concurrents ont réagi à l'initiative de Nettopharma en réduisant leurs prix des préparations en cause jusqu'au même niveau. Néanmoins, il n'en est pas résulté que les entreprises ont chacune obtenu une part du marché en cause. La raison en est que là où le pharmacien est libre de choisir entre plusieurs préparations égales au même prix, il préférera toujours, selon Nettopharma, une préparation bien connue qu'il possède déjà en stock.

Dans les conditions existantes du marché, il sera donc extrêmement difficile pour les nouvelles entreprises, telles que Nettopharma, d'accéder au marché. Si Nettopharma doit y renoncer, d'autres entreprises seront peut-être dissuadées de s'y efforcer, de sorte que les entreprises en place ne seront pas incitées à maintenir les prix au niveau peu élevé, qui est actuellement le leur.

De l'avis du Conseil de la concurrence, c'est là un problème qui pourrait être résolu par la libéralisation du secteur de la pharmacie, conformément aux recommandations qu'il a présentées au ministre de la santé en novembre 1990, car, en cas de libre formation des prix, les pharmaciens auraient un intérêt financier évident à la commercialisation des préparations de Nettopharma et d'autres distributeurs dont les prix sont moins élevés. Néanmoins, il n'existe jusqu'ici aucun élément révélateur de l'imminence de cette libéralisation.

Les autres méthodes prévues par la loi sur la concurrence, y compris diverses formes d'intervention, ne peuvent résoudre le problème. Le Conseil de la concurrence a donc pris contact avec le ministre de la santé afin de trouver une solution.

Ministère de la santé

Les négociations menées par le Conseil de la concurrence avec les professions libérales (voir ci-dessus) se sont traduites par deux démarches auprès des pouvoirs publics :

Le Conseil a pris contact avec le ministère de la santé et recommandé l'approbation ou la modification de certaines dispositions légales restrictives et anticoncurrentielles, de sorte que les chiropraticiens, les dentistes et les mécaniciens-dentistes soient autorisés à se faire concurrence dans la recherche de la clientèle par la publicité, toujours pour autant que, bien entendu, l'interdiction générale de la publicité mensongère, prévue par la loi sur les pratiques de commercialisation, soit respectée.

A l'heure actuelle, les professions susvisées ne sont autorisées qu'à annoncer leur profession, leur nom, leur adresse et leurs horaires d'activité et à faire savoir si elles sont ou non conventionnées.

Sécurité sociale

En outre, le Conseil de la concurrence a pris contact avec le comité de négociation de la sécurité sociale (qui est l'autorité compétente pour la conclusion d'accords avec les professions du secteur de la santé, y compris en ce qui concerne la fixation du barème des honoraires), et a recommandé l'abrogation des dispositions anticoncurrentielles en matière de règles professionnelles et d'affiliation obligatoire à l'association professionnelle en cause.

Le Conseil de la concurrence recommande que les médecins, les spécialistes de la physiothérapie, les psychologues et les pédicures soient libres de se constituer une clientèle personnelle couverte en vertu d'un accord avec la sécurité sociale.

Dans l'état actuel des choses, la possibilité de se constituer sa clientèle propre relevant du secteur de la santé est restreinte par des accords conclus entre la sécurité sociale et les associations professionnelles en cause.

Il est évident qu'il faut que les pouvoirs publics contrôlent le secteur de la santé et qu'il existe des difficultés particulières touchant la profession médicale, là où il est question de gratuité du traitement. Néanmoins, de l'avis du Conseil de la concurrence, il doit être possible d'organiser ce contrôle de sorte que les avantages de la concurrence ne soient pas perdus.

Si un médecin, un spécialiste de la physiothérapie, etc. tient à ouvrir un cabinet privé au titre de l'accord avec la sécurité sociale, il faut également que l'intéressé soit affilié à l'association professionnelle compétente.

De l'avis du Conseil de la concurrence, il devrait suffire que les exigences légales en matière de formation, de titres, etc. soient remplies. L'affiliation obligatoire est une restriction inutile à la liberté d'établissement. Les médecins, les spécialistes de la physiothérapie, etc. ne devraient pas être empêchés d'ouvrir un cabinet au titre d'un accord avec la sécurité sociale, au motif que, pour telle ou telle raison, ils ne tiennent pas à s'affilier à l'association professionnelle compétente.

Autorités fiscales

Le Conseil de la concurrence a pris contact avec le fisc au sujet d'une distorsion de la concurrence entraînée par les dispositions relatives à la taxation des chèques-restaurant.

Sa démarche faisait suite à une plainte d'une firme vendant des chèques-restaurant. Les salariés d'entreprises disposant de services de restauration d'entreprises, ne sont pas tenus de payer les taxes sur les participations des employeurs, tandis que la participation d'un employeur à l'achat des chèques-restaurant est assujettie à une taxe à la charge des salariés.

Le Conseil de la concurrence a donc recommandé que le fisc prenne des mesures afin de modifier les critères d'assujettissement à la taxe, de manière à égaliser la taxation des participations à l'achat des chèques-restaurant et celle des participations au financement des services de restauration d'entreprises.

Pouvoirs locaux

Le Conseil de la concurrence a analysé les conditions des prêts au logement garantis par les pouvoirs locaux et a constaté que, nonobstant la garantie du pouvoir local rendant les prêts sans risques pour les banques, le taux d'intérêt réel sur ces prêts restait souvent très élevé.

Il existe de larges écarts entre les taux bancaires et les commissions de ces organismes de crédit et, dans certains cas, le taux d'intérêt réel peut dépasser 20 pour cent l'an. L'analyse fait apparaître que la fixation du prix des prêts au logement est largement tributaire de la situation locale au niveau de la concurrence et de la pratique des pouvoirs locaux.

Le Conseil de la concurrence a saisi cette occasion de prendre contact avec l'association nationale des pouvoirs locaux du Danemark ainsi qu'avec plusieurs pouvoirs locaux déterminés et a souligné que les pouvoirs locaux étaient en mesure d'exercer leurs activités de gestion des garanties afin de stimuler la concurrence et l'efficacité dans ce domaine, par exemple par une meilleure information des emprunteurs et une politique plus active envers les banques.

Invitations à soumissionner

Les institutions publiques du Danemark lancent de plus en plus des invitations à soumissionner pour des travaux, tels que la construction, le nettoyage, les transports en ambulance, les soins à domicile, la livraison de produits alimentaires et la lutte contre l'incendie.

Après avoir exploré le marché de cette façon, il est possible de choisir la solution la meilleure et la moins coûteuse, soit que les salariés de l'institution continuent à exercer l'activité en cause soit que la solution consiste à faire un choix parmi les soumissionnaires. Néanmoins, il est nécessaire de tenir compte de plusieurs restrictions, afin de découvrir la solution la meilleure et la plus économique.

Le Conseil de la concurrence a été saisi d'une plainte relative aux problèmes susvisés. Il a donc dressé une liste de "bons conseils" que les pouvoirs locaux régionaux ont été invités à suivre.

Le Conseil de la concurrence estime que les avantages liés aux invitations à soumissionner (qualité du service, efficacité et économie accrues) ont le plus de chances d'être obtenus si les pouvoirs locaux suivent systématiquement l'état du marché, se basent sur le marché pour définir les tâches à accomplir et lancent régulièrement des invitations à soumissionner en vue de leur exécution.

Les travaux doivent être définis de manière à permettre à un nombre suffisant de soumissionnaires sérieux de présenter leurs offres. Ce résultat peut normalement être obtenu en ne lançant pas des invitations à soumissionner pour des travaux trop importants ou trop complexes, de sorte que les petites entreprises puissent soumissionner sur un pied d'égalité avec de grandes entreprises. Cela ne fait pas obstacle à ce que différentes tâches ou contrats puissent être combinés ou attribués à une seule entreprise.

Le Conseil de la concurrence a également recommandé le renouvellement régulier des invitations à soumissionner pour une tâche spécifique. C'est là garantir la conformité de l'exécution des travaux aux nouvelles méthodes et exigences, ce qui permet d'obtenir le meilleur résultat au prix le plus bas possible. L'intervalle entre les invitations à soumissionner doit être fixé d'après la tâche spécifique -- un intervalle de trois à quatre ans sera fréquemment indiqué. L'obtention de prix moins élevés peut être invoqué en faveur des intervalles courts, tandis que des intervalles plus longs peuvent être de nature à faire obstacle à la présentation d'offres à des prix de dumping.

Le règlement automatique des versements au cours de la période intermédiaire entre les invitations à soumissionner ne peut, comme tel, être recommandé. Les règlements automatiques de ce type ont souvent pour effet que l'incitation de l'entrepreneur a une efficacité accrue est moindre et/ou que cette efficacité accrue favorise uniquement l'entrepreneur. Les règlements de montants facturés, les coûts de main-d'oeuvre de l'entrepreneur ou ses coûts globaux peuvent être cités à titre d'exemples. Le risque est probablement négligeable lorsqu'il s'agit d'une réglementation fondée sur les conditions externes du marché, tel que l'indice général du prix pour une tâche similaire. Néanmoins, dans aucun de ces cas, l'incitation de l'entrepreneur à travailler avec une plus grande efficacité n'est garantie, pas plus qu'il n'est acquis que le chef d'entreprise bénéficiera partiellement de l'efficacité potentiellement accrue.

Transports publics

Le Conseil de la concurrence a pris contact avec une administration publique des transports et a souligné que la demande déposée par une entreprise privée de transport par autobus en vue de l'exploitation d'une ligne d'autobus devait être accordée. Un refus d'accorder cette autorisation constituerait une violation de la liberté du commerce -- c'est-à-dire l'accès libre et égal au marché -- et entraînerait une discrimination au niveau de la concurrence entre les services de transport particuliers en faisant obstacle à une adaptation continue des services de transport aux modifications des conditions de l'offre et de la demande au préjudice de la concurrence et de l'efficacité.

L'administration publique des transports a refusé d'accorder l'autorisation. La société nationale des chemins de fer danoise, qui desservait déjà l'itinéraire en cause, s'était prononcée contre l'autorisation. L'entreprise d'exploitation d'autobus a ensuite saisi le comité suprême des recours pour le transport des passagers, qui a décidé d'accorder l'autorisation.

Dispensaires hospitaliers

Le Conseil de la concurrence a pris contact avec le ministère de la santé et recommandé que les dispensaires hospitaliers publics soient soumis aux mêmes conditions du marché que les entreprises privées et bénéficient de la même liberté de produire et de vendre des médicaments. Simultanément, il a pris contact avec les propriétaires d'hôpitaux municipaux et recommandé que les comptes des dispensaires hospitaliers soient totalement séparés, de manière à rendre impossible une distorsion de la concurrence par la voie de subventions financées par les contribuables. Enfin, le Conseil de la concurrence a recommandé de mettre fin à la coordination entre les propriétaires d'hôpitaux en ce qui concerne les prix et les produits.

En réponse, le ministre de la santé a déclaré que les restrictions visant les dispensaires hospitaliers devraient être comprises dans une solution globale visant tant les pharmacies d'officine que les dispensaires hospitaliers. Le ministre estime qu'en tout état de cause, il conviendrait de séparer les activités des dispensaires hospitaliers des autres activités hospitalières.

L'association des conseils des comtés du Danemark (représentant les pouvoirs régionaux responsable des hôpitaux) s'est prononcée dans sa réponse en faveur des recommandations du Conseil de la concurrence au ministre de la santé, en ce qui concerne la levée des restrictions existantes aux activités des dispensaires hospitaliers. L'association a déclaré qu'elle s'efforcerait d'élaborer un modèle comptable, séparant les activités des dispensaires hospitaliers des activités des autres services hospitaliers.

Enfin, l'association a rejeté l'allégation du Conseil de la concurrence, suivant laquelle la coordination des prix et de la production par les propriétaires d'hôpitaux exerçait un effet anticoncurrentiel et qu'il fallait y mettre fin. De l'avis de l'association, le système en place permet aux dispensaires hospitaliers de produire librement tout médicament, s'ils le souhaitent, et les prix fixés conjointement ne sont que recommandés.

IV. Publications

Publications en série/Périodiques

-- "Les nouvelles de la concurrence" : un bulletin diffusé par le Conseil de la concurrence.

-- La série Documentation contient un exposé systématique et complet des décisions arrêtées par le Conseil de la concurrence et le Tribunal d'appel de la concurrence.

-- "L'information sur les prix de l'énergie" : une série documentaire exposant les travaux des deux commissions sur les prix de l'énergie et les décision arrêtées par le Tribunal d'appel de la concurrence au sujet de la loi sur l'approvisionnement en électricité et de la loi sur l'approvisionnement en énergie thermique.

-- "Rapport annuel du Conseil de la concurrence".

Publications concernant le droit de la concurrence

-- La législation sur la concurrence de la CEE, Conseil de la concurrence, 1992.

Comptes rendus d'enquêtes sur les marchés

Au cours de la période en cause, le Conseil de la concurrence a fait paraître les rapports suivants :

-- Conditions de la concurrence dans le secteur de l'asphalte

-- Conditions de la concurrence et de l'efficacité en matière de production et de distribution de produits pharmaceutiques dans le service hospitalier public

-- Le marché du papier recyclé

-- Activités parallèles des firmes d'électricité

-- Fusions et prises de contrôle en 1991

-- Prix et bénéfices pour les matériels d'installation électrique

-- Structure et conditions de la concurrence du secteur financier :

Volume 1 : Aspects essentiels

Volume 2 : Secteur de l'assurance

Volume 3 : Institutions bancaires

Volume 4 : Institutions de crédit hypothécaire

Volume 5 : Règles communautaires régissant la concurrence etc.

Ces publications ne sont disponibles qu'en danois. Une brochure d'information sur les activités du Conseil de la concurrence -- en version anglaise également -- devrait paraître en 1993.

FINLANDE

(1991)

La politique de la concurrence joue un rôle capital dans la politique économique de la Finlande. Le programme et la politique économiques du gouvernement, qui a pris ses fonctions en avril 1991, mettent l'accent sur le renforcement de l'économie de marché par des actions stimulant la concurrence. La politique de la concurrence contribuera à étendre les effets de la politique économique sur le marché.

Les méthodes concrètes proposées par le gouvernement pour la stimulation de la concurrence comportent en particulier des mesures visant à :

-- mettre fin aux avantages concurrentiels fondés sur la position dominante des sociétés propriété de l'Etat et des entreprises publiques ;

-- abroger les régimes d'autorisation inutiles et autres restrictions concernant l'entreprise ;

-- adapter les normes techniques, l'inspection technique, la normalisation et les opérations en matière de brevets et d'enregistrement aux exigences de l'intégration économique ;

-- réduire les coûts aux différents stades de la production et de la distribution des produits alimentaires ;

-- renforcer la concurrence dans le secteur des télécommunications ;

-- atténuer les restrictions aux heures d'ouverture des magasins ;

-- atténuer les restrictions concernant la propriété étrangère ;

-- lever les barrières à l'importation.

Le gouvernement a également déposé devant le Parlement un projet de nouvelle législation sur la concurrence.

I. Lois et politiques de la concurrence : modifications adoptées ou envisagées

Résumé des nouvelles dispositions juridiques en matière de droit de la concurrence

Au cours de l'année 1991, aucune modification n'a été apportée à la loi sur la concurrence.

Projets de modification de la législation sur la concurrence

Le groupe de travail sur la réforme de la législation en matière de concurrence a soumis son rapport au Ministère du commerce et de l'industrie le 2 avril 1991. Le gouvernement a déposé le 18 octobre 1991 devant le Parlement un projet de réforme de la législation régissant la concurrence et le Parlement devrait l'adopter en 1992[1]. Le contenu essentiel de ce projet de législation déposé devant le Parlement est exposé ci-après.

a) Contexte de la réforme de la législation régissant la concurrence

L'actuelle législation finlandaise de la concurrence, en vigueur depuis 1988, donne pour l'essentiel des résultats satisfaisants. Néanmoins, il a été jugé nécessaire de tenir compte de l'expérience acquise dans l'application de la présente loi afin de rendre la législation encore plus efficace et plus précise. C'est là un aspect jugé capital, étant donné qu'au cours des récentes années, la politique de la concurrence a pris une grande place dans la politique économique finlandaise. En outre, compte tenu de l'imminence de l'intégration économique européenne, il est nécessaire de réduire les différences entre la législation finlandaise régissant la concurrence et les règles de la Communauté européenne et de l'Espace économique européen dans ce domaine.

La législation restera fondée sur le principe de l'exploitation abusive, mais, dans l'application de la loi actuelle, les pratiques restrictives estimées incontestablement préjudiciables, relèvent désormais du champ d'application du principe de l'interdiction. L'extension du champ d'application du principe de l'interdiction a été motivée par le souci de ne frapper d'interdiction que les arrangements visant manifestement à restreindre la concurrence, auquel cas il est inutile de mettre en place un régime prévoyant de nombreuses dérogations. Il pourrait cependant être dérogé sous certaines conditions à certaines restrictions à la concurrence. Dans le nouveau régime répressif relatif aux interdictions, des sanctions pénales seront remplacées par des sanctions administratives.

L'Office de la libre concurrence et le Conseil de la concurrence conserveront leur compétence d'autorités appliquant la législation régissant la concurrence, bien que le partage des tâches sera davantage précisé et que la position du Conseil de la concurrence en tant qu'organe juridictionnel sera renforcée. Les membres du Conseil de la concurrence agiront dans l'exercice d'une responsabilité judiciaire et la représentation actuelle dite par groupes d'intérêts sera abandonnée. Les gouvernements des provinces resteront des instances régionales placées sous l'autorité de l'Office de la libre concurrence.

L'objectif essentiel de la législation régissant la concurrence ne sera pas modifié. La loi sur les pratiques commerciales restrictives a pour objectif de préserver une concurrence économique loyale et efficace contre des restrictions préjudiciables. Dans l'application de la loi, il doit être tenu compte tant du bien-être du consommateur que de l'intérêt d'une protection de la liberté de l'entreprise contre des entraves injustifiées.

b)   Pratiques restrictives horizontales

L'interdiction des offres concertées prévue par la présente loi sur les pratiques commerciales restrictives constituera également un aspect de la nouvelle loi. Cette interdiction vise à préserver dans le cadre des appels d'offre l'efficacité du mécanisme des prix fondé sur la loi de l'offre et de la demande tout en garantissant au demandeur que l'offre est fondée sur les possibilités compétitives des offrants.

Au titre de la présente loi, le principe de l'exploitation abusive est appliqué à d'autres restrictions horizontales, mais dans l'application de la loi, l'Office de la libre concurrence a généralement tenu les restrictions horizontales pour préjudiciables.

La nouvelle loi sur les pratiques commerciales restrictives interdira les pratiques restrictives horizontales. Les entreprises ou les groupements d'entreprises exerçant leurs activités au même stade de la production ou de la distribution ne sont pas autorisés à conclure des accords ou divers arrangements fixant ou recommandant les prix ou montants compensatoires à faire payer. Ils ne sont pas non plus autorisés à se concerter sur le partage des marchés ou sur les sources d'approvisionnement. Il s'agit notamment du boycottage dit indirect, par lequel les entreprises exerçant leurs activités au même stade se regroupent afin de faire obstacle à l'accès au marché par un concurrent extérieur ou d'entraver les activités d'un concurrent déjà présent sur le marché. Les pratiques restrictives horizontales sont interdites, à moins qu'elles ne constituent un aspect essentiel des dispositions renforçant l'efficacité de la production et de la distribution ou encourageant le progrès technique ou économique, les principaux bénéficiaires en étant les clients ou les consommateurs.

c)   Pratiques restrictives verticales

L'interdiction frappant les prix imposés prévue dans la présente loi sur les pratiques commerciales restrictives sera maintenue dans la nouvelle loi. Néanmoins, dans la loi actuelle l'interdiction ne concerne que la fixation du prix le moins élevé, et elle sera modifiée en étendant cette interdiction à la fixation du prix le plus élevé. Les deux pratiques peuvent être tenues pour des restrictions à la liberté de l'entreprise et pour une réduction de la concurrence au niveau des prix. La nouvelle loi ne précisera pas non plus que l'interdiction des prix imposés ne vise pas la présentation d'un prix recommandé, une compensation ou ses motifs. Une disposition expresse en ce sens a pu exposer au risque que la pratique des prix recommandés n'ait d'autre but que d'éviter de violer l'interdiction des prix imposés.

Le principe de l'exploitation abusive et la manière d'aborder le problème sous l'angle de la "règle de raison" resteront applicables à diverses pratiques restrictives verticales. Le motif en est que les restrictions verticales peuvent fréquemment être tenues pour un moyen non seulement de restreindre la concurrence mais également de renforcer l'efficacité dans la distribution des produits. Néanmoins, là où une entreprise en position dominante applique des accords d'exclusivité en matière d'achat ou de vente, leur application est généralement tenue pour préjudiciable. La prévention artificielle des importations parallèles par une entreprise en place risque également de constituer une restriction injustifiée de l'offre.

d)   Exploitation abusive d'une position dominante

Selon le projet de loi déposé par le gouvernement, le principe de l'exploitation abusive restera applicable à l'exploitation abusive d'une position dominante. Aux termes du projet de loi, cette exploitation exerce des effets préjudiciables. Sont, entre autres, qualifiés d'abus : s'abstenir de participer à une relation commerciale sans juste motif ; utiliser des conditions de vente non justifiées par les usages commerciaux normaux et qui limitent la liberté d'action du client ; recourir à une pratique déraisonnable en matière d'établissement des prix ou à une pratique visant manifestement à restreindre la concurrence ; exploiter une position dominante pour entraver la concurrence pour la production et la commercialisation d'autres produits de base ou à recourir sans motif précis à des accords d'exclusivité en matière de vente ou d'achat pour la distribution de produits de base.

L'établissement d'accords d'exclusivité pour la vente et l'achat a été prévu par la loi à titre de nouvel exemple d'exploitation abusive d'une position dominante. L'effet d'accords de cette nature visant à renforcer l'efficacité de la distribution ou à améliorer la compétitivité d'un produit ne s'exercera pas dans une situation du marché sur lequel il n'y a pas de produits concurrents. Les dispositions en cause entravent les activités des firmes extérieures et font obstacle à l'arrivée de nouvelles entreprises et elles peuvent servir au maintien d'un niveau élevé des prix. Une firme en position dominante pourrait encore exploiter un système de distribution sélectif, en choisissant les détaillants d'après certains critères qualitatifs et en appliquant ces critères systématiquement.

S'agissant d'empêcher l'exploitation abusive d'une position dominante, le principe de l'exploitation abusive peut être tenu pour moins efficace que celui de l'interdiction ; en outre, une interdiction fera cesser une pratique préjudiciable existante plus rapidement et plus efficacement que le principe de l'exploitation abusive. Néanmoins, là où l'exploitation abusive d'une position dominante est incontestable, ce principe permet également aux autorités d'agir rapidement. L'élément capital pour l'évaluation des avantages relatifs au principe de l'interdiction et de celui de l'exploitation abusive est la proportion des cas dans lesquels elle est incontestable dans l'ensemble des cas potentiels d'exploitation abusive d'une position dominante. Il est normalement impossible de prouver l'existence d'une exploitation abusive de cette position sans procéder à une analyse cas par cas. Il n'existe pas non plus de méthode précise permettant de déterminer l'existence d'une position dominante et par conséquent la catégorie visée par l'interdiction n'est pas définie clairement. Le projet de loi du gouvernement n'interdit donc pas l'exploitation abusive d'une position dominante.

e)   Contrôle des fusions

En Finlande, le contrôle des fusions exercé par les autorités compétentes en matière de concurrence restera fondé sur l'obligation de notifier les prises de contrôle à laquelle une firme en position dominante peut être soumise par l'Office de la liberté de la concurrence. De 1988 à 1991, l'obligation de notifier a été imposée à 18 firmes. Cette obligation concerne des prises de contrôle qui peuvent être présumées exercer un effet sensible sur la concurrence.

Selon la loi, l'Office de la libre concurrence peut également imposer l'obligation de notifier les prises de contrôle à une entreprise exerçant ses activités sur un marché sur lequel la concurrence est sensiblement réduite par les pouvoirs publics. En pareil cas, l'entreprise ne doit pas être nécessairement en position dominante. L'amendement en ce sens se justifie parce que des prises de contrôles réalisées sur un marché dont l'accès est interdit réglementairement, sont particulièrement préjudiciables à une véritable concurrence. En pareil cas, les règlements restreignant la concurrence devraient naturellement être abrogés.

La nouvelle loi sur les pratiques commerciales restrictives ne comprendra pas de dispositions sur le contrôle effectif des fusions en ce sens que les autorités compétentes en matière de concurrence pourraient interdire à l'avance la conclusion d'un accord ou intervenir après la conclusion de l'accord. Les fusions peuvent avoir pour objectif et pour effet une réduction de la concurrence, mais, d'autre part, elles s'inscrivent dans la vie économique normale et on ne doit pas s'immiscer dans leur réalisation sauf dans des circonstances spéciales. En particulier, les autorités compétentes doivent contrôler les fusions réalisées dans des domaines réglementés par le gouvernement ou créant une position dominante ou renforçant celle-ci. Dans les deux cas, la firme prenant le contrôle intervient dans une situation dans laquelle la prise de contrôle risque d'avoir des effets préjudiciables à une concurrence effective.

Dans une petite économie comme celle de la Finlande, la concentration est un aspect essentiel de la stimulation des activités des firmes présentes sur les marchés internationaux. L'abolition des obstacles à l'entrée et l'instauration de la liberté de la concurrence potentielle constituent donc un des grands moyens de garantir une concurrence effective sur les marchés intérieurs, à la différence de l'ingérence dans la réalisation des fusions. Il a été jugé que le contrôle des fusions entraînerait une bureaucratisation dont les coûts excéderaient les avantages à en attendre.

f)   *Déréglementation*

Une réglementation poussée en Finlande fait obstacle à l'accès de concurrents tant nationaux qu'étrangers, et les opérations des firmes en place sont réglementées sous de nombreuses formes. Les restrictions à la concurrence par la voie réglementaire sont permanentes et par conséquent spécialement préjudiciables.

Conformément à la présente loi, l'appréciation des règlements et l'établissement de projets visant à les abroger ou à les modifier peuvent être déjà tenus pour un aspect essentiel de la mission de l'Office de la libre concurrence. Néanmoins, afin de faire ressortir l'importance de cette mission, le législateur complètera aujourd'hui la loi en y insérant une disposition spéciale, aux termes de laquelle l'Office de la libre concurrence est également chargé d'élaborer les projets d'abrogation des réglementations et des dispositions restrictives. Cette mission de l'Office de la libre concurrence concerne également les procédures administratives appliquées lors de l'application des règlements et des règles.

g)   *Violations des interdictions, sanctions et dérogations*

La présente loi sur les pratiques commerciales restrictives précise que la violation d'une interdiction est sanctionnée par une amende ou par une peine d'un an d'emprisonnement au maximum. Jusqu'ici les quelques infractions en matière de pratiques restrictives dont un tribunal a eu à connaître n'ont entraîné que des condamnations à de faibles amendes, ce qui ne semble pas devoir exercer un effet préventif général. En matière de pratiques commerciales restrictives, les sanctions pénales ne peuvent être tenues pour des peines efficaces. En outre, faute de connaissances spécialisées, il est difficile d'apprécier les faits économiques relatifs à ces pratiques ; par conséquent, il est préférable que les infractions en la matière soient examinées par des autorités spécialisées dans le traitement des questions de la concurrence.

Le système répressif sera donc réformé. Selon le projet de loi, les violations des interdictions sont sanctionnées par une amende administrative spéciale (pour violation des règles de la concurrence). Les amendes sont fixées par le Conseil de la concurrence sur la recommandation de l'Office de la libre concurrence. La décision du Conseil de la concurrence peut faire l'objet d'un recours devant la Cour administrative suprême.

La nature, le champ et la durée de la pratique restrictive sont pris en compte pour la fixation du montant de l'amende sanctionnant l'infraction aux règles régissant la concurrence. L'amende minimale est fixée à 5 000 marks finlandais et l'amende maximale à 4 millions de marks finlandais. En cas de restrictions particulièrement préjudiciables, l'amende peut être plus élevée et atteindre un maximum de 10 pour cent du chiffre d'affaires net pour l'exercice précédent de chaque entreprise ou groupement d'entreprises participant à la pratique restrictive. L'objectif est que l'amende soit supérieure au bénéfice acquis grâce à la pratique restrictive.

Sur demande, l'Office de la libre concurrence peut accorder des dérogations individuelles aux interdictions. Une dérogation ne peut être octroyée que si les entreprises sont en mesure de prouver que les dispositions en cause rendent la production ou la distribution plus efficace ou stimulent le progrès technico-économique, de telle sorte que les clients ou les consommateurs en soient les principaux bénéficiaires. Les dispositions autorisées en cause pourraient comprendre par exemple des accords horizontaux de rationalisation ou de spécialisation et des accords de coopération en matière de travaux de recherche et de développement. Si l'Office de la libre concurrence estime que l'octroi d'une dérogation ne se justifie pas, le demandeur peut exiger que l'affaire soit portée devant le Conseil de la concurrence pour qu'il statue.

h) *Le principe de l'exploitation abusive et la procédure de négociation*

Le principe de l'exploitation abusive restera applicable aux pratiques restrictives autres que celles qui sont expressément interdites et les caractéristiques des effets préjudiciables seront définies comme dans la présente loi. Une pratique restrictive est censée avoir des effets préjudiciables si, par des voies autres qu'une concurrence économique loyale et effective, elle influe sur la formation des prix, réduit l'efficience, empêche ou entrave l'activité commerciale ou industrielle d'une autre personne ou est incompatible avec un accord international obligatoire. En outre, l'exploitation abusive d'une position dominante est considérée comme préjudiciable.

L'Office de la libre concurrence (et les gouvernements provinciaux) enquêtent sur les pratiques restrictives et sur leurs effets, et engagent des négociations avec les parties afin de faire disparaître les effets préjudiciables. Si l'Office (ou un gouvernement provincial habilité par l'Office) n'est pas en mesure de faire disparaître ces effets préjudiciables par la négociation ou par un autre moyen, il doit saisir de l'affaire le Conseil de la concurrence.

Selon le projet déposé par le gouvernement, les négociations visant à l'élimination des effets préjudiciables des pratiques restrictives doivent être menées à l'Office de la libre concurrence et le Conseil de la concurrence statue directement, sans négocier de nouveau avec les parties. Cette réforme se justifie par la nécessité d'accélérer le traitement de tous les dossiers et de le rendre plus efficace.

Les sanctions que le Conseil de la concurrence est autorisé à prononcer dans des affaires mettant en jeu le principe de l'exploitation abusive seront les mêmes que celles qui sont prévues par la présente loi. Le Conseil peut interdire une pratique restrictive, contraindre à la livraison d'un produit ou déterminer pour une période ne pouvant excéder six mois le prix le plus bas ou le plus élevé demandé par une entreprise en position dominante. Le Conseil de la concurrence peut donner plus de poids à ses décisions par la fixation conditionnelle d'une amende. Il peut être fait appel de sa décision devant la Cour administrative suprême.

A la différence de ce qui se fait actuellement, l'Office de la libre concurrence peut le cas échéant interdire le recours à une pratique restrictive, sous peine d'amende. Si une décision en ce sens n'est pas soumise au Conseil de la concurrence dans le délai d'une semaine à compter de la date à laquelle elle a été prise, elle ne peut être appliquée.

i) *Notification et enregistrement des pratiques restrictives et pouvoir des autorités compétentes en matière de concurrence d'obtenir des informations et de procéder à des enquêtes*

Les autorités compétentes en matière de concurrence se verront attribuer un pouvoir élargi de recueillir des informations. L'obligation de communiquer des informations selon la présente loi ne concerne que les entreprises ou le groupement d'entreprises en cause dans la pratique restrictive. Comme l'existence d'une restriction ne peut nécessairement être établie au cours des enquêtes, les firmes se sont trouvées en mesure de contester le pouvoir des autorités de recueillir des informations, en niant leur participation à la restriction. Au titre de la nouvelle loi, l'obligation de fournir des informations ne dépend pas du point de savoir si l'entreprise participe à la pratique restrictive. En d'autres termes, cette obligation est également imposée par exemple aux clients et aux concurrents de la firme soupçonnée de recourir à une pratique restrictive. Des informations doivent être également communiquées aux fins d'étude sur les conditions de la concurrence. L'obligation de communiquer des informations peut être soulignée par la fixation conditionnelle d'une amende.

Le pouvoir d'enquête des autorités compétentes en matière de concurrence restera pour l'essentiel inchangé. Il pourra être procédé à une inspection aux fins d'enquête sur une pratique restrictive interdite ou de vérification de l'application des décisions du Conseil de la concurrence. Les pouvoirs en cause concernent également l'établissement de dérogations à l'interdiction des pratiques restrictives. L'importance de l'obligation de fournir des informations aux fins d'enquêtes pourra être soulignée par la condamnation conditionnelle à une amende, ce qui remplace la possibilité de recourir au cours des enquêtes à l'intervention de la police, conformément à ce que prévoit la loi actuelle.

L'obligation des entreprises de notifier les pratiques restrictives à l'Office de la libre concurrence sera abrogée. L'Office de la libre concurrence sait d'expérience que d'importantes pratiques restrictives importantes ne sont habituellement pas notifiées à l'Office ; de telles pratiques restrictives sont plutôt découvertes généralement grâce aux "tuyaux" donnés aux autorités compétentes en matière de concurrence par un tiers ou à la suite de l'acquisition d'éléments d'information par les autorités. En outre, il sera mis fin à l'enregistrement des pratiques restrictives.

II.   Application des lois et des politiques de la concurrence

Action des autorités chargées de la concurrence contre les pratiques anticoncurrentielles

Au cours de 1991, l'Office de la libre concurrence a continué à déployer l'essentiel de ses efforts afin de faire progresser la déréglementation. Les principales mesures de déréglementation sont exposées plus loin, sous III.

Un autre point essentiel intéressant l'Office concernait les questions relatives à la position dominante et à son exploitation abusive. En Finlande la position dominante est un phénomène très répandu, en particulier dans l'industrie de base approvisionnant l'industrie de transformation en matières premières et en produits semi-finis, dans la production de l'énergie et dans les secteurs où la concurrence a été réduite par voie réglementaire. En automne 1991, l'Office de la libre concurrence a mis en chantier un projet visant à mettre fin aux arrangements mis en place par les firmes en position dominante afin d'empêcher, de restreindre ou de fausser la concurrence. Si les pratiques anticoncurrentielles découlent de mesures unilatérales ou contractuelles des entreprises, l'Office de la libre concurrence engage des négociations, conformément à ce que prévoit la loi sur les pratiques commerciales restrictives, afin d'en éliminer les effets préjudiciables. Si les arrangements en cause découlent de la réglementation, l'Office présente les propositions de réglementation nécessaires. Le projet susvisé porte sur plus de 40 types de pratiques commerciales restrictives.

Le projet sur la position dominante constitue également une tentative pour établir des principes généraux qui permettraient aux autorités de la concurrence de traiter d'une manière appropriée, systématique et prévisible les pratiques restrictives des entreprises en position dominante ou visant à y accéder. Ces principes serviront aussi à orienter les entreprises à l'avenir.

En 1991, l'Office de la libre concurrence a été saisi de 240 affaires de pratiques restrictives. Environ la moitié de ces affaires émanait de l'extérieur et concernait des demandes d'action, tandis que, pour l'autre moitié c'était l'Office lui-même qui avait pris l'initiative d'engager une action. L'Office a statué dans 77 affaires. Le Conseil de la concurrence n'a été saisi d'aucune affaire et n'a arrêté aucune décision.

Au début de 1993 le système dit de "gestion et de budgétisation en fonction des résultats" destiné à être mis en place progressivement dans l'administration de l'Etat sera appliqué à l'Office de la libre concurrence. En pratique la gestion en fonction des résultats implique que les secteurs stratégiques vitaux ainsi que les objectifs à atteindre et leur rang de priorité dans ces secteurs stratégiques soient tenus pour la base des activités de l'Office. La réalisation du programme visant à déterminer les secteurs stratégiques et à adapter l'administration à la gestion en fonction des résultats a commencé à l'Office de la libre concurrence en 1991.

L'amélioration des résultats sur le marché a été souligné comme étant le principal objectif stratégique de l'Office, ce qui implique des efforts de sa part afin de faire disparaître les dispositions qui empêchent, restreignent ou faussent la concurrence et influent sensiblement sur les résultats dans l'ensemble du secteur. Le deuxième objectif stratégique concerne la sauvegarde des droits de concurrence des entreprises individuelles, c'est-à-dire les mesures de l'Office de la libre concurrence visant à garantir que les possibilités des entreprises d'exercer leurs activités ne sont pas limitées en violation des règles régissant l'économie de marché. En pratique, les activités concernant ce dernier objectif stratégique sont axées sur le traitement des demandes introduites en vue d'une action par des entreprises individuelles, alors que, pour le premier objectif stratégique, l'Office joue un rôle essentiel. Le troisième objectif stratégique de l'Office concerne ses services de soutien internes.

Description d'affaires importantes

a) *Coopération en matière d'achat, de partage des marchés, de coopération en matière de ventes sur le marché du bois d'oeuvre*

L'Office de la libre concurrence a enquêté en 1991 sur les pratiques commerciales restrictives des acheteurs et des vendeurs de bois d'oeuvre et de leurs groupes d'intérêt. Il a été constaté que les acheteurs s'étaient concertés au sujet des parts de marché, de la répartition des zones d'achat et de celle des vendeurs individuels, avaient coopéré en matière d'établissement des prix et avaient échangé des informations précises sur les prix et les quantités en matière d'achat de bois. Les vendeurs, pour leur part, s'étaient concertés en matière d'établissement des prix et avaient limité l'offre de bois. Au surplus, les acheteurs et vendeurs se concertaient traditionnellement sur les prix et les quantités livrées de bois au titre d'un accord de réciprocité sur les prix recommandés. Toutefois, le dernier accord de ce type est expiré en mars 1991. Lorsque les négociations sur les prix menées au printemps de 1991 entre les acheteurs et les vendeurs ont échoué, les vendeurs ont recouru à un boycottage des ventes, ce qui est une forme extrême de restriction de l'offre.

L'Office de la libre concurrence a jugé préjudiciables les pratiques restrictives susvisées. Ces accords horizontaux influaient sur la formation des prix et nuisaient à l'efficience du secteur du bois et des secteurs connexes. Ces effets ont été aggravés par le fait que ces secteurs jouent un rôle capital dans l'économie finlandaise. Un relâchement de la concurrence sur le marché du bois d'oeuvre s'est répercuté spécialement sur son prix, qui en 1990 était en moyenne plus élevé en Finlande que dans tout autre pays concurrent. A la suite de négociations entre l'Office de la libre concurrence et les parties, les acheteurs et les vendeurs de bois ont annoncé leur intention de renoncer aux pratiques restrictives.

L'Office de la libre concurrence a également présenté au ministère de l'agriculture et des forêts une proposition de réforme du statut des entreprises forestières. Le statut de ces entreprises, qui sont exploitées par les propriétaires forestiers, est défini dans la loi sur les sociétés forestières, et leurs revenus proviennent de la vente de services et de la fixation de prélèvements légaux sur les activités forestières. L'objectif essentiel de la proposition de l'Office de la libre concurrence est de faire obstacle à ce que les sociétés forestières utilisent leurs moyens légaux de financement afin de restreindre la concurrence dans le secteur de l'offre de bois d'oeuvre.

b) *Commercialisation centralisée du papier et du carton -- Finnpap et Finnboard*

Suivant les règles des associations des papeteries finlandaises (Finnpap et Finnboard), les firmes affiliées n'étaient autorisées à vendre du papier et du carton en Finlande que par l'intermédiaire des associations en cause, à des prix concertés. En raison de ces restrictions horizontales à la concurrence, les prix départ usine pour les ventes intérieures de papier et de carton ont été supérieurs aux prix moyens à l'exportation (FOB). A la suite de négociations menées entre l'Office de la libre concurrence, d'une part, et Finnpap et Finnboard, d'autre part, les règles régissant les associations ont été modifiées et les firmes affiliées sont désormais en mesure de vendre également leurs produits directement à leur clientèle à des prix qu'elles fixent elles-mêmes.

c) *Accords d'exclusivité pour la vente d'articles de chauffage, de plomberie et de ventilation, et facturation dite indirecte*

Une étude réalisée par l'Office de la libre concurrence a fait apparaître qu'en Finlande le commerce de gros des articles de chauffage, de plomberie et de ventilation était fortement concentré et que l'accès aux circuits de distribution étaient interdits aux sociétés de vente concurrentes. Il existe un fabricant dominant sur le marché de la tuyauterie et de la robinetterie (Oras), des équipements de salles de bains et des installations sanitaires en porcelaine (IDO Tammisaaren Posliini, anciennement dénommée Wärtsilä Sanitec), des canalisations d'égout en plastique (Uponor) ainsi que des radiateurs (Rettig). Les fabricants ne vendent leurs produits en Finlande que par l'intermédiaire de quatre grandes sociétés de gros. En outre, ils utilisent le système dit de la facturation indirecte, en facturant par l'intermédiaire de ces sociétés de gros, bien que les produits soient fréquemment livrés directement à la clientèle (entreprises d'installation).

Selon l'Office de la libre concurrence, les accords de vente en exclusivité et la facturation indirecte remplissent les conditions permettant de les assimiler à une exploitation abusive d'une position dominante. Après des négociations avec l'Office, les firmes en cause -- à l'exception d'Uponor dont l'affaire est toujours en instance -- ont accepté de renoncer aux accords de vente en exclusivité et de recourir à la place à des arrangements en vertu desquels chaque firme vend ses produits à toutes les firmes nationales selon des conditions uniformes. Les compagnies ont également renoncé à la facturation directe.

d) *Exploitation abusive d'une position dominante dans le domaine de la location de téléphones mobiles*

Une compagnie de téléphone exerçant ses activités dans la région de Joensuu et occupant une position dominante gérait un service de location de téléphones mobiles par la mise en oeuvre d'un système dénommé "téléoption", supposant des parts dans la société de téléphone, un abonnement téléphonique et une option d'achat. Cette option donnait le droit de louer un téléphone mobile à un prix privilégié.

Au cours de son enquête, l'Office de la libre concurrence a constaté que la compagnie de téléphone finançait les options donnant droit à la location de téléphones mobiles au moyen des gains dégagés de la vente d'actions dans la compagnie combinée avec un abonnement téléphonique. Les opérations d'abonnement au service téléphonique étant régies par la loi sur les télécommunications, il en résulte que la compagnie de téléphone pratiquait la subvention croisée en utilisant les gains dégagés de ses activités réglementées afin d'acquérir un avantage concurrentiel dans une autre branche d'activité non réglementée. La compagnie de téléphone sous-cotait à la vente ses services de téléphone mobile en les combinant avec des produits non connexes de telle manière que les concurrents ne pouvaient réagir. L'Office de la libre concurrence a estimé que la pratique de la compagnie de téléphone constituait une exploitation abusive d'une position dominante et, conformément aux exigences de l'Office, cette compagnie a renoncé à la "téléoption".

III. Déréglementation

En 1991, l'Office de la libre concurrence a présenté 11 propositions visant à abolir les réglementations inutiles restreignant la concurrence. En outre, l'Office a fait parvenir 34 communications relatives à la réglementation à diverses autorités. Les activités de déréglementation de l'Office ont été axées jusqu'ici en particulier sur les réglementations faisant obstacle à l'accès au marché, sur les autorisations d'exercer des activités et sur le contrôle des importations.

Les propositions présentées par l'Office de la libre concurrence en 1991 en vue de la déréglementation concernaient notamment les secteurs suivants :

-- contrôle des importations des aliments vitaminés à teneur minérale ;

-- suppression progressive du contrôle à l'importation de sucre ;

-- amendement de la loi sur le timbre ;

-- importation de fromage pour la restauration industrielle ;

-- procédure d'appel d'offres des municipalités et des fédérations de municipalités ;

-- réforme de la législation régissant l'aviation ;

-- réforme de l'autorisation d'ouvrir des écoles de conduite automobile ; et

-- amendement de la loi sur les sociétés forestières.

Les propositions de l'Office de la libre concurrence ont abouti à des résultats concrets. Voici des exemples de déréglementation en 1991 :

-- suppression des critères de nécessité pour l'autorisation du transport des marchandises par route ;

-- libéralisation de la gamme d'articles dont la vente est autorisée dans les kiosques ;

-- mesures facilitant l'accès au secteur de l'hôtellerie et de la restauration ;

-- concurrence accrue dans le secteur des télécommunications, par exemple mise en place d'un réseau téléphonique mobile concurrent ;

-- libération des importations de pétrole brut et de produits pétroliers ;

-- réforme de la loi sur l'électricité ;

-- interdiction des restrictions à l'accès au secteur de la pêcherie.

Les produits pétroliers et le sucre constituent d'importants exemples de l'abolition du contrôle des importations. En 1989 déjà, l'Office de la libre concurrence avait proposé l'abolition du contrôle des importations des produits pétroliers (licence d'importation). Le contrôle des importations avait donné à l'entreprise d'Etat Neste une forte position dominante et un monopole sur l'essence. Lorsque les échanges bilatéraux entre la Finlande et l'Union soviétique ont pris fin au début de 1991, le contrôle des importations ne se justifiait plus par des raisons de politique commerciale et, conformément aux recommandations du groupe de travail mis en place par le ministère du commerce et de l'industrie en vue de l'étude de cette question, l'importation de produits pétroliers a été libérée au cours de l'été 1991. Depuis la libération des importations, l'intensification de la concurrence a entraîné une chute sensible du prix de l'essence (taxes non comprises) par rapport à son niveau précédent, qui était considérablement supérieur à celui de l'Europe continentale ou de la Suède, par exemple.

Le groupe de travail, qui apporte son concours à l'Office de la libre concurrence sur les questions de concurrence en matière de production et de distribution de produits alimentaires, a élaboré en juin 1991 des propositions de mesures visant à accroître la concurrence dans le secteur du sucre. A l'heure actuelle, il existe en Finlande un monopole (Sucros) du traitement et de la commercialisation du sucre. L'importation de sucre est restreinte par des licences d'importation, des droits et un prélèvement sur les importations. Le Ministère du commerce et de l'industrie a aujourd'hui entrepris de libérer l'importation du sucre.

Les méthodes permettant d'intensifier la concurrence dans le secteur de la construction ont été examinées par un groupe de travail composé de représentants du pouvoir central dans ce domaine et de l'Office de la libre concurrence. Dans son rapport publié en décembre 1991, ce groupe de travail propose des mesures concrètes afin de mettre fin aux restrictions à la concurrence dans le secteur de la construction et celui des matériaux de construction, le commerce intérieur et étranger de matériaux de construction ainsi que sur le marché des sites de construction et de l'urbanisme. Se fondant sur les propositions du groupe de travail, l'Office de la libre concurrence a arrêté des mesures appelées à renforcer l'efficience en matière tant de contrôle de l'offre de terrain, d'urbanisme et d'aménagement de sites que d'activités de construction de l'Etat et des municipalités. En outre, l'Office présentera des propositions de réglementation moins ambiguës et plus souples pour ce qui concerne la construction et l'utilisation des matériaux de construction.

IV. Nouvelles études ayant trait à la politique de la concurrence

En 1991 l'Office de la libre concurrence a publié les rapports suivants :

YLI-KYYNY, Tomi, *Concurrence dans le secteur de l'électricité.*

EEROLA, Leena, *La concurrence et les prix sur le marché des équipements pour les handicapés.*

RÖNKÄ, Kimmo, *Restriction à la concurrence sur le marché des biens fonciers.*

SIHVONEN-PUNKKA, Asta, *Accords d'exclusivité en matière de ventes et d'achats sous l'angle de la théorie économique et de la législation régissant la concurrence.*

ANDERSSON-TUOMINEN, Anne et PORTTIKIVI, Raimo, *Franchisage et concurrence -- expériences finlandaises.*

Note

1. Les principales dispositions du projet gouvernemental de loi instituant une nouvelle législation sur la concurrence sont présentées dans ce Rapport annuel sur l'évolution de la situation en Finlande. Lors de l'achèvement du rapport, le Parlement était encore saisi du projet de loi. Toutefois, les lois nouvelles sur la concurrence ont été adoptées depuis et elles entreront probablement en vigueur le 1er juillet 1992.

   En ce qui concerne les dispositions relatives à l'abus de position dominante, le Parlement a modifié le projet de loi soumis par le Gouvernement. Selon le projet, le principe de l'abus aurait continué de s'appliquer à l'abus de position dominante. Or, la nouvelle loi sur les pratiques commerciales restrictives interdira l'abus de position dominante. Sont considérées notamment comme des abus les pratiques mentionnées au premier paragraphe Id) de ce rapport.

   Selon le Parlement, l'interdiction de l'abus de position dominante s'imposait pour éviter un déséquilibre entre l'attitude adoptée à l'égard des pratiques restrictives des petites et moyennes entreprises et celle adoptée à l'égard des pratiques restrictives des entreprises dominantes dès lors que la loi interdira les pratiques restrictives horizontales des entreprises ou des associations d'entreprises. En second lieu, le Parlement jugeait nécessaire d'aligner les dispositions relatives à l'abus de position dominante sur les règles communautaires de la concurrence puisque la Finlande a introduit en mars 1992 une demande d'adhésion à la Communauté européenne.

FRANCE

(1991)

I.   Modifications ou projets de modifications des lois et de la politique de la concurrence

L'année 1991 est caractérisée par la maturité atteinte par le droit français de la concurrence refondu en 1986. Elle n'a pas vu intervenir de modifications législatives de l'Ordonnance du 1er décembre 1986 relative à la liberté des prix et de la concurrence. En revanche, un certain nombre de modifications législatives interviendront en 1992 à la suite des débats parlementaires actuellement en cours. Elles porteront sur les conditions commerciales (délais de paiement...) et accessoirement sur diverses dispositions issues de la jurisprudence renforçant la protection des droits de la défense, au cours des procédures d'enquête puis d'instruction.

La transposition des règles communautaires en droit national

Par ailleurs, en corollaire aux règles posées par l'Ordonnance de 1986, les travaux de transposition en droit national des directives destinées à accroître la concurrence dans les marchés publics se sont poursuivis ; la loi No. 91-03 du 3 janvier 1991 relative à la transparence et à la régularité des procédures de marchés (transposition de la directive "travaux" du 18 juillet 1989) a soumis la passation de certains contrats à des règles de publicité et de mise en concurrence. Les décrets d'application sont en cours d'élaboration.

La transposition de la directive du 21 décembre 1989 relative aux contrôles et à la surveillance des procédures de passation des marchés publics et de fournitures fait l'objet d'un projet de loi qui sera discuté en 1992. Cette directive "recours" introduira une novation en droit français puisqu'elle autorise le juge administratif à intervenir avant la formation du contrat pour faire corriger une décision ou suspendre la procédure.

Prix des services en monopole

1991 a vu se poursuivre la redéfinition de plusieurs tarifications publiques.

La signature du contrat de plan avec GDF (Gaz de France) marque une nouvelle étape dans la désindexation des tarifs publics : contrairement à d'autres contrats de plan, il ne comporte pas de formule d'indexation des tarifs sur les prix à la consommation ; il fixe des objectifs de productivité, de progression de l'activité, de résultat, de désendettement ; les tarifs sont ajustés périodiquement, en tenant compte des coûts d'approvisionnement en gaz naturel et de la réalisation de ces objectifs et de manière que les gains de productivité profitent pour partie à l'entreprise et pour partie aux consommateurs.

Dans d'autres secteurs, des modulations tarifaires ont été mises en place pour mieux tenir compte de la réalité des coûts. Ainsi, les tarifs postaux ont augmenté plus pour les services déficitaires que pour les autres, les péages autoroutiers des camions ont été davantage relevés que ceux des automobilistes.

Dans le même esprit, le contrat de plan que France Télécom a passé avec l'Etat fixe à l'entreprise un objectif volontariste d'amélioration de sa compétitivité.

Les tarifs des communications téléphoniques augmenteront dans l'ensemble sensiblement moins vite que l'inflation sur la période 1991-94. Les usagers bénéficieront donc directement d'une partie des gains de productivité de l'entreprise. Parallèlement, la structure tarifaire de France Telecom sera modernisée afin de mieux répondre aux besoins des usagers : en particulier, les écarts de prix entre communications locales et communications de longue distance seront réduits, les coûts provenant désormais moins de la distance que de l'encombrement des lignes à certaines heures.

II. Application des lois et des politiques de la concurrence

Actions contre les pratiques anticoncurrentielles

Activité du Conseil de la concurrence

1991 est la cinquième année de fonctionnement du Conseil de la Concurrence depuis son institution par l'Ordonnance du 1er décembre 1986 relative à la liberté des prix et de la concurrence. Son activité est comparable à celle de l'année précédente, montrant une légère augmentation du nombre des saisines, en particulier de nature contentieuse, ainsi que des décisions prises. Mais au-delà des chiffres, apparaît une consolidation du rôle de cet organisme dont l'autorité est reconnue tant par les professionnels du droit que par les opérateurs économiques de l'industrie et du commerce.

i) Bilan de l'activité du Conseil

Le Conseil a été saisi à 129 reprises pendant l'exercice 1991, à comparer avec les 123 saisines de 1990 : soit 101 saisines contentieuses (83 en 1990), 16 demandes de mesures conservatoires (19 en 1990) et 12 demandes d'avis (22 en 1990).

L'article 11 de l'Ordonnance du 1er décembre 1986 qui institue le Conseil de la Concurrence prévoit qu'il peut être saisi en matière contentieuse soit par le ministre chargé de l'économie, soit directement par les entreprises, les organisations professionnelles, les chambres de commerces, les chambres de métiers, les associations de consommateurs, les collectivités territoriales, soit d'office, par lui-même.

Le tableau ci-après qui récapitule le nombre des saisines montre que les saisines ministérielles augmentent, de même que les saisines du fait des entreprises.

Tableau 1.

	1990	1991
Ministre chargé de l'Economie	42	49
Saisines directes	39	50
dont :		
-- entreprises	39	48
-- organisations professionnelles, Chambre de Commerce, Chambre des métiers	0	0
-- Associations de consommateurs	0	1
-- Collectivités territoriales	0	1
Saisines d'office	1	2

Par ailleurs, le Conseil a été saisi de 16 demandes de mesures conservatoires en provenance d'entreprises.

Enfin, 12 demandes d'avis ont été adressées au Conseil, dont, huit sur des questions générales de concurrence, trois par des juridictions et une en matière de contrôle d'opérations de concentration. Contrairement aux années précédentes, aucun projet de décret réglementant les prix, nécessitant l'avis préalable du Conseil n'a été soumis à son appréciation.

Pendant cette période, le Conseil a pris 66 décisions (contre 64 en 1990) soit :

-- 32 concernant des affaires pour lesquelles des griefs ont été notifiés ;

-- six décisions statuant sur des demandes de mesures conservatoires, dont cinq ont été rejetées et une donnant partiellement gain de cause à la société requérante ;

-- neuf décisions de non lieu à poursuivre la procédure ainsi que 12 décisions d'irrecevabilité (lorsqu'il estime que les faits dont il est saisi n'entrent pas dans sa compétence ou lorsqu'ils ne sont pas étayés par des éléments probants), cinq de classement (en cas de désistement) ;

-- deux décisions de sursis à statuer.

Le Conseil a infligé dans le cadre de ses décisions contentieuses des sanctions pécuniaires dans le respect d'une part des plafonds fixés par l'ordonnance (5 pour cent du chiffre d'affaires pour les entreprises) et d'autre part des principes généraux, en particulier celui de la proportionnalité à la gravité des manquements constatés, à leur incidence sur le marché et au rôle à cet égard des opérateurs poursuivis. Dans 21 affaires, le Conseil a ainsi prononcé des sanctions d'un montant total de 40 387 200 F à l'encontre de 108 entreprises ou groupements d'entreprises et de 47 organisations professionnelles qui avaient pris une part active à la mise en oeuvre des pratiques anticoncurrentielles.

Bien entendu, ces sanctions ne sont pas exclusives d'autres actions: des mesures correctives consistant en des injonctions adressées aux entreprises de modifier leurs comportements ou des actions pédagogiques notamment par l'ordre de faire publier les décisions du Conseil dans la presse.

Il est indiqué que ces décisions peuvent faire l'objet d'un recours devant la Cour d'appel de Paris ; à cet égard, il est intéressant de noter que la cour a confirmé dans la plupart des cas la décision du Conseil. Ainsi, depuis la création du Conseil, sur 324 décisions contentieuses, 108 ont donné lieu à recours ; sur les 91 arrêts qu'elle a rendus, la Cour a confirmé en totalité 59 décisions et elle a confirmé au fond des décisions tout en réformant les sanctions ou les injonctions à 14 reprises ; en fin de compte, elle n'a annulé ou réformé que 15 décisions.

Le Conseil a, par ailleurs, émis dix avis (19 en 1990) :

-- cinq sur des questions générales de concurrence,

-- un sur demande d'une juridiction,

-- quatre sur des opérations de concentration (secteur des tubes en PVC, du négoce des produits pétroliers, de la distribution de l'eau, et des produits de rasage).

ii) Les décisions du Conseil

Les 66 décisions de l'année 1991 du Conseil ont eu trait pour 17 d'entre elles à des pratiques relatives aux secteurs de la distribution, 27 à celui des services, 10 à celui de la production et 12 à des pratiques alléguées ou constatées en matière de marchés publics.

Ces décisions ont encore permis au Conseil de préciser le champ de sa compétence tant pour l'application du droit national que communautaire. Il a eu aussi l'occasion d'approfondir son analyse s'agissant des ententes, des abus de domination et des concentrations.

-- Le champ de compétence

Le Conseil a eu l'occasion de confirmer qu'il ne saurait intervenir pour statuer sur tous les litiges en matière de concurrence. Sa compétence contentieuse se limite aux pratiques visées par les articles 7 et 8 de l'ordonnance du 1er décembre 1986 qui sanctionnent les ententes et les abus de positions de domination portant atteinte au fonctionnement normal du marché.

Le Conseil n'est donc pas compétent pour examiner des ruptures unilatérales de contrats par un fournisseur ou des refus de vente sauf si ces comportements se rattachent à une action concertée anticoncurrentielle ou à l'exploitation abusive d'une position dominante ou encore à un état de dépendance économique. Il appartient aux parties qui allèguent de telles pratiques de donner des éléments de preuves suffisants à cet égard.

Les règles contre les pratiques anticoncurrentielles ne sont pas davantage applicables aux pratiques éventuellement qualifiables de concurrence déloyale qui relèvent des juridictions civiles ou commerciales.

En revanche, le Conseil s'est déclaré compétent de manière générale pour connaître de toutes les pratiques ayant effectivement ou potentiellement affecté la concurrence sur un marché défini sans qu'il soit besoin de distinguer selon que l'auteur des pratiques est une personne privée ou une personne publique. Ainsi, dans sa décision No. 91-D-51, le Conseil a enjoint à la Direction générale des télécommunications, établissement public de l'État, d'éliminer les clauses d'exclusivité qui avaient été insérées dans les contrats liant les chaînes thématiques de télévisions avec les exploitants de réseaux câblés au rang desquels se trouvait France Télécom ; ces clauses ont été considérées comme contraires à l'article 7 de l'Ordonnance française et à l'article 85 du Traité de Rome.

Par ailleurs, le Conseil s'est déclaré compétent pour examiner les pratiques d'opérateurs qui pourtant alléguaient aux règles du droit commun de la concurrence. En effet, le droit (article 53 de l'Ordonnance du 1er décembre 1986) ne fait aucune distinction de ce point de vue et vise les pratiques anticoncurrentielles qui peuvent être constatées dans n'importe quels marchés de biens ou de services, nonobstant l'existence d'une réglementation spécifique de telle ou telle activité. Ainsi, dans sa décision No. 91-D-45 relative à la situation de la concurrence sur le marché de l'exploitation des films dans les salles de cinéma, le Conseil a estimé, bien que la distribution, la programmation et l'exploitation cinématographique fassent l'objet d'une législation particulière (loi du 29 juillet 1982), que les accords et pratiques résultant de la mise en oeuvre de ce texte restent soumis aux articles 7 et 8 de l'Ordonnance dès lors qu'ils portent atteinte au libre jeu de la concurrence. Le même raisonnement a été tenu lors de l'examen du marché de l'automobile en Guadeloupe : les décisions de l'État pour un contingentement des importations automobiles japonaises doivent être distinguées des pratiques mises en oeuvre par des distributeurs dont l'activité entre dans le champ des règles de la concurrence (décision No. 91-D-52).

Par ailleurs, il a été précisé que la notion d'entreprise ne recouvre pas uniquement l'activité des personnes morales. En effet, il a été répondu à des chirurgiens, qui contestaient l'application à leur activité des dispositions de l'ordonnance, que le critère déterminant était la qualité d'acteur sur un marché déterminé et non la forme adoptée (décision No. 91-D-43).

Le Conseil n'est en revanche pas compétent pour connaître des pratiques qui traduisent en réalité l'exercice de la liberté de choix des demandeurs entre plusieurs offres, sans affecter le marché en cause. Tel est le sens d'une décision (No. 91-D-20) par laquelle le Conseil a rejeté la demande de l'exploitant d'un commerce dans l'enceinte d'une gare SNCF et dans le contrat d'occupation du domaine public n'avait pas été renouvelé. Confirmé par la Cour d'appel , le Conseil a estimé que les conventions par lesquelles la SNCF choisit les entreprises exploitant des services annexes à sa propre activité n'ont pas en elles-mêmes pour objet de fausser la concurrence, alors que l'exploitation desdits services relève bien du champ d'application de l'Ordonnance.

-- L'application du droit communautaire par le Conseil de la concurrence

Si la Commission des Communautés européennes a compétence exclusive pour appliquer les dispositions de l'article 85 paragraphe 3, les autorités nationales ont vocation à appliquer les articles 85 paragraphe 1 et 86 tant que la Commission n'a elle-même engagé aucune procédure à ce titre.

En 1991, le Conseil a par deux fois fait application de ces dispositions. Dans une première affaire (décision No. 91-D-22) relative au matériel pour kinésithérapeutes, le Conseil a relevé que les pratiques anticoncurrentielles en cause étaient susceptibles d'affecter le commerce entre États membres dans la mesure où certaines parties étaient des filiales de sociétés implantées dans d'autres États de la Communauté. Le Conseil a donc condamné ces pratiques sur le fondement de l'article 85 du Traité de Rome.

Dans la deuxième affaire, relative au marché des programmes de télévision sur réseaux câblés (décision précitée No. 91-D-51), le Conseil a considéré que les clauses litigieuses étaient également susceptibles de limiter l'accès au marché de chaînes concurrentes étrangères et par conséquent de limiter la liberté du commerce intercommunautaire : il a donc fait une application simultanée de l'article 7 de l'Ordonnance, et de l'article 85 paragraphe 1 du Traité de Rome.

En revanche, lorsqu'il s'est trouvé saisi par la société Quantel, le Conseil, après avoir constaté que les pratiques en cause faisaient l'objet d'une procédure de la Commission et qu'au surplus le Tribunal de première instance avait été saisi, a rendu une décision de sursis à statuer jusqu'à ce que les autorités communautaires se soient prononcées (décision 91-D-53).

Les ententes illicites

En application de l'article 7 de l'Ordonnance qui prohibe les ententes et les actions concertées, le Conseil a sanctionné de nombreuses pratiques consistant, notamment, en *i)* une détermination ou une mise en oeuvre de stratégies communes à plusieurs opérateurs par des ententes violant leur autonomie de décision, condition essentielle de la concurrence, ou encore, *ii)* des échanges d'informations sur les politiques commerciales que chacun des opérateurs est susceptible d'engager, et, enfin, *iii)* des pratiques visant à exclure ou à limiter l'accès au marché de concurrents potentiels.

Les ententes horizontales

En 1991, le Conseil a examiné des pratiques de ce type ayant eu pour objet de restreindre la concurrence par les prix.

Le Conseil a de nouveau précisé que la réunion d'entreprises indépendantes au sein d'entreprises communes (groupements d'intérêt économique ou société) n'était pas en soi constitutif d'une entente, mais celle-ci doit, le cas échéant, être recherchée dans les pratiques mises en oeuvre par ces entreprises communes.

De même ont été rappelées les limites du rôle imparti aux organisations professionnelles qui peuvent diffuser des informations sur l'évolution de la conjoncture et des coûts enregistrés, à condition de ne pas outrepasser leur vocation naturelle qui consiste, dans la défense des intérêts collectifs de leurs adhérents, à les informer de questions générales susceptibles d'affecter le secteur d'activité. En revanche, a été prohibé en l'espèce le fait d'avoir enregistré les augmentations de prix souhaitées par les adhérents, diffusé simultanément des informations sur les fourchettes des hausses de charges connues lors de la période écoulée et d'autre part des hausses de prix et enfin d'avoir diffusé des barèmes de prix conseillés.

Le Conseil a ainsi condamné des organisations professionnelles d'enseignement de la conduite des véhicules dans le Sud de la France en rappelant que l'organisation de réunions ayant pour objet de fixer les prix en commun excédait les attributions normales de tels organismes professionnels (décision 91-D-55 et 60).

Le Conseil a également sanctionné la pratique d'entente sur les prix mise en oeuvre de manière plus indirecte dans le secteur du transport routier de voyageurs, consistant pour un syndicat professionnel à informer ses adhérents des dispositions tarifaires arrêtées par les pouvoirs publics, dans la mesure où cette information se doublait d'une incitation à répercuter le maximum des hausses autorisées (décision No. 91-D-39).

S'agissant de la liberté d'accès au marché, le Conseil a eu a connaître d'une affaire concernant les organismes français de radiodiffusion et de télévision (OFRT). Au sein de cette organisation étaient partagés les droits de diffusion négociés par l'Union européenne de radiodiffusion (UER), à laquelle adhérait la plupart des membres de l'OFRT. Lorsque deux nouvelles chaînes de télévision (la Cinq et M6) ont envisagé d'adhérer à l'UER, le règlement de l'OFRT a été modifié afin de donner vocation prioritaire au partage des droits de retransmission d'émissions sportives aux membres ayant adhéré à l'OFRT avant la Cinq et M6. Le Conseil a sanctionné cette dernière modification en estimant qu'elle avait pour objet et pouvait avoir pour effet d'écarter les chaînes en cause du marché de la retransmission d'émissions sportives (décision No. 91-D-11).

Le Conseil s'est en outre prononcé sur une pratique de boycott concerté et publiquement annoncé mis en oeuvre par des organisations professionnelles de débitants de boissons à l'égard des produits de la société Coca-Cola, cette dernière société ayant décidé la mise en place de distributeurs automatiques de boissons dans les rues de certaines villes. Considérant que le boycott est une des pratiques anticoncurrentielles les plus graves, le Conseil a sanctionné les organisations en cause (décision No. 91-D-56).

S'agissant de la liberté d'accès au marché, le Conseil a eu a connaître d'une affaire concernant les organismes français de radiodiffusion et de télévision (OFRT). Au sein de cette organisation étaient partagés les droits de diffusion négociés par l'Union européenne de radiodiffusion (UER), à laquelle adhérait la plupart des membres de l'OFRT. Lorsque deux nouvelles chaînes de télévision (la Cinq et M6) ont envisagé d'adhérer à l'UER, le règlement de l'OFRT a été modifié afin de donner vocation prioritaire au partage des droits de retransmission d'émissions sportives aux membres ayant adhéré à l'OFRT avant la Cinq et M6. Le Conseil a sanctionné cette dernière modification en estimant qu'elle avait pour objet et pouvait avoir pour effet d'écarter les chaînes en cause du marché de la retransmission d'émissions sportives (décision No. 91-D-11).

Le Conseil s'est en outre prononcé sur une pratique de boycott concerté et publiquement annoncé mis en oeuvre par des organisations professionnelles de débitants de boissons à l'égard des produits de la société Coca-Cola, cette dernière société ayant décidé la mise en place de distributeurs automatiques de boissons dans les rues de certaines villes. Considérant que le boycott est une des pratiques anticoncurrentielles les plus graves, le Conseil a sanctionné les organisations en cause (décision No. 91-D-56).

Les restrictions verticales

Dans le domaine de la distribution entre fournisseurs et distributeurs, le Conseil a eu l'occasion de rendre plusieurs décisions pendant l'année 1991, ce qui lui a permis de préciser sa jurisprudence sur plusieurs points essentiels.

Le Conseil a notamment rappelé que les contrats de distribution, dont ceux qui établissent des systèmes de distribution sélective ou exclusive, et les conditions générales de vente des producteurs sont susceptibles d'être examinés au regard du droit des ententes (article 7 de l'Ordonnance).

A l'occasion de l'examen de la situation de la concurrence sur le marché de la chaussure de ski, le Conseil a précisé les critères qui rendent un système de distribution conforme aux règles de la concurrence : le choix des distributeurs doit répondre à un critère objectif répondant aux nécessités d'une distribution adéquate des produits, et ne pas avoir pour effet d'exclure par nature telle ou telle forme déterminée de distribution. De même, ces critères ne doivent pas être appliqués de façon discriminatoire et ne pas limiter la liberté commerciale des vendeurs. En l'occurrence, il a été décidé que, dans un contrat de distribution sélective, la mention de prix indicatifs, combinée à un système d'agrément préalable de toute publicité aboutissait à limiter la concurrence entre les distributeurs, ces derniers étant en outre menacés de non renouvellement du contrat en cas de non respect des prix indicatifs (décision No. 91-D-03).

Dans sa décision No. 91-D-21, le Conseil a examiné les pratiques de la société Honda France et de la société Japauto en matière de concession exclusive de distribution de véhicules à moteur à deux roues. Après avoir noté que, compte tenu des caractéristiques du produit et de la structure du marché, les concèdents pouvaient organiser un réseau de distribution exclusive, le Conseil a considéré que les clauses des contrats en cause n'étaient pas discriminatoires et ne relevaient pas de l'article 7 puisque, si le contrat interdisait la vente hors du territoire de la concession, les distributeurs avaient toute latitude pour accepter des commandes émanant de demandeurs situés hors dudit territoire.

Examinant les rapports entre des producteurs et leurs distributeurs, le Conseil, dans la décision No. 91-D-50 relative au fonctionnement de la concurrence dans le secteur des petits appareils électroménagers, a indiqué que la différenciation des prix pratiqués par un producteur entre ses distributeurs ne constitue pas nécessairement une discrimination anticoncurrentielle, dès lors que ces derniers ne rendent pas tous les mêmes services et n'offrent pas tous le même pouvoir attractif sur la clientèle. Faute d'autres éléments révélant une discrimination, une telle pratique n'est donc pas répréhensible sur le fondement de l'article 7.

Les ententes à l'occasion d'appels d'offres dans les marchés publics

Le Conseil s'est prononcé dans trois affaires relatives à des concertations lors d'appels d'offres lancés par des collectivités locales ou des établissements publics, en matière de bâtiment et de travaux publics.

Toutes les concertations relevées avaient trait à des échanges d'informations préalables à la remise des plis, et à des concertations sur les prix ou des répartitions des marchés. Le Conseil a d'abord relevé que les appels d'offre constituaient bien des marchés au sens de l'Ordonnance, en ce qu'ils réalisaient la rencontre d'une demande et d'offres spécifiques substituables entre elles.

Le Conseil a rappelé que le fait de déposer une offre de principe était une pratique anticoncurrentielle dans la mesure où, déposée en concertation avec une autre entreprise, elle laissait croire en l'existence d'une concurrence illusoire de nature à tromper le maître de l'ouvrage sur l'intensité de la concurrence effective (secteur du bâtiment et des travaux publics, décision No. 91-D-33).

De la même manière le Conseil a sanctionné des entreprises qui s'étaient entendues afin de se répartir les marchés préalablement à la remise des plis (décision No. 91-D-49).

-- Les positions de domination

En 1991, trois décisions ont porté sur l'application de l'article 8 prohibant les abus de positions dominantes et les abus de situations de dépendance économique.

Les abus de positions dominantes

Préalablement à l'examen des pratiques au regard de ces dispositions, le marché pertinent doit être défini, c'est-à-dire le contour de la concurrence potentielle ; ensuite, doit être déterminée l'éventuelle position de l'entreprise en cause sur ce marché.

Dans l'affaire des véhicules à deux roues à moteur Honda, le Conseil a défini des segments de marché différents selon la cylindrée des véhicules ; se fondant sur une limitation de la substituabilité des véhicules de différentes cylindrées, le Conseil s'est en effet livré à une appréciation différenciée des marchés ainsi délimités (décision No. 91-D-31).

De la même manière, s'agissant des distributeurs automatiques de boissons chocolatées, le Conseil a déterminé deux marchés selon que les mélanges utilisés par ces machines étaient présentés sous forme pré-doséee ou dans un emballage indifférencié (décision 91-D-54).

Après avoir défini le marché pertinent, le Conseil s'attache à caractériser la position dominante de l'entreprise en cause en examinant sa capacité à s'abstraire de la pression de la concurrence d'autres entreprises présentes sur le même marché, suivant en cela la méthode mise en oeuvre par la Cour de justice des Communautés européennes. En analysant des indices tels que la part de marché de l'entreprise, celle des autres intervenants et le contexte général dans lequel évolue l'entreprise en cause, le Conseil, dans sa décision précitée No. 91-D-31, a considéré que la société Honda ne détenait pas de position dominante sur le marché analysé, dans la mesure où sa part de marché n'était pas notablement supérieure à celles de ses principaux concurrents.

Pour pouvoir caractériser une position dominante collective, le Conseil a relevé la nécessité de liens financiers ou commerciaux entre les entreprises visées. Faute de pouvoir caractériser ces liens avec suffisamment d'éléments probants, le Conseil, dans sa décision relative au marché des programmes de télévision réservés à la diffusion sur les réseaux câblés (No. 91-D-51), n'a pas considéré que les entreprises en cause constituaient un groupe et étaient susceptibles de détenir collectivement une position dominante.

S'agissant des pratiques visées, le Conseil a rappelé que le fait de détenir une position dominante n'implique pas qu'il en soit nécessairement fait usage à des fins anticoncurrentielles. Seule l'utilisation qui peut être faite de cette position dominante relève du droit de la concurrence lorsque cette utilisation revêt un aspect abusif de nature à porter atteinte au fonctionnement normal du marché.

Le Conseil a constaté que la société Jacob Suchard France faisait une utilisation abusive de sa position dominante sur le marché des mélanges pour boissons chocolatées dans la mesure où cette société interdisait à ses clients de revendre les produits qu'ils avaient acquis, après les avoir reconditionné (décision No. 91-D-54).

Les abus de dépendance économique

Différents éléments constituant une situation de dépendance économique d'un distributeur vis-à-vis d'un producteur doivent être cumulativement réunis : une notoriété importante de la marque, une part substantielle du fournisseur dans le marché, une part substantielle du fournisseur dans le marché, une part significative du fournisseur dans le chiffre des ventes du client supposé en dépendance économique et une absence de source équivalente.

Trois affaires ont été examinées sous cet angle en 1991. Dans deux affaires, le Conseil n'a pas retenu la situation de dépendance économique et il a notamment indiqué que l'état de dépendance économique devait être distingué des pratiques concertées des fournisseurs qui relevaient de l'article 7.

Dans la décision précitée relative aux réseaux câblés (No. 91-D-51), le Conseil a relevé l'existence d'un état de dépendance économique des éditeurs de programmes vis-à-vis de la Compagnie Générale de Vidéocommunication, laquelle gérait 40 pour cent des abonnements aux réseaux câblés (contre 25 pour cent pour chacun de ses deux principaux concurrents) et disposait d'un nombre de prises raccordables tel qu'il lui conférait une puissance d'achat équivalente à la somme de celle de ses deux concurrents.

Ces pratiques entrent dans le champ de l'article 8 de l'Ordonnance dans la mesure où il en est fait un usage abusif sous forme de pratiques discriminatoires pouvant avoir pour effet d'exclure des opérateurs du marché. De telles pratiques ont été caractérisées dans la décision précitée No. 91-D-51, où la Compagnie Générale de Vidéocommunication avait proposé à un cablo-opérateur indépendant un taux de rémunération abusivement bas alors qu'aucun élément objectif tiré de la nature de la prestation n'était de nature à justifier une telle pratique.

-- L'exonération tirée de la contribution au progrès économique

L'article 10 alinéa 2 de l'Ordonnance dispose que les pratiques visées aux articles 7 et 8 échappent à la prohibition dans la mesure où leurs auteurs peuvent justifier que celles-ci ont pour effet d'assurer un progrès économique et qu'elles réservent aux utilisateurs une partie équitable du profit qui en est résulté sans donner aux entreprises intéressées la possibilité d'éliminer la concurrence pour une partie substantielle des produits en cause.

Le Conseil fait une application stricte de ces dispositions dérogatoires en exigeant notamment que le progrès qui résulte des pratiques bénéficie à la collectivité dans son ensemble sans être limité à une amélioration conjoncturelle de la situation des entreprises intéressées. Au prix de ces remarques, le Conseil a accordé le bénéfice des dispositions de l'article 10-1 à des pratiques ayant pour objet et pour effet de restreindre la concurrence en limitant la fluidité de la clientèle entre les sociétés distributrices de gaz liquéfié. Le Conseil a en effet considéré que le fait pour ces entreprises de s'opposer à ce que les membres de leurs réseaux acceptent de recevoir ou de reprendre les bouteilles issues d'un autre réseau était, certes, une pratique anticoncurrentielle, mais que les coûts qui auraient été occasionnés par la manutention et le stockage de bouteilles supplémentaires auraient été répercutées sur le prix de vente des recharges du gaz ; il a en outre été noté que le système du prêt aux usagers des bouteilles, avec les obligations qui en résultent pour le propriétaire, s'accommoderait mal d'une plus grande dissémination de celles-ci parmi les distributeurs (décision No. 91-D-29).

En revanche, dans sa décision No. 91-D-47 relative à des pratiques anticoncurrentielles dans le secteur du béton prêt à l'emploi dans les Bouches-du-Rhône, les ententes de prix constatées n'ont pas bénéficié des dispositions de l'article 10-1 dans la mesure où le Conseil n'a pas estimé rapportée la preuve que les avantages allégués n'auraient pas pu être obtenus par un autre moyen que la diffusion d'un barème de prix.

-- Les demandes de mesures conservatoires

En 1991, le Conseil de la concurrence a pris 12 décisions concernant des mesures conservatoires.

L'Ordonnance du 1er décembre 1986 autorise le Conseil de la concurrence à prendre des mesures conservatoires pour interrompre des pratiques manifestement illicites portant une atteinte immédiate mais difficilement réversible au jeu de la concurrence en causant un danger grave et immédiat à l'économie générale, à celle du secteur intéressé, à l'intérêt des consommateurs ou à l'entreprise plaignante.

Dans un seul cas le Conseil a accordé pour partie les mesures sollicitées (décision No. 91-MC-O1) dans une affaire où un opérateur se plaignait de ce que le régisseur exclusif de la publicité dans les annuaires téléphoniques ne lui fournissait pas tous les documents nécessaires au recueil des offres d'insertion et le dénigrait auprès des clients.

Inversement, les autres demandes ont été repoussées, notamment parce que les pratiques dénoncées n'étaient pas la cause principale ou unique de l'atteinte grave et immédiate invoquée. Ainsi, le Conseil a refusé d'ordonner les mesures conservatoires sollicitées par la société Flodor qui demandait de suspendre la résiliation d'un contrat d'approvisionnement de chips pommes de terre auprès de la société Bahlsen (décision No. 91-MC-03).

iii) Les avis du Conseil

-- Les avis sur les opérations de concentration

L'année 1990 avait marqué un regain en la matière puisque le Conseil, saisi huit fois en application de l'article 38 de l'Ordonnance, avait rendu cinq avis.

En 1991, le Conseil a rendu quatre avis à ce titre, à l'occasion de projets de concentration dans le secteur des tubes en PVC (avis No. 91-S-03), dans celui du négoce des produits pétroliers (avis No. 91-A-04), dans celui de la distribution de l'eau (avis No. 91-A-06) et dans celui des produits de rasage (avis No. 91-A-09).

Lorsqu'il est saisi d'une opération de concentration, le Conseil s'interroge d'abord sur la question de savoir si cette opération constitue effectivement une concentration selon la définition qui en est donnée par l'article 39 de d'Ordonnance. Ce fut le cas dans les quatre avis qu'il a rendus.

Trois de ces opérations concernaient l'acquisition par une société, de la majorité, de la totalité ou de la quasi-totalité des titres d'une autre société : en matière de tubes PVC, la société Wavin acquérait la totalité des actions de la société Teri ; Elf France acquérait la totalité du capital de la société Les Fils de Jules Bianco, et la société Dumez acquérait la majorité des titres de la société Merlin dans le secteur de la distribution de l'eau.

La quatrième opération relative aux produits de rasage était plus complexe, se décomposant en trois volets : d'une part la société Gillette acquérait, par le biais de Gillette UK, des obligations convertibles émises par Eemland Holding NV, d'une part, une autre filiale britannique de Gillette consentait un prêt à Eemland Holding NV, enfin, des accords précisaient les conditions dans lesquelles étaient acquises la marque, le savoir faire et les autres éléments de la propriété industrielle liés aux produits de rasage Wilkinson Sword à l'extérieur des USA et de la CEE.

Le Conseil examine ensuite si les seuils légaux définis à l'article 38 de l'Ordonnance sont franchis.

Dans cette perspective, le Conseil s'interroge sur la définition du marché pertinent : le Conseil n'a pas exemple pas suivi l'argumentation de la société Lyonnaise des Eaux qui soutenait que la distribution de l'eau constituait un marché national unique sur lequel elle ne détenait qu'une part inférieure à 25 pour cent, seuil légal déclenchant la possibilité de contrôle. Le Conseil a considéré que les demandeurs sur ce marché sont les collectivités, qui décident de déléguer la gestion de leur service de distribution de l'eau, ce qui exclut du marché les services exploités en régie. Dans ces conditions, le Conseil a constaté que les entreprises en cause détenaient une part de 27.9 pour cent soit au dessus du seuil fixé par l'Ordonnance.

En troisième lieu, le Conseil recherche si l'opération en cause est de nature à porter atteinte à la concurrence, celle-ci ne pouvant se déduire du simple fait que l'opération en cause réduit le nombre d'opérateurs sur le marché.

Dans le secteur des tubes en PVC, le Conseil a ainsi constaté qu'il existait sur le marché trois autres entreprises importantes dont l'une détenait 36.9 pour cent du marché. Il a également constaté que la technicité de la fabrication des tubes était relativement simple, que les coûts étaient modestes et que la différenciation des produits par la marque était assez faible. De tous ces éléments, il a été déduit que la concentration n'était pas de nature à porter atteinte à la concurrence (avis No. 91-A-03).

En revanche, dans l'opération de rachat par Elf France de la société Les Fils de Jules Bianco, le Conseil a considéré que l'acquisition aurait conféré à Elf une part estimée à 25 pour cent de la mise à la consommation des produits pétroliers au niveau national, et qu'ainsi, elle aurait été de nature à restreindre la concurrence.

Deux éléments ont motivé cet avis. D'une part, l'acquisition aurait eu pour effet la disparition des deux principaux négociants indépendants des raffineurs. Or ces négociants jouaient un rôle crucial dans le mécanisme du marché dans la mesure où ils faisaient jouer la concurrence entre les raffineurs nationaux et les produits importés, et alimentaient largement les grandes surfaces qui étaient elles-mêmes en compétition avec les réseaux de raffineurs nationaux au stade de la distribution. D'autre part, l'absorption par Elf France des négociants considérés étaient de nature à limiter dans le court terme la possibilité pour les grandes surfaces de l'Ouest détentrices d'autorisations d'importation, de s'approvisionner ailleurs qu'auprès de leurs concurrents raffineurs (avis No. 91-A-04).

De la même manière, le Conseil a considéré que la concentration intéressant les sociétés Gillette et Eemland Management était de nature à restreindre la concurrence. En effet, les deux sociétés disposaient ensemble sur le marché national d'une part de l'ordre de 75 pour cent, dans un marché d'accès difficile. De plus, en acquérant la marché Wilkinson à l'extérieur de la CEE et des USA, Gillette était en position détentrice de la marque Wilkinson à l'intérieur de la CEE ; elle pouvait donc utiliser cette maîtrise pour éviter que les produits d'Eemland ne concurrencent les siens, ou même pour éliminer les autres intervenants sur le marché.

Enfin, saisi en matière de contrôle des concentrations, le Conseil doit également vérifier selon l'article 40 de l'Ordonnance "si le projet de concentration apporte au progrès économique une contribution suffisante pour compenser les atteintes à la concurrence".

Le Conseil s'interroge alors sur la vraisemblance du progrès allégué, sur sa consistance et sur la sensibilité de ses effets à l'égard de la collectivité dans son ensemble. Lorsqu'il estime que les entraves potentielles dues à l'opération ne sont pas compensées de manière suffisante par une contribution au progrès économique, le Conseil recommande les mesures qu'il estime appropriées pour que l'opération puisse présenter un bilan positif.

Dans l'affaire Elf France, le Conseil n'a pas exclu que l'accroissement de la sécurité des approvisionnements énergétiques de la France puisse constituer une contribution au progrès économique ; mais il a estimé que la réalité de ce progrès n'était en l'espèce pas démontré, et que notamment, la concentration en cause n'avait pas pour effet d'augmenter la capacité de raffinage de Elf dans le territoire français. Le Conseil a donc proposé au ministre de subordonner l'approbation de cette concentration à la condition que Elf cède les participations des groupes achetés dans un certain nombre de dépôts de la zone à des opérateurs indépendants.

Dans l'avis relatif à l'acquisition de la société Merlin par la Lyonnaise des Eaux, le Conseil n'a pas davantage estimé que la contribution au progrès économique compensait les atteintes à la concurrence qu'il avait relevées.

Dans l'affaire Gillette/Eemland, aucune contribution au progrès n'était alléguée. En outre, s'agissant d'entreprises de droit étranger, les moyens d'action des autorités nationales sont restreints dans la mesure où les injonctions qu'elles peuvent prononcer ne peuvent s'adresser qu'aux entreprises des groupes en cause situées sur le territoire français, le ministre n'ayant donc pas le pouvoir de s'opposer directement à cette opération. Mais dans cette affaire, le Conseil a considéré que le risque d'atteinte à la concurrence sur le territoire national était particulièrement constitué et qu'il convenait de maintenir l'indépendance des réseaux de distribution en France des produits des deux marques Gillette et Wilkinson Sword. Concrètement, Gillette ne devrait pas s'occuper de la distribution des produits en France et Wilkinson devrait renoncer à la commercialisation directe de ces produits et devrait les confier à un ou plusieurs distributeurs indépendants de Gillette et de Eemland.

-- Les autres avis du Conseil

En application de l'article 5 de l'Ordonnance, prévoyant la consultation du Conseil sur toute question concernant la concurrence, cinq avis ont été rendus en 1991 à la demande de quatre organisations professionnelles et d'une collectivité territoriale.

En outre, le Conseil peut également, en application de l'article 26 de l'Ordonnance, être saisi pour avis par les juridictions sur les pratiques anticoncurrentielles des articles 7 et 8 et qui sont relevées à l'occasion de procédures juridictionnelles. Il n'a pas été fait usage qu'une seule fois de cette faculté en 1991, l'avis ne pouvant être publié qu'après clôture de la procédure.

Enfin le Conseil a été saisi de questions concernant l'application ou les effets de textes législatifs ou réglementaires existants. Tel était par exemple le cas de la demande d'une fédération professionnelle de la distribution (Fedimas) concernant la conformité au droit national et au droit communautaire de la définition des produits entrant dans le domaine du monopole pharmaceutique. Dans son avis, le Conseil a rappelé qu'il ne lui appartenait pas d'interpréter les textes à la place des juridictions ni d'apprécier leur légalité. Tout au plus s'est-il borné à constater que sont inclus dans le monopole pharmaceutique français divers "produits frontières" dont la vente est en revanche libre dans les autres pays européens. Néanmoins, le Conseil s'est livré à une analyse de la nécessité des limitations au principe de la libre concurrence vis-à-vis du souci de protection de la santé publique. Dans cette optique, le Conseil a constaté que le diversification de la distribution de ces produits contribuerait à rendre le marché plus concurrentiel, d'autant plus qu'il ne saurait exister de différence fondamentale entre la distribution en officine et la distribution en grandes surfaces, les fabricants étant de toute façon tenus de respecter les règles édictées pour la protection des consommateurs. En conclusion, le Conseil a remarqué que le danger de surconsommation pourrait être évité, sans soustraire le marché de ces produits au jeu de la concurrence, par l'édiction d'une réglementation spécifique en matière de dosage, de conditionnement et de précautions d'emploi (avis No. 91-1-02).

Activité de la Cour d'appel de Paris

i)   Les décisions de la Cour d'appel

La Cour d'appel de Paris est l'instance juridictionnelle compétente pour connaître des recours contre les décisions du Conseil de la concurrence en matière d'ententes, d'abus de position dominante et d'état de dépendance économique, tant sur la forme (procédure) que sur le fond. Le Ministre de l'économie et finances, représenté par le Directeur général de la concurrence, de la consommation et de la répression des fraudes a compétence pour saisir la Cour d'appel de Paris en recours des décisions du Conseil, concurremment avec les entreprises parties à l'instance devant le Conseil.

En 1991, la Cour d'appel de Paris a rendu 34 arrêts concernant des jugements au fond ou des demandes de mesures conservatoires au titre de la compétence qui lui a été attribuée par la loi du 6 juillet 1987 (recours contre les décision du Conseil de la concurrence). Une importante proportion des décisions du Conseil de la concurrence (environ 4/5) prononcées en 1991 ont fait l'objet de recours devant la Cour d'appel de Paris.

ii) L'apport jurisprudentiel

Parmi les décisions prises par la Cour, quatre arrêts doivent être soulignés concernant les droits de la défense et la notion de continuité de l'entreprise en droit de la concurrence.

Deux concernent la protection des droits de la défense. Il s'agit des arrêts "Ecole de ski" du 26 septembre 1991 et "Champetier" du 15 mai 1991 qui consacrent l'application en droit français de la concurrence du principe, dégagé par le droit communautaire, du caractère confidentiel des correspondances entre une entreprise et son Conseil (Cour de justice des Communautés 18 mai 1982 : Affaire AM & S).

Deux concernent le problème de la continuité de l'entreprise en droit de la concurrence. Il s'agit des arrêts "Ambulanciers Associés" du 27 février 1991 et "Auto-Ecoles des Hauts-de-Seine" du 14 mars 1991, par lesquels la Cour définit les conditions dans lesquelles une entreprise ayant participé à une entente illicite peut être sanctionnée même si des modifications sont intervenues, depuis la date des faits, dans sa personnalité juridique.

Les pourvois en cassation

Comme en 1990, l'activité de la Cour de cassation (Chambre commerciale) en matière de droit de la concurrence a été marquée par de nombreuses décisions concernant des recours formés contre les ordonnances du juge autorisant les agents de la DGCCRF à utiliser les pouvoirs d'enquêtes définis à l'article 48 de l'Ordonnance (droit de perquisition).

Dans deux décisions du 29 octobre 1991, la Cour de cassation a ainsi défini les entreprises qui ont intérêt à exercer un pourvoi en cassation contre les ordonnances prévues à l'article 48 précité. Ces entreprises sont celles présumées s'être livrées aux agissements retenus par le juge pour autoriser la recherche de la preuve. Elles peuvent être en plus grand nombre que celles qui sont visitées par les enquêteurs conformément à l'autorisation juridiciaire.

Mais aussi, en 1991, la Cour de cassation a statué pour la première au fond, sur des décisions du Conseil de la concurrence et ce, dans quatre affaires importantes. La Cour, tout en précisant le dispositif procédural, a pour l'essentiel confirmé l'analyse économique sous-jacente aux décisions du Conseil ainsi que les qualifications retenues.

Ainsi, dans une des premières décisions de cette instance suprême française en matière de concurrence, la Cour a rejeté les pourvois formés par trois compagnies pétrolières (B.P. France, Shell Française, Esso -- Chambre Commerciale Cour de Cassation 8 octobre 1991).

Cet arrêt, par la notion de concertation qu'il retient, revêt une importance particulière : il adopte l'analyse du Conseil de la concurrence (décision du 25 avril 1989 confirmée en appel le 9 novembre 1989).

En l'espèce, quand bien même les compagnies pétrolières n'ont pas participé à la concertation mise en oeuvre par les syndicats de distributeurs indépendants, elles ont néanmoins adhéré, par leur comportement, à l'entente : compte tenu des éléments d'information auxquels elles avaient accès en tant que grands opérateurs du secteur, leur comportement d'alignement traduisait, dit la Cour "leur renoncement à suivre une politique commerciale autonome et s'expliquait par le choix délibéré de coopérer, en fait, aux ententes formées par les autres distributeurs auxquelles elles ont tacitement mais volontairement adhéré".

Politique de concurrence mise en oeuvre par la Direction générale de la concurrence, de la consommation et de la répression des fraudes (DGCCRF)

La politique de la concurrence mise en oeuvre par la DGCCRF en 1991 s'ordonne autour de trois axes :

-- une politique de contrôle actif des concentrations ;

-- la promotion d'une politique d'équilibre entre producteurs et distributeurs dans le débat concurrentiel ;

-- une politique d'enquêtes et de sasines du Conseil de la concurrence reflétant la préoccupation d'ouverture et de fluidité des marché.

a) Une active politique de contrôle des concentration

i) Fusions et concentrations -- Statistiques

L'année 1991 a été caractérisée par une nette décroissance du nombre d'opérations de concentration en France, comme dans les autres pays Membres de l'OCDE, confirmant ainsi la tendance déjà dégagée en 1990. La DGCCRF a recensé 605 opérations au lieu de 639 en 1990. Le recul est encore plus net comparé à l'année 1989 où 801 opérations avaient été notées.

La baisse affecte exclusivement les opérations nationales (350 au lieu de 422 en 1990) alors que les opérations étrangères croissent (225 au lieu de 217) ; ceci reflète tant l'effort particulier des grands groupes français pour investir à l'étranger que l'attraction qu'exerce le marché français pour les investisseurs étrangers.

Il faut noter qu'au cours du dernier trimestre 1991, une accélération du processus de concentration contraste avec l'atonie du marché et de la conjoncture des trois premiers trimestres ; en effet, 192 opérations ont été réalisées durant le dernier trimestre, soit près de 32 pour cent du total de l'année.

Par type d'opérations, les prises de contrôles (77 pour cent) restent dominantes par rapport aux prises de participations (14 pour cent) conférant une capacité d'exercer une influence déterminante et aux entreprises communes (9 pour cent).

Tableau 2. Répartition par grand secteur

	Nombre d'opérations	Part dans le total des opérations recensées (en %)
Produits de l'agriculture	14	2.30
Production et distribution d'énergie	6	1.00
Biens intermédiaires	96	15.87
Biens d'équipement	130	21.49
Biens de consommation	103	17.02
Industries agricoles et alimentaires	70	11.58
Industries de mise en oeuvre du bâtiment, du génie civil et agricole	13	2.15
Commerce	75	12.39
Services	98	16.19
TOTAL	605	100.00

Par secteur d'activité, on constate que le plus grand nombre concerne les biens d'équipement et les secteurs des biens de consommation courante, des services et des biens intermédiaires.

Par rapport à 1990, on constate une nette régression des secteurs des biens intermédiaires (-21 pour cent), du bâtiment et des travaux publics (-13 pour cent) et des services (-13 pour cent). Par contre, dans le commerce (+27 pour cent) et d'agro-alimentaire (+13 pour cent), un fort accroissement du nombre d'opérations est intervenu.

En termes de montant des transactions, les opérations les plus importantes ont été les suivantes:

-- secteur du ciment : OPE de Paribas sur Ciments Français (10.8 milliards), Poliet (3.9 milliards) et Lambert Frères (0.20 milliards).

-- secteur du commerce : OPA sur les Nouvelles Galeries (5.03 milliards) par les Galeries Lafayette, prise de contrôle de Conforama (4.5 milliards) et du Printemps (3.25 milliards) par le groupe Pinault ; rachat d'Euromarché (5.2 milliards) et de Montlaur (1.05 milliard) par Carrefour.

-- divers secteurs : le rachat Delmas Vieljeux par Bollore-Scac et ceux de Delagrange (2.4 milliards) et Delalande (1.8 milliard) par Synthelabo, filiale de L'Oréal.

ii) Fusions et concentrations -- Exercice du contrôle

Au cours de l'année 1991, le nombre de notifications a progressé par rapport à 1990, passant de 20 à 25. Ce phénomène mérite d'autant plus d'être souligné que 1991 est la première année où l'entrée en vigueur du règlement communautaire sur le contrôle des concentrations a pleinement fait sentir ses effets sur le nombre d'opérations susceptibles d'être contrôlées en raison de la compétence exclusive attribuée à la Commission pour ces opérations. Il était donc prévisible que le nombre de notifications en France décroisse et ce, d'autant plus que globalement le nombre de fusions en France diminuait également.

La progression enregistrée est donc l'illustration d'une évolution de l'attitude des chefs d'entreprises qui, plus que par le passé, estiment nécessaire et utile de se rapprocher des pouvoirs publics afin d'évaluer les conséquences en termes de concurrence de leurs opérations de croissance externe. Cette prise de conscience de l'intérêt d'intégrer le raisonnement "concurrence" dans l'élaboration du processus de fusion indique l'acceptation de la réglementation française fondée sur la notification facultative.

Au total, une quarantaine d'opérations ont fait l'objet d'une étude approfondie de la part des services de la DGCCRF. Dans la très grande majorité des cas, ces concentrations ne posaient pas de problèmes sérieux de concurrence.

Trois opérations méritent toutefois quelques commentaires :

Le rachat de Merlin par le groupe Lyonnaise-Dumez. Cette opération qui concernait le secteur de la distribution de l'eau a justifié la saisine pour avis du Conseil de la concurrence par le Ministre chargé de l'économie. La question centrale dans cette affaire concernait la définition du marché pertinent et plus particulièrement le point de savoir s'il convenait de segmenter ce marché entre celui des régies et celui de la gestion déléguée. Le Conseil de la concurrence a confirmé en l'espèce sa jurisprudence traditionnelle concernant les concessions de service public et a considéré que la gestion déléguée constituait un marché en soi. Sur ce marché, il a constaté que la concurrence ne pouvait jouer qu'à des intervalles éloignés dans le temps à l'occasion du renouvellement des contrats de concession.

A la lumière de cet avis, le ministre chargé de l'Economie et le ministre de l'Intérieur ont enjoint par arrêté du 20 juillet 1991 des rétrocessions dans les zones géographiques où le nouvel ensemble détenait des parts de marchés supérieures à 50 pour cent.

Le rachat d'Euromarché par Carrefour a fait l'objet d'une analyse de ses conséquences sur les deux marchés concernés.

Dans un premier temps, la fusion modifiait la répartition entre des différentes enseignes entre les centrales d'achats existantes ; les établissements d'Euromarché rejoignant la centrale d'achat à laquelle était rattaché le groupe Carrefour. Il fallait donc examiner si cette modification était susceptible de porter atteinte sensiblement à l'équilibre prévalant avant l'opération entre centrales et de conférer au groupe une puissance sur ce marché. Il a été constaté que tel n'était pas le cas.

Le second marché affecté est celui de l'offre de biens de consommation courante au consommateur. Si au plan national, la position du nouveau groupe ne lui donnait pas une position dominante, il a été par contre constaté que dans certains marchés locaux, il pouvait acquérir une position dominante qui n'était pas susceptible d'être facilement contestée compte tenu des barrières à l'entrée sur le marché, la création ou l'extension de grandes surfaces étant soumises à une procédure d'autorisation préalable. Il a donc été estimé que dans les zones de chalandise où le nouveau groupe détenait une position dominante, il convenait de procéder à des rétrocessions de certaines grandes surfaces afin de rétablir une concurrence effective. La société Carrefour a accepté cette analyse et a pris des engagements de cession d'actifs dans les zones litigieuses. Ces engagements ont permis au ministre chargé de l'Economie d'autoriser l'opération sans qu'il soit nécessaire de saisir pour avis le Conseil de la concurrence.

Le rachat de Chabas par Total présentait de nombreuses similitudes avec une affaire Elf-Bianco sur laquelle le Conseil de la concurrence a rendu un avis le 19 mars 1991. Dans les deux cas, il s'agissait de l'absorption par une compagnie pétrolière d'opérateurs indépendants ; ces acquisitions pouvaient avoir pour conséquence d'interdire l'accès à ces capacités de stockage pour les distributeurs de produits pétroliers indépendants. Si tel avait été le cas dans l'opération réalisée par Elf, il n'est pas apparu dans l'affaire présente que le jeu de la concurrence serait affecté sur les marchés du négoce et de la distribution au détail des produits pétroliers. En conséquence, l'opération a pu être autorisée.

Il faut noter également qu'au cours de l'année 1991, le Conseil de la concurrence a rendu trois avis sur des opérations dont il avait été saisi en 1990. Le ministre chargé de l'Economie a suivi les recommandations contenues dans ces avis ; il a donc décidé de ne pas s'opposer au rachat de la société Teri par le groupe Wavin.

Dans l'affaire Elf, la société Les fils de Jules Bianco, déjà évoquée, le ministre chargé de l'Economie et le ministre chargé de l'Industrie ont enjoint par arrêté du 10 mai 1991 à la société Elf de procéder à des rétrocessions dans les zones géographiques où le rétablissement d'une concurrence suffisante s'avérait nécessaire.

Enfin, dans la cession à la Compagnie Générale des Eaux des titres de Blanzy Ouest détenus par Elf concernant les installations collectives de chauffage, les ministres chargés de l'Economie et de l'Industrie ont enjoint par arrêté du 26 juin 1991 de procéder à certaines cessions d'actifs dans les régions où le nouvel ensemble aurait détenu une position ne permettant pas le maintien d'une concurrence suffisante.

La procédure n'étant pas achevée en 1991 dans l'affaire Gillette-Eemland, l'avis formulé n'a pas été rendu public.

L'année 1991 a été marquée, en termes de jurisprudence, par la priorité donnée à l'analyse en termes de contestabilité des marchés. Ceci se vérifie pour toutes les opérations qui ont fait l'objet d'une intervention des pouvoirs publics ayant conduit à des aménagements du projet initial principalement sous forme de cessions d'actifs. Les barrières à l'entrée ont été chaque fois considérées trop élevées pour garantir le maintien ou le rétablissement d'une concurrence suffisante dans un avenir prévisible. La nature de ces barrières tenait soit à l'existence de réglementations spécifiques à l'activité concernée de nature à rendre plus difficile l'accès au marché (opération Carrefour-Euromarché), soit aux modalités particulières d'exercice de l'activité (affaire Lyonnaise Dumez-Merlin, Générale des Eaux Esys), soit, enfin, à des contraintes physiques liées à l'absence d'espace disponible et aux questions d'environnement (affaire Elf-Bianco).

Cette même année, enfin, la DGCCRF s'est engagée dans un travail visant à assurer une plus grande transparence de son approche en matière de contrôle des concentrations. A cette fin, la direction a élaboré un document reprenant l'expérience acquise depuis 1977 dans ce domaine. Ce texte dégage la méthode d'analyse des opérations de concentration et les principes qui la guident. Il fera l'objet d'une publication durant l'année 1991 après consultation des milieux intéressés.

b) La promotion d'un état d'équilibre entre producteurs et distributeurs

Les relations entre les mondes de l'industrie et du commerce sont actuellement très conflictuelles ; le débat concerne les délais de paiement et les relations tarifaires.

La grande distribution est devenue un partenaire obligatoire qui représente près de 85 pour cent de la distribution agro-alimentaire et près de 55 pour cent du non-alimentaire. Elle est relativement concentrée : trois groupes pèsent près de 300 milliards de francs (Carrefour, Leclerc, ITM). Et cette situation conduit les producteurs à considérer que, globalement, l'ensemble de la production est en quasi état de dépendance économique avec pour conséquence des discriminations de grande ampleur, l'absence totale de marge de manoeuvre, une participation importante aux besoins de financement du commerce, l'allongement des délais de paiement, un risque d'atteinte aux marques lié aux comportements de revente à perte et un "laminage" des marches susceptibles de mettre en péril le tissu industriel.

Mais la grande distribution a elle aussi ses propres contraintes : elle est confrontée au développement en France des chaînes de distribution étrangères, particulièrement performante, puissantes et dynamique (exemple de Métro, société allemande, ou de Migros, société suisse). Ses besoins de financement se justifient par la nécessité de croissance externe pour s'implanter en Europe. Ses conflits avec la production se focalisent autour du problème de la conquête de nouveaux marchés et un exemple significatif est celui de sa pénétration dans le secteur des produits cosmétiques et d'hygiène, secteur caractérisé par une très forte progression de la demande et où elle se heurte à des refus de vente. Ces conflits sont aussi liés à la difficulté de redéfinir la fonction commerciale : le grand commerce veut intégrer davantage de services mais entend être rémunéré et cette redéfinition de la relation tarifaire est difficile dans un contexte d'opacité de la relation commerciale. Enfin, dernier point de conflit : même dans les secteurs où la grande distribution est prédominante, elle se heurte à des industries puissantes capables parfois d'imposer le niveau de prix de revente et d'instituer des polices de réseaux. Or la caractéristique essentielle de la grande distributio est de proposer des prix avantageux au consommateur.

La mise en oeuvre d'une politique de concurrence équilibrée, propice au développement industriel et à une distribution efficace constitue donc une préoccupation majeure des autorités française.

Une action a donc été menée sur plusieurs plans en 1991 :

i)   Les saisines du Conseil de la concurrence

Le ministre de l'Économie et des Finances a saisi le Conseil de la concurrence de deux affaires dans lesquelles des chaînes de distribution ont financé dans une large mesure le rachat d'autres chaînes en imposant à tous leurs fournisseurs des contributions financières sous la menace de rompre leurs relations commerciales.

L'objectif est ainsi de lutter contre les pratiques de "primes de référencement".

ii)   L'action pour une réduction coordonnée et concertée des délais de paiement

Les délais de paiement sont particulièrement longs en France par comparaison avec ceux d'autres pays d'Europe du Nord. En 1989 les délais de paiement aux fournisseurs étaient en moyenne de 75 jours en France, contre 50 jours en R.F.A. et aux Pays-Bas et 63 jours en Grande-Bretagne.

La question préoccupe le Gouvernement : en effet, la longueur des délais rend confuse la négociation commerciale, favorise une croissance par endettement au détriment des fonds propres, amplifie et opacifie les risques de crédit. Les discriminations altèrent le jeu normal de la concurrence et nuisent à son efficacité au service de la croissance.

Afin de favoriser une réduction des délais de paiement, une double réflexion s'est engagée, l'une sous l'égide du Conseil national du patronat français dans le but de déterminer les modalités d'une telle réduction et l'autre dans le cadre d'un groupe interministériel, coprésidé par le Directeur général de la DGCCRF et le Directeur général des stratégies industrielles au Ministère de l'industrie, pour examiner les actions d'accompagnement à engager par les pouvoirs publics.

Pour accompagner ces réflexions, la DGCCRF a mis en oeuvre plusieurs enquêtes :

--   une enquête d'information visant à renseigner le groupe interministériel sur les délais effectivement pratiqués dans divers secteurs d'activités ;

--   des contrôles systématiques afin de vérifier le respect des délais de paiement réglementés dans les secteurs des produits alimentaires périssables et des boissons alcooliques : 2 859 contrôles qui ont donné lieu à 242 procès-verbaux, soit un taux d'infraction en définitive peu élevé.

iii) L'action pour la transparence dans les relations tarifaires entre entreprises

Le nombre d'interventions de l'administration (21 365 contrôles en 1991 contre 13 400 en 1990) s'est très sensiblement accru. Une exception à cette règle : les contrôles des reventes à perte sur lesquels l'accent n'a pas été spécialement mis en 1991 ont fait l'objet de 4 370 contrôles en 1991 contre 4 556 en 1990.

En effet, d'une part, les enquêtes ont été mieux ciblées et donc plus efficaces : en témoigne, pour la revente à perte, la stabilité du nombre de procès-verbaux malgré la diminution des contrôles.

D'autre part, les contrôles effectués ont montré la persistance de l'opacité tarifaire et, en conséquence, l'accent a été mis, en 1991, de façon prioritaire sur le contrôle de la réglementation relative à la facturation et à la transparence tarifaire.

Plusieurs dispositions de l'ordonnance de 1986 permettent d'assurer la transparence des relations tarifaires entre producteurs et distributeurs : les règles relatives à la facturation et celles rendant obligatoires l'établissement et la communication des conditions générales de vente.

La Direction générale applique pleinement ces dispositions : ainsi, les infractions aux règles de la facturation sont relevées à la fois à l'encontre du fournisseur (qui a établi une facture irrégulière) et du distributeur (qui a accepté cette facture).

Néanmoins, le souci d'équilibre la conduit à tenir compte des rapports de force dans son action : elle s'abstient par exemple de faire sanctionner un agent économique lorsque son comportement a été manifestement dicté par l'impossibilité dans laquelle il se trouvait de repousser les demandes formulées par un partenaire plus puissant.

L'action menée par l'administration en faveur de la transparence se justifie d'autant plus que l'opacité favorise les discriminations, les reventes à perte et l'allongement des délais de paiement.

Cette action d'ensemble peut être appréciée à partir du tableau 3.

Tableau 3. Action par la DGCCRF

Actions	Interventions		Procès-verbaux	
	1991	1990	1991	1990
Facturation	5 410	8 677	119	316
Délais de paiement	465	2 859	5	242
Revente à perte	4 556	4 370	372	366
Prix imposés	962	1 744	6	11
Règles/barèmes et CGV	305	757	11	21
Total	11 698	18 407	513	956

Depuis l'entrée en vigueur de l'Ordonnance de 1986, certaines pratiques restrictives (refus de vente, discriminations et ventes liées dans les relations entre professionnels) ne relèvent plus du juge pénal mais du juge civil.

La DGCCRF au nom du ministre d'Etat, ministre de l'Economie, des Finances et du Budget joue un rôle important dans la procédure civile.

Elle a ainsi, en 1991, assigné des entreprises ou déposé des conclusions dans 41 affaires afin de faire connaître son point de vue au juge saisi et d'obtenir de lui des mesures utiles au rétablissement de l'ordre public et économique.

La réglementation lui permet également de saisir le juge à titre principal même si la victime n'en prend pas l'initiative, par exemple parce qu'elle redoute des mesures de rétorsion de la part de son partenaire commercial. La Direction générale a, dans le passé, utilisé cette faculté en matière de refus de vente.

c) Une politique d'enquêtes et de saisines visant la fluidité des marchés

i)   La politique d'enquêtes et de saisines

Les investigations conduites par les directions départementales, pour recueillir des informations sur des pratiques anticoncurrentielles dans les divers secteurs de l'activité économique, se sont accrues.

Ces analyses préalables conditionnent la programmation des enquêtes de concurrence : en 1991, 309 ont ainsi été transmises à l'administration centrale (282 en 1990) et, corrélativement le nombre des demandes d'enquêtes au cours de la même année a lui-même progressé dans des proportions significatives (269 contre 215 en 1990). Ce bilan témoigne ainsi de l'efficacité et de la petinence du maillage concurrence : réseau spécialisé qui relie les directions départementales, les brigades interrégionales d'enquêtes de la concurrence et l'administration centrale.

Sur les 309 rapports d'enquêtes réalisés il y a lieu de distinguer les 42 affaires qui ont donné lieu à une traitement négocié ou d'avertissements aux entreprises.

Le niveau d'activité élevé en matière d'enquêtes à des effets sur le nombre des saisines du Conseil de la concurrence faites par le ministre : leur nombre est passé de 43 en 1990 à 49 en 1991 : les saisines ministérielles représentent ainsi 50 pour cent de l'activité contentieuse du Conseil de la concurrence. Mais, il faut ajouter que lorsque le Conseil est saisi par d'autres que le ministre (entreprises, organisations professionnelles), le Conseil adresse le plus souvent à la DGCCRF une demande d'enquête. En 1991, 21 rapports d'enquêtes ont été transmis au Conseil de la concurrence, en exécution des demandes qu'il avait faites.

La politique de saisine ministérielle s'inscrit, comme dans le passé, dans la poursuite d'un objectif de fonctionnement efficace des mécanismes de marché. Mais l'accent a également été mis en 1991 sur des objectifs et des secteurs nouveaux avec un double souci :

-- accoutumer les entreprises à l'idée que la concurrence défend leurs propres intérêts parce qu'elle est la seule arme possible pour affronter le marché européen et qu'elle est source d'efficacité ;

-- être vigilant au bon fonctionnement de l'économie parce qu'un marché bien régulé favorise un équilibre entre les différents partenaires économiques et que la richesse et la solidité d'une économie supposent cet équilibre entre acteurs économiques multiples, de tailles diverses et développant des stratégies variées.

La politique de saisine est le reflet de ces préoccupations :

-- ne pas admettre l'existence de secteurs abrités de la concurrence à diversifier les secteurs concernés et de nombreux dossiers soumis à l'examen du Conseil concernent, notamment, le secteur des services. Cette même préoccupation a justifié la recherche du décloisonnement des réseaux de distribution, qu'il s'agisse de produits destinés aux consommateurs (carburant sans plomb ...) ou de produits pour les professionnels (produits pour arts graphiques, produits pour les prothésistes dentaires, produits pour les piscines ...).

-- voir disparaître les comportements ouvertement anticoncurrentiels qui sont des facteurs de rigidité de l'économie et d'accroissement des coûts a justifié une vigilance particulière dans le secteur des marchés publics avec une dizaine de saisines dont certaines particulièrement importantes (marchés du TGV) et d'autres diversifiées hors des secteurs traditionnels du BTP (pain pour les hôpitaux ...).

-- veiller à l'efficacité réelle des dispositions de l'ordonnance a conduit à une vigilance particulière dans le suivi des injonctions prononcées par le Conseil de la concurrence et la Cour d'appel de Paris. En effet, la volonté de voir les décisions du Conseil suivies d'effet a conduit le ministre à le ressaisir cinq fois contre des entreprises ou organismes qui n'avaient pas respecté ses premières décisions. Ces saisines concernent le secteur de la distribution de produits de dermocosmétique (décision du 9 juin 1987), les pratiques du Syndicat des films publicitaires (décision du 9 juin 1990), celles mises en oeuvre par l'Office d'annonces (décision du 5 mars 1991), le suivi des injonctions prononcées par la Cour d'appel de Paris concernant la fixation du taux de la redevance phonographique par SDRM (arrêt du 7 janvier 1990) et, enfin, le suivi de la décision relative aux pratiques relevées sur le marché des tuiles et briques d'Alsace (décision du 11 septembre 1990).

-- enfin, l'accent a été mis en 1991 sur les problèmes liés à l'accès des opérateurs économiques au marché. L'existence de barrières peut être un facteur de sclérose des structures économiques et ceci justifie qu'une attention particulière soit apportée aux situations de cloisonnement injustifié dans la commercialisation des produits (secteur des arts graphiques et des produits prothétiques), aux tentatives d'éviction d'opérateurs économiques (commercialisation du carburant sans plomb) ou à l'institution de barrières artificielles ou l'accès au marché (exigence de remises injustifiées par la grande distribution lors d'opérations de concentration cf. ci-dessus).

Ces préoccupations ont également été présentées dans la position du commissaire du gouvernement dans les procédures devant le Conseil de la concurrence et dans les conclusions développées dans les procédures de recours devant la Cour d'appel de Paris.

Statistiques des saisines du Conseil de la concurrence

Saisines ministérielles contentieuses
du Conseil de la concurrence
(sur la base des rapports d'enquête de la DGCCRF)

1981	9
1982	13
1983	2
1984	11
1985	12
1986	17
1987	17
1988	30
1989	34
1990	43
1991	49

Origine des saisines en 1991 du Conseil de la concurrence

Saisines contentieuses (art. 7 et 8)

Ministre	49
Saisine d'office	2
Entreprises	48
Associations consommateurs	1
Collectivité territoriale	1

ii) Le souci de la fluidité des marchés

-- Les actions menées concernant les marchés publics

La DGCCRF contribue, par une mission permanente de formation, d'information et de conseil aux collectivités publiques, à améliorer la transparence et la concurrence dans les marchés publics : participation aux commissions d'appels d'offres et aux jurys de concours, assistance aux préfets pour la mise en oeuvre du contrôle de légalité des marchés publics, éditions de brochures d'information, séminaires et stages.

Les réflexions engagées, pour améliorer les procédures de dévolution des marchés de travaux publics, simplifier les règles et responsabiliser les acheteurs sont entrées dans une phase concrète.

Le Comité de suivi, co-présidé par le Directeur général de la DGCCRF et le directeur des Affaires économiques et internationales du ministère de l'Equipement, et qui associe professionnels et administrations a coordonné tout au long de l'année 1991 les travaux nécessaires pour la mise en oeuvre des recommandations préconisées par le rapport approuvé par les ministres en novembre 1990.

Dans le cadre de la mission permanente de suivi, près de 23 000 marchés ont été examinés en 1991. Les irrégularités les plus flagrantes relevées (notamment fractionnement abusif des opérations, passation d'avenants bouleversant l'économie du marché, recours injustifié à la passation d'avenants de marchés négociés, non-respect des règles de publicité) ont donné lieu à près de 1 380 observations écrites (contre 1 120 en 1990) et ont conduit à 135 déférés préfectoraux devant le juge administratif.

Enfin le ministre de l'Economie et des Finances a saisi 11 fois le Conseil de la concurrence en 1991 d'affaires de marchés publics.

-- Le problème des professions réglementées et le cas des géomètres-experts

Dans le cadre national, la DGCCRF agit également pour favoriser l'ouverture à la concurrence de certaines activités réglementées par la voie contentieuse ou par la voie législative ou réglementaire.

Ainsi, pour faire suite aux réformes législatives de 1985 et 1987, le ministre de l'Economie et des finances avait, après enquête de la DGCCRF, saisi fin 1989 le Conseil de la concurrence de pratiques anticoncurrentielles dans le secteur des géomètres-experts.

L'enquête de la DGCCRF avait révélé notamment l'existence d'un tarif national des prestations élaboré et diffusé par l'ordre des géomètres-experts. Celui-ci arguait de l'inapplicabilité des dispositions de l'ordonnance au motif que les dispositions tarifaires contenues dans le code des devoirs professionnels ont un caractère réglementaire. Le ministre a d'abord saisi le Conseil d'Etat pour faire constater que l'ordre n'ayant plus compétence depuis 1985 pour réglementer les tarifs, les dispositions en cause ne pouvaient avoir le caractère d'acte administratif. Après l'avis du Conseil d'Etat, le Conseil de la concurrence s'est reconnu compétent pour apprécier la régularité des pratiques de l'ordre au regard du droit de la concurrence, a invalidé les dispositions en cause et prononcé une sanction de 5 millions de francs.

Par ailleurs, la DGCCRF a obtenu, en accord avec les nouveaux responsables de l'Ordre des géomètres-experts, que les textes déontologiques de la profession qui étaient jusqu'à présent adoptés par la profession elle-même, le soient désormais par décret en Conseil d'Etat. Cette mesure permettra de mettre tous les textes déontologiques en conformité avec l'Ordonnance de 1986.

Dans le secteur des pompes funèbres, un groupe de travail du Conseil national de la consommation a été constitué pour examiner les réformes envisageables. Cette instance a permis aux professionnels et aux consommateurs de confronter leurs points de vue. Parallèlement, le ministère de l'Intérieur prépare un projet de réforme du secteur. La DGCCRF y contribue en tentant d'ouvrir cette activité à la concurrence et de faire que le consommateur soit mieux informé sur le contenu des prestations, leurs prix et la possibilité de faire jouer la concurrence.

-- Les actions concernant la distribution de carburant sans plomb

Au mois d'avril 1991, le ministre de l'Economie et des Finances, sur proposition de la DGCCRF, a saisi le Conseil de la concurrence des conditions de distribution du carburant sans plomb.

En effet, alors que le carburant sans plomb est distribué dans la plupart des pays européens sans restriction, le marché français présente la double caractéristique, d'une part, de consommer principalement du "SP 98" et non pas de l'Euro super 95 et, d'autre part, de faire l'objet par les compagnies pétrolières, sur ce carburant "SP 98", d'une distribution sélective empêchant les grandes surfaces et les opérateurs indépendants de la distribuer sans contrainte.

iii) Le développement d'une action préventive du Conseil permet aussi dans certains cas d'obtenir le retour à des situations de marché normales, sans recourir à de lourdes procédures

Dans des cas fréquents, la méconnaissance par les agents économiques du droit de la concurrence les conduit à commettre involontairement des actes anticoncurrentiels.

La DGCCRF cherche donc à les aider lorsque leur bonne foi n'est pas en cause, que les pratiques ne présentent pas un caractère de gravité manifeste et que la jurisprudence est bien établie, par des contrôles préventifs ou des avertissements. Ainsi pour 42 rapports d'enquête, une suite contentieuse n'a pas été retenue au profit d'une procédure de mise en garde ou de négociation avec les entreprises concernant par exemple, l'organisation de salons d'exposition de matériel de chasse ; la production et la commercialisation d'oeufs frais, de concombres, de poulets, de confiseries, de vins ou les pratiques observées dans le secteur de la coiffure, de l'esthétique corporelle, du développement photographique, des prestations de services informatiques, des diététiciens, mais aussi la distribution des instruments de musique ou de l'appareillage utilisé dans les stations thermales.

Dans le cas particulier des réseaux de distribution organisés selon le principe de l'exclusivité ou de la sélectivité, la Direction générale agit ainsi souvent à titre préventif, soit à la demande de l'entreprise, soit spontanément, pour obtenir la modification des contrats de distribution et cahier des charges par la suppression des clauses non conformes au droit de la concurrence.

ALLEMAGNE
(1991)

I. Modifications du droit et de la politique de la concurrence adoptées ou envisagées

Au cours de la période examinée, la législation allemande sur la concurrence (c'est-à-dire la loi sur la lutte contre les restrictions à la concurrence et la loi dirigée contre la concurrence déloyale) est restée inchangée et aucun projet d'amendement de cette législation n'a été présenté.

II. Principes fondamentaux de la loi allemande en matière de concurrence

Au niveau national

Compte tenu des modifications structurelles profondes liées à l'évolution de Allemagne dans le sens de l'unité économique, la politique allemande de la concurrence reste confrontée à un vaste défi. Un redressement accéléré, reposant sur une large assise, dans les nouveaux Länder fédéraux (c'est-à-dire l'ex Allemande) ne peut être réalisé que par un processus dynamique de rattrapage permettant d'exploiter au maximum les potentialités de la concurrence et de l'initiative privée. Par conséquent, après le passage de l'ancienne République démocratique allemande à l'économie de marché, la politique de la concurrence doit poursuivre ses efforts visant à axer le régime économique et les structures du marché sur la concurrence et la propriété privée aussi rapidement que possible de manière à neutraliser rapidement les effets de l'économie dirigiste.

La politique allemande de la concurrence doit donc accorder un rang de priorité à l'accélération de la privatisation des entreprises d'Etat et des services publics. Treuhandanstalt, l'organisme gouvernemental chargé de la privatisation, a entre-temps vendu plus de 8 000 entreprises sur un total d'environ 11 700 entreprises, ce qui n'est pas une médiocre performance.

Treuhandanstalt prévoit la privatisation d'environ 85 pour cent de toutes les entreprises, soit près de 9 500 entreprises, pour la fin de 1992 et espère venir à bout pour l'essentiel de sa tâche de privatisation pour la fin de 1993, sauf en ce qui concerne l'immobilier, le logement et l'agriculture.

Par sa politique l'Allemagne s'efforcera de poursuivre sa pratique visant à favoriser la mise en place de structures d'entreprises concurrentielles, en empêchant la concentration de pouvoirs anticoncurrentiels et en améliorant les conditions de l'accès au marché par la suppression des obstacles réglementaires et autres à cet accès. La législation de la concurrence a également fait ses preuves dans les nouveaux Länder fédéraux, ce dont témoignent de nombreuses opérations de privatisation. En s'efforçant d'accélérer les investissements, il serait erroné de tolérer des restrictions à la concurrence, parce qu'elles ne feraient qu'entraver une évolution dynamique de modernisation et d'innovation et la création d'emplois sur le long terme dans les nouveaux Länder fédéraux.

Dans le contexte susvisé, les firmes étrangères jouent un rôle important sous l'angle de la concurrence en ouvrant de nouveaux marchés au niveau international et en renforçant la confiance internationale dans les avancées du redressement économique. Là encore, l'évolution est encourageante. Dès la fin de juin 1992, quelque 390 firmes avaient été vendues à des investisseurs étrangers, dont les investissements s'élevant à quelque 10 milliards de DM passent pour avoir sauvegardé plus de 100 000 emplois.

Aussi remarquable que soit cette évolution, il faudra encore beaucoup de temps, d'efforts et surtout de capitaux, avant d'atteindre l'objectif ultime - qui est l'égalisation des conditions de vie dans l'ensemble de l'Allemagne.

Au niveau international

Les progrès de l'intégration européenne dans le sens de la formation d'un marché unique et d'une union économique et monétaire ainsi que le passage à un régime d'économie de marché dans les anciens pays à commerce d'État et dans les pays du tiers monde ont eu pour conséquence que la politique allemande de la concurrence a pris de plus en plus une dimension internationale. L'Allemagne se félicite de ce que l'intégration des marchés à l'échelle européenne et à l'échelle mondiale aura pour effet d'ouvrir encore les marchés nationaux.

La mise en place d'un système communautaire de contrôle des concentrations soumet les fusions d'envergure européenne à un examen approfondi uniforme, fondé sur le critère de la position dominante sur le marché. L'Allemagne poursuivra inlassablement ses efforts afin de soustraire l'application de la législation communautaire en matière de concurrence à l'influence de considérations de politique industrielle.

Le régime européen de la concurrence nécessite une évolution méthodique. L'Allemagne préconise une surveillance effective de la concurrence et renforce les divers effets de déréglementation du programme du marché unique, qui contribuent à la levée des obstacles nationaux à la concurrence. Indépendamment de l'intensification généralisée de la concurrence liée à l'internationalisation accrue des mécanismes de la concurrence, les autorités compétentes en matière de concurrence ont toujours pour mission au niveau national et européen de faire obstacle à la formation d'ententes non autorisées, aux fusions anticoncurrentielles et à d'autres pratiques nuisibles à la concurrence. L'ouverture des marchés nationaux ne doit pas être mise en échec par des stratégies restrictives des firmes dont les activités s'exercent à l'échelle mondiale. Par conséquent, un resserrement de la coopération internationale entre les autorités compétentes en matière de concurrence tant dans le cadre de la CEE qu'à l'échelle mondiale est la condition préalable d'une action efficace. L'Allemagne se propose de contribuer de plus en plus à l'évolution en ce sens.

III. Application de la législation et des politiques de la concurrence

Action contre les pratiques anticoncurrentielles

Violation de l'interdiction des ententes

Aucune procédure importante concernant la violation de l'interdiction des ententes n'a été clôturée au cours de la période examinée, et, par conséquent, l'Office général des ententes n'a infligé aucune amende administrative importante.

Une procédure importante dirigée contre des grossistes allemands du secteur de la verrerie, au motif qu'ils avaient conclu des accords illégaux en matière de prix ne devrait être clôturée qu'à la fin de 1992 ou au printemps de 1993, parce que les lettres dans lesquelles l'Office fédéral des ententes a formulé ses objections n'ont été envoyées aux firmes en cause qu'au printemps de 1992.

Entre-temps, il a été statué définitivement, sauf pour une seule affaire, dans la procédure engagée contre des grossistes allemands de produits pharmaceutiques qui s'étaient entendus sur des réductions uniformes des remises et qui, de ce fait, avaient augmenté les prix de vente des fabricants aux pharmaciens (voir le rapport concernant l'année dernière). Un autre grossiste en produits pharmaceutiques ayant été ultérieurement appelé à la procédure, le montant total des amendes administratives infligées a augmenté en passant à plus de 40 millions de DM (soit 25 millions de US$).

Statistiques sur les différents types d'ententes légalisées

Le nombre et les types d'ententes légalisées par l'Office fédéral des ententes et par le ministère fédéral de l'économie sont indiqués dans le tableau 1.

Bien que le nombre d'ententes légalisées en exploitation ait baissé en passant de 227 en 1989 et en 1990 à 224 à l'expiration de 1991, il ne faut pas y voir une tendance spécifique. L'Office fédéral des ententes a eu et a toujours pour politique de limiter les dérogations à l'interdiction des ententes à des exceptions véritables et d'examiner dans chaque cas le point de savoir si les demandeurs répondaient aux conditions de dérogation prévues par la loi. Simultanément -- et il n'y a pas là de contradiction -- l'Office encourage la coopération entre petites et moyennes entreprises, afin de leur permettre de mieux concurrencer de grandes entreprises puissantes. A l'heure actuelle, 88 ententes de coopération font l'objet de dérogations, soit près de 40 pour cent de toutes les ententes légalisées.

Contrôle de positions dominantes sur le marché

Les raisons qui ont été données dans les précédents rapports pour justifier la diminution de l'importance attribuée au contrôle des exploitations abusives de positions dominantes sur le marché en Allemagne au cours de ces quelques dernières années -- à savoir l'internationalisation accrue de nombreux marchés, l'accès relativement facile au marché allemand pour de nombreux produits, ainsi que les règles rigoureuses en matière de preuves fixées par les juridictions allemandes, qui doivent être respectées pour faire la preuve d'une position dominante sur le marché et d'une exploitation abusive de cette position -- restent valables (voir par exemple le rapport relatif à l'année dernière). Les actions de l'Office dirigées contre l'exploitation abusive d'une position de force sur le marché se limitent donc aux domaines relativement peu nombreux dans lesquels des marchés nationaux ou régionaux subsistent et où l'existence d'une position de force sur le marché est manifeste. Le secteur de l'énergie reste à l'ordre du jour.

Après avoir été saisi de plaintes de consommateurs privés ainsi que d'utilisateurs industriels, l'Office fédéral des ententes a examiné au cours de la période considérée les pratiques d'établissement des prix, des fournisseurs régionaux et municipaux de gaz et d'électricité. L'exploitation abusive prétendue concernait soit le niveau des prix comme tel soit les différences de traitement de clients similaires effectivement injustifiées et contraires à l'équité, ce qui est illégal en droit allemand de la part des entreprises détenant une position de force sur le marché.

Compte tenu de la difficulté d'évaluer le caractère raisonnable des prix en fonction des coûts même dans le cas d'une firme produisant un seul article, l'Office s'est efforcé d'établir l'existence de l'exploitation abusive prétendue en fonction du prix demandé par des fournisseurs comparables ayant une clientèle comparable. En rabattant leurs prix ou en modifiant leur structure de prix au cours de la procédure, les fournisseurs en cause ont enlevé tout fondement à l'accusation de pratiques abusives en matière d'établissement des prix et l'Office n'a pas eu à statuer en bonne et due forme. Néanmoins, il s'ensuit que le pouvoir de poursuite de l'Office dans ce domaine n'a pas encore fait l'objet d'un contrôle juridictionnel.

Tableau 1. Ententes légalisées

Catégorie	1991		Total depuis 1958	Ententes encore en vigueur à fin décembre 1991
	Ententes nouvelles	Ententes supprimées		
Ententes sur les conditions générales	-	3	66	41
Ententes sur les remises -	-	-	33	5
Ententes sur les conditions générales et les remises	-	-	15	3
Ententes de crise - Article 4	-	-	2	-
Ententes de normalisation - Article 5 (1)	-	1	11	1
Ententes de rationalisation - Article 5 (2)	-	1	22	1
Ententes de rationalisation - Article 5 (2) et (3)	-	1	34	4
Ententes de spécialisation Article 5a (1) Première phrase	2	1	65	18
Ententes de spécialisation - Article 5a (1) Deuxième phrase	1	-	55	18
Accords de coopération - Article 5b	4	3	106	88
Ententes sur les exportations - Article 6 (1)	-	-	111	43
Ententes sur les exportations - Article 6 (2)	-	-	12	-
Ententes sur les importations - Article 7	-	-	2	-
Ententes autorisées à titre exceptionnel - Article 8	-	-	4	2
Total	7	10	538	224

Dans une autre affaire, après avoir été saisi de plaintes de certains importateurs de gaz, l'Office a examiné le point de savoir si les frais de transport à payer à l'exploitant d'un gazoduc pour le transport de gaz étaient raisonnables. Les importateurs faisaient valoir que le niveau des prix exigé pour le transport de gaz par cet exploitant était excessif. Là encore, l'Office n'a pas examiné les coûts mais a comparé les tarifs de transport imposés par l'exploitant du gazoduc au prix que ce dernier avait payé pour le transport de gaz qu'il avait lui-même acheté par d'autres gazoducs. Cette application des règles de concurrence n'a pas non plus fait l'objet jusqu'ici d'un contrôle juridictionnel.

Dans le contexte de la surveillance des abus dans le secteur énergétique, l'Office fédéral des ententes examine également le point de savoir si toutes réductions éventuelles des coûts sont répercutées dans une mesure suffisante sur la clientèle dans la mesure où ces réductions ne sont pas compensées par des hausses d'autres coûts. C'est ainsi que l'Office a informé les producteurs d'électricité participant à la construction d'une installation commune de retraitement de combustible nucléaire qu'ils maintenaient abusivement leurs prix existants pour l'électricité alors que les autorités avaient ordonné la cessation définitive des travaux de construction consacrés à l'installation plus qu'à moitié achevés.

Après l'abaissement par un des producteurs d'électricité participant à l'entreprise de ses prix de l'électricité à la suite de la réduction des coûts tenant à la cessation des travaux de construction et l'annonce par les deux autres producteurs de réductions de prix similaires, il était inutile de poursuivre l'action.

Dans une autre affaire, l'Office fédéral des ententes a rendu une décision d'interdiction en bonne et due forme. Verbundnetz GAS AG (VNG), qui est le seul fournisseur de gaz sur de longues distances exerçant ses activités dans les nouveaux Länder fédéraux et le seul exploitant de gazoducs, avait refusé de laisser un autre fournisseur et distributeur de gaz alimenter en gaz naturel à acheter à la Russie son propre réseau d'approvisionnement. L'Office fédéral a considéré ce refus de transport dans cette affaire comme une exploitation abusive d'une position dominante sur le marché.

Cette décision d'interdiction marque un tournant puisque l'Office fédéral des ententes a appliqué pour la première fois une disposition introduite par le quatrième amendement à la LRC, au titre duquel l'Office peut dans certains cas ordonner le transport d'électricité ou de gaz. Sa décision n'est pas encore devenue définitive.

Tableau 2. Fusions notifiées en application de l'article 23 de la LRC

Année	Nombre de fusions
1973	34
1974	294
1975	445
1976	453
1977	554
1978	558
1979	602
1980	635
1981	618
1982	603
1983	506
1984	575
1985	709
1986	802
1987	887
1988	1 159
1989	1 414
1990	1 548
1991	2 007
1 janvier - 30 juin 1992	696

Fusions et concentrations

Statistiques et récapitulatif des fusions tombant sous le coup des dispositions en matière de contrôle.

Le nombre total des fusions notifiées à l'OFE est passé de 1 548 en 1990 à 2 007 en 1991, soit une hausse de près de 30 pour cent par rapport à l'année précédente. Cette évolution, qui a surpris à l'origine même l'Office fédéral des ententes, tient dans une large mesure à la forte augmentation, en particulier au cours du deuxième semestre de 1991, du nombre d'acquisitions à notifier, ayant pour objet des firmes de l'ex-Allemane orientale RDA.

Tableau 3. Fusions notifiées de 1973 à 1991 conformément à l'article 23 de la LRC

Forme de la fusion		Type de fusion*	
Total	2 007	Total	2 007
Acquisition d'actifs	501	Horizontales	1 754
Acquisition d'actions	953	*dont :*	
Co-entreprises (y compris création de nouvelles entités)	506	a) sans extension de la production	1 511
		b) avec extension de la production	243
Liens contractuels	34		
Participation croisée aux conseils d'administration Article 23 (2) n° 4	-	Verticales	48
Liens divers	13	Conglomérats	205
Influence sensible sur le plan de la concurrence	-		

* *Fusion horizontale sans extension de la production* : l'entreprise absorbée opère sur les mêmes marchés que l'acquéreur (par exemple, une brasserie acquiert une autre brasserie).

Fusion horizontale extension de la production : l'entreprise absorbée et l'acquéreur exercent leurs activités sur des marchés voisins du même secteur économique (par exemple une brasserie acquiert une entreprise produisant des jus de fruits).

Fusion verticale : l'activité de l'entreprise absorbée correspond au stade de production située en amont ou en aval de l'activité de l'acquéreur (par exemple, une brasserie acquiert un grossiste en boissons).

Le nombre de fusions notifiées à la fin de juin 1992 ne permet pas encore de prévoir de manière sûre la tendance globale en 1992. Néanmoins, un fléchissement net ayant été constaté, par rapport à 1991, dans le nombre de projets de fusion notifiés au préalable à la fin de juin 1992, il est permis de supposer que le nombre de fusions réalisées notifiées en 1992, bien que se maintenant à un niveau élevé, sera probablement inférieur aux chiffres de 1991.

Une autre ventilation des fusions notifiées fait apparaître que la tendance des années précédentes s'est maintenue, c'est-à-dire que la part des grandes entreprises (dont le chiffre d'affaires dépasse deux milliards de DM) dans le nombre de fusions notifiées s'accroît régulièrement. Elle a atteint un niveau de près de 70 pour cent au cours de la période examinée.

La tendance des grandes entreprises à acquérir essentiellement des petites et moyennes entreprises (dont le chiffre d'affaires est inférieur à 50 millions de DM) s'est également maintenue, la part des acquisitions de grandes entreprises par d'autres grandes entreprises continuant également à baisser.

En 1991, sur les 2 007 fusions :

1 459 (1021 en 1990)	ont été notifiées, à titre obligatoire ou facultatif, avant la réalisation ;
351 (306 en 1990)	ont été notifiées après leur réalisation et jugées, à cette occasion, devoir faire l'objet d'un contrôle ;
197 (221 en 1990)	n'ont pas été soumises à un contrôle car leur chiffre d'affaires était en-deçà du seuil prévu à l'article 24 (8) de la LRC.

La principale augmentation du nombre de fusions par rapport à la période considérée précédent est constaté dans la catégorie des fusions notifiées et examinées de manière approfondie avant leur réalisation alors que le nombre de fusions ne devant pas faire l'objet d'un contrôle a encore diminué.

Depuis l'instauration en 1973 du contrôle des fusions jusqu'à la fin de 1991, le nombre total de fusions notifiées et réalisées s'est élevé à 14 403. (Voir tableau 4.)

Depuis l'instauration en 1973 du contrôle des fusions, l'OFE a officiellement prononcé 109 interdictions de fusions, dont 50 sont devenues depuis définitives, 21 décisions ont été annulées par les juridictions, 15 décisions d'interdiction ont été retirées ou ont fait l'objet d'un autre type de règlement par l'OFE. Dans six affaires, le Ministère fédéral de l'économie a accordé une autorisation totale ou partielle pour des fusions interdites par l'OFE, alors que, dans neuf affaires, les demandes d'autorisation ministérielle ont été rejetées. Les huit interdictions restantes ne sont pas encore devenues définitives.

A côté des fusions officiellement interdites, huit projets de fusion ont été abandonnés par les firmes au cours de la période considérée, à l'issue d'entretiens officieux avec l'OFE.

Tableau 4. Fusions notifiées de 1973 à 1991 conformément à l'article 23 de la LRC

Forme de la fusion		Type de fusion*	
Total	14 403	Total	14 403
Acquisition d'actifs	3 351	Horizontales	10 224
Acquisition d'actions	7 098	*dont :*	
Co-entreprises (y compris création de nouvelles entités)	3 515	a) sans extension de la production	7 842
		b) avec extension de la production	2 382
Liens contractuels	274		
Participation croisée aux conseils d'administration Article 23 (2) n° 4	12	Verticales	1 746
Liens divers	151	Conglomérats	2 433
Influence sensible sur le plan de la concurrence	2		

*   *Fusion horizontale sans extension de la production* : l'entreprise absorbée opère sur les mêmes marchés que l'acquéreur (par exemple, une brasserie acquiert une autre brasserie).

Fusion horizontale extension de la production : l'entreprise absorbée et l'acquéreur exercent leurs activités sur des marchés voisins du même secteur économique (par exemple une brasserie acquiert une entreprise produisant des jus de fruits).

Fusion verticale : l'activité de l'entreprise absorbée correspond au stade de production située en amont ou en aval de l'activité de l'acquéreur (par exemple, une brasserie acquiert un grossiste en boissons).

Dans trois autres affaires, les entreprises concernées ont abandonné leur projet de fusion notifié à l'OFE, lorsque celui-ci leur a fait part de son intention de prendre une mesure d'interdiction.

Afin d'éviter une décision d'interdiction, plusieurs firmes ont donné des assurances à l'OFE en dissipant ses inquiétudes en ce qui concerne la concurrence. En donnant ces assurances, les entreprises absorbantes et/ou absorbées sont convenues de restructurer la fusion en vendant une partie de leurs activités.

L'affaire suivante constitue un exemple de ce type de procédure : l'OFE n'a pas interdit le projet d'acquisition de Hoesch Ag, à Dortmund, by Fried. Krupp AG, à Essen, lorsque les deux entreprises lui ont donné l'assurance sous forme d'un contrat de droit public, que Krupp AG se dessaisirait pour la fin de 1993 de sa division de fabrication de ressorts à suspension (ressorts à compression hélicoïdaux, ressorts à lame et stabilisateurs pour l'industrie automobile). Selon les constatations de l'OFE, la fusion n'aurait pas pour résultat la création de positions dominantes sur le marché dans d'autres domaines. Certaines fusions du secteur de l'acier font toujours l'objet d'un examen approfondi par la Commission des Communautés européennes à Bruxelles.

Au cours de la période examinée, l'OFE a interdit trois fusions. Une des décisions d'interdiction n'est déjà plus susceptible d'appel (voir plus loin). Les trois fusions en cause sont les suivantes (dans l'ordre chronologique) :

L'OFE a interdit à Baywa AG, de Munich, d'absorber WLZ Raiffeisen AG, de Stuttgart.

Baywa et WLZ sont toutes deux de puissantes organisations de coopératives agricoles qui agissent en tant que grossistes pour les membres des associations régionales de coopératives et gèrent toutes leurs activités d'achats et de ventes. Leur champ d'activité concerne tous les échanges de produits agricoles et s'est étendu progressivement au cours de ces dernières années à d'autres domaines ainsi qu'au secteur du commerce de détail. Baywa, qui jusqu'ici avait exercé ses activités principalement en Bavière, a enregistré un chiffre d'affaires de 5.7 milliards DM en 1990, alors que WLZ exerce ses activités dans le Wurtemberg et a réalisé un chiffre d'affaires de 1.3 milliards de DM.

En premier lieu, Baywa et WLZ auraient renforcé leur position dominante actuelle sur le marché ou en auraient créé de nouvelles sur un grand nombre de marchés voisins, c'est-à-dire les marchés des engrais et des pesticides en gros et au détail dans le sud de l'Allemagne, ainsi que sur les marchés de cette partie de l'Allemagne pour la récolte et la distribution de céréales panifiables et d'orge de brasserie.

En deuxième lieu, les possibilités de concurrence de firmes qui sont dans une large mesure de taille moyenne et qui se livrent aux échanges des produits de l'agriculture se seraient encore réduites à la suite de la fusion.

En troisième et dernier lieu, le projet de fusion aurait accru durablement la dépendance des entreprises agricoles en qualité tant d'acheteurs que de vendeurs.

Les deux firmes en cause ont déposé auprès du ministère fédéral de l'économie une demande de dérogation, qui a cependant été rejetée au motif que le projet de fusion ne se justifiait ni par des avantages pour l'ensemble de l'économie ni par un intérêt général primordial.

Les firmes peuvent maintenant former devant les tribunaux un recours contre la décision d'interdiction prise par l'OFE.

L'OFE a interdit à Axel Springer Verlag AG, de Berlin et de Hambourg, d'acquérir une participation de 50 pour cent dans Stadt-Anzeiger Werbe und Verlagsgesellschaft mbH (Stadt-Anzeiger GmbH), dont le siège est à Leipzig.

Stadt-Anzeiger GmbH publie la feuille gratuite "Stadt-Anzeiger" dont 1.1 million d'exemplaires sont diffusés en Saxe et en Thuringe. Ce bulletin est un des périodiques gratuits les plus largement diffusés dans les nouveaux Länder fédéraux et il est le principal bulletin diffusé gratuitement à Leipzig et dans sa banlieue. Axel Springer Verlag, dont le chiffre d'affaires atteint 3.5 millions de DM, est le plus grand éditeur allemand de journaux. A Leipzig et dans sa banlieue, il distribue "Bild Leipzig" ainsi que "Leipziger Volkszeitung", le seul quotidien local, et la feuille gratuite "Leipziger Rundschau". Toutes ces feuilles sont publiées en coopération avec Verlagsgesellschaft Madsack GmbH & Co., de Hanovre.

"Leipziger Volkszeitung", "Leipziger Rundschau" et "Bild Leipzig" représentent plus de 80 pour cent du marché des annonces publicitaires dans la région de Leipzig. La position dominante sur le marché aurait encore été renforcée par l'acquisition du bulletin gratuit "Stadt-Anzeiger", dont la part de marché s'élève à environ 15 pour cent.

La décision est devenue définitive.

L'OFE a interdit à Fried. Krupp AG, de Essen, de poursuivre la réalisation de son projet d'acquisition indirecte de la totalité du capital de Franz Daub und Söhne GmbH & Co. (Daub), de Hambourg.

En 1990, le groupe Krupp a enregistré un chiffre d'affaires de 15.5 milliards DM dans ses divisions suivantes : construction mécanique, ingénierie industrielle, électronique, acier et échanges. Daub est un producteur de fours et d'équipement à cuire industriels, et son chiffre d'affaires s'est élevé en 1990 à environ 30 millions DM.

De l'avis de l'OFE, la fusion aurait entraîné la formation d'une position dominante sur le marché des fours industriels. L'acquéreur direct, la filiale de Krupp Werner & Pfleiderer GmbH, de Stuttgart, et Daub représentent plus d'un

Tableau 5. Ventilation des fusions notifiées en 1991 et en 1990 et intéressant les entreprises étrangères

		1991	1990
1.	**Fusions réalisées sur le territoire national** (fusions nationales)	**1 804** **(89.9%)**	**1 335** **(86%)**
dont :			
a)	avec la participation directe d'entreprises étrangères	142 (7.1%)	176 (11%)
b)	avec la participation indirecte d'entreprises étrangères	384 (19.1%)	307 (20%)
c)	sans aucune participation étrangère	1 278 (63.7%)	852 (55%)
2.	**Fusions réalisées à l'étranger** (fusions étrangères)	**203** **(10.1%)**	**213** **(14%)**
dont :			
a)	avec la participation directe d'entreprises nationales	77 (3.8%)	78 (5%)
b)	avec la participation indirecte d'entreprises étrangères	27 (1.4%)	27 (2%)
c)	sans aucune participation étrangère	99 (4.9%)	108 (7%)
Total		2 007	1 548

Définitions : Le lieu de la fusion est celui du siège social de l'entreprise dont les actifs ou les actions sont acquis.

Il y a participation étrangère directe à une fusion nationale lorsqu'un participant au moins est une entreprise étrangère ; il y a participation étrangère indirecte lorsqu'il s'agit d'une entreprise liée à une entreprise étrangère qui la contrôle.

Ces définitions sont également applicables aux fusions réalisées à l'étranger.

tiers du marché des fours à cuire et près de 60 pour cent du marché des fours à cuire industriels et disposent de moyens financiers supérieurs à ceux de leurs principaux concurrents dont une grande partie sont des entreprises de taille moyenne. A l'heure actuelle, il n'existe pas d'obstacle à l'accès au marché par de firmes étrangères sous la forme de réglementations nationales. Par conséquent, il est improbable que les parts de marché des concurrents étrangers en Allemagne augmentent sensiblement après 1992.

La décision d'interdiction n'est pas encore définitive. Selon les firmes, le marché en cause est un marché plus vaste et l'accroissement des moyens financiers n'a pas d'importance.

Nombre et portée des fusions internationales

Sur les 2 007 fusions notifiées en 1991, 1 804 (soit 89.9 pour cent) ont été réalisées sur le territoire national et 203 (10.1 pour cent) à l'étranger. (Voir le tableau 5.) Ainsi, la part des fusions étrangères notifiées a légèrement diminué par rapport aux périodes examinées précédentes, au cours desquelles elle a oscillé entre 14 et 18 pour cent. Cette évolution tient dans une large mesure au fait que la part des fusions allemandes purement nationales (sans aucune participation étrangère) s'est élevée sensiblement au cours de la période examinée à la suite des acquisitions d'entreprises en Allemagne orientale par des firmes d'Allemagne occidentale.

Comme au cours des années précédentes, l'OFE a étudié de manière approfondie plusieurs cas dans lesquels, bien que les firmes directement en cause dans la fusion avaient leur siège à l'étranger, la fusion avait également exercé ses effets à l'intérieur du marché national. Il s'agissait notamment de la fusion Volvo/Renault, Aérospatiale et Alenia/de Havilland et de l'entreprise commune formée par IBM et Apple ainsi que de Vitro et Corning Inc. Dans la mesure où les affaires en cause étaient soumises au contrôle des concentrations par les

Communautés européennes, l'OFE a informé par écrit la DG IV du résultat de son étude au titre de la législation régissant la concurrence.

IV. Privatisation et déréglementation

La privatisation au cours de la période examinée a été nettement axée sur les nouveaux Länder.

Afin de poursuivre sa politique de privatisation et de cession de participations, le gouvernement fédéral prendra également conformément au principe général adopté le 28 novembre 1990, des mesures complémentaires dans les anciens Länder en 1992. Après la privatisation d'un grand nombre de holdings industriels propriété d'Etat au cours des quelques dernières années, il axera essentiellement ses activités sur le secteur des services, et principalement sur le secteur des transports (ports, aéroports, Deutsche Lufthansa, transports par chemins de fer). En outre, les firmes du secteur bancaire (DSL- Bank, Deutsche Pfandbrief- und Hypothekenbank), les associations du secteur du logement (Wohnungs- und Siedlungsgesellschaften) et, dans la mesure où il s'agit de l'industrie, Industrieverwaltungsgesellschaft feront probablement l'objet de propositions de privatisation.

Il est à prévoir que la Berliner Industriebank sera privatisée avant la fin de 1992 et que la Gesellschaft für Nebenbetriebe (GfN), qui est notamment responsable du réseau des stations d'essence des autoroutes allemandes, sera partiellement privatisée au cours du 1er semestre de 1993. Après la modification de sa forme juridique, GfN sera devenue une société anonyme.

La privatisation de la Deutsche Bundesbahn envisagée pour la session législative en cours prend forme. A la suite d'une décision récente du gouvernement -- fondée sur la recommandation de la commission gouvernementale des chemins de fer -- la réorganisation se déroulera en trois étapes, dès la transformation de la Deutsche Bundesbahn et de la Deutsche Reichsbahn en société par actions. Les divisions chargées du transport des marchandises et des passagers ainsi que les divisions chargés de voies de chemins de fer doivent être mises en place sous la forme d'unités administratives indépendantes au sein de la future société par actions. Une condition préalable de cette opération est la refonte de l'article 87 de la loi fondamentale allemande ; le gouvernement fédéral prévoit que la mise en place du cadre réglementaire nécessaire sera terminée pour juin 1993.

La privatisation prévue de Telekom exige également une refonte de l'article 87 de la loi fondamentale. La plupart des biens du domaine public ciblés aux fins de la privatisation restent placés sous l'autorité des Länder et des collectivités. Malheureusement, les possibilités de privatisation dans ce domaine ne sont exploitées qu'avec hésitation. Néanmoins, il existe certains exemples positifs tels que le secteur de l'évacuation des eaux usées.

Compte tenu de l'urgence et de l'importance des investissements d'infrastructure dont la partie orientale de l'Allemagne a le plus grand besoin, les moyens de financement et le savoir-faire privés doivent être exploités dans une mesure accrue en vue de la mise en place de cette infrastructure, conformément aux recommandations formulées dans le rapport du groupe de travail ministériel allemand intitulé "Financement privé de l'infrastructure publique".

Le gouvernement fédéral étudie la question de savoir s'il autorisera la mise en place de services de l'emploi commerciaux. Il se prononcera avant la fin de 1992 sur le point de savoir s'il y a lieu de dénoncer la convention n° 96 de l'Organisation internationale du travail.

Après avoir accordé à la firme allemande Mannesmann une licence pour la mise en place du réseau D2, le ministère fédéral des Postes et des Télécommunications lancera un appel d'offres, concernant une licence nationale complémentaire pour des services de téléphones mobiles numériques de la fréquence de 1.8 gigahertz avant la fin de 1992. Cet intervalle de fréquence sera ensuite ouvert, dès que les conditions légales de répartition de fréquence dans le cadre d'une procédure d'appel d'offres auront été fixées.

V. Nouvelles études concernant la politique de la concurrence

BAUER, Brigitte (1992), *Ansätze zur Erfassung und Regulierung der Qualität in den Monopolbereichen der DBP Telekom* (Points de vue concernant l'appréciation et la réglementation de la qualité dans les monopoles de DBP Telekom), Wissenschaftliches Institut für Kommunikationsdienste, Bad Honnef, Fascicule n° 88.

BAUM, Herbert (1991), "Wettbewerb und Regulierung in der Verkehrswirtschaft, Kapitel IV des VIII. Hauptgutachtens der Monopolkommission" (Concurrence et réglementation dans le secteur des transports, chapitre IV du 8e rapport biennal de la commission des monopoles), *Zeitschrift für die gesamte Staatswissenschaft*, pp. 572 - 577.

HAERTEL, Hans-Hagen, KRUEGER, Reinald et SEELER, Joachim (1991), *Friktionen bei der Entwicklung funktionsfähiger Märkte in den neuen Bundesländern,* 4. Zwischenbericht, "Beobachtung und Analyse des Wettbewerbs in den neuen Bundesländern" (Désaccords relatifs à la formation de marchés viables dans les nouveaux Länder fédéraux, 4e rapport intérimaire "Observation et analyse de la concurrence dans les nouveaux Länder fédéraux"), HWWA-Institut für Wirtschaftsforschung, Hambourg.

REITER, Günter (1991), "Die internationale Wettbewerbssituation des deutschen Maschinenbaus" (La compétitivité internationale de l'industrie mécanique allemande) *Jahrbuch für Nationalökonomie und Statistik*, pp. 34-49.

Probleme der Privatisierung in den neuen Bundesländern ; Gutachten des Wissenschaftlichen Beirats beim Bundesminister für Wirtschaft (Problèmes de privatisation dans les nouveaux Länder fédéraux, rapport du conseil consultatif scientifique auprès du ministère fédéral de l'économie), Hanovre, 1991.

HONGRIE

(1991)

I. Contexte législatif

L'article 9, paragraphe 2 de la Constitution de la République de Hongrie prévoit ce qui suit : "La République de Hongrie reconnaît les droits des entreprises ainsi que la liberté de la concurrence et en favorise l'exercice". Sur la base juridique de cette disposition de la Constitution, le Parlement a adopté le 20 novembre 1990 la loi n° LXXXVI de 1990 relative à l'interdiction des pratiques commerciales déloyales (loi dite loi de la concurrence). Cette loi est entrée en vigueur le 1er janvier 1991 et, simultanément, l'Office de la concurrence économique a commencé ses opérations conformément aux missions et règles de procédure qu'elle prévoit.

La loi sur la concurrence contient les principales règles régissant la concurrence et interdisant :

-- les pratiques commerciales déloyales ;

-- les actes visant à tromper le consommateur ;

-- les accords risquant de restreindre la concurrence économique ;

-- l'abus d'une position dominante.

Cette loi comprend également des dispositions autorisant les fusions et les acquisitions et définit les pouvoirs de l'Office, sa structure et ses règles de procédure. Dans la mise en oeuvre de la loi sur la concurrence, il faut prêter dûment attention à l'application de divers textes législatifs, telle que la loi n° LXXXVII de 1990 sur l'établissement des prix et la loi no. IV de 1957 sur les procédures administratives de l'Etat.

Conformément à la loi, les affaires concernant les secteurs des services bancaires, des valeurs mobilières et des assurances sont de la compétence d'autres organismes.

II. L'Office hongrois de la concurrence économique

L'Office de la concurrence économique a commencé ses travaux le 1er janvier 1991. Cette administration est un organisme indépendant, non assujetti au gouvernement, et elle n'est responsable que devant le Parlement. Elle est dirigée par un président et deux vice-présidents qui sont désignés par le Premier Ministre et nommés par le Président de la République.

III. Application de la législation et des politiques de la concurrence

En 1991, l'Office a engagé 176 procédures en matière de surveillance de la concurrence. 144 de ces affaires ont été réglées avant le 31 décembre et l'examen de 32 autres s'est poursuivi en 1992. Au cours des procédures, l'Office a pratiquement appliqué toutes les dispositions de fond de la loi sur la concurrence.

Dans 77 affaires les organes de décision du Conseil de la concurrence composés de trois membres, deux juristes et un économiste, ont statué en ce qui concerne :

-- la clause générale	11
-- des cas de tromperie du consommateur	6
-- des ententes	5
-- des attestations négatives en matière d'entente	3
-- des exploitations abusives de position dominante	28
-- des fusions et acquisitions	5
-- une affaire déférée par le tribunal en vue de l'établissement d'une amende	1
-- des affaires au titre du paragraphe 65 ("entente ancienne")*	13
-- des notifications des hausses de prix	5

* A la suite d'enquêtes sur des accords conclus avant le 1er janvier 1992 mais comportant des agissements anticoncurrentiels durables.

Ententes

En Hongrie, aucune tendance à la création d'ententes n'a été récemment constatée, la plupart des firmes nationales ayant perdu leur position sur les marchés d'Europe orientale et étant confrontées à de graves problèmes de liquidités. Les importations constituent également pour elles un défi considérable sur le plan de la concurrence. Une augmentation du nombre d'affaires de pratiques concertées sur le marché est à prévoir lorsque la privatisation aura été menée à son terme.

Les dispositions de la loi sur la concurrence en matière d'entente (paragraphes 14 à 17) interdisent les accords ou les pratiques concertées des firmes en concurrence, les arrangements en ce sens risquant de limiter ou d'éliminer la concurrence économique. En 1991, le Conseil de la concurrence a statué dans quatre affaires dans ce domaine (et mis fin à une autre affaire). Ces affaires ont toutes été jugées au grand jour, de sorte que toutes constituent un précédent. Les quatre procédures dans ces affaires ont été engagées d'office. En engageant ces procédures, l'Office tenait à signifier clairement dès le début de l'application de la nouvelle loi sur la concurrence qu'il voulait interdire les ententes, alors même que les parties lésées par ces ententes n'étaient pas encore assez fortes pour se défendre elles-mêmes.

Les décisions arrêtées en 1990 comprennent plusieurs "messages" importants. Selon l'un d'entre eux, il existe une concurrence "obligatoire" parmi les firmes de type ancien qui ont été officiellement démantelées en unités indépendantes mais qui poursuivent leurs activités sous l'autorité de l'ancien établissement central et ces firmes indépendantes privatisées dont il se peut qu'elles aient le même propriétaire ou qu'elles exercent leurs activités sur le même marché. La formation d'ententes entre ces groupes d'entreprises a été considérée par l'Office de la concurrence de la même manière que la formation d'ententes entre les autres entreprises, quelles qu'elles soient.

Suivant un deuxième "message", une entente ne peut être identifiée uniquement par des apparences. Il se peut que des prix identiques ou le partage du marché soient conformes à des normes économiques raisonnables. L'Office a traité une affaire dans laquelle la commercialisation parallèle ou la répercussion simultanée des hausses de prix inflationnistes inévitables sur le participant suivant du circuit commercial ne pouvait être tenue pour une entente.

Suivant le troisième "signal", non seulement les firmes indépendantes présentes sur le marché, mais également leurs groupements et leurs entreprises communes sont en mesure de prendre des mesures restreignant la concurrence (en se partageant le marché ou en se concertant sur les prix). En outre, des dispositions en ce sens peuvent être également prises ou même exécutées par des chambres professionnelles. L'Office de la concurrence tient ces dispositions pour illégales, indépendamment du fait de savoir si elles sont exécutées par des firmes indépendantes ou par les groupements susvisés. Dans des affaires de cette nature, la concurrence sur les marchés est éliminée et ces marchés sont subordonnés aux intérêts des firmes individuelles. La question de savoir si c'est là un domaine d'intérêt général doit être réglée séparément. Si l'Office adoptait une position contraire, l'interdiction des ententes deviendrait inutile. Autrement dit, pour contourner la loi, les firmes pourraient se borner à créer des types de groupements d'entreprises prévus par la loi sur les sociétés ou par la loi sur les associations.

Afin d'éviter de s'exposer au reproche de créer des ententes, les firmes sont autorisées par la loi (paragraphe 18) à demander aux autorités compétentes en matière de concurrence de statuer sur le point de savoir si leur projet d'accord ne soulève pas d'objection d'ordre juridique. En 1991, le Conseil de la concurrence a statué sur trois de ces demandes.

Le paragraphe 65 a également permis aux autorités d'interdire les ententes créées avant l'adoption de la loi sur la concurrence, mais qui exerçaient toujours un effet restrictif sur la concurrence après le 1er janvier 1991. Pour éviter tout retard dans l'application de ce paragraphe, l'Office a entrepris d'enquêter au sujet de treize affaires de ce type en 1991. Selon la disposition susvisée, l'Office peut ordonner la cessation de la pratique restrictive. Il a été jugé qu'une des treize affaires en cause concernait cette catégorie d'infraction.

Abus de position dominante

Le paragraphe 20 de la loi sur la concurrence interdit l'exploitation abusive d'une position dominante. En 1991, la plupart dont les affaires dont l'Office a eu à s'occuper concernaient ce type d'infraction en raison de la lenteur de l'évolution de la structure du marché et des relations commerciales. Alors que le précédent agencement pesait encore sur les conditions effectives du marché, un certain progrès a été constaté dans ce domaine. Le nombre d'entrepreneurs en mesure d'exploiter abusivement leur position dominante a diminué. Néanmoins, à un stade avancé de la privatisation et de la création du marché des capitaux, le marché hongrois se prêtera à la concentration de capitaux et cette situation risquera d'entraîner la formation de nouvelles positions dominantes.

La majorité des affaires qui ont fait l'objet de procédures engagées par les firmes présentes sur le marché étaient de peu d'importance ou non fondées. Les procédures dans les affaires importantes ont été engagées d'office. Dans la grande majorité des cas, ces procédures concernaient des achats de produits agricoles (maïs, betterave, sucrière et lait). Les principales raisons en sont l'existence de rapports de force faussés découlant des difficultés de commercialisation.

Dans quatre des affaires susvisées, dans lesquelles l'Office a constaté une exploitation abusive de position dominante, cet abus était lié aux prix proposés par le délinquant. Cette question s'est longtemps rangée parmi les problèmes les plus difficiles visés par la loi sur la concurrence, puisque, dans ce pays, le prix réel sur le marché (qui se forme dans une situation de monopole ou de position dominante tenant à l'inégalité de la concurrence) doit être fonction d'un prix théorique, calculé, qui ne se formerait que dans une véritable concurrence. Il était apparemment difficile de convaincre les firmes présentes sur le marché d'accepter que le prix compétitif d'un produit n'était pas nécessairement égal à celui que pourrait imposer à son client un entrepreneur en position dominante.

On espérait également dans une certaine mesure que l'Office de la concurrence fixerait au cours de ses enquêtes des prix "corrects" pour les situations de monopole. En fait, l'Office a fait tout ce qui était en son pouvoir pour résister aux pressions en ce sens. Il ne faut pas permettre que la loi sur la concurrence serve à réinstaurer la pratique d'établissement des prix quasi-officiel pour les marchandises dans des domaines que le Parlement a exemptés au titre de la loi sur les prix.

D'autre part, nonobstant l'évolution radicale des conditions du marché, les monopoles ont subsisté dans d'importants secteurs. Dans des situations de monopole de cette nature, un prix compétitif constitue le point de repère de la formation d'une économie axée sur le marché et régie par l'efficience. Dans ce domaine, l'Office est tenu d'évaluer les prix conformément aux dispositions de la loi sur la concurrence. Néanmoins, à la longue, certaines entreprises en position de monopole ne peuvent offrir des prix se rapprochant des prix compétitifs que dans le cadre de règlements très détaillés, dont les bases juridiques doivent être établies par l'assemblée législative et par le gouvernement.

Les rédacteurs de la loi sur la concurrence ont rangé dans la liste de cas d'exploitation abusive de position dominante des infractions pouvant être commises entre concurrents, tels que les entraves à l'accès au marché. Ces cas sont typiquement ceux dans lesquels les procédures judiciaires doivent être engagées par le plaignant.

Fusions et acquisitions

En 1991, le Conseil de la concurrence a statué dans cinq affaires de fusion et d'acquisition d'influence dominante (paragraphes 23 à 26) en permettant une fusion ou une acquisition. L'expérience acquise à ce jour est trop réduite pour qu'aucune conclusion en soit tirée. Le nombre d'affaires dans ce domaine est beaucoup plus faible que prévu, même si la loi sur la concurrence est assez libérale en ce qui concerne le nombre d'autorisations des activités en cause. Dans l'état actuel des choses, l'économie est encore caractérisée par la fragmentation des sociétés existantes et par l'arrivée de nouvelles entreprises sur le marché.

Protection du consommateur

La loi sur la concurrence (paragraphes 11 à 13) interdit de tromper le consommateur afin d'améliorer les possibilités d'écoulement d'un produit, en protégeant de ce fait les intérêts des consommateurs autant que ceux des concurrents, ainsi que l'intérêt général concernant la parfaite probité de la concurrence. Dans des affaires de cette nature, aussi bien les juridictions que l'Office de la concurrence sont autorisés à engager des procédures. En 1991, le Conseil de la concurrence a statué dans six affaires de cette nature. Il est à noter que ces affaires ont fait l'objet de procédures engagées soit par les concurrents soit par l'Office, mais jamais par les consommateurs. Bien évidemment, il ne s'ensuit pas que les consommateurs ne soient jamais confrontés à des cas de tromperie, mais cela signifie qu'ils s'abstiennent d'engager des démarches pour la défense de leurs intérêts juridiquement protégés. C'est là un fait qui en lui-même révèle l'importance de la rédaction d'une loi sur la protection du consommateur ainsi que de la mise en place du cadre institutionnel qui lui est propre.

En 1991, il s'est avéré que la presse a été l'organe de soutien le plus systématique de la campagne en faveur de la protection des droits du consommateur. L'initiative dans les procédures engagées d'office a pour origine soit des plaintes de consommateurs publiées dans la presse soit l'analyse directe de publicités fausses et fallacieuses. L'Office met son espoir dans les accords de coopération conclus à l'issue de l'année dernière avec l'Institut de surveillance pour la protection du consommateur et l'Institut du contrôle de la qualité commerciale.

Pratiques commerciales déloyales

La loi sur la concurrence (paragraphes 4 à 10) régit les pratiques commerciales déloyales relevant de la compétence des juridictions civiles, c'est-à-dire l'atteinte à la réputation d'un concurrent, l'exploitation déloyale d'un secret commercial, l'encouragement au boycottage, la rétention illégale de marchandises, les accords liés, les appels d'offres frauduleux. Les règles dans ce domaine ont été établies compte tenu du contexte particulier à la Hongrie. Les fraudes dans les appels d'offres peuvent être commises par exemple dans le domaine des marchés publics.

La privatisation reste une des questions d'actualité les plus controversées. En ce qui concerne le rôle de la privatisation dans le domaine de la concurrence, certaines illusions ont toujours été entretenues. Par les possibilités qu'elle donne quant au contrôle des fusions, la loi sur la concurrence a représenté, de manière générale, le moyen de juguler et, en cas de nécessité, de faire obstacle à ce que la transformation des monopoles étatiques en monopoles privés et la privatisation des entreprises ne conduisent à la formation de position dominante sur le marché. Selon la politique gouvernementale sur la gestion des biens, qui a été approuvée en 1990, "si la firme à vendre détient une position de force notamment sur le marché, l'administration des biens d'Etat doit consulter l'office de la concurrence économique avant de la vendre ou de la transformer."

En 1991, l'Office des biens de l'Etat a consulté l'Office de la concurrence à onze reprises. Le problème essentiel tient à ce que très souvent des méthodes de rechange pour la privatisation capables de stimuler la concurrence font défaut et cette lacune ne peut vraisemblablement être comblée par l'aide de l'Office.

Pour s'exprimer simplement : les acheteurs (étrangers, pour la plupart) tiennent à acquérir des positions solides sur le marché (dans de très nombreux cas, l'Office des biens de l'Etat lui fait payer un juste prix à cette fin) et les firmes hongroises elles-mêmes sont également tentées de se vendre en bloc, parce qu'une position de force sur le marché garantit leur prospérité future. Placé dans une position intermédiaire, l'Office n'est guère en mesure d'avoir raison d'intérêts de cette nature (en outre, il faut également accélérer la privatisation et gonfler les recettes dégagées de la privatisation). L'alternative concrète prend très souvent la forme suivante : ou bien l'Office a en chantier une opération immédiatement réalisable et financièrement prometteuse, ou bien, ce qui est improbable, opte en faveur d'une opération de privatisation financièrement moins intéressante, laborieuse et peut-être également fragmentée, mais annonciatrice de la formation d'une concurrence.

La pratique a établi que la loi sur la concurrence n'apportait aucun moyen d'empêcher légalement la privatisation des positions monopolistiques ou dominantes. Les accords de privatisation entraînent normalement un changement de propriétaires, alors que, dans le scénario le plus favorable, ils ne conservent que le niveau de concentration sur le marché. Il n'est pas possible d'invoquer les termes ou les objectifs de la loi sur la concurrence pour qualifier ces opérations de fusions subordonnées à ces autorisations et les procédures de surveillance de la concurrence ne permettent pas de se prononcer à leur sujet. Néanmoins, ici encore il faut attirer l'attention sur l'aspect positif de cette loi : si, au cours des opérations de privatisation, le même propriétaire ou groupe de propriétaires achetait des firmes du même secteur industriel ou commercial, toute restriction qui se produirait tôt ou tard à la concurrence entre ces firmes tomberait sous le coup de l'interdiction des ententes prévue par la loi sur la concurrence.

Bien entendu, l'Office exerce sa vigilance en ce qui concerne les abus possibles de position dominante par les monopoles privatisés susvisés, en particulier celles qui rendent l'accès ou l'expansion des nouvelles entreprises concurrentes plus difficile.

Règles de procédure

Conformément aux dispositions de la loi sur la concurrence, une demande peut être déposée par toute personne qui a subi ou risque de subir un préjudice du fait d'une activité illégale et dont les droits ou les intérêts légitimes sont affectés par des agissements de cette nature. Dans les affaires concernant des pratiques commerciales déloyales, une procédure ne peut être engagée que devant les tribunaux : dans les affaires concernant des agissements de nature à tromper le consommateur, une procédure peut être engagée ou bien devant les tribunaux ou bien auprès de l'autorité de surveillance compétente. Les affaires concernant les ententes, les positions dominantes et les fusions relèvent de la compétence exclusive de l'autorité de surveillance.

La procédure engagée par l'autorité de surveillance comprend une phase d'instruction et une phase devant le Conseil de la concurrence. La procédure est engagée sur la demande d'une partie intéressée ou d'office. Après la phase de l'instruction, un rapport est rédigé et ce rapport constitue le point de départ de la procédure consécutive devant le Conseil de la concurrence.

Au cours de la procédure qui se déroule devant le Conseil de la concurrence, les parties peuvent exposer leur point de vue. Dans des affaires concernant l'exploitation abusive d'une position dominante et la fraude à la consommation, le procès est public.

Tant le tribunal que l'autorité de surveillance sont autorisés à interdire la poursuite d'activités anticoncurrentielles ; en outre, l'autorité de surveillance peut infliger une amende et le tribunal accorder notamment des dommages-intérêts.

Il peut être fait appel de la décision du conseil de la concurrence et une demande de révision peut être formée devant le tribunal dans les 30 jours. En cas de demande de révision il est sursis au paiement de toute amende.

Quelques affaires importantes

Le Conseil de la concurrence a condamné à une amende de 4 780 000 forints les 16 membres de l'association des grossistes en viande de Budapest ("BHKV") au motif qu'ils avaient conclu un accord constituant une entente. Les parties en cause ont formé un recours et demandé la révision de la décision du Conseil devant le tribunal métropolitain. Celui-ci a réformé la décision et déclaré que l'accord créant une entreprise commune ne contenait aucune disposition illégale. L'Office de la concurrence a formé un recours devant la Cour suprême. A ce jour, il n'a pas encore été statué définitivement.

Dans des affaires de position dominante, à de nombreuses reprises des dispositions concernant un avantage unilatéral injustifié ont été établies et une influence anticoncurrentielle a été exercée à la suite de décisions d'ordre économique. Par exemple, le Conseil de la concurrence a condamné à une amende de 34 millions forints la Plaket Company Ltd., au motif que cette entreprise avait relevé le prix de vente des plaques minéralogiques de voitures en le faisant passer à un prix injustifié supérieur au prix convenu dans le contrat conclu avec les acheteurs et en exploitant de ce fait sa position dominante. Une affaire similaire s'est présentée en ce qui concerne une hausse injustifiée du prix de l'eau thermale et la modification des prix d'achat de céréales.

L'Office de la concurrence n'a traité qu'un nombre d'affaires de fusion relativement peu élevé. Une de ces affaires concernait la fusion du holding AZUR et de AZURINVEST Shareholding Company. Auparavant les deux firmes exerçaient déjà leurs activités en tant qu'une entreprise unique. L'Office de la concurrence a autorisé la fusion.

La firme Merkur en situation de monopole avait exploité abusivement sa position dominante en retirant des voitures du circuit de distribution avant d'augmenter ses prix. Cette affaire -- de l'avis de l'Office de la concurrence -- concernait un grand nombre de consommateurs. Eu égard à ces circonstances, l'Office de la concurrence a engagé une procédure contre la firme en cause devant le tribunal métropolitain. Cette procédure est toujours en cours.

L'Office a examiné plusieurs affaires concernant la protection du consommateur, dont la plupart étaient des affaires de publicité mensongère.

IRLANDE

(1991)

I. Modifications ou projet de modifications des lois et des politiques de la concurrence

Le projet de loi sur la concurrence de 1991 a été déposé devant le Dáil (le Parlement) le 12 avril 1991 et a été adopté le 22 juillet 1991. Le ministre de l'industrie et du commerce a signé le Competition Act 1991 (Commencement) Order (décret de mise en vigueur de la loi sur la concurrence de 1991) le 23 septembre 1991, rendant exécutoire dès le 1er octobre 1991 la plupart des dispositions de la loi sur la concurrence, y compris en ce qui concerne la mise en place d'une instance compétente en matière de concurrence.

La loi de 1991 sur la concurrence incorpore dans la législation irlandaise sur la concurrence des principes fondés sur les articles 85 et 86 du traité instituant la Communauté économique européenne. Ces articles, ainsi que la loi, interdisent les actions visant à empêcher, restreindre ou fausser la concurrence et l'exploitation abusive de positions dominantes. La loi prévoit également l'abrogation de la loi de 1972 sur les pratiques restrictives, de certains articles de la loi de 1987 amendée sur les pratiques restrictives et de tous les décrets sur les pratiques restrictives arrêtés au titre de la loi de 1972. Néanmoins, dans son décret d'application du 23 septembre 1991, le ministre a maintenu le décret de 1987 sur les pratiques restrictives dans le secteur de l'épicerie et, en conséquence, certaines parties des lois de 1972 et de 1987 nécessaires pour l'application du décret ont également été maintenues. En outre, la loi sur la concurrence a modifié sensiblement les dispositions relatives au contrôle des fusions.

Il existe deux dispositions fondamentales de la loi qui sont calquées fidèlement sur les termes des articles 85 et 86, bien que la gestion de l'application et de la mise à exécution de ces dispositions diffèrent des dispositions arrêtées par la Commission des Communautés européennes. L'article 4 de la loi traite des accords, des décisions et des pratiques concertées préjudiciables à la concurrence. Les deux premiers alinéas de cet article sont les suivants :

1. Sans préjudice des dispositions du présent article, tous accords entre entreprises, toutes décisions d'associations d'entreprises et toutes pratiques concertées, qui ont pour objet ou pour effet d'empêcher, de

restreindre ou de fausser le jeu de la concurrence dans les échanges de tous biens ou services à l'intérieur de l'Etat ou de toute partie de l'Etat, sont interdits et nuls et non avenus, et notamment, sans préjudice du présent alinéa dans son ensemble, celles qui consistent à :

a) fixer directement ou indirectement les prix d'achat ou de vente ou toutes autres conditions de transaction ;

b) limiter ou contrôler la production, les débouchés, le développement technique ou les investissements ;

c) répartir les marchés ou les sources d'approvisionnement ;

d) appliquer, à l'égard de partenaires commerciaux, des conditions inégales à des prestations équivalentes en leur infligeant de ce fait un désavantage dans la concurrence ;

e) subordonner la conclusion de contrats à l'acceptation, par les partenaires, de prestations supplémentaires qui, par leur nature ou selon les usages commerciaux, n'ont pas de lien avec l'objet de ces contrats.

2. L'autorité compétente en matière de concurrence mise en place par la présente loi ("l'autorité") peut, conformément à l'article 8, accorder une dérogation, dans le cadre de l'application du présent article, en cas :

a) d'accord ou catégorie d'accords,

b) de décision ou catégorie de décisions,

c) de pratique concertée ou catégorie de pratiques concertées,qui, de l'avis de cette autorité, compte tenu de tous les éléments pertinents relatifs au marché, contribuent à améliorer la production ou la distribution des produits ou à promouvoir le progrès technique ou économique, tout en réservant aux utilisateurs une partie équitable du profit qui en résulte, sans

i) imposer aux entreprises intéressées des restrictions qui ne sont pas indispensables pour atteindre ces objectifs,

ii) donner à des entreprises la possibilité, pour une partie substantielle des produits ou des services en cause, d'éliminer la concurrence.

L'article 5 de la loi traite de l'exploitation abusive d'une position dominante, et son texte intégral est le suivant :

1. Toute exploitation abusive par une ou plusieurs entreprises en position dominante dans les échanges de tous biens ou services dans l'Etat ou dans une partie substantielle de l'Etat est interdite.

2. Sans préjudice de la portée générale de l'alinéa 1, les pratiques abusives en cause peuvent notamment consister à :

a) imposer directement ou indirectement des prix d'achat ou de vente ou d'autres conditions de transaction non équitables ;

b) limiter la production, les débouchés ou le développement technique au préjudice des consommateurs ;

c) appliquer à l'égard de partenaires commerciaux des conditions inégales à des prestations équivalentes, en leur infligeant de ce fait un désavantage dans la concurrence ;

d) subordonner la conclusion de contrats à l'acceptation, par les partenaires, de prestations supplémentaires, qui, par leur nature ou selon les usages commerciaux, n'ont pas de lien avec l'objet de ces contrats."

L'article 4, paragraphe 1 de la loi sur la concurrence interdit tous accords, décisions ou pratiques concertées préjudiciables à la concurrence. Une dérogation à l'interdiction peut être octroyée par l'autorité compétente en matière de concurrence pour certains accords ou catégories d'accords au titre de l'article 4, paragraphe 2, pour autant que certaines conditions soient remplies. Au titre de l'article 4, paragraphe 4, cette autorité peut délivrer un certificat, aux termes duquel, à son avis, un accord ne constitue pas une infraction à l'article 4, paragraphe 1. Une dérogation ou un certificat ne peut être octroyé que pour un accord dûment notifié à l'autorité par une partie à cet accord. Il n'est pas prévu de procédure permettant à une personne qui n'est pas partie à l'accord de déposer une plainte à ce sujet auprès de l'autorité compétente en matière de concurrence, à moins que l'accord n'ait été notifié. L'article 5 de la loi interdit l'exploitation abusive d'une position dominante. Au titre de l'article 6, le ministre ou toute personne lésée par un accord, une décision, une pratique concertée ou l'exploitation abusive d'une position dominante, est en droit d'engager une action en réparation devant la Haute Cour. Une mesure de réparation peut consister dans une injonction ou une déclaration ou, dans le cas des personnes lésées, mais non du ministre, dans des dommages-intérêts, y compris de dommages-intérêt "exemplaires". L'accent placé sur les actions privées est une caractéristique de la loi. Là où un certificat est ou a été en vigueur, un requérant n'a pas droit à des dommages-intérêts pour la période au cours de laquelle le certificat est ou est resté en vigueur. Il n'existe aucun droit d'engager une action contre un accord "ancien" (c'est-à-dire un accord qui était en vigueur au 1er octobre 1991), qui a été dûment notifié tant que l'autorité compétente n'a pas décidé de délivrer ou de refuser une autorisation ou un certificat, ou qu'aucun recours judiciaire n'a été formé. Les dispositions à ce sujet ne s'appliquent pas aux accords "nouveaux", c'est-à-dire aux accords qui ont été conclus après le 1er octobre 1991.

Si le ministre estime qu'une position dominante est exploitée abusivement, en violation de l'article 5, il peut demander à l'autorité de procéder à une enquête. Cette autorité doit présenter un rapport sur le point de savoir si, à son avis, il existe une position dominante et, dans l'affirmative, si elle est exploitée abusivement. Le ministre est en droit de rendre une ordonnance, soit pour interdire le maintien de la position dominante, sauf sous les conditions précisées dans cette ordonnance, soit pour exiger l'aménagement de la position dominante par la vente d'actifs ou sous toute autre forme qu'il peut préciser. Bien entendu, il peut décider de ne prendre aucune mesure. C'est là une procédure qui remplace les dispositions relatives aux monopoles de la loi de 1978 sur le contrôle des fusions, des prises de contrôles et des monopoles.

De même que la Commission sur la loyauté dans le commerce, l'autorité, qui l'a remplacée, participera à l'enquête sur les fusions dont le ministre l'a saisie conformément aux procédures de contrôle renforcé des fusions. Cette autorité devra prêter essentiellement attention aux incidences sur la concurrence de tout projet de fusion ou de prise de contrôle, mais devra également donner son avis sur diverses conditions précises. Elle doit disposer d'un délai minimum de 30 jours pour procéder à une enquête et pour faire rapport à ce sujet, et son rapport devra être publié dans les deux mois, sous réserve de certaines conditions relatives au respect du secret professionnel. Comme auparavant, seules les fusions d'une certaine ampleur, en termes de chiffre d'affaires ou d'actifs bruts, devront être notifiées au ministre, mais, au titre de la loi de 1978, le ministre peut déclarer que la loi doit s'appliquer à un projet de fusion ou de prise de contrôle d'une catégorie particulière (par exemple en deçà des seuils indiqués). A la suite du dépôt du rapport de l'autorité, le ministre peut interdire purement et simplement ou sous conditions un projet de fusion ou de prise de contrôle.

Au titre de l'article 11, le ministre peut également demander à l'autorité d'étudier et d'analyser les pratiques et les méthodes de concurrence concernant l'offre et la distribution de biens ou la fourniture de services et de faire rapport à ce sujet.

L'autorité compétente en matière de concurrence a été créée le 1er octobre 1991 au titre de la loi sur la concurrence. Cette autorité a pour mission essentielle de se prononcer sur le point de savoir s'il y a lieu de délivrer des dérogations à l'interdiction prévue par l'article 4, paragraphe 1, ou des certificats d'attestation négative en précisant que, compte tenu des éléments de fait en sa possession, un accord ne constitue pas une infraction à l'article 4, paragraphe 1. Lorsqu'elle accorde une dérogation ou délivre un certificat, l'autorité doit en informer le public. Une dérogation doit être octroyée pour une période déterminée, et elle peut prévoir des conditions précises. La période de validité d'une dérogation peut être prorogée, si les conditions prévues à l'article 4, paragraphe 2 restent remplies et cette dérogation peut être rapportée ou modifiée dans certaines circonstances.

Un certificat peut également être retiré dans certains cas. L'autorité a également le pouvoir de délivrer des autorisations catégorielles.

Aux fins de l'obtention de toute information nécessaire à l'exercice de sa mission, l'autorité compétente ou le ministre peut désigner des agents agréés, qui après avoir été dûment mandatés par un juge d'instance compétent, sont autorisés à pénétrer dans des locaux ou des véhicules et à les inspecter, à demander la présentation de documents ou à les examiner et en prendre des copies ou des extraits, et à demander d'autres éléments d'information pertinents. En outre, l'autorité peut sommer des témoins à comparaître, interroger des témoins sous serment et demander à tout témoin de produire tout document en sa possession ou à sa disposition.

II.   Application des lois et des politiques de la concurrence

Actions contre les pratiques anti-concurrentielles

Au titre de la loi de 1972

a)   L'action du directeur général

Le directeur chargé des affaires intéressant les consommateurs et la loyauté dans le commerce a essentiellement, en ce qui concerne la concurrence, la même mission que celle de l'ancien inspecteur des pratiques restrictives ; cette mission portait notamment sur l'application de plusieurs décrets pris au titre de la loi sur les pratiques restrictives. A l'exception du décret de 1987 sur les pratiques restrictives dans le secteur de l'épicerie, la plupart des décrets étaient tombés en désuétude en 1991. Le décret de mise en vigueur de la loi de 1991 sur la concurrence a maintenu en vigueur le décret sur le secteur de l'épicerie et les autres décrets ont été abrogés. Ce décret a également confirmé les pouvoirs du directeur en matière d'application du décret relatif au secteur de l'épicerie. Néanmoins, le titre du directeur a été abrégé ainsi : "directeur des affaires intéressant les consommateurs".

Comme déjà indiqué, le seul décret présentant de l'importance et susceptible d'application était le décret de 1987 sur les pratiques restrictives dans le secteur de l'épicerie. Deux grands faits nouveaux relatifs à la fixation des prix ont marqué l'année en cours ; ils concernaient le secteur du lait et le secteur de la boulangerie.

i)   *Le secteur laitier*

A la fin de mars 1991, Dunnes Stores Ltd., l'un des deux plus grands distributeurs d'articles d'épicerie du pays, a réduit le prix du lait de 9 pences le litre. Le lendemain de la baisse des prix, toutes les livraisons de lait à Dunnes ont été interrompues. Une plainte a été déposée devant le directeur, mais Dunnes a refusé de présenter des éléments de preuve du boycottage, au motif qu'elle devrait ultérieurement conclure des transactions avec les laiteries et leurs agents de livraison après le règlement du différend. Le directeur a informé le groupe de son droit de demander une injonction au titre de la législation en vigueur et de son intention d'enquêter sur le boycottage ; il a également évoqué la question générale de la fixation des prix dans le secteur laitier qui était une source de préoccupation pour lui-même, comme pour son prédécesseur, depuis un certain temps.

Le directeur n'est pas parvenu à l'issue de son enquête à établir l'identité exacte des instigateurs du boycottage. Il a donc informé Dunnes qu'il n'était pas en mesure de faire reprendre les approvisionnements en l'absence d'informations qui lui avaient été refusées d'emblée. Il a rappelé à Dunnes qu'elle était elle-même en droit de demander des injonctions. Néanmoins, l'enquête a permis de dégager des éléments révélateurs d'arrangements, d'accords ou d'ententes entre diverses laiteries au sujet du prix de détail du lait, qui semblaient constituer une violation du décret relatif au secteur de l'épicerie. Le directeur a engagé une action contre huit laiteries et une association commerciale à la suite d'enquêtes auxquelles il avait procédé. Ces actions étaient toujours pendantes devant les tribunaux à la fin de l'année. Le boycottage de Dunnes Stores a cessé en mai 1991, avec la conclusion d'un accord "l'autorisant" apparemment à vendre du lait à 3 pences en dessous du prix au litre en vigueur dans les autres régions. Le directeur a fait part de ses préoccupations à ce sujet, mais, comme c'était là une modification de la situation antérieure dans laquelle tous les détaillants écoulaient leur lait à un prix unique (indépendamment du prix d'achat), il a abandonné son action à ce sujet.

En novembre 1991, le prix au détail du lait a semblé avoir à nouveau augmenté uniformément à l'échelle du pays. Le directeur a procédé à une enquête succincte. Bien que celle-ci n'ait pas permis de dégager d'élément directement révélateur d'une fixation des prix, le Directeur continuait à trouver la situation préoccupante et s'apprêtait à en faire état au cours de l'audience de la High Court dans le cadre de la procédure qui avait déjà été engagée.

ii) Boulangerie

Au début d'août 1991, une augmentation de 7 pences du prix d'un grand pain découpé en tranches (et diverses autres augmentations connexes) ont été annoncées. Le directeur redoutait qu'il s'agisse là d'une hausse uniforme à l'échelle du pays du prix du pain. Une enquête au sujet des entreprises de boulangerie a été entreprise et il est apparu au cours de cette enquête que, lors d'une réunion à laquelle avaient participé en juillet 1991 les entreprises de boulangerie, des arrangements, des accords et des ententes sur le prix du pain avaient été conclus, ce qui semblait constituer une infraction au décret sur le secteur de l'épicerie. En outre, il existait aussi certains éléments révélateurs d'autres infractions possibles du décret. En novembre 1991, le directeur a engagé une action devant la High Court contre cinq entreprises de boulangerie.

iii) *Affaires diverses relatives au secteur de l'épicerie*

Au cours de l'année, plusieurs enquêtes ont eu lieu portant sur la vente à de prétendus prix de bradage. Dans un cas, une importante entreprise à succursales multiples a commencé à mettre en place un système de bons quelque peu différent du système de 1990, mais constituant encore une violation de l'interdiction de la vente à des prix de bradage. Après une lettre d'avertissement du directeur, il a été mis fin à ce système. Certains cas isolés de vente à des prix de bradage ont été relevés et, dans un petit nombre de cas, des poursuites ont été engagées. Plusieurs autres affaires étaient encore en instance à la fin de l'année. Dans un petit nombre d'affaires de ventes à prix de bradage, il a été constaté que ces ventes avaient pour origine la manipulation des factures par le fournisseur. Le directeur a estimé que c'était là une violation des dispositions du décret sur l'interdiction des prix imposés, violation dont l'objet ou l'effet était le maintien d'un prix de vente au détail déterminé au mépris du droit d'un fournisseur de fixer son prix de vente. L'affaire a été examinée avec les fournisseurs en cause et l'avis du directeur a été communiqué à la principale association professionnelle représentant les fournisseurs. Aucune autre plainte n'a été déposée par la suite, mais il n'est pas garanti que la pratique ait cessé complètement.

Le directeur a été saisi d'une plainte concernant un système informatique scolaire conçu par une des deux plus grandes firmes à succursales multiples, qui violerait des dispositions du décret sur "l'argent facile", dans la mesure où les fournisseurs avaient été priés de financer le projet. Une enquête a permis d'établir qu'aucun fournisseur n'était disposé à surseoir suite à la plainte qui avait été à l'origine déposée par une association professionnelle. Selon une plainte, une importante firme à succursales multiples ne respectait pas les clauses et conditions relatives aux crédit. L'enquête a permis d'établir qu'en dépit des difficultés résultant d'un nouveau système informatique, il n'y avait eu aucune tentative préméditée de ne pas respecter les conditions de crédit.

Une association d'agriculteurs s'est plainte de ce que des pratiques anticoncurrentielles avaient pour effet de maintenir le prix de la viande de porc à des niveaux artificiellement élevés, nonobstant une baisse du prix à la production. La plainte était toujours à l'examen à la fin de l'année.

iv) Opticiens

Une plainte déposée à la fin de 1990 par un opticien faisait valoir qu'une disposition des règles statutaires du conseil des opticiens qui interdit certaines formes de publicité, était anticoncurrentielle. Au début de 1991, le conseil des opticiens a suspendu la procédure judiciaire dirigée contre cet opticien pour violation des règles statutaires et a décidé d'attendre le résultat de l'examen par le directeur de la question de concurrence soulevée. Une enquête a eu lieu et, au milieu de 1991, le directeur a présenté un rapport et des recommandations aux parties en cause. Ce rapport recommande la levée des restrictions à la publicité mais aussi l'instauration de mesures de précaution visant à éviter que la publicité ne nuise à la réputation de la profession etc. Ces mesures de précaution étaient conformes à celles qui avaient été recommandées auparavant par la Commission sur la loyauté dans le commerce en concernant la profession des comptables. A la fin de l'année le conseil des opticiens procédait à la rédaction de nouvelles dispositions en matière de publicité destinées à remplacer le code actuel.

v) Agents ou courtiers d'assurances

D'après une plainte, des agents ou courtiers d'assurance d'une ville déterminée avaient exercé des pressions sur les compagnies d'assurance pour qu'elles ne concluent plus d'opérations avec un agent ou courtier d'assurances qui avait institué un nouveau système d'assurances-groupe pour la vente d'assurances. Divers éléments de preuve ont été recueillis, mais le directeur ne pouvait prendre de mesures sur cette base en l'absence d'un décret en matière de pratiques restrictives. A la suite de l'adoption de la loi sur la concurrence, le plaignant a été informé de ses droits au titre de cette loi et le dossier a été classé.

vi) Pharmaciens

Une pharmacienne d'une petite ville irlandaise a déposé une plainte suivant laquelle son entreprise avait subi un préjudice à la suite de pressions exercées sur des grossistes en produits pharmaceutiques par divers pharmaciens de la localité. Elle a déclaré qu'après l'installation de son entreprise, elle n'avait pas été en mesure de s'approvisionner en médicaments et en préparations pharmaceutiques nécessaires. Le directeur s'efforçait toujours d'obtenir d'autres réponses des grossistes à la date de la mise en vigueur de la loi sur la concurrence. La plaignante a été informée de ses droits au titre de la loi.

vii) Opticiens

Une plainte similaire à la plainte susvisée a été déposée par un opticien et le résultat a été identique, le plaignant étant informé de ses droits au titre de la nouvelle loi.

viii)   Droits sur les oeuvres musicales

Une plainte a été déposée par une station de radio locale au sujet d'une association pour la protection des droits d'auteur sur les oeuvres musicales et sur les dispositions de son accord type. A la suite de l'adoption de la loi sur la concurrence, cette association a présenté cet accord à la nouvelle autorité compétente en matière de concurrence.

ix) Presse

De très nombreuses plaintes ont été déposées par des marchands de journaux qui n'étaient pas en mesure de se faire approvisionner en journaux. Ces plaintes ont fait l'objet d'une enquête et il a été constaté que, dans de nombreux cas, les distributeurs de journaux étaient en mesure de faire valoir des raisons économiques pour justifier leur refus d'approvisionnement. La possibilité que des actions anticoncurrentielles inspirent leurs décisions, par exemple les pressions d'autres dépositaires, n'était pas pour autant absolument exclue. Plusieurs affaires dans ce domaine étaient toujours en instance lors de l'entrée en vigueur de la loi sur la concurrence. Tous les autres plaignants ont été informés de leurs droits.

x)   Tarmacadam

Une plainte a été déposée selon laquelle la combinaison de pratiques anticoncurrentielles, comme des soumissions frauduleuses, et de l'absence de la concurrence avait eu pour effet d'augmenter le prix du tarmacadam dans certaines parties du pays. Le plaignant n'a pas été capable de présenter de preuve si ce n'est certains chiffres qui faisaient prétendument ressortir que le prix dans certaines parties du pays était trois fois supérieur au prix pratiqué en Irlande du Nord. Une enquête sur les prix versés par les collectivités locales a été entreprise avec le concours du ministère de l'environnement. Cette enquête n'était pas achevée lors de l'entrée en vigueur de la loi sur la concurrence. Le plaignant a été informé de ses droits.

b)   L'action de la Commission pour la loyauté dans le commerce

i)   Carburants pour moteur

Le rapport à ce sujet a été publié le 6 mai 1991. La Commission a estimé que les dispositions du décret de 1981 sur les pratiques restrictives (carburants pour moteur) interdisant une différenciation des clauses et des conditions pour la vente de combustibles pour moteur étaient anticoncurrentielles. Elle a conclu que les restrictions au nombre de stations-service propriété de sociétés n'étaient plus nécessaires ni souhaitables et a recommandé la levée de toutes ces restrictions. Elle a également estimé qu'en raison de l'existence du règlement de la Commission des Communautés européennes n° 1984/83 sur les dispositions particulières relatives aux accords sur les stations-service, les articles du décret qui traitent des accords d'exclusivité et de l'huile de graissage étaient désormais inutiles. Elle a conclu enfin que l'adoption du projet de loi sur la concurrence rendrait superflue une refonte du décret sur les pratiques restrictives en ce qui concerne les carburants pour moteur.

La Commission a également conclu que les conditions commerciales à l'époque de l'enquête ne justifiaient pas l'institution d'un contrôle des prix au titre de l'article 13, paragraphe 1 de la loi de 1958 sur les prix. Elle a recommandé que les dispositions relatives aux licences et aux concessions prennent la forme, avec quelques retouches, d'engagements envers le ministre. Les membres de la Commission ont également présenté leur opinion au sujet des systèmes de cadeaux et de promotion et des incidences de l'exploitation de l'Irish National Petroleum Corporation sur les prix. Lors de la mise en vigueur de la loi de 1991 sur la concurrence, le décret relatif aux carburants pour moteur a été abrogé et il a été mis fin au contrôle des prix des produits pétroliers.

ii)   Secteur de l'épicerie

Le rapport à ce sujet a été publié le 13 décembre 1991. Compte tenu de l'entrée en vigueur de la loi sur la concurrence, des effets du décret et de divers faits nouveaux intervenus dans le secteur de l'épicerie, deux membres ont demandé d'abroger purement et simplement le décret sur les articles d'épicerie. Ils ont estimé en particulier que la vente à des prix de bradage était fréquemment de nature à favoriser la concurrence et que son interdiction avait réduit le champ de la concurrence au niveau des prix et servi occasionnellement au maintien des prix imposés, au détriment des consommateurs. Ils ont recommandé que l'établissement de prix de bradage soit autorisé. D'autre part, tout en reconnaissant qu'un grand nombre des dispositions du décret sur les épiceries deviendraient superflues dès la mise en vigueur de la loi sur la concurrence, le troisième membre a estimé qu'à côté des conditions prévues par cette loi, il restait nécessaire de légiférer au sujet de la loyauté dans le commerce dans le secteur de l'épicerie.

Lorsque la loi sur la concurrence est entrée en vigueur, le décret sur le secteur de l'épicerie n'a pas été abrogé et les dispositions légales sur les pratiques restrictives permettant de mettre en oeuvre le décret sur les épiceries ont été maintenues. A la suite de la publication du rapport de la Commission, le ministre a annoncé qu'il ne perdrait pas de vue la question du maintien en vigueur du décret car la loi sur la concurrence était entrée en vigueur récemment et il fallait laisser aux parties intéressées la possibilité d'étudier le rapport.

iii) La profession juridique

Le rapport de la Commission sur les pratiques restrictives dans la profession juridique a été publié en juillet 1990. Les principales recommandations ont été exposées succinctement dans le rapport annuel pour 1990. Plusieurs faits nouveaux importants sont intervenus dans ce secteur, avant et depuis la publication du rapport ; ils ont un lien avec certaines recommandations formulées ou des vues exprimées dans le rapport.

La loi de 1991 sur les cours et les tribunaux a élargi le champ de compétence des juridictions d'arrondissement et d'instance. Le nombre de juges des juridictions supérieures d'arrondissement et d'instance a augmenté. Par ailleurs, des procédures extrajudiciaires relatives aux petits litiges, ont été introduites à titre d'essai à Dublin, à Cork et à Sligo.

Le barreau a apporté plusieurs modifications à ses règlements et procédures. Il a reconnu neuf associations professionnelles (regroupant les comptables, les architectes, les géomètres experts et les ingénieurs), dont les membres sont autorisés à prendre directement contact avec les barristers dans les affaires non contentieuses. Les dispositions relatives aux avocats en second et à la règle des honoraires des deux-tiers ont été abrogées et le nombre de conseils à mandater et les honoraires à faire payer sont des questions à régler avec le solicitor chargé de l'affaire. Le barème d'honoraires recommandé pour les procédures engagées devant les juridictions d'arrondissement et les juridictions supérieures n'a plus cours. Une nouvelle disposition oblige tout barrister en exercice à faire assurer sa responsabilité professionnelle à concurrence d'un montant minimum. Une charte du barreau et un code disciplinaire révisés prévoient la mise en place d'une nouvelle procédure contentieuse, comportant la représentation par des non-professionnels.

Le projet de loi de 1991 sur les solicitors a été publié le 1er novembre 1991 par le Ministre de la justice et il tient compte d'un grand nombre de vues exprimées par la Commission ou par l'un des membres de la Commission. Les actes de transfert de la propriété peuvent être accomplis par un barrister ou un solicitor salarié, pour le compte de son employeur. Les testaments ainsi que les actes d'homologation et d'administration peuvent être passés par une banque ou une société fiduciaire, moyennant des honoraires. Des règlements peuvent autoriser les banques à accomplir des actes translatifs de propriété. Il sera interdit à un solicitor d'exercer d'une manière indépendante pendant trois ans à compter de la date à laquelle il a été reçu. La Law Society sera habilitée à dispenser conjointement l'enseignement et la formation juridiques. L'accès par un barrister en exercice au titre de solicitor sera facilité. Des accords de réciprocité seront prévus pour la reconnaissance des titres de juristes d'un pays non membre de la Communauté ; ces juristes ne seront pas soumis aux épreuves juridiques obligatoires en Irlande. Des dérogations aux exigences en matière de formation sont également prévues pour les juristes communautaires qui sont en droit d'exercer en Irlande.

Le projet de loi sur les solicitors prévoit également une assurance obligatoire de la responsabilité professionnelle, mais ils resteront libres de choisir leur assureur. Les solicitors seront autorisés à constituer des sociétés à responsabilité limitée. Le partage des honoraires dans le cadre d'une association ou d'une agence sera autorisé entre les solicitors et les non-solicitors et entre les solicitors et les juristes d'autres pays. La Law Society recevra le pouvoir de pénaliser les demandes d'honoraires excessifs. Un solicitor devra fournir des précisions écrites justifiant les honoraires demandés et s'expliquer lorsque les dépens de l'autre partie ou que des frais dépassant les montants récupérés auprès de l'autre partie pourraient devoir être payés. Les dépens ne pourront pas représenter un pourcentage ou une proportion définie des dommages-intérêts accordés. Aucun frais ne peut être défalqué des dommages-intérêts, sauf convention contraire préalable. Le solicitor devra établir un état des comptes complet. La Law Society ne sera pas autorisée à interdire à un solicitor de faire payer des honoraires inférieurs aux honoraires barémiques réglementaires.

Au titre du projet de loi sur les solicitors, la Law Society ne sera pas autorisée à interdire la publicité faite par les solicitors, sauf si elle est de nature à porter atteinte à la réputation de la profession, si elle est de mauvais goût, si elle nuit à d'autres solicitors, ou si elle est fausse ou fallacieuse, si elle pourrait entraîner des démarches non demandées ou était contraire à l'ordre public. La Law Society ne sera pas autorisée à interdire la publicité des honoraires ou des frais.

Le projet de loi prévoit également qu'un tiers de la commission disciplinaire de la Law Society ou de son quorum se composera de membres non professionnels. Il prévoit également l'attribution à la Law Society du pouvoir de sanctionner les solicitors dont les services sont insuffisants ou médiocres. La commission disciplinaire peut infliger une amende pouvant atteindre £1 000 et condamner à des dommages-intérêts pouvant atteindre £1 000. Les plaintes dirigées contre le traitement par la Law Society des demandes relatives à un solicitor seront examinées par un juge indépendant. Celui-ci, qui ne peut être ni ne pourra avoir été un solicitor ou un barrister, sera désigné par la Law Society et agréé par le ministre de la justice ; il sera rémunéré par la Society.

iv) Droit de la concurrence

A la demande du ministre, la commission a procédé à une étude sur les avantages et les inconvénients des systèmes d'"interdiction" et de "lutte contre les abus" pour ce qui concerne la réglementation de la concurrence. Le rapport qui a été présenté au Ministre en décembre 1989, a été publié le 16 avril 1991 en même temps que le projet de loi sur la concurrence. Il est favorable à l'idée de l'incorporation des dispositions des articles 85 et 86 du traité de Rome dans le droit interne et contient des recommandations précises sur les modalités de cette incorporation.

Mesures prises au titre de la loi de 1991

a)   Action de l'autorité compétente en matière de concurrence

Travaux préparatoires

Des documents relatifs aux modalités de notification ont été établis et ont été mis à la disposition du public le 1er octobre 1991, soit le jour de l'entrée en vigueur de la loi. Les procédures applicables dans les cas suivants: notification préalable, notification, saisine d'une affaire, examen d'une affaire et prise de décision, ont été établies et adoptées par l'autorité compétente.

Notifications

L'Autorité de la concurrence a reçu 14 notifications entre le 1er octobre 1991 et le 31 décembre 1991. Sept affaires concernaient des licences d'exploitation de droits d'auteur sur des oeuvres musicales. Deux affaires concernaient des clauses de non concurrence d'accords de vente de participations commerciales. Une affaire concernait un accord sur la fourniture rémunérée de soins de santé et les quatre autres un accord d'achat exclusif et trois accords connexes. L'examen de tous les accords notifiés a commencé. Le 31 décembre 1991 aucune décision n'avait encore été prise au sujet de l'une de ces affaires.

Enseignement et information

L'autorité compétente a pris contact avec plusieurs organismes représentatifs des milieux d'affaires et des milieux juridiques afin d'examiner la loi, son application et ses procédures d'application. Les membres de ces organismes ont participé à plusieurs conférences sur des thèmes similaires et les comptes rendus de certaines de ces conférences ont été publiés. En outre, une quatrième édition du guide des milieux d'affaires irlandais au sujet de la politique communautaire en matière de concurrence a été préparée pour M. Patrick Lyons, président, et sa publication ne devrait pas tarder.

b)   Travaux du ministère de l'industrie et du commerce

Pour ce qui concerne la politique de la concurrence, le ministère a axé ses travaux sur le projet de loi sur la concurrence. Les préparatifs, les consultations et les séances d'information au sujet du projet de loi lui-même et les mesures et dispositions à prendre pour l'entrée en vigueur, ont accaparé l'attention de la division compétente.

Fusions et concentrations

Activités de la commission/l'autorité compétente

En juillet 1991, le ministre a saisi la commission aux fins d'enquête sur un projet de fusion entre deux distributeurs de charbon. Il a dessaisi la commission presque aussitôt, les parties en cause ayant décidé de ne pas procéder à la fusion.

Activités du ministère :

Statistiques sur les concentrations

	1990	1991
Affaires en instance au début de l'année	18	12
Notifiées au cours de l'année	126	137
En dehors du champ d'application de la loi	66	80
Sans suite	4	2
Autorisations de poursuivre la procédure	60	55
Interdictions de poursuivre sous certaines conditions	2	-
Affaires déférées à la commission	4	1

III. Déréglementation, privatisation et politique de la concurrence

Les premières grandes privatisations d'entreprises publiques ont eu lieu en 1991. La Sugar Company avait été fondée par l'Etat au cours des années 30 pour traiter du sucre de betterave. Cette firme a été restructurée en 1991 dans le cadre de la constitution d'une société de portefeuille, Greencore plc. En avril 1991, le ministre des finances a vendu 27.4 millions d'actions au prix de 2.30 livres par action, soit au total 63.02 millions de livres. L'Etat conservait 37.9 millions d'actions, dont un tiers a été vendu au début de 1992.

Irish Life Assurance Company, dont le ministère des finances détenait plus de 90 pour cent depuis 1947, est la plus importante compagnie d'assurance-vie en Irlande. Afin de réaliser une partie de son investissement et de faciliter l'expansion future de la société, le ministre a réduit sa participation à 34 pour cent en juillet 1991, dans le cadre d'une vente comportant le lancement d'un emprunt public. Les actions vendues étaient au nombre de 169 millions et le produit de la vente s'est élevé à 270.4 millions de livres.

B&I Line est une société de navigation qui a été acquise par l'Etat en 1965. Elle fournit des services de transport de passagers et de marchandises vers le Royaume-Uni et des services de conteneurs au continent européen. Un projet de vente de cette société à Irish Intercontinental Groupe était presque définitivement mis au point à la fin de 1991.

Au cours des dernières années, la déréglementation des services de télédiffusion a progressé. A côté des station de radiotélédiffusion propriété d'Etat, plusieurs stations de radio indépendantes ont été mises en place, au niveau tant local que national. Une concession a également été attribuée pour la mise en place d'une troisième chaîne de télévision indépendante. L'évolution dans ce domaine a été retardée par des difficultés financières. Century Radio, une station de radio nationale indépendante, a annoncé sa mise en liquidation en novembre 1991. L'offre conditionnelle de concession pour la troisième chaîne de télévision a été retirée à TV3 en octobre 1991.

En décembre 1991, les exploitants d'autobus privés ont été autorisés à fournir des services nocturnes à Dublin et dans certaines localités provinciales au cours de la période précédant Noël et de la période de Noël à la nouvelle année. Le service privé était destiné à compléter les nouveaux services nocturnes fournis à Dublin au cours de cette même période par Dublin Bus, le monopole d'Etat fournissant des services de transport à Dublin. La période de validité des licences privées en vigueur a été prorogée jusqu'en 1992. Des projets de loi pour la libéralisation du secteur de l'exploitation d'autobus et l'introduction de la concurrence entre les exploitants d'autobus sont bien avancés.

IV. Le rôle des autorités compétentes en matière de concurrence dans la formulation d'autres orientations

Services de taxi

A la suite de plaintes suivant lesquelles les services de taxi dans l'agglomération de Dublin étaient insuffisants, le ministre de l'environnement a mis en place un comité inter-administrations en vue de l'examen de la législation applicable aux véhicules des petites entreprises de transport au service du public. Dans ses observations au comité, la commission a déclaré qu'elle croyait que certaines des réglementations existantes dans le secteur des services de taxi restreignaient sensiblement la concurrence et elle a estimé que ces restrictions n'étaient pas souhaitables, étant donné qu'elles étaient de nature à exercer des effets préjudiciables sur les consommateurs, et qu'elles devaient être levées. Elle estimait que l'abrogation pure et simple des restrictions au nombre des taxis devait être envisagée. Elle a reconnu que des propositions en ce sens pouvaient avoir des effets désorganisateurs si elles étaient appliquées immédiatement et émis l'avis que les difficultés dans ce domaine seraient aplanies si le nombre de licences d'exploitation de taxis était augmenté pendant une période de cinq années, la limitation du nombre de taxis devant être complètement abolie au terme de cette période. La commission a reconnu que la concurrence au niveau des prix pourrait ne pas s'exercer efficacement sur le marché des services de taxis tant que les restrictions en cause étaient maintenues. Elle a estimé que dès que le nombre de licences d'exploitation de taxis serait augmenté, la concurrence au niveau des prix s'exercerait de façon efficace. Elle a émis l'avis que le contrôle des prix devait être aboli dès que possible à moins que des raisons très convaincantes en faveur de son maintien ne puissent être invoquées.

Le 30 octobre 1991, le ministre de l'environnement a annoncé plusieurs modifications dans les règlements relatifs aux taxis, à la suite de la présentation par le comité d'un rapport provisoire. Les nouvelles dispositions annoncées par le ministre prévoyaient la délivrance de cent licences d'exploitation de taxis supplémentaires pour Dublin. Aucune autre licence ne serait délivrée tant que le rapport définitif du comité n'aurait pas été achevé. Une redevance de £3 000 serait exigée pour les nouvelles licences et un système de points détaillé pour la délivrance de licences a été présenté dans ses grandes lignes. Les nouvelles licences sont inaccessibles pendant une période de cinq ans. Une redevance de £3 000 a également été prévue pour les transferts de licences existantes. Les nouvelles dispositions prévoient également que la zone couverte par le taximètre s'étendrait sur un rayon de 15 miles à partir du GPO, en remplacement d'un rayon actuel de 10 miles à partir du GPO. De nouvelles zones couvertes par le taximètre devaient être établies dans 12 villes et localités, à côté des quatre villes et localités où elles existent à l'heure actuelle. Un rapport définitif du comité était en cours de préparation.

V. Nouvelles études ayant trait à la politique de la concurrence et publiées en 1991

Study of Competition Law (Étude du droit de la concurrence. Fair Trade Commission. P1. 7080.

The New Competition Legislation (la nouvelle législation sur la concurrence) réd. Jantien Findlater. Irish Centre for European Law.

Competition Law & Regulation in Ireland (législation et réglementation de la concurrence en Irlande) réd. Janet Brown. The Competition Press.

The Competition Bill 1991 - Preparing Irish Business (le projet de loi de 1991 sur la concurrence - la préparation des entreprises irlandaises). The Irish Centre for Commercial Law Studies.

ITALIE

(1991)

I. Les activités menées en 1991 par l'autorité antitrust

Les obligations de l'Autorité antitrust

Cette Autorité s'est vu confier par la loi n° 287/90 (la loi antitrust) les tâches essentielles de veiller à ce que les entreprises ne concluent pas d'accords entravant une concurrence effective, d'empêcher les exploitations abusives d'une position dominante et d'interdire les concentrations qui créent ou qui renforcent une position dominante, de sorte que la concurrence est entravée sensiblement et en permanence.

La loi donne également à l'Autorité susvisée la mission non moins importante de soumettre des rapports et des avis, afin d'empêcher que les règles ou les règlements ou toute mesure administrative générale, sauf ceux qui sont justifiés par l'intérêt général, fassent obstacle à la concurrence et au libre jeu du marché (voir articles 21 et 22 de la loi).

Au titre du décret législatif n° 74 du 25 janvier 1992, le rôle de l'Autorité antitrust a été récemment sensiblement renforcé en ce qu'elle a été investie de larges pouvoirs d'agir contre la publicité mensongère des entreprises, afin d'empêcher qu'un dommage effectif ou potentiel ne soit causé à d'autres entreprises ou aux consommateurs.

Le législateur a par conséquent confié à l'Autorité antitrust le soin de lutter directement contre les formes les plus diverses de comportements anticoncurrentiels, qui nuisent aux intérêts du consommateur, et le pouvoir d'intervenir, à titre consultatif, afin de veiller à ce que les lois ou la réglementation ne fassent pas obstacle à la concurrence.

Cette Autorité joue également un rôle dans l'élaboration de la législation. La possibilité de donner son avis avant l'adoption de la législation et de la réglementation protège et renforce les aspects implicites de la mission légale de l'Autorité, en ce qui concerne l'établissement des lignes d'action.

La protection de la concurrence stimule non seulement une croissance économique soutenue dans l'intérêt du consommateur, mais elle constitue également un outil indispensable de la protection d'un régime de libre entreprise et de respect mutuel entre les entreprises.

Les mécanismes du marché favorisent la transparence des comportements et rendent possible un aménagement des relations économiques équitable et auto-réglementé, indépendamment des sanctions ou des peines. Par conséquent, et c'est là un aspect particulièrement important dans la situation de l'Italie, le jeu de la libre concurrence contribue à la lutte contre le crime organisé, chaque fois qu'il fait naître des distorsions sur les marchés par l'exploitation de positions dominantes qui découlent fréquemment des privilèges conférés par le secteur public. Sous cet angle, la protection de la libre concurrence acquiert une valeur morale et elle est conforme aux intérêts tant des milieux d'affaires que du consommateur tout en contribuant au maintien de l'ordre public.

Les critères appliqués pour la mise en oeuvre de la loi

Comme nous l'avons souligné dans le rapport annuel pour l'année dernière, la loi n° 287/90 ("la loi") définit de manière générale les cas d'entraves à la formation d'un régime de libre entreprise et au bon fonctionnement du marché, en établissant les directives générales pour l'appréciation des cas concrets concernant des accords, des exploitations abusives de positions dominantes et des concentrations.

L'Autorité est tenue d'appliquer la loi à ces cas concrets, ainsi qu'il est indiqué plus loin de manière plus approfondie, en utilisant tous les outils d'analyse économique et les instruments juridiques à sa disposition.

Cette Autorité étant tenue d'analyser chaque cas en particulier et de se référer systématiquement à la jurisprudence et à la pratique communautaires, elle a jugé inutile d'établir des critères rigides d'applications de la loi, en estimant en tout état de cause que les sujets concernés étaient protégés par la transparence des mesures arrêtées, le caractère exhaustif de l'instruction de chaque affaire et la courte durée probable de ces enquêtes.

Chaque marché est caractérisé par des conditions structurelles qui sont tributaires du type de produit en cause et de la technique de production, du comportement des entreprises exerçant leurs activités sur ce marché et des préférences et des habitudes du consommateur. Pour cette raison, les parts de marché qui donnent à penser qu'une position dominante de nature à entraver la concurrence a été créée ne peuvent être identifiées qu'au regard de la situation concrète de chaque marché. En fait, la possibilité de choisir les fournisseurs et les usagers, l'accès aux fournisseurs et/ou aux débouchés par les entreprises concernées, la structure du marché, la compétitivité de l'industrie locale, l'existence d'obstacles à l'entrée et les tendances de l'offre et de la demande pour des produits ou services en cause peuvent modifier l'incidence sur la concurrence de parts de marché parfaitement semblables.

L'optique adoptée par l'Autorité, fondée sur la nécessité de tenir compte de tous les éléments pertinents pour l'analyse de la concurrence, traduit également l'esprit dans lequel le législateur a laissé une certaine latitude à l'Autorité pour l'appréciation de la possibilité d'autoriser, dans des cas exceptionnels et pour une durée limitée, des accords qui seraient sinon interdits, pour autant qu'ils améliorent les conditions de l'offre sur le marché dans l'intérêt du consommateur (article 4 de la loi). Cette disposition, que l'Autorité n'a appliquée jusqu'ici que dans un sens négatif, lorsqu'elle a rejeté la seule demande de dérogation à l'interdiction prévue à l'article 2 de la loi, implique qu'il faut tenir compte de l'éventualité que, même si un accord est peut-être de nature à restreindre la concurrence, il peut encourager également le progrès technique, en améliorant la qualité des produits offerts, ou en augmentant la production globale, avec des retombées positives en termes de compétitivité des firmes sur le marché international.

Néanmoins, l'Autorité ne dispose pas d'un pouvoir similaire de déroger aux dispositions destinées à protéger la concurrence, en ce qui concerne les concentrations, pour lesquelles le gouvernement est habilité à agir au titre de l'art. 25 de la loi, qui prévoit que le gouvernement établit des critères d'ordre de caractère préventif, destinés à protéger l'intérêt général de l'économie italienne au sein du marché européen unique, critères en vertu desquels et pour une durée limitée, l'Autorité peut, à titre exceptionnel, autoriser des concentrations qui seraient sinon interdites, pour autant que l'autorisation "n'élimine pas la concurrence d'une manière qui ne serait pas strictement justifiée par les intérêts économiques généraux susvisés". Le 22 mai 1991, l'Autorité a demandé au gouvernement de définir ces critères, en soulignant leur importance dans le contexte des résultats positifs de son activité.

Le comportement des entreprises et la protection de la concurrence dans l'économie italienne

En 1991 et au cours du premier trimestre de 1992, l'Autorité a statué sur 352 affaires de concentration entre firmes, 21 cas d'accords anticoncurrentiels et un cas d'exploitation abusive d'une position dominante.

Activités menées en 1991 et au cours
du premier trimestre de 1992

(nombre d'affaires sur lesquelles il a été statué)

	1991	janvier-mars 1992
Concentrations	250	102
Accords	9	12
Exploitations abusives	0	1
Recommandations concernant la législation et la réglementation	3	0

Seules deux affaires de concentration dont l'Autorité a été saisie en 1991 nécessitaient une enquête en bonne et due forme, et cette Autorité a estimé que dans aucune de ces deux affaires une position dominante entravant ou réduisant sensiblement ou en permanence la concurrence sur le marché national n'était créée ou renforcée.

En ce qui concerne le comportement anticoncurrentiel d'entreprises, l'Autorité a reconnu la nécessité de procéder à une enquête sectorielle au sujet de l'industrie du béton pré-mélangé. Les enquêtes ont permis d'établir l'existence d'accords sur l'ensemble du territoire national en violation de l'article 2 de la loi, destinés à fixer les prix et les quotas de production des entreprises.

Sur le marché de la cimenterie, qui a également fait l'objet d'un examen approfondi par l'Autorité, l'existence de collusions entre entreprises et en particulier d'accords de fixation des prix a été prouvée. A l'heure actuelle, la collusion entre firmes de l'industrie de la cimenterie fait aussi l'objet d'une enquête au niveau communautaire.

Un autre secteur faisant l'objet d'une étude minutieuse est l'industrie laitière, qui passe par une phase de rationalisation poussée, en particulier après la mise en vente de plusieurs grandes entreprises appartenant aux collectivités locales. Une attention particulière est également prêtée au marché du traitement des déchets industriels, dont l'expansion est largement tributaire de l'existence de barrières administratives à l'accès à ce marché.

L'Autorité a également pris des mesures en ce qui concerne le marché des services de télécommunications sur lequel s'exerce le libre jeu de la concurrence. Elle a reconnu l'existence d'une exploitation abusive d'une position dominante par SIP, qui dispose d'un monopole légal sur la téléphonie vocale, au détriment de 3C Communications Srl, qui exerce ses activités sur un marché contigu, quoique distinct.

Les mesures susvisées ont été prises en application des dispositions de l'article 8, par. 2 de la loi, aux termes desquelles les entreprises qui, "en vertu de la loi, fournissent des services d'intérêt économique général, ou exercent leurs activités sur le marché dans des conditions de monopole" ne sont exclues du champ d'application du titre 1 de la loi que "dans les limites strictement nécessaires à l'accomplissement des tâches concrètes dont elles ont été chargées". En d'autres termes, une entreprise exploitant un monopole légal sur un marché, alors qu'elle exerce également ses activités sur des marchés contigus, ne peut sans violer la légalité renforcer sa position dominante sur ces marchés contigus. En ce qui concerne ces marchés, même s'ils sont rigoureusement associés aux marchés faisant l'objet d'un monopole légal, les pouvoirs confiés à l'Autorité restent intacts.

L'Autorité a également pris note de la pratique unanime de la Cour de justice des Communautés européennes[1] et de la Cour constitutionnelle italienne[2], suivant laquelle non seulement les cours et tribunaux, mais également les administrations sont impérativement tenus de s'abstenir d'appliquer la législation italienne là où elle est en contradiction avec la législation communautaire. En d'autres termes, s'il existe une exploitation abusive d'une position dominante ou quelque accord restreignant la concurrence autorisé par la législation nationale italienne, mais incompatible avec la législation communautaire, l'Autorité est impérativement tenue de rendre la législation italienne inapplicable.

Enfin, l'Autorité a constaté l'existence d'un comportement anticoncurrentiel lié aux mesures d'autoréglementation mises en oeuvre par des associations d'entreprises et destiné à fixer les prix appliqués aux biens ou aux services. Le prétexte fréquemment invoqué à l'appui de la fixation de prix minimaux par les entreprises en cause est qu'elle constitue un moyen de garantir la qualité d'un bien ou d'un service déterminé, ce qui sert l'intérêt de l'utilisateur final ou du consommateur ; néanmoins, cette fixation des prix fait fréquemment obstacle à la concurrence, sans qu'elle ait pour contrepartie le moindre avantage réel. Elle ne constitue pas nécessairement une garantie de la supériorité qualitative des produits et elle place l'utilisateur final dans l'impossibilité de profiter pleinement du renforcement de l'efficience que la concurrence peut apporter.

Au cours de l'année dernière, l'Autorité a présenté de nombreux avis de caractère consultatif en ce qui concerne les concentrations du ressort de la Banque d'Italie et de l'Autorité compétente en matière de monopoles dans les secteurs de la radiotélédiffusion et de l'édition, en application de l'article 20, para. 1, 2 et 3 de la loi ; dans chaque cas, le bien-fondé de ces avis a été reconnu.

Une affaire précise dans ce contexte concernait l'acquisition par Fininvest Spa de la majorité du capital de AME Finanziara Spa et d'AME Spa. L'Autorité a jugé que, compte tenu des éléments de preuve à sa disposition, l'opération risquait de créer ou de renforcer une position dominante dans le secteur du "marketing" et de la publicité au point d'entraver sensiblement et en permanence la concurrence. Elle a présenté son avis à ce sujet à l'Autorité compétente en matière de monopoles dans les secteurs de la radiotélédiffusion et de l'édition, qui a reconnu le bien-fondé de cet avis et a décidé de procéder à une enquête au sujet de l'opération dans son ensemble.

Concurrence et réglementation

L'importance du travail de l'Autorité destiné à intensifier la concurrence dans les secteurs de l'économie italienne qui n'ont pas été jusqu'ici soumis aux lois du marché, doit être replacée dans le contexte de l'unification européenne.

L'acceptation par l'Italie du projet d'union européenne, élaboré lors du sommet de Maastricht, les 9 et 10 décembre 1991, requiert la levée rapide de tout obstacle à la concurrence qui entrave la productivité et le progrès technique, les réductions de prix et l'amélioration de la qualité des produits.

De ce fait, il est indispensable d'arrêter des mesures de libéralisation et de rationalisation de grande portée et cela sans retard dans le secteur des services, y compris les services directement gérés par l'Etat et, en termes plus généraux, de procéder à une refonte des modalités d'intervention du gouvernement dans l'économie afin de rendre son intervention plus compatible avec la poursuite de l'efficience et l'application de principes sains de l'économie de marché.

En analysant les secteurs réglementés, l'Autorité procède en évaluant minutieusement le caractère judicieux de l'élargissement du champ des activités exercées sur le marché, en examinant le point de savoir si les divers types de règlements actuellement en vigueur se justifient tous dans l'état actuel des choses. Dans certains secteurs, les conditions qui ont fait prendre conscience de la nécessité de règlements dans le passé ont profondément évolué depuis lors, essentiellement en raison des vastes progrès liés à l'innovation technologique. Du fait de l'évolution aussi rapide de ces dernières années, il est de plus en plus nécessaire de procéder à une libéralisation plus poussée et, compte tenu des failles qui ont été constatées, d'adopter une nouvelle optique en ce qui concerne les règlements qui restent fondés sur la nécessité de protéger un intérêt général déterminé.

La Communauté européenne agit avec résolution au cours de la phase actuelle de libéralisation en arrêtant de nombreux règlements et directives concernant notamment les télécommunications et les services postaux, ainsi que les procédures des marchés publics. La contribution de la Cour de justice des Communautés européennes, à Luxembourg, à cette évolution est capitale.

L'Autorité se propose d'exercer pleinement ses pouvoirs d'adaptation de la réglementation aux principes de la concurrence (articles 21, 22 et 24 de la loi), étant convaincue de la priorité à accorder à la concurrence, là où les conditions nécessaires sont réunies, afin de permettre une répartition rationnelle des ressources. Elle se propose non seulement de stimuler le travail de refonte de la réglementation, le cas échéant, et d'indiquer les secteurs dans lesquels la nécessité d'un renforcement de la concurrence est la plus pressante, mais elle recommandera également les types d'actions les plus indiqués en vue de la protection de la concurrence et du marché.

Les systèmes de réglementation adoptés en Italie se sont souvent avérés inopérants, ou bien ils ont exercé des effets non souhaitables. En particulier, les privilèges légaux dont des institutions gouvernementales sont titulaires ou les concessions accordées pour la fourniture de services aux entreprises placées sous l'autorité du gouvernement, le ministère étant responsable de la surveillance de leurs activités, ont été largement dominants : en d'autres termes, il s'agit d'un système général dans lequel le gouvernement ou l'Etat est à la fois l'organisme qui fournit les services et l'organisme qui les réglemente.

Ce système, qui était à l'origine justifié par des conditions économiques et institutionnelles profondément différentes de celles qui dominent aujourd'hui, doit être réaménagé en profondeur. Là où les règlements restent adaptés à la situation, toute restriction à la concurrence implicitement liée à ces règlements doit être réduite au minimum dans la même mesure que la possibilité d'instituer une collusion implicite et explicite entre les instances réglementant le service et les pourvoyeurs de ce service au détriment de certaines catégories de consommateurs ou de producteurs.

Dans cette perspective, l'Autorité examine non seulement la question générale des rapports entre la réglementation, d'autres formes d'interventions publiques et la protection de la concurrence, mais également l'ensemble du système réglementaire régissant certains secteurs, en estimant que ce n'est qu'en se fondant sur des cas concrets qu'il est possible de formuler des recommandations tant soit peu constructives en tenant compte des conditions de croissance du pays et des intérêts du consommateur.

Dans l'exercice de ses pouvoirs au titre de l'article 21 de la loi, l'Autorité a demandé au gouvernement et au Parlement de libéraliser rapidement les services portuaires et de hâter la refonte de certaines dispositions du code maritime. A cet égard, elle a également préconisé le remplacement du régime des concessions pour les services de remorquage dans les ports ou divers lieux de mouillage ou de transit de bateaux par un régime de licences et de fixer également des taux forfaitaires pour les services portuaires en fonction des coûts de prestation. La position adoptée dans l'avis présenté par l'Autorité n'a malheureusement pas été retenue par les autorités compétentes, mais elle a été soutenue sans réserve par la Cour de justice des Communautés européennes dans un arrêt du 10 décembre 1991, aux termes duquel l'article 110 du Code maritime italien sur les services portuaires constituait une violation du traité de Rome.

L'Autorité a exercé les pouvoirs consultatifs qui lui sont dévolus par l'article 22 afin de recommander l'ouverture à la concurrence des services téléphoniques cellulaires. Sans sous-estimer la complexité du problème, elle a cependant exprimé l'espoir que l'autorisation d'exploiter la téléphonie cellulaire, exclusivement gérée à l'heure actuelle par la firme SIP, puisse être étendue à d'autres firmes, après l'établissement des règlements appropriés pour l'ensemble du secteur.

L'Autorité élabore également un rapport, conformément aux dispositions de l'article 24 de la loi, rapport qui sera soumis dans les prochains mois au Premier Ministre, en ce qui concerne les mesures à prendre en vue de l'adaptation des règlements régissant le secteur de la distribution commerciale, les marchés publics et les concessionnaires aux principes de la liberté de la concurrence.

En ce qui concerne les marchés publics et les concessionnaires, il faut une fois de plus souligner que, dès qu'un cadre juridique précis, fondé sur les principes de la liberté de la concurrence et de la transparence aura été mis en place, il pourra contribuer à la lutte contre le crime organisé, qui a trouvé un terrain favorable à son expansion dans le caractère largement arbitraire des pouvoirs de décision et dans l'absence de toute règle nette régissant les relations entre le secteur public et le secteur privé.

II.   Accords

L'article 2 de la loi interdit aux entreprises de conclure des accords dont l'objectif ou l'effet est d'empêcher, de restreindre ou d'entraver sensiblement la concurrence sur le marché national ou sur une partie importante de celui-ci, même s'ils sont adoptés sous forme de résolutions de la part de consortiums, d'associations d'entreprises ou d'organisations similaires. L'article 4 de la loi investit également l'Autorité du pouvoir de déroger à cette disposition en autorisant pendant une durée limitée certains accords ou catégories d'accords, qui seraient sinon interdits, chaque fois que des conditions précises sont réunies.

En 1991, l'Autorité a exprimé son avis au sujet de neuf accords entre entreprises. Dans six cas, elle a jugé qu'il était inutile de procéder à une enquête, en l'absence de conditions révélatrices d'une violation de l'article 2 de la loi[3] ;

dans deux cas, elle a jugé nécessaire de procéder à des enquêtes et a clôturé la procédure, après avoir constaté que les mesures potentiellement préjudiciables à la concurrence avaient été rapportées par les entreprises en cause (Sindicato Laziale Commercianti in Prodotti Petroliferi ; GP-Anselmi).

Enfin, dans une affaire, dans laquelle elle avait été priée d'autoriser un accord en application de l'article 4 de la loi, l'Autorité a estimé qu'il y avait violation de l'article 2 de la loi et, par conséquent, elle a jugé que les conditions n'étaient pas réunies aux fins d'une autorisation d'une dérogation à l'interdiction des accords anticoncurrentiels (Assirevi).

Au cours du premier trimestre de 1992, l'Autorité a statué sur 12 autres accords. Dans quatre affaires (Consorzio AB, Consorzio Perugia, Consorzio Sciacca, COEM), à l'issue de l'enquête entreprise en 1991, l'Autorité a estimé que les accords qu'elle avait examinés constituaient des violations de l'article 2, paragraphe 2, de la loi. Elle n'a pas estimé qu'il serait nécessaire d'infliger une peine, puisque les entreprises en cause avaient entre-temps levé les restrictions à la concurrence auparavant existantes. Dans les huit autres affaires, elle a jugé qu'il était inutile de procéder à des enquêtes, puisque les accords examinés n'étaient pas destinés à entraver ou à fausser la concurrence sur les marchés en cause, pas plus qu'ils n'étaient de nature à produire de tels effets[4].

Le 31 mars 1992, sept enquêtes étaient en cours au sujet de prétendues violations de l'article 2 de la loi[5].

Il est possible de dégager des décisions prises en 1991, et au cours du premier trimestre de 1992, un certain nombre d'indications concernant les critères d'interprétation que l'Autorité avait appliqués en imposant la réglementation des accords en application de l'article 2 de la loi.

L'identification des accords

En application de l'article 2, paragraphe 1, de la loi, les accords visés sont des conventions et/ou des pratiques concertées entre entreprises et des décisions arrêtées par des consortiums et des associations d'entreprises et organisations similaires, même s'ils sont adoptés en application de leur acte constitutif et de leurs statuts. Conformément à cette définition, l'Autorité a estimé que des accords sont conclus non seulement lorsque la volonté exprimée par les entreprises a effectivement débouché sur la conclusion de contrats faisant naître des obligations juridiques précises (telles que des contrats de distribution exclusive), mais même là où d'autres instruments sont établis et en particulier des protocoles d'accord et des recommandations sans force obligatoire légale.

Nonobstant le fait que les termes de l'article 2, paragraphe 1, de la loi ne s'écartent que très légèrement de ceux de l'article 85, paragraphe 1, du traité

CEE[6], il semble que l'Autorité les interprète en tenant pour des accords restrictifs toutes les expressions du désir d'associations d'entreprises de déterminer une coordination entre ces entreprises de leur comportement sur le marché dont il est avéré, dans certains cas concrets, qu'elles sont préjudiciables à la concurrence (Sindicata Laziale di Commercianti in Prodotti Petroliferi)[7].

L'Autorité a moins prêté attention à la forme qu'à l'origine des décisions arrêtées par les consortiums et diverses associations. Par conséquent, elle a jugé que certaines clauses précises de l'acte constitutif et du statut des consortiums constituaient des accords (indépendamment du point de savoir s'ils restreignaient la concurrence). C'est le cas des consortiums dans le secteur du béton ; la jurisprudence communautaire tient également les règlements du consortium pour des "décisions d'associations d'entreprises" visées par l'article 85, paragraphe 1.

Les effets des accords sur la concurrence

L'article 2, paragraphe 2, de la loi interdit "les accords entre entreprises qui ont pour objet ou pour effet d'empêcher, de restreindre ou de fausser le jeu de la concurrence sur le marché national ou dans une partie substantielle de celui-ci." Cette disposition générale est suivie d'une liste d'exemples d'activités qui donnent lieu à des accords qui pourraient être tenus pour restrictifs de la concurrence.

En ce qui concerne l'application de la première partie de l'article, il faut souligner que l'Autorité n'a pas normalement limité son examen à la seule portée de l'accord, mais a généralement étudié la structure et les caractéristiques du marché en cause et la place des parties sur ce marché (Assirevi ; La Rinascente-Sogema ; Consorzio Sciacca), ainsi que la part de marché pour le produit et/ou pour les services faisant l'objet de l'accord (Istituto Bancario S. Paolo di Torino-Fondiaria). Cette procédure a été appliquée en vue de la vérification du point de savoir si les accords examinés étaient en tout état de cause de nature à restreindre la concurrence dans la mesure prévue par la loi ("sensiblement") en modifiant dans une large mesure la situation sur le marché des autres entreprises et des consommateurs.

En appréciant le caractère potentiellement restrictif des accords examinés, l'Autorité a mis en relief l'établissement de procédures pour l'échange d'informations au titre des accords conclus entre les entreprises (Assirevi), l'existence de comités responsables de la coordination des politiques commerciales des entreprises (Cementir-Merone ; Assirevi) ; et le risque de pénalisation en cas de manquement à l'obligation de respecter les règlements des consortiums (Consorzio AB ; Consorzio Perugia ; Consorzio Sciacca). En pareils cas, les entreprises ont tendance à veiller à ce que les accords conclus leur permettent effectivement d'infléchir leur comportement sur le marché.

L'Autorité a dans certains cas exercé son pouvoir d'inspection avec l'aide de la Guardia di Finanza, en recourant aux Commandements tant centraux que locaux, afin de recueillir des données de nature à établir que les accords en cause avaient exercé un effet réel sur le marché de référence (Pro-Cal ; Consorzio Sciacca). Plus précisément, elle a examiné l'existence et la situation sur le marché d'entreprises qui n'étaient pas parties aux accords ; les modifications des conditions de l'offre des produits à la suite de la conclusion d'accords anticoncurrentiels ; la politique d'établissement des prix adoptée par des entreprises parties aux accords, en ce qui concerne les règles des consortiums et la publication de certaines listes de prix précis par des associations ; le rôle joué par l'autoproduction sur le marché de référence ; l'institution effective de sanctions par les instances de gestion compétentes des consortiums contre les entreprises affiliées pour manquement à l'obligation de respecter les règlements de ces consortiums restreignant la concurrence (Assirevi ; Consorzio Sciacca ; Consorzio AB ; Consorzio Perugia).

Bien que certains accords aient été volontairement résiliés au cours de l'enquête, ce qui a fait obstacle à ce que l'Autorité soit en mesure de demander aux entreprises ou à leurs associations de mettre fin à leurs violations, l'Autorité n'en a pas pour autant été dissuadée de statuer sur la légalité de l'accord, tant sous l'angle de la nécessité générale d'établir la sécurité juridique, que pour être en mesure d'apprécier la gravité et la durée de l'activité illégale aux fins de l'institution de sanctions le cas échéant (Consorzio Perugia ; Consorzio AB).

Détermination du marché en cause

Afin de constater si un accord entrave, restreint ou fausse sensiblement la concurrence, il est nécessaire d'identifier en premier lieu le marché en cause sur lequel ces effets sont ressentis. Sous l'angle de la protection de la concurrence, le marché en cause comprend tous les produits qui sont facilement substituables aux produits dont les entreprises tiennent compte dans leurs propres politiques de commercialisation.

Le marché en cause ne concorde donc pas nécessairement en tout temps avec ce que les entreprises elles-mêmes tiennent pour leur marché de référence.

Afin de parvenir à une définition empirique du marché, une approche méthodologique possible, qui est appliquée par exemple aux États-Unis et au Canada, consiste à tenir pour le marché en cause celui sur lequel, si le secteur devait devenir un monopole, le monopoliste pourrait imposer un prix sensiblement supérieur au prix compétitif et le maintenir à ce niveau supérieur pendant une période de temps assez longue.

Plusieurs critiques pourraient être formulées contre ce critère, et la principale est qu'il est trop vague et qu'il laisse une large marge à l'interprétation personnelle. Les données nécessaires pour définir le marché en cause de cette manière sont extrêmement précises mais ne sont pas toujours faciles à obtenir. Néanmoins, la méthode qui consiste à enquêter sur les effets possibles d'une hausse des prix de la part de quelque monopoliste éventuel constitue un point de repère important pour l'argumentation qui devrait être utilisée et elle permet par exemple d'apprécier l'incidence d'un accord ou d'une concentration sur le marché d'une manière rationnelle sous l'angle de la méthode, même si elle n'est peut-être pas toujours précise quantitativement.

Il s'agit d'un critère axé sur la substituabilité par un usager du produit ou du service au cours de la période consécutive à la hausse des prix théorique, compte tenu des difficultés auxquelles des concurrents tenant à fournir un produit semblable risquent d'être confrontés. Il est clair que ce critère permet d'identifier tant le marché du produit que sa dimension géographique.

Dans ses décisions relatives aux accords, l'Autorité a fréquemment mentionné la mesure de substituabilité des produits ou services du point de vue des acheteurs, en ce qui concerne leurs caractéristiques, leur prix et l'usage auquel ils sont destinés à être affectés. Afin d'évaluer la restriction possible sur la concurrence au titre d'un contrat de distribution exclusive pour des produits chimiques à utiliser à des fins pharmaceutiques et esthétiques, protégés par certaines marques, l'Autorité a tenu compte de tous ces produits qui, même s'ils diffèrent partiellement des produits désignés par ces marques, passent cependant auprès des consommateurs pour des produits pouvant s'y substituer (Vevy Europe-Res Pharma)[8].

Il a été tenu compte des prix du produit aux fins d'estimation de la mesure dans laquelle ils étaient susceptibles d'être remplacés par les acheteurs, en particulier en identifiant le marché en cause pour des accords entre fabricants de béton (Consorzio AB) ; dans ce cas, l'Autorité a estimé qu'il serait trop coûteux pour les consommateurs de béton de produire leur propre béton au lieu de l'acquérir sur le marché, de sorte que ce ne pouvait être là une solution importante pouvant remplacer le marché.

Le marché géographique en cause en ce qui concerne les accords examinés jusqu'ici a également été identifié par l'Autorité d'après les caractéristiques des produits et les habitudes des acheteurs ; par conséquent, là où il était avéré que certains produits avaient tendance à se détériorer ou si les coûts du transport étaient relativement élevés ou lorsque des caractéristiques particulièrement importantes du marché avaient été mises à jour en ce qui concerne ces produits, l'accord a dû être évalué en termes de parties limitées du territoire national, pouvant avoir un caractère régional ou interrégional, voire quelquefois purement local (les affaires en cause concernaient Contal-Talat et Sodilat-Putignano en ce qui concerne le secteur laitier[9], et des accords dans le secteur de la cimenterie ou du béton).

En ce qui concerne la détermination du marché géographique concerné, la nationalité des parties à l'accord est un élément non pertinent ; même une entreprise commune fondée par des entreprises non italiennes et dont l'objet est d'exercer leurs activités à l'étranger a été jugé un élément pertinent en raison du fait que les sociétés mères et l'entreprise commune importaient en Italie (Mitsui-Nippon Soda) ; d'autre part, l'Autorité a estimé que, dans un cas particulier, un accord au titre duquel un consortium avait été constitué en vue de la coordination des opérations de deux firmes italiennes sur des marchés étrangers, là où les sociétés mères continuaient à exercer leurs activités sur le marché italien sous des modalités distinctes et autonomes, ne tombait pas dans le champ d'application de l'article 2, paragraphes 2 et 3 de la loi (Italian Group for Cement[10]).

Accords interdits au titre de l'article 2 de la loi

L'Autorité a jugé que des accords destinés à fixer des honoraires pour des travaux d'audit et de certification d'états financiers (Assirevi), fixant les prix de vente du fuel domestique (Sindicato Laziale Commercianti in Prodotti Petroliferi), des quotas pour la production et la vente de béton et le prix de vente minimum pour du béton (Consorzio AB ; Consorzio Perugia ; Consorzio Sciacca ; COEM), restreignaient effectivement la concurrence et étaient interdits au titre de l'article 2 de la loi.

En ce qui concerne les consortiums exerçant leurs activités dans le secteur du béton, et dont l'acte constitutif et les statuts comprenaient des clauses destinées à imposer des quotas de production et de vente et à fixer des prix de vente minimum pour le béton, des enquêtes complémentaires ont été ordonnées et elles sont toujours en cours, en vue de la détermination du point de savoir s'il y a là violation de l'article 2 de la loi.

Enfin, l'Autorité a estimé qu'il y avait peut-être une restriction à la concurrence, justifiant l'ouverture d'une enquête, à la suite d'opérations de constitution d'une entreprise commune qui, au titre de l'article 5, paragraphe 3, ne faisaient pas naître une concentration, parce que l'objet principal était la coordination des politiques commerciales de firmes indépendantes exerçant leurs activités dans le secteur du ciment (Cementir-Sacci).

Il en ressort que l'Autorité a estimé que des accords horizontaux, c'est-à-dire des accords entre entreprises exerçant leurs activités sur le marché du même produit, accords de nature à éliminer tant la concurrence intérieure (entre les parties à l'accord) que la concurrence extérieure (en ce qui concerne les concurrents non parties à l'accord) étaient soit interdits, soit risquaient de tomber sous le coup de l'interdiction prévue par l'article 2, par. 2 de la loi.

L'Autorité a constaté qu'il n'existait aucun motif de déclarer que les accords verticaux examinés jusqu'ici, en particulier les accords de distribution commerciale, y compris les accords d'exclusivité, étaient illégaux (Benetton-CSP ; Vevy Europe-Res Pharma).

Sur les demandes d'autorisation d'accords anticoncurrentiels en application de l'article 4

Le seul cas dans lequel l'Autorité a expressément statué sur une demande déposée au titre de l'article 4 de la loi en vue de l'autorisation d'un accord dont la conclusion est interdite, était l'accord soumis par Assirevi, l'association nationale des experts-comptables. L'Autorité a rejeté cette demande parce que l'accord n'était pas limité dans le temps et qu'il n'apportait aucun avantage substantiel aux usagers du service.

Assirevi a informé l'Autorité, dans une demande qui a été reçue le 13 mai 1991, que l'association avait adopté des règlements régissant les honoraires pour les travaux d'audit et de certification, ainsi qu'un ensemble de règles d'exécution et de règlements disciplinaires.

L'association, qui regroupe dix firmes d'audit (Arthur Andersen, Coopers & Lybrand, CZ Revisione, Deloitte & Touche, Euro Revisione, Hodgson Laudau Brands, KPMG, Price Waterhouse, Reconta Ernst & Young, Ria & Mazars) représente environ 93 pour cent du marché dans le secteur des services d'audit prévus par la loi, des audits facultatifs et de comptabilité, et a demandé à l'Autorité d'homologuer expressément son barème d'honoraires qui, tout en restreignant la concurrence, réunissait les conditions d'agrément requises au titre de l'article 4 de la loi[11].

Selon Assirevi, l'accord a pour but de préserver la qualité du service auquel les entreprises ont l'obligation légale de recourir. L'association a exprimé la crainte que certaines entreprises, afin d'attirer une nouvelle clientèle, ne proposent des prix exagérément bas ou ne consacrent trop peu de temps à leur tâche pour être en mesure de garantir un service digne de confiance, en utilisant du personnel insuffisamment qualifié.

L'accord susvisé, selon Assirevi, était destiné à garantir que le service serait fourni conformément aux obligations légales sans que la concurrence soit faussée, en relevant la qualité du service. Dans ces conditions, selon Assirevi, des parts du marché ne seraient pas acquises simplement par la réduction de la rémunération du service, ce qui encouragerait les firmes d'audit à réduire leurs coûts, même au risque d'une réduction de la qualité du service.

Les règlements Assirevi prévoyaient également une procédure complexe d'échange d'informations entre les firmes affiliées et leur association professionnelle, ce qui donnerait à l'association un moyen puissant de lutte dirigée contre tout comportement fautif et la possibilité de sanctionner les manquements à l'obligation de respecter les règles.

En dernière analyse, Assirevi a fait valoir que l'adoption des règlements susvisés apporterait des avantages aux usagers du service, en fournissant des garanties plus sérieuses de l'exactitude et de la loyauté des états financiers.

Après avoir examiné toutes les données à sa disposition, l'Autorité a estimé que l'accord tombait dans le champ d'application de l'article 2, sous a) qui interdit les accords entre entreprises destinés à fixer directement ou indirectement les prix d'achat ou de vente ou toute autre condition contractuelle. Elle a également estimé que l'article 4 ne s'appliquait pas en l'espèce, parce qu'il prévoit deux conditions à réunir pour qu'une dérogation soit accordée : elle doit être limitée dans le temps et elle doit apporter des avantages tangibles aux consommateurs.

En ce qui concerne le premier point, l'Autorité a noté qu'aucun délai n'était précisé sur la notification ; en ce qui concerne le deuxième point, elle a jugé que même si l'argument d'Assirevi en ce qui concerne la qualité avait quelque fondement, la préoccupation relative à la détérioration de la qualité du service en raison de la concurrence excessive en matière de prix semblait plutôt sans fondement, parce que les règlements existants identifiaient et indiquaient les personnes qualifiées pour procéder à la certification et les obligent à se faire enregistrer dans un "Albo" légal, ce qui garantit un minimum de qualité du service de certification.

L'Autorité a également souligné que cette partie de l'accord, qui fixait un nombre d'heures minimum, en fonction de la dimension de la firme cliente, à consacrer à l'audit des états financiers ne constituait pas par elle-même une garantie de qualité, parce que l'exactitude de l'audit pouvait être tributaire de divers facteurs tels que l'adoption de systèmes de contrôle et d'audit, dont l'efficacité était variable.

La fixation de niveaux minimums, en ce qui concerne tant le temps à consacrer à un service que les prix à faire payer, empêche les concurrents dont les procédures sont tout aussi précises mais plus efficientes, de faire payer des prix moins élevés que ceux qui sont fixés aux termes de l'accord.

III. Exploitation abusive d'une position dominante

L'article 3 de la loi comprend des dispositions régissant l'exploitation abusive d'une position dominante et calquées essentiellement sur l'article 86 du traité de Rome. L'existence de violations éventuelles de l'interdiction frappant l'exploitation abusive d'une position dominante, en application de l'article 3 de la loi, peut être constatée par l'Autorité soit d'office soit à la suite de plaintes précises.

En 1991, à la suite d'une plainte, l'Autorité a entrepris une enquête au sujet de violations prétendues de l'article 3 de la loi par la firme SIP Spa, qui est titulaire d'une concession exclusive de l'exploitation du service national italien du téléphone. L'examen a été achevé le 4 mars 1992 et l'Autorité a estimé que SIP avait en fait violé l'interdiction d'exploiter abusivement une position dominante, interdiction prévue par l'article 3 de la loi.

L'enquête a été entreprise à la suite de la présentation le 27 mai 1991 d'un rapport par 3C Communications Srl Company, qui faisait valoir une exploitation abusive de la position dominante par SIP, au motif que : a) SIP, en vertu de sa position de détenteur d'un monopole légal, détenait une position dominante dans le secteur des télécommunications ; et que b) SIP avait exploité abusivement cette position en refusant d'autoriser 3C Communications à utiliser des lignes téléphoniques et, ce faisant, l'avait empêchée de fournir des services consistant dans la possibilité de se servir de cartes de crédit afin d'accéder à la ligne téléphonique et en tant que moyen de paiement des appels téléphoniques.

Plus précisément, SIP avait fourni à 3C Communications 46 lignes téléphoniques dans des hôtels, des restaurants et des centres de conférences en septembre 1990, au titre des contrats d'abonnement habituels. Ultérieurement, en octobre de la même année, SIP avait exprimé la crainte que la firme n'exerce une activité illégale et avait refusé de conclure tout nouveau contrat avec cette firme, empêchant ainsi 3C Communications de mettre en service les terminaux fournissant le service de communications utilisant des cartes de crédit.

A côté de la plainte qu'elle avait déposée au sujet de la situation susvisée auprès de l'Autorité, 3C Communications avait également déposé une plainte auprès de la Commission européenne conformément à l'article 3 du règlement communautaire n°17/62 en faisant valoir que SIP avait violé l'article 86 du traité de Rome.

Le 24 octobre 1991, SIP et 3C Communications ont signé un accord au titre duquel notamment 3C Communications serait en mesure de fournir les services en cause. Cet accord prévoyait également des restrictions quant aux personnes avec lesquelles des contrats d'abonnement au téléphone pouvaient être conclus et à l'implantation des terminaux appartenant à 3C Communications. Tant SIP que 3C Communications ont soumis à l'Autorité le texte de leur accord. Dans sa lettre d'accompagnement, 3C Communications a fait grief de ce que le comportement persistant de SIP en ce qui concerne la fourniture de lignes téléphoniques lui causait de graves difficultés d'exploitation dans l'exercice de ses activités.

Après avoir examiné les informations à sa disposition, l'Autorité a estimé nécessaire de procéder à une enquête afin de déterminer si SIP avait violé l'article 3 de la loi.

Sur le plan de la procédure, l'Autorité a estimé qu'elle avait compétence pour appliquer la loi, parce qu'aucune procédure en bonne et due forme n'avait encore été engagée par la Commission des Communautés européennes.

Sur le fond, l'Autorité a tout d'abord défini le marché en cause et jugé ensuite que le service fourni par 3C Communications, qui présentait des traits spécifiques et distincts qui lui étaient propres, n'était que partiellement interchangeable avec d'autres services. Ce service réduisait les coûts de transaction liés à un appel téléphonique, apportait une fonction additionnelle au service téléphonique de SIP et était essentiellement un service de paiement. Par conséquent, le comportement de SIP à l'égard de 3C Communications exerçait des effets sur un marché distinct, quoique contigu, du marché des services téléphoniques de base.

L'Autorité a estimé que les services fournis par 3C Communications, en facilitant l'accès par l'usager au réseau téléphonique dans certaines circonstances et en lui permettant de payer les appels téléphoniques ultérieurement, avaient été libérés par la directive communautaire 90/388 parce que ces services différaient de la téléphonie vocale et d'autres services exclus. En outre, ces services avaient une fonction d'un niveau supérieur s'ajoutant au service téléphonique de base, et ne faisant pas partie des services de télécommunications sur lesquels l'Etat détenait un monopole en droit italien, et en particulier au titre de l'article 2 sous a), b) et c) du décret ministériel du 6 avril 1990 ("Approbation du plan directeur national des télécommunications"). Le comportement incriminé de SIP concernant des services ouverts à la libre concurrence, l'Autorité a estimé que le titre 1 de la loi et en particulier son article 3 s'appliquaient sans réserve dans cette affaire.

Compte tenu des éléments susvisés, l'Autorité a estimé que, nonobstant le monopole légal de SIP en matière de gestion des services téléphoniques de base, elle n'était pas pour autant empêchée de déterminer si la présumée exploitation abusive existait ou non, en application de l'article 8, par. 2 de la loi, qui prévoyait que les entreprises qui, conformément aux dispositions légales, ont l'obligation de gérer des services présentant un intérêt économique général ou d'exercer leurs activités sur le marché au titre d'un monopole, ne sont exclues du champ d'application de la loi "que dans les limites strictement nécessaires à l'accomplissement des tâches précises dont elles ont été chargées".

L'Autorité a ensuite souligné que, conformément aux principes communautaires régissant la concurrence, puisque SIP détenait un monopole exclusif de l'exploitation des services de communications téléphoniques à l'intérieur du territoire italien, elle détenait une position dominante en ce qui concerne les marchés de ces services.

L'Autorité a donc constaté l'existence de deux cas distincts d'exploitation abusive de position dominante par SIP. Le premier était le refus de SIP d'accorder de nouvelles lignes téléphoniques à 3C Communications, refus non justifié par la législation en vigueur, parce que cette dernière firme avait demandé des liaisons pour être en mesure de fournir des services que tant la législation communautaire que la législation italienne tenaient pour étrangers au champ de ces services sur lesquels SIP détenait un monopole. Au cours des enquêtes, il est apparu que SIP étudiait actuellement des projets de mise en place d'un service de paiement du téléphone par cartes de crédit, ce qui donc en faisait un concurrent potentiel de 3C Communications. Il était donc possible de tenir le comportement de SIP pour destiné notamment à restreindre la concurrence sur un marché distinct du sien propre, mais qui lui était contigu, et un marché sur lequel SIP se préparait à intervenir en qualité d'exploitant.

En deuxième lieu, l'Autorité a conclu que les accords conclus le 24 octobre 1991 entre les parties subordonnaient la fourniture des services de 3C Communications au respect de certaines contraintes qui n'étaient pas de nature à éliminer la distorsion de la concurrence susvisée et n'étaient justifiées ni en droit italien ni en droit communautaire. Ces contraintes étaient des restrictions imposées par SIP en ce qui concerne le service qu'elle fournissait en tant que détenteur d'un monopole, afin de limiter la fourniture par d'autres entreprises de services ne tombant pas dans le champ de son monopole, en imposant des clauses contractuelles impératives et restrictives. L'accord en cause comprenait des conditions contractuelles contraignantes sans justification et a donc été tenu pour une violation de l'article 3 sous a) de la loi.

En concluant son examen, l'Autorité a déclaré que SIP devait mettre fin immédiatement à son comportement consistant à exploiter abusivement une position dominante et faire connaître à l'Autorité sans délai les mesures qu'elle avait arrêtées afin de veiller à la cessation des infractions en cause.

Le 31 mars 1992 trois autres enquêtes étaient en cours au sujet de violations de l'article 3 (Ancic-Cerved ; Apca-Compag ; Marinzulich-Tirrenia).

IV. Concentrations

Critères de l'évaluation des fusions

La notion de contrôle

L'article 5 de la loi prévoit trois modalités différentes de création d'une concentration : une fusion entre entreprises, l'acquisition du contrôle de la totalité ou de parties d'une ou de plusieurs autres entreprises ou la création d'une entreprise commune.

En adoptant une notion partiellement inédite dans la législation générale italienne, la loi prévoit qu'il n'y a contrôle que dans les cas prévus par l'article 2359 du code civil, dans sa version modifiée par l'article premier du décret législatif no 127 du 9 novembre 1991, mais qu'il existe également un contrôle là où un ou plusieurs sujets peuvent exercer une influence sensible sur les activités d'une entreprise, en plaçant au second plan les moyens juridiques garantissant cette influence, qui ne répondent qu'à une volonté d'efficacité.

Il est à noter que l'acquisition du contrôle conformément à l'article 5, paragraphe 1 sous b) de la loi doit être déterminée car par cas. Plus concrètement, l'acquisition d'une majorité du capital d'une entreprise suppose toujours l'acquisition du contrôle au sens de l'article 2359 du code civil, visé à l'article 7 de la loi, et constitue donc une concentration. Dans le cas de l'acquisition d'une participation minoritaire, l'existence d'une concentration doit s'apprécier cas par cas, par l'examen du point de savoir si l'opération fait naître le risque de l'exercice d'une influence décisive sur les activités de l'entreprise absorbée, en raison de conditions particulières.

Les effets sur la concurrence

L'article 6 de la loi prévoit que, dans le cas d'une concentration, l'Autorité est tenue d'apprécier le point de savoir si elle "constitue ou renforce une position dominante sur le marché national au point qu'elle élimine ou entrave sensiblement ou en permanence la concurrence." La loi oblige donc l'Autorité à déterminer le point de savoir :

si, à la suite d'une concentration, une position dominante est créée ou renforcée ;

si elle élimine ou entrave sensiblement la concurrence sur le marché national.

a) L'identification du marché en cause

Afin de procéder à l'évaluation susvisée, il faut tout d'abord identifier le marché sur lequel la concentration exerce ses effets. La définition du marché en cause aux fins de la protection de la concurrence a déjà été évoquée dans le chapitre traitant des accords ; un critère rationnel sur le plan de la méthode consiste à identifier le marché en cause en le tenant pour un marché sur lequel, si le secteur devait devenir monopolistique, le monopoliste serait en mesure d'imposer un prix sensiblement supérieur au prix compétitif et de le maintenir à ce niveau pendant une période assez longue. De cette manière, il est tenu dûment compte des autres possibilités ouvertes aux acheteurs du produit, ainsi que de toute restriction qui pourrait peser sur la capacité d'offre des concurrents.

En appliquant le critère susvisé, il est possible d'identifier tant le produit que la dimension géographique du marché en cause en cas de concentration. Le marché géographique en cause ne concorde pas nécessairement avec le territoire national, parce que certains produits sont d'un usage typiquement local (par exemple les services touristiques, la distribution commerciale, les services bancaires pour les ménages, le béton), alors que d'autres disposent d'un espace commercial plus vaste qui peut même avoir une dimension mondiale (par exemple les industries novatrices dans le secteur des techniques de pointe, les matières premières, les produits agricoles non périssables).

Il semblerait que l'article 6 de la loi, qui oblige l'Autorité à examiner les effets anticoncurrentiels des concentrations, implique nécessairement une appréciation au cas par cas en ce qui concerne le marché qui peut devenir le marché à considérer. Celui-ci peut être le territoire national, ou il peut être plus réduit ou plus vaste que ce territoire.

Lorsque le marché de référence géographique est plus vaste que le territoire national, la position dominante doit s'apprécier en termes de la totalité du marché en cause.

b) L'identification d'une position dominante

Après avoir défini le marché considéré, il est nécessaire de résoudre le point de savoir si la concentration "constitue ou renforce une position dominante au point qu'elle élimine ou entrave sensiblement ou en permanence la concurrence." La loi ne contient aucune définition explicite d'une position dominante ; cependant, selon la jurisprudence communautaire constante, la position dominante est une position dont le poids économique est tel qu'une entreprise est capable d'agir indépendamment des autres pendant une période assez longue.

De manière générale, seules ces entreprises qui détiennent des parts de marché extrêmement importantes peuvent adopter des stratégies indépendantes. Néanmoins, il n'en va pas ainsi dans chaque cas : l'évolution la plus récente de l'économie industrielle fait apparaître que, dans de nombreux cas, le comportement des entreprises n'est pas tributaire de la structure du marché dans lequel l'entreprise exerce ses activités. Un aspect à prendre en considération est le risque de collusion entre entreprises.

En principe, dans l'appréciation du risque qu'une entreprise particulière ne soit en mesure d'exercer une puissance économique, il est tenu compte essentiellement de la part de marché de l'entreprise à la suite de la concentration. Néanmoins, même si des seuils déterminés sont atteints ou dépassés en termes de parts de marché, l'opération n'élimine pas nécessairement la concurrence "sensiblement ou en permanence". Ainsi que le prévoit expressément l'article 6 de la loi, il faut tenir compte de "la possibilité de choisir les fournisseurs et les clients, de la position sur le marché des entreprises en cause, de leur accès aux sources d'approvisionnement et aux débouchés, de la structure des marchés, de la situation concurrentielle de l'industrie nationale, des obstacles à l'entrée pour des entreprises concurrentes et de la tendance de l'offre et de la demande des produits ou des services en cause."

Dans la mesure où il s'agit de concentrations horizontales entre entreprises exerçant leurs activités sur le marché du même produit, ou sur le marché de la même catégorie de produits, il faut tenir compte tant de l'existence que de l'ampleur des obstacles à l'accès au marché considéré.

Même en cas de concentration très poussée, à condition que les obstacles à l'entrée ne soient pas importants, des conditions proches de conditions concurrentielles peuvent encore être réunies. La cause en est que le comportement des entreprises présentes sur le marché est également influencé par une concurrence potentielle.

L'existence d'obstacles à l'entrée est par conséquent l'élément principal à considérer en examinant les effets d'une concentration horizontale. Néanmoins, alors que l'existence d'obstacles importants à la pénétration de marchés par de nouveaux opérateurs accroît la probabilité d'un comportement anticoncurrentiel, normalement seule une analyse de type qualitatif de ce phénomène est possible, parce que la complexité et l'hétérogénéité des aspects à examiner rendent difficile une appréciation quantitative.

En principe, l'accès au marché peut être tenu pour aisé si, en réagissant à une hausse des prix supérieure au niveau compétitif par un monopoliste théorique, il est possible, au cours d'une période de durée raisonnable, d'introduire de nouvelles capacités de production sur le marché de manière à revenir à des conditions compétitives. Il faut se rappeler que de véritables obstacles à l'entrée de nouvelles entreprises sur le marché peuvent également être créés par des contraintes administratives ou réglementaires.

A titre d'exemples, même si leur énumération n'est nullement limitative, on peut citer les obstacles à l'entrée suivants :

1) l'existence d'obstacles administratifs tenant à des politiques réglementaires ou à diverses mesures de politique industrielle et commerciale qui font obstacle à l'accès au marché de la part d'entreprises nouvelles venues ou qui font naître une inégalité dans les possibilités d'accès à toutes les entreprises ;

2) l'existence de coûts considérables irrécupérables, tels que ceux qui sont afférents à certains types d'usines ou d'équipements, à la recherche scientifique et à la publicité ;

3) l'existence d'économies d'échelle technologiques et financières qui rendent indispensable le contrôle d'une part importante du marché en vue de l'établissement de conditions d'efficience de la production.

A côté des contraintes politiques et administratives, les obstacles à l'entrée sont essentiellement liés à l'existence des coûts irrécupérables -- en d'autres termes, à des dépenses que l'entreprise est obligée d'engager afin d'acquérir des biens (tant tangibles qu'intangibles), qui ne peuvent être affectés à d'autres usages que ceux pour lesquels ils ont été prévus à l'origine. Ces coûts irrécupérables peuvent souvent être liés aux aspects technologiques de la production (dépenses consacrées à des équipements et à des installations spécifiques) ou résulter d'un comportement stratégique de l'entreprise. Les obstacles stratégiques à l'entrée comprennent par exemple des dépenses intangibles, telles que les dépenses de publicité, en vue de la réduction de la substituabilité d'un produit, ce qui exige un investissement échelonné sur de nombreuses années pour qu'il soit pleinement rentable. Dans de nombreux cas, ces frais constituent une contrainte majeure qui pèse sur l'accès à l'entrée parce que les investissements intangibles se font généralement à fonds perdus.

Comme il a déjà été souligné, à côté des obstacles à l'entrée, l'article 6 de la loi mentionne également de très nombreuses conditions à évaluer, afin de déterminer si la création ou le renforcement d'une position dominante sur le marché "élimine ou entrave la concurrence sensiblement et en permanence". Afin de déterminer si la concentration crée ou renforce une position dominante sur le marché, à la différence de la législation d'autres pays, l'article 6 ne range pas expressément le progrès technique parmi les éléments à prendre en considération. Néanmoins, l'article 6, paragraphe 1, de la loi, mentionnant la "situation concurrentielle de l'industrie nationale", prévoit effectivement la possibilité de prendre en compte le progrès technique.

La prise en compte des avancées technologiques dans la politique de la concurrence est capitale. La croissance de nombreuses entreprises tient à la constance dans l'innovation, qui se caractérise souvent par un haut degré d'indivisibilité. Dans de nombreux cas, une perte statique de bénéfices à la suite d'une concentration peut être plus que compensée par les effets dynamiques sur la croissance économique tenant, par exemple, à l'absence de doubles emplois dans des programmes de recherche onéreux et à la diffusion des nouvelles connaissances techniques.

Dans les secteurs des technologies de pointe, le risque est moindre que la structure du marché évolue au point d'en arriver au stade de la constitution d'un monopole parce que de nouveaux produits et, de ce fait, de nouvelles possibilités de concurrence se créent constamment.

Néanmoins, la justification par l'efficience compensant la réduction de la concurrence doit être limitée à des secteurs dans lesquels les progrès technologiques sont véritablement rapides, parce que ce n'est que dans ce cas qu'il est permis de présumer un retour rapide probable à des conditions concurrentielles. Dans tous les autres cas, lorsque le degré de concentration

est élevé et que l'accès au marché est difficile, il faut faire preuve d'une grande prudence en autorisant une activité pouvant peut-être stimuler l'efficience mais risquant de créer une situation anticoncurrentielle durable et, de ce fait, à favoriser le maintien d'une position dominante.

c) Concentrations verticales

L'article 6 de la loi définit les conditions à examiner pour établir si des concentrations "créent et renforcent une position dominante sur le marché national au point qu'elles éliminent ou entravent sensiblement ou en permanence la concurrence", et envisage plusieurs types de concentration (l'accès aux sources d'approvisionnement et aux débouchés sur le marché) qui ne s'expliquent qu'en termes d'une concentration verticale : en d'autres termes, là où l'entreprise fusionne avec un de ses clients ou un de ses fournisseurs.

A la différence des concentrations horizontales, où l'entreprise fusionne avec ses concurrents, la concentration verticale peut conférer une puissance économique en empêchant des concurrents d'exploiter des données essentielles ou en les obligeant à accéder simultanément à plusieurs marchés, en relevant par là le coût de cet accès. Néanmoins, ce n'est que s'il est possible à une entreprise de nuire à ses concurrents au niveau des coûts, à la suite d'une fusion avec ses fournisseurs ou ses clients, que des pratiques de cette nature peuvent peser effectivement sur la concurrence.

Dans un souci de clarté, il est peut-être utile de citer quelques exemples. Une entreprise peut obtenir une marge bénéficiaire plus élevée après avoir fusionné avec le fournisseur d'un produit indispensable au mécanisme de la production, produit qu'il n'est peut-être pas possible de se procurer à d'autres sources à des conditions semblables. Il s'agit par conséquent d'une forme d'intégration destinée à garantir l'utilisation d'une ressource rare, ce qui rend possible d'obtenir un avantage quant aux coûts sur les concurrents. Si la fusion permet de faire obstacle à ce que les concurrents aient accès à cette ressource, elle peut être tenue pour préjudiciable à la concurrence. Néanmoins, une entreprise peut également fusionner avec un fournisseur d'une ressource rare qui est indispensable à ses opérations de production sans que l'opération exerce des effets anticoncurrentiels, ce qui est le cas lorsque l'entreprise continue à vendre le même article à d'autres entreprises à des conditions compétitives.

Dans le cas des concentrations verticales, il s'agit essentiellement d'évaluer l'incidence de l'opération sur des tiers.

A cette fin, il faut en premier lieu déterminer le point de savoir si le comportement de l'entreprise accroît les coûts des concurrents. Dans l'affirmative, il est nécessaire d'établir si cet avantage quant aux coûts donne à l'entreprise une position dominante. Une méthode empirique d'établissement du point de savoir si une fusion verticale rend possible à l'entreprise d'acquérir une position dominante sur son propre marché de référence consisterait à vérifier si elle pourrait augmenter ses prix sans aucune riposte de la part de ses concurrents et les maintenir à un niveau sensiblement plus élevé que le prix concurrentiel pendant une période assez longue.

En examinant des fusions verticales, il faut également analyser la répartition de la part sur le marché en amont et sur le marché en aval ainsi que le nombre d'entreprises verticalement intégrées exerçant leurs activités sur ces deux marchés[12].

Une fusion verticale ne fait pas toujours naître un droit d'exclusivité. Cela étant, le seuil à partir duquel l'attention doit être éveillée, selon l'Autorité, est atteint lorsque les conditions suivantes sont réunies :

1) L'entreprise procédant à l'acquisition et l'entreprise absorbée détiennent chacune une part de marché assez importante sur leur propre marché.

2) Sur chacun des marchés en cause, la somme totale des parts de marché de toutes les entreprises qui sont verticalement intégrées est élevée.

En cas d'intégration verticale, il est généralement utile d'élargir la définition des obstacles à l'accès au marché en y incluant les contraintes pesant sur un producteur tenant à accéder à un marché sous la pression de la nécessité d'accéder simultanément à un autre marché.

A l'évidence, les contraintes susvisées sont d'autant plus rigoureuses que la part du marché des producteurs indépendants sur différents marchés est plus réduite.

d) Conglomérats

La législation antitrust de la plupart des pays, y compris l'Italie, ne vise pas à réduire la puissance économique des sociétés et des entreprises en tant que telle. Là où le législateur veut qu'il soit tenu compte de la puissance économique et financière des firmes pour l'examen des concentrations, la législation doit le prévoir expressément. En outre, afin d'éviter l'accumulation de pouvoirs économiques, il existe des instruments autres que la politique économique et notamment la politique fiscale et le pouvoir réglementaire.

La politique de la concurrence a pour préoccupation de veiller à ce que les conditions du marché ne s'écartent pas sensiblement d'un régime de concurrence : par conséquent, les conglomérats sont habituellement jugés favorablement, puisqu'en général, ils n'exercent aucun effet sur les marchés en cause. Ce n'est que dans certains cas précis, notamment lorsqu'une concentration élimine ou entrave sensiblement l'activité d'un concurrent potentiel, que les conglomérats risquent de tomber sous le coup de l'interdiction prévue à l'article 6 de la loi. Après la constitution d'un conglomérat, comme pour toute autre opération, s'il devait y avoir ultérieurement des cas d'exploitation abusive d'une position dominante, l'Autorité pourrait en tout état de cause intervenir au titre de l'article 3 de la loi.

Concentrations examinées en 1991

En 1991, l'Autorité a examiné au total 250 cas de concentration ; 17 de ces cas concernaient des avis présentés à la Banque d'Italie en application de l'article 20, paragraphe 3 de la loi, tandis que, dans un cas, l'avis avait été demandé par l'Autorité compétente en matière de monopole dans le secteur de la radiotélédiffusion et de l'édition.

Au cours du premier trimestre de 1992, 90 cas de concentrations ont été étudiés.

En 1991, dans deux cas, l'Autorité a décidé de procéder à une enquête en application de l'article 16, paragraphe 4 (Ecoservizi-Novaspurghi ; Panna Elena-CPC). Les enquêtes ont cependant fait apparaître que les activités en cause ne créaient ni ne renforçaient de position dominante. Au cours du premier trimestre de 1991, deux autres enquêtes ont été engagées en application de l'article 16, paragraphe 4[13].

Une analyse des décisions arrêtées au cours de toute l'année 1991 et au cours du premier trimestre de 1992 sur les concentrations, notamment des décisions concernant les accords, donne plusieurs indications touchant les critères utilisés par l'Autorité pour l'examen des opérations en cause.

a) Notification préalable des opérations de concentration

En ce qui concerne l'obligation de signaler les concentrations en application de l'article 16 de la loi, l'Autorité a répété en 1991 qu'une concentration devait être notifiée avant sa réalisation (Sintesi-Bastogi), et, là où elle a constaté des infractions graves à cet égard, elle a prononcé les sanctions administratives prévues par l'article 19, paragraphe 2 de la loi.

Pour calculer les seuils de chiffres d'affaires au-delà desquels il devient obligatoire de notifier préalablement une concentration, il faut tenir compte non seulement du chiffre d'affaires global enregistré par toutes les entreprises en cause sur le territoire, mais aussi du chiffre d'affaires du secteur de production directement concerné par la concentration (Cirio-Torre in Pietra).

b) L'identification des concentrations

En ce qui concerne l'identification des concentrations prévue à l'article 5 de la loi, une question particulièrement délicate est l'identification des opérations qui tombent sous le coup de l'article 5, paragraphe 1 (b) (l'acquisition du contrôle de la totalité ou d'une partie d'une ou de plusieurs entreprises).

Tout en tenant pour une concentration l'acquisition de parts donnant une majorité absolue de voix à l'assemblée générale annuelle ordinaire de la firme, l'Autorité a estimé qu'en application de l'article 5, paragraphe 1 (b), il y avait également concentration à la suite de l'acquisition de 47 pour cent des parts ordinaires du capital de la firme, le reste du capital étant réparti entre un grand nombre d'actionnaires (Sintesi-Bastogi). De même, elle a estimé que l'acquisition de 30 pour cent du capital en actions ordinaires d'une entreprise, conjuguée à des accords parallèles entre entreprises, au titre desquels l'acquéreur bénéficiait d'une influence décisive sur la firme, même sous la forme d'un contrôle commun (Fisia-Consulacquia) était également assimilable à une concentration.

Les concentrations formées conformément à l'article 5, paragraphe 1, (b) sont également censées exister dans le cas d'opérations de transformation d'une situation de contrôle commun par plusieurs entreprises en une situation de contrôle exclusif (Bosch-TTN ; RCA-Columbia). Conformément à des décisions antérieures de la Commission des Communautés européennes[14], l'Autorité a estimé que l'influence dominante exercée en particulier par un actionnaire diffère essentiellement d'une influence décisive exercée conjointement par un autre actionnaire, dans la mesure où, dans ce dernier cas, il faut tenir compte de l'existence d'intérêts potentiellement divergents des parties participant à l'entreprise commune. Dans les cas qu'elle a évoqués, l'Autorité a donc estimé que, lorsque le contrôle commun se transformait en contrôle exclusif, il en résultait en fait une modification structurelle durable et importante, constituant une concentration en application de l'article 5 de la loi.

Enfin, dans certains des cas examinés en 1991, il a été procédé à l'acquisition du contrôle d'une entreprise au sens de l'article 5, paragraphe 1, (b) en y comprenant des comportements parallèles entre entreprises (Cassa Risparmio di Padova e Rovigo-Centroleasing), y compris des pactes sur le groupement des votes (Cassa Risparmio di Bolzano-SIL Leasing).

L'article 5, paragraphe 1, (c) de la loi tient également la constitution d'une entreprise commune par une ou plusieurs entreprises pour une concentration ; cependant, conformément à l'article 5, paragraphe 3, lorsqu'une opération a pour objet ou effet principal de coordonner les activités d'entreprises indépendantes, il n'y a pas là concentration.

Une des affaires examinées par l'Autorité en 1991 et tenue pour une concentration, en application de l'article 5, paragraphe 1, (c) a été celle d'une entreprise commune constituée par des entreprises concurrentes exerçant leurs activités sur un marché sur lequel elles n'avaient pas été auparavant été présentes (Pirelli-Fujikura). De même, la constitution par les entreprises concurrentes d'une entreprise commune exerçant les activités d'une entité économique autonome, et qui n'a ni pour objet ni pour effet de coordonner les activités des sociétés mères, a néanmoins été tenue pour une concentration conformément à ce même article (Pirelli-Itinera).

c) Critères de l'évaluation d'une présence sur le marché en vue d'une analyse de la concurrence

Pour analyser la situation en matière de concurrence d'une entreprise sur un marché déterminé, l'Autorité examine l'activité globale qu'elle exerce sur ce marché, soit directement soit pas ses filiales (Fontana Ovest-N. Bosisio ; SMC-Nuova Samim). En ce sens, aux fins de l'analyse de la concurrence, l'Autorité recourt à la notion fondamentale de l'entreprise, notion similaire à celle que la Cour de justice des Communautés européennes a réaffirmée maintes fois, en déclarant que "la circonstance que la filiale a une personnalité juridique distincte ne suffit pas à écarter la possibilité que son comportement soit imputé à la société mère ; que tel peut être notamment le cas lorsque la filiale, bien qu'ayant une personnalité juridique distincte, ne détermine pas de façon autonome son comportement sur le marché, mais applique pour l'essentiel les instructions qui lui sont imparties par la société mère"[15].

d) L'identification du marché considéré

Afin d'identifier le marché concerné aux fins de l'analyse d'une fusion, il est nécessaire d'identifier tant la possibilité de substitution de la part du consommateur du produit que le marché géographique en cause.

Afin d'identifier le marché du produit en cause, l'Autorité a essentiellement évoqué la substituabilité des produits par les usagers (Fisia-Consulacquia ; Enichem-Rhone Poulenc). Dans l'affaire Enichem-Rhone Poulenc, par exemple, le marché en cause était celui de la zéolithe, qui est un additif pour les détergents auquel aucun produit tout aussi efficace ne peut être substitué.

Dans certains cas, le critère de substituabilité au niveau de la demande, a nécessité l'identification d'un marché considéré pour une gamme de produits plus large que celle qui était directement concernée par la concentration. Dans une affaire concernant les fabricants de mousse de polystyrène utilisée pour l'isolation, par exemple, puisque de nombreux produits sont facilement substituables à des fins d'isolation, le marché concerné pour la concentration était celui des produits de mousse plastique utilisable à des fins d'isolation des bâtiments (Sirap-Agema-Isofoam) ; dans ce cas, la dimension du marché concerné a dépassé celle qui était indiquée par les firmes procédant à la notification.

En définissant le marché géographique en cause pour les concentrations examinées en 1991, l'Autorité a fait état tant des caractéristiques des produits en cause que des habitudes des consommateurs. Dans le cas des marchandises extrêmement périssables et pour lesquelles les coûts de transport étaient extrêmement élevés par rapport au prix des produits, ce qui est le cas pour le béton prémélangé, les concentrations ont été examinées compte tenu du marché géographique particulier, quelquefois régionaux et interrégionaux et quelquefois locaux de par leur nature (Unicalcestruzzi-Beton 3 ; Unicalcestruzzi-Latina Calcestruzzi ; Calcestruzzi-Sabina ; Unicalcestruzzi-Calcestruzzi Pontina ; Unicalcestruzzi-Cardia ; Italcalcestruzzi-Precal).

Des coûts de transport élevés par rapport au prix du service ont été tenus pour un élément décisif de la définition du marché géographique en cause pour les opérations d'évacuation des déchets (Ecoservizi-Nova-Spurghi ; Browning Ferris-Emit).

L'habitude générale des consommateurs d'acquérir des biens de consommation et des denrées alimentaires à proximité du lieu où ils vivent a été tenu pour un facteur décisif pour l'identification du marché géographique en cause de dimension locale pour les fusions dans le secteur du commerce de détail (Comprabene-Gesco ; Ammon Service-Genal).

Dans certains cas, le marché géographique concerné, pour l'appréciation des effets d'une concentration sur la concurrence, était plus vaste que le territoire national (Finmeccanica-Fiar ; Eni-Enimont ; Nuova Samim-Pertusola ; Enichem-Rhone Poulenc). Un indicateur utilisé pour la définition de la portée supranationale du marché géographique en cause a été le volume des importations par rapport à la consommation nationale d'un produit.

Le comportement des acheteurs a été un autre indicateur pris en considération. Par exemple, dans l'affaire Enichem-Rhone Poulenc, le fait que des achats du produit en cause (la zéolithe pour les détergents) aient été effectués principalement par des multinationales (Colgate-Palmolive ; Procter & Gamble, Unilever), de sorte que les installations de production individuelles ne disposaient d'aucune autonomie pour les prises de décision, a donné à penser que le marché en cause, pour l'analyse des effets de la concentration, était plus vaste que le territoire national.

Pour les cas examinés par l'Autorité et dans lesquels le marché concerné était plus vaste que le territoire national, il existait normalement un grand nombre de concurrents, détenant dans certains cas de vastes parts de marché, au point d'empêcher la création ou le renforcement d'une position dominante par les entreprises participant à la concentration.

e) *Appréciation des effets d'une concentration sur la concurrence*

Dès que le marché concerné a été identifié, la question se pose de savoir si une concentration est ou non de nature à créer ou à renforcer une position dominante de telle sorte que la concurrence est éliminée ou entravée sensiblement et en permanence, et s'il convient de procéder à l'enquête prévue par l'article 16, paragraphe 4 de la loi. En examinant le point de savoir quelle opération est de nature à créer ou à renforcer une position dominante, l'Autorité estime que les éléments suivants sont pertinents :

1) la faible dimension de la part de marché de l'entreprise, tenant à la concentration dans une structure segmentée du marché (GFT-Texfin ; Nikols-Praolongo ; Sara Lee-Playtex) ;

2) la présence d'opérateurs dont les parts de marché sont plus importantes que celles de l'entreprise résultant de la fusion (Cirio-Torre in Pietra ; Awint-Lazzaroni ; Vetrofex-Sif ; Digital-Sipac ; Marr-Emiliani) ;

3) la présence d'autres grands concurrents, dont les parts de marché sont importantes même si elles ne sont pas supérieures à celles de l'entreprise résultant de la concentration (Boston-Manuli ; Cirio-Lattesud) ;

4) le fait d'être exposé sensiblement à la concurrence internationale (Fontana Ovest-N ; Bosisio ; Vetrotex-Sif) ;

5) la capacité d'autres concurrents, qu'ils soient italiens ou étrangers, de renforcer leur présence sur le marché concerné (Boston-Manuli ; Finmeccanico-Fiar ; Eni-Enimont ; Nuova Samim-Pertusola ; Marconi-CGE ; Enichem-Rhone Poulenc) ;

6) l'absence d'obstacles importants à l'entrée de nouveaux concurrents (Schneider-Square D ; Arrow-Silverstar ; Vetrotex-Sif) ;

7) la multiplication du nombre de concurrents sur le marché à la suite de la concentration, par exemple du fait du passage d'une situation de contrôle commun à une situation dans laquelle une source unique exerce un contrôle complet (Bosch-TTN) ;

8) la dimension négligeable de la part de marché de la firme absorbée (Fontana Ovest-N ; Bosisio ; Casella-Italoil ; Standa-Superesse ; Cirio-Fattorie Latte Italia) ;

9) l'existence de contraintes pesant sur le comportement anticoncurrentiel d'entreprises imputable à l'existence de règlements spécifiques (SAB-Autotrasporti Busti ; Italgas-Luxabel).

Enfin, il importe de relever que dans le cadre de plusieurs concentrations successives réalisées par une entreprise unique au sein du même marché au cours d'une période limitée, l'Autorité a estimé qu'il convenait de procéder à un examen d'ensemble des effets conjoints de ces concentrations sur la concurrence (Unicalcestruzzi-Latina Calcestruzzi ; Unicalcestruzzi-Calcestruzzi Pontina).

f) Concentrations au sujet desquelles une enquête a commencé en application de l'article 16, paragraphe 4

Sur les concentrations examinées par l'Autorité en 1991, deux opérations ont paru de nature, d'après une analyse préliminaire, à exercer des effets anticoncurrentiels au regard de l'article 6 de la loi (Ecoservizi-Nova Spurghi ; Panna Elena-CPC). L'Autorité a donc estimé qu'il convenait de procéder à des enquêtes conformément à l'article 16, paragraphe 4 dans chaque cas, afin de vérifier si les activités en cause, compte tenu d'un complément d'information et d'un examen plus approfondi de l'affaire, risquaient de créer ou de renforcer une position dominante au point d'éliminer ou d'entraver sensiblement et en permanence la concurrence.

L'enquête relative à la concentration Ecoservizi-Nova Spurghi a été achevée en 1991 et l'enquête relative à Panna Elena l'a été en janvier 1992.

Ecoservizi-Nova Spurghi : les enquêtes portant sur la première opération ont commencé à la suite de l'acquisition by Waste Management Italia Srl, par l'intermédiaire de sa filiale Ecoservizi Spa, d'une participation majoritaire dans le capital de la firme Nova Spurghi Srl. Nova Spurghi est une firme qui collecte, transporte et élimine les déchets spéciaux liquides ou à pomper, classés parmi les déchets industriels, alors que Waste Management Italia exerce ses activités par l'intermédiaire de plusieurs filiales dans le secteur de l'élimination des déchets solides municipaux et, par l'intermédiaire d'Ecoservizi, élimine les déchets industriels. Nova Spurghi Srl et Ecoservizi Spa exercent essentiellement leurs activités en Lombardie, en Vénitie et au Piémont.

La décision d'entreprendre des enquêtes a été fondée sur les considérations suivantes :

-- les marchés géographiques en cause pour les services d'élimination des déchets, compte tenu des coûts de transport élevés en comparaison du prix du service, étaient plus réduits que le territoire national lui-même ;

-- nonobstant l'excédent structurel de la production de déchets en termes de la capacité d'élimination des installations existantes, l'arrivée de nouveaux exploitants sur le marché est entravée par le régime actuel d'autorisations administratives régionales qui sont requises pour les opérations en cause. Un autre obstacle, lié au premier, est la difficulté d'identifier les sites requis pour la construction d'installations d'élimination, ce qui tient également partiellement à l'opposition des populations locales ;

-- Waste Management Italia Srl, qui détient la majorité du capital d'Ecoservizi Spa, contrôle un très grand nombre d'autres entreprises exerçant leurs activités dans le secteur de l'élimination des déchets solides municipaux, dans lequel elle détient une position importante, et cette position pourrait bien constituer un obstacle à l'entrée d'entreprises concurrentes en raison des économies d'échelle, des synergies possibles dans la gestion du réseau commercial et de la fourniture de services accessoires.

En motivant l'ouverture de l'enquête, l'Autorité a souligné explicitement la nécessité d'acquérir un complément d'information en ce qui concerne la position sur le marché en cause des entreprises participant à l'opération. Après l'exécution de l'enquête, le marché en cause, aux fins de l'analyse des effets de l'opération sur la concurrence, a été tenu pour le marché du traitement des effluents industriels, au moyen de techniques de traitement chimique, physique et biologique, puisque ce marché couvre une multiplicité de différents types de déchets traités dans la même installation, ainsi que d'un service spécifique qui ne peut être remplacé par aucun autre service d'élimination des déchets.

En ce qui concerne l'identification du marché géographique concerné, l'autorité a souligné que s'agissant des techniques de traitement qui commencent par la collecte des effluents, le coût élevé du transport rend impossible d'élargir excessivement la "zone de capture" des clients. La situation est tout autre dans le cadre des opérations de traitement qui commencent par la collecte des vidanges déshydratées, ce qui résulte d'une opération de traitement qui a déjà été entamée. Les caractéristiques physiques et la légèreté du déchet supposent que les coûts de transport sont moins onéreux et par conséquent le marché concerné passe pour avoir une dimension nationale. Néanmoins, puisqu'il n'était pas possible de segmenter le marché qui correspondait à l'exécution distincte de chacune des diverses phases du traitement (chimique, physique et biologique), il a été jugé plus approprié de considérer le marché compte tenu du service commençant par la collecte des effluents liquides pollués et de tenir pour le marché des entreprises en cause la zone comprenant les régions de Lombardie, de Vénétie et du Piémont, dans laquelle Nova Spurghi Srl et Ecoservizi Spa sont largement dominantes.

L'enquête portait sur l'importance des barrières à l'entrée établies par le régime d'autorisations régionales à la construction et au développement d'une installation de traitement et d'élimination. La période requise pour la délivrance d'une autorisation varie habituellement d'un à deux ans. En outre, la construction d'une installation ou l'établissement d'une décharge nécessitent l'autorisation de la municipalité sur le territoire de laquelle l'installation est implantée et il existe généralement une opposition locale à la construction d'installations qui ne créent pas un nombre important d'emplois et qui passent pour entraîner de hauts risques pour l'environnement. En conséquence, la période nécessaire au démarrage d'une installation est considérablement prolongée. Enfin, les retards dans le processus d'approbation des plans régionaux sur la base desquels les permis doivent être délivrés ont contribué au cours des dernières années à la création d'une situation essentiellement statique en ce qui concerne l'offre de services d'élimination des déchets.

En outre, l'enquête a fait apparaître que sur le marché concerné, deux firmes en activité avaient des parts de marché supérieures à la part qu'Ecoservizi avait acquise en absorbant Nova Spurghi et que ces firmes disposaient d'une vaste capacité d'élimination et de traitement des déchets ; elle a également mis en relief l'existence d'une concurrence potentielle des firmes appartenant aux collectivités locales, même si elles exerçaient leurs activités dans des régions qui ne dépassaient pas normalement le territoire dépendant de l'autorité locale. Compte tenu de ces éléments, l'Autorité a décidé que la concentration examinée ne créait ni ne renforçait une position dominante au point d'éliminer ou d'entraver la concurrence sensiblement et en permanence au sens de l'article 6 de la loi.

Panna Elena-CPC : la deuxième concentration qui a fait l'objet d'une enquête a été l'acquisition par Parmalat Spa, par l'intermédiaire d'une filiale dénommée Panna Elena C.P.C. Srl, fondée spécialement pour les besoins de la cause, du contrôle d'une division de la firme Commercio Prodotti Caseari C.P.C. Srl, qui produit de la crème UHT de longue conservation. La décision de procéder à une enquête a été fondée sur les considérations suivantes :

-- Parmalat Spa, même avant la concentration, était un leader sur le marché de la crème UHT, et après l'opération, sa part du marché se serait accrue en passant de 20 pour cent à 27 pour cent ;

-- tous les autres exploitants présents sur le marché de la crème UHT détiennent des parts de marché réduites, dont aucune ne dépasse 3.5 pour cent du marché global ;

-- il se peut qu'il existe des avantages sur le plan de la concurrence, avantages de caractère technologique et commercial, pour les fabricants de crème UHT qui fabriquent également du lait UHT, en raison du lien étroit entre les procédés de production des deux produits. A cet égard, l'Autorité a estimé qu'il était symptomatique que Parmalat Spa, avant l'opération en cause, détenait également une position de leader sur le marché du lait UHT, correspondant à une part de 25 pour cent.

A la suite de l'enquête, l'Autorité a estimé que la répartition initiale du marché en cause en deux segments distincts : celui de la crème fraîche et celui de la crème UHT, devait faire l'objet d'un examen. Elle a jugé plus indiqué, compte tenu des caractères de substituabilité des deux produits, d'établir une distinction entre le marché de la crème fouettée (tant fraîche que UHT), dont les utilisateurs sont principalement des fabricants de crème glacée et des fabricants de produits de pâtisserie, et le marché de la crème utilisée par les ménages pour faire la cuisine, qui est commercialisée sous la forme UHT et consommée essentiellement par les ménages.

Le marché géographique concerné a été tenu pour un marché de dimension nationale, au motif que la capacité de conservation du produit, y compris la crème fraîche, était telle qu'il pouvait être distribué au niveau national même compte tenu des frais et de la durée du transport.

En ce qui concerne la capacité de l'offre des entreprises concurrentes, l'enquête a fait apparaître que la production de crème était essentiellement aux mains des entreprises actives dans le secteur de l'industrie laitière (les producteurs de lait frais ou de longue durée). Néanmoins, il n'existe pas de contraintes de continuité dans les opérations de production de lait et de crème puisque ces deux produits peuvent être traités séparément sans aucune perte de productivité. En ce qui concerne la crème industrielle, rien n'empêche d'acquérir des matières premières sur le marché, puisque le marché est également alimenté par des excédents provenant des entreprises laitières et des importations. Sur le marché, certains fabricants de crème exercent leurs activités sans avoir le moindre lien avec des entreprises laitières. Enfin, l'enquête n'a révélé l'existence d'aucun obstacle important à l'accès au marché de la crème.

Compte tenu des informations recueillies au cours de l'enquête, la concentration a été évaluée d'après les marchés de la crème fouettée et de la crème consommée par les ménages. En ce qui concerne le marché de la crème fouettée, la concentration a permis à Parmalat d'occuper une part du marché correspondant à 5.8 pour cent ; puisque d'autres entreprises détenaient des parts de marché plus importantes, la concentration n'a ni créé ni renforcé de position dominante sur le marché. D'autre part, en ce qui concerne le marché de la crème consommée par les ménages, Parmalat détenait déjà la part de marché la plus importante (23.1 pour cent) ; après l'acquisition de la division de l'entreprise susvisée, sa part s'est accrue en passant à 24.4 pour cent. La part du marché accrue de Parmalat, compte tenu des conditions d'accès au marché, n'a pas été jugée de nature à créer ou à renforcer une position dominante au point d'entraver sensiblement ou en permanence la concurrence au sens de l'article 6 de la loi.

Notes

1. Fratelli Costanzo-Municipalité de Milan (arrêt du 22 juin 1989, Rec. 1989, p. 1839).

2. Arrêt n° 389 du 4 juillet 1989.

3. Mitsui-Nippon ; La Rinascente Sogema ; Bennetton-Csp ; Intersim ; Instituto Bancario S. Paoli di Torino-Fondiaria ; Italian Group for Cement.

4. Vevy Europe-Res Pharma ; Asal ; Cirio-Torre in Pietra ; contal-Talat ; Sodilat-Putignano ; Cementir-Sacelit ; Mit ; Biraghi.

5. Cementir-Sacci ; Cementir-Merone ; Consorzio Salemi ; consorzio Piceno Calcestruzzi ; English Language Books ; Pro-Cal ; Marsano-Tirrenia.

6. Note du traducteur : la version italienne du traité utilise le terme "deliberazioni" - "resolutions" - alors que la loi utilise le terme "decisioni" - "decisions" conformément à l'original anglais du traité qui utilise le terme "decisions".

7. La procédure a été suivie après que la commission interdépartementale des prix (CIP) eut attiré l'attention de l'autorité sur une recommandation du Sindacato Laziale dei Commercianti in Prodotti Petroliferi, destinée à fixer les prix des livraisons de pétrole de chauffage dans des quantités pouvant atteindre 2 000 litres.

8. L'accord, que les parties ont communiqué à l'Autorité, est un arrangement de distribution exclusive ayant pour objet les matières premières et les produits intermédiaires pour l'industrie pharmaceutique et le secteur des produits de beauté et des articles de toilette.

9. Dans les deux cas, les entreprises avaient conclu des accords de distribution exclusive.

10. Dans cette affaire, Italcementi Ingegneria and Filippo Fochi Impianti Industriali ont créé une entreprise commune dénommée Italian Group for Cement, sous la forme d'une entité sans but lucratif constituée en vue de la coordination des activités des deux sociétés mères sur les marchés étrangers, chacune d'entre elles restant distincte et autonome.

11. Ces données concernant uniquement les firmes enregistrées auprès de la CONSOB (Commissione nazionale per le società e la Borsa), soit toutes les firmes d'audit prévues par la loi et la plupart des firmes d'audit facultatif, mais non leur totalité ; aucune donnée complète n'est disponible au sujet des activités d'audit exercées par les firmes qui ne sont pas tenues de faire certifier leurs états financiers.

12. Par exemple, lorsqu'il faut examiner une concentration entre un fabricant de vêtements et un détaillant, il importe de connaître la part des fabricants de vêtements qui ont déjà fusionné avec les détaillants et la part des détaillant déjà liés à certains fabricants de vêtements.

13. Cereol-Continentale ; Cemensud-Calcementi.

14. Ici-Tioxide (JO n° C 304 du 4 décembre 1990, p. 27).

15. ICI/Commission, arrêt du 14 juillet 1972 (Rec. 1972, p. 666 de la version française).

JAPON

(1991)

Introduction

On trouvera dans le présent rapport annuel un bref exposé de la situation de la politique japonaise de la concurrence au cours de l'année civile 1991, ainsi que de certains faits nouveaux intervenus de janvier à mars 1992.

En décembre 1991, Kagechika Matano, ancien directeur général du Bureau de l'immigration, Ministère de la justice, et qui relevait antérieurement du Ministère des Affaires étrangères, a remplacé en qualité de Commissaire de la Fair Trade Commission (ci-après dénommée par "la FTC" ou "la Commission") M. Hiroshi Iyori qui est parti à la retraite à l'échéance de son mandat.

Les membres actuels de la Commission sont les suivants :

Président	Setsuo Umezawa
Commissaire	Tokutaro Sato
Commissaire	Michio Uga
Commissaire	Ken-ichi Sato
Commissaire	Kagechika Matano

I. Lois et politiques de la concurrence : modifications apportées ou envisagées

A. *Résumé des dispositions nouvelles de la législation sur la concurrence et des lois connexes*

La politique anti-monopole du Japon a été mise en oeuvre en application de la loi sur l'interdiction des monopoles privés et sur la préservation de la loyauté dans les échanges (Loi n°54 de 1947, ci-après dénommée "Loi Antimonopole"), ainsi que de deux autres lois complémentaires, à savoir, la Loi visant à éviter les retards dans les paiements des montants dus aux sous-traitants (Loi n°120 de 1956, ci-après dénommée "Loi sur la sous-traitance") et la Loi contre les primes injustifiables et les représentations trompeuses (Loi n°134 de 1962 ci-après dénommée "Loi sur les primes et les représentations trompeuses").

Au cours de la période faisant l'objet du présent rapport, le texte portant modification de la Loi Antimonopole a été promulgué en avril 1991 et a pris effet au mois de juillet de la même année. Cet amendement a pour objet d'accroître de façon spectaculaire les surtaxes imposées aux entreprises participant à des ententes de façon à en renforcer l'effet dissuasif. Grâce à cet amendement, le taux appliqué au volume des ventes pour le calcul du montant des surtaxes a été en principe quadruplé, passant de 1.5 pour cent à 6 pour cent.

Pour accroître encore l'effet dissuasif global, le projet de loi portant modification de la loi Antimonopole a été soumis à la Diète en mars 1992. Le projet d'amendement vise à porter de 5 millions à 100 millions de yen le chiffre plafond des amendes pénales qui peuvent être infligées à des entreprises ou à des associations professionnelles coupables de monopolisation privée, de limitation déraisonnable des échanges, etc.

B. Renforcement du pouvoir de dissuasion et d'exécution et autres mesures connexes

1. Mesures rigoureuses contre les infractions à la loi Antimonopole et mesures visant à renforcer leur caractère dissuasif

Pour assurer une concurrence libre et loyale, il est absolument indispensable d'appliquer rigoureusement la loi Antimonopole. A cette fin, la FTC a arrêté des mesures drastiques contre les actes commis en infraction de la loi Antimonopole, tels que ententes sur la fixation de prix, soumissions frauduleuses, prix de vente imposés et obstacles déraisonnables aux importations ; elle a procédé simultanément à des enquêtes sur les violations dans le secteur de la distribution et des services ainsi que dans les industries réglementées par les pouvoirs publics.

Afin de renforcer les mesures dissuasives contre les infractions à la Loi Antimonopole et accroître ses moyens d'exécution lorsqu'elle procède à des enquêtes, la Commission a pris en 1991 les dispositions ci-après.

a) Extension et renforcement des activités dans le cadre de l'enquête

Les effectifs des services de recherche et d'enquête de la Commission ont été accrus de 24 personnes, passant de 154 à 178 pendant l'année budgétaire 1991 et l'année budgétaire 1992, et deux nouvelles unités ont été mises en place dans les services d'enquête du siège et des bureaux locaux.

b)   Annonce d'actions officielles et de mises en garde

En ce qui concerne les actions officielles telles que les recommandations et les ordonnances de paiement de surtaxes, la Commission a rendu public comme à l'accoutumée le contenu de ses actions en indiquant les noms des contrevenants, la nature des infractions et les conditions dans lesquelles elles ont été commises de façon à renforcer encore l'effet de dissuasion, à empêcher des violations similaires et à assurer la transparence des mesures prises. Même pendant la période faisant l'objet du rapport, toutes les actions officielles ont été rendues publiques. Ont été également rendues publiques toutes les mises en garde, sauf cas exceptionnels.

c)   Poursuites pénales

En novembre et en décembre 1991, la Fair Trade Commission a saisi le Prosecutor General de plaintes à l'encontre de huit fabricants de pellicules extensibles de chlorure de polyvinyle à usage industriel et de 15 de leurs préposés soupçonnés d'avoir enfreint la loi Antimonopole. En l'espèce, huit sociétés avaient conclu un accord visant à majorer par deux fois pendant une courte période le prix du produit. La plupart des entreprises signataires de cet accord avaient déjà auparavant enfreint la loi Antimonopole. C'est dans ce contexte que la FTC a examiné l'affaire par application du texte "La politique de la Fair Trade Commission en matière de poursuites pénales contre les infractions à la loi Antimonopole" publié en juin 1990 dans le cadre des mesures tendant à renforcer l'application de la loi Antimonopole. La Commission a estimé que l'affaire relevait de la juridiction pénale et a agi en conséquence. Les entreprises ainsi que les préposés faisant l'objet des poursuites ont été condamnés en décembre 1991 (voir plus loin, paragraphe II.A.3).

d)   Actions en dommages-intérêts au titre de la loi Antimonopole

S'inspirant du rapport publié en juin 1990 par le Groupe d'étude sur le système d'actions en dommages-intérêts au titre de la loi Antimonopole, la FTC a, en mai 1991, élaboré, rendu publiques et adopté des normes spécifiques sur la communication au Tribunal, à sa demande, des documents et des données nécessaires pour établir la preuve d'une infraction et d'un préjudice. Par ailleurs, le Groupe d'étude sur le calcul des dommages-intérêts causés par des infractions à la loi Antimonopole s'est réuni pour étudier comment améliorer l'énoncé de l'avis de la FTC relatif aux dommages, avis que celle-ci doit soumettre au Tribunal à sa demande. En mai 1991, le Groupe a soumis un rapport d'étude. La FTC a l'intention d'en tenir dûment compte dans son avis au tribunal.

2. *La politique de la concurrence à l'égard des systèmes de distribution et des pratiques commerciales*

Pour que la loi Antimonopole soit appliquée de façon rigoureuse et efficace, il est indispensable que la transparence de l'application de ses dispositions, son objectif, le contenu des réglementations et les mesures d'exécution soient bien comprises des entreprises et des consommateurs tant au Japon qu'à l'étranger. Dans cette optique, la FTC a effectué plusieurs enquêtes et publié des directives au titre de la loi Antimonopole, destinées à compléter l'application rigoureuse de ses dispositions.

Directives se rapportant aux systèmes de distribution et aux pratiques commerciales

Sur la base d'une proposition soumise en juin 1990 par le Groupe consultatif sur les systèmes de distribution, les pratiques commerciales et la politique de la concurrence, la FTC a décidé de formuler des directives indiquant expressément son interprétation de la loi Antimonopole en matière de systèmes de distribution et de pratiques commerciales ainsi que la façon dont elle entend l'appliquer. Elle a publié un projet de directives et demandé aux agences et aux organisations compétentes de formuler leurs commentaires.

Un très grand nombre d'observations ont été faites. Après les avoir examinées soigneusement et en tenant pleinement compte, la FTC a modifié le projet de directives de façon à bien montrer qu'il n'y avait pas traitement discriminatoire entre entreprises ou produits nationaux et étrangers, et à rendre le libellé plus compréhensible au moyen de quelques exemples complémentaires ; le texte final a été publié en juillet 1991 sous le titre "Directives prises au titre de la loi Antimonopole et se rapportant aux systèmes de distribution et aux pratiques commerciales".

Elles comportent trois parties : "La continuité et le caractère d'exclusivité des pratiques commerciales entre entreprises" ; "Les opérations dans le secteur de la distribution" ; La distribution exclusive".

La partie I, se plaçant dans l'optique des opérations producteur-utilisateur portant sur des biens de production et des biens en capital expose la façon dont la Commission applique les dispositions de la loi Antimonopole surtout lorsqu'il s'agit de pratiques commerciales destinées à créer ou à intensifier des relations permanentes, ou utilisées grâce à ces relations, et qui peuvent empêcher des entreprises d'accéder à un marché ou exclure celles qui opèrent déjà sur le marché, principalement du point de vue des réglementations concernant les restrictions déraisonnables des échanges et les pratiques commerciales déloyales.

La partie II, qui traite des opérations entre fabricant et distributeur portant sur des biens de consommation, précise la façon dont la Commission applique la loi Antimonopole lorsqu'il s'agit de restrictions que les fabricants peuvent imposer à leurs distributeurs, ainsi que des abus de position dominante dont les détaillants peuvent se rendre coupables vis-à-vis de leurs fournisseurs, du point de vue de la réglementation des pratiques commerciales déloyales.

La partie III indique comment la Commission applique la loi Antimonopole lorsqu'il s'agit d'une distribution exclusive, quel que soit le type de produits.

Il peut être parfois difficile pour les entreprises de déterminer si certaines pratiques peuvent être contestables au regard de la loi Antimonopole compte tenu des directives. Aussi la Commission a-t-elle institué un système de consultation préalable concernant les systèmes de distribution et les pratiques commerciales.

Depuis que ces directives ont été rendues publiques, les entreprises sont de plus en plus nombreuses à formuler, en se référant à ces directives, des programmes de mise en conformité à la loi Antimonopole. La FTC leur a apporté son aide en ce sens.

3. *Autres mesures*

Puisque les offres de prime sont réglementées de façon à assurer une libre concurrence et à protéger les intérêts des consommateurs, la FTC a enjoint aux Conférences sur la loyauté dans le commerce de revoir le code actuel de concurrence déloyale de façon à ce que ces offres ne puissent pas entraver l'accès au marché de nouvelles entreprises, notamment les entreprises étrangères.

Au cours de la période examinée dans le présent rapport, les réglementations en matière de primes ont été assouplies : modifications des notifications concernant les restrictions en matière d'offres de primes dans l'industrie alimentaire des conserves de tomates et de la préparation instantanée de vermicelle, en avril 1991, et dans le secteur de l'inspection sanitaire en novembre de la même année ; divers codes de concurrence loyale ont été également modifiés de façon à assouplir les réglementations visant respectivement l'industrie de la pâte dentifrice (février 1991), les machines agricoles (mars), les conserves de tomates et la préparation instantanée de vermicelle (avril), la vente d'alcool importé (septembre), la fabrication du sake et la classification Otsu (Groupe B) de la fabrication de Shochu (octobre), l'inspection sanitaire (novembre) et l'édition de journaux (décembre).

II. Application de la législation et de la politique de la concurrence

A. *Action contre les pratiques anticoncurrentielles*

1. *Enquêtes*

En 1991, la FTC a enquêté au total sur 254 affaires concernant une infraction présumée à la loi antimonopole. 99 d'entre elles sont rattachées à l'exercice précédent et 155 ont été engagées au cours de la période examinée. Le FTC a terminé ses enquêtes dans 186 affaires, les 68 affaires restantes ont été reportées sur la période suivante.

Dans les 186 affaires dont elle a achevé l'examen, la FTC a rendu dans 24 cas des ordonnances enjoignant aux entreprises de mettre fin à leurs pratiques illicites, elle a entamé une procédure d'audience dans trois affaires (outre ces affaires, elle a ouvert une procédure d'audience concernant une ordonnance d'avoir à payer une surtaxe), et dans 33 affaires elle a formulé des avertissements. Le nombre d'ordonnances d'avoir à cesser un acte illicite a sensiblement augmenté ces dernières années (cinq cas en 1988, six cas en 1989, 17 en 1990, 24 en 1991).

2. *Condamnations au versement d'une surtaxe*

Lorsque des entreprises ou une association professionnelle créent une entente qui (1) influe sur les prix des biens et des services, ou (2) a pour effet de modifier les prix des biens et des services en réduisant le volume de l'offre, les chefs d'entreprises ou les membres de l'association professionnelle doivent être condamnés à payer des surtaxes. Au cours de la période examinée dans le présent rapport, la FTC a condamné 52 chefs d'entreprises impliqués dans neuf affaires d'entente à des surtaxes pour un montant total de 12 186 830 000 yen.

3. *Poursuites pénales*

Au cours de la période examinée, la FTC s'est pourvue devant le Procureur général, lui demandant l'ouverture d'une action pénale à l'encontre de fabricants de pellicules extensibles à usage industriel et à l'encontre de leurs préposés pour avoir constitué une entente en matière de fixation des prix.

La FTC a constaté que Mitsui Toatsu Chemicals, Inc. et sept autres sociétés avaient décidé de procéder conjointement à une hausse de prix de vente des pellicules extensibles de chlorure de polyvinyle à usage industriel, hausse qui avait porté sur les expéditions effectuées en septembre et novembre 1990. Ces sociétés étant soupçonnées d'avoir enfreint l'article 3 de la loi Antimonopole (restriction déraisonnable des échanges), la FTC a, le 6 novembre 1991, saisi le Procureur général d'accusations pénales à l'encontre de Mitsui Toatsu Chemicals,

Inc. et de sept autres sociétés, ainsi qu'à l'encontre de huit préposés à la commercialisation des produits de ces entreprises, puis à nouveau le 19 décembre 1991, contre sept préposés chargés de la commercialisation des produits de Mitsui Toatsu Chemicals, Inc. et de six autres sociétés. Les huit sociétés et les 15 préposés accusés ont été condamnés le 20 décembre de la même année.

Le 8 janvier 1992, la FTC, concluant à l'existence d'une infraction à l'article 3 de la loi antimonopole a pris une ordonnance enjoignant aux huit sociétés d'avoir à cesser leurs pratiques. Le 27 mars 1992, elle a également publié des ordonnances condamnant Mitsui Toatsu Chemicals, Inc. et les sept autres sociétés à payer des surtaxes pour un montant global de 449 780 000 yen.

4. Procédures d'audience

Au cours de la période considérée, la FTC a engagé des procédures d'audience dans quatre cas. Dans l'un d'eux, il s'agissait d'une association professionnelle qui était présumée fixer le tarif minimum applicable sur les autobus loués. Deux portaient sur une action concertée concernant la fixation du prix de vente des dalles de fer utilisées dans le réseau d'égouts publics. La dernière affaire visait une ordonnance de paiement d'une surtaxe dans une affaire de soumission frauduleuse concernant le fonctionnement de services d'entretien du matériel de télécommunications pour lequel le Bureau des marchés des Forces aériennes américaines avait demandé des soumissions.

La FTC a rendu une injonction prohibitive dans une affaire concernant une publicité trompeuse sur des voyages organisés qui faisaient déjà l'objet de procédures d'audience. Compte tenu de cette dernière affaire, neuf procédures étaient en cours.

5. Décisions

En 1991, la FTC a statué sur 24 affaires. Les affaires importantes sont les suivantes :

Affaire Nihon Cement Co. Ltd. et sept autres entreprises et affaire Onoda Cement Co. Ltd. et huit autres entreprises.

Il a été constaté que Nihon Cement Co. Ltd. et sept autres entreprises opérant dans la région d'Hokkaido, ainsi que Onoda Cement Co. Ltd. et huit entreprises opérant dans la région de Chugoku s'étaient les unes et les autres entendues pour limiter les ventes de ciment de chaque fabricant et majorer les prix de vente. Le 23 janvier 1991, la FTC a rendu une décision enjoignant à ces entreprises de mettre fin à ces pratiques car elles enfreignaient l'article 3 de la loi antimonopole (restriction déraisonnable des échanges).

Nihon Cement Co. Ltd. et les sept autres entreprises ainsi que Onoda Cement Co. Ltd. et les huit autres entreprises ont été condamnées le 18 mars 1991 à payer des surtaxes pour un montant global de 11 231 140 000 yen.

Affaire Tokyo Toyota Forklift Co. Ltd. et huit autres entreprises

Il a été constaté que Tokyo Toyota Forklift Co. Ltd. et huit autres sociétés de vente de chariots élévateurs, dont le siège est à Tokyo, s'étaient entendues pour maintenir dans cette ville les prix de vente de ces engins. Le 25 avril 1991, la FTC a rendu une ordonnance leur enjoignant de mettre fin à cette pratique contraire à l'article 3 de la loi Antimonopole (restriction déraisonnable du commerce).

Tokyo Toyota Forklift Co. Ltd. et les huit autres sociétés ont été condamnées le 21 octobre de la même année à payer des surtaxes pour un montant de 185 740 000 yen.

Affaire Alpine Co. Ltd.

Alpine Co. Ltd. était convaincue d'avoir ordonné à ses détaillants de vendre ses articles radio équipant les automobiles aux prix de détail fixés par elle et de les obliger à maintenir ces prix. Le 25 avril 1991, la FTC a donc rendu une décision enjoignant à la société de cesser cette pratique qui était contraire à l'article 19 de la loi antimonopole (pratique commerciale déloyale).

Affaire Yamaha Tokyo Co. Ltd.

Yamaha Tokyo Co. Ltd. était convaincue d'avoir demandé à ses détaillants de ne pas proposer de prix inférieurs aux prix de vente fixés par la société pour les motocyclettes constituant des stocks d'excédents au moyen d'affiches apposées dans les magasins, de prospectus et d'annonces publicitaires paraissant dans les revues spécialisées et d'obliger les détaillants à se conformer généralement à ces directives. La FTC a décidé le 25 janvier 1991 de rendre une ordonnance d'avoir à cesser cette pratique jugée contraire à l'article 19 de la loi Antimonopole (pratique commerciale déloyale).

Affaire Eisai Co. Ltd.

Eisai Co. Ltd a été convaincue d'avoir enjoint à ses détaillants de vendre des composés de vitamines aux prix de détail conseillés par elle, d'interdire les ventes entre détaillants et de les obliger à se conformer de façon générale à ces instructions. La FTC a donc rendu le 5 août 1991 une décision enjoignant de mettre fin à cette pratique qui était contraire à l'article 19 de la loi Antimonopole (pratiques commerciales déloyales).

Affaire Japan School Album Printers Association

Il a été constaté que la Japan School Album Printers Association avait entre autres, décidé de majorer de 15 pour cent par rapport à ceux de l'exercice budgétaire précédent les prix des albums scolaires de ses adhérents pour l'année budgétaire 1990 et qu'elle avait d'une façon générale mis en oeuvre la hausse des prix. La FTC a donc rendu le 18 septembre 1991 une ordonnance enjoignant de cesser cette pratique qui enfreignait l'article 8 de la loi antimonopole (activités interdites aux associations professionnelles).

41 membres de la Japan School Album Printers Association ont été condamnés le 28 février 1992 à verser des surtaxes pour un total de 337 740 000 yen.

Affaire Nitto Denko Co. Ltd et 12 autres sociétés

Nitto Denko Co. Ltd était convaincu d'avoir pris part à une décision concertée de hausse du prix de vente des bandes adhésives et d'avoir procédé à des hausses de prix. La FTC a donc rendu le 27 septembre 1991 une ordonnance d'avoir à cesser ce comportement contraire à l'article 3 de la loi antimonopole (restriction abusive du commerce).

Il a été ordonné le 16 mars 1992 à Nitto Denko Co. Ltd et aux 12 autres sociétés de payer des surtaxes d'un montant global de 225 730 000 yen.

Dans une affaire semblable, la FTC a ordonné le 27 septembre 1992 à Teraoka Manufacturing Co. Ltd et à 11 autres sociétés de mettre fin à un comportement du même genre, et ces sociétés ont été condamnées le 16 mars 1992 à payer des surtaxes pour un total de 186 190 000 yen.

Affaire Duskin Co. Ltd et cinq autres sociétés

Duskin Co. Ltd et cinq autres sociétés ont été convaincues de concertation tendant à augmenter les prix de location type demandées aux utilisateurs finaux de produits anti-poussière et d'avoir procédé à des hausses de prix. La FTC a donc pris le 18 octobre 1991 une ordonnance enjoignant à ces sociétés de mettre fin à cette pratique jugée contraire à l'article 3 de la loi Antimonopole (restriction abusive du commerce). Les ordonnances d'avoir à payer des surtaxes n'ont pas encore été publiées.

Affaire Shizuoka Hino Motors Co. Ltd et trois autres sociétés

Shizuoka Hino Motors Co. Ltd et trois autres sociétés ont été convaincues d'avoir participé à une décision concertée visant à fixer les prix de vente minimums applicables aux utilisateurs de camions standards et d'avoir maintenu et majoré les prix. La FTC a pris en conséquence une ordonnance le 18 octobre 1991 leur enjoignant de cesser ce comportement contraire à l'article 3 de la loi Antimonopole (restriction abusive du commerce).

Dans cette affaire, Shizuoka Hino Motors Co. Ltd et les trois sociétés ont été condamnées le 24 mars 1992 à payer des surtaxes pour un total de 255 910 000 yen.

Affaires Nomura Securities Co. Ltd, Daiwa Securities Co. Ltd, Nikko Securities Co. Ltd, Yamaichi Securities Co. Ltd.

Chacune de ces sociétés avait été convaincue d'avoir remboursé à certains de ses clients les pertes que ceux-ci avaient encourues (pratiques destinées à assurer un bénéfice financier à ces clients ; remboursement en tout en ou partie des pertes subies par ces clients à l'occasion d'opérations sur des valeurs mobilières ou autres transactions, ou dans le dessein d'accroître par ces transactions les bénéfices réalisés par ces clients). Ces opérations avaient été réalisées entre 1987 et 1991 et étaient destinées à maintenir ou élargir les transactions avec ces clients. La FTC a donc rendu le 2 décembre 1991 des ordonnances enjoignant à ces sociétés de mettre fin à ce comportement jugé contraire à l'article 19 de la loi Antimonopole (pratiques commerciales déloyales).

6. *Enquêtes sur le suivi*

En surveillant les parties en cause dans le cadre d'enquêtes postérieures aux décisions, la FTC détermine si les décisions ont été exécutées et s'efforce d'empêcher que des activités illicites ne se reproduisent. En 1991, elle a procédé à des enquêtes de suivi dans deux affaires.

7. *Ententes bénéficiant d'une dérogation*

La loi Antimonopole interdit en principe les ententes entre chefs d'entreprise et associations professionnelles. Toutefois, certaines dérogations sont admises lorsqu'il s'agit d'ententes remplissant les conditions précises définies par la loi. Des dispositions spéciales définissant ces dérogations figurent non seulement dans la loi Antimonopole proprement dite, mais aussi dans certaines lois distinctes telles que la loi sur l'organisation des petites et moyennes entreprises et la loi sur le commerce d'exportation et d'importation. En principe, la constitution d'ententes bénéficiant d'une dérogation doit être notifiée à la FTC ou aux autorités compétentes, ou être autorisée par ces instances.

A la fin de 1991, le nombre d'ententes dont la création avait bénéficié de dérogation de la part de la FTC était de 224. Il s'agit pour la plupart d'ententes constituées par des petites et moyennes entreprises et ayant pour objet d'éviter des déséquilibres commerciaux.

8.   *Recommandations et directives formulées au titre de la loi sur la sous-traitance*

La loi sur la sous-traitance a pour objet d'empêcher les retards dans les paiements aux sous-traitants de bénéfices résultant de la sous-traitance et d'assurer la loyauté des transactions des entreprises-mères avec leurs sous-traitants. La loi a par ailleurs pour objet de protéger les intérêts des sous-traitants, de façon à assurer le développement harmonieux de l'économie nationale. Du fait de la nature de la sous-traitance, il est peu probable que les sous-traitants signalent aux autorités les infractions présumées aux dispositions de cette loi. Aussi la FTC et l'Agence chargée des petites et moyennes entreprises procèdent-elles tous les ans à des enquêtes concernant les opérations entre société-mère et sous-traitants de façon à déceler les infractions.

Au cours de la période examinée dans le présent rapport, la FTC a adressé des questionnaires à 12 836 sociétés-mères et à leurs 72 086 sous-traitants. Pendant la même période, l'Agence chargée des petites et moyennes entreprises a elle aussi envoyé des questionnaires à 35 295 sociétés-mères et à leurs 35 357 sous-traitants.

A l'issue de ces enquêtes, il a été enjoint aux sociétés-mères convaincues d'avoir enfreint les dispositions de la loi sur la sous-traitance de mettre fin à leur comportement illicite et de prendre des mesures correctives, notamment de rembourser aux sous-traitants les pertes qu'ils avaient subies.

9.   *Injonctions prohibitives prononcées au nom de la loi sur les primes injustifiables et les présentations trompeuses*

La loi relative aux primes injustifiables et aux présentations trompeuses qui contient des dispositions spécifiques au titre de la loi Antimonopole a pour objet d'empêcher que les clients ne soient incités, par des primes injustifiables et des présentations trompeuses, à s'engager dans des opérations sur des biens et des services, et ce faisant, elle assure une concurrence loyale et protège aussi les intérêts des consommateurs en général.

En 1991, la FTC a mené des enquêtes dans 1 670 affaires, en application de la loi sur les primes et les présentations trompeuses. A cette occasion, des injonctions prohibitives ont été prises au titre de l'article 6 de ladite loi dans trois affaires concernant des présentations trompeuses. Des avertissements ont été également adressés dans 875 affaires.

B.   Fusions et concentration économique

1.   Statistiques sur les fusions

Les articles 15 et 16 de la loi Antimonopole stipulent que toutes les fusions et acquisitions doivent être notifiées préalablement auprès de la FTC. En 1991, 2 116 fusions et 1 214 acquisitions d'entreprises ont été notifiées à la FTC au titre de ces articles.

Au cours de la période examinée, la FTC n'a pris aucune mesure à l'encontre de fusions ou d'acquisitions.

Au Japon, lorsqu'un projet de fusion peut susciter des préoccupations au regard de la loi Antimonopole, les parties en cause consultent habituellement la FTC avant de procéder à la notification de la fusion et la FTC examine la question de manière approfondie afin de déterminer si la fusion peut enfreindre la loi. Si au stade de la consultation le projet de fusion est en fait préoccupant du point de vue de la concurrence, il est rejeté ou modifié de façon à ne soulever aucun problème au titre de la loi Antimonopole.

Nombre de notifications et d'acquisitions d'entreprises

	1989	1990	1991
Fusions	1 432	1 532	2 116
Acquisitions d'entreprise	1 050	969	1 214
Total	2 482	2 501	3 330

2.   Principales affaires

La fusion de Kyowa Bank Ltd. et de Saitama Bank Ltd.

Selon l'examen réalisé par la FTC, la fusion de ces deux banques à savoir Kyowa Bank Ltd. et Saitama Bank Ltd., a pour objet de leur assurer une position avantageuse dans le secteur bancaire de détail en renforçant et en consolidant les bases de gestion, en améliorant la qualité des services et en utilisant au mieux les traditions et les avantages de chacune d'elles.

La banque résultant de la fusion se place, pour les dépôts, au septième rang des banques urbaines au Japon, avec une part de 8.2 pour cent (progression de 4 points) ; elle est la huitième pour les prêts, avec une part de 7.7 pour cent (en hausse de 3.6 pour cent), et la première en ce qui concerne la part de toutes les institutions financières implantées dans 11 agglomérations du Grand Tokyo et dans la Préfecture de Saitama. Pour les raisons exposées ci-après, la FTC a conclu que la fusion ne réduirait as sensiblement la concurrence dans tel ou tel domaine du commerce :

-- la banque ne détiendrait pas une forte part parmi les banques urbaines;

-- l'accroissement de la part de la banque dans chaque région reste faible.

III. Rôle des autorités chargées de la concurrence dans la formulation et l'application d'autres politiques

Assouplissement des réglementations gouvernementales et réexamen des systèmes de dérogation

La FTC a examiné du point de vue de la politique de la concurrence les systèmes de réglementation publique, etc. sur le moyen et le long terme. Conformément à la recommandation adoptée en 1979 par le Conseil de l'OCDE, la FTC a mené une enquête sur les conditions actuelles de ces systèmes et en 1982 a annoncé son point de vue sur les réglementations publiques ; depuis lors, elle a demandé aux ministères et aux agences compétents d'envisager un assouplissement de leurs réglementations.

Le Gouvernement a procédé à un examen de diverses réglementations publiques conformément au Programme général en faveur de la déréglemenation (par décision du Cabinet réuni le 13 décembre 1988).

Par ailleurs, le Conseil provisoire chargé de développer la réforme administrative a préconisé dans son rapport final (du 18 avril 1990) la suppression ou l'assouplissement des réglementations publiques et l'utilisation du secteur privé, qui seraient l'un des principaux problèmes de la réforme administrative et l'une des principales orientations de la réforme. En réponse à cette recommandation, le gouvernement a décidé lors de la réunion du Cabinet (le 27 avril 1990) que "les réformes administratives et fiscales seront systématiquement encouragées au niveau tant national que local dans le respect du rapport final du Conseil provisoire chargé de promouvoir la réforme administrative, dans toute la mesure du possible, et que les mesures de réforme seront coordonnées, élaborées et mises en oeuvre".

En 1991, la FTC, soucieuse de réduire au maximum les systèmes de dérogation définis par la loi Antimonopole, a demandé au Groupe d'étude sur les réglementations gouvernementales, etc. et la politique de la concurrence, d'examiner les problèmes qui se posent, les systèmes de dérogations souhaitables et leur application. Un rapport sur le résultat de ces études a été annoncé en juillet 1991. S'agissant du système des prix de vente imposés, la FTC, conformément au rapport, a ouvert une enquête sur les conditions actuelles. Les conclusions ont été annoncés en décembre 1991 et des audiences ont été organisées pour savoir le point de vue d'un large éventail de personnes intéressées.

IV. Nouvelles études concernant la politique de la concurrence

A. *Etude sur les conditions actuelles des opérations entre entreprises*

Les pratiques commerciales en usage dans les entreprises au Japon, et en particulier l'évaluation de ces pratiques, ont suscité un intérêt croissant tant au Japon qu'à l'étranger. Les conditions dans lesquelles se déroulent actuellement les opérations entre entreprises varient selon chaque branche d'activité. Aussi la FTC a-t-elle procédé à des enquêtes sur ces conditions dans des branches d'activité données.

Pour cette étude elle a retenu quatre industries : l'industrie de fabrication des appareils électroménagers, l'industrie de la construction navale, l'industrie de fabrication des fibres synthétiques et l'industrie des services de gaz urbain. Dans chacune de ces branches d'activité une enquête a été menée sur les conditions réelles des opérations portant sur les matières premières et les pièces détachées, etc., nécessaires à la production. Les conclusions de cette enquête ont été publiées en juin 1991. (On trouvera un compte rendu de ce rapport dans FTC/Japan Views, n°12.)

B. *Rapport sur la situation actuelle des six principaux groupes de sociétés*

Au Japon six groupes de sociétés dépassent les autres par leur ampleur, l'influence qu'ils exercent, etc. Il s'agit de Mitsui, Mitsubishi, Sumitomo, Fuyo, Sanwa et Dai-ichi Kangyo.

La FTC a enquêté du point de vue de la politique de la concurrence sur les liens existant entre les entreprises membres de chaque groupe et sur les opérations réalisées au sein de chaque grand groupe de sociétés. Ses conclusions ont été publiées en février 1992.

Annexe

Index FTC/Japan Views

N° 11, juin 1991

A. Amendement à la loi Antimonopole concernant les surtaxes contre les ententes.

B. Rapport du Groupe consultatif sur l'Amendement à la loi Antimonopole concernant les surtaxes.

C. Rapport annuel sur l'évolution de la situation au Japon, établi à l'intention du Comité du droit et de la politique de la concurrence, OCDE (janvier-décembre 1990).

N° 12, septembre 1991

A. La Fair Trade Commission et la loi Antimonopole.

B. Actions exécutoires récentes de la FTC.

C. Directives prises au titre de la loi Antimonopole et se rapportant aux systèmes de distribution et aux pratiques commerciales (Communiqué de presse).

D. Conclusions d'une enquête sur les conditions actuelles des opérations entre entreprises (Résumé).

E. Rapport du Groupe d'Étude sur l'examen des systèmes dérogatoires à la loi Antimonopole.

275

PAYS-BAS

(1991)

I. Introduction : renforcement de la politique de la concurrence

Accroissement des activités

Un fonctionnement satisfaisant du marché reste un des aspects essentiels de la politique du ministère des affaires économiques. Le bon fonctionnement du marché implique que la libre concurrence ne soit pas restreinte par des accords entre les entreprises ou entre les professions libérales. Néanmoins, le gouvernement doit également veiller à ce que la concurrence ne soit pas entravée par la création d'obstacles à l'accès au marché (politique d'établissement) ou par la fixation de conditions à l'accès au marché sous la forme de dispositions législatives et réglementaires arrêtées par les pouvoirs publics (réglementation). Sous cette forme, la politique de la concurrence constitue un aspect d'une politique plus ambitieuse, visant à améliorer le fonctionnement du marché. Nous ne traiterons ci-après que de la politique de la concurrence.

Comme il a été indiqué dans les rapports précédents, des mesures systématiques sont prises en vue du renforcement de l'efficacité de la politique de la concurrence aux Pays-Bas et de son harmonisation avec la législation communautaire régissant la concurrence (convergence).

Cet objectif sera atteint notamment par des mesures visant à déclarer que certains types d'accords sont non valides *per se*, en réponse aux objections de caractère général formulées à leur encontre. L'article 10 de la loi sur la concurrence économique le permet. En conséquence, la politique néerlandaise de la concurrence peut passer d'un système fondé sur l'exploitation abusive à un système d'interdiction.

Un projet d'ordonnance du Conseil, aux termes duquel les accords horizontaux au niveau des prix sont par nature non obligatoires, n'a pas encore fait l'objet d'un avis du Conseil d'Etat. L'ordonnance du Conseil comprendra une interdiction générale des accords horizontaux au niveau des prix entre les entreprises et entre les professions libérales, sous réserve de certaines exceptions et d'une clause dérogatoire. Cette ordonnance entrera probablement en vigueur au cours de l'année 1993.

En outre, la Commission sur la concurrence économique a été priée le 7 avril 1992 de donner son avis au sujet du projet visant à déclarer par non valides *per se* les accords de partage des marchés. Les accords entre entreprises ou entre les professions libérales entraînant des restrictions à leur production, à leur capacité de production, au choix de leur implantation, aux zones de distribution, aux sources d'approvisionnement ou à la répartition des clients et des fournisseurs sont tenus pour des accords de partage des marchés. L'interdiction comportera certaines exceptions et une clause dérogatoire.

En outre, la Commission sur la concurrence économique a été priée le 16 mars 1992 de donner son avis sur le projet visant à déclarer non valides *per se* les accords sur les appels d'offres, quelle que soit la branche d'activité concernée. L'interdiction comportera également certaines exceptions et une clause dérogatoire (voir également ci-dessous, application de la loi sur la concurrence économique de WEM).

Il est à prévoir que, lorsque la Commission sur la concurrence économique aura donné son avis, tant l'interdiction des accords sur le partage des marchés que celle des accords concernant les appels d'offres entreront en vigueur en 1993.

Des dérogations aux mesures susvisées seront possibles en particulier pour les formes actives de coopération, telles que, par exemple, les accords de franchisage, les accords d'achats en commun par des détaillants et les accords de recherche et de développement. Elles ne seront que rarement accordées, et seulement si l'intérêt général l'exige et si elles sont conformes à la politique des Communautés européennes. Les pratiques concertées qui tendent au même résultat que celui qui était exclu par les mesures non valides *per se* seront également interdites.

Par ailleurs, suite aux conclusions d'une étude externe sur les moyens de lutter plus efficacement contre les exploitations abusives d'une position dominante sur le marché, la politique de la concurrence sera davantage axée sur ce point, en recourant essentiellement aux moyens d'action existants.

En outre, un projet d'amendement à la loi sur la concurrence économique sera bientôt présenté au Conseil d'Etat. Il s'agit de modifier des parties de la loi et essentiellement d'en élargir le champ d'application, par l'amélioration des moyens de mise à exécution et de contrôle, le renforcement de la publicité extérieure et l'amélioration de l'efficacité de la coordination avec la Commission des Communautés européennes.

La politique de la concurrence sera également renforcée par la vigilance exercée dans le traitement des plaintes et l'action menée contre certaines ententes (voir ci-dessous, application de la WEM).

Quoi qu'il en soit, le souci d'un fonctionnement optimal du marché est une question qui préoccupe non seulement le ministère des affaires économiques mais l'ensemble du gouvernement. Le ministère des affaires économiques estime qu'il a pour mission de coopérer avec les autres départements ministériels, le cas échéant, afin de favoriser ce fonctionnement optimal.

L'exposé ci-après correspond, de manière générale, au rapport sur l'application de la loi néerlandaise sur la concurrence économique, rapport transmis chaque année au Parlement néerlandais en annexe de la loi budgétaire annuelle.

Plaintes

Du 1er juillet 1991 au 30 juin 1992, le Ministère des affaires économiques a reçu 48 plaintes. La plupart de ces plaintes concernaient les branches de l'industrie (27 pour cent), des services commerciaux (23 pour cent) et le secteur para-étatique (19 pour cent). Classées du point de vue de la concurrence, les plaintes concernaient des présomptions de concurrence déloyale (19 pour cent), diverses formes de discrimination au niveau des prix (19 pour cent), des refus d'approvisionner (17 pour cent) et des accords horizontaux ou verticaux sur les prix (15 pour cent).

Au cours de cette période, le Ministère a examiné 69 plaintes. 23 pour cent de ces plaintes n'ont pas fait l'objet d'examens complémentaires ; ou bien ces plaintes se sont avérées non fondées ou bien, après avoir été consultés au stade préliminaire, les plaignants ont retiré leurs plaintes. Il a été possible de régler 25 pour cent des litiges par la voie de la médiation entre les parties ou encore par la saisine d'une autre instance gouvernementale. 52 pour cent des litiges ont été réglés définitivement après l'aménagement ou l'annulation de l'accord faisant l'objet de la plainte ou dès la constatation par le ministère de la compatibilité de l'accord avec l'intérêt général [voir également ci-dessous, l'application de la loi sur la concurrence économique (WEM) et l'annexe].

II.   Registre des ententes

Le nombre total d'accords enregistrés était au 30 juin 1992 de 468 (contre 455 en 1991), soit 13 accords de plus en données nettes. Le tableau ci-après indique le nombre d'accords adoptés pour plusieurs types de restriction à la concurrence. Il y a lieu de noter que la hausse indiquée entre les chiffres pour 1991 et 1992 ne correspond pas à la hausse effective du nombre d'accords : un accord présente fréquemment plusieurs aspects restrictifs de la concurrence, de sorte que certains accords sont pris en compte deux fois.

Tableau 1. Nombre d'accords restrictifs figurant au registre des ententes, classés selon le type de restriction à la concurrence

Date du calcul	30 juin 1991	30 juin 1992
Accords sur les prix[1]	259	267
Accord sur le partage du marché	236	245
dont la fixation de quotas[2]	59	58
dont divers accords de partage du marché[3]	188	198
Accords de distribution exclusive	46	45
Accords de distribution[4]	198	202
dont accords de franchise	133	140

1. Par exemple, accords horizontaux sur les prix, accords verticaux sur les prix, accords sur les appels d'offres.

2. Quotas de production, de ventes ou d'achats.

3. Par exemple, distribution sélective, répartition territoriale, partage du marché suivant la clientèle.

4. Par exemple, organisation collective des ventes, organisation collective des achats, franchisage.

III. Application de la loi sur la concurrence économique (WEM)

Prix imposés

Le 1er janvier 1992, l'ordonnance du 11 décembre 1991 déclarant non obligatoires juridiquement (ou irréguliers) certains prix imposés, pour ce qui concerne certains biens, est entrée en vigueur. Cette ordonnance remplace l'ordonnance du 1er avril 1964 aujourd'hui caduque. La nouvelle ordonnance prévoit que certains prix imposés seront à nouveau interdits pour plusieurs biens de consommation durables, par exemple l'équipement audio et vidéo, les lave-linge et les robots de cuisine.

Demandes déposées en vue de l'application de prix imposés

En 1990, le ministère a reçu cinq demandes de dérogation à l'interdiction des prix imposés par catégorie. Le "Nederlands Trouwringen-Syndicaat" (groupement néerlandais des fabricants d'alliances) et la "Pharmaceutische

Kleinhandelsconventie" (assemblée des pharmacies d'officine) ont retiré leurs demandes. Le 10 juin 1992, la Commission de la concurrence économique a émis un avis favorable en ce qui concerne l'intention de ne pas accorder de dérogation en faveur du code du bureau central des distributeurs de bicyclettes. Simultanément, elle s'est déclarée favorable aux mesures dirigées contre les accords de distribution exclusive en ce qui concerne les bicyclettes fabriquées aux Pays-Bas (soit un aspect du même accord). Par ordonnance du 10 juillet 1992, le ministre des affaires économiques, Mme Y. van Rooy, a rejeté ensuite la demande de dérogation et a déclaré non valide l'accord de distribution exclusive. Le ministère n'a pas encore statué au sujet des demandes de dérogation en faveur du code des libraires des Pays-Bas et du code commercial de la publication d'oeuvres musicales de l'association des distributeurs et éditeurs d'oeuvres musicales aux Pays-Bas.

Accords de prix horizontaux

A la fin mai 1992, le gouvernement néerlandais a fait parvenir un projet d'ordonnance concernant les accords de prix horizontaux au Conseil d'Etat et lui a demandé de donner son avis à ce sujet (voir également ci-dessus, l'introduction).

Accords de partage du marché

Le 7 avril 1992, le Ministre Van Rooy a demandé à la Commission de la concurrence économique de donner son avis sur une interdiction générale des accords de partage du marché (voir l'introduction).

Ordonnance concernant les accords restrictifs dans le secteur du bâtiment

La période d'application de l'ordonnance relative aux accords restrictifs dans le secteur du bâtiment a été prorogée par la loi pour une période de cinq ans le 26 mars 1992. Cette ordonnance interdit certains accords sur les appels d'offres dans le secteur du bâtiment. Le remplacement de l'ordonnance sur les accords restrictifs dans ce secteur par une ordonnance concernant les accords sur les appels d'offres dès que possible (voir ci-après) est prévu. Il est à prévoir qu'il aura lieu en 1993.

Une étude réalisée par le service des enquêtes économiques (ECD) a fait apparaître que plusieurs entreprises appartenant au secteur de génie civil (immeubles, travaux hydrauliques, ponts et chaussées) avaient violé l'ordonnance relative aux accords restrictifs dans le secteur du bâtiment en 1989 et en 1990. Avant la réunion réglementaire au sujet des appels d'offres, qui se tient conformément au code uniforme sur le contrôle des prix (UPR) de l'association des coopératives de contrôle de prix, ces entreprises avaient déjà conclu des accords sur l'enveloppe de prix et sur la répartition des travaux. Le parquet a proposé un règlement pour un montant de 2 200 000 florins néerlandais au total, et les entreprises en cause l'ont accepté. En juin 1992, le service des enquêtes économiques a également entamé une étude au sujet d'accords similaires entre les entreprises de construction des routes dans la province du Limburg.

Ordonnance relative aux accords sur les appels d'offres

Dans le cadre des mesures "par nature" relatives aux accords horizontaux sur les prix et aux accords de partage des marchés, le gouvernement néerlandais se propose également d'arrêter une interdiction générale des accords en matière d'appel d'offres, indépendamment du secteur auquel se rapporte cet appel d'offres, avec des possibilités d'exemptions et de dérogations. Par cette mesure de portée générale, le gouvernement se propose également de mettre en place un régime répondant aux objections formulées par la Commission des Communautés européennes contre l'ordonnance actuellement en vigueur au sujet des accords restrictifs dans le secteur du bâtiment. Le 16 mars 1992, la Commission de la concurrence économique a été priée de donner son avis sur des mesures en ce sens. Selon le gouvernement néerlandais, il est préférable de prendre des mesures distinctes, car il n'est pratiquement pas possible d'incorporer les accords sur les appels d'offres dans le secteur du bâtiment dans les autres mesures de portée générale. En outre, les accords sur les appels d'offres comprennent habituellement des dispositions qui, bien qu'elles ne puissent être tenues pour des accords horizontaux sur les prix ou des accords de partage du marché, restreignent encore sensiblement la concurrence. Il s'agit en particulier de ces accords d'échange d'informations entre les parties au sujet des chiffres de l'enregistrement des offres ou de la participation en appel d'offres, avant l'enregistrement effectif.

Protection de la branche d'activité - centre commercial "Het Trefcenter" à Venlo

Le 10 juin 1992, la Commission de la concurrence économique a émis un avis favorable en ce qui concerne l'intention de déclarer juridiquement non obligatoires deux accords en matière de concurrence qui étaient en vigueur au sein du centre commercial "Het Trefcenter" à Venlo (application de l'article 19 de la WEM). Ces accords en matière de concurrence garantissaient la protection à long terme de la branche d'activité tout en faisant obstacle à la mise en place de nouvelles entreprises dans le centre commercial en cause. Les accords ont été déclarés juridiquement non obligatoires par ordonnance du 10 juillet 1992.

Construction de routes - rayon de 50 km pour les fournitures d'asphalte

Le centre de la réglementation et de la recherche en matière de génie civil (CROW) a annoncé qu'il avait supprimé dans ses spécifications types la disposition prévoyant que les contractants devaient obtenir l'asphalte nécessaire à la réalisation d'un projet de construction de routes dans un rayon de 50 km.

Chariots pour le transport de plantes en pot

L'entreprise danoise Container Centralen A/S précise dans ses contrats de location de chariots pour plantes en pot que la clientèle n'est pas autorisée à utiliser les chariots provenant d'autres fournisseurs. L'application de cette clause a été suspendue le 31 janvier 1992. Dans sa réponse, Container Centralen a formé un recours contre la décision de suspension et demandé des mesures provisoires. Son recours a été rejeté. Le 17 septembre 1992, la Commission de la concurrence économique a émis un avis en recommandant de déclarer juridiquement non obligatoire la condition en cause.

Refus de diffuser la publicité de Krant op Zondag

A la suite du refus des éditeurs de quatre quotidiens nationaux de publier une annonce publicitaire du "Krant op Zondag" (un nouvel hebdomadaire), le ministre Van Rooy a cependant ordonné à ces éditeurs de diffuser cette annonce. Les éditeurs ont formé un recours contre son ordonnance. Dans son avis du 7 mai 1991, la Commission de la concurrence économique a déclaré qu'elle avait conscience de la nécessité de prendre une mesure provisoire, mais qu'elle estimait que cette mesure ne devait pas être transformée en mesure définitive. La mesure provisoire a été retirée le 30 juillet 1991, parce qu'elle avait perdu entre-temps toute utilité (absence d'obstacle à l'accès d'une entreprise nouvelle venue au marché des quotidiens nationaux). La procédure devant la Cour d'appel pour le secteur en cause n'a pas encore été clôturée définitivement.

Les professions libérales - les agents immobiliers

L'association néerlandaise des agents immobiliers (NVM) applique un "accord sur les échanges d'informations". Selon cet accord, les divisions de la NVM étaient en mesure d'interdire à un agent affilié à la NVM, qui reçoit un ordre de vente, de faire connaître cet ordre en dehors du cercle de ses affiliés avant l'expiration d'un délai de sept jours au maximum. Les vendeurs s'adressant à un agent affilié à la NVM étaient dès lors confrontés à des restrictions non souhaitables à l'accès au marché, puisque, pendant une semaine, ils n'étaient pas en mesure de prendre contact avec des acheteurs potentiels qui n'avaient pas mandaté un agent affilié à la NVM. C'était là un système qui pesait également sur les agents non affiliés à la NVM. Après des échanges de vues avec la NVM, l'accord a été modifié. En conséquence, un agent immobilier, à condition qu'il ait informé sa division de la demande d'un client de ne pas appliquer le délai d'interdiction fixé par la division en cause, n'était plus lié par ce délai et ne devait que respecter le délai de 24 heures prévu à l'échelle nationale. Aucune objection à ce délai de 24 heures en ce qui concerne la politique de la concurrence n'a été soulevée, puisque ce délai est nécessaire pour que le système informatisé d'échange des données reste opérationnel.

Après avoir été aménagé, le système susvisé a répondu aux objections de caractère juridique en ce qui concerne la concurrence, puisque l'agent immobilier n'est pas lié par le délai d'interdiction, si le client ne le désire pas. Le nouveau système est entré en vigueur le 8 mai 1992.

Les professions libérales - monopole des ventes publiques d'Amsterdam (accord d'exclusivité conclu entre les agents immobiliers et les notaires)

Le 13 mai 1992, le ministre Van Rooy a demandé à la Commission sur la concurrence économique de donner son avis sur son intention de déclarer non obligatoires plusieurs accords établis dans le cadre d'un contrat d'association entre l'association des notaires de la circonscription d'Amsterdam et l'association des agents immobiliers d'Amsterdam au sujet des ventes publiques de biens immobiliers dans une des salles des ventes publiques d'Amsterdam et les conditions générales en matière de ventes publiques qui y sont appliquées.

Soins de santé - hausse des prix des contraceptifs oraux à base d'hormones

En juillet et août 1991, tous les producteurs et importateurs (à une exception près) de la majorité des contraceptifs oraux à base d'hormones (HOAC) sur le marché ont relevé leurs prix d'environ 40 pour cent. Cette décision a fait suite à la mise en place le 1er juin 1991 du système dit de remboursement des produits pharmaceutiques, qui était destiné à juguler la croissance du coût des médicaments. L'action des producteurs et des importateurs a eu pour effet de relever les prix des HOAC traditionnels au point qu'ils ont atteint le même niveau de prix que les produits modernes, lancés plus récemment, de sorte que le consommateur devait payer une quote-part personnelle équivalente pour tous les produits comparables intégrés dans ce système. En octobre 1991, à la suite d'une étude, dans le cadre de la WEM, le ministre Van Rooy a annoncé son intention de prendre des mesures contre ces hausses de prix, à la suite de quoi les fabricants et importateurs ont renversé le mouvement des prix à la hausse, qui avait été contesté.

Paiement électronique

Depuis 1990, BeaNet B.V., une filiale commune des banques néerlandaises, fait l'objet d'une enquête sous l'angle de la concurrence. Cette enquête a été motivée par une plainte déposée par la Fédération des détaillants d'articles d'épicerie, qui contestait l'accord interbancaire laissant le soin de décider des tarifs à BeaNet, en d'autres termes la Fédération s'en prenait à la position de force détenue ainsi par BeaNet. Le 6 mai 1992, le ministre Van Rooy a arrêté une décision au sujet de BeaNet, au nom également du ministre des finances. Aux termes de sa décision, au cours de la phase préliminaire du paiement électronique par carte bancaire, eurochèques et chèques postaux, les accords restrictifs peuvent être acceptés ; néanmoins, à l'issue de cette phase préliminaire, les banques devaient avoir une responsabilité séparée et indépendante des tarifs des paiements électroniques, y compris des paiements afférents à l'infrastructure nécessaire. En ce qui concerne la période préliminaire jugée nécessaire, la décision renvoie au passage pertinent de ladite Déclaration d'Intention établie en mai 1991 d'un commun accord entre les diverses parties aux opérations de paiement. Selon cette déclaration, les parties en cause règleront la question au cours d'une réunion qui se tiendra en 1993.

Règlements interbancaires

Dans le cadre des progrès réalisés dans la mise en place progressive du circuit de paiement national (NBC), les banques ont été également entendues au sujet des règlements interbancaires des services interbancaires réciproques de paiement par "actie-accepten" (modèles de versement préimprimés) et des prélèvements automatiques. Tant la Commission des Communautés Européennes que le ministre des affaires économiques ont reçu des plaintes au sujet de ces règlements interbancaires et de leurs conséquences pour les clients des banques destinataires. Ces deux institutions examinent actuellement ces questions ; compte tenu de l'intervention de la Commission des Communautés Européennes et d'un arrêt récent du Tribunal de première instance des Communautés Européennes à Luxembourg en ce qui concerne les virements "verts" par "actie-accepten", une consultation avec les services compétents de la Commission sur les orientations à prendre sera organisée.

Activités accessoires des entreprises d'utilité publique

Dans le passé, le Ministère des affaires économiques a toujours été d'avis que les activités accessoires des entreprises d'électricité devaient compléter les activités exercées sur les marchés. Cette règle a été modifiée. Selon la règle actuellement en vigueur, les entreprises d'électricité sont autorisées à organiser des activités accessoires, étant entendu qu'elles ne peuvent entraîner une concurrence déloyale. Le financement par des subventions des activités sur le marché à l'aide de fonds dégagés des activités des services publics se heurte cependant à des objections fondamentales fondées sur la politique de la concurrence.

Un producteur de lampes économisant de l'énergie a déposé une plainte au sujet d'accords conclus entre des entreprises d'électricité et Philips et Osram en ce qui concerne l'usage exclusif de lampes économisant de l'énergie fabriquées par Philips et Osram pour les campagnes communes en faveur des économies d'énergie, organisées par les firmes d'électricité. Le ministère des affaires économiques a pressé les entreprises d'électricité d'organiser les campagnes de suivi, de telle manière que tous les producteurs de lampes économisant de l'énergie qui répondent à certains critères objectifs puissent y participer.

Une entreprise d'électricité se proposait de financer l'octroi d'une subvention exceptionnelle par des fonds obtenus dans le cadre du plan d'action écologique, à verser aux personnes louant à cette entreprise une chaudière hautement économique. Après avoir consulté le ministère des affaires économiques, cette entreprise a décidé de cesser de financer cette subvention.

Ligne d'action de la municipalité de Maastricht en matière d'appels d'offres

La municipalité de Maastricht s'est proposée d'organiser son action en matière d'appels d'offres de manière à ce qu'à l'avenir, en cas d'appels d'offres, la sélection s'effectue sur la base d'un petit nombre de firmes choisies dans la circonscription de Maastricht, un même volume de tâches devant être accordé à chacune de ces firmes. Elle a été informée des conséquences nuisibles qu'une telle politique exercerait sur le marché et des objections fondées sur le droit communautaire. Elle a depuis accepté d'aménager la politique qu'elle se proposait d'adopter.

IV. Prix minimaux du lait et du pain

Après s'être concerté avec le Conseil des laiteries en ce qui concerne son pouvoir de fixer le prix public minimum du lait entier et du lait à faible teneur en matière grasse, le gouvernement néerlandais a décidé que le Conseil n'aurait plus ce pouvoir dès le 1er octobre 1993. A la suite de l'accord conclu avec le Conseil des céréales, des graines et des légumineuses à ce sujet, il a décidé de mettre fin au pouvoir de ce conseil de fixer le prix public minimum pour le pain à compter du 1er juillet 1993.

V.   Environnement et concurrence

Les aspects intéressant la concurrence en ce qui concerne les mesures en matière d'environnement exigent une attention accrue. Il s'agit des types de problèmes suivants :

Mesures des pouvoirs publics

Le ministère des affaires économiques est saisi d'un nombre croissant de plaintes au sujet de la politique actuelle de délivrance de licences au titre de la loi sur les substances résiduelles chimiques. Aux termes de cette loi, la collecte et le traitement des déchets chimiques sont subordonnés à la délivrance d'une licence. Le critère essentiel de la délivrance d'une licence est la mesure dans laquelle elle favorisera l'efficacité des installations d'élimination des déchets. Il en est résulté une politique restrictive de délivrance de ces licences. Un des principes admis est la coordination entre les activités de la capacité de collecte/entreposage et de traitement et la fourniture des déchets chimiques (critère de la nécessité). Le ministère des affaires économiques a attiré l'attention du ministère de l'environnement sur les effets négatifs potentiels d'une politique restrictive de la délivrance de licences sur le marché.

Autoréglementation

Dans son mémoire sur "la prévention et le recyclage des substances résiduelles", l'industrie a mis au point des plans d'élimination pour diverses catégories de déchets. Ces plans comprennent généralement des projets de mise en place de financement et de gestion d'un système commun d'élimination des déchets (collecte et traitement). Certains accords restrictifs de la concurrence ont été élaborés/proposés dans le cadre des programmes d'autoréglementation ; par exemple, des accords sur la répercussion des coûts de l'élimination des déchets sur la clientèle. Il reste à savoir si un tel accord sur les prix, lequel en principe est incompatible avec la politique de la concurrence (ordonnance relative aux accords horizontaux sur les prix) peut être maintenu.

Concurrence déloyale par des subventions internes

Le gouvernement a confié à certaines firmes l'exclusivité des tâches d'élimination des déchets. Le risque de concurrence déloyale n'est pas imaginaire, si les fonds obtenus dans le cadre de ces tâches en exclusivité servent à favoriser des activités commerciales (connexes).

Annexe

**Point de la situation des principales affaires en
matière d'examen (de réexamen) d'accords restrictifs et de positions
dominantes sur le marché**

Affaires réglées définitivement par une mesure officielle :

-- Centre commercial "Het Trefcenter" à Venlo (accord déclaré juridiquement non obligatoire le 10 juillet 1992).

-- Le bureau central de l'association des vendeurs de bicyclettes (accord déclaré légalement non obligatoire le 10 juillet 1992).

Affaire réglée définitivement sous la forme d'une mesure officielle provisoire :

-- Exclusivité de la vente de chariots danois pour plantes en pot (suspension à compter du 31 janvier 1992).

Affaires réglées définitivement - accords modifiés ou annulés après intervention :

-- Restriction au niveau des prix par les vendeurs de compost et de terreau

-- Code de l'association néerlandaise des agents immobiliers (NVM) prévoyant un échange d'informations

-- Refus de se conformer au système d'échange d'informations dans le secteur hospitalier

-- Rayon de 50 km pour les fournisseurs d'asphalte

-- Hausse des prix des contraceptifs oraux à base d'hormones

-- Prix imposés collectifs dans le secteur du commerce de détail des produits pharmaceutiques

Convention

-- Prix imposés collectifs - Nederlandse Trouwringen-Syndicaat

-- Accords entre les firmes d'électricité et Philips/Osram au sujet des lampes économisant l'énergie.

Affaires réglées définitivement - à la suite d'une enquête, aucun motif d'intervenir immédiatement :

-- BeaNet.

Affaires réglées définitivement - à la suite d'une enquête, aucun motif d'intervenir :

-- Restriction au niveau des prix par une entreprise de distribution d'eau

-- Politique de location pour la vente publique de fleurs

-- Système de participation marginale dans l'industrie pétrolière

-- Distribution sélective/prix imposés dans le secteur du meuble

-- Exclusion du Fida des vendeurs d'instruments acoustiques (problème résolu par la voie judiciaire)

-- Régime de subvention - pratique générale - réseau d'information

-- Accord restrictif entre opticiens

-- Accord restrictif entre mécaniciens dentistes

-- Fluctuation des prix dans le secteur de la viande fraîche.

Mesures générales envisagées :

-- Accords horizontaux sur les prix

-- Accords de partage des marchés

-- Accords sur les appels d'offres.

Des mesures de caractère général visant à déclarer ces accords juridiquement non obligatoires, y compris l'insertion d'une option de dérogation, en sont à divers stades de leur élaboration. En raison des mesures envisagées, les enquêtes portant sur des cas particuliers concernant les branches d'activités en cause ont été ajournées.

Consultation ou évaluation en cours :

-- Monopole des ventes publiques d'Amsterdam (accord de distribution exclusive)

-- Règlements interbancaires (circuit de paiement national)

-- Paiement par virement par "actie-accepten" (formulaire de virement d'oeuvres caritatives)

-- Accord de contrôle de la capacité dans la briqueterie

-- Différenciation des tarifs pour les ferries Wadden Sea

-- Réseaux de canalisations synthétiques

-- Réglementation sur la reconnaissance des ajusteurs électroniciens (REI 1976/83) par l'association des firmes d'électricité aux Pays-Bas (VEEN).

-- Inspections des chaudières

-- Examen de deux ententes en ce qui concerne la demande d'une dérogation à l'interdiction des prix imposés collectifs :

  • Association des distributeurs et des éditeurs d'oeuvres musicales aux Pays-Bas ;

  • Association de défense des intérêts des libraires

Demandes de recommandations et recommandations par la Commission de la concurrence économique

Demandes de recommandation à la Commission de la concurrence économique

-- Déclaration du caractère non obligatoire de l'ensemble des accords sur les appels d'offres en date du 16 mars 1992

-- Déclaration du caractère non obligatoire de l'ensemble des accords sur le partage des marchés en date du 7 avril 1992

-- Rejet d'une demande de dérogation aux prix imposés par le bureau central des vendeurs de bicyclettes et une déclaration de caractère non obligatoire d'un accord de distribution exclusive le 10 février 1992.

-- Déclaration du caractère non obligatoire en ce qui concerne la protection de la branche d'activité au centre commercial "Het Trefcenter" à Venlo le 13 septembre 1991

--   Déclaration du caractère non obligatoire d'un accord de distribution exclusive de chariots danois pour plantes en pot en date du 31 janvier 1992

--   Déclaration du caractère non obligatoire de l'accord de distribution exclusive conclu entre les agents immobiliers et les notaires publics d'Amsterdam en date du 13 mai 1992.

Recommandations émises par la Commission de la concurrence économique :

--   Déclaration du caractère non obligatoire en ce qui concerne la protection par branche d'activité au centre commercial "Het Trefcenter" à Venlo le 10 juin 1992

--   Rejet de la demande de dérogation aux prix imposés par le Bureau central des vendeurs de bicyclettes et déclaration du caractère non obligatoire d'un accord de distribution exclusive en date du 10 juin 1992

--   Déclaration de caractère non obligatoire d'un accord de distribution exclusive de chariots danois pour plantes en pot en date du 17 septembre 1992.

NOUVELLE-ZÉLANDE

(1er septembre 1991-31 août 1992)

I. Modifications apportées ou envisagées au droit et à la politique de la concurrence

En Nouvelle-Zélande, le droit de la concurrence est régi par la Loi de 1986 sur le commerce. Celle-ci n'a pas été modifiée durant la période couverte par ce rapport. Le gouvernement envisage toutefois de présenter un projet d'amendement visant notamment :

-- à limiter à NZ$40 millions la responsabilité de la Commission du Commerce pour le préjudice causé par des engagements liés à des injonctions provisoires. Le gouvernement a indemnisé la Commission pour les préjudices causés jusqu'à concurrence de ce montant ;

-- à préciser que la loi s'applique aux dispositions de contrats concernant le transport de biens par mer à l'extérieur de la Nouvelle-Zélande, dans la mesure où ces dispositions visent également le transport des biens à l'intérieur du territoire néo-zélandais ou leur chargement sur un navire ;

-- à veiller à ce que les fusions et prises de contrôle ne soient interdites que si elles vont à l'encontre des dispositions relatives aux acquisitions d'entreprises (interdisant les acquisitions qui créent ou renforcent une position dominante sur un marché) et qu'elles ne soient pas visées par l'interdiction plus générale des comportements qui réduisent sensiblement la concurrence sur un marché ;

-- à permettre à l'entreprise faisant l'objet d'une fusion de demander une autorisation d'acquisition avant fusion plutôt que de permettre uniquement à l'entreprise de procéder à son acquisition ; et

-- à prévoir un système de redevances plus souple pour les demandes d'agrément ou d'autorisation concernant les acquisitions d'entreprises ou les demandes d'autorisation de pratiques anti-concurrentielles ou de prix anti-concurrentiels des biens ou des services soumis à un contrôle des prix.

En outre, la Loi sur le commerce a fait l'objet d'un examen qui a porté sur les points suivants :

-- la nature de l'analyse économique de rentabilité qui a été entreprise, et la portée du critère de l'intérêt général appliqué par la Commission du commerce ;

-- le champ d'application de la loi en ce qui concerne les marchés des produits primaires et les pratiques syndicales qui influent sur les marchés des biens et des services ;

-- le traitement des fusions et des prises de contrôle ; et

-- l'application de la loi.

Un document de synthèse a été publié en décembre 1991 pour faciliter les échanges de vue et un groupe de fonctionnaires chargé de l'examen a procédé à des consultations approfondies entre mars et août 1992. Le Gouvernement devrait prendre des décisions sur les recommandations de ce groupe au mois d'octobre ou de novembre.

II. Application de la législation et des politiques relatives à la concurrence

Mesures prises à l'encontre des pratiques anti-concurrentielles

Autorisations

Au cours de la période allant du 1er juillet 1991 au 30 juin 1992, la Commission du commerce n'a enregistré aucune demande d'autorisation de pratiques commerciales restrictives.

Application de la loi

Au cours de l'année, des procédures ont été engagées pour six affaires différentes à la suite d'enquêtes menées par la Commission du commerce. Dans deux cas, le défendeur a reconnu avoir violé la loi et accepté de payer une amende à la Couronne : un importateur de matériel audio a consenti à verser une amende de NZ$20 000 et s'est engagé à renoncer aux pratiques de prix de vente imposés, et un groupe de moniteurs de conduite automobile dans une ville de province a reconnu s'être entendu sur les prix. En outre, la Commission a conclu plusieurs arrangements administratifs dans des cas où des poursuites judiciaires ont été jugées inadaptées. Des procédures sont en cours pour plusieurs autres affaires.

La Commission a également entrepris l'étude de certaines branches d'activité afin de mieux appréhender la situation de la concurrence dans ces secteurs et d'identifier les éventuelles infractions à la Loi sur le commerce. L'étude la plus notable concerne l'enquête effectuée par la Commission dans le secteur des télécommunications. L'enquête a été ouverte en novembre 1991 à la suite de plaintes persistantes sur les conditions de la concurrence dans ce secteur, où la Telecom Corporation occupe une position dominante sur plusieurs marchés. Le rapport d'enquête, diffusé en juin 1992, a conclu que la concurrence s'était développée en ce qui concerne l'offre de matériel d'abonné et de services d'entretien et de câblage, et qu'elle se développait au niveau de l'offre de certains services à valeur ajoutée et de réseau. Cela n'avait cependant pas été le cas pour les services de ce type qui exigeaient une interconnexion avec les réseaux de la Telecom Corporation ou des informations se rapportant à ceux-ci. L'enquête a mis en lumière plusieurs présomptions d'infraction à la Loi sur le commerce que la Commission examine actuellement.

Actions privées

Des actions privées sont en cours dans plusieurs secteurs, mais aucune décision de fond au regard de la Loi sur le commerce n'a été prise durant la période examinée.

Fusions et concentrations

La période couverte par le présent rapport est la première année complète d'utilisation d'un système facultatif de notification préalable des fusions. Avant le 1er janvier 1991, toutes les fusions correspondant à certains seuils d'actifs devaient être notifiées à la Commission du commerce avant leur mise en oeuvre. Au cours de la période allant du 1er juillet 1991 au 30 juin 1992, ont été notifiées à la Commission les fusions suivantes :

Demandes de fusion enregistrées au titre de l'article 66 (agrément)

En instance au 1er juillet 1991	4
Enregistrées au cours de l'année	52
Total	56
Agréées dans un délai de 10 jours ouvrables	42
Agréées après une prorogation du délai	5
Retirées	3
Agréments refusés	6
En instance au 30 juin 1992	0

Demandes de fusion enregistrées au titre de l'article 67 (autorisation)

En instance au 1er juillet 1991	0
Enregistrées au cours de l'année	1
Total	1
Agréées dans un délai de 60 jours ouvrables	0
Autorisées dans un délai de 60 jours ouvrables	1
Autorisations refusées	0
En instance au 30 juin 1992	0

Les principaux aspects des décisions de la Commission du commerce sur les acquisitions d'entreprises ont été les suivants :

Moa-Nui Cooperative Dairy Co Ltd/Kiwi Cooperative Dairy Co. Ltd.

C'est la seule demande d'autorisation de fusion ou de prise de contrôle au cours de l'année au sujet de laquelle la Commission a conclu qu'elle risquait de créer ou de renforcer une position dominante sur un marché. Les deux entreprises sont des coopératives laitières détenues par leurs fournisseurs et transforment à elles seules 20 pour cent environ de l'approvisionnement en lait de la Nouvelle-Zélande. La Commission a estimé que l'entreprise résultant de la fusion occuperait sans doute une position dominante pour l'achat de lait cru dans la région de Taranaki, mais que les avantages de cette proposition du point de vue de l'intérêt général (accroissement des économies d'échelle principalement) l'emportaient sur les éventuels inconvénients.

Foodstuffs (Wellington) Cooperative/Countdown Supermarkets

Foodstuffs (Wgtn), coopérative de supermarchés et magasins de proximité gérés par les propriétaires, a émis le souhait d'acquérir les supermarchés de Countdown, exploitant de supermarchés du style "halles de l'alimentation", situés dans l'Ile du Nord. Les parts de marché combinées de ces entreprises sur divers marchés locaux varient entre 60 et 90 pour cent. En outre, Foodstuffs (Wgtn) et Magnum, vendeur de Countdown, ont tous deux des grossistes en épicerie et le grossiste de Magnum approvisionne les supermarchés de Countdown. La Commission a jugé que l'entreprise fusionnée occuperait certainement une position dominante sur le marché du détail dans une ville et sur un marché régional pour l'épicerie de gros. Cette décision a été infirmée en appel par la High

Court, mais seulement après qu'un autre acquéreur soit devenu propriétaire des supermarchés en question.

Foodstuffs (South Island) Cooperative/Countdown Supermarkets

Les circonstances concernant cette affaire sont très comparables à celles du cas Foodstuffs (Wgtn)/Countdown (ci-dessus), si ce n'est que le nombre de marchés tant pour l'épicerie de gros que pour l'épicerie de détail est beaucoup plus important, du fait que Countdown est encore mieux implanté dans l'Ile du sud. La Commission a conclu que l'entreprise résultant de la fusion occuperait sans doute une position dominante sur le marché du détail dans deux villes et sur plusieurs marchés régionaux pour l'épicerie de gros. Un recours a également été formé contre cette décision.

Voies de recours

Qantas/Air New Zealand

La compagnie aérienne internationale australienne Qantas détient 19.9 pour cent des parts de Air New Zealand. La Commission du commerce a prétendu que Qantas avait conclu un accord avec les autres membres d'un consortium détenant la majorité des parts de la compagnie aérienne, qui pouvaient permettre à Qantas d'accroître sa participation. La Commission a demandé une injonction visant à empêcher Qantas d'acquérir de nouvelles parts de Air New Zealand. La procédure a été annulée après que Qantas se soit engagée devant la High Court à ne pas acheter d'autres parts.

Appels

Telecom Corporation/Crown (Fréquences pour la téléphonie phonique)

Le rapport précédent sur l'évolution de la situation en Nouvelle-Zélande indiquait que la Commission du commerce avait refusé son agrément à la société Telecom pour l'acquisition des droits de gestion de la gamme de fréquences radio sur ce qui est généralement connu comme la bande de téléphonie cellulaire AMPS-A et qu'elle le lui avait en revanche accordé pour l'acquisition des droits de gestion sur TACS-B (également appelée GSM-B). Telecom a formé un recours contre ces deux décisions devant la High Court. Celle-ci a estimé que dans chacun des cas l'acquisition des droits renforcerait la position dominante de Telecom aussi bien sur les marchés de la téléphonie mobile que sur ceux de la téléphonie fixe. En outre, la Cour a profité du recours formé par Telecom dans le cas de la fréquence AMPS-A pour préciser les questions d'intérêt général, en jugeant que, de ce point de vue, les avantages n'étaient pas suffisants pour primer sur la portée des effets anti-concurrentiels entraînés. Le recours a été rejeté.

Telecom a saisi la Cour d'appel pour ces deux décisions, bien qu'elle ait par la suite renoncé au recours contre la décision concernant la fréquence TACS-B. Dans le cas d'AMPS-A, la Cour d'appel a critiqué l'approche adoptée par la High Court pour déterminer si Telecom occuperait une position dominante ou si toute position dominante serait renforcée par le projet d'acquisition. La Cour n'a pas retenu les décisions antérieures où l'expression "position dominante" avait été définie en termes économiques, préférant utiliser une définition du dictionnaire : "position prédominante, importante, ascendante, déterminante...". Par conséquent, deux des cinq juges ont déclaré que même après l'acquisition, Telecom n'occuperait pas une position dominante sur le marché. En outre, la Cour a jugé que l'argument selon lequel cette acquisition risquait d'entraîner cerains inconvénients était dans une large mesure théorique et spéculatif, et a autorisé Telecom à acquérir les droits.

La définition retenue par la Cour d'appel pour l'expression "position dominante" pose d'importants problèmes de fond, et la possibilité d'un amendement législatif est actuellement envisagée.

Hoyts/Pacer Kerridge

Le précédent rapport fait également état du projet de fusion de deux chaînes de cinéma représentant (à l'époque) 90 pour cent environ des recettes en Nouvelle-Zélande. Les deux chaînes ont formé un recours au motif que la définition du marché en cause concernait les divertissements "passant par l'écran", y compris la télévision et la location de films vidéo ainsi que la diffusion de films dans les cinémas. La High Court a confirmé la constatation de la Commission selon laquelle les marchés visés étaient ceux de la distribution de films et de la diffusion de ces films dans l'ensemble de la Nouvelle-Zélande, et jugé que l'entreprise fusionnée occuperait une position dominante sur ces marchés. Les parties à la fusion n'ayant pas prétendu que les avantages de ce projet d'acquisition pour l'intérêt général l'emportaient sur les effets anti-concurrentiels entraînés, la Cour a confirmé la décision de la Commission.

III. Rôle des autorités chargées des questions de concurrence dans la formulation et la mise en oeuvre d'autres programmes d'action

Secteur de la santé

Dans le cadre de son budget 1991/92, le Gouvernement a annoncé un certain nombre de réformes importantes touchant le secteur de la santé, qui est financé essentiellement par l'Etat. Ces réformes concernent la séparation des deux fonctions, financement et prestation de services, la mise en place de quatre autorités sanitaires régionales qui seraient chargées, au nom de l'Etat, d'assurer les services de santé essentiels, et la restructuration des hôpitaux publics existants en "entreprises sanitaires de la Couronne", exploitées sur une base commerciale.

Les marchés des services de santé seront couverts par les dispositions de la Loi sur le commerce, certaines exemptions devant être accordées aux autorités sanitaires régionales pendant une période transitoire, ainsi qu'aux services de transfusion sanguine.

Industrie de l'électricité et du gaz

Le Gouvernement introduit la concurrence dans le secteur de la distribution d'électricité et de gaz naturel en retirant les franchises régionales. Les services publics de distribution de gaz et d'électricité au détail sont organisés sous forme de sociétés conformément aux dispositions de la Loi de 1992 sur les compagnies de distribution d'énergie. Ces services sont tenus de présenter un schéma d'organisation au Ministre de l'énergie avant le 31 décembre 1992, bien que celui-ci puisse accorder certains délais. Les services de distribution d'électricité et de gaz devront être exploités sous forme de sociétés à compter du 1er avril 1993, bien que, là aussi, une prorogation puisse être accordée.

Le gaz naturel est actuellement le seul produit soumis au contrôle des prix au titre des dispositions de la Loi sur le commerce. Cette restriction disparaîtra lorsque les réformes réglementaires entreront en vigueur. Les franchises régionales applicables aux clients actuels qui consomment moins de la moitié d'un gigawattheure (GWh) par an seront supprimées le 1er avril 1993, de même que celles qui s'appliquent à l'ensemble des consommateurs de gaz. Les franchises régionales applicables aux consommateurs qui utilisent plus de 0.5 gigawattheure leur seront retirées le 1er avril 1994. Ces changements sont destinés à encourager les rendements économiques et énergétiques sur ces marchés, en créant des incitations à la réduction des coûts au minimum, en veillant à ce que les prix reflètent les coûts plus étroitement qu'à l'heure actuelle, et en encourageant la diversification des produits par la promotion de la vente des services liés à l'énergie et non plus seulement celle de l'énergie.

Le Gouvernement a décidé de procéder à la mise en place d'un régime réglementaire "à la main légère" fondé sur une divulgation généralisée de l'information. Les prix, les clauses et les conditions de l'approvisionnement devront être divulgués dans l'ensemble des secteurs de l'électricité et du gaz (transmission, distribution et vente au détail). Par ailleurs, les coûts, la répartition des coûts et les méthodes d'établissement des prix, les états financiers vérifiés et les indicateurs de performance devront être divulgués par les propriétaires des réseaux de transmission et de distribution. La divulgation de l'information permettra à la clientèle et à la concurrence d'examiner plus facilement les pratiques commerciales des sociétés en position dominante dans l'industrie de l'électricité et du gaz. Les abus de pouvoir de monopole seront ainsi soumis d'une manière plus systématique aux dispositions de la Loi sur le commerce. En outre, cela facilitera l'accès aux réseaux de distribution de l'industrie de l'électricité et du gaz par les grossistes et détaillants en concurrence.

Le Gouvernement a convenu qu'il fallait séparer les activités de transport d'électricité de celles de production d'électricité. Il reste notamment à déterminer les structures requises. Des consultations avec les groupes Maori devront également être entreprises. Le Trans Power Establishment Board a proposé d'instituer un club propriétaire de la grille de transmission et regroupant tant les producteurs que les détaillants, mais aucune décision sur la séparation des activités n'a encore été prise.

IV. Nouvelles études en matière de politique de concurrence

Review of the Commerce Act 1986: Discussion Document, Ministère du commerce, décembre 1991.

Competition Review: Current Issues in New Zealand Competition and Consumer Law, vol. 5, Commerce Commission décembre 1991.

Telecommunications Industry Inquiry Report, Commerce Commission, 23 juin 1992.

Publications de la Commission du Commerce

The Commerce Act 1986 - A General Guide

Complying with the Commerce Act

Authorising Anti-competitive Practices

Anti-competitive Behaviour - What the Commerce Act Prohibits

Dictating Prices and the Commerce Act

Price Fixing and the Commerce Act - A Guide for the Business Community

Refusal to Deal and the Commerce Act

Reducing Competition - A Guide to Section 27 of the Commerce Act

Excluding Your Competitors - A Guide to Section 29 of the Commerce Act

Abusing a Dominant Position - A Guide to Section 36 of the Commerce Act

NORVÈGE

(1er octobre 1991-30 septembre 1992)

I. Le fondement juridique

Les activités des autorités compétentes en matière de prix sont fondées sur la Loi du 26 juin 1953 sur les prix.

Cette Loi sur les prix confie aux autorités compétentes en matière de prix une mission de surveillance en ce qui concerne les accords commerciaux restrictifs et les entreprises en position dominante. Ces autorités peuvent intervenir en modifiant ou en annulant tout accord commercial restrictif qui risque d'avoir un effet nuisible sur la production ou les échanges ou qui est tenu pour déraisonnable ou préjudiciable à l'intérêt général.

Deux types de réglementations sont interdits. En vertu des dispositions de 1957, les associations et groupements de fournisseurs ne sont autorisés ni à recommander ni à fixer des prix de revente. Les entreprises, considérées individuellement, peuvent établir des prix de revente recommandés. Aux termes des dispositions adoptées en 1960, toute concertation entre entreprises en matière de prix, de remises et de marges bénéficiaires, ainsi qu'en matière de soumissions, est interdite.

En 1988, un nouvel article de la Loi sur les prix relatif aux fusions est entré en vigueur. Sur la recommandation de la Direction des prix, le Conseil des prix a désormais le pouvoir de bloquer une fusion lorsque celle-ci risque de réduire fortement la concurrence ou d'accentuer encore une restriction déjà importante.

Toutes les ententes et associations ayant des effets restrictifs sont tenues d'être notifiées à la Direction des prix. Cette obligation s'applique aussi aux entreprises qui détiennent au moins 25 pour cent du marché d'un produit ou d'un service donné. Les notifications sont inscrites sur un registre public.

La nouvelle loi norvégienne sur la concurrence

En octobre 1991, un Comité, constitué pour proposer une nouvelle loi sur la concurrence, a soumis son rapport au Ministère du travail et de l'Administration centrale. Le Parlement sera saisi du projet de loi au plus tôt au printemps de 1993.

II. Application des lois et des politiques de la concurrence

Chaque année, le Parlement publie des directives concernant les activités des autorités compétentes en matière de prix. Le principal objectif de la politique de la concurrence - intensifier la concurrence sur les divers marchés - n'a pas varié depuis dix ans.

1. Interventions

Systèmes de remises de fidélité

En 1991, la Direction des prix a examiné divers systèmes de remises importantes accordées aux détaillants en récompense de leur fidélité. De l'avis de la Direction des prix, les remises de fidélité offertes par les entreprises dominantes peuvent avoir un effet très restrictif sur les échanges. Lorsqu'une entreprise dominante a recours à de tels systèmes, il peut devenir impossible de pénétrer sur le marché et il peut même arriver que des entreprises établies éprouvent des difficultés à rester en activité. La même situation peut se produire si plusieurs entreprises qui, ensemble, dominent un marché lancent un système de cet ordre. En général, la dynamique d'un marché se ressent de l'introduction de remises de fidélité par un grand nombre d'entreprises.

Après plusieurs interventions de la Direction des prix visant la suppression de systèmes de cet ordre par des entreprises dominantes, la position de celle-ci est devenue très connue. Par suite, il est quelques cas où il a suffi qu'une entreprise ait vent qu'une intervention était envisagée pour qu'elle retire son système de remises de fidélité.

Intervention contre les statuts des sociétés d'achats

La Direction des prix s'est élevée contre une clause des statuts de cinq coopératives régionales d'achats agricoles obligeant leurs membres à acheter certains produits exclusivement auprès d'elles. Ces coopératives occupent une position dominante sur le marché des aliments du bétail, des engrais, des semences et des machines agricoles, avec quelque 60 pour cent du chiffre d'affaires norvégien total pour ces produits. L'obligation était absolue dans le cas des aliments du bétail, des engrais et des semences. Pour ce qui est des machines, les membres étaient obligés de donner, dans une certaine mesure, la préférence aux coopératives. En cas de désobéissance, le membre perdait tous ses avantages de membre. Selon la Direction des prix, il s'agissait là d'une mesure de rétorsion économique qui liait les membres à la coopérative et, de fait, bloquait l'accès d'autres fournisseurs au marché.

Dans le cas des machines agricoles, les bénéfices tirés des exportations de produits de base peuvent être utilisés pour subventionner les exportations de machines, permettant ainsi à la coopérative de vendre moins cher que les entreprises privées. La suppression de l'obligation de donner la préférence aux coopératives pourrait rétablir une concurrence plus loyale.

Dans les contrats qu'elle passait avec des agriculteurs pour la production de semences, une coopérative prévoyait une clause par laquelle le producteur s'engageait à acheter exclusivement à la coopérative. Comme ces contrats étaient très recherchés - la production de semences étant plus rentable que celle de céréales -, la Direction des prix a estimé que cette clause risquait de réduire sensiblement la concurrence. Elle a ordonné en conséquence à la coopérative de supprimer cette clause.

Intervention contre une remise cumulative

Norsk Hydro domine très fortement le marché des engrais, environ 10 pour cent seulement étant importés. En 1990, Norsk Hydro a introduit une remise annuelle cumulative pour les engrais. La remise maximale - de 50 couronnes norvégiennes la tonne (2.9 pour cent) - nécessitait un achat de 250 000 tonnes. L'aspect cumulatif de la remise avait pour résultat que la remise effective obtenue grâce à un accroissement marginal des tonnages achetés pouvait atteindre 16.1 pour cent. Comme les prix de Norsk Hydro sont supérieurs d'environ 15 pour cent aux prix à l'étranger, la remise cumulative constitue un garde-fou efficace contre la concurrence des importations. Un deuxième argument avancé à l'encontre de la remise a été la crainte qu'elle aboutisse à la longue à évincer les petits grossistes du marché.

La Direction des prix a interdit l'application de remises par quantités.

Interdiction de la fixation de prix indicatifs pour le matériel sanitaire

La Direction des prix est intervenue contre six importants grossistes en matériel sanitaire et produits de plomberie et a interdit la publication de prix de revente recommandés. La raison de cette décision est qu'il existe un écart croissant entre les prix recommandés et les prix effectifs du marché. Selon la Direction des prix, l'existence de remises sensiblement plus élevées que les marges bénéficiaires normales nuit à la transparence du marché et tourne en dérision l'objectif des prix recommandés. Le système de prix recommandés peut aussi, selon la Direction des prix, porter atteinte au libre jeu de la concurrence en rendant le détaillant trop dépendant des grossistes. Traditionnellement, les grossistes constituent, en Norvège, l'élément dominant de la chaîne de distribution du matériel sanitaire. La suppression des prix recommandés réduira, on l'espère, l'influence des grossistes sur les prix que les consommateurs doivent payer.

Avis de résiliation des contrats d'alimentation en électricité

Une nouvelle Loi sur l'énergie a introduit plus de liberté dans les mécanismes du marché de l'énergie et ouvert à la concurrence l'alimentation en électricité des entreprises et des ménages. Dans l'espoir de dissuader les clients de changer de fournisseur, les centrales ont fixé des préavis de résiliation assez longs, parfois sans même demander aux clients leur assentiment préalable. A plusieurs reprises, la Direction des prix est intervenue contre des préavis d'une durée supérieure à un mois.

La Direction des prix a aussi mis en garde contre le fait que les accords entre les producteurs d'électricité et les propriétaires de réseaux de distribution restreignant le droit des distributeurs à faire appel à d'autres sources d'approvisionnement en électricité pouvaient être jugés préjudiciables au libre jeu de la concurrence et donner lieu, en conséquence, à des interventions.

Les professions libérales

La Direction des prix a examiné la réglementation et le code de déontologie de plusieurs professions libérales et, notamment, de l'Association norvégienne des architectes ; de l'Association norvégienne des avocats ; de l'Association norvégienne des dentistes ; de la Fédération norvégienne des architectes et décorateurs d'intérieur ; de la Fédération norvégienne des architectes paysagistes ; de la Fédération norvégienne des concepteurs industriels ; et de la Fédération norvégienne des concepteurs graphiques.

Services psychologiques

Après avoir étudié les implications du code de déontologie de l'Association norvégienne des psychologues, la Direction des prix est intervenue contre certaines de ses dispositions. Comme cette Association regroupe une part importante des psychologues norvégiens, tout effet préjudiciable à la concurrence résultant du code déontologique affecte la totalité du marché norvégien des services psychologiques, c'est-à-dire non seulement les services thérapeutiques, mais aussi toutes les autres activités menées par les psychologues, comme les études d'organisation, les conseils aux entreprises, etc.

La Direction des prix en a conclu que certaines dispositions pouvaient avoir des effets préjudiciables, en particulier celles qui restreignent la façon dont les membres peuvent "vendre" leurs services. En effet, le code interdisait toute publicité comportant un élément de louange personnelle ou donnant l'impression de résultats rapides et supérieurs. Ces restrictions ont été jugées préjudiciables, parce que de nature à empêcher les clients de choisir rationnellement leur traitement. Elles entravaient aussi l'accès à la profession en limitant la façon par laquelle les psychologues fraîchement diplômés pouvaient informer leur clientèle potentielle des services qu'ils offraient.

La Direction des prix est aussi intervenue contre les dispositions qui interdisaient aux psychologues d'accepter un nouveau client sans s'être mis en rapport avec le psychologue qui s'était précédemment occupé de ce client. La Direction des prix a estimé que ces dispositions restreignaient fortement la liberté de choix que devait avoir le client.

Cas de fusions

Nora Industrier et Orkla Borregaard

Pendant la période sous revue, la Direction des prix a examiné la fusion entre Nora Industrier et Orkla Borregaard. Nora Industrier, firme comprenant des brasseries, des moulins, des usines agro-alimentaires, et des fabriques de chocolat et de textiles, avait un chiffre d'affaires total de 7 332 millions de couronnes norvégiennes. Orkla Borregaard possédait deux grands établissements sur le marché de la consommation. Elle était aussi un actionnaire important de Freia Marabou, l'un des principaux concurrents de Nora dans le secteur des chocolats, des confiseries et des en-cas. En 1990, Orkla Borregaard avait un chiffre d'affaires total de 8 133 millions de couronnes norvégiennes.

Le marché norvégien des en-cas était dominé par trois producteurs : Maarud, filiale de Freia Marabou, Idun, appartenant indirectement à Nora Industrier, et Polly, appartenant indirectement à Orkla. La fusion entre Orkla et Nora entraînerait le regroupement des activités d'Idun et de Polly et leur donnerait une part de marché de 40 pour cent. Orkla et Freia Marabou contrôleraient 95 pour cent du marché des en-cas. Pour les deux autres secteurs, les parts de marché seraient respectivement de 75 et 70 pour cent.

Comme Freia Marabou est le principal concurrent d'Orkla dans les secteurs du chocolat et des confiseries, des en-cas et des sirops de fruits, la Direction des prix a conseillé au Conseil des prix d'ordonner à Orkla de vendre ses parts de Freia Marabou. Le fait qu'Orkla soit un gros actionnaire de Freia Marabou pouvait, selon la Direction des prix, entraîner une restriction de la concurrence susceptible d'avoir d'importants effets préjudiciables. Le Conseil des prix a suivi la recommandation de la Direction des prix.

Nodest et Jotun

Jotun, agent économique qui influence les prix et producteur dominant de peintures et de vernis de la Norvège dont il détient 49 pour cent du marché, a acquis au début de 1992 l'un de ses deux principaux concurrents - Nodest. La part de marché des deux firmes prises ensemble serait de 64 pour cent et ces firmes ainsi fusionnées occuperaient une position dominante dans chaque secteur de cette branche d'activité. La Direction des prix a considéré que la fusion restreindrait fortement la concurrence et a demandé au Conseil des prix d'agir à son encontre. Bien que souscrivant à tous les arguments avancés par la Direction des prix à l'appui de sa thèse, le Conseil des prix a toutefois refusé d'agir.

Le marché de l'épicerie

Au cours des 10 à 15 dernières années, le marché norvégien de l'épicerie s'est profondément transformé. Depuis cinq ans, en particulier, il s'est fortement concentré. Aujourd'hui, les huit plus grandes chaînes assurent plus de 90 pour cent des ventes au détail. En 1992, cette évolution s'est accélérée, avec probablement pour résultat que, d'ici peu, quatre ou cinq chaînes assureront 80 à 90 pour cent des ventes au détail.

Un nouvel aspect de ce marché est la concentration croissante du marché de gros et une possibilité d'intégration accrue entre les détaillants et les grossistes. Cette intégration se fera par la voie de fusions ainsi que par une coopération plus étroite entre les chaînes et les grossistes. Même si seules quelques fusions et acquisitions sont intervenues jusqu'ici, de nombreux projets d'autres actions sont à l'étude. La Direction des prix suit de près l'évolution de la situation.

2. *Octroi de dérogations*

La Direction des prix est habilitée à accorder des dérogations aux interdictions de 1957 touchant l'imposition de prix de revente et aux dispositions de 1960 interdisant la concertation en matière de prix, de marges bénéficiaires ou de remises. L'an dernier, la Direction des prix a publié des principes directeurs touchant les cas dans lesquels des dérogations pourraient être accordées.

Concertation à l'échelle d'une branche d'activité

En général, la Direction des prix se refuse à accorder des dérogations pour toute forme de concertation en matière de prix, de marges bénéficiaires, de remises, etc. qui concerne une fraction importante d'une branche d'activité d'un marché donné. Une telle concertation est presque toujours préjudiciable à la concurrence dans la branche d'activité considérée, qu'elle ait une portée nationale ou locale. Le fait que la concertation aboutisse à une réduction des prix dans une campagne de vente donnée peut ne pas être une raison suffisante pour consentir une dérogation. Toute concertation entre la plupart des membres d'une branche d'activité peut entraver la volonté de soutenir la concurrence dans la branche considérée.

Il y a quelques années, la Direction de la concurrence a effectué une analyse de certains systèmes de calcul avancés utilisés dans le secteur du bâtiment et des travaux publics. Une collaboration dans ce domaine est efficace et économe et, semble-t-il, n'exerce qu'une faible influence négative sur la concurrence. En général, cette collaboration bénéficie d'une dérogation, sous certaines conditions. Par exemple, elle ne doit pas comporter d'éléments de prix et de coûts qui varient selon les firmes qui peuvent faire usage du système de calcul.

Coopération en matière de soumissions

Les soumissions concertées sont, en général, interdites. Toutefois la coopération mutuelle d'entreprises à des projets spécifiques relevant du secteur du bâtiment et des travaux publics est exempte de cette interdiction. Cette exemption a pour objet d'accroître la concurrence en permettant à un plus grand nombre de sociétés de participer aux soumissions. Des exemptions à titre individuel ne sont généralement pas accordées.

Accords bilatéraux sur les prix

Lorsqu'au moins deux fournisseurs de biens ou de services concluent un accord sur les prix avec un ou plusieurs acheteurs, cette concertation entre vendeurs est contraire aux dispositions de 1960. Lorsque l'on décide d'accorder ou non une dérogation, l'influence que l'accord exerce sur la situation générale de la concurrence dans la branche d'activité considérée pèse beaucoup. Si l'accord peut avoir pour résultat de restreindre la concurrence dans des domaines sur lesquels il ne porte pas, par exemple lorsque les prix convenus servent de norme dans un secteur plus vaste, la Direction des prix n'accorde pas, en règle générale, de dérogation.

Si les acheteurs d'un marché particulier sont en position de force, une coopération entre les vendeurs peut rétablir l'équilibre entre les parties lorsqu'une opération est effectuée. Ces considérations peuvent être prises en compte lorsque l'on décide d'accorder ou non des dérogations.

Chaînes et groupes

Une concertation au sein d'une chaîne peut, dans certaines circonstances, être bénéfique. La concertation peut déboucher sur une rationalisation, ainsi que sur une réduction de coûts pour les entreprises qui y prennent part, par exemple en transférant certaines tâches de chacune des firmes à l'organisation centrale. Permettre aux chaînes de collaborer peut aussi conduire à un renforcement de la concurrence sur un marché en mettant les entreprises qui participent à cette collaboration en meilleure position pour soutenir la concurrence de sociétés plus grandes verticalement intégrées.

Dans la plupart des cas, des dérogations sont accordées aux petits groupes de détaillants et d'entreprises de services. La décision d'accorder ou non des dérogations à d'autres groupes se prend après une analyse approfondie. Cette remarque s'applique à tout groupe qui détient une part de marché d'au moins 15 pour cent et à tout groupe de grossistes ou de fournisseurs, d'une manière générale.

Imposition de prix de revente

Excepté les dérogations qui sont accordées aux chaînes d'entreprises, les interdictions visées dans les dispositions de 1957 font rarement l'objet d'exemptions. C'est uniquement dans des circonstances particulières et seulement si l'on estime que la dérogation aura des effets positifs que l'on autorise des fournisseurs pris individuellement à s'abstenir de notifier que les prix de revente sont seulement des prix recommandés ou à fixer des prix de revente obligatoires. Normalement, il n'est accordé de dérogations qu'à des firmes prises individuellement.

3. Application des interdictions

Papier ondulé

Les quatre plus grands producteurs de papier ondulé, dont le chiffre d'affaires global est de l'ordre de 900 millions de couronnes norvégiennes, ont été accusés d'ententes sur les prix depuis 1983. Les producteurs et leur association professionnelle, qui a organisé la concertation, ont été dénoncés à la police. L'affaire est en attente.

Grossistes en acier

En novembre 1991, six grossistes en acier norvégiens accusés de concertation en matière de prix ont plaidé coupables et ont été condamnés à des amendes s'élevant au total à plus de 12 millions de couronnes norvégiennes. En outre, sept salariés ont payé chacun une amende de 100 000 couronnes norvégiennes.

III. Rôle des autorités responsables de la concurrence dans la formulation et la mise en oeuvre d'autres politiques

Les textes législatifs et réglementaires publiés par d'autres services gouvernementaux peuvent avoir des effets préjudiables pour la concurrence et générer une perte d'efficience. La Direction des prix évalue donc ces textes du point de vue de la concurrence et propose des amendements visant à réduire au minimum tout effet nuisible sur la concurrence.

Collecte et recyclage des pneus usagés

Le grave problème d'environnement que pose le stockage d'une multitude de pneus usagés a été examiné par un groupe de travail du Ministère de l'environnement. Le groupe de travail a proposé deux solutions possibles qui, prévoient l'une et l'autre l'interdiction de tout stockage semi-permanent de pneus usagés et l'obligation pour les vendeurs de pneus d'accepter de reprendre tous les pneus usagés.

L'une des solutions consisterait à confier la responsabilité de la collecte et de la récupération des pneus usagés aux producteurs, aux importateurs et aux distributeurs dans le cadre d'un accord contraignant passé avec le Ministère de l'environnement. Le coût de ce programme serait financé par une surtaxe sur le prix des pneus neufs.

La Direction des prix a critiqué certains aspects de cette solution dans les commentaires qu'elle a adressés au Ministère du travail et de l'Administration centrale. Ce programme nécessitera une coopération très étroite entre tous ceux qui travaillent dans le secteur des pneus. Pour l'administrer, il pourrait être nécessaire de mettre en place un organisme central. La Direction des prix a formulé de vives objections à cette idée de créer une organisation professionnelle de cet ordre parce qu'elle pourrait facilement servir de base à des ententes sur d'autres modalités qui risqueraient de restreindre la concurrence.

Diverses méthodes de valorisation des pneus usagés ont été proposées et il se pourrait même que l'on puisse trouver des moyens de tirer un bénéfice de ces pneus. La Direction des prix a donc mis en garde contre l'adoption d'un programme qui pourrait supprimer la concurrence entre différentes méthodes de recyclage. Une surtaxe fixe risquerait aussi d'être instaurée à un niveau plus élevé que nécessaire, une organisation de cet ordre risquant de n'être guère incitée à étudier si les diverses firmes offrant des services de valorisation sont efficaces du point de vue prix.

La Direction des prix a recommandé que l'interdiction du stockage envisagée et l'obligation de reprendre tous les pneus usagés soient appliquées selon le principe que chaque distributeur, pris individuellement, devrait calculer les frais occasionnés et les répercuter sur le prix de vente des pneus neufs.

IV. Études

Le marché correspondant

En mai 1992, la Direction des prix a arrêté le texte final d'un projet visant à recommander des principes directeurs pour la définition d'un marché correspondant. Selon son rapport, un marché correspondant devrait reposer sur la possibilité de trouver des produits de remplacement. Trouver des produits de remplacement est le seul moyen dont un acheteur dispose pour neutraliser un fournisseur qui se sert de sa position dominante sur le marché pour augmenter les prix. La possibilité de trouver des produits de remplacement dépend toutefois aussi de leur disponibilité géographiquement parlant. Le marché correspondant doit donc être défini par rapport au produit et à la géographie. La différence de frais de transport des produits correspondants sera aussi un facteur important de la définition d'un marché correspondant.

POLOGNE

(1991)

I. Introduction

Loi Antimonopole polonaise -- résumé

Objectifs. La Pologne a adopté la loi antimonopole en 1990. Les objectifs définis dans le préambule de cette loi sont "d'assurer le développement de la concurrence, de protéger les entités économiques contre les pratiques monopolistiques, et de protéger les intérêts des consommateurs."

Pratiques monopolistiques. La loi interdit certaines pratiques monopolistiques, notamment les comportements ci-après :

1. accords qui fixent les prix, qui divisent les marchés, limitent la production ou refusent l'accès au marché à d'autres entreprises ;

2. abus de position dominante (position de l'entreprise qui "n'est pas confrontée à une concurrence importante", ce qui, on peut le supposer, est le cas des entreprises détenant une part de marché de 40 pour cent), comme par exemple faire obstacle à la concurrence, fractionner le marché selon des critères géographiques ou ayant trait aux produits, refuser de vendre ou d'acheter lorsqu'il n'y a pas d'autres possibilités, opérer une certaine discrimination par les prix ; et

3. comportement individuel d'une entreprise consistant à imposer des clauses contractuelles abusives qui entraînent des bénéfices excessifs, acquisition des titres ou des actifs d'autres entreprises qui ont pour résultat d'affaiblir sensiblement la concurrence, ainsi que cumul des fonctions de direction avec un concurrent.

Ces pratiques sont interdites sauf si elles sont "nécessaires à une activité économique et si elles n'entraînent pas de restriction sensible de la concurrence."

Règles spéciales en matière de monopole. La loi interdit aussi à une entreprise occupant une position de monopole (entreprise qui "n'est pas confrontée à la concurrence") de : limiter la protection, refuser de vendre ou d'acheter malgré une capacité suffisante ; s'abstenir de vendre des produits afin d'en faire monter les prix ; et pratiquer des prix pas trop excessifs.

Sanctions. L'entreprise convaincue d'avoir recouru à une pratique monopolistique peut recevoir l'ordre de mettre fin à la pratique et peut être condamnée à verser une amende égale à 15 pour cent des recettes réalisées l'année précédente.

Modifications structurelles. Les fusions et les transformations (commercialisations et privatisations) doivent être notifiées à l'Office antimonopole. Il en est de même de l'établissement de nouvelles entreprises dans certaines circonstances. Dans les deux mois qui suivent la notification, l'Office peut interdire l'opération si celle-ci devait créer ou maintenir une position dominante.

Division des entreprises dominantes. Les entreprises occupant une position dominante peuvent être scindées si elles "limitent durablement la concurrence".

Procédures. Les procédures sont engagées sur plainte ou à l'initiative de l'Office. L'Office peut examiner les documents et exiger des informations en cours d'enquête. Les décisions de l'Office peuvent faire l'objet d'un appel devant le Tribunal antimonopole.

L'Office antimonopole -- son personnel, sa structure, ses activités

L'Office antimonopole a pris ses fonctions en avril 1990. L'Office fait partie de l'administration relevant du Conseil des ministres. Il a à sa tête un président et un vice président désignés par le premier Ministre. Le Président assiste aux réunions du Conseil des Ministres.

L'Office antimonopole a un effectif global de 110 personnes dont 74 travaillent au siège de Varsovie. 77 sont des professionnels et l'on compte parmi eux 33 juristes et 22 économistes.

L'Office se compose de trois grands départements. Le Département des jugements antimonopoles est chargé des enquêtes et de l'élaboration des décisions ayant trait à des pratiques monopolistiques. Le Département de la politique, de l'analyse et de la surveillance antimonopole est chargé de réexaminer et de préparer les décisions ayant trait aux questions structurelles. Le Département juridique rend des avis juridiques et défend les décisions de l'Office devant le Tribunal antimonopole.

L'Office compte sept bureaux régionaux, situés à Gdansk, Katowice, Cracovie, Lublin, Lodz, Poznan et Wroclaw. Depuis janvier 1992, les bureaux régionaux ont pour tâche d'élaborer des décisions dans les affaires ayant leur origine sur le territoire, à moins que l'affaire n'implique des marchés nationaux ou régionaux ou ne porte sur certains problèmes spécialisés qui sont toujours traités à Varsovie.

Les principales activités de l'Office antimonopole sont les suivantes :

1. veiller au respect de la loi et des réglementations sur les pratiques monopolistiques anticoncurrentielles des entités économiques ;

2. examiner la formation des prix dans des conditions de concurrence réduite ;

3. prendre, dans les affaires relevant de la loi, des décisions sur les pratiques monopolistiques contraires à la concurrence et sur la mise en place des structures organisant les entités économiques, et se prononcer sur la responsabilité des entreprises ayant recours à des pratiques de ce genre ;

4. enregistrer les entités économiques dont la part du marché national dépasse 80 pour cent ;

5. procéder à une enquête sur le degré de concentration de l'économie et présenter aux organes responsables des conclusions sur les actions envisagées pour parvenir à un équilibre du marché ;

6. élaborer des projets de lois nouvelles concernant les pratiques monopolistiques ou le développement de la concurrence ou les conditions permettant de l'instaurer, ou donner un avis en la matière ;

7. préparer des propositions gouvernementales en vue d'une politique favorable au développement de la concurrence.

II.   Modifications apportées au droit et à la politique de la concurrence

Modifications législatives

Amendements à la loi Antimonopole

Un amendement à la loi Antimonopole est entré en vigueur en 1991. Le 28 juin 1991, le Parlement a adopté une loi contenant plusieurs amendements. Les principaux amendements sur le fond étaient les suivants :

1. la part de marché établissant la présomption qu'une entreprise occupe une position dominante est portée de 30 à 40 pour cent ;

2. l'Office est autorisé à faire obstacle à une modification structurelle qui "maintiendrait" une position dominante, ainsi que toute autre modification qui créerait une position dominante ;

3. la charge de la preuve a été précisée dans certains cas où intervenait "la règle de raison" : lorsqu'une partie fait valoir qu'une pratique est justifiée car elle est nécessaire à une activité économique et n'entraîne

pas une restriction sensible de la concurrence, c'est à elle de fournir la preuve que ces circonstances existent ;

4. les personnes physiques peuvent être condamnées à une amende égale à six mois de salaire si elles refusent de communiquer des informations à la demande de l'Office, ou si elles ne notifient pas une modification structurelle comme elles en ont l'obligation ;

5. l'Office est autorisé à rejeter toute plainte qui, à première vue, n'est pas justifiée, sans attendre qu'il lui soit demandé d'élaborer une décision officielle ;

6. les décisions concernant les pratiques monopolistiques doivent être rendues au plus tard 12 mois après la fin de l'année durant laquelle la pratique a pris fin.

Parallèlement, plusieurs modifications techniques ont été introduites.

Modifications à adopter dans l'avenir

Les préparatifs en vue d'améliorer encore la loi Antimonopole ont été entrepris pour deux raisons. En premier lieu, la loi elle-même et la façon dont elle est appliquée n'assurent pas de façon satisfaisante une protection efficace de la concurrence ; en second lieu, l'Accord européen avec la CEE prescrit d'harmoniser le droit polonais de la concurrence et le droit communautaire. A cette fin, quatre groupes d'experts ont été constitués pour élaborer les projets des nouvelles réglementations. Celles-ci doivent établir les critères et définir les procédures permettant d'évaluer un monopole. Les experts examinent les questions suivantes :

a) les concentrations entre entreprises ; cette réglementation s'inspirera du Règlement du Conseil (CEE) N° 4064/89 ;

b) l'exclusivité en matière de distribution et d'achat ; ce règlement s'appuiera sur les Règlements de la Commission (CEE) N° 1983/83 et 1984/83 ;

c) certaines catégories de brevets et d'accords de licences ; ces dispositions s'inspireront des Règlements de la Commission (CEE) N° 2049/84 et 556/89 ;

d) certaines catégories d'accords horizontaux; en particulier accords de spécialisation, de recherche et développement ; dans ce cas aussi, une seule réglementation serait établie [elle s'inspirerait des Règlements de la Commission (CEE) N° 417/85 et N° 418/85].

Programme gouvernemental sur le développement de la concurrence 1991-1993

Ce projet a été élaboré par l'Office antimonopole et approuvé par le Conseil des ministres en mai 1991. Le programme souligne la nécessité de mettre en oeuvre une politique gouvernementale active et cohérente permettant de favoriser et de protéger la concurrence durant la période de transformation. Cette politique ne prévoit pas seulement d'appliquer le droit de la concurrence mais aussi de procéder à une libéralisation et une privatisation du commerce. Le projet énumère les tâches assignées aux ministères ainsi qu'aux autres bureaux centraux auxquels elle fait par ailleurs obligation de préparer et d'appliquer leurs propres programmes de développement de la concurrence. Comme pour l'Office antimonopole, la priorité sera donnée à la démonopolisation de l'industrie agricole, du secteur énergétique, des télécommunications, de la construction de logements, de l'industrie sidérurgique et des transports ferroviaires.

III. Application du droit et de la politique de la concurrence

Actions contre des pratiques anticoncurrentielles

Résumé des activités

En 1991, 83 procédures ont été engagées devant les tribunaux, 113 décisions ont été rendues (y compris les décisions sur des affaires engagées l'année précédente), et cinq affaires ont été réglées à l'amiable entre les parties intéressées, avec l'accord de l'Office. En outre, on dénombre 258 interventions dans des affaires pour lesquelles une procédure administrative officielle n'était pas nécessaire.

73 des 83 procédures administratives ont été engagées sur le requête d'une entité habilitée à demander l'ouverture d'une procédure de ce genre, et 10 l'ont été par l'Office antimonopole lui-même. 69 requêtes émanaient des entités économiques; les quatre autres étaient le fait d'autres institutions habilitées à les introduire. 70 des 113 décisions ont conclu à l'inexistence de pratiques monopolistiques et dans 23 cas, l'affaire a été abandonnée, un complément d'enquête ayant permis de constater qu'une procédure officielle n'était pas fondée. Toutes les présomptions de pratique monopolistique ont été confirmées dans 14 des 20 autres décisions et certaines l'ont été dans 6 cas.

La plupart des décisions de l'Office visaient des pratiques anticoncurrentielles qui, dans l'article 4.1.1 de la loi sont définies comme imposant des clauses contractuelles abusives entraînant des bénéfices injustifiés pour l'entité économique qui les impose (50 décisions). 18 autres décisions étaient fondées sur l'article 4.1.2, qui interdit de subordonner la conclusion d'un contrat à l'obligation faite à l'autre partie d'accepter ou de rendre un autre service n'ayant pas de lien avec l'objet du contrat et qui sans cela ne serait pas accepté ou assuré s'il y avait possibilité de choix. Dans 16 autres cas, la décision concluant ou ne concluant pas à une infraction s'appuyait sur ces deux articles.

Plus de 70 pour cent des décisions de l'Office portaient sur des pratiques unilatérales d'entités économiques qui en général n'occupaient pas une position dominante ou monopolistique. Les pratiques monopolistiques exercées par des entités occupant une position dominante ou de monopole (visées aux articles 5 et 7) ont fait l'objet de 20 pour cent des décisions, et 10 pour cent des décisions visaient des accords de monopole (visés à l'article 4.2) -- essentiellement des accords verticaux. Aucune décision n'a été rendue sur la base de l'article 4.1.3 (contrôle des acquisitions d'actions ou d'actifs d'entités économiques), ou de l'article 4.1.4 (interdiction d'occuper certaines positions dans des entités économiques concurrentes). En outre, conformément aux articles 15 et 16, deux amendes ont été infligées, l'une à une entité économique accusée d'avoir enfreint une ordonnance d'avoir à cesser des pratiques de monopole, l'autre à un directeur qui avait omis de communiquer des informations.

L'Office antimonopole a consacré beaucoup de temps aux très nombreuses procédures engagées contre les entreprises qui profitaient de leur position de monopole naturel (producteurs et fournisseurs d'électricité, chauffage central, gaz naturel et télécommunications). Il a donc décidé d'établir au sein du Département juridique un groupe spécial chargé de l'examen de ces affaires. Ce groupe a rendu 32 décisions. Dans 16 cas, l'Office a estimé qu'il ne s'agissait pas de pratiques monopolistiques et 8 autres affaires ont été abandonnées, l'enquête ayant permis de conclure que les plaintes initiales étaient non fondées. Pour les 8 autres cas, 4 décisions ont conclu à l'existence de toutes les pratiques monopolistiques supposées, 3 à l'existence de certaines pratiques monopolistiques, mais dont toutes n'avaient pas été présumées, et 1 dans laquelle une amende a été infligée pour non-divulgation d'informations (voir ci-dessus). Outre ces cas dans lesquels il s'agissait d'un abus de monopole naturel, l'Office a recommandé aux autres agences gouvernementales d'adopter un système différent et meilleure pour la réglementation de ces monopoles. L'Office a surtout fait porter ses efforts sur le secteur de l'énergie, il a proposé de modifier certaines réglementations et a formulé des propositions à long terme d'ordre plus général (voir plus loin).

A plusieurs reprises au cours des procédures, l'Office a été amené à interpréter les dispositions de la Loi. Il a pu en partie s'inspirer des interprétations données par le Tribunal antimonopole. Il lui a fallu en particulier interpréter les dispositions législatives sur les points suivants :

-- champ d'application de la Loi ; l'un des principaux problèmes est de définir les entités qui en relèvent -- par exemple il faut déterminer si la Loi est applicable aux institutions locales autonomes, aux entreprises municipales ou aux offices des forêts domaniales lorsqu'ils remplissent des fonctions économiques ;

-- dispositions fondamentales de la Loi ; il s'est avéré assez difficile de définir certaines expressions telles que "prix excessif", "influence déloyale sur la formation des prix" et "concurrence notable".

On peut juger de la qualité des décisions rendues par l'Office par la façon dont le Tribunal antimonopole statue en cas d'appel de ces décisions. Sur les 17 appels interjetés contre des décisions du Département juridique de l'Office (3 en 1990 et 14 en 1991), le Tribunal a rendu 13 décisions :

-- 7 décisions de l'Office ont été confirmées, 1 procédure d'appel a été abandonnée ;

-- 4 décisions de l'Office ont été infirmées ;

-- 1 décision a été partiellement modifiée.

A la fin de 1991, le Tribunal antimonopole restait saisi de quatre appels.

Affaires importantes

L'affaire N° DO I-500-24/91 a été engagée par l'Office contre deux entreprises, l'Usine de pots en métal émaillé et l'entreprise de production et de commercialisation "Uplex". Aux termes de l'accord conclu entre les deux entreprises, "Uplex" avait obtenu l'exclusivité des droits de vente des produits de l'usine sur un marché géographique local. Cette usine occupait une position dominante sur le marché polonais dans son ensemble. Le contrat d'exclusivité n'avait pas pour objet d'améliorer la qualité. L'Office a ordonné qu'il y soit mis fin car il s'agissait d'un accord monopolistique limitant l'accès au marché.

L'affaire N° DO I-500-6/91 a été engagée sur la requête de la Coopérative de logement "Przyszlosc ("A venir") d'Opole à l'encontre de l'entreprise départementale chargée des canalisations d'eau et du réseau d'égouts de cette même ville. L'entreprise détenait un monopole naturel et imposait des clauses contractuelles discriminatoires à ses clients. Entre autres, elle déclinait toute responsabilité pour l'aggravation de la qualité de l'eau. L'Office, puis le Tribunal antimonopole saisi en appel, ont tous deux conclu que l'imposition de ces conditions discriminatoires constituait une pratique monopolistique individuelle.

L'affaire N° DO I-500-59/90 a été engagée sur la requête de la Chambre des artisans de Poznan contre la branche de PZU (Assurance nationale polonaise) opérant à Pila. Il avait été constaté que PZU avait conclu des accords avec quelques entreprises sélectionnées qui offraient des services de réparations de voitures et auxquelles elle adressait ses clients, ce qui avait entraîné l'élimination d'autres entreprises. L'Office a ordonné qu'il soit mis fin à cette pratique.

L'affaire N° DO I-644-72/90 a été engagée par l'Office contre l'entreprise de traitement des laines implantée à Zagan. Au début, il était apparu que les prix avaient nettement augmenté et que la production avait baissé. Lors de la procédure, il n'a pas été constaté de pratiques monopolistiques. La production avait fléchi en raison d'une diminution spectaculaire de la demande.

Mise en place d'une structure de marché concurrentiel

Surveillance et contrôle de la transformation et de la création de nouvelles entités économiques

Au cours de la période examinée, l'Office a été saisi de 1 089 demandes de transformation ou de création d'entités économiques :

552 dans l'industrie manufacturière

198 dans l'industrie agricole

129 dans le commerce et les services

100 dans l'industrie de la construction

36 dans les maisons d'édition

28 dans les entreprises municipales

18 dans les bureaux de conception

9 dans les banques

9 dans l'industrie des télécommunications

10 autres.

En vue de simplifier et d'accélérer la procédure applicable aux transformations des entreprises en sociétés anonymes à actionnaire unique relevant du Trésor (entreprises publiques de commerce), l'Office a établi, en association avec le Ministère chargé de la restructuration du capital un questionnaire à l'intention des entités désireuses d'entrer dans le secteur privé et il a élaboré quatre types de procédures : procédure simplifiée, procédure standard, procédure restreinte et procédure de scission. Dans les cas douteux, l'Office a négocié d'abord un règlement avec la partie en cause avant de prendre une décision officielle. Cette procédure avait pour but de modifier le concept de la transformation dans un sens plus favorable à la concurrence. Dans la pratique, cette procédure a conduit à rendre des "décisions" conditionnelles (on a pu dénombrer 60 avis de ce type, dont 52 à l'intention d'entités n'ayant pas de liens avec l'agriculture). Les décisions "conditionnelles" faisaient obligation à l'Office de suivre le processus de transformation. En 1991, il a ainsi suivi 15 entreprises industrielles. Dans trois cas, la mise en oeuvre de ces conditions a donné lieu à quelques réserves.

Dans le cadre de la privatisation dite en masse, l'Office a examiné 89 demandes individuelles. En outre, le Ministère chargé de la restructuration du capital a présenté une liste beaucoup plus longue encore d'entreprises candidates à une privatisation en masse et l'Office a formulé des objections dans 100 cas. Ces objections visaient surtout les monopoleurs ainsi que des entreprises opérant dans les secteurs présentant un intérêt particulier, à savoir l'industrie agricole et le secteur de l'énergie.

En plus des activités résultant des fonctions qu'il doit assurer au titre de la Loi antimonopole, l'Office a entrepris des travaux sur les façons de contrôler les processus de transformation liés à une liquidation. La liquidation est une forme de privatisation par laquelle une société est officiellement dissoute, tandis que ses actifs sont en totalité ou en partie transférés à une nouvelle société privée qui exercera les mêmes activités. Dans de tels cas, l'Office demande des informations auprès des institutions fondatrices des entités liquidées pour déterminer si, du fait de cette acquisition, l'acheteur peut détenir une position dominante. Malheureusement, la Loi antimonopole n'attribue pas une compétence suffisante pour contrôler directement ces liquidations. Le nombre de liquidations étant élevé, ce problème fera l'objet des prochains amendements à la Loi (voir ci-dessus).

Autre domaine d'activité de l'Office : le soutien à toutes les actions engagées par des unités relevant de grosses entreprises et désireuses de se dissocier de leur société-mère. Le cas a pu se poser en particulier lorsqu'il s'agissait d'entités occupant une position dominante ou monopolistique au sens de la Loi. Cinq actions de ce genre ont été engagées.

A titre d'exemple illustrant les activités de l'Office dans le domaine de la transformation : l'affaire impliquant l'une des entreprises forestières du nord-est de la Pologne. L'entreprise avait fait savoir à l'Office qu'elle avait l'intention de se transformer en une société anonyme à actionnaire unique relevant du Trésor. Au vu des documents présentés, l'Office antimonopole a constaté qu'il s'agissait d'une entreprise comprenant 20 scieries organisées en 12 divisions de production (disposant en partie de comptes séparés et d'une certaine indépendance), dont sept comptaient plusieurs scieries implantées en différents endroits, une unité de service ainsi que deux unités chargées des ventes. A mesure que se déroulait la procédure, il s'est avéré que ce producteur détenait une part de 98.1 pour cent sur le marché local de la production de charpente de bois dur et 99.8 pour cent du marché de la production de charpente de bois tendre. Les capacités de production de l'entreprise et sa forte implantation sur le marché depuis plus de 10 ans créaient, de l'avis de l'Office, un obstacle à l'accès au marché de nouvelles entreprises. Compte tenu de ces circonstances, l'Office a interdit la transformation de cette entreprise. Celle-ci a fait appel de la décision devant le Tribunal antimonopole. Lors de son examen de l'affaire, le Tribunal s'est posé les questions suivantes :

-- L'Office avait-il agi en conformité avec l'article pertinent de la loi Antimonopole ?

-- Le marché géographique de l'entreprise était-il national ou local ?

-- La position dominante de l'entreprise dans le secteur de la production et de la vente de bois de charpente était-elle prouvée ?

Le Tribunal n'a pas constaté de manquement dans la procédure engagée par l'Office, il a fait siens les arguments présentés par l'Office et rejeté l'appel de l'entreprise. Celle-ci a donc été obligée d'élaborer un nouveau plan conforme à la loi Antimonopole. L'Office n'a pas le pouvoir de prescrire un type particulier de scission dans les affaires de transformation.

Division des entreprises dominantes

C'est surtout sur l'industrie de la meunerie qu'ont porté les décisions en 1991 sur les divisions d'entreprises. Après les actions engagées en 1990, qui avaient permis d'identifier un groupe de 17 entreprises candidates à une scission, le processus de division a été engagé en 1991. Au total, onze décisions ont été prises ; elles indiquaient les modalités générales à appliquer pour la répartition des actifs et les délais à respecter. Le nombre d'entités indépendantes issues des entreprises faisant l'objet de la scission se situait dans une fourchette de 3 à 13. Cinq entreprises ont fait appel des décisions ordonnant la scission et dans un cas, l'appel a été interjeté par un fonctionnaire provincial (voïvoda) désigné par le Premier Ministre. A ce jour, le Tribunal antimonopole a examiné quatre cas et il a, chaque fois, confirmé la décision de l'Office.

Les autres entreprises figurant sur la liste des 17 ont fait en 1991 l'objet des décisions ci-après :

-- dans un des cas, le projet de scission a été abandonné car la position de l'entreprise sur le marché a été évaluée de façon différente ;

-- dans deux cas, un accord sous condition a été donné compte tenu des projets de restructuration présentés par l'entreprise en cause ;

-- dans deux autres cas, la procédure a été suspendue dans l'attente de précisions quant aux droits de propriété.

L'affaire PZZ Ciechonaw (Entreprise polonaise céréalière) illustre bien les activités de l'Office en matière de scission. L'entreprise figurait sur la liste des 17 entreprises qu'il était prévu de diviser. Après en avoir consulté les représentants (ces consultations sont toujours l'une des premières étapes dans les procédures suivies par l'Office en la matière), l'Office antimonopole a rendu une décision ordonnant la division de l'entreprise. Il proposait de créer quatre nouvelles entités (une telle proposition n'est pas obligatoire aux termes de la loi). PZZ Ciechanow a fait appel de cette décision devant le Tribunal antimonopole. Celui-ci a modifié uniquement le délai dans lequel la scission devait avoir lieu, la différant de six mois.

On notera qu'en dépit de tous les souhaits et de toutes les pressions, l'Office ne s'est pas décidé à mettre en vigueur une politique de déconcentration radicale et de grande ampleur en utilisant à cette fin les pouvoirs que lui confère la loi. La prudence de l'Office tient à sa conviction que les procédures de scission sont de nature très lentes et aussi à sa crainte de faire une erreur ; il est en effet très difficile d'établir un juste équilibre entre une structure plus concurrentielle et une perte éventuelle des avantages liées aux économies d'échelle et de gamme.

Dans le souci de réduire le risque d'erreur, l'Office antimonopole fait précéder la procédure de scission d'une étude générale sur la branche d'activité en cause. L'année prochaine, il est prévu de procéder à une étude sectorielle spéciale sur les entreprises centrales de production de semences. Cette étude doit précéder le processus de scission des entités au sein de ces entreprises, envisagé pour 1992. L'étude sera financée par les ressources de PHARE.

L'expérience polonaise prouve qu'il existe une menace de reconcentration si le processus de scission ne s'inscrit pas dans une restructuration plus profonde et dans un processus de privatisation de toute la branche d'activité. (Cela a été par exemple le cas pour l'industrie du sucre.) Aussi l'Office cherche-t-il à élaborer et à mettre en oeuvre un programme plus global de privatisation, de démonopolisation et de restructuration avec la participation d'autres agences gouvernementales. Ces trois éléments doivent être coordonnés.

IV. Le rôle des autorités responsables de la concurrence dans la formulation et la mise en oeuvre d'autres politiques et d'autres textes de loi

Représentations auprès des Conseils et des Commissions

Ces activités ont constitué en 1991 une part importante des travaux de l'Office. On citera notamment la participation des représentants de l'Office au sein des Commissions gouvernementales chargées d'élaborer des programmes de restructuration et de la transformation de la propriété dans un certain nombre de branches d'activité, en particulier dans les industries de l'agriculture, de l'énergie et de la métallurgie. L'Office a également pris une grande part dans l'élaboration des ajustements des tarifs douaniers. L'un de ses représentants étant membre de la Commission des valeurs mobilières, l'Office a pu recueillir des informations et donner des avis sur la surveillance du marché des capitaux. Plusieurs membres de son personnel ont été détachés auprès des conseils des compagnies publiques relevant du Trésor et détenant une position de monopole, notamment les Télécommunications et la Compagnie du réseau d'électricité polonais.

L'Office est intervenu dans la définition des principes de politique économique du gouvernement et il a évalué diverses propositions de décisions et de programmes économiques proposés par les agences gouvernementales. Les avis formulés à cette occasion insistaient sur la nécessité d'accroître l'efficacité et l'ampleur de la concurrence et mettaient en évidence les menaces qu'entraînent pour la concurrence les tendances persistantes à une trop forte réglementation de l'économie par voie de mesures administratives. L'Office a fortement préconisé une accélération du processus de déréglementation grâce à l'élaboration et la mise en oeuvre d'un système efficace d'aide aux petites et moyennes entreprises et au moyen d'une procédure obligatoire de soumissions en matière de marchés publics.

Description des principales représentations

Politique commerciale libérale. Dès lors qu'une économie est fortement monopolisée, la libéralisation du commerce joue un rôle important dans la protection et le soutien de la concurrence. En 1991, l'Office a préconisé une politique commerciale libérale et l'a défendue lorsqu'elle a fait l'objet de critiques et qu'il avait été envisagé d'y renoncer. S'opposant aux tenants d'une protection du marché intérieur, l'Office a demandé que soient évaluées au plan général les conséquences qu'entraînerait l'abandon d'une politique commerciale libérale. Il a voulu ainsi montrer aux fonctionnaires et au public que le coût de la protection économique peut être élevé. De plus, il a voulu faire en sorte que toutes les modifications de la politique commerciale soient fondées sur des critères clairement définis. En premier lieu, il a demandé instamment que toute adoption des mesures destinées à protéger le marché intérieur soit expressément justifiée. En second lieu, il a insisté sur la nécessité de limiter l'ampleur de cette protection et proposé que soient définis clairement à l'avance sa durée ainsi que le rythme annuel de sa réduction.

Energie. Participant aux travaux de la Commission gouvernementale sur la restructuration des mines de charbon, de l'industrie du gaz, de l'électricité, du chauffage et des combustibles, l'Office a recommandé des solutions qui permettraient : 1) d'introduire la concurrence dans ces industries monopolisées et 2) de réglementer efficacement les branches d'activité présentant des caractéristiques propres à un monopole naturel. L'Office a préconisé la création d'une agence de réglementation indépendante chargée de surveiller les prix et les coûts des entreprises détenant un monopole naturel et relevant de la compétence de l'Office. L'agence aiderait l'Office antimonopole à mettre en oeuvre sa politique visant à protéger et à soutenir la concurrence.

Participation aux négociations avec la CEE et l'AELE

Les représentants de l'Office ont négocié les règles de concurrence figurant dans l'Accord européen entre la Pologne et la CEE, signé le 16 décembre 1991. Ces règles de concurrence sont analogues à celles qui figurent dans le Traité de Rome et elles interdisent les accords qui font obstacle au commerce, les abus de position dominante ainsi que les aides publiques de nature à fausser la concurrence. L'Accord prend acte des difficultés que présente la transformation de l'économie polonaise et prévoit de ce fait des dérogations et certaines exceptions aux règles de concurrence, surtout en matière d'aides publiques. L'an dernier, l'Office a également entrepris de négocier des règles de concurrence dans un accord de libre-échange avec les pays de l'AELE.

Elaboration d'un projet de loi sur la concurrence déloyale

En 1991, l'Office a organisé et coordonné les travaux d'un groupe d'experts sur une nouvelle loi relative à la concurrence déloyale. A l'issue de ces travaux, un projet de loi a été élaboré ; il tient compte de la tradition législative de la Pologne, des travaux de juristes étrangers et polonais, de la pratique juridique actuelle en Pologne ainsi que des solutions du droit international, notamment des dispositions de la CEE en matière de publicité. Selon le projet, constituent une concurrence déloyale : les activités économiques contraires aux principes de loyauté, à la vie en société ainsi qu'aux dispositions légales et qui compromettent les relations entre chefs d'entreprise ou entre chefs d'entreprise et leurs clients. Ces activités sont en particulier : la désignation trompeuse des entreprises, le marquage mensonger ou trompeur de l'origine géographique des produits ou des services, les infractions aux règles du secret, l'incitation à rompre ou à ne pas réaliser un contrat, la contrefaçon de produits, la diffamation et l'apologie injustifiée, les obstacles à l'accès à un marché, certaines méthodes de vente ainsi que la publicité déloyale. Les entreprises seront tenues pour responsables de ces activités aux termes du droit civil et dans certaines conditions aussi, au regard du droit pénal et du droit administratif. Les décisions en matière de responsabilité seront rendues par les tribunaux.

Activités concernant d'autres lois

En 1991, l'Office a donné 72 avis sur des propositions de décisions juridiques et de lois qui lui étaient soumises par les ministères et d'autres agences gouvernementales. Dans 34 cas, il a formulé des propositions et des commentaires sur les questions traitées dans les propositions et de nature à faire obstacle au développement de la concurrence, à enfreindre les droits à l'égalité des entités économiques ou à réglementer sans raison certaines activités économiques. Il a ainsi donné un avis négatif sur une proposition du Ministère des finances tendant à libéraliser les licences en matière de commerce extérieur ainsi que sur une proposition de loi aux termes de laquelle les chambres de commerce auraient pu obliger les producteurs à constituer des groupements d'auto-réglementation.

V.   Contacts avec d'autres autorités responsables de la concurrence

Depuis son entrée en fonction, l'Office s'efforce de favoriser les relations avec l'étranger ainsi que la coopération internationale. Etant donné son manque d'expérience, son succès dans l'élaboration et la mise en oeuvre d'une politique de la concurrence dépend pour une large part des enseignements des autres pays. En 1991, l'Office a eu ainsi des relations tant avec des organisations internationales, principalement la CEE (DG IV) et l'OCDE (Comité du droit et de la politique de la concurrence), qu'avec des instances nationales responsables de la concurrence nationales, essentiellement la FTC et le DOJ des États-Unis ainsi que le Bundeskartellamt allemand. La coopération avec ces organisations qui ont fourni une aide dans divers domaines s'est avérée très utile.

L'expérience de 1991 montre que ce se sont des visites de courte et de longue durée d'experts en droit et en politique de la concurrence qui sont les plus profitables pour la Pologne. Ce type de coopération a pour autre avantage de faire mieux comprendre aux experts occidentaux la nature des transformations en cours en Pologne ; l'efficacité de l'aide occidentale dans la création des bases d'une économie de marché et d'une politique de la concurrence appropriée ne peut qu'en être accrue. Les visites effectuées auprès de leurs homologues étrangers ont par ailleurs permis au personnel de l'Office antimonopole polonais d'accroître leurs connaissances et leurs qualifications. En 1991, l'Office a également noué des relations avec les bureaux de la concurrence de la République fédérative tchèque et slovaque ainsi que de la Hongrie.

LOI ANTIMONOPOLE
DE
LA RÉPUBLIQUE DE POLOGNE

Loi

du 24 février 1990

sur la lutte contre les pratiques monopolistiques

modifiée par la loi du 28 juin 1991

Office Antimonopole

Varsovie   **mars 1992**

LOI
DU 24 FÉVRIER 1990
SUR LA LUTTE CONTRE LES PRATIQUES MONOPOLISTIQUES,
MODIFIÉE PAR LA LOI DU 28 JUIN 1991

Afin d'assurer le développement de la concurrence, de protéger les entités économiques contre les pratiques monopolistiques et de protéger les intérêts des consommateurs, il est proclamé ce qui suit :

Chapitre 1

DISPOSITIONS GÉNÉRALES

Article 1

La présente loi définit les principes et les procédures applicables contre les pratiques monopolistiques anticoncurrentielles des entités économiques et de leurs groupements ayant des effets sur le territoire de la République de Pologne ; la loi définit également les institutions compétentes sur ces questions.

Article 2

Au sens de la présente loi, on entend :

1. par entités économiques les personnes physiques et les personnes morales, ainsi que les organisations n'ayant pas le statut de personne morale, qui exercent une activité économique ;

2. par groupements : les chambres, les associations et autres organisations qui rassemblent les entités économiques ;

3. par accords : ceux définis comme étant contraires à la présente loi, à savoir,

   a) les contrats conclus entre les entités économiques, ou certaines clauses de ces contrats ;

   b) les arrangements de quelque forme que ce soit entre deux ou plusieurs entités économiques ou leurs groupements ;

c)   les résolutions ou autres actes pris par des groupements d'entités économiques ;

4.   par prix, tous les montants présentant les caractéristiques de prix, marges de vente, commissions et surtaxes ;

5.   par produits les choses physiques, toutes les formes d'énergie, les services, les structures et les travaux de construction, les valeurs mobilières et autres droits de propriété ;

6.   par position monopolistique la position d'une entité économique non confrontée à la concurrence sur un marché national ou local ;

7.   par position dominante la position des entités économiques non confrontées à une concurrence importante sur un marché national ou local ; une entité économique est présumée détenir une position dominante si sa part de marché dépasse 40 pour cent ;

Article 3

1.   La présente loi ne préjuge pas des droits d'exclusivité résultant des dispositions qui régissent les inventions, les marques commerciales et les modèles ; des dispositions de la loi sur les droits d'auteur ; ainsi que des contrats conclus par les employés et les syndicats avec leurs employeurs en vue de protéger les droits des employés.

2.   La présente loi s'applique aux contrats de licence et aux autres actes concernant l'exercice des droits d'exclusivité visés au paragraphe 1.

Chapitre 2

PRATIQUES MONOPOLISTIQUES

Article 4

1.   On entend par pratiques monopolistiques les pratiques qui consistent :

a)   à imposer des clauses contractuelles léonines qui procurent des bénéfices excessifs à l'entité économique qui les institue ;

b)   à subordonner la conclusion des contrats à l'obligation pour les deux parties d'accepter ou d'assurer un service n'ayant pas de lien avec l'objet du contrat, et qui n'serait pas sans cela accepté ou assuré si le choix était possible ;

c)   à acquérir des parts ou des actions de sociétés ou les actifs d'entités économiques lorsque cette acquisition pourrait avoir pour effet d'affaiblir sensiblement la concurrence ;

d) à faire assurer par la même personne les fonctions de directeur ou de membre du Conseil d'administration, du Conseil de tutelle, ou d'une Commission d'audit dans des entités économiques en concurrence lorsque celles-ci détiennent une part de marché de plus de 10 pour cent.

2. Sont également des pratiques monopolistiques les accords qui consistent :

a) à fixer directement ou indirectement les prix et les règles de formation des prix entre concurrents, dans leurs relations avec des tiers,

b) à fractionner un marché selon des critères de partage géographique, de groupes de produits ou d'entités ;

c) à fixer ou à limiter le volume de la production, des ventes ou des achats de produits ;

d) à restreindre l'accès au marché des entités économiques non parties à l'accord ou à les éliminer d'un marché ;

e) à fixer entre concurrents ou leurs ententes les conditions de leurs contrats avec des tiers.

Article 5

On entend également par pratiques monopolistiques les pratiques qui consistent à abuser d'une position dominante sur le marché, notamment :

1. le fait de compromettre la mise en place de conditions indispensables à l'apparition ou au développement de la concurrence ;

2. le fonctionnement du marché selon des critères de répartition géographique, de groupes de produits ou d'entités ;

3. la vente de produits d'une façon qui aboutit à assurer un statut privilégié à certaines entités économiques ou à d'autres entités.

4. le refus de vendre ou d'acheter des produits dans des conditions discriminatoires à l'encontre de certaines entités économiques parce qu'il n'existe pas d'autres sources d'approvisionnement ou d'autres débouchés ;

5. le fait d'influer de façon déloyale sur la formation des prix, notamment en fixant les prix de revente et en vendant en deçà des coûts de production afin d'éliminer des concurrents.

Article 6

Les pratiques monopolistiques définies dans les articles 4 et 5 sont interdites sauf si elles sont nécessaires pour mener une activité économique et si elles n'entraînent pas une limitation sensible de la concurrence -- la charge de la preuve incombant dans ce cas à la partie qui allègue leur existence.

Article 7

1. Les entités économiques détenant une position de monopole ont également interdiction

    a) de limiter la production, la vente ou l'achat des produits, alors qu'elles disposent d'une capacité suffisante, surtout lorsque cette limitation a pour effet de majorer des prix de vente ou de réduire les prix d'achat ;

    b) de s'abstenir de vendre des produits dans le but d'augmenter les prix ;

    c) de pratiquer des prix par trop excessifs ;

2. Les interdictions révisées au paragraphe 1 s'appliquent également aux entités économiques détenant une position dominante si leur part de marché et leurs pratiques entrainent des effets analogues à ceux liés au comportement des entités économiques occupant une position de monopole.

Article 8

1. S'il est conclu à l'existence des pratiques monopolistiques visées aux articles 4, 5 et 7, l'Office antimonopole rend une décision ordonnant qu'il soit mis fin à ces pratiques et peut préciser comment ces pratiques doivent cesser. La décision ne sera pas rendue si une année s'est écoulée depuis la fin de l'année durant laquelle a pris fin la pratique monopolistique.

2. Les contrats conclus en infraction des articles 4, 5 et 7, sont nuls dans leur totalité ou dans leurs clauses pertinentes.

3. Lorsque des pratiques monopolistiques visées au paragraphe 1 ont entraîné une hausse des prix, l'Office antimonopole peut rendre une décision ordonnant la réduction des prix et précisant la période durant laquelle les prix ainsi réduits seront pratiqués ainsi que les conditions de modification de ces prix par l'entité économique durant cette période. Dans cette décision, s'agissant de la période durant laquelle les prix plus élevés ont été pratiqués, l'Office antimonopole peut également définir le montant excessif, ou bien le montant excessif ainsi que le montant supplémentaire, conformément aux dispositions de l'article 20 de la loi du 26 février 1982 sur les prix (Dz.U. de 1988, N°27, point 195), qui sont applicables en tant que de besoin.

Article 9

1. L'Office antimonopole peut rendre une décision interdisant la mise en oeuvre d'un accord qui :

    a) établit une spécialisation des produits au niveau de leur production et de leur vente ou

    b) prévoit des ventes communes ou des achats communs de produits ;

    dès lors qu'un accord de ce genre compromet les intérêts d'autres entités économiques ou ceux des consommateurs.

2. L'Office antimonopole rend une décision interdisant la mise en oeuvre d'un accord tel que visé au paragraphe 1 qui a pour effet de réduire sensiblement la concurrence ou les conditions permettant l'apparition de la concurrence sur un marché donné, et qui n'entraînerait aucun avantage économique, en particulier :

    1) une réduction sensible des coûts de production ou de vente, ou

    2) une amélioration de la qualité des produits.

Article 10

1. Il peut être fait appel d'une décision rendue par l'Office antimonopole en application de l'article 8, paragraphes 1 et 3, ou de l'article 9 devant le Tribunal antimonopole qui siège à Varsovie, cela dans les deux semaines à compter du jour où la décision a été connue.

2. La procédure d'appel des décisions de l'Office antimonopole suit les règles énoncées dans le Code de procédure civile pour les affaires économiques.

3. L'Office antimonopole peut stipuler qu'une décision prend effet immédiatement.

Chapitre 3

ACTION SUR LES STRUCTURES ORGANIQUES DES ENTITÉS ÉCONOMIQUES

Article 11

1. Les projets de fusion et de transformation des entités économiques seront notifiés à l'Office antimonopole. Les projets d'établissement d'une entité économique devront être notifiés au cas où l'entité pourrait détenir une position dominante sur un marché ou si l'une des parties constituant une nouvelle entité économique détient une position dominante sur le marché.

Les institutions qui ont l'intention de fusionner, de transformer ou de créer des entités économiques doivent notifier leur projet.

2. Dans les deux mois qui suivent une notification, l'Office antimonopole peut rendre une décision interdisant la fusion, la transformation ou la création d'une entité économique si, du fait de cette fusion, de cette transformation ou de cette création, l'entité détiendrait ou conserverait une position dominante sur le marché.

3. Une fusion, une transformation ou une création d'entité économique peut suivre son cours si l'Office antimonopole ne rend pas une décision interdisant cette fusion, cette transformation ou cette création dans le délai précisé au paragraphe 2.

4. Les dispositions des paragraphes 1 à 3 ne s'appliquent pas aux particuliers agissant en tant qu'entités économiques.

5. Par application d'autres dispositions, le Tribunal d'enregistrement doit refuser d'inscrire une entité au registre si l'Office antimonopole a rendu à son égard une décision interdisant une fusion, une transformation ou une création dans les délais visés au paragraphe 2. Cette clause ne s'applique pas lorsque l'entité adresse au Tribunal d'enregistrement notification écrite de l'Office antimonopole que celui-ci ne s'est pas opposé au projet de fusion, de transformation et de création dans le délai fixé au paragraphe 2.

6. Le Conseil des Ministres doit préciser, par arrêté les conditions de notification des projets de fusion, de transformation ou de création d'entités économiques.

Article 12

1. Les entreprises d'Etat, les coopératives et les sociétés relevant du droit commercial, qui détiennent une position dominante sur le marché peuvent être fractionnées ou dissoutes si elles restreignent de façon durable la concurrence ou les conditions permettant son apparition.

2. S'il est constaté que les entités économiques répondent aux conditions définies au paragraphe 1 et qu'elles détiennent une position dominante sur le marché, l'Office antimonopole peut rendre une décision ordonnant le fractionnement de l'entreprise ou de la coopérative, ou la dissolution de la société, en en fixant les modalités et la date limite.

3. Une décision de ce genre sera exécutée par les organismes qui dirigent une entreprise publique ou par les responsables de la coopérative ou de la société, conformément aux dispositions applicables qui précisent les procédures à suivre en matière de fractionnement ou de dissolution d'une

entité donnée ; le fractionnement peut être réalisé sans le consentement ou sans les avis dont il est question dans ces dispositions.

4. S'il est constaté qu'une entité économique détient une position dominante sur le marché, l'Office antimonopole peut rendre une décision ordonnant de limiter son activité économique, en précisant les modalités de cette limitation et le délai pendant lequel elle sera appliquée.

5. Le paragraphe 1 n'exclut pas la possibilité d'un fractionnement et d'une dissolution des entités économiques conformément aux dispositions d'autres lois.

Article 13

Les décisions rendues par l'Office antimonopole en application des dispositions de l'article 11 paragraphe 2, et de l'article 12, paragraphes 2 et 4, peuvent faire l'objet d'un appel devant le Tribunal antimonopole. Les dispositions de l'article 10, paragraphes 2 et 3 sont alors applicables.

Chapitre 4
RESPONSABILITÉ EN CASE DE RECOURS A DES PRATIQUES MONOPOLISTIQUES
Article 14

1. Dans les décisions décrites à l'article 10, paragraphe 1, l'Office antimonopole peut infliger une amende qui sera versée au Trésor public. Cette amende ne s'applique pas lorsque l'Office antimonopole a rendu une décision indiquant le montant excessif et le montant supplémentaire conformément à l'article 8, paragraphe 3.

2. L'amende visée au paragraphe 1 peut atteindre 15 pour cent des recettes réalisées durant le précédent exercice fiscal par l'entité économique sanctionnée. Le calcul de cette amende se fait en déduisant des recettes de l'entité économique le montant de l'impôt sur le chiffre d'affaires.

3. L'amende visée au paragraphe 1 est payable sur le revenu après impôt ou sur l'excédent des recettes par rapport aux dépenses, quel qu'en soit le mode de calcul, déduction faite des impôts.

4. L'amende visée aux paragraphes 1-3 ne peut être infligée si une année s'est écoulée depuis la fin de l'année durant laquelle ont pris fin les pratiques monopolistiques.

Article 15

1. Lorsqu'une entité économique n'exécute pas une décision telle que décrite à l'article 8, paragraphes 1 et 3, à l'article 9 ou à l'article 11, paragraphe 2, ou un jugement des tribunaux qui modifie cette décision, elle est tenue de verser une amende pour chaque mois ou partie de mois durant lequel elle n'a pas exécuté la décision ou le jugement du Tribunal dans le délai prévu. L'amende est égale à 1 pour cent des recettes, réalisées le meilleur mois d'un exercice fiscal donné, après déduction de l'impôt sur le chiffre d'affaires. La décision en la matière est rendue par l'Office antimonopole, mais elle ne peut être rendue si trois années se sont écoulées depuis la date de la décision décrite dans la phrase précédente.

2. Lorsqu'une entité économique n'exécute pas une décision telle que décrite à l'article 12, paragraphes 2 et 4, ou un jugement des Tribunaux modifiant cette décision, l'amende s'établit entre 1 et 10 pour cent. Les autres dispositions du paragraphe 1 s'appliquent en conséquence.

3. Les amendes visées aux paragraphes 1 et 2 sont versées au Trésor public.

4. Les dispositions de l'article 10 et de l'article 14 du paragraphe 3 s'appliquent en conséquence.

Article 16

1. Lorsqu'une personne gérant une entité économique n'exécute pas les décisions rendues en vertu de la présente loi ou les jugements des tribunaux, l'Office antimonopole peut rendre une décision visant à lui infliger une amende, laquelle n'excédera en aucun cas le salaire gagné par ladite personne pendant six mois.

1*a*. L'amende visée au paragraphe 1 peut être infligée :

   a) à une personne gérant une entité économique qui refuse de communiquer des données et des renseignements à l'Office antimonopole qui les lui demande, ou lorsque les données et les renseignements ne sont pas véridiques ;

   b) à une personne agissant au nom de personnes morales, d'associations, ou d'autres organisations n'ayant pas le statut de personne morale, qui exercent des activités dans le but de fusionner, de transformer ou de créer des entités économiques, lorsque ladite personne n'a pas notifié cette intention en application de l'article 11, paragraphe 1.

2. Les dispositions du paragraphe 1 ne s'appliquent pas lorsque la fonction de gestion d'une activité économique est assurée par une personne qui dirige sa propre affaire.

3. Les dispositions de l'article 10 et de l'article 15, paragraphe 3, s'appliquent en conséquence.

Chapitre 5
ORGANISME ANTIMONOPOLE

Article 17

1. L'Office antimonopole est l'organisme de l'administration centrale chargé de lutter contre les pratiques monopolistiques. Il fait rapport au Conseil des Ministres.

2. L'Office antimonopole a à sa tête un Président désigné et relevé de ses fonctions par le Président du Conseil des Ministres (Premier Ministre).

3. Le Vice-Président de l'Office antimonopole est désigné et relevé de ses fonctions par le Premier Ministre sur la demande du Président de l'Office antimonopole.

4. L'organisation de l'Office antimonopole est définie par une loi adoptée en Conseil des Ministres.

Article 18

1. Le Président de l'Office antimonopole peut créer des bureaux régionaux et préciser leur emplacement ainsi que leur champ d'activités territorial et leur compétence.

2. Les offices régionaux de l'Office antimonopole sont présidés par des directeurs désignés et relevés de leurs fonctions par le Président de l'Office antimonopole.

3. Les directeurs adjoints des bureaux régionaux de l'Office antimonopole sont désignés et relevés de leurs fonctions par le Président de l'Office antimonopole sur la demande des directeurs des bureaux régionaux intéressés.

Article 19

1. Les fonctions de l'Office antimonopole sont les suivantes :

   a) veiller au respect de la loi et des réglementations destinées à lutter contre les pratiques monopolistiques des entités économiques ;

b)   examiner la formation des prix dans les conditions de restriction de la concurrence ;

c)   rendre, dans les cas relevant de la présente loi, des décisions sur les pratiques monopolistiques et les structures organiques des entités économiques, ainsi que des décisions précisant la responsabilité des entités ayant eu recours à ces pratiques ;

d)   enregistrer les entités économiques dont la part de marché national est supérieure à 80 pour cent ;

e)   diriger les enquêtes sur le niveau de concentration de l'économie et présenter aux entités pertinentes des conclusions sur les actions proposées pour établir un équilibre sur le marché ;

f)   rédiger ou donner des avis sur des projets de proposition de lois nouvelles concernant les pratiques monopolistiques ou le développement de la concurrence ou encore les conditions nécessaires à son apparition ;

g)   préparer des propositions gouvernementales sur des politiques propres à développer la concurrence ;

h)   remplir d'autres fonctions stipulées dans la présente loi ou dans d'autres lois.

2.   Les décisions indiquées au paragraphe 1, alinéa 3, seront signées par le Président de l'Office antimonopole ou par une personne dûment autorisée par lui.

Article 20

1.   A la demande de l'Office antimonopole qui procède à une inspection, les entités économiques sont tenues de permettre le bon déroulement de l'inspection comme indiqué dans le présent article.

2.   L'objet de l'inspection visée à l'article 19, paragraphe 1, alinéa 1 est de déterminer si l'entité économique qui en fait l'objet se conforme aux dispositions relatives à la lutte contre les pratiques monopolistiques, ou, dans le cas où ces dispositions auraient été enfreintes et où des décisions ou des jugements auraient été rendus, si les décisions ou les jugements ont été dûment exécutés.

3.   Le personnel de l'Office antimonopole habilité à procéder à une inspection a le droit :

a)   de pénétrer dans les locaux de l'entité économique faisant l'objet de l'une inspection ;

b)   d'examiner les documents de l'entité faisant l'objet de l'inspection et d'en obtenir des copies ou des extraits ;

c)   d'exiger des explications, non seulement orales mais également écrites, des employés de l'entité faisant l'objet de l'inspection ;

d)   de réunir des données et des renseignements sur les activités de l'entité faisant l'objet de l'inspection, ainsi qu'auprès d'autres instances organiques, sans avoir besoin d'autorisation supplémentaire ;

e)   de participer aux réunions des conseils d'administration, des comités ou autres instances de l'entité faisant l'objet de l'inspection ;

f)   placer en lieu sûr des documents et autres éléments de preuve ;

g)   de prendre l'avis d'experts et de spécialistes.

4.   Les renseignements obtenus durant une inspection par le personnel de l'Office antimonopole et par les personnes ayant reçu pleins pouvoirs de cet Office sont confidentiels.

Article 21

1.   Les procédures administratives, dans les affaires relevant de la présente loi, sont engagées sous l'autorité de l'Office antimonopole ou à la demande des personnes autorisées.

2.   Les personnes ci-après sont autorisées à demander l'ouverture d'une procédure administrative :

a)   les entités économiques dont les intérêts sont lésés ou risquent de l'être par une pratique monopolistique, ainsi que des groupements de ces entités économiques ;

b)   les organismes publics et privés chargés de l'inspection ;

c)   les établissements publics qui protègent les intérêts des consommateurs en application des dispositions législatives ;

d)   les organismes relevant de l'administration locale.

3.   La demande d'ouverture d'une procédure est faite par un document écrit indiquant les raisons qui motivent l'ouverture de cette enquête.

4.   Aucune procédure administrative ne sera engagée si, selon les renseignements contenus dans la demande (requête) et les informations en possession de l'Office antimonopole, il n'y a pas eu infraction aux dispositions des articles 4, 5, 7, 9, de l'article 11, paragraphe 2, et de l'article 12, paragraphes 2 et 4. Dans ce cas, l'Office antimonopole doit informer par écrit la partie requérante qu'aucune procédure administrative

n'a été engagée, en indiquant les raisons de cette décision. Néanmoins, une procédure administrative sera engagée lorsqu'une partie autorisée ayant introduit la demande la maintient après un délai de deux semaines.

Chapitre 6
DISPOSITIONS SPÉCIALES, PROVISOIRES ET FINALES
Article 22

1. Le Ministre des relations économiques extérieures peut interdire à une entité économique de donner accès à des données ou de fournir des explications lors d'une procédure à l'étranger fondée sur une accusation d'actions limitant la concurrence.

2. Une entité économique doit notifier au Ministre des relations économiques extérieures l'ouverture d'une procédure à l'étranger, comme précisé au paragraphe 1, si, dans le déroulement de la procédure, elle a été contrainte de donner accès à des données ou de fournir des explications.

3. Le Ministre des relations économiques extérieures prend la décision d'interdiction visée au paragraphe 1 si, dans le déroulement de la procédure à l'étranger, un jugement ou une décision pourraient être pris qui auraient des conséquences négatives pour l'économie polonaise ou pour des entités économiques polonaises, dans les domaines relevant du commerce extérieur, ou d'une activité économique se déroulant totalement ou partiellement sur le territoire de la République de Pologne.

4. L'interdiction visée au paragraphe 1 peut :

    a) être adressée à des entités économiques particulières, des groupements d'entités économiques ou les ententes qu'elles constituent ;

    b) viser une procédure spécifique à l'étranger ou diverses procédures d'un type donné ;

    c) viser des données et des explications spécifiques, ou des catégories de données et d'explications.

5. Les dispositions des paragraphes 1 à 4 s'appliquent également aux données et aux explications fournies par des entités économiques à des organismes juridiques polonais dans le cadre d'une assistance juridique assurée à la demande des institutions de pays étrangers conformément à des accords internationaux.

Article 23

Si le Tribunal antimonopole est saisi d'un appel interjeté contre une décision de l'Office antimonopole dans des affaires relevant de la présente loi, la partie faisant appel n'a pas le droit de se prévaloir des mesures juridiques visant à modifier la décision, qui sont indiquées dans le Code de procédure administrative, en particulier des mesures qui auraient pour effet de relancer la procédure, annuler ou modifier une procédure ou de conclure qu'une décision est nulle et non avenue.

Article 24

Abrogé (28 juin 1991).

Article 25

Le Code de procédure civile est modifié comme suit :

1. dans la section IVa du titre VII du volume un, partie un : les mots "Chapitre 1. Dispositions générales" sont à rajouter après les termes "Procédure applicable aux questions économiques" ;

2. dans l'article 479.1, paragraphe 2, alinéa 3 : les termes "dans l'économie nationale" sont supprimés ;

3. dans l'article 479.3, paragraphe 1, les termes "ou le Tribunal antimonopole" sont à rajouter après le terme "local" ;

4. l'article 479.27 est désormais suivi du chapitre 2 libellé comme suit :

   "Chapitre 2. Procédure applicable dans les affaires concernant la lutte contre les pratiques monopolistiques.

   Article 479.28.

   1. Les décisions de l'Office antimonopole ou de ses bureaux régionaux peuvent faire l'objet d'un appel devant le Tribunal du Voivode de Varsovie (Tribunal antimonopole) dans les deux semaines qui suivent la date de la réception de la décision.

   2. Le Tribunal doit rejeter tout appel introduit après la date limite.

   Article 479.29

   1. L'Office antimonopole transmet immédiatement au tribunal l'appel accompagné du dossier de l'affaire.

   2. Si l'Office antimonopole considère que l'appel est fondé, il peut, sans transférer les dossiers au tribunal, annuler ou modifier sa

décision en totalité ou en partie : dans ce cas, il doit immédiatement en donner notification à la personne qui a introduit l'appel, et lui communiquer une nouvelle décision contre laquelle la personne peut faire appel.

Article 479.30. Un appel d'une décision rendue par l'Office antimonopole doit satisfaire aux conditions applicables à tout document faisant l'objet d'un enregistrement officiel ; doivent y figurer une description de la décision dont il est fait appel, un exposé des erreurs présumées figurer dans la décision, un rappel des preuves, ainsi qu'une demande d'annulation ou de modification de la décision en tout ou partie.

Article 479.31.

1. Dans les affaires visant à lutter contre les pratiques monopolistiques, l'Office antimonopole et la personne intéressée sont également parties.

2. La personne intéressée est celle dont les droits ou les devoirs dépendent de la décision en l'espèce. Si la personne intéressée n'a pas été appelée à participer à l'affaire, le tribunal doit convoquer ladite personne à la demande d'une partie ou de sa propre initiative.

Article 479.32. Un employé de l'Office antimonopole peut être habilité à représenter celui-ci.

Article 479.33. Lorsqu'il a été fait appel d'une décision de l'Office antimonopole, le tribunal peut, à la demande de l'appelant, suspendre l'exécution de la décision jusqu'au règlement de l'affaire. Une décision de ce genre peut être rendue à huis clos.

Article 479.34.

1. Le tribunal doit rejeter tout appel d'une décision rendue par l'Office antimonopole, si cet appel n'est pas fondé.

2. Si le tribunal fait droit à l'appel, il doit soit annuler soit modifier dans sa totalité ou en partie la décision faisant l'objet de l'appel et se prononcer sur le fond de l'affaire.

Article 479.35. Les décisions du Tribunal antimonopole sont sans appel.

Article 26

Les modifications ci-après sont apportées à la Loi du 29 décembre 1982, elles concernent les services du Ministre des finances ainsi que les bureaux et chambres du Trésor (Dz.U. N° 45, point 289; de 1985, N° 12, point 50 ; de 1987, N° 3, point 18 et N° 33, point 180 ; ainsi que de 1988, N° 16, point 112 et N° 19, point 132) :

1. le point 11 de l'article 2 est supprimé ;

2. l'article 5a est supprimé.

Article 27

Dans la Loi du 20 juin 1985 -- loi sur le système des tribunaux de droit commun (Dz.U. N° 31, point 137, de 1989 N° 4, point 24 et N° 33, point 175, et N° 73, point 436) l'article 19.1 est désormais suivi de l'article 19.2, libellé comme suit :

Article 19.2.   Le Ministre de la justice, doit par arrêté administratif, créer au sein du Tribunal du Voivode de Varsovie une unité organique distincte appelée à traiter des affaires antimonopoles (Tribunal antimonopole).

Article 28

Dans la Loi du 17 mai 1989 relative au Fonds pour le développement du marché et à la démonopolisation des échanges (Dz.U. N° 30, point 159), article 3, paragraphe 1 : l'alinéa 4 est supprimé.

Article 29

Dans la Loi du 24 mai 1989 relative à l'examen des affaires de caractère économique par les tribunaux (Dz.U. N° 33, point 175 et N° 41, point 229), article 2, paragraphe 2 : l'alinéa 5 est supprimé.

Article 30

1. Les affaires en instance devant le Ministre des finances, qui n'auraient pas été réglées de façon définitive à la date d'entrée en vigueur de la présente loi, seront transmises à l'Office antimonopole pour plus ample examen.

2. Les appels des décisions rendues par le Ministre des finances avant la date d'entrée en vigueur de la présente loi seront examinés par le Tribunal administratif suprême conformément aux dispositions antérieures. Dans le cas où une décision de ce genre serait annulée, le Tribunal administratif suprême devra transmettre l'affaire à l'Office antimonopole pour plus ample examen.

3.   Les mesures administratives aboutissant à la reprise d'une procédure, ou à l'annulation, l'amendement ou la conclusion selon laquelle une décision est nulle et non avenue, seront appliquées, conformément aux dispositions antérieures aux décisions du Ministre des finances rendues avant la date d'entrée en vigueur de la présente loi, étant entendu que c'est à l'Office antimonopole qu'il appartiendra de procéder ultérieurement à l'examen de l'affaire.

Article 31

Toute autre disposition qui se référerait à une instance antimonopole devra être entendue comme se référant à l'Office antimonopole.

Article 32

La Loi du 26 janvier 1987 sur la lutte contre les pratiques monopolistiques dans l'économie nationale (Dz.U. de 1987, N° 3, point 18, et de 1989, N° 10, point 57, N° 30, point 159 et N° 35, point 192) est abrogée.

Article 33

La présente loi entre en vigueur 30 jours après sa proclamation.

PORTUGAL

(juillet 1991-juin 1992)

I. Lois et politiques de la concurrence - modifications adoptées ou envisagées

Au cours de la période considérée, aucune modification significative n'a été apportée à la législation portugaise en matière de concurrence. Toutefois on peut signaler la publication du Décret-loi 293/91, du 13 août, lequel prévoit la soumission de l'activité de distribution de télévision par câble aux règles du Décret-loi 422/83, du 3 décembre (loi de Défense de la Concurrence).

En revanche, la nécessité d'une efficacité accrue dans l'exécution de la politique de concurrence, étant donné l'évolution de l'économie nationale dans les dernières années, a été à l'origine de l'accélération des travaux de révision de la législation en vigueur en matière de concurrence.

Les principales modifications envisagées sont :

-- l'introduction de la notion d'abus de dépendance économique ;

-- la création de règles relatives aux aides d'État ;

-- la modification du système de contrôle préalable des opérations de concentration soit en ce qui concerne la délimitation de son champ matériel d'application soit relativement aux aspects de procédure.

II. Application des lois et des politiques de la concurrence

Application des règles sur les pratiques restrictives de la concurrence

Activité de la Direction générale de la concurrence et des prix

Au cours de la période examinée, la Direction générale de la concurrence et des prix (DGCP), autorité chargée des enquêtes en matière de pratiques restrictives, a été saisie de 22 nouvelles affaires de pratiques restrictives.

A la fin du premier semestre de 1992, la phase d'investigation préliminaire concernant 13 de ces nouvelles affaires était déjà conclue ; cinq seulement d'entre elles ont donné lieu à l'engagement d'une procédure d'instruction formelle. Dans les huit autres cas il a été estimé soit qu'elles tombaient en dehors du champ d'application de la loi, soit qu'il manquait des éléments de preuve.

A la fin de la période considérée, 22 affaires étaient en phase d'instruction formelle, dont :

-- abus de position dominante (1) ;

-- accords entre entreprises et décisions d'associations (16) ;

-- prix imposés (1) ;

-- refus de vente (4).

A la fin de la période considérée la DGCP avait saisi le Conseil de la concurrence de quatre de ces affaires.

Au-delà de son activité en matière d'enquêtes sur des pratiques restrictives, la DGCP a aussi examiné les conditions de concurrence dans les secteurs économiques estimés prioritaires en vue de rendre son activité moins dépendante des apports extérieurs en ce qui concerne la détection des pratiques restrictives.

Activités du Conseil de la concurrence

Au cours de la période examinée, le Conseil de la concurrence a pris neuf décisions dans des affaires dont il avait été saisi par la DGCP. Parmi neuf décisions, deux ont été particulièrement importantes : une, relative au marché des dragages, par son apport à des questions d'ordre général soulevées par l'application du droit portugais de la concurrence ; l'autre, concernant les marchés de pièces de rechange pour véhicules automobiles, parce qu'elle a contribué à définir les restrictions à la concurrence acceptables dans les systèmes de distribution de véhicules automobiles.

Dans la première décision mentionnée, le Conseil s'est prononcé sur le champ d'application du Décret-loi 422/83, en ce qui concerne les distorsions de concurrence auxquelles participent des entités publiques.

Ainsi, après avoir examiné un contrat de concession dans lequel un institut public accordait à une entreprise l'exclusivité de prestation d'un service déterminé, le Conseil a relevé, en rejetant l'argumentation des parties au contrat, que l'article 36(1)(b) du Décret-loi 422/83, lequel soustrait aux règles de concurrence l'administration centrale, ne s'appliquait pas au contrat litigieux. En effet, le Conseil a précisé que l'exception prévue à l'article 36 qui soustrait les organes administratifs étatiques des limitations inhérentes au régime juridique de la concurrence, viserait seulement les actes licites pratiqués dans l'exercice de la fonction administrative.

Cette disposition légale serait donc inapplicable dans le cas en question parceque le contrat litigieux avait été soumis par les parties au droit privé ce qui faisait présumer que l'intérêt public, c'est-à-dire celui que l'Article 36 visait à sauvegarder, n'était pas en jeu.

D0ans la seconde décision mentionnée, le Conseil a examiné la validité des clauses qui, dans des contrats de distribution de véhicules automobiles, limitaient la liberté d'approvisionnement des concessionnaires en ce qui concerne les pièces de rechange. Les clauses litigieuses imposaient aux concessionnaires de vendre exclusivement des pièces de rechange fournies par l'entreprise concédante.

Ayant estimé que le Règlement 123/85 était inapplicable en raison de l'incompatibilité des clauses litigieuses avec son article, le Conseil n'a pas contesté la validité de ces clauses, vis-à-vis du droit national de la concurrence, relatives à la période de garantie. Il a considéré que, pendant cette période, les exigences contractuelles concernant la source d'approvisionnement étaient tout à fait raisonnable étant donné que le remplacement des pièces défectueuses se faisait aux frais de l'entreprise concédante.

En ce qui concerne les limitations à l'approvisionnement des concessionnaires hors de la période de garantie, le Conseil a distingué entre les pièces de rechange fabriquées par le constructeur et celles fabriquées par des tiers. Ainsi, en ce qui concerne les pièces de rechanges fabriquées par le constructeur, le Conseil a estimé que l'obligation d'approvisionnement exclusif, quoique restrictive de la concurrence, pouvait être justifiée par la nécessité d'écoulement de pièces à rotation normalement lente.

En revanche, concernant les pièces de rechange non fabriquées par le constructeur, le Conseil a relevé que les limitations à la liberté des concessionnaires de s'approvisionner auprès des tiers n'étaient pas justifiées par la nécessité de préserver leur qualité. Ainsi le Conseil a précisé, d'une part, que la qualité était toujours assurée pour les pièces d'une même production d'un soustraitant du constructeur et, d'autre part, que la qualité pouvait être garantie même s'agissant de pièces de rechange non fabriquées par des soustraitants du constructeur si l'entreprise concédante interdisait à ses concessionnaires de vendre des pièces de rechange non conformes aux exigences objectivement établies par le constructeur.

Activité des instances de recours

Au cours de la période considérée, le Tribunal de première instance de Lisbonne a rendu cinq jugements concernant des recours formés contre des décisions du Conseil de la concurrence. Trois de ces décisions, dont les deux examinées en détail ci-dessus, ont été approuvées par le juge *ad quem*.

En ce qui concerne les deux jugements rendus dans des affaires concernant des décisions d'associations d'entreprises, le Tribunal, contrairement au Conseil, a considéré que compte tenu des circonstances, les comportements en cause n'étaient pas de nature à restreindre la concurrence.

Application des règles relatives au contrôle des concentrations

Au cours de la période considérée, 26 opérations de concentration ont été notifiées au Ministre du Commerce et Tourisme, dont 17 ont fait l'objet d'une enquête approfondie de la part de la DGCP. Aucune de ces opérations n'a posé de problèmes sérieux de concurrence et, par conséquent, il n'y a pas eu en 1991 de décisions ministérielles d'opposition.

Le tableau ci-dessous indique les principales caractéristiques des opérations de concentration qui ont fait l'objet d'une enquête approfondie.

Secteur d'activité	Nombre d'opérations	Acquisitions		Type d'opérations	
		d'actions	d'actifs	Acquisition horizontale	Acquisition verticale
Industrie alimentaire	4	4	–	4	–
Biens d'équipement	5	4	1	5	–
Industrie de produits chimiques	2	2	–	1	1
Biens de consommation courante	1	1	–	1	–
Commerce	3	2	1	3	–
Services	2	2	–	2	–
Total	17	15	2	16	1

III. Privatisations

La privatisation de secteurs fondamentaux de l'économie qui est en cours au portugal depuis 1990 a progressé de manière significative pendant la période considérée. Ainsi, dans le secteur bancaire, le processus de privatisation d'une banque a été achevé, la majorité du capital social de deux autres sociétés bancaires ayant également été privatisée. Le secteur des assurances a enregistré la privatisation totale d'une des principales compagnies d'assurances publiques. La privatisation de l'industrie du raffinage du pétrole a connu un progrès significatif avec l'aliénation de 25 pour cent du capital de la seule entreprise active dans ce secteur. Enfin, dans le secteur des transports, deux filiales de la holding étatique des transports routiers furent totalement privatisées.

ESPAGNE

(1991)

I. Modification des lois concernant la concurrence

Publication du Décret royal 755/91 du 10 mai sur la réforme de la structure organique du Ministère des Finances

D'après ce Décret royal, la Direction générale de défense de la concurrence dépendra désormais du Secrétariat général de l'économie internationale et de la concurrence. La nouvelle structure de la Direction générale se compose de cinq sous-directions générales :

a) Sous-direction générale de l'instruction et de l'inspection, chargée de l'instruction et du suivi des dossiers qui sanctionnent des comportements interdits, de l'instruction et du suivi des dossiers d'autorisation, de la recherche, de l'inspection et de l'information, et enfin, des conseils et des propositions en matière d'accords et de pratiques interdites ;

b) Sous-direction générale de la surveillance et du registre, chargée de la surveillance de l'application des résolutions adoptées par le Tribunal de défense de la concurrence, de l'exécution des résolutions, des rapports de recours administratifs, des relations avec les juridictions à cet égard, du Registre de défense de la concurrence et de la coordination avec le Tribunal de défense de la concurrence ;

c) Sous-direction générale des études, de la recherche sectorielle et de l'information, chargée de l'étude, de la recherche et de l'analyse de certains secteurs économiques du point de vue du degré de concurrence ainsi que de l'éventuelle existence de pratiques restrictives de la concurrence ;

d) Sous-direction générale des relations internationales de concurrence, chargée de collaborer avec la Commission des Communautés Européennes dans l'application, en Espagne, des règles communautaires de concurrence ; d'assister aux comités, audiences, commissions et réunions au sujet de questions concernant la concurrence dans la Communauté Economique Européenne ; de coopérer en matière de concurrence avec des organismes étrangers et des institutions internationales comme l'OCDE et la CNUCED ;

e) Sous-direction générale du contrôle des structures de concurrence, chargée de conseiller la Commission sur les fusions d'entreprises, d'identifier et rendre compte des projets ou opérations de concentrations d'entreprises ou de prise de contrôle qui dépassent les seuils établis par la Loi 16/89, d'analyser et rendre compte de toute opération de concentration notifiée volontairement, de faire rapport au Ministère des Finances sur les aides publiques ; et de conseiller et faire des propositions en matière de concentration et association d'entreprises.

Préparation des réglements de la mise en oeuvre de la Loi 16/89

Exemption par catégories, autorisation individuelle et registre

L'article 5 de la Loi 16/89 prévoit que le Gouvernement peut autoriser des catégories d'accords, de décisions, de recommandations ou de pratiques qui peuvent, conformément à l'article 3, bénéficier d'une autorisation spéciale. Cette technique, qui relève du droit communautaire, permet l'autorisation en bloc d'accords ou de pratiques restrictives de la concurrence, dans les conditions prévues par le loi. L'expérience acquise depuis l'entrée en vigueur de la loi est un argument en faveur de l'introduction dans l'ordonnance juridique espagnole, de l'exemption des accords qui, par la même méthode, ont fait l'objet d'exemption par le droit communautaire lorsqu'ils sont de son ressort. Par conséquent, et sans préjudice de développements législatifs ultérieurs, le champ d'application de l'ordonnance espagnole est cohérent par rapport au réglement communautaire et apporte une solution aux opérateurs commerciaux en ce qui concerne les difficultés d'interprétation des dispositions de l'article 5 de la loi.

Le Décret royal publié en 1992 prévoit l'autorisation d'accords entre entreprises visant uniquement le marché national et qui sont compris dans les catégories prévues et conformes aux conditions des Réglements communautaires suivants : Réglement 1983/83 sur la distribution exclusive, Réglement 1984/83 sur l'achat exclusif, Réglement 2349/84 sur la licence de brevets, Réglement 123/85 sur la vente et l'entretien d'automobiles, Réglement 4087/88 sur la franchise, Réglement 556/89 sur la licence de savoir-faire, Réglement 417/85 sur les accords de spécialisation et Réglement 418/85 sur la recherche et le développement.

Ce Décret royal précisera également la procédure pour l'autorisation individuelle d'accords, de décisions, de recommandations, et de pratiques interdites qui, en vertu de l'article 3 de la Loi 16/89 peuvent être présentés au Service de défense de la concurrence pour autorisation. En outre, le Registre de défense de la concurrence prévu dans la Loi 16/89 a été constitué pour qu'y soient inscrits les accords, les décisions, les recommandations et les pratiques autorisés par le Tribunal et ceux qu'il a déclarés illicites en tout ou en partie, ainsi que des fusions et des prises de contrôle.

Réglement de concentration

L'article 15.2 de la Loi 16/89 établit que la forme et le contenu de la notification volontaire des projets ou opérations de fusion ou de prise de contrôle sera réglementairement déterminée de façon à garantir le caractère confidentiel, en précisant les renseignements que la notification doit fournir.

Un Décret royal à promulguer en 1992 donne suite à cet article. Il précise un modèle officiel de notification dans lequel devront être indiquées les données suivantes : l'identité des parties, la situation antérieure, les conséquences favorables ou non pour la concurrence. La notification devra être présentée au Service de défense de la concurrence (Direction générale de défense de la concurrence) et sera considérée comme approuvée si, dans le délai d'un mois, elle n'est pas portée par le Ministre des Finances devant le Tribunal de défense de la concurrence. Les opérations considérées comme pouvant restreindre la concurrence devront être portées devant le Tribunal qui doit faire son rapport dans un délai de trois mois au Ministre des Finances. Si aucune décision n'est prise dans ce délai, l'opération sera considérée comme tacitement approuvée. Le Ministre des Finances soumettra alors le rapport au Gouvernement qui disposera d'un délai de trois mois pour arrêter une décision définitive. Il est à noter que la notification des opérations de concentration est volontaire ; qu'elle peut se faire au préalable ou jusqu'à trois mois après la réalisation de l'opération ; que pour bénéficier d'une autorisation tacite, il est nécessaire d'avoir notifié l'opération en question ; que des opérations non notifiées peuvent être contrôlées d'office pendant les cinq années suivantes et que le caractère confidentiel des notifications est garanti.

II.   Application de la législation et de la politique de la concurrence

Activités de la Direction générale de défense de la concurrence

Examen des dossiers

-- Il y a 74 dossiers en cours ;
-- Il y aura 94 nouveaux dossiers :
   - 74 suite à des plaintes,
   - 11 d'office à l'initiative de la Direction générale,
   - 9 demandes d'exemptions ;
-- 64 dossiers seront examinés dont :
   - 17 seront vraisemblablement classés,
   - 12 seront sans doute traités conjointement avec d'autres dossiers,

- 8 seront mis en attente,
- 27 seront vraisemblablement remis au Tribunal de Défense de laconcurrence pour décision.

56 dossiers ont été traités en vertu de la nouvelle Loi 16/89 et huit en vertu de l'ancienne Loi 110/63.

Classification des dossiers examinés :

-- Par secteur :
  - Agriculture, chasse et sylviculture 1
  - Pêche 1
  - Industrie extractive 1
-- Extraction minerais métalliques et autres minéraux 1
  - Industries manufacturières 14
-- Produits alimentaires, boissons et tabac 2
-- Papiers et produits connexes, édition,
   imprimerie et arts graphiques,
   reproduction, supports enregistrés 5
-- Produits chimiques et fibres 1
-- Matériel électrique et optique 6
  - Production et distribution d'électricité, gaz, et eau 1
  - Vente et service après-vente 11
  - Transports, stockage et communications 8
  - Services financiers 10
  - Activités immobilières 1

-- Par services aux entreprises :
  - Administration publique, services à la communauté 1
  - Education 2
  - Médecine, services para-médicaux et vétérinaires,
    assistance sociale 3
  - Autres activités sociales, services à la communauté 10
                                                                    _____
  Total   64

Par type d'infraction :
  - Fixation de prix : Art.1 a) 5
  - Pratiques commerciales restrictives : Art.1 a) 1
  - Restrictions à la distribution : Art.1 b) 1
  - Partage des marchés : Art.1 c) 2
  - Allocation des sources d'approvisionnement : Art.1 c) 1
  - Conditions discriminatoires : Art. 1 d) 1
  - Accord pour l'élimination des concurrents : Art.1 d) 1
  - Imposition de prix non équitables : Art.6 a) 4

- Conditions de service non équitables : Art.6 a)   1
- Refus de vendre : Art.6 c)   8
- Conditions discriminatoires : Art.6 d)   7
- Prestations supplémentaires superflues : Art.6 e)   4
- Elimination de concurrents : Art.6 d)   3
- Concurrence déloyale : Art.7   13
- Demande d'autorisation spéciale : Art.3   11
- Demande de modifications des réglements : Art.2   1
                                                                 ─────
Total   64

Parmi les dossiers reçus en 1991, on peut noter les suivants :

-- Dossier 743/91 où l'Union des consommateurs de l'Espagne (UCE) se plaint d'un prétendu accord entre Alter S.A. et 42 entreprises pour la distribution de cosmétiques exclusivement aux pharmacies.

-- Dossier 711/91 où la UCE accuse l'Association des fabricants de boulangerie de Malaga (AFEPAN) ; dossier 749/91 où l'Association de consommateurs "Torre Ramona" dénonce les fabricants de pain de Zaragoza et de la province ; et dossiers 780/91, 731/91 et 746/91, que la Direction générale a entamés d'office contre l'Association provinciale de fabricants et débitants de pain de Valladolid, contre l'Union des boulangeries de la Principauté des Asturies et contre l'Association cantabrique des industriels de la boulangerie. Dans tous ces cas, on reproche aux accusés des accords pour la fixation des prix du pain dans leurs territoires respectifs.

-- Dossier 770/91 où la Fédération des Baléares de la petite et moyenne entreprise de Mallorca accuse la Conférence maritime Balcon (Péninsule-Baléares) et ses membres, de s'être entendus pour créer une conférence maritime et fixer les prix. Suite à une demande d'autorisation présentée par la Conférence Balcon, ce dossier est en cours d'instruction devant le Tribunal de défense de la concurrence.

-- Dossier 763/91 que la Direction générale a ouvert d'office contre la Fédération d'associations de concessionnaires de l'automobile (FACONAUTO) pour une recommandation collective de prix pour l'acquisition de véhicules d'occasion par les concessionnaires.

-- Dossier 716/91 que la Direction générale a ouvert d'office contre le Collège officiel d'architectes basque-navarrais pour un accord d'abstention qui interdisait aux architectes de se présenter au concours pour la construction d'une installation omnisports à Pamplona.

Parmi les dossiers remis au Tribunal pour décision on peut noter les suivants :

-- Dossier 589/89 (N° 294/91 du Tribunal) entamé sur plainte de l'Association nationale des industriels de l'emballage et du raffinage des huiles comestibles (ANIERAC) contre les entreprises Frint Espagne S.A., Frint Ltd., Frint Luso, Societe Anonime Italiane Raffinazione Olii (SAIRO), Frahuil, Huileries Réunies et E.G. Cornelius and Co. Ltd., suivi de poursuites d'office contre les entreprises Aceites Elosua S.A., Carbonell et Co. de Cordoba S.A., Semillas Oleaginosas (SEMOSA), Industrias Pont, S.A., Pura Ibérica S.A., Aceites Toledo S.A., Aceites del Sur S.A., Koipe S.A. et Salgado S.A., accusées de passer des accords pour régler leur comportement aux enchères pour la vente d'huile du SENPA. Le service, en remettant le dossier au tribunal, a considéré comme prouvée l'existence de pratiques restrictives de la concurrence interdites par les articles 1.1 a), 1.1 c) et 7 de la Loi 16/89, à savoir : la fixation de prix, l'allocation de parts de marché ou des sources d'approvisionnement et des actes de concurrence déloyale qui faussent la libre concurrence. Des amendes ont été proposées pour les entreprises en question.

-- Dossier 601/89 (N° 306/91 du Tribunal) entamé d'office suite à l'introduction simultanée des nouveaux récipients des détergents concentrés par Henkel Ibérica S.A., S.A. Camp, Procter et Gamble Espagne S.A. et Lever Espagne S.A.

Le Service, dans son rapport, souligne que le comportement adopté restreignait et empêchait la concurrence par la suppression complète du risque encouru par chaque entreprise individuellement dans le cas où le consommateur refusait le nouveau produit. Dans ce cas, la restriction de la concurrence se mesure par rapport à celle qui résulterait d'une action unilatérale et non concertée des entreprises.

-- Dossier n° 528/88 où la Consejeria de Bienestar de la Junta de Castilla y Leon a remis au Service les tarifs officiels minima publiés par ATEIA (Association provinciale de transiteurs expéditeurs internationaux et assimilés de Madrid) présentés comme étant obligatoires pour 1988 pour toutes les entreprises membres de ATEIA.

Le Service a ouvert d'office le dossier contre ATEIA et tous ses associés. Après l'enquête, le Service a envoyé au Tribunal un rapport établissant que ATEIA et ses membres avaient eu recours à des pratiques restrictives de la concurrence interdites par l'article 1.3 a) de la Loi 110/63 du 20 juin, consistant en l'établissement, la divulgation et la mise en pratique de tarifs minima. En outre, il a été conclu qu'il existait une autre pratique restrictive interdite, suite à une décision de ATEIA qui obligeait ses membres *a)* à lui communiquer les réclamations judiciaires contre tout client inscrit au registre des impayés, et qui leur interdisait de travailler pour ces clients et, *b)* à lui communiquer les noms d'entreprises ayant travaillé pour des clients.

Contrôle des structures

En 1991, la Direction Générale a reçu 11 notifications volontaires de concentrations d'entreprises. Elles ont toutes été approuvées tacitement au cours du mois de délai accordé par la Loi 16/1989 à l'article 15.4, car il a été considéré que ces opérations ne constituaient pas d'obstacle à la concurrence effective sur le marché.

Les secteurs impliqués dans les notifications sont les suivants :

-- Produits alimentaires et boissons 2
-- Industrie du papier 2
-- Banque 2
-- Assurances 2
-- Construction 1
-- Agriculture 2
-- Produits chimiques 1

Études

Au cours de 1991, de nombreuses études et enquêtes sectorielles ont été élaborées afin d'analyser le degré de concurrence dans chaque secteur concerné.

Parmi les études achevées en 1991, les suivantes peuvent être citées :

-- Situation du marché de l'huile de tournesol et de soja
-- Marché des produits laitiers
-- Industrie des crèmes glacées
-- Marché espagnol des photocopieuses
-- Marché espagnol des rasoirs électriques et des lames de rasoir
-- Films vidéo
-- Marché de la photographie et du matériel photographique
-- Secteurs à faible concurrence réglés par l'Etat.

Activité internationale

Participation active aux activités concernant la concurrence de la Communauté Economique Européenne avec un effort particulier pour assister à toutes les réunions (comités consultatifs, audiences, préparation et élaboration des normes communautaires de concurrence...).

Participation aux travaux et aux réunions de l'OCDE et du CNUCED sur les sujets concernant la défense de la concurrence.

Autres activités

Les travaux pour l'approfondissement et la divulgation des normes de concurrence ont augmenté cette année. Cet effort est issu de la participation des fonctionnaires de cette Direction à des cours de formation aussi bien nationaux qu'internationaux sur la concurrence.

La campagne pour familiariser la société espagnole avec des normes de concurrence a été rendue possible grâce à une plus grande participation à des conférences et à des actes de divulgation de même type qu'au cours des années précédentes.

Activités du Tribunal de défense de la concurrence

L'année 1991 a marqué un tournant dans la politique de défense de la concurrence. L'entrée en vigueur de la Loi 16/89 du 17 juillet sur la Défense de la concurrence a provoqué une importante augmentation de cette activité gouvernementale. Dans l'ensemble, ce changement a été renforcé en 1991, le volume de dossiers s'est consolidé et le montant global des amendes en pesetas a augmenté considérablement.

Activités du Tribunal : données statistiques

Au cours de 1991, le Tribunal a rendu 54 décisions des types suivants :

1. Pratiques interdites (Loi 110/63)   29
   A) Première instance (en section)   18
       a) Première section   7
       b) Seconde section   11
   B) Recours (en séance plénière)   11
       a) Requêtes contre des décisions
          rendues en section   11
       b) remise de peine par décision
          en séance plénière   0

2. Pratiques interdites (Loi 16/89)   7
   A. Dossiers donnant lieu à des sanctions   4
   B. Mesures conservatoires   3

3. Autorisations individuelles   10
    A. Demandées en vertu des arts.   4
        et 38 de la Loi 16/89
    B. Sur la base de pratiques exemptées
        par la Loi 110/63

4. Recours contre des actes du service   7

5. Concentrations économiques   1

6. Rapports   0

Principales décisions du Tribunal

1. Autorisations individuelles

Parmi les 10 dossiers d'autorisations individuelles réglés en 1991, les plus nombreux sont toujours ceux qui concernent les systèmes de distribution (6) ; un seul concerne un contrat de vente exclusive, un autre concerne une franchise de distribution et deux concernent des accords à caractère horizontal sur un service commun d'information sur des débiteurs mis en demeure et la constitution d'une conférence maritime. Dans un autre dossier encore, concernant un contrat type pour la concession de droits exclusifs d'émission de programmes à la télévision, le demandeur a été débouté.

En formulant ses décisions sur les demandes d'autorisations individuelles, le Tribunal a eu l'occasion d'interpréter l'article 3.2.d) visant l'autorisation d'accords de moindre importance. Le Tribunal considère que les critères communautaires établis par la Commission des Communautés Européennes dans sa communication du 3 septembre 1986 ne sont pas automatiquement applicables au marché national et qu'il n'est pas souhaitable d'établir des exemptions générales sur un critère quantitatif dans le marché national qui pourraient laisser certains marchés géographiques sans défense.

Le Tribunal a également pesé l'applicabilité des réglements communautaires d'exemption aux accords qui ne concernent pas le commerce entre les États Membres de la Communauté et qui, de ce fait, sont subordonnés à la loi espagnole. Le Tribunal considère que, même si les réglements communautaires d'exemption ne sont pas directement applicables, ils constituent néanmoins une référence juridique de poids étant donné les similitudes de structure et de contenu entre l'article 85.3 du Traité de la CEE et de l'article 3.1 de la Loi espagnole.

-- *Système de distribution*

• Systèmes autorisés

Les systèmes de distribution exclusive et sélective ont reçu, dans tous les cas, l'autorisation. Les autorisations ont été dans tous les cas accordées après l'introduction de certaines modifications des dispositions des contrats par les demandeurs. Le Tribunal a pris des mesures pour supprimer les clauses restrictives superflues ou celles pouvant aboutir à l'élimination de toute concurrence sur le produit, en particulier, la fixation de prix par le producteur et la restriction des ventes passives. En principe, les autorisations ont été octroyées pour un délai de cinq ans.

• Achat exclusif

Un contrat d'achat exclusif a été autorisé. La restriction exigeant, de la part des distributeurs, l'utilisation exclusive des pièces de rechange et des matériels périssables produits par le fabricant a été acceptée mais seulement pendant la période de garantie. Une fois ce délai expiré, le contrat ne pourra pas empêcher l'utilisation par le distributeur d'autres matériels périssables.

• Franchise de distribution et de services

Le Tribunal a considéré que la franchise de distribution apportait des avantages. La franchise a donc été autorisée dans les cas où elle n'empêche pas l'utilisation d'accessoires et de pièces de rechange de différentes marques respectant les mêmes niveaux de qualité.

-- *Accord horizontal sur l'information des impayés*

La Fédération de Distributeurs cinématographiques (Fedicine) a demandé une autorisation d'exemption pour un accord établissant un service central d'information sur les impayés. Le Tribunal a considéré que l'accord pouvait être autorisé puisqu'un registre d'impayés, limité à la fourniture d'informations, peut remplir la fonction licite de clarification et d'assainissement du trafic documentaire tout en établissant les limites de licéité pour le respect de la liberté des opérateurs qui s'en servent.

Pour son autorisation, il a été considéré nécessaire d'introduire certaines modifications pour établir le caractère volontaire de la participation des entreprises affiliées à Fedicine dans le service d'information sur les impayés et pour supprimer la compétence jusqu'alors attribuée à Fedicine pour prévenir les entreprises des cas qui pourraient produire un risque exceptionnel.

-- *Accords horizontaux : Conférences maritimes*

Dans le cadre d'une action contre l'Association des armateurs des lignes maritimes Péninsule-Canaries connue sous le nom de Conférence de frêt Péninsule Canaries COPECAN, une exemption pour des pratiques interdites en vertu de l'article 5 de la Loi 110/63 a été examinée. S'il est vrai que les conférences maritimes de frêt constituent d'importantes restrictions à la concurrence, elles sont néanmoins reconnues par de nombreux organismes internationaux.

Le Tribunal a déclaré qu'il serait possible d'exempter les pratiques résultant de la constitution et de la mise en oeuvre de la Conférence dans les conditions suivantes :

-- Avoir des règles souples quant à l'adhésion et la démission des membres de l'Association ;

-- Faire connaître les normes qui régissent la Conférence surtout en ce qui concerne les tarifs et les conditions de transport ;

-- Tenir des consultations avec les utilisateurs pour régler des questions concernant le type de frêt, les conditions et la qualité du service ;

-- Ne pas exploiter abusivement la situation de dépendance créée.

2.   Pratiques interdites

Le montant total des amendes imposées par le Conseil des Ministres sur proposition du Tribunal (régime de l'ancienne Loi 110/63) et par le Tribunal lui-même (régime de la nouvelle Loi 16/89) a atteint 994 418 000 ptas. L'augmentation spectaculaire des amendes en 1991 ne représente aucunement une évolution nouvelle mais plutôt le résultat logique de l'application du régime légal dans le contexte actuel.

Au cours de 1991, les amendes suivantes ont été imposées :

A.   Amendes imposées par le Conseil des Ministres

Marchands de journaux de Barcelone	02 000 000 Ptas
Vaccins MAPA	47 943 000 Ptas
Videos Gijon	525 000 Ptas
Association nationale d'éditeurs de manuels scolaires	223 050 000 Ptas
Producteurs de volaille (ANPP et AMIAVE)	693 000 000 Ptas
Société générale d'auteurs en Espagne	6 000 000 Ptas
Association de marchands de journaux de Murcia	1 000 000 Ptas
Total :	973 518 000 Ptas

B. **Amendes imposées par le Tribunal de défense de la**
concurrence Copecan (A.E) 550 000 Ptas
Distributeur Costa del Sol 1 000 000 Ptas
Comercial Atheneum et Société générale espagnole
de librairie 2 000 000 Ptas
Cofradia pescadores Cantabria 2 350 000 Ptas
General Electric, CGR Espagne, S.A. 15 000 000 Ptas

Total : 20 900 000 Ptas

Parmi les 18 décisions rendues par les sections en vertu de l'ancienne loi, 10 ont été des non-lieux ; dans un cas la pratique a été exemptée, et sept autres ont relevé l'existence de pratiques interdites et ont proposé l'imposition d'amendes.

Les quatre décisions prononcées sur des dossiers tombant sous la nouvelle Loi ont constaté l'existence de pratiques interdites et ont imposé des amendes.

Vu le grand nombre de non-lieux dans les dossiers examinés en vertu de l'ancienne loi, il est quelque peu surprenant que les quatre premiers dossiers examinés en vertu de la nouvelle loi aient abouti à l'imposition d'amendes. Ce n'est que la conséquence des nouvelles attributions que la Loi 16/89 accorde au Service de défense de la concurrence. Celui-ci peut maintenant classer des actions après l'instruction d'une information confidentielle et accorder le non-lieu après l'instruction du dossier au lieu de le transmettre au Tribunal comme c'était le cas sous l'ancienne loi. Cependant, la présentation des archives de non-lieu peut être exigée par le Tribunal.

-- *Non-lieux*

Cinq non-lieux ont été prononcés en l'absence de preuve de l'existence de position dominante de la part de l'entreprise en question ; l'abus de la position dominante s'avérait donc impossible. Parmi ces décisions, il faut en souligner une qui reflète une notion relative de la position dominante en ce qu'elle signale que "nonobstant son caractère de leader, on ne peut pas en déduire qu'elle bénéficie d'une position de force vis-à-vis des autres entreprises sur le marché... étant donné le nombre de concurrents, leur part du marché et l'absence d'obstacle à l'entrée ou de comportement indiquant la présence d'une position dominante".

Un autre non-lieu particulièrement important est celui du dossier 289/90 contre Television Espagnola S.A. puisque le Tribunal a admis pour la première fois l'application directe des articles 85 et 86 du Traité de Rome.

-- *Accords horizontaux*

Des décisions avec des propositions de sanctions ont été prononcées concernant plusieurs accords horizontaux de fixation de prix, de partage de marchés et de boycottage.

Le dossier 267/90 contre l'Association de fabricants d'ascenseurs de Burgos et Logrono est à signaler à cause du montant de l'amende. La pratique consistant en la répartition du marché de réparation et d'entretien des ascenseurs a été déclarée prouvée dans la province de Burgos. Les amendes proposées se montent à un total de 95 millions de pesetas.

-- *Abus de la position dominante*

Dans le dossier 272/90 contre Repsol Butano, S.A. et Aiscondel, S.A. deux clauses imposées par Repsol Butano S.A. à ses distributeurs ont été déclarées abusives : elles les obligeaient à vendre exclusivement et aux prix fixés par Repsol Butano les appareils, équipements et éléments pour l'utilisation du gaz et en outre, exigeaient que ses détaillants vendent à des prix fixés par elle d'autres services non compris dans le contrat d'approvisionnement. Repsol Butano profitait ainsi de sa position dominante comme détenteur du monopole légal des ventes de gaz liquéfiés du pétrole. La proposition d'amende faite par le Tribunal au Conseil des Ministres était de 50 millions de pesetas.

-- *Mesures conservatoires*

En 1991 le Service de défense de la concurrence a formulé trois propositions de mesures conservatoires qui ont été approuvées par le Tribunal. Ceci mérite d'être souligné puisque c'est la première fois que le Tribunal accepte l'adoption de ce genre de mesure afin d'assurer l'efficacité de la décision finale d'un dossier. Il convient de rappeler que ces mesures ne préjugent pas du fond de la question, qu'elles ont un caractère provisoire avec une durée maximum de six mois, qu'elles peuvent être modifiées si les circonstances changent, qu'elles sont accordées moyennant une rapide procédure d'urgence et qu'elles doivent maintenir l'équilibre pour sauvegarder les intérêts des parties en cause, que le demandeur peut être obligé de verser une caution et que ces mesures ne doivent causer aucun préjudice irréparable ni violer des droits fondamentaux.

3. Fusions et acquisitions

Le Tribunal a examiné un seul dossier de concentration économique en 1991. Il s'agit du dossier Conc. Ec. 3/90 entamé sur notification volontaire de l'entreprise Cerámicas Gala S.A. L'opération avait déjà été réalisée et consistait en l'acquisition par l'entreprise notifiante (filiale à 100 pour cent de la compagnie Roca Radiadores) de la totalité du capital de l'entreprise Cerámicas Bellavista S.A. auprès de son ancien propriétaire, Teka Industrial S.A.

Il a été prétendu que l'opération avait augmenté sensiblement le niveau de concentration existant et qu'en principe, il existait des raisons suffisantes pour s'opposer à l'opération. Toutefois, si la concentration devait être cassée, la conséquence serait la fermeture de Ceramicas Bellavista S.A. ce qui ne renforcerait pas la concurrence dans le secteur.

Le Tribunal a trouvé qu'aucune des deux options possibles n'éviterait une diminution de la concurrence par rapport à celle qui existait avant l'opération et qu'aucune des deux n'aboutirait à une situation fondamentalement différente et que, par conséquent, n'ayant aucune raison positive de s'y opposer, il était plus raisonnable de ne pas y procéder.

4.   Recours contre des actes du Service

En 1991, le Service a décidé de classer définitivement des actions et des dossiers, pour lesquels il n'existait pas de preuve, comme il était habilité à le faire par la nouvelle Loi 16/89. Ces actes du Service peuvent faire l'objet de recours près du Tribunal.

Le Tribunal a résolu en 1991 sept recours de cette nature, cinq contre des décisions d'archive de dossier, dont deux ont abouti. Les autres ont eu pour résultat des non-lieux.

Evolution de la législation

L'évolution en 1991 de la législation d'intérêt pour la défense de la concurrence consiste en une série de Lois et de Décrets Royaux qui peuvent être résumés comme suit.

1. Loi 3/1991 du 10 janvier, sur la concurrence déloyale, met à jour les ordonnances espagnoles concernant la concurrence et les aligne sur les engagements découlant de la Convention de l'Union de Paris. Cette loi, destinée à la protection de la structure du marché plutôt qu'à la résolution de conflits entre concurrents, complète de la sorte le droit de la concurrence dans lequel la Loi 16/89 établit l'intervention de l'Etat en défense de la libre concurrence, et la Loi 3/1991 précise les mécanismes privés dont disposent les opérateurs du marché, les entrepreneurs ou les consommateurs.

    Cette Loi améliorera l'application de l'article 7 de la Loi 16/89.

2. Décret Royal 1197/1991, du 26 juillet, sur le régime des offres publiques d'achat, dont le chapitre VI précise la procédure à utiliser par les organes de défense de la concurrence à l'égard des OPAs.

SUÈDE

(1991)

I. Modifications apportées aux lois relatives à la concurrence et mesures

Nouvelles dispositions légales concernant le droit de la concurrence

Le Ministère de l'industrie et du commerce a préparé récemment un mémorandum qui contient des propositions développant et remplaçant partiellement le *projet de nouvelle loi sur la concurrence.* Ce mémorandum avait été déjà présenté par le Comité suédois de la concurrence, dont le rapport a déjà été soumis aux formalités de présentation (SOU 1991:59). Le projet a été exposé de manière précise lors de la réunion du comité de la concurrence qui s'est tenue en novembre 1991.

En ce qui concerne les principales règles régissant la concurrence, le mémorandum ne comprend aucune nouvelle proposition pour l'encadrement des prises de contrôle d'entreprises et de la dissolution et du dessaisissement d'entreprises. A cet égard, le Ministère prépare maintenant des propositions qui sont fondées sur les premières propositions du Comité de la concurrence.

Pour l'essentiel, le mémorandum précise que les dispositions régissant la concurrence dans une nouvelle loi suédoise seront en principe formulées dans le même esprit que les dispositions communautaires figurant aux articles 85 et 86 du traité de Rome. Dès lors, les règles régissant la concurrence en ce qui concerne la situation proprement suédoise seront en principe formulées de la même manière que celles régissant la concurrence dans les échanges entre la Suède et un pays membre de l'AELE ou de la Communauté économique européenne, et qui seront incorporées dans un projet de loi relative à l'Espace Economique Européen (EEE).

Le projet de loi prévoit l'interdiction des contrats entre entreprises, les décisions concertées par des associations d'entreprises et les pratiques concertées qui ont pour objet ou pour résultat d'empêcher, de restreindre ou de fausser sensiblement la concurrence sur le marché suédois. Il sera possible d'accorder des dérogations à cette interdiction, en premier lieu, dans certains cas sur ordonnance de l'autorité compétente en matière de concurrence, et, en deuxième lieu, pour des catégories de contrats et de pratiques concertées conformément à ce que prévoient des directives particulières.

Les contrats ou les conditions contractuelles et les décisions interdites seront nulles et non avenues.

Le projet de loi prévoit également l'interdiction de toute forme d'exploitation abusive par une ou plusieurs firmes, en position dominante sur le marché.

Les deux interdictions susvisées ont un point en commun dans le projet : une infraction exposera le délinquant au risque de devoir payer des dommages-intérêts et autorisera l'intervention judiciaire sous la forme (a) d'une injonction, sous peine d'amende, de mettre fin à la violation en cours ; (b) d'une injonction de paiement pour une infraction déjà commise sanctionnant l'action anticoncurrentielle. Une entreprise aura la faculté de faire valoir auprès de l'autorité chargée de la concurrence, des arguments selon lesquels les interdictions sont inapplicables en l'espèce (*attestation négative*).

Il incombera à l'autorité compétente en matière de concurrence de se prononcer sur le point de savoir s'il y a lieu de publier une ordonnance de ne pas faire dans le cas visé au point (a) ci-dessus. Le tribunal d'instance de Stockholm sera la juridiction de première instance qui aura à connaître des affaires relatives aux imputations de comportement anticoncurrentiel.

La Cour du marché connaîtra des recours relatifs aux dérogations, attestations négatives, aux injonctions et aux imputations de comportement aux anticoncurrentiel. Aucun recours ne pourra être formé contre les arrêts ou décisions de la Cour du marché concernant des affaires jugées au titre de la législation.

Les affaires pour lesquelles des amendes prévues par la loi ont été décidées seront jugées par une juridiction de droit commun.

Aucune restriction n'affecte la compétence des juridictions de droit commun en matière d'affaires civiles.

Si elle est adoptée, la nouvelle loi entrera en vigueur le 1er janvier 1993. Des dispositions transitoires spéciales sont proposées.

En juin 1991, le Parlement a voté *une loi spéciale interdisant les restrictions aux échanges de produits agricoles* (1991:921). La nouvelle loi est entrée en vigueur le 1er juillet 1991. Elle a pour objet de renforcer la concurrence dans le secteur alimentaire dans le cadre de la déréglementation intérieure. Elle interdit sous peine de sanction pénale frappant les répartitions des marchés, le refus d'approvisionnement et le financement conjoint des pertes subies à l'exportation. L'interdiction s'applique non seulement aux entreprises commerciales qui achètent à des producteurs de produits primaires des produits agricoles bénéficiant d'une protection tarifaire, mais également à ces entreprises commerciales qui ajoutent une valeur à ces produits à des stades ultérieurs de la production. Néanmoins, la loi ne s'applique pas à la coopération dans le cadre d'une association de production dite primaire. La Cour du marché peut déroger à l'interdiction sous certaines conditions. Néanmoins, jusqu'à présent, aucune demande de dérogation n'a été déposée.

A la suite de négociations menées entre les représentants des gouvernements suédois et norvégien et la Communauté économique européenne, les parties ont conclu à la fin de mars 1991 *un accord préliminaire dans le domaine de l'aviation civile.* Cet accord, récemment approuvé par le Conseil de ministres des Communautés européennes, assimile la Suède et la Norvège aux pays membres de la Communauté économique européenne en ce qui concerne le secteur de l'aviation civile. Aux termes d'un projet de législation suédoise, la réglementation communautaire en matière d'aviation civile sera incorporée partiellement dans la législation suédoise. Notamment, la Suède appliquera des dispositions régissant la concurrence similaires aux articles 85 et 86 du traité de Rome, ainsi que des réglementations communautaires spécifiques et règles ultérieures. L'autorité compétente en matière de concurrence sera ainsi habilitée à gérer l'application desdites règles et réglementations en instruisant une affaire concernant la Suède, aussi longtemps que la Commission européenne n'aura pas décidé de se saisir de cette affaire aux fins d'examen.

Déclarations du Médiateur en matière de concurrence au sujet de la déréglementation, de questions commerciales, etc.

Dans ses observations relatives au mémorandum ministériel concernant la proposition d'une nouvelle législation sur les produits pharmaceutiques, le Médiateur a constaté qu'à plusieurs niveaux, le secteur pharmaceutique n'était que faiblement incité à se préoccuper des coûts, de sorte que l'incitation à agir rationnellement en termes macro-économiques faisait également défaut. Il y a donc lieu d'étudier la possibilité de prendre des mesures visant à sensibiliser davantage le secteur pharmaceutique aux coûts. Le Médiateur a mentionné notamment les mesures suivantes dont les effets devraient être étudiés : réduction du nombre de produits pharmaceutiques réunissant les conditions requises pour mériter cette étiquette, mise en place d'un système de prix de référence (dans lesquels les remboursements des médicaments achetés ne dépassent pas le coût du médicament le moins coûteux), prescription de médicaments génériques et déréglementation autorisant la vente par des points de vente au détail autres que les pharmacies de médicaments non prescrits. En outre, le Médiateur a estimé que la possibilité de déréglementer le monopole exercé par les pharmacies devrait faire l'objet d'une enquête et être étudié sans idées préconçues. Cette enquête devrait porter naturellement sur les raisons de fond pouvant être invoquées en faveur de l'actuel régime de monopole, les conséquences macro-économiques de ce régime et la possibilité de découvrir d'autres solutions aux problèmes justifiant le régime en place.

II. Application de la législation et des politiques de la concurrence

Action contre les pratiques anticoncurrentielles

Autorités chargées de la concurrence

Pendant l'année 1991, 431 affaires nouvelles ont été enregistrées. Environ 20 pour cent des affaires ont été engagées à l'initiative du Médiateur, et, pour 65 pour cent d'entre elles, il s'agissait de notifications et de requêtes. D'autres affaires concernaient des dépôts de rapports, des enquêtes, des projets de loi etc. ayant trait à la concurrence et au sujet desquels le Médiateur a été prié de faire connaître son avis et ses observations.

En 1991, 431 affaires ont été réglées, 328 d'entre elles étant des affaires qui avaient été notifiées au Médiateur ou dont le Médiateur s'était saisi de sa propre initiative. Les autres affaires concernaient des observations sur des rapports d'enquêtes, des demandes de caractère général etc.

a) La cour du marché

Exploitation abusive de position dominante

Au cours de l'automne de 1990, l'association des entreprises d'emballage de viande ScanVäst, qui domine le marché des produits carnés, a engagé une campagne intensive en vue de recruter de nouveaux fournisseurs de porcs gras et de cochons de lait. Dans cette affaire, l'association proposait des avantages sensiblement supérieurs sous forme de prix plus élevés, de services gratuits etc. à ceux qu'elle proposait aux autres membres. En statuant définitivement en 1991, la Cour du marché à déclaré que les pratiques actuelles qui ne diffèrent pas sensiblement de celles dont il est fait grief, exposaient les petits abattoirs à un risque considérable puisqu'ils ne pouvaient compter sur des livraisons régulières de matières premières. La Cour du marché a par conséquent retenu en partie l'argument du Médiateur selon lequel ScanVäst devait s'engager à ne pas proposer à de nouveaux fournisseurs des avantages différant sensiblement de ceux qui étaient accordés aux autres membres de l'association.

La lutte contre les entreprises extérieures

Dans le cadre de la prise de contrôle d'une entreprise, la Cour du marché avait déjà eu l'occasion d'examiner une affaire concernant le commerce des fleurs, laquelle pourrait être exposée succinctement comme suit : comment éviter l'arrivée d'autres entreprises et assurer la loyauté des affiliés ? La Cour avait constaté que l'entreprise suédoise Interflora/Teleflora détenait une forte position dominante dans un secteur caractérisé par les services d'intermédiaires. La Cour a également relevé que les statuts d'Interflora/Teleflora contenaient des dispositions qui, en fait, empêchaient les affiliés et agents de coopérer avec d'autres organismes de relais-livraison, en bloquant par là considérablement l'accès au marché. Après avoir participé à des négociations avec le Médiateur, Interflora s'est engagée à ne pas exclure des fleuristes d'Interflora/Teleflora s'ils devaient coopérer avec des firmes dont les activités faisaient concurrence à celles d'Interflora/Teleflora.

En 1990 Interflora a pris diverses initiatives, y compris des exclusions et des menaces d'exclusion du système de relais-livraison d'Interflora, afin de dissuader des fleuristes qui y étaient affiliés de coopérer avec d'autres firmes dans la même branche d'activité. La mise en place d'une nouvelle entreprise de commande de fleurs par télégramme, Blommograften, était de ce fait entravée, tandis que les fleuristes individuels était privés de la possibilité de choisir librement parmi les systèmes de relais-livraison. Le Médiateur ayant présenté ses observations au sujet de cette affaire devant la Cour du marché, un règlement négocié a pu être conclu. Il est désormais interdit à Interflora, sous peine d'amende, d'expulser ses membres qui tiennent à coopérer avec des systèmes de relais-livraison concurrents.

Entreprise commune de ventes

Kinnevik et Nordisk Television (NT), qui sont respectivement propriétaires des chaînes TV 3 et TV 4, coopèrent en matière de prix et de diverses conditions, en vendant des espaces de temps pour des émissions publicitaires par l'intermédiaire de Air Time, la société de ventes propriété commune de Kinnevik et de NT. Le Médiateur estime que TV 3 et TV 4 sont en position dominante sur le marché en cause. Tous les acteurs extérieurs au marché avec lesquels le Médiateur a été en contact ont exprimé la crainte que TV 3 et TV 4, agissant par l'intermédiaire de leur société de ventes propriété commune, ne fassent payer des prix excessifs. Etant donné que les deux chaînes ont recours aux mêmes vendeurs, il est illusoire d'imaginer que la coopération en matière de vente n'inclura pas certaines formes de coopération en matière de prix qui mettront pratiquement fin à la concurrence dans ce domaine entre les deux chaînes. Kinnevik et NT contestent qu'elles aient coopéré en matière de prix, en soulignant qu'elles utilisent des listes de prix différentes. Au début de 1992, le Médiateur a saisi de l'affaire la Cour du marché, qui a été invitée à interdire à Kinnevik et à NT de procéder conjointement à l'exécution de contrats de coopération en matière de prix ou de diverses conditions de ventes.

b) Les juridictions de droit commun

Interdiction des offres collusoires et des prix imposes

Ventes de voitures

Dans un cas de refus d'approvisionner exposé dans le rapport annuel pour 1990-1991 le Médiateur a soupçonné que VAG Stockholm qui vend des voitures Volkswagen neuves, viole l'interdiction de pratiquer des offres collusoires et des prix imposés, à l'égard d'un de ses revendeurs L & B. VAG avait conclu avec ce distributeur un accord écrit aux termes duquel VAG lui fournirait des voitures. Selon l'une des clauses de l'accord, VAG et le distributeur devaient prendre contact l'un avec l'autre lorsque des offres pourraient être faites au même client. En outre, pour reprendre les termes de l'accord, "la politique d'établissement des prix formulée par VAG" serait appliquée. Après deux invitations à soumissionner, auxquelles les deux firmes ont répondu, et à la suite desquelles l'offre du revendeur a été acceptée, VAG a menacé de cesser de l'approvisionner. VAG faisait valoir notamment que le revendeur avait violé le contrat dans la mesure où il avait sous-coté le prix convenu, sans consultation préalable.

Le tribunal d'instance de Stockholm a constaté que VAG avait violé les deux interdictions. En ce qui concerne la violation de l'interdiction des offres collusoires, le tribunal a déclaré que le fait que L & B n'était pas placée par rapport à VAG au même niveau du circuit de distribution, mais occupait une position quelque peu différente, ne faisait pas obstacle à ce qu'il soit statué en ce sens ; après tout, l'enquête faisait apparaître que la concurrence était en jeu et que l'essentiel était le respect dû au consommateur. C'est la première fois qu'une juridiction statuant sur une affaire de violation de l'interdiction des pratiques collusoires déclare qu'elle dispose d'éléments ayant une incidence sur l'appréciation du degré de concurrence des entreprises dans le contexte limité d'une invitation à soumissionner. En fait, les commerçants dont la relation réciproque est celle d'un vendeur et d'un acheteur et qui, au sens traditionnel du terme, sont placés à des niveaux différents du circuit de distribution, peuvent également être des concurrents dans une situation de cette nature.

La décision du tribunal d'instance est définitive.

c) Affaires réglées par le Médiateur pour la concurrence

Exploitation abusive de monopole

Sealink et sa filiale Nordö se sont plaints auprès du Médiateur de ce que les chemins de fer nationaux suédois (SJ) aient exploité leur monopole du trafic par chemin de fer pour acquérir la maîtrise des mouvements de marchandises entre la Suède et le continent, portant ainsi préjudice au service de ferry exploité par le concurrent Nordö et favorisant les entreprises de ferry dans le capital desquels

SJ a des participations. Par exemple SJ évitait de proposer à sa clientèle l'itinéraire Nordö même si ce dernier était plus avantageux en termes de prix et d'horaires. SJ passait également pour n'accorder à sa clientèle que des remises plus faibles en proposant l'itinéraire Nordö. SJ s'étant engagée à envoyer un certain nombre de voitures de chemin de fer sur l'itinéraire Nordö et les acheteurs de fret ayant constaté des améliorations lorsque la possibilité d'emprunter l'itinéraire Nordö leur a été offerte, le Médiateur n'a plus vu de raison de poursuivre cette affaire.

Contrats d'exclusivité

Le Conseil de l'aviation civile qui est l'agence de réglementation suédoise compétente, a demandé au Médiateur d'examiner un contrat conclu entre Svenska Statoil AB (Statoil) et Linjeflyg AB (Linjeflyg) portant sur la vente, l'entreposage et la distribution de combustible pour avions de ligne. Linjeflyg est le transporteur qui domine le marché intérieur en Suède. Le Conseil a craint que le contrat qui contenait des clauses d'exclusivité bilatérale et qui devait courir pendant une période de huit ans, ne confère en réalité un monopole de distribution du combustible sur l'ensemble des aéroports suédois, à l'exception du plus important. Ce serait là assombrir les perspectives économiques des sociétés pétrolières concurrentes aspirant à commercer avec les aéroports, puisque Linjeflyg détient une position dominante en qualité d'acheteur de combustible pour avions de ligne.

Le Médiateur a constaté que les clauses d'exclusivité combinées avec la durée du contrat risquaient d'entraver la concurrence tant du côté de l'offre, c'est-à-dire les livraisons de combustible pour avions de ligne par les sociétés pétrolières, que du côté de la demande, c'est-à-dire les compagnies aériennes. Il a estimé qu'il existait un risque de dégradation des conditions de la concurrence dans les aéroports servant au trafic aérien intérieur, dans la mesure où les firmes auxquelles la possibilité d'approvisionner le principal acquéreur, soit Linjeflyg, était refusée se retireraient du marché. Des éléments probants ont été découverts à cet égard : c'est ainsi, par exemple, qu'une société pétrolière et Statoil ont décidé de s'associer afin d'approvisionner les stations d'alimentation des avions de ligne qui sont gérées en commun, au lieu de se faire concurrence en gérant des stations séparées.

Pour ce qui concerne les incidences sur la situation de la concurrence pour les compagnie aériennes, dès les premières mesures de déréglementation de l'aviation nationale, les accords d'exclusivité auraient pour effet d'entraver la capacité des compagnies aériennes de faire concurrence avec Linjeflyg lors de l'établissement de conditions compétitives d'offre par les sociétés pétrolières. Il existait un risque que des sociétés pétrolières autres que Statoil se retirent du marché soit en totalité soit en partie. En raison de ses accords d'exclusivité avec Linjeflyg, il a été interdit à Statoil de conclure des contrats à long terme d'approvisionnement en combustible pour avions de ligne avec d'autres compagnies aériennes.

Après avoir terminé son examen, le Médiateur a persuadé les parties contractantes d'abroger la disposition d'exclusivité qui empêchait les compagnies aériennes concurrentes de Linjeflyg de conclure des accords avec Statoil. En outre, le contrat initial a fait l'objet d'une modification limitant son champ d'application aux aéroports sur lesquels Linjeflyg exploitait des services à l'époque de sa conclusion. Enfin, la période d'application du contrat a été réduite.

Clause de concurrence

Pour ce qui concerne l'absorption d'Euroc Mineral par Partek Group, le contrat d'acquisition comportait certaines clauses relatives à des obligations d'achat et de vente ainsi qu'une clause relative à la concurrence applicable pendant dix ans destinée à faire obstacle à la concurrence d'Euroc sur le marché de la chaux. Le Médiateur a estimé que cette clause de concurrence renforcerait la position dominante de Partek et n'a relevé aucun motif valable de prolonger aussi longtemps la durée d'une protection de cette nature. Les parties ayant convenu de réduire la durée de validité de la clause de concurrence à trois ans, le Médiateur a renoncé à poursuivre son action.

Répartition verticale du marché et vente en exclusivité

Après avoir négocié avec le Médiateur, Svenska Eberspächer a modifié les dispositions anticoncurrentielles de ses contrats avec les revendeurs. Svenska Eberspächer détient 35 pour cent du marché suédois des radiateurs pour voitures (civiles) et 20 pour cent du marché des radiateurs pour bateaux. Elle avait conclu des contrats avec différentes catégories de revendeurs ou de distributeurs. Il était absolument interdit à certains distributeurs de vendre des appareils de fabrication concurrente. D'autres distributeurs procédaient à ces ventes, mais s'exposaient alors à une aggravation des conditions de remise si radicale qu'il devenait hors de question de proposer des marques concurrentes. De même, les contrats conclus avec certains distributeurs contenaient une disposition sur la répartition territoriale (partage des marchés). Svenska Eberspächer a supprimé les clauses d'exclusivité et modifié la disposition sur la répartition territoriale de manière à ce qu'il soit évident que les distributeurs étaient en droit de conclure des opérations de vente dites "passives" avec une clientèle extérieure au territoire du revendeur.

Fusions et concentration

a)   Statistiques sur les fusions et la concentration

En 1991, 280 acquisitions au total ont été enregistrées, contre 342 en 1990. Les entreprises qui ont fait l'objet d'une acquisition en 1990 employaient 195 300 salariés, contre 145 700 en 1990. Quarante-sept d'entre elles comptaient plus de 500 salariés, contre 39 en 1990. En 1991, les acquisitions les plus importantes en termes d'effectifs sont intervenues dans les secteurs suivants : fabrication de machines (sauf les machines électriques) et d'équipement de transport, produits chimiques, produits pétroliers, charbon, produits en caoutchouc et en plastique.

Au cours de l'année, 53 entreprises comptant environ 62 000 salariés au total ont été acquises par des entreprises étrangères ou des entreprises suédoises à capitaux étrangers. L'année précédente, le nombre d'acquisitions par des entreprises étrangères s'était élevé à 63, les entreprises acquises occupant quelque 53 000 salariés.

Les entreprises néerlandaises et danoises ont été les plus nombreuses des entreprises étrangères ayant effectué des acquisitions en 1991. Des firmes néerlandaises ont acheté sept entreprises employant 22 200 salariés, pendant que les firmes danoises ont acheté huit entreprises occupant 15 400 salariés (les chiffres pour 1991 sont provisoires).

b)   Aperçu général sur les fusions tombant sous le coup des dispositions relatives au contrôle

La loi sur la concurrence ne contient pas de dispositions générales faisant obligation de notifier les fusions. Toutefois, le Médiateur peut ordonner aux entreprises qui procèdent souvent à des fusions ainsi qu'aux grandes entreprises, de l'informer de leur intention d'acquérir d'autres firmes.

Si, du fait d'une acquisition, une entreprise acquiert une position dominante sur le marché ou renforce celle qu'elle détenait déjà, et s'il en résulte des effets préjudiciables à l'intérêt général, la fusion peut être interdite. Pour éviter tout risque d'effets dommageables, le Médiateur peut imposer certaines conditions, qui lui permettront d'approuver l'acquisition, ou demander à la Cour du marché de l'interdire.

Le Médiateur a examiné quelque 70 acquisitions au cours de l'année. Certaines d'entre elles sont exposées ci-après.

c) Description des principales affaires

La Cour du marché

Fusions d'associations économiques

Le secteur des coopératives agricoles est depuis longtemps la scène de fusions entre ses différentes unités d'entreprise, les associations économiques. A mesure que le secteur agricole est confronté à la déréglementation et à la perspective d'un accroissement des échanges internationaux, l'élan en faveur des fusions a pris une nouvelle actualité. Selon la législation suédoise sur les associations économiques, le Médiateur doit approuver la fusion avant son enregistrement. Il a approuvé plusieurs fusions entre petites associations qui s'occupent des besoins de l'agriculture, du cheptel et des produits laitiers. Dans ce dernier domaine, il a cherché à encourager la formation d'entités capables de concurrencer Arla, qui est la plus grande entreprise laitière. Il a donc approuvé une fusion des deux associations au sein de Skåne. Dans certains cas, peu nombreux, il n'a fait aucune objection à la fusion d'Arla avec certaines petites associations dans la région où elle exerce des activités, au motif que celles-ci n'avaient pas d'autre choix.

Néanmoins, le Médiateur s'est opposé à la fusion d'Arla avec Gefle-Mejerier, qui était en position suffisamment bonne pour rester active soit de manière autonome soit en fusionnant avec des associations voisines au sein de Milko de création récente. Il a saisi de cette affaire la Cour du marché qui a jugé que la fusion exercerait des effets préjudiciables.

La Cour a jugé qu'il importait que les associations laitières existantes en dehors d'Arla soient capables de poursuivre et d'intensifier leurs activités. Conférer encore plus de pouvoir à une entreprise comme Arla qui est déjà en position de force (l'acquisition lui donnerait 90 pour cent du marché de la région Stockholm-Gävle) mettrait gravement en péril l'ensemble du marché laitier, ferait obstacle à sa croissance future et exercerait à la longue des effets négatifs sur l'établissement des prix et l'efficience. La Cour du marché a jugé que la fusion entraînerait des effets préjudiciables. A la suite de l'arrêt de la Cour, la fusion a été annulée.

Affaires réglées par le Médiateur pour la concurrence

Acier d'armature

En mai 1991 Rautaruuki Oy (Finlande) et Norsk Jern Holding AS (Norvège) se sont entendues pour l'acquisition commune de la totalité du capital de Fundia AB. A cette fin, elles ont constitué Fundiaintressenter AB, une société dont elles détenaient chacune le capital pour moitié. Rautaruuki, Norsk Jern Holding et Fundia étaient les seuls fabricants d'acier d'armature dans leurs pays respectifs.

Le Médiateur a procédé à une étude approfondie, aux termes de laquelle il a conclu que la transaction susvisée donnerait aux sociétés procédant à l'acquisition une position dominante sur le marché suédois de l'acier d'armature et sur le marché secondaire connexe du fer d'armature. En outre, l'acquisition aurait des effets préjudiciables. Dans ses observations à la Cour du marché le Médiateur a demandé l'interdiction de l'acquisition.

Avant que la Cour ne statue, les négociations menées entre les parties et le Médiateur avaient abouti à une injonction et à un règlement négocié. Le Médiateur a constaté que l'injonction et le règlement annulaient les effets préjudiciables de l'acquisition et s'est par conséquent désisté de son action devant la Cour.

Exposée succinctement, l'injonction comporte les éléments suivants : il est interdit aux parties à l'acquisition, sous peine d'une amende s'élevant à 5 millions de couronnes, d'exploiter abusivement leur position dominante (1) en exerçant des pressions sur les fournisseurs d'acier d'armature destinées à faire obstacle à la poursuite de leurs activités par des importateurs concurrents d'acier d'armature sur le marché suédois, (2) en pratiquant une politique de bradage des prix sur les marchés locaux ou à l'égard de certains clients, afin d'éliminer les petits concurrents sur le marché suédois, (3) en accordant des primes de fidélité à l'acheteur ou en recourant à des pratiques qui exercent essentiellement le même effet d'élimination de la concurrence, (4) en concluant ou en mettant à exécution des accords avec des producteurs étrangers d'acier d'armature en ce qui concerne la répartition des marchés ou la fixation des prix dans la mesure où le marché suédois en est affecté.

--   Papier d'emballage et équipement de traitement pour les produits laitiers sous forme liquide

En janvier 1991, Tetra Pak Holdings AB a lancé une offre publique d'achat visant les actionnaires d'Alfa Laval AB. Tetra Pak Holdings est la propriété de la société de portefeuille néerlandaise, Hansra Holding BV. Les branches d'activité de ces sociétés sont distinctes mais apparentées. Tetra Pak exerce ses activités sur le marché des produits laitiers sous forme liquide et de produits similaires, alors qu'Alfa Laval est présente sur le marché de l'équipement de traitement pour ce secteur. Les deux sociétés sont en position dominante sur leurs marchés respectifs.

Après avoir étudié de manière approfondie l'acquisition verticale susvisée, le Médiateur a estimé qu'elle entraînait la création d'une position dominante au sens de la loi sur la concurrence. Néanmoins, le risque d'effets préjudiciables est écarté après certains engagements pris par Tetra Pak dont les points essentiels sont exposés ci-dessous. Tetra Pak s'est engagée notamment :

-- à veiller, si l'organisme qui attribuera le marché le désire, pour le marché d'équipements pour lesquels Tetra Pak et Alfa Laval présentent des offres, à ce que les firmes soumissionnent séparément ;

-- à ne pas subordonner les achats, par des pratiques d'établissement de prix ou sous d'autres formes, aux achats d'Alfa-Laval et réciproquement ;

-- à ne pas modifier les prix actuels de manière à rendre difficile pour les concurrents de Tetra Pak ou d'Alfa-Laval la compatibilité de leurs systèmes avec ceux de Tetra Pak ou d'Alfa-Laval.

SUISSE

(janvier 1991-octobre 1992)

Pour 1991, ce rapport reprend les faits marquants des rapports établis par la Commission des cartels et la Surveillance des prix pour le gouvernement suisse ; ces rapports ont été publiés. Pour 1992, seuls les faits rendus publics sont repris.

I. Législation et politique de la concurrence

Vers une réforme de la législation

En septembre 1992, une commission parlementaire a invité le gouvernement à préparer un projet de révision de la Loi sur les cartels. Ce projet doit viser tout particulièrement à:

-- transformer la Commission des cartels en un office de la concurrence muni de son propre pouvoir de disposition ;

-- simplifier et raccourcir les procédures de vérification et de surveillance en matière de cartels ;

-- introduire un contrôle des fusions.

Cette demande vient à un moment où le gouvernement suisse avait déjà initié des travaux préparatoires pour une révision de la loi sur les cartels. Elle s'inscrit en outre dans le prolongement de plusieurs interventions parlementaires, présentées à titre personnel, allant dans le même sens.

Problèmes de procédure

La Commission et son secrétariat ont cherché des mesures permettant de réduire la durée de la procédure sans qu'il soit porté atteinte aux droits des intéressés et sans nuire à la qualité des investigations. Pour ce faire, il a été décidé entre autre de renoncer dans certains cas aux auditions (hearings) par une sous-commission.

Par ailleurs, un problème de procédure au niveau du ministre de l'Economie a été soulevé par le Tribunal fédéral (la plus haute instance judiciaire du pays).

Le Tribunal a reproché au ministre d'avoir basé sa décision seulement sur les conclusions de la Commission sans apprécier de manière indépendante les faits.

L'effectif réduit du secrétariat de la Commission des cartels représente une des causes de la longueur des procédures. Un poste de collaborateur supplémentaire lui a été accordé à partir de 1992, ce que la Commission considère comme étant insuffisant. C'est pourquoi elle est à nouveau intervenue auprès du ministre pour obtenir des postes supplémentaires.

II. Mise en oeuvre de la législation et de la politique de la concurrence

Activité de la Commission des cartels

Enquêtes

En conclusion d'une enquête sur le *marché des appareils auditifs*, la Commission a recommandé à l'Office fédéral des assurances sociales de renoncer à la pratique de prix forfaitaires. La Commission demande à ce que le prix de l'appareil et celui du service soient séparés. De plus, ces deux prix doivent se former dans une situation de concurrence. La Commission désire aussi que l'interdiction des importations parallèles soit supprimée. L'obligation de faire approuver la publicité doit également être supprimée.

L'enquête sur le *ciment* est pratiquement arrivée à son terme. En été 1992, la Commission a adressé des recommandations aux intéressés. Suite à des indiscrétions, le rapport -- qui a toujours un caractère confidentiel -- a été porté à la connaissance de deux médias. Des discussions ont été engagées avec les intéressés pour trouver une solution garantissant une part élevée de transports ferroviaires, tout en tenant compte des recommandations de la Commission demandant une plus forte concurrence.

Trois autres enquêtes ont été effectuées :

-- *Marché du lait* : cette enquête porte sur un conflit d'intérêts entre les centrales laitières établies par les organisations paysannes et des entreprises laitières indépendantes. Le contingentement de la production, ainsi que les variations de production saisonnières dues à des causes naturelles, sont de nature à perturber le fonctionnement de ce marché. Le rapport d'enquête sera soumis à la Commission à fin 1992.

-- *Caisses-maladie* : l'enquête concerne principalement les dispositions statutaires de l'association suisse des caisses-maladie, ainsi que la négociation de tarifs médicaux par cette association. Le projet de rapport a été soumis aux intéressés en été 1992. En marge de cette enquête, la Commission s'est prononcée sur plusieurs projets législatifs dans le domaine de l'assurance maladie et accidents.

-- *Sable, gravier et béton prêt à l'emploi* dans la région de Bâle : le rapport a été adopté par la Commission au début de 1992. Le principal intéressé -- une association locale de gravières et de fabricants de béton prêt à l'emploi -- a refusé la recommandation qui lui était adressée. La Commission a demandé au ministre de l'Economie de l'appliquer sous forme de décision. Le ministre a souhaité que la Commission procède à un complément d'enquête pour mieux connaître les effets de la suppression de l'ordre du marché sur la concurrence.

Trois enquêtes ont été ouvertes :

-- *Heures d'ouverture des magasins* : il s'agit d'une enquête rapide qui s'inscrit dans le cadre du mouvement général de déréglementation. Un bref rapport sera publié à fin 1992.

-- *Marché des automobiles* : il s'agit d'une enquête qui porte sur l'importation des voitures neuves, sur les relations entre les marques et les garages, ainsi que sur les pièces détachées et les accessoires. Pour ce qui est de l'importation, la Commission s'intéresse aussi aux normes étatiques en matière d'homologation qui restreignent fortement les possibilités d'importations parallèles.

-- *Nouvelle enquête sur la concentration de la presse* : il s'agit d'une enquête ayant pour but de mieux saisir le fort mouvement de concentration qui se manifeste dans ce domaine. L'enquête a été ouverte en décembre 1991, suite à une importante fusion et à plusieurs interventions parlementaires en la matière. La Commission devra, entre autres, renseigner le gouvernement sur l'opportunité de mesures d'aide à la presse.

Application de suggestions et de recommandations

Durant le présent exercice, la Commission a tout particulièrement vérifié l'application de conclusions émises antérieurement dans les domaines suivants :

-- *Essence* : au début de 1991, la Commission a demandé aux importateurs suisses d'essence de renoncer à appliquer les prix de référence dans leurs relations avec les stations-service; ainsi qu'à ne plus appliquer des variations de deux centimes au moins (des variations d'un centime devraient être possibles, tant à l'hausse qu'à la baisse). Des recherches entreprises auprès des sociétés importatrices ont montré qu'elles ont suivi ces deux suggestions.

-- *Farine panifiable* : la Commission a constaté en 1991 que de nouveaux accords cartellaires étaient en préparation dans la branche. Des discussions ont eu lieu avec les intéressés. Une nouvelle enquête est envisagée.

Enquêtes préalables

Le secrétariat de la Commission a mené 29 enquêtes préalables, dont 16 dataient de l'année précédente et 13 ont été entreprises au cours de l'exercice. 40 enquêtes préalables ont pu être terminées. Ces enquêtes terminées portaient notamment sur les domaines suivants : matériel d'apiculture, commerce des instruments de musique et des partitions, prix imposés des pommes frites surgelées, refus de publier des annonces dans la revue d'une association médicale, barrière d'accès au marché dans le domaine des extincteurs, importations parallèles de motos Harley Davidson, commerce de quincaillerie et la commercialisation de matériel électrique soumis à contrôle.

Fusions et concentrations

La Commission a terminé l'examen du cas *Schindler/FFA* en été 1992 ; le rapport sera publié en fin d'année. Ce cas concerne la fabrication des voitures de chemins de fer. La reprise d'un petit fabricant, qui rencontrait des difficultés financières, par la plus grande entreprise de la branche a conduit à une situation monopolistique pour ce qui est de la production en Suisse.

La Commission a constaté dans son rapport que ce marché présente des particularités qui influencent le jeu de la concurrence (cela vaut tant pour la Suisse que pour les autres pays qui ont une industrie ferroviaire). Une première particularité tient au rôle déterminant joué par les compagnies de chemins de fer dans le choix du matériel : ce sont elles qui fixent les exigences techniques, ce qui a souvent pour effet de favoriser l'industrie ferroviaire nationale. Les liens entre les compagnies et l'industrie sont renforcés par l'existence de brevets et de licences. En outre, les aspects techniques et politiques prennent généralement le pas sur les considérations de coûts. Par ailleurs, la Commission a observé qu'un fort mouvement de concentration est en cours dans l'industrie ferroviaire européenne ; elle en a tenu compte dans l'appréciation du cas.

La Commission est arrivée à la conclusion que la fusion devait être appréciée également dans le cadre de la situation de concurrence existant sur le marché, et non seulement dans le cadre étroit de la fusion. Cet élargissement permet de tenir compte de l'attitude des acheteurs sur le marché, ainsi que des possibilités d'importations et d'exportations. Dans ce but, la Commission a demandé une entrevue à la Direction générale des Chemins de fer fédéraux suisses pour connaître leur position en matière d'acquisition de matériel. Une plus grande ouverture face aux offres étrangères a été observée.

Par ailleurs, la Commission s'est occupée, dans le cadre *d'enquêtes préalables*, de cas de fusions concernant la presse (participation minoritaire du Tages-Anzeiger dans la Berner Zeitung), le commerce de détail (COOP/KVZ), la bière (participation prépondérante de Feldschlösschen dans Sibra), les assurances (participation majoritaire de la Zurich dans la Genevoise Assurances), l'aviation (participation majoritaire de Swissair dans la compagnie régionale Crossair) et les kiosques (reprise de deux agences de kiosques par un distributeur du commerce de détail).

Examen de projets législatifs

La Commission a donné son avis sur les projets de lois et d'ordonnances suivants :

-- Politique agricole avec des paiements directs compensatoires ;

-- Arrêté fédéral sur la viticulture ;

-- Loi fédérale sur les bourses et le commerce des valeurs mobilières ;

-- Ordonnance relative à la nouvelle loi sur les télécommunications ;

-- Ordonnance relative à la loi sur la radio et la télévision ;

-- Contre-projet aux initiatives jumelées pour la prévention des problèmes liés à l'alcool et au tabac ;

-- Loi fédérale sur l'assurance-maladie ;

-- Loi sur une évolution économique équilibrée.

D'une manière générale, la Commission s'est engagée en faveur d'une plus grande ouverture des marchés réglementés à la concurrence. Elle a souligné que l'Etat ne doit intervenir qu'à titre subsidiaire. En plus des effets bénéfiques de la concurrence pour les consommateurs, elle a aussi relevé les effets sur l'innovation et la compétitivité de l'économie.

Les considérations les plus marquantes sont les suivantes :

-- *Conditions d'admission aux bourses suisses* : la Commission a rejeté l'examen de la solvabilité en tant que critère d'admission ;

-- *Proposition d'interdire la publicité pour l'alcool et le tabac* : la Commission estime qu'une telle interdiction est inappropriée, car le dommage qu'elle causerait dépasse les avantages qu'on peut en attendre ;

-- *Paiements directs dans l'agriculture* : la Commission salue l'introduction des bases légales permettant l'octroi de paiements directs compensatoires, mais déplore qu'ils ne soient envisagés qu'en tant que compléments à la politique agricole suivie jusqu'à présent, soit une politique de soutien des prix qui présente de nombreux inconvénients du point de vue de la politique de concurrence (différences de prix importantes avec l'étranger, excédents). De plus, elle souhaite que ces paiements directs ne soient pas versés en usant de la technique de l'arrosoir, mais qu'ils récompensent les paysans qui tiennent compte dans leur exploitation d'intérêts supérieurs de politique agricole (écologie, protection de l'environnement et du paysage, protection des animaux).

Relations économiques internationales

Examen de la situation de concurrence en Suisse par des organisations internationales

Deux organisations se sont intéressées à la situation de concurrence en Suisse :

-- L'OCDE, dans son rapport 1990/91 sur la politique économique de la Suisse (Etudes économiques de l'OCDE), a salué le travail de la Commission dans le domaine des banques et des assurances. Elle pense que le démembrement de ces cartels serait particulièrement apte à faire diminuer le coût de la vie pour le consommateur et, dans le même temps, celui des entrées pour le producteur. L'OCDE recommande de poursuivre de manière intensive la déréglementation de différents secteurs de l'économie suisse, en particulier des professions libérales, ainsi que dans plusieurs segments des secteurs de la construction et de la distribution.

-- Le GATT a aussi soumis l'économie suisse à un examen critique aboutissant à la conclusion que les efforts de déréglementation dans les secteurs publics et privés devraient être poursuivis afin de renforcer la compétitivité de l'économie suisse au niveau international.

Négociations sur l'accord EEE

Le groupe d'experts de l'AELE chargé de la politique de concurrence a continué de manière intensive son travail concernant l'aménagement des règles de concurrence de l'Espace économique européen (EEE). Bien que l'accord EEE contienne, du point de vue matériel, les mêmes règles de concurrence que celles de la CEE, il y avait des questions difficiles à résoudre, telles que des questions de compétence, de coordination et de procédure. Ces questions se posent en relation avec les solutions institutionnelles choisies, notamment pour ce qui est de la mise en place de deux autorités de la concurrence fonctionnant parallèlement, l'une pour la CEE et l'autre pour l'AELE.

La délégation suisse s'est engagée pour un système efficace de mise en place, qui en même temps laisse un rôle adéquat aux autorités nationales.

Le Parlement suisse a approuvé l'accord en automne 1992. C'est le 6 décembre 1992 que le peuple suisse devra se prononcer sur cet accord.

Conseil de l'Europe

Le secrétariat de la Commission a collaboré aux travaux du Conseil de l'Europe relatifs à la concentration dans les médias.

Surveillance des prix

A côté de la Loi sur les cartels, il existe en Suisse une loi sur la surveillance des prix. Cette loi présente un caractère complémentaire en ce sens qu'elle examine la formation des prix dans les secteurs où il existe des monopoles. Ses compétences s'étendent aussi aux activités économiques qui sont réglementées par l'Etat.

La Surveillance des prix est exercée par un "préposé" désigné par le gouvernement. Jusqu'ici, cette fonction a été assumée par des personnalités ayant exercé des mandats politiques. Le préposé est aidé dans sa tâche par un bureau. Celui-ci est indépendant du secrétariat de la Commission des cartels. Le préposé assiste aux séances de la Commission.

Durant l'exercice, la Surveillance des prix s'est intéressée aux domaines suivants :

-- augmentation des tarifs postaux (postes et télécommunications) ;

-- tarifs d'électricité ;

-- tarifs médicaux ;

-- prix des médicaments ;

-- prix des cigarettes ;

-- prix réglementés dans les domaines agricole, des assurances, des transports aériens et des droits d'auteur.

Jurisprudence

Un seul jugement a été porté à la connaissance de la Commission. Il s'agit de l'arrêt du Tribunal fédéral du 25 octobre 1991 dans l'affaire Association suisse des banquiers, Bâle, contre le Département fédéral de l'économie publique, concernant l'enquête sur les effets de portée nationale d'accords entre les banques. Cet arrêt a été publié dans les Publications de la Commission suisse des cartels et du préposé à la surveillance des prix (PublCCSPr 1a/1992, p. 161, en allemand).

III. Nouvelles études sur la politique de la concurrence

La Commission des cartels publie ses enquêtes, ses avis et ses rapports annuels dans les "Publications de la Commission suisse des cartels et du préposé à la Surveillance des prix" (Publ. CCSPr). Ces publications contiennent également les décisions du ministre de l'Economie relatives à l'application des recommandations et les jugements de tribunaux rendus en vertu de la loi sur les cartels. Pour 1991, leur contenu est le suivant :

Fascicule 1a/1991   Commission des cartels : Rapport annuel 1990

                        Enquête préalable : marché de l'essence.

                        Décisions/Jugements

                        Comparaison juridique CE-CH

Fascicule 1b/1991   Surveillance des prix : Rapport annuel 1990

Fascicule 2/1991   L'état de la concurrence dans la branche sanitaire.

Les principaux ouvrages et articles en matière de concurrence publiés en Suisse sont les suivants :

DUCREY, Patrick (1991), *Die Kartellrechte der Schweiz und der EWG im grenzüberschreitenden Verkehr.* Freiburg/Suisse, 1991.

FAVRE, Jacques (1991a), "L'approche économique et sociale de la concurrence", dans : *Problème des Kartellverwaltungsrechts, Festschrift für Bruno Schmidhauser zum 60. Geburtstag,* Berne pp. 41-58.

FAVRE Jacques (1991b), "Les modèles d'action de la Commission des cartels et les techniques juridiques utilisées", dans : *Les instruments d'action de l'Etat,* Genève, p. 113 s.

HAEFLIGER, Peter (1991),"Elektrizitätsmarkt und Wettbewerb", dans : *Probleme des Kartellverwaltungsrechts, Festschrift für Bruno Schmidhauser zum 60. Geburtstag*, Berne, pp. 137-160.

HEER, Peter (1991), "Zum Begriff des 'wirksamen Wettbewerbs' am Beispiel des Pharmamarktes", dans : *Probleme des Kartellverwaltungsrechts, Festschrift für Bruno Schmidhauser zum 60. Geburtstag*, Berne 1991, pp. 119-135.

KÜNG, Manfred (1991), "Zum Fusionsbegriff im schweizerischen Recht: Neuere Entwicklungen und Tendenzen hinsichtlich der Zulässigkeit von bestimmten Fusionsbeständen", *Schweizerische Zeitschrift für Wirtschaftrecht 63*, pp. 245-256.

LAUTERBURG, Margareta (1991), "Zwischen Wettbewerbsordnung und Preisadministration: Uberlegungen zum Geltungsbereich des KG (Art.1, Art.44 Abs.2 lit.b) und den behördlichen Zuständigkeiten im Grenzbereich von Wettbewerbs- und staatlichen Marktordungen anhand eines Falles aus der Praxis", dans : *Probleme des Kartellverwaltungsrechts, Festschrift für Bruno Schmidhauser zum 60. Geburtstag*, Berne 1991, pp. 85-117.

MEIER-SCHATZ, Christian J. (1991), "Rechtliche Betrachtungen zu neueren Entwicklungen in der schweizerischen 'Takeover-Szene'", *SJZ* 87, pp. 57-68.

RICHLI, Paul (1991a), "Vom hoheitlichen zum partnerschaftlichen Staatshandel. Gründe, Möglichkeiten und Grenzen von Verhandlungslösungen". *NZZ* vom 30. Juli, Nr. 174, p. 15.

RICHLI, Paul (1991b), "Zu den Gründen, Möglichkeiten und Grenzen für Verhandlungselemente im öffentlichen Recht", *ZBI* 9/1991, pp. 381-406.

RICHLI, Paul (1991c), "Zur Einordnung der Saldomethode der Kartellkommission in die Methodik des Verwaltungsrechts", dans : *Probleme des Kartellverwaltungsrechts, Festschrift für Bruno Schmidhauser zum 60. Geburtstag*, Berne 1991, pp. 11-39.

RIEDER, Pierre (1991), "Die Zusammenschlusskontrolle im Kartellgesetz", dans *Probleme des Kartellverwaltungsrechts, Festschrift für Bruno Schmidhauser zum 60. Geburtstag*, Berne, pp. 161-185.

SCHLUEP, Walter (1991), "Wettbewerbsfreiheit - staatliche Wirtschaftspolitik: Gegensatz oder Ergänzung?" *ZSR* 110, I, pp. 51-81.

SCHMIDHAUSER, Bruno (1991), "Beschaffung und Wettbewerb in der EG. Ein transparentes, aber schwerfälliges Vergabeverfahren". NZZ Nr. 203, 3. September, p. 35.

SCHÜRMANN, Leo (1991), "Die Tragweite von Art. 29 Kartellgesetz", dans : *Probleme des Kartellverwaltungsrechts, Festschrift für Bruno Schmidhauser zum 60. Geburtstag*, Berne, pp. 187-213.

TERCIER, Pierre (1991), "Wettbewerbsrecht - Mittel und Ziele", *Die Volkswirtschaft 8/91*, pp. 6/7 /frz.: "Le droit de la concurrence - La fin et les moyens", *La vie économique 8/91*, pp. 6/7.

TSCHÄNI, Rudolf (1991), *Unternehmensübernahmen nach Schweizer Recht, Ein Handbuch zu Uebernahmen, Fusionen und Unternehmenszusammenschlüssen*, 2.A., Bâle.

VON GUNTEN, Fred (1991), *Competition in the Swiss plastics manufacturing industry. A group analysis based on micro-micro considerations*, Heidelberg.

WIDMER, Heinz Peter (1991), "Der Inhalt von Empfehlungen der Kartellkommission" dans : *Probleme des Kartellverwaltungsrechts, Festschrift für Bruno Schmidhauser zum 60. Geburtstag*, Berne, pp. 59-83.

ROYAUME-UNI

(1991)

I. Modifications ou projets de modification des lois et politiques relatives à la concurrence

A. *Exposé succinct des nouvelles dispositions législatives et réglementaires en matière de droit de la concurrence*

Aucune modification à la législation existante n'a été apportée ; en particulier, aucune législation n'a été adoptée en 1991 pour la mise en oeuvre du projet gouvernemental de réforme de la législation sur les pratiques commerciales restrictives (voir les précédents rapports annuels pour juillet-décembre 1989, au paragraphe IB et pour 1990, au paragraphe IA). Les paragraphes ci-après contiennent des précisions au sujet de la législation dérivée concernant certains secteurs et de la législation future relative à la réglementation des services publics privatisés.

Loi de 1973 sur la loyauté dans le commerce - les services de cartes de crédit

Deux textes législatifs, qui sont entrés en vigueur le 28 février 1991, mettent en oeuvre les recommandations formulées par la Commission des monopoles et des fusions (MMC) dans leur rapport sur les services des cartes de crédit : The Credit Cards (Merchant Acquisition) Order (SI n° 2158 de 1990) (le décret sur les intermédiaires commerciaux en matière de cartes de crédit) interdit certaines restrictions imposées par les organisations de cartes de crédit à ceux de leurs affiliés tenant à nouer une relation financière avec des commerçants (Merchant acquirers). La restriction principale consistait dans l'obligation des émetteurs de cartes d'émettre un certain nombre de cartes avant d'établir des liens financiers avec des commerçants.

Le décret sur la discrimination au niveau des prix en ce qui concerne les cartes de crédit (SI n° 2159) abolit la règle imposée par les organismes de cartes de crédit, selon laquelle il est interdit de faire payer à la clientèle un montant supérieur pour un achat par carte de crédit à celui qu'elle devrait payer pour ce même achat réglé sous d'autres formes, y compris le paiement au comptant. Les détaillants sont donc libres de faire payer davantage en cas de paiement par carte de crédit ou d'accorder une remise en cas de paiement au comptant. Néanmoins, les organismes de cartes de crédit sont libres, s'ils le désirent, d'exiger que tout supplément à payer ou toute remise ne dépasse pas le niveau de la commission qui est versée par le commerçant en contrepartie du service commercial rendu par l'intermédiaire à l'entreprise.

Loi de 1973 sur les pratiques commerciales restrictives

Trois décrets ont été arrêtés au sujet des accords dans le secteur de l'énergie électrique. L'*Electricity (Restrictive Trade Practices Act 1976) (Exemptions) Amendment Order 1991* (n° 88) [(décret modificatif (dérogations) (loi de 1976 sur les pratiques commerciales restrictives) dans le secteur de l'électricité) (n° 88)] déroge en faveur de certains accords aux dispositions de la loi de 1976 sur les pratiques commerciales restrictives. En outre, le *Restrictive Trade Practices (Standards and Arrangements) (Goods) Order 1991* (n° 1896) (décret de 1991 sur les pratiques commerciales restrictives en matière de normes et d'accords en ce qui concerne les biens) et le *Restrictive Trade Practices (Standards and Arrangements) (Services) Order 1991* (n° 1897) (décret de 1991 sur les normes et accords en matière de pratiques commerciales restrictives en ce qui concerne les services) ont été adoptés en vue de l'approbation de certaines normes et accords en matière d'électricité aux fins de l'application de la loi de 1976 sur les pratiques commerciales restrictives.

Loi sur la concurrence et les services publics

Cette loi, qui est destinée à renforcer la concurrence pour la fourniture de gaz et d'eau, a été publiée le 8 novembre 1991. Elle confère au gouvernement le pouvoir de mettre fin au monopole que la British Gas détient pour l'approvisionnement des clients qui utilisent moins de 25 000 unités thermiques par année (1 unité thermique égale environ 106 mégajoules). L'ouverture progressive du marché est envisagée, le seuil du monopole étant réduit - au cours d'une première étape - à 2 500 unités thermiques au moins. La concurrence pour l'approvisionnement en gaz des utilisateurs de dimension moyenne sera ainsi renforcée. Un bilan sera établi en 1996, et, compte tenu de ce bilan, une décision sera prise au sujet de la date à laquelle le monopole serait liquidé. La loi a également prévu des dispositions accordant à l'Office de l'approvisionnement en gaz (OFGAS) le pouvoir de gérer séparément les activités de transport et de stockage de British Gas. C'est là une phase préalable à l'établissement par British Gas d'une installation distincte pour le transport et l'entreposage, qui ultérieurement fournira des services dans ce domaine de manière transparente, non discriminatoire et non liée, y compris en traitant dans des conditions de concurrence normales avec les propres entreprises commerciales de British Gas.

La loi intensifiera également la concurrence dans les services d'approvisionnement en eau en levant la restriction empêchant toute autre personne que le fournisseur agréé d'approvisionner de nouveaux clients à une distance inférieure à 30 mètres de ses canalisations ; en permettant aux consommateurs d'eau (on entend par là aujourd'hui les consommateurs utilisant plus d'un mégalitre d'eau par jour) de se faire approvisionner par des entreprises autres que les entreprises de la région dans laquelle ils sont implantés ; en donnant à l'Office des services des eaux (OFWAT) le pouvoir d'obliger les compagnies des eaux d'approvisionner les concurrents potentiels ; et en conférant à la clientèle le droit d'être reliée aux canalisations maîtresses ou aux égoûts situés auprès de leurs biens.

B.   Modifications des dispositions législatives et réglementaires, des politiques et des directives en matière de concurrence

Missions respectives du Directeur général pour la loyauté dans le commerce et du Directeur général pour l'approvisionnement en électricité

A la suite du vote de la loi de 1989 sur l'électricité et de la réorganisation du secteur de l'approvisionnement en énergie électrique, le Directeur général pour la loyauté dans le commerce (DGFT) a conclu en 1991 un accord avec le Directeur général pour l'approvisonnement en énergie électrique (DGES) sur le partage des responsabilités dans l'exercice de leurs missions parallèles en ce qui concerne la concurrence sur le marché de l'électricité et sur les marchés connexes.

Guide des fusions

Une nouvelle version de la brochure "*Mergers - a guide to the provisions of the Fair Trading Act 1973*" (fusions - un guide relatif aux dispositions de la loi de 1973 sur la loyauté dans le commerce) a été publié par l'Office pour la loyauté dans le commerce (OFT) en mai 1991. Elle remplace la version publiée en 1987. Cette nouvelle version porte sur les modifications apportées par la loi de 1989 sur les sociétés (notification préalable, taxation et dessaisissement au lieu de la saisine judiciaire) et expose succinctement la réglementation communautaire concernant les concentrations.

Directives sur les ententes pour les collectivités locales

En février, l'OFT a publié un guide sous forme d'une brochure pour les agents chargés des achats pour les collectivités locales, celui-ci vise à leur faciliter l'identification des ententes secrètes et la lutte contre ces ententes. Cette brochure rend compte de certains indices révélateurs et met l'accent sur les mesures correctives que ces agents sont en mesure de prendre, en particulier le droit d'agir en dommages-intérêts en cas de violation de l'obligation, au titre de la Loi de 1976 sur les pratiques commerciales restrictives, d'enregistrer des accords restrictifs.

La publication de la brochure a été suivie en juillet par une version révisée destinée à être plus largement diffusée auprès de quelque 10 000 services d'achat des secteurs privé et public de l'industrie, des établissements d'enseignement supérieur, des autorités de santé régionales et des départements ministériels.

Guide en matière d'accords dans le secteur de l'exploitation des autobus

En juillet 1991, l'OFT a publié un guide sur l'application de la Loi de 1976 sur les pratiques restrictives, destiné spécialement au secteur de l'exploitation d'autobus. Avant la déréglementation de ce secteur au titre de la loi de 1985 sur les transports, la loi sur les pratiques commerciales restrictives ne s'appliquait pas aux accords conclus entre les exploitants d'autobus. Le nouveau guide explique non seulement les exigences fondamentales de la loi mais s'étend également sur l'expérience acquise par l'OFT depuis la déréglementation en exposant l'opinion que le Directeur général se fera vraisemblablement au sujet de l'effet sur la concurrence des arrangements que les exploitants de services d'autobus sont le plus fréquemment désireux de conclure entre eux.

II. Application des lois et des politiques relatives à la concurrence

A. *Action des autorités et des juridictions compétentes contre les pratiques anticoncurrentielles*

Accords restrictifs (lois de 1976 et de 1977 sur les pratiques commerciales restrictives)

Les lois de 1976 et de 1977 sur les pratiques commerciales restrictives donnent les moyens d'évaluer l'effet de certains accords et arrangements commerciaux et de faire obstacle à l'application de ceux qui sont sensiblement anticoncurrentiels, à moins qu'il ne soit avéré qu'ils sont incontestablement conformes à l'intérêt général. Des précisions sur tous les accords et arrangements en cause doivent être envoyées à l'OFT en vue de leur inscription dans le registre des accords commerciaux restrictifs, qui est accessible au public (à l'exception de certaines données commerciales confidentielles).

L'OFT a deux principales missions au titre de la Loi de 1976. En premier lieu, elle évalue les accords dont les éléments ont été communiqués aux fins d'enregistrement conformément à ce que prévoit la loi et, le cas échéant, elle en saisit le tribunal des pratiques restrictives (ci-après dénommé "le tribunal"). Ces accords sont légaux à moins que le tribunal ne les déclare illégaux et jusqu'à ce que le tribunal ait statué en ce sens. En deuxième lieu, l'Office identifie, examine et évalue les accords qui ont été conclus secrètement et dont l'application est donc illégale et en saisit normalement le tribunal.

Nouveaux accords enregistrés

Des précisions relatives à 1 327 accords ont été communiquées à l'OFT en 1991. Les accords ne s'avèrent pas tous susceptibles d'enregistrement, mais, en 1991, 619 accords ont été ajoutés au registre, ce qui porte le nombre total d'accords enregistrés depuis 1956 à près de 10 000. L'augmentation régulière au cours des récentes années du nombre d'accords présentés ne s'est arrêtée qu'en 1990, lorsque certains accords de vente, d'achat et de souscription d'actions eurent été exemptés de l'enregistrement. Nonobstant ces exemptions ponctuelles, il y a lieu de remarquer que des précisions sur de nombreux accords de cette nature sont encore fournies (sans doute pour prévenir des difficultés ultérieures), ces accords constituent une forte proportion de ceux dont il a été établi qu'ils ne sont pas susceptibles d'enregistrement.

Accords non déférés au tribunal

La plupart des accords inscrits sur le registre public ne causent pas de restrictions graves de la concurrence, au point d'exiger une enquête par le tribunal. Dans certains autres cas, l'Office est en mesure de négocier des modifications aux accords présentés afin d'éliminer l'effet anticoncurrentiel de restrictions éventuelles. En pareils cas - au titre de l'article 21, paragraphe 2 de la Loi de 1976 - le ministre peut, sur le conseil du Directeur général, décider que la saisine du tribunal est inutile. En 1991, le Directeur général a pu informer le ministre que 321 accords ne restreignaient pas sensiblement la concurrence. Dans plusieurs autres affaires, il a été en mesure d'exercer son pouvoir - au titre de l'article 21, paragraphe 1 de la Loi de 1976 - de ne pas déférer au tribunal des accords qui avaient expiré ou dont toutes les restrictions avaient été éliminées.

Accords secrets

Bien qu'un grand nombre d'accords prévoyant des restrictions soient présentés en vue de leur enregistrement conformément à ce que prévoit la Loi de 1976, l'OFT continue à découvrir des accords qui n'ont pas été notifiés. Lorsque le Directeur général a des motifs légitimes de croire que des personnes sont peut-être parties à un accord non notifié mais susceptible d'enregistrement, il peut, au titre de l'article 36 de la Loi, les sommer légalement de fournir des précisions. A cet égard, une hausse sensible a été constatée en 1991 : 62 nouvelles enquêtes ont été engagées, 71 avis au titre de l'article 36 ont été notifiés et un certain nombre de lettres d'enquête d'un caractère moins formel ont également été envoyées.

Le Directeur général saisit immanquablement la Cour de tout accord illégal dont il estime qu'il a été tenu secret délibérément. Au titre de l'article 35, le tribunal peut alors rendre des ordonnances obligeant les parties à ne pas appliquer les restrictions prévues aux accords et à ne conclure aucun autre accord susceptible d'enregistrement sans les avoir envoyés au préalable à l'OFT. Le Directeur général peut également demander à la Cour de rendre des ordonnances, au titre de l'article 2, en vertu desquelles les parties sont obligées de ne conclure aucun accord restrictif similaire. Le non-respect des ordonnances ou des engagements donnés en l'absence d'ordonnances, est tenue pour une offense au tribunal et peut être sanctionné par des amendes. Les personnes jugées coupables d'offense au tribunal sont également passibles d'emprisonnement.

Accords déférés au tribunal ; décisions et recours

Exploitants d'autobus au Leicestershire - Au cours d'une audience qui s'est tenue devant le Tribunal des pratiques restrictives le 20 mai, deux exploitants, G.K. Kinch et Midland Fox Ltd, ont reconnu l'existence d'un accord sur la tarification et l'établissement de nouveaux itinéraires pour certains services de bus dans certaines parties du Leicestershire. Midland Fox s'est engagée à résilier l'accord ou à ne plus conclure d'accords de cette nature à l'avenir. G.K. Kinch a accepté de respecter une ordonnance en ce sens.

Entente sur l'approvisionnement du nord-est en mazout - Le 20 mai également, 17 fournisseurs de divers types de mazout dans le nord-est de l'Angleterre ont reconnu devant le tribunal qu'ils avaient conclu des accords aux termes desquels ils avaient fixé les prix du mazout domestique. Les accords avaient duré d'août 1989 à décembre de la même année, après que l'OFT eût entrepris des enquêtes au sujet d'une entente prétendue. Les accords n'avaient pas été soumis à l'OFT et les restrictions qu'ils prévoyaient étaient donc nulles et non susceptibles d'application, ce qui exposait les parties à l'action de tout tiers subissant un préjudice à la suite de leurs activités. Les parties se sont engagées envers le tribunal à ne pas appliquer les accords et ne conclure aucun accord similaire.

Ces accords ont été mis à jour à la suite d'une plainte d'un client, qui a engagé ultérieurement une action contre son fournisseur pour violation de son obligation légale d'enregistrer les accords et a réclamé des dommages-intérêts. Le litige a été réglé en dehors de l'enceinte de la Cour, le client a été également remboursé des dépens ; ce résultat donne à l'affaire son intérêt et sa signification propres (les actions privées au titre de la législation en cause du Royaume-Uni étant extrêmement rares et *aucune* affaire n'ayant donné lieu à une décision du tribunal en matière de dommages-intérêts).

Pannes faîtières en acier. Au cours d'une autre audience qui a eu lieu le 20 mai, les principaux fabricants du Royaume-Uni de pannes faîtières en acier, utilisées pour les toitures, ont reconnu avoir appliqué un accord de partage du marché et d'établissement des prix pendant une période de sept années, de 1983 à 1990, et ont souscrit à des engagements envers le tribunal. L'OFT a découvert l'existence de l'accord après avoir procédé à une enquête déclenchée par une plainte émanant d'un fabricant cherchant à s'imposer sur le marché. Pendant toute la période des sept années d'application de l'accord, des cadres supérieurs des trois firmes se rencontraient régulièrement afin de répartir entre eux les principaux clients acquéreurs de pannes faîtières. Ils avaient convenu de ne pas se faire activement concurrence afin d'en obtenir des commandes et s'étaient également concertés au sujet de la récupération des hausses du prix des matières premières.

Béton prémélangé - Le 11 juillet, la Cour d'appel a autorisé Smiths Concrete Ltd, à former un recours contre la décision rendue par le Tribunal des pratiques restrictives le 24 septembre 1990 et aux termes de laquelle cette firme s'était rendue coupable d'une infraction au motif qu'elle et trois autres firmes avaient continué à appliquer un accord illégal de fixation des prix et de partage des marchés dans la région de Bicester (Oxfordshire), en violation d'ordonnances judiciaires antérieures.

La Cour d'appel a jugé que Smiths n'avait pas été partie à l'accord de Bicester, au motif qu'elle avait expressément interdit à son personnel de conclure des accords restrictifs et fait le nécessaire pour veiller au respect de ses instructions en ce sens. Par conséquent, M. Hayter, le salarié de Smiths qui avait pris part à la conclusion de l'accord de Bicester, a agi en outrepassant les limites de sa compétence. La firme n'était donc pas responsable des actes de son salarié et n'était donc pas coupable d'infraction.

Une demande introduite par le Directeur général afin d'être autorisé à former un recours devant la Chambre des Lords contre l'arrêt de la Cour d'appel a été rejetée le 11 novembre.

L'arrêt de la Cour d'appel dans cette affaire aggravera les difficultés auxquelles l'OFT est confrontée pour attaquer et faire cesser des ententes secrètes et illégales, telles que les accords portant sur des soumissions frauduleuses qui semblent avoir été endémiques dans le secteur du béton prémélangé depuis de nombreuses années.

L'association des grossistes en journaux et en magazines - Le 5 décembre, le Tribunal des pratiques restrictives a autorisé le désistement de l'action engagée par le Directeur général en 1989 contre cette association et certains éditeurs de magazines et la suppression dans le registre public de précisions pertinentes au sujet de l'accord d'approvisionnement en magazines des membres de l'Association.

L'Institut des courtiers d'assurances - Le 5 décembre également, le Tribunal a rendu une ordonnance, au titre de l'article 2 de la loi, faisant obstacle à ce que l'institut et ses affiliés appliquent un accord de boycottage de General Accident Insurance Group et concluent tout accord en ce sens. Cette ordonnance a été arrêtée à la suite d'une ordonnance provisoire (la première qui ait été rendue au titre de la loi) à la fin de 1990.

Procédures judiciaires actuelles et futures

Des procédures judiciaires ont été engagées ou se préparent en ce qui concerne plusieurs autres accords :

-- *Sucre*. En juin, le Directeur général a annoncé son intention de saisir le Tribunal d'un accord entre British Sugar plc et Tate & Lyle Sugars, une division de Tate & Lyle Industries Ltd. Les parties avaient reconnu leur participation à des accords sur les prix et le partage des marchés sur le marché du sucre au détail entre juin 1986 et juillet 1990.

-- *Reportages télévisés sur les courses de chevaux pour les maisons de Paris* - A la suite de la saisine du Tribunal par le Directeur général en 1990 au sujet d'un accord conclu entre Satellite Information Services Ltd (SIS) et Racecourse Association Ltd et ses affiliés, les préparatifs en vue d'une audience du Tribunal sont en cours. Ce sera là la première affaire plaidée depuis de nombreuses années.

-- *Isolation thermique* - La procédure judiciaire dirigée contre 18 distributeurs de matériel d'isolation thermique en raison de leur participation à de prétendus accords cachés de fixation de prix a sensiblement avancé. A la fin de l'année, toutes les firmes, sauf une, avaient notifié au DGFT qu'elles étaient disposées à acquiescer à des ordonnances judiciaires.

-- *Autobus* - Les préparatifs se sont poursuivis en ce qui concerne une procédure judiciaire relative à l'accord conclu entre Plymouth Citybus Ltd et Western National Ltd au sujet d'un accord de partage des itinéraires dans la région de Plymouth.

Prix imposés (loi de 1976 sur les prix de revente)

Au titre de la Loi sur les prix de revente de 1976, il est illégal pour les fournisseurs de biens de fixer des prix minimum de revente aux revendeurs ou de les contraindre à faire payer ces prix en cessant de les approvisionner ou en prenant des mesures équivalentes. Le nombre de plaintes reçues au sujet d'infractions présumées à la loi a légèrement diminué en 1991 : 34 plaintes, contre 39 en 1990. Dans quatre affaires, le Directeur général a obtenu l'engagement écrit de la part des fournisseurs de ne pas chercher à imposer aux revendeurs les prix minimaux auxquels leurs marchandises pourraient être revendues. Les secteurs en cause étaient les suivants : chaussures, aliments à tartiner, vêtements et produits pour animaux familiers (y compris friandises, jouets, aliments floconneux pour les poissons et graines pour perruches).

Pratiques anticoncurrentielles (loi de 1980 sur la concurrence)

La loi sur la concurrence habilite le Directeur général à enquêter sur les comportements commerciaux qui semblent anticoncurrentiels. S'il conclut qu'un type de comportement est ou doit vraisemblablement être anticoncurrentiel, dès lors, à moins que la partie en cause ne souscrive à un engagement de supprimer l'effet anticoncurrentiel, le Directeur général peut saisir la Commission des monopoles et des fusions (MMC) pour complément d'enquête. Il évalue également l'effet du comportement sur l'intérêt général.

Le Directeur général a publié deux rapports en 1991 à la suite d'enquêtes menées au titre de la loi sur la concurrence :

-- *Conseil du tourisme du Pays de Galles* - L'enquête a eu pour objet les mesures que le Conseil du tourisme du pays de Galles avait prises pour interdire aux agences publicitaire qui en relèvent de publier tout message publicitaire d'agences de voyages qui affichaient des biens n'ayant pas été vérifiés conformément à un système mis en place par le Conseil. Les enquêteurs ont conclu que les mesures de promotion prises par le Conseil n'étaient pas anticoncurrentielles.

-- *British Coal Corporation* - L'enquête concernait le système de remises accordées par British Coal Corporation aux négociants en charbon si ceux-ci limitaient leurs achats de certains charbons importés. Les enquêteurs ont conclu que bien que le système visait à restreindre la concurrence des importations, ils ne la restreignaient pas sensiblement.

Situations de monopole (Loi de 1973 sur la loyauté dans le commerce)

Au titre de l'article 2 de la loi sur la loyauté dans le commerce, le Directeur général est tenu de surveiller les activités commerciales afin de déceler les situations de monopole (au sens des articles 6 à 11) et les pratiques anticoncurrentielles. Aux fins de l'application de la loi, il y a situation de monopole "d'échelle" là où une firme unique ou un groupe de firmes fournit au moins un quart de tous biens ou services au Royaume-Uni ; et il y a situation de monopole "complexe" là où un quart de tous biens et services est fourni par un groupe de personnes qui exercent ensemble leurs activités d'une manière anticoncurrentielle. Lorsqu'il semble exister une situation de monopole, le Directeur général peut saisir de l'affaire la MMC aux fins d'enquête. Il n'est pas présumé que, lorsqu'elle est constatée, une situation monopolistique possible doive toujours faire l'objet d'une saisine ou qu'un monopole soit contraire à l'intérêt général. Il appartient à la MMC de statuer lorsqu'elle est saisie sur la question de savoir si ce monopole nuit ou s'il est à prévoir qu'il nuira à l'intérêt général.

Le Directeur général a saisi la MMC de trois affaires de monopole en 1991 :

17 avril services de bateau pour traverser le Solent ;

21 mai fourniture d'allumettes et de briquets à jeter ;

23 mai promotion télévisée de produits de sociétés de télévision (par exemple magazines liés aux programmes télévisés).

Enquêtes officieuses

Dans certaines affaires examinées, les firmes ont été en mesure de donner satisfaction à l'Office de la loyauté dans le commerce sans qu'il soit nécessaire de procéder à une enquête préliminaire au titre de la loi sur la concurrence ou à la saisine d'une affaire de monopole au titre de la loi sur la loyauté dans le commerce. Les affaires les plus importantes sont exposées dans les paragraphes ci-après.

Equipement de ventilation - Roof Units Group Ltd (un important fabricant de matériel de ventilation) a donné au Directeur général l'assurance qu'il ne refuserait pas d'approvisionner les distributeurs simplement parce qu'ils avaient vendu, étaient en train de vendre ou étaient sur le point de vendre des produits de fabricants concurrents. Fort de cette assurance, le Directeur général a décidé de ne pas procéder à une enquête en bonne et due forme au sujet de la politique de distribution de la firme au titre de la loi sur la concurrence. Roof Units Group Ltd a présenté ensuite un nouveau document énonçant à la fois ses propres droits et obligations et ceux de ses distributeurs conformément aux termes de cette assurance. Ce sera là la base de futurs accords de distribution.

Scotsman Communications Ltd - Cette firme a donné l'assurance qu'elle ne proposerait pas aux annonceurs des remises en marge des tarifs publicitaires en contrepartie de contrats d'exclusivité de la publicité dans ses publications.

Dans d'autres affaires, des enquêtes menées par l'Office pour la loyauté dans le commerce aboutissent fréquemment à une décision de ne prendre aucune mesure ou de demander une assurance concernant le comportement futur. Un des nombreux exemples en a été l'affaire suivante :

Banques et petites entreprises - Le Directeur général a exposé le 24 octobre ses constatations relatives aux banques et à leur traitement des petites entreprises. Il a conclu qu'il n'existe aucun motif justifiant une action officielle au titre de la législation régissant la concurrence, bien qu'il restait préoccupé par le comportement impitoyable et arbitraire des banques. L'exposé du Directeur général faisait suite à l'examen d'un rapport du ministère des finances et de la Banque d'Angleterre au sujet de leur enquête commune antérieure dont les résultats avaient été annoncés par le Ministre en juillet. Le rapport communiqué à l'Office pour la loyauté dans le commerce consistait dans une analyse des réponses des huit premières banques de virement particulièrement actives dans le secteur de la petite entreprise, aux questionnaires diffusés conjointement par le ministère des finances et la Banque d'Angleterre. En sus du rapport, le Directeur général a examiné plus de 350 lettres de petites entreprises reçues directement par l'Office ou de provenances diverses.

Rapports publiés par la MMC

Cinq rapports ont été publiés par la MMC en 1991 :

6 mars	Garanties de construction pour habitations neuves ;
8 mars	L'offre de café soluble pour la vente au détail ;
21 mars	Rasoirs et lames de rasoir ;
15 août	L'offre de boissons pétillantes ;
30 octobre	L'offre de photocopieurs électrostatiques indirects.

Garanties de construction pour les habitations neuves - La MMC a constaté qu'il existait un monopole d'échelle en faveur du National House Building Council (NHBC) (Conseil national du logement), parce qu'il fournissait une garantie de construction pour plus de 90 pour cent des habitations neuves du secteur privé au titre de son système "Buildmark". Elle a conclu que le règlement n° 12 du NHBC - qui obligeait les affiliés à lui notifier toutes leurs habitations neuves aux fins d'inspection et d'assurance, même s'ils désiraient recourir à un autre système de garantie - était contraire à l'intérêt général dans la mesure où il limitait la capacité des affiliés du NHBC d'utiliser des services fournis par ses concurrents. Elle a également conclu que les dispositions des règlements du NHBC au sujet du retrait et de la réaffiliation de ses membres étaient également contraires à l'intérêt général dans la mesure où elles décourageaient les constructeurs de chercher à mettre fin à leur affiliation afin d'adhérer à un autre système.

La MMC a recommandé de modifier les règlements du NHBC pour qu'il soit porté remède aux effets préjudiciables susvisés. Compte tenu des réponses reçues à la suite des consultations avec les parties intéressées, le Ministre examinait à la fin de l'année les mesures les plus appropriées pour donner suite au rapport de la MMC et pour remédier aux effets préjudiciables à l'intérêt général que la MMC avait constatés.

L'offre de café soluble pour la vente au détail - La MMC a estimé que le monopole existant en faveur de Nestlé pour la fourniture de café soluble n'exerçait pas et n'exercerait vraisemblablement pas des effets préjudiciables à l'intérêt général. Elle a estimé que Nestlé avait obtenu sa part de marché élevée - près de 50 pour cent en termes de quantité - en réussissant à mettre au point des produits et des marques dont la clientèle appréciait le rapport qualité-prix sur un marché caractérisé par un large choix proposé au consommateur et par la concurrence tant des autres marques de café soluble que par le café de la propre marque des détaillants. La forte rentabilité du café pour Nestlé était révélatrice de son succès et non de l'exploitation d'une position de force sur le marché.

Rasoirs et lames de rasoir - Dans cette enquête au sujet d'un monopole, la MMC avait été priée d'examiner l'effet sur l'intérêt général des dispositions financières et autres pour la prise de contrôle de la totalité du capital de Stora Kopparbergs Bergslags AB (y compris les entreprises Wilkinson Sword) par Swedish Match AB, avec le concours financier du groupe Gillette.

La MMC avait été saisie de cette affaire en même temps que d'une affaire de fusion découlant de la même transaction et déférée par le Ministre et la saisine était destinée à parer au risque que la MMC ne juge que la transaction ne constitue pas une fusion au sens de la Loi sur la loyauté dans le commerce.

La MMC a conclu qu'il existait un monopole d'échelle en faveur de Gillette UK Ltd, de Gillette Industries Ltd et de Gillette Company. La participation du groupe à la transaction avait pour effet d'affaiblir la compétitivité de son principal concurrent au Royaume-Uni et de renforcer sa propre position, ainsi que de réduire la concurrence potentielle pour l'offre de rasoirs et de lames de rasoir. Il était à prévoir que l'intérêt général en pâtirait. La MMC a recommandé à Gillette de se dessaisir de sa participation dans Swedish Match et de ses titres de créance sur cette firme et que, jusqu'au dessaisissement, elle renonce à ses droits de préemption et de conversion et à ses droits d'option acquis au titre des accords financiers et autres en vue de l'achat de la totalité du capital (la mise en oeuvre de ses recommandations se poursuit). La MMC a conclu en ce sens dans son rapport au sujet des affaires jointes relatives à la fusion.

L'offre de boissons pétillantes - La MMC a constaté l'existence d'un monopole d'échelle en faveur de Coca-Cola et Schweppes Beverages Ltd (CCSB), de Coca-Cola Company, Cadbury Schweppes plc et de Amalgamated Beverages (Great Britain) Ltd. Elle a également constaté qu'il existe un monopole complexe en faveur des firmes suivantes : CCSB, Britvic Soft Drinks Ltd, Coca-Cola Bottlers (Ulster) Ltd (CCBU), Coca-Cola, Cadbury Schweppes, Amalgamated Beverages, Pepsico Inc (Pepsi) et Bass plc.

La MMC a constaté l'existence de plusieurs facteurs préjudiciables à l'intérêt général (essentiellement des restrictions verticales de divers types) dans la manière dont les fabricants traitaient avec leur clientèle dans le secteur des articles de loisir, mais elle a conclu que la concurrence était généralement effective en ce qui concerne le commerce des produits "à emporter".

Le Ministre a décidé de ne pas donner suite aux diverses recommandations de la MMC au sujet des accords de distribution ou d'approvisionnement exclusif tant qu'il n'aurait pas consulté les parties intéressées. La procédure de consultation se poursuivait à la fin de l'année. Pour la mise en oeuvre des recommandations de la MMC, il faut également tenir compte du règlement communautaire n° 1984/83 visant des catégories d'accords d'achat exclusif.

La fourniture de photocopieurs électrostatiques indirects - L'enquête était axée sur les ventes liées de toner et de photocopieurs pour papier ordinaire. La MMC a constaté l'existence d'un monopole d'échelle en faveur de Rank Xerox. Elle a également constaté que plusieurs firmes étaient en cause dans trois situations distinctes de monopole complexe en raison des restrictions que les fournisseurs avaient imposées aux distributeurs et à la fourniture de toner, de diverses matières consommables et de pièces de rechange (c'est cette question qui a incité le Directeur général à saisir la MMC de l'affaire). La MMC a conclu qu'aucune des situations de monopole n'était préjudiciable à l'intérêt général. Elle a également conclu que Rank Xerox devait être relevée des engagements auxquels elle avait souscrit après son rapport de 1976, et en vertu desquels cette firme était tenue de laisser sa clientèle libre d'acheter, si elle le désirait, séparément du toner et des photocopieurs. Rank Xerox a été officiellement relevée de ses engagements le 20 décembre.

Suite donnée au rapport sur l'approvisionnement en gaz -- A la suite de la publication d'un rapport de la MMC en 1988, le gouvernement a fixé en 1989 un objectif de 10 pour cent pour l'approvisionnement en gaz à partir de nouveaux gisements de gaz sur le marché industriel et commercial du Royaume-Uni par des fournisseurs autres que British Gas. Le 1er février 1990, British Gas s'est engagé envers le Ministre à encourager les efforts que les producteurs de gaz déployaient afin d'atteindre cet objectif, notamment en acceptant de transporter du gaz provenant de fournisseurs concurrents. Les conditions d'agrément de British Gas ont été également modifiées et des barèmes, qui ont été mis en vigueur, ont pour objectif d'empêcher la firme de décourager l'accès des candidats au marché par une politique d'établissement de prix discriminatoire.

Les dispositions susvisées ont été réexaminées par l'OFT et un rapport a été publié en octobre 1991. Leur examen a fait apparaître que, bien que British Gas avait respecté ses engagements, ces dispositions n'avaient pas eu pour résultat de stimuler une concurrence auto-entretenue dans le secteur industriel et commercial général (à l'exclusion de l'approvisionnement en gaz pour des projets de production d'électricité). Le Directeur général a conclu que, pour rendre la concurrence plus vigoureuse, il faudrait prendre nécessairement d'autres mesures correctives. Il a estimé qu'une nouvelle saisine de la MMC serait justifiée mais a décidé de surseoir à une action jusqu'au début de 1992, afin de déterminer si British Gas accepterait volontairement les modifications visant à stimuler la concurrence sur le marché de la distribution du gaz aux abonnés industriels.

A la fin de l'année, on ne savait pas si British Gas proposerait des engagements de nature à rendre la saisine inutile. Les questions à l'examen étaient les suivantes : le renvoi par British Gas des quantités importantes de gaz aux fournisseurs concurrents ; une révision de l'engagement de la firme de ne pas proposer de fournir plus de 90 pour cent de l'approvisionnement de la nouvelle production de gaz ; et la dissociation des systèmes de transport et de stockage terrestres de British Gas en vue d'une exploitation non discriminatoire, dans des conditions de concurrence parfaite de la part de British Gas et conformément aux tarifs établis par le Directeur général des approvisionnements gaziers.

Services financiers

La loi de 1986 sur les services financiers prévoit que le Directeur général examine les incidences pour la concurrence des règles régissant les organismes cherchant à être agréés en tant qu'organismes d'auto-réglementation, les bourses des placements et des valeurs et les banques de virement. En vertu de cette loi, le Directeur général est également tenu d'examiner les incidences des amendements ou des additifs aux règlements des organismes déjà reconnus et du Conseil des valeurs mobilières et des placements (SIB) et de surveiller l'application de leurs règlements et de leurs pratiques. Il doit donner au Ministre du commerce et de l'industrie son avis au sujet des incidences sur la concurrence des règlements des organismes présentant une demande d'agrément ou lorsqu'il constate une incidence sensiblement anticoncurrentielle découlant de modifications au règlement ou dans le cadre de ses activités de surveillance des organismes agréés. La loi lui permet également de présenter des rapports, s'il le juge opportun, dans diverses circonstances.

Pendant toute l'année 1991, les organismes de réglementation n'ont pas cessé d'apporter de nombreuses modifications au règlement -- notamment des modifications par le SIB aux règlements régissant les fonds de la clientèle, et aux règles fondamentales de la conduite des affaires. Ce sont les bourses de valeurs agréées qui ont apporté le plus grand nombre de modifications à leurs règlements. Au surplus, le SIB, les organismes d'autoréglementation, et la Bourse de Londres ont émis de nombreux documents à caractère consultatif -- notamment au sujet d'un projet du SIB en ce qui concerne de nouvelles réglementations et orientations pour les directions compétentes en matière de placements et d'emprunt dans le cadre de fonds collectifs de placement, qui ont abouti ultérieurement à l'établissement de nouveaux règlements.

L'OFT a examiné toutes les modifications formelles aux règlements, qui ont été établies. Dans certains cas, il a procédé à une analyse plus approfondie qui peut constituer la base de rapports ultérieurs.

Le Conseil des valeurs mobilières et des placements (SIB)

Dans son rapport sur la *divulgation de l'information concernant les produits et les commissions en matière d'assurance vie* (publié en avril 1990), le Directeur général a émis un avis selon lequel les règles du SIB en matière de divulgation auraient probablement pour effet de restreindre ou de fausser sensiblement la concurrence. En reconnaissant le bien-fondé de cette conclusion, le Ministre avait demandé au SIB de proposer des modifications propres à atténuer les effets en cause. Néanmoins, les travaux du SIB sur ce thème ont été incorporés ultérieurement dans son étude sur la réglementation du secteur du commerce au détail, annoncée le 22 avril.

C'est là la première réévaluation importante de la réglementation financière des placements dans le secteur du commerce de détail que la SIB ait jamais entreprise. Son objectif essentiel est d'examiner la mesure dans laquelle les dispositifs existants répondent aux besoins de la protection des investisseurs sur le plan de la rentabilité. L'OFT a examiné les implications probables pour la concurrence de divers projets qui sont jusqu'à ce jour issus de l'étude.

La Bourse de Londres

Les dispositions relatives à la diffusion des informations relatives aux entreprises - en octobre, le Ministre des affaires a annoncé qu'il acceptait la conclusion du Directeur général au sujet des entreprises (exposée dans un rapport publié en juin 1990), selon laquelle les dispositions relatives à la diffusion des informations sur les entreprises restreignaient sensiblement la concurrence sur le marché de l'information relative à celles-ci. Il a estimé que les effets anticoncurrentiels de ces dispositions dépassaient ce qui était nécessaire pour la protection de l'investisseur. Néanmoins, il a acquis la certitude que les modifications que la Bourse a apportées ultérieurement, en créant les Regulatory News Services (RNS), évitaient les incidences des dispositions antérieures. A la suite d'une plainte déposée par Reuter, selon laquelle le système de diffusion des informations sur les entreprises depuis la mise en service des RNS constituait une exploitation abusive d'une position dominante contraire à l'article 86 du traité de Rome, le Ministre a cependant conclu que ces dispositions constituaient effectivement une telle exploitation abusive à laquelle il serait remédié si les firmes étaient libres de communiquer des nouvelles à d'autres distributeurs de l'information dès qu'elles étaient communiquées au Bureau de la Bourse des nouvelles sur les entreprises. La Bourse a ensuite adopté des modifications à cet effet.

Propositions de restructuration de la Bourse de Londres - L'OFT examine systématiquement depuis 1990 les règles régissant la Bourse en matière de publication des opérations et de transparence des prix. Néanmoins, en octobre, la Bourse a annoncé qu'elle envisageait une réforme fondamentale du régime des opérations de bourse qui elle-même pouvait amener des modifications aux règles relatives à la transparence et à la publication des opérations. La création d'une nouvelle Bourse européenne des valeurs pour les investisseurs professionnels et institutionnels en ce qui concerne les transactions portant sur les principales valeurs britanniques et européennes est envisagée. Parallèlement, la Bourse a également déclaré qu'elle étudiait des propositions d'amélioration du marché des valeurs mobilières rarement négociées. L'OFT examine les projets à mesure de leur élaboration.

"Dématérialisation" des opérations portant sur les actions - En décembre, des règlements ont été établis au titre de la loi de 1989 sur les sociétés destinés à permettre à la Bourse de gérer son système de transfert d'actions informatisé à l'état de projet (TAURUS). Le Directeur général a l'obligation de surveiller tant la mise en oeuvre du système TAURUS lui-même que l'exercice par la Bourse de sa mission en tant qu'exploitant du système, dans le respect des règlements. Il a également l'obligation de faire savoir au Ministre s'il estime que soit le système ou soit la gestion du système par la Bourse ou encore toute redevance demandée a pour effet, ou est destiné à avoir ou est de nature à avoir pour effet, de restreindre, fausser ou empêcher la concurrence dans une mesure tant soi peu sensible.

La loi de 1990 sur la radiotélédiffusion

La loi de 1990 sur la radiotélédiffusion a créé un nouveau cadre réglementaire pour la télévision, la radio et le câble et donné au Directeur général deux nouvelles missions légales. La première concerne les dispositions de mise sur réseau à prendre par les concessionnaires de la nouvelle chaîne 3 ; la deuxième concerne l'obligation, à compter du 1er janvier 1993, pour la BBC de diffuser un pourcentage prescrit des productions réalisées par les firmes indépendantes.

Mise sur réseau

A dater de janvier 1993, l'Independent Television Broadcasting Service (ITV) doit être remplacé par un nouveau service Chaîne 3, placé sous l'autorité générale de l'Independent Television Commission (ITC) (Commission indépendante pour la télévision). "La mise sur réseau" -- le lancement, la grille et la présentation de programmes en coopération par les 15 concessionnaires régionaux pour la chaîne 3 -- continuera à constituer un trait prédominant du service. L'article 39 de la loi prévoit la répartition d'un système de mise sur réseau entre les concessionnaires régionaux de la Chaîne 3 de sorte que (dans l'ensemble), il existera un réseau national capable de faire concurrence aux autres stations de télévision du Royaume-Uni.

L'article 39 et l'annexe 4 exigent également que le Directeur général examine ces systèmes de mise sur réseau sous l'angle de leurs incidences sur la concurrence. Si le directeur général conclut que ces systèmes ne satisfont pas aux conditions de l'existence de la concurrence (énoncés à l'annexe 4), il doit préciser les modifications à leur apporter pour que cette condition soit remplie. Sans préjudice de tout recours pouvant être formé devant la MMC, les concessionnaires sont obligés d'apporter les modifications en cause. Des dispositions similaires seront applicables à toutes modifications ultérieures des systèmes de mise sur réseau. Le Directeur général est également autorisé à examiner ces systèmes à tout moment et à faire rapport à leur sujet.

Le critère de la concurrence que le directeur général doit appliquer comporte deux aspects. Le Directeur général doit d'abord examiner le point de savoir si le système a pour effet ou est destiné à avoir ou aura vraisemblablement pour effet de restreindre, de fausser ou d'empêcher la concurrence dans le cadre de toute activité commerciale menée au Royaume-Uni. S'il conclut par l'affirmative, il doit ensuite examiner le point de savoir si ce système satisfait aux conditions énoncées à l'article 85, paragraphe 3 du traité de Rome (accord contribuant à améliorer la production ou la distribution des produits ou à promouvoir le progrès technique ou économique), dans la mesure où ce paragraphe est interprété en ce sens qu'il ne concerne que les effets exercés au sein du Royaume-Uni.

Conformément à ce que prévoit la loi sur la télédiffusion, en 1991, le directeur général a été consulté au sujet de la teneur des directives adressées ultérieurement par l'ITC aux demandeurs de licence pour la Chaîne 3 au sujet du système de mise sur réseau. Pendant toute l'année, l'OFT a continué à chercher à obtenir des avis et des éléments d'information au sujet de l'application des dispositions alors applicables pour la mise sur réseau pour ITV et au sujet des propositions des demandeurs, en préparant pour le Directeur général l'exercice de sa mission légale.

Production indépendante de programmes pour la BBC

L'article 186 de la loi prévoit que la BBC doit faire le nécessaire pour qu'à compter du 1er janvier 1993, elle alloue à toute une gamme de productions indépendantes un pourcentage requis du temps accordé à des types particuliers de programmes dans ses grilles d'émissions télévisées. Le Directeur général sera tenu de faire rapport périodiquement auprès du Ministre au sujet de la mesure dans laquelle, selon lui, la BBC s'est acquittée de sa tâche. Son rapport pourra comporter des observations au sujet de la concurrence en ce qui concerne la production de programmes télévisés à diffuser par la BBC ou des questions qui lui paraissent se poser ou être de nature à favoriser la concurrence.

Bien qu'il n'ait aucune responsabilité officielle à cet égard avant 1993, le Directeur général, sur proposition du Ministre, s'est acquitté d'une tâche de surveillance similaire mais officieuse en ce qui concerne tant la BBC que ITV, dans le cadre de sa mission générale d'autorité chargée au titre de la loi sur la loyauté dans le commerce de surveiller les activités commerciales. A compter de 1993, la responsabilité de la surveillance des productions indépendantes diffusées par la Chaîne 3 sera transférée à l'ITC.

Loi sur les sociétés

Conformément aux dispositions de la loi de 1989 sur les sociétés en ce qui concerne la réglementation de la profession de vérificateur des comptes, le Directeur général a déposé plusieurs rapports auprès du Ministre du commerce et de l'industrie au sujet des demandes déposées par diverses associations professionnelles de comptables pour se voir accorder le statut d'organisme de supervision ou d'admission à l'exercice de la profession, conformément à ce que prévoit la partie I de l'annexe 14 de la loi.

En particulier, dans son rapport sur les demandes d'agrément comme organisme de supervision reçues de l'institut des experts-comptables de l'Angleterre et du Pays de Galles et des organismes homologues pour l'Ecosse et l'Irlande (mars 1991), le Directeur général a émis l'avis auprès du ministre du commerce et de l'industrie que la règle de propriété et de surveillance à 75 pour cent concernant les pratiques multi-disciplinaires (MDP), y compris pour ce qui concerne les vérificateurs des comptes, était sensiblement anticoncurrentielle dans la mesure où elle opposait des obstacles au progrès des MDP. Au titre des textes en vigueur, au moins 75 pour cent des associés ou des directeurs doivent être des vérificateurs des comptes attitrés ou enregistrés.

La loi de 1990 sur les cours et les tribunaux et les services juridiques

Dans le cadre des nouvelles missions qui lui ont été confiées par la loi de 1990 sur les cours et tribunaux et les services juridiques, le Directeur général a présenté un rapport au Lord Chancellor au sujet des effets en matière de concurrence des règles et des directives concernant l'exercice du droit d'être entendu et de plaider. Il s'agissait de modifications secondaires et provisoires aux règles du barreau pour ce qui concerne la formation des futurs barristers.

Application de la législation communautaire par les juridictions nationales

En ce qui concerne les décisions judiciaires nationales importantes rendues en 1991 au sujet de l'application directe de la législation communautaire régissant la concurrence, les juridictions du Royaume-Uni ont rendu des décisions relatives à l'article 86 dans l'affaire Irish Aerospace (Belgium) NV contre European Organisation for the Safety of Air Navigation et autres. L'affaire concernait l'immobilisation à terre à l'aéroport de Luton d'un avion dont Irish Aerospace (Belgium) Ltd. était propriétaire, en raison du non-paiement prétendu de redevances pour des services de navigation aérienne. En statuant, le juge a estimé que des instances réglementaires exerçant la fonction d'une autorité publique dotée du pouvoir d'imposer des redevances n'étaient pas pour autant une organisation commerciale et ne tombaient pas sous le coup des dispositions de l'article 86.

B. *Fusions*

Au titre des dispositions relatives aux fusions de la loi sur la loyauté dans le commerce, des missions distinctes sont confiées au Directeur général, au Ministre du commerce et de l'industrie et à la MMC. Le Directeur général a pour mission de surveiller les transactions qui risquent de déboucher (ou ont en fait déjà débouché) sur des fusions réunissant les conditions justifiant une enquête. Il informe ensuite le Ministre au sujet du point de savoir si la MMC devrait être saisie de ces transactions en vue d'un complément d'enquête. Après avoir reçu l'avis du Directeur général, le Ministre se prononce sur le point de savoir si la MMC doit être saisie de l'affaire. La MMC enquête au sujet des fusions dont elle est saisie, afin de déterminer le point de savoir s'il s'agit d'un cas de fusion et, dans l'affirmative, si la fusion exerce ou s'il y a lieu de prévoir qu'elle exercera des effets préjudiciables à l'intérêt général. Elle communique ensuite ses conclusions à ce sujet au Ministre.

Récapitulation des opérations de fusion

Pour qu'une fusion soit soumise à examen, il faut qu'elle porte sur l'acquisition d'actifs bruts (immobilisés ou courants) d'une valeur supérieure à 30 millions de livres ou qu'elle fasse passer à 25 pour cent au moins la part de marché détenue. Alors que le chiffre concernant la part de marché est resté inchangé depuis dix années, le seuil relatif à l'actif brut a été révisé une fois. En juillet 1984, elle a été portée de 15 millions à 30 millions de livres (et, auparavant, ce seuil avait été porté de 5 millions à 15 millions de livres en avril 1980). Des chiffres ajustés entre parenthèses sont indiqués dans le tableau 1 pour donner certains éléments de comparaison avec les années précédant la modification. Le tableau 2 rend compte du nombre de fusions réunissant les conditions prévues par chaque critère pour chaque secteur industriel.

Les statistiques sont le résultat de travaux exécutés par l'Office pour l'examen des fusions dans le contexte de la loi sur la loyauté dans le commerce et ne constituent pas une estimation de l'ensemble des opérations de fusion au Royaume-Uni. Il est nécessaire de ne pas perdre de vue les éléments suivants :

-- les chiffres concernent les projets de fusion, en sus des fusions réalisées -- il peut exister plus d'un projet par objectif donné et il est tenu compte de chacun d'eux ;

-- les chiffres ne tiennent compte que des projets justifiant une enquête au titre de la loi sur la loyauté dans le commerce - les fusions dans le secteur de la presse écrite (soumises à une procédure spéciale appliquée par le ministère du commerce et de l'industrie) sont exclues, de même que les fusions examinées au titre de la loi de 1989 sur les eaux ;

-- les chiffres concernent tant les demandes de conseils confidentiels que les fusions publiquement annoncées, mais si une affaire de conseils confidentiels est, par la suite, devenue publique, elle n'y figure pas deux fois.

Les statistiques recueillies par l'Office central des statistiques et publiées dans le *Business Bulletin : Acquisitions and Mergers,* sont un meilleur indicateur des tendances de l'ensemble des opérations de fusion et sont reprises également dans le tableau 1, bien que ces chiffres ne tiennent pas compte des fusions dans le secteur financier.

Table 1. Activité de fusion, 1980-1990

| Propositions au titre du FTC | | | | | Business bulletin | Fair Trading Act |
| tous les cas | | | Industriel et commercial * | | Industriel et commercial * | cas en pourcentage de cas industriel et commercial % |
année	nombre		actifs (£m)		nombre	nombre	
1981	164	(105)	43 597	(42 537)	126	(79)	452	27.9	(17.5)
1982	190	(122)	25 939	(24 494)	144	(93)	463	31.1	(20.1)
1983	192	(129)	45 495	(44 275)	143	(104)	447	32.0	(23.3)
1984	259	(223)	80 688	(79 957)	200	(165)	568	35.2	(29.0)
1985	192		57 488		144		474	30.4	
1986	313		123 331		238		842	28.3	
1987	321		121 911		279		1 527	18.3	
1988	306		98 902		276		14 999	18.4	
1989	281		96 109		258		1 077	24.0	
1990	261		100 043		227		778	29.1	
1991	183		87 333		158		498	31.7	

1. La catégorie industrielle et commerciale couvre tous les cas, à l'exclusion des catégories

2. Les chiffres entre parenthèses montrent que le critère d'actifs de 30 millions de livres a été observé sur la période 1981-84. Ce critère était passé précédemment, à la date du 10 avril 1980, de 5 à 15 millions de livres.

Source: Office of Fair Trading and Central Statistical Office's *Business Bulletin: Acquisitions and Mergers.*

**Tableau 2. Analyse par principale branche d'activités
et critères de classification - 1991**

Branches d'activité	Nombre d'affaires Actifs		
	Parts de marché dépassant 25 %	Sociétés dépassant 30 millions de £	deux critères
Agriculture, sylviculture et pêche	-	-	-
Charbon, pétrole et gaz naturel	1	8	-
Electricité, gaz et eau	-	2	-
Transformation des métaux et fabrication de produits métalliques	1	4	-
Traitement des minerais et fabrication de produits à base de minerais	5	4	-
Produits chimiques et fibres artficielles	2	12	4
Ouvrages en métal (non dénommés) par ailleurs)	-	2	-
Construction mécanique	2	5	-
Construction électrique	6	5	2
Véhicules	-	3	-
Fabrication d'instruments	1	-	-
Produits alimentaires, boissons et tabac	5	9	1
Textiles	1	1	1
Ouvrages et vêtements en cuir	-	2	-
Bois d'oeuvre et meubles en bois	1		-
Papier, imprimerie et édition	1	4	-
Industries manufacturières diverses	4	2	1
Construction	-	3	-
Distribution	4	13	1
Hôtels, restauration et réparations	-	2	-
Transports et communications	3	10	-
Banques et établissements financiers	2	9	1
Assurance	-	11	2
Services financiers divers	-	2	-
Autres services fournis aux entreprises	1	11	-
Services divers	2	4	-
Total	42	128	13

Source: Office of Fair Trading

L'Office a examiné 285 fusions en 1991, contre 369 en 1990 (voir le tableau 1 ci-dessus). C'était là un chiffre inférieur au nombre d'affaires examinées en 1990 - en fait, le nombre total a diminué chaque année depuis 1986. Certains projets ont été jugés, après examen, ne pas être des cas de fusion justifiant une enquête (102 affaires). Le Directeur général a présenté des recommandations au Ministre du commerce et de l'industrie au sujet de 183 affaires au total réunissant les conditions prévues : 168 fusions, projets de fusion ou acquisitions de participations ; et 15 demandes de conseils confidentiels. A l'expiration de l'année, 36 affaires étaient encore en instance.

Le chiffre de 183 ne tient pas compte des projets auxquels il a été renoncé avant une recommandation du Directeur général. Il ne tient pas compte non plus des fusions dans le secteur de la presse, pour lesquelles une procédure spéciale est prévue. Les fusions d'entreprises de distribution d'eau sont examinées séparément au titre des dispositions de la loi de 1989 sur les eaux - aujourd'hui intégrées dans la loi de 1991 sur le secteur des eaux. Aucune affaire n'a fait l'objet d'une procédure à ce titre en 1991.

En 1991, l'Office a eu à connaître de 38 affaires officiellement notifiées au préalable conformément à la procédure prévue par l'article 75 (a) à (f) de la loi sur la loyauté dans le commerce. Dans 24 de ces affaires, il a été statué au cours du délai d'examen préliminaire de 20 jours ouvrables, 8 autres affaires ont nécessité une prorogation du délai de 10 jours ouvrables et 5 une deuxième prorogation de 15 jours ouvrables.

La Commission attache une importance essentielle dans son examen à tout effet d'une fusion sur la concurrence au sein du Royaume-Uni et, dans une mesure moindre, à toute autre considération en matière d'intérêt général qui pourrait exceptionnellement justifier la saisine de la MMC.

Dans l'ensemble des demandes de conseils confidentiels examinées, 11 ont fait l'objet d'un avis favorable et 3 d'un avis défavorable. Dans la dernière affaire, aucun avis n'a été émis parce que l'Office estimait qu'il ne disposait pas de suffisamment d'informations pour pouvoir émettre un avis en connaissance de cause.

Valeur des actifs

La valeur des actifs de toutes les firmes absorbées en cause dans les 183 affaires de fusion réunissant les conditions prévues et examinées par l'Office en

1991 s'élevait à 87 milliards de livres ; 41 pour cent de ces affaires relevaient des cinq grands secteurs industriels suivants :

Produits chimiques et fibres artificielles 18 affaires
Produits alimentaires, boissons et tabac 15 affaires
Distribution 18 affaires
Services bancaires et financiers 12 affaires
Autres services fournis aux entreprises 12 affaires

La valeur des actifs offerts reste toujours influencée par un petit nombre d'affaires très importantes. En 1991, dans trois affaires examinées les actifs offerts atteignaient au moins 3 milliards de livres ; ces trois affaires correspondaient à 1.6 pour cent du chiffre total, mais à 50.5 pour cent de tous les actifs offerts. Il s'agissait des trois affaires suivantes :

-- Chemical Banking Corporation/Manufacturers Hanover : 35 milliards de livres sterling ;

-- GPT Sales and Service/Siemens Communications : 6 milliards de livres sterling ;

-- Hanson plc/Beazer plc : 3 100 000 000 livres sterling.

La valeur des actifs en cause dans les fusions est souvent particulièrement importante dans le secteur financier. La répartition des fusions par dimension des actifs de l'entreprise absorbée est indiquée dans le tableau 3. Celui-ci fait apparaître que dans 14 affaires les actifs offerts correspondaient au moins à £1 000 000 000.

Tableau 3. Opérations de fusion : actif brut

des sociétés absorbées - 1991

Montant de l'actif (en million de £)	Nombres	Total des actifs: (en million de £)	Montant moyen des actifs (en million £)
0 - 24.9	39	209	5.4
25 - 49.9	28	1 116	39.9
50 - 99.9	38	2 795	73.5
100 - 249.9	36	5 478	152.2
250 - 499.9	17	6 300	370.6
600 - 999.9	11	7 368	669.8
1 000 et plus	14	64 067	4 576.2
Total	183	87 333	477.0

Source: Office of Fair Trading

Type d'intégration

Les fusions "horizontales", soit celles qui concernent des sociétés qui ont en commun une activité occupant la première ou la deuxième place dans leurs activités propres, correspondaient à 87 pour cent du total en 1991 (contre 75 pour cent en 1990). Il y a fusions "verticales" lorsque les activités des sociétés venant au premier ou au deuxième rang se situent à des stades différents de la production ou de la distribution d'un même produit. Les fusions qui ne sont ni "horizontales" ni "verticales" sont qualifiées de "conglomérales". La répartition des fusions suivant qu'elles sont "horizontales", "verticales" et "conglomérales" figure dans le tableau 4. Entre 1970 et 1989, la structure générale de la répartition des fusions entre catégories ne s'est pas sensiblement modifiée. A la suite de la forte augmentation du nombre de ces fusions en 1990, la proportion des fusions "horizontales" a continué à augmenter en 1991, tant en nombre qu'en valeur, pour atteindre des chiffres records. Le nombre de fusions verticales ne s'étant guère modifié, la proportion des fusions "conglomérales" a baissé d'autant.

Affaires déférées à la Commission

Le Ministre a saisi la MMC de sept affaires en 1991 (contre un chiffre record de 25 affaires déférées en 1990). Toutes ces affaires ont été déférées conformément à l'avis du Directeur général. Dans chaque affaire, la saisine avait pour motif que la fusion semblait de nature à exercer un effet préjudiciable à la concurrence sur le marché en cause au sein du Royaume-Uni. Les affaires déférées ont été les suivantes :

13 mars	Prosper de Mulder Ltd/Croda International plc
20 mars	Enterprises of Alan J.Lewis/Jarmain and Son Ltd
3 juillet	Havas SA/Brunton Curtis Outdoor Advertising Ltd
5 août	Hamamatsu photonics KK/Thorn EMI Electron Tubes Ltd (notifié au préalable) (désistement[1] en date du 11 septembre)
5 septembre	Unichem plc/Marcarthy plc
8 octobre	Lloyds Chemists plc/Macarthy plc (fusion notifiée au préalable)
21 novembre	AAH Holdings plc/entreprises de Medicopharma NV

Tableau 4. Projets de fusions par type d'intégration en pourcentage du nombre des fusions et de la valeur des actifs absorbés : 1970-1991

Année	Horizontales		Verticales		Conglomérales	
	Pourcentage du nombre total	de la valeur	Pourcentage du nombre total	de la valeur	Pourcentage du nombre total	de la valeur
1970-74	73	65	5	4	23	27
1975	71	77	5	4	24	19
1976	70	66	8	7	22	27
1977	64	57	11	11	25	32
1978	53	67	13	10	34	23
1979	51	68	7	4	42	28
1980	65	68	4	1	31	31
1981	62	71	6	2	32	27
1982	65	64	5	4	30	32
1983	71	73	4	1	25	26
1984	63	79	4	1	33	20
1985	58	42	4	4	38	54
1986	69	74	2	1	29	25
1987	67	80	3	1	30	19
1988	58	45	1	1	41	54
1989	60	44	2	3	37	53
1990	75	81	5	3	20	16
1991	88	89	5	5	7	6

Source: Office of Fair Trading

Rapports de la Commission

En 1991, 13 rapports sur des fusions ont été publiés. Dans six affaires, la Commission a constaté que les projets de fusion ne seraient probablement pas préjudiciables à l'intérêt général. Le Ministre n'a donc pas de pouvoirs pour prendre d'autres mesures dans ces affaires. Il s'agissait des affaires suivantes :

23 janvier	Crédit Lyonnais SA/Woodchester Investments plc
30 janvier	British Aerospace plc/Thomson CSF-SA
26 février	Sligos SA/Signet Ltd
3 mai	Société Nationale Elf Aquitaine/Amoco Corporation
29 mai	The Morgan Crucible Company plc/Manville Corporation
1er août	Prosper de Mulder ltd/Croda International plc

Dans les quatre premières affaires énumérées ci-dessus, la Commission a été saisie parce que la firme procédant à l'acquisition était tenue pour une entreprise étatique ou une entreprise gérée par l'Etat. Dans aucune de ces affaires, la Commission n'a conclu que c'était là un facteur préjudiciable ou de nature à porter préjudice à l'intérêt général (dans l'affaire British Aerospace/Thomson, soit la seule des quatre affaires dans laquelle le Directeur général s'était prononcé en faveur de la saisine de la Commission, celle-ci n'a constaté aucun effet préjudiciable à la concurrence, bien que cette question ait été un motif supplémentaire de la saisine).

Dans les sept affaires suivantes, l'existence d'un effet préjudiciable à l'intérêt général a été constatée :

9 janvier	Valhi Inc/Akzo NV
23 janvier	Kemira Oy/Imperial Chemical Industries plc
30 janvier	Caldaire Holdings Ltd/Bluebird Securities Ltd
6 février	Tate and Lyle plc/British Sugar plc
20 mars	Swedish Match NV et the Gillette Company/Stora Kopparsbergs Bergslags AB
13 août	Enterprises of Alan J Lewis/Jarmain and Son Ltd
20 novembre	Havas SA/Bunton Curtis Outdoor Advertising Ltd

Description d'affaires importantes

Valhi Inc/Akzo NV - L'enquête a eu pour objet un projet d'acquisition par Rheox International Inc, une filiale de Valhi Inc, des installations de production d'argiles organiques de Akzo Chemicals Ltd, une filiale de Akzo NV. Les argiles organiques permettent de modifier les caractéristiques de viscosité et de flux des produits de peinture (et d'autres produits à base de solvant) et sont également ajoutées à des boues à base de lubrifiant pour le forage utilisées pour l'exploitation des gisements de pétrole et de gaz. La Commission a conclu que la fusion réduirait sensiblement la concurrence sur les deux marchés en cause et qu'elle devrait être interdite. Le Ministre a reconnu le bien-fondé des conclusions de la Commission et a demandé au Directeur général de chercher à obtenir de Valhi l'engagement de ne pas procéder à l'acquisition et d'Akzo de ne pas céder son entreprise de production d'argile organique, de substances organiques et de pâtes organiques à Valhi ou à aucune de ses filiales.

Kemira Oy/Imperial Chemical Industries plc (ICI). La Commission a conclu que le projet d'acquisition par Kemira Oy, une entreprise publique finlandaise, des activités de ICI en matière de production d'engrais azotés réduirait sensiblement la concurrence sur le marché du Royaume-Uni. Seuls deux fabricants resteraient et détiendraient à eux deux les deux tiers du marché. La Commission a également estimé que la propriété publique de Kemira aggraverait dans une certaine mesure les effets préjudiciables de la fusion. Le Ministre a reconnu le bien-fondé des conclusions en ce sens de la Commission et demandé au Directeur général de chercher à obtenir de Kemira l'engagement de ne pas procéder à l'acquisition.

Caldaire Holdings Ltd/Bluebird Securities Ltd. - La Commission a conclu qu'il était à prévoir que la fusion des deux entreprises d'exploitation d'autobus mettrait fin à la concurrence en matière de services commerciaux, rendrait les possibilités de choix moins nombreuses et entraînerait un relèvement des tarifs et un abaissement des niveaux qualitatifs et de la fréquence des services sur les itinéraires dans la région de Trimdon, au sud-est de Durham. Dans la région faisant l'objet de la saisine, comprise dans son ensemble (les comtés de Durham et de Cleveland), la part de marché de Caldaire avait augmenté en passant de 38 pour cent à 49 pour cent en termes de kilométrages d'autobus enregistrés. La Commission a recommandé d'exiger de Caldaire qu'il s'engage à améliorer sa comptabilité, à limiter sa capacité de relever les tarifs ou d'utiliser des tarifs et la fréquence des services de manière à peser sur les prix et à notifier au préalable ses futures acquisitions dans la région faisant l'objet de la saisine. Néanmoins, le Ministre n'était pas absolument convaincu que les mesures correctives recommandées permettraient de répondre à la question des effets de la perte de concurrence effective et potentielle. Il a donc demandé au Directeur général d'étudier en coopération avec Caldaire la possibilité pour cette entreprise de se dessaisir d'une partie des activités regroupées, afin de préserver la concurrence dans la région de Trimdon.

Tate and Lyle plc/British Sugar plc - La Commission a reconnu que le régime communautaire du sucre restreignait sensiblement la concurrence sur le marché du sucre au Royaume-Uni, où ces deux firmes satisfaisaient à elles deux pour plus de 90 pour cent aux besoins des consommateurs. Des quotas de production ont limité la mesure dans laquelle l'une d'entre elles pouvait enlever à l'autre des parts de marché. Néanmoins, la Commission a conclu que, dans le cadre des restrictions imposées par ce régime il existait une concurrence au niveau des prix et des services de nature à favoriser la conclusion de contrats intéressants. Elle n'a pas accepté l'argument selon lequel les importations pèseraient sur les prix, qui risquaient d'augmenter au Royaume-Uni lorsque l'autorisation de fusionner serait accordée. Le Ministre a reconnu le bien-fondé de la conclusion de la Commission en faveur de l'interdiction de la fusion. Il a confirmé que les engagements auxquels Tate and Lyle avaient souscrit en 1987, à la suite d'un premier rapport défavorable de la Commission au sujet de son offre d'acquisition de Berisford International, qui était alors la société mère de British Sugar, resteraient en vigueur.

Swedish Match NV and The Gillette Company/Stora Kopparsbergs Bergslags AB - La commission a constaté que le prise de contrôle de Stora Kopparsbergs Bergslags AB grâce au recours à l'emprunt, avait pour effet de faire de Gillette un important actionnaire de Swedish Match NV, la société mère de Wilkinson Sword Company, le seul grand concurrent de Gillette sur le marché des rasoirs non électriques et des lames de rasoir au Royaume-Uni. (Une saisine pour monopole a été effectuée en même temps par le directeur général, voir plus haut, Rapports publiés par la MMC). Gillette était également un gros créancier de Swedish Match et avait acquis d'importants droits de préemption et de conversion dans la firme. La Commission a estimé que la participation de Gillette affaiblirait la position de Wilkinson Sword du point de vue de la concurrence, tout en renforçant la sienne. Elle n'a pas estimé qu'il y serait fait obstacle du fait de la création d'autres entreprises au niveau de l'offre ou de l'arrivée de nouveaux fournisseurs, et elle n'a pas constaté non plus l'existence d'un quelconque avantage compensatoire découlant de la transaction. Elle a donc recommandé que Gillette se dessaisisse de sa part de capital dans Swedish Match et de ses droits de créance à l'égard de cette firme. Le Ministre a prié le Directeur général de demander à Gillette de s'engager à se défaire de ses participations dans la firme. Entretemps, il a rendu un décret au titre de l'article 89 de la loi sur la loyauté dans le commerce, afin d'empêcher que Gillette renoue les liens financiers en cause en se soustrayant à la compétence des juridictions du Royaume-Uni.

Enterprises of Alan J. Lewis/Jarmain and Son Ltd. - L'enquête a pour origine l'acquisition de Jarmain, le plus important fournisseur de services de dégraissage de laine, par Justrong Ltd., une firme dans le capital de laquelle M. Lewis était majoritaire. La Commission a constaté que la fusion avait renforcé sensiblement la concentration puisque M. Lewis avait également la majorité dans la troisième entreprise de lavage à fond par ordre d'importance, qui exerce ses activités sous la dénomination Alston Scouring Company. Par conséquent, la concurrence a été sensiblement affaiblie et les possibilités de choix se sont rétrécies sur le marché des services de lavage à fond. La MMC a recommandé que trois branches de lavage à fond de Alston, y compris celle qui avait été cédée à Jarmain, soient vendues aux enchères publiques dans les six mois, que Jarmain ne remplace pas la branche cédée pendant 12 mois à compter de la vente et qu'aucune entreprise relevant du British Wool Marketing Board ne soit contrainte de céder ses activités de lavage à fond à une entreprise sous le contrôle de M. Lewis. Le Ministre a accepté de manière générale les recommandations présentées en ce sens. Au lieu de demander la vente aux enchères, il a précisé cependant que les actifs devraient être vendus à un acquéreur agréé par le Directeur général.

Havas SA/Brunton Curtis Outdoor Advertising Ltd. - La Commission a constaté que l'acquisition de Brunton Curtis par Havas SA, par l'intermédiaire d'Avenir Havas Media SA et de sa filiale britannique Mills and Allen Ltd, avait augmenté la part de Mills and Allen à l'échelle du pays, qui était passée à 33.3 pour cent sur le marché des panneaux publicitaires correspondant à 48 feuilles et des panneaux plus grands mis en place le long des routes, l'effet de cette augmentation étant plus sensible dans certaines régions. C'était là réduire la concurrence et il fallait prévoir à la longue un relèvement des prix pour les sites en cause. La Commission a recommandé qu'Avenir, d'une part, et Mills and Allen, d'autre part, soient priées de se dessaisir des panneaux qui étaient auparavant la propriété de Brunton Curtis ou sous son contrôle. Le Ministre a accueilli favorablement la recommandation en ce sens, à ceci près que - conformément à l'avis du Directeur général - il a jugé que la dernière maison mère d'Avenir et de Mills and Allen, soit Havas SA, devait être également soumise à l'obligation de dessaisissement et que les acquéreurs devraient être agréés par le Directeur général. Il a demandé au Directeur général d'obtenir les engagements voulus de Havas SA, d'Avenir et de Mills et Allen.

Dessaisissement au lieu de saisine de la MMC

En 1991, conformément à l'avis du Directeur général, le Ministre, au lieu de saisir la MMC, a accepté dans trois affaires des engagements au titre de l'article 75(g) de la loi sur la loyauté dans le commerce en vue d'un dessaisissement d'une partie d'une entreprise afin de remédier aux effets préjudiciables qui découleraient probablement des fusions. Ces affaires étaient les suivantes :

9 juillet	International Marine Holdings Inc/Benjamin Priest Group plc.
9 août	Trafalgar House plc/Davy Corporation
4 décembre	Williams Holdings plc/Racal Electronics plc.

International Marine Holdings Inc/Benjamin Priest Group plc. - L'acquéreur, soit International Marine, s'est engagé à céder l'entreprise de fabrication de treuils mécaniques pour tracteurs de sa filiale Combi Marine Inc.

Trafalgar House plc/Davy Corporation - Trafalgar House s'est engagée à vendre la filiale de Davy dénommée The Expanded Piling Co Ltd.

Williams Holdings plc/Racal Electronics plc. - Williams s'est engagée à vendre l'entreprise de fabrication de verrous et de dispositifs de sécurité de Racal. Néanmoins, l'offre de Williams est restée sans suite et, par conséquent, les engagements n'ont pas été appliqués.

Demande d'examen judiciaire

South Yorkshire Transport (SYT) - C'est la première affaire dans laquelle, à la suite de la saisine de la MMC et d'une constatation défavorable ultérieure (publiée en 1990), la partie procédant à l'acquisition a demandé avec succès l'autorisation de demander l'examen judiciaire de la constatation de la MMC et de la décision du Ministre d'en reconnaître le bien-fondé. Cette affaire découle de l'acquisition par SYT de quatre petites entreprises d'exploitation d'autobus dans la région Sheffield/Rotherham. SYT faisait valoir que la région en cause dans le rapport de la MMC ne pouvait être tenue pour "une partie importante du Royaume-Uni" au titre de l'article 64, paragraphe 3 de la loi sur la loyauté dans le commerce de 1973 et que la décision du Ministre était par conséquent entachée d'illégalité. En mars 1991, la High Court a statué en faveur de SYT et la Court of Appeal a confirmé son arrêt en novembre 1991. Un nouveau (et ultime) recours sera examiné par la Chambre des Lords en 1992. L'affaire a des incidences considérables pour l'application aux fusions sur les marchés locaux des dispositions relatives au contrôle des fusions de la loi sur la loyauté dans le commerce.

L'affaire SYT a eu pour conséquence que les négociations en vue d'un dessaisissement dans deux autres affaires de fusions d'entreprises d'exploitation d'autobus (Stagecoach/Formia et Caldaire/Bluebird) ont été suspendues tant qu'il n'aura pas été statué par la Chambre des Lords dans l'affaire SYT.

III. Nouvelles études concernant la politique de la concurrence

Rapports de l'OFT

Rapports relatifs à la loi sur la concurrence

Wales Tourist Board (Conseil du Pays de Galles pour le tourisme - mars 1991)

British Coal Corporation (octobre 1991).

Rapports relatifs à la politique de la concurrence

L'étude du secteur gazier : un examen par des agents de l'Office en coopération avec OFGAS du marché industriel et commercial du gaz et des faits nouveaux survenus depuis l'établissement du rapport de la commission : version abrégée (octobre 1991).

Rapports de la MMC

Monopoles

Services de garantie dans la construction en ce qui concerne les nouvelles habitations (Cm 1439, mars 1991)

Café soluble (Cm 1459, mars 1991)

Rasoirs et lames de rasoir (Cm 1472, mars 1991)

Boissons pétillantes (Cm 1625, août 1991)

Photocopieurs électrostatiques indirects (Cm 1693, octobre 1991)

Fusions

Valhi Inc et Akzo NV (Cm 1387, janvier 1991)

Crédit Lyonnais SA et Woodchester Investments plc (Cm 1404, janvier 1991)

Kemira Oy et Imperial Chemical Industries PLC (Cm 1406, janvier 1991)

Caldaire Holdings Ltd et Bluebird Securities Ltd (Cm 1403, janvier 1991)

British Aerospace plc et Thompson-CSF SA (Cm 1416, janvier 1991)

Tate & Lyle plc et British Sugar plc (Cm 1435, février 1991)

Sligos SA et Signet Ltd (Cm 1450, février 1991)

Stora Kopparbergs Bergslags AB/Swedish Match NV, et Stora Kopparbergs Bergslags AB/The Gillette Company (Cm 1473, mars 1991)

Amoco Corporation et Société Nationale Elf Acquitaine (Cm 1521, mai 1991)

Morgan Crucible Company plc et Manville Corporation (Cm 1551, mai 1991)

Prosper De Mulder Limited et Croda International plc (Cm 1611, août 1991)

The enterprises of Alan J Lewis & Jarmain & Son Ltd (Cm 1612, août 1991)

Avenir Havas Média SA et Brunton Curtis Outdoor Advertising Ltd (Cm 1737, novembre 1991)

Southern newspapers PLC et EMA1P plc, Pearson plc, Reed Internationa PLC et Trinity International Holdings plc (Cm 1771, novembre 1991)

Affaires déférées en matière de contrôle de l'efficience du secteur public

London Underground Limited (Cm 1555, juin 1991)

Enquêtes sur le secteur privatisé

BAA plc : *a report on the economic regulation of the South-East airports companies* (un rapport sur la réglementation économique des sociétés d'exploitation des aéroports du sud-est) (Heathrow Airport Ltd, Gatwick Airport Ltd et Stanstead Airport Ltd) (juillet 1991)

Ce rapport peut être demandé à la Civil Aviation Authority (administration de l'aviation civile) et non à la HMSO.

Autres ouvrages consacrés à la politique de la concurrence

Rapports

Competition and Choice: Telecommunications Policy for the 1990's (concurrence et choix : politique des télécommunications pour les années 1990) (Ministère du commerce et de l'industrie) (CM 1461, mars 1991)

Pool Price Inquiry: a report by the Director General of Electricity Supply concerning the operation of the electricity pool of England and Wales (enquête sur les prix de pool : un rapport du directeur général pour la fourniture d'énergie électrique au sujet de l'exploitation du pool d'électricité de l'Angleterre et du Pays de Galles) (décembre 1991)

Peut être demandé à l'Office of Electricity Regulation.

Ouvrages

BRITTAN, L. *(1991),Competition policy and merger control in the single European market* (politique de la concurrence et contrôle des fusions dans le cadre du marché unique), Grotius.

BURKE, T. et autres (1991), *Competition in theory and practice* (la concurrence en théorie et en pratique) 2e édition, Routledge.

COMANOR, W.S. et autres (1991), *Competition policy in Europe and North America: economic issues and institutions* (politique de la concurrence en

Europe et en Amérique du Nord : thèmes économiques et institutions), Harwood Academic Publishers.

DOWNES, T.A. et Ellison J. (1991), *The legal control of mergers in the European Communities* (le contrôle juridique des fusions dans les Communautés européennes), Blackstone Press.

LIVINGSTON, D. et autres (1991), *Competition law sources* (les sources du droit de la concurrence), Longman.

MENDELSOHN, M. et HARRIS, B. (1991), *Franchising and the block exemption regulation* (le franchisage et la réglementation régissant les dérogations collectives), Longman.

RAYBOULD, D. et FIRTH, A. (1991), *Law of monopolies; competition law and practice in the USA, EEC, Germany and the UK* (le droit des monopoles ; droit et pratique de la concurrence aux États-Unis, dans la CEE, en Allemagne et au Royaume-Uni), Graham et Trotman.

ROWLEY, J. et BAKER D. (réd.) (1991), *International mergers: the antitrust process* (fusions internationales : les étapes de l'action antitrust), Sweet & Maxwell.

VELJANOVSKI, C. (réd.) (1991), *Regulators and the market: an assessment of the growth of regulation in the UK* (les régulateurs et le marché : une évalutation de la multiplication des réglementations au Royaume-Uni), Institute of Economic Affairs.

Articles

Voici une sélection de quelques uns des articles les plus intéressants parus en 1991 :

BRIGHT, C., "The European merger control regulation" (la réglementation européenne au sujet du contrôle des fusions). *European Competition Law Review,* 12(4) pp. 139 à 147 et 12(5) pp. 184 à 193.

Consumer Policy Review, octobre - competition policy issue (numéro consacré à la politique de la concurrence).

COOK, J. et SOAMES, T., "EEC merger regulation: a practical view" (réglementation communautaire des fusions : un point de vue pratique) *International Business Lawyer*, juillet/août pp. 330 - 335.

European Competition Law Review 12(4) - un numéro consacré aux fusions

KIRKBRIDGE, J., "Anti-competitive practices under the Competition Act 1980 - the real meaning and approach" (pratiques anticoncurrentielles au titre de la loi de 1980 sur la concurrence - sa portée véritable et son optique), *The Journal of Business Law*, mai pp. 245 à 260.

KORAH, V., "Developments over the last year in EEC competition law" (faits nouveaux survenus au cours de l'année dernière dans le domaine du droit communautaire de la concurrence) *European Business Law Review*, novembre, pp. 256 à 268.

REYNOLDS, M., "EC merger control regulation: the first six months" (réglementation de la CE pour le contrôle des fusions : les six premiers mois), *International Financial Law Review*, avril, pp. 24 à 27.

SOAMES, T., "Merger policy: as clear as mud?" (la politique en matière de fusions : pas claire du tout ?) *European Competition Law Review* 12(2), pp. 53 à 70.

VICKERS, J. et YARROW, G., "Reform of the electricity supply industry in Britain" (réforme du secteur de l'approvisionnement en énergie électrique en Grande-Bretagne), *European Economic Review* 35, pp. 485 à 495.

VICKERS, J. et YARROW, G. "The British electricity experiment" (l'expérience britannique dans le secteur de l'électricité), *Economic Policy*, avril pp. 187 à 232.

WALKER-SMITH, A., "Collusion: its detection and investigation" (la collusion : comment elle est décelée et comment il est procédé à une enquête à son sujet), *European Competition Law Review* 12(2), pp. 71 à 81.

Note

1.   La MMC peut être dessaisie et il peut être renoncé à une enquête de la MMC si les parties acceptent purement et simplement de ne pas procéder à la fusion ou d'abandonner leur projet de fusion.

Annexe

Réglementation des services publics privatisés

Chaque instance de réglementation et des services publics privatisés publie un rapport annuel sur ses activités. La présente annexe rend compte succinctement de celles qui peuvent présenter de l'intérêt pour les pays Membres de l'OCDE.

Télécommunications

Faits nouveaux en ce qui concerne l'étude du duopole

En mars 1991, après avoir consulté le Directeur général pour les télécommunications, le gouvernement a publié les conclusions de l'étude du duopole, une importante étude de la politique de la concurrence dans le secteur des télécommunications, dans un livre blanc intitulé "Competition and Choice: Telecommunications Policy for the 1990s" (concurrence et choix: la politique des télécommunications pour les années 1990) (Command Paper 1461). La principale question soulevée par cette étude concernait le point de savoir s'il fallait ou non renoncer à la politique de restriction de la fourniture de services de lignes longue distance, à liaisons fixes, aux deux sociétés suivantes : British Telecommunications plc (BT) et Mercury communications Ltd (Mercury). Le gouvernement a conclu qu'il fallait mettre un terme à la politique du duopole et que, par conséquent, il examinerait les demandes de licences d'autres entreprises au titre de l'article 7 de la loi de 1984 sur les télécommunications, en vue de la fourniture de services de liaisons fixes.

En septembre 1991, le Directeur général a modifié les conditions des licences de BT et de Mercury, afin de donner suite aux conclusions publiées dans le livre blanc et de stimuler le développement d'une concurrence effective. Les propositions essentielles, qui visaient les deux licences, comportaient des mesures visant à :

a) renforcer les dispositifs d'interconnexion, en prévoyant la répartition équitable des coûts, ou des sanctions des liaisons tardives, l'uniformisation des tarifs et l'amélioration des méthodes d'application ;

b) prévoir l'égalité d'accès pour les exploitants de liaisons longue distance afin de permettre à la clientèle de bénéficier d'une simplification des choix ;

c) permettre à l'Office of Telecommunications (OFTEL) de se charger de l'administration du système de numérotation et d'instituer la transférabilité des numéros afin de contribuer à l'instauration d'une concurrence effective ;

d) exiger des exploitants en cause qu'ils fournissent des réseaux privés à d'autres exploitants publics des télécommunications (PTO), sous réserve de certaines conditions ;

e) permettre à tout pourvoyeur de services de télécommunications d'accéder au marché ;

f) exiger de chaque titulaire de licence qu'il permette aux autres exploitants d'accéder à sa base de données d'annuaires aux fins du traitement des demandes d'annuaires et de l'acheminement des appels ; et

g) donner au directeur général le pouvoir d'indiquer les interfaces indispensables que le titulaire de licence doit mettre en place conformément aux critères indiqués, dans l'intérêt d'une concurrence effective.

D'autres propositions fondamentales, qui ne visaient que la licence dont BT était titulaire, étaient les suivantes :

i) incorporation des appels internationaux dans le panier des services qui sont soumis à la principale réglementation sur le contrôle des prix ; par conséquent, resserrement du contrôle, l'indice des prix de détail passant de 4,5 à 6,25 ; et une première réduction d'au moins 10 pour cent du prix des appels internationaux ;

ii) instauration de mesures visant à clarifier l'étendue du pouvoir de BT d'adopter des remises sur quantité et divers tarifs spéciaux et

iii) établissement de mesures concernant le versement de redevances compensatoires de l'absence d'accès par les concurrents cherchant à être rattachés au réseau de BT, sans préjudice de la faculté du directeur général de renoncer à ces redevances dans certains cas, tout en donnant à BT l'assurance qu'elle percevrait automatiquement ces redevances si sa part de marché tombait en-dessous d'un seuil de 85 pour cent. Les mesures de la renonciation permettraient aux concurrents de s'implanter sur le marché, compte tenu des difficultés auxquelles les entreprises nouvelles venues seront probablement confrontées au cours de leurs premières années d'activité.

Vers la fin de 1991, l'OFTEL a engagé des échanges de vues avec les autres exploitants publics du secteur de télécommunications ou leurs organes représentatifs (par exemple Kingston Communications, les exploitants de câbles) afin de modifier les conditions de leurs licences, le cas échéant en vue de la mise en oeuvre des conclusions de l'étude sur le duopole. A la fin de l'année, 18 demandes de licence avaient été reçues par le Ministère du commerce et de l'industrie et l'OFTEL apportera son concours actif au ministère pour l'examen des nouvelles demandes et l'établissement de licences détaillées.

Le livre blanc fait état de l'interconnexion des réseaux et, en précisant l'importance capitale de l'absence de dispositions restreignant la connexion et l'interconnexion entre réseaux (sections 7 à 32), il envisage la mise en place d'un centre consultatif au Royaume-Uni, au sein duquel les exploitants, les fabricants et les usagers aborderaient les questions des normes et des thèmes techniques liés au renforcement de la concurrence. Puisque de nombreux groupes différents prêtent intérêt à cette question, et qu'il serait illusoire et inefficace de constituer un seul grand comité regroupant chacun des ces groupes, l'OFTEL a proposé (sous réserve d'un débat sur des points de détail) de mettre en place un comité de coordination en matière de normes des réseaux regroupant des représentants désignés par les groupes d'intérêt reconnus.

Etant entendu qu'il existe déjà diverses associations et comités qui constituent des lieux d'échange d'idées et au sein desquels une unité de vues s'établit sur un large éventail de questions relatives aux télécommunications, ces associations et comités seraient bien placés pour représenter les intérêts de leurs membres au sein du comité de coordination, dont la mission essentielle serait de présenter des avis au directeur général. Ces avis pourraient notamment concerner les "interfaces facultatives", dont l'application serait volontaire, mais qui seraient précisées dans des "normes de référence" publiques en vue de la stimulation de la concurrence. D'autres thèmes des avis pourraient concerner les "interfaces indispensables", qui impliquent l'application obligatoire des normes indiquées. Le comité de coordination devra être informé des initiatives européennes et veiller à ce qu'il soit tenu compte des directives, recommandations et propositions dans ce domaine.

Certaines affaires en matière de concurrence

La publicité des services de réseaux de BT - En janvier, le Directeur général a reçu une plainte émanant d'un fabricant de matériel de télécommunications, aux termes de laquelle, dans une brochure publicitaire sur les services de réseaux diffusée par ses soins, BT liait la fourniture d'équipements BT à celle des services de réseaux visés par cette brochure. Ce fabricant était préoccupé par le fait que cette brochure semblait donner à penser que, pour accéder aux services, il fallait obligatoirement utiliser des téléphones BT vendus sous la marque "TouchTone" de la firme, tandis qu'en pratique il était possible d'accéder à ces services à partir de tout téléphone automatique à tonalité multi-fréquences, quelqu'en soit le fabricant ou le fournisseur. BT a été prié d'apporter à la brochure des modifications afin de corriger cette impression fallacieuse et une version rectifiée satisfaisante a ensuite été diffusée. Simultanément, BT a également confirmé qu'elle ne verrait aucune objection à ce que d'autres fournisseurs précisent que leurs téléphones sont compatibles avec la signalisation du réseau "TouchTone" de BT, pour autant qu'ils indiquent dans une note au bas d'une page que "TouchTone" est la marque déposée de BT pour les services téléphoniques de signalisation à tonalités.

Le service International Featurenet de BT - L'International Featurenet a été lancé commercialement en novembre 1990. Ce service est destiné à la clientèle dont le volume de communications internationales est important et qui utilise les réseaux privés virtuels (VPN). Il fournit l'accès aux réseaux privés virtuels internationaux et est équipé de son propre dispositif de branchement sur le réseau téléphonique international. Les appels aux VPN internationaux sont qualifiés de "sur réseau" alors que les appels aux autres réseaux téléphoniques internationaux sont "hors réseau". Les redevances pour les appels tant sur réseau que hors réseau sont sensiblement plus faibles que les redevances pour les appels directs internationaux normaux.

Mercury Communications Ltd. (Mercury) a déposé une réclamation à la fin de 1990, selon laquelle les redevances pour les appels "hors réseau" constituaient une infraction à la condition 17 de la licence de BT, condition qui interdit à la firme de montrer une préférence indue pour tels clients ou telles catégories de clients ou d'exercer indûment une discrimination à leur égard. Après avoir examiné la réclamation, le Directeur général a informé Mercury en octobre 1991 qu'il n'avait rien à objecter, d'un point de vue réglementaire, aux conditions d'offres du service en cause. Néanmoins, il a effectivement reconnu le bien-fondé de l'argument de Mercury, selon lequel en s'abstenant de faire valoir ses services auprès de l'ensemble de sa clientèle, qui pourrait en bénéficier, BT aurait manqué à l'équité, par exemple, si les remises ne concernaient que les clients potentiels de Mercury. L'OFTEL a donc demandé des précisions sur le système de commercialisation et étudie actuellement la réponse de BT.

L'entreprise de BT pour la fourniture d'appareils - Afin de veiller à la loyauté dans la concurrence sur le marché des équipements, la condition 18 de la licence de BT lui interdit de pratiquer indument la subvention croisée de son entreprise de fourniture d'appareils (ASB). Les données comptables non vérifiées fournies au Directeur général par BT en 1986 ont fait apparaître qu'ASB subissait des pertes importantes. Le Directeur général a informé provisoirement l'opinion que ASB bénéficiait indument de subventions croisées. Au cours d'échanges de vues, BT a accepté de prendre des mesures afin de parvenir à un niveau raisonnable de rentabilité sur la base d'une imputation intégrale des coûts pour

1990. A cette fin, BT a accepté de fournir des budgets trimestriels accompagnés d'explications sur les écarts importants par rapport aux résultats effectifs.

Une amélioration considérable a été constatée en 1987-88 mais, depuis lors, la situation s'est dégradée, des pertes étant constatées pour l'exercice 1990-91. Le Directeur général a ordonné en décembre à BT de présenter des budgets détaillés, par type de produit, faisant apparaître la manière dont l'ASB doit arriver progressivement à un taux de rentabilité raisonnable. Les budgets sont soumis à l'approbation du Directeur général et doivent être établis conformément à un calendrier fixe. Le but de la directive du Directeur général est de lui permettre de connaître les projets commerciaux concernant l'ASB et de surveiller dans quelle mesure les résultats obtenus par BT sont conformes à ces plans. BT fournira au Directeur général les résultats trimestriels comparés aux budgets et expliquera les raisons des écarts sensibles entre les deux. Le Directeur général surveillera dans quelle mesure BT respecte la directive et publiera de temps à autres des déclarations au sujet de ces constatations.

Concurrence pour la fourniture de services de demandes de données d'annuaires - En mars, BT a mis en place deux nouveaux services, Phone Base et Phone Disk, pour les entreprises qui se considèrent comme des usagers recourant davantage que la moyenne des usagers aux services "DQ" mis en place par BT pour les demandes de données d'annuaires. Phone Base permet aux abonnés d'accéder directement aux données d'annuaire informatisées de BT ; Phone Disk est une version électronique des annuaires téléphoniques enregistrée sur disques compact et mise à jour par BT régulièrement. Le lancement de ces services et l'application ultérieure de redevances pour les appels aux services DQ de BT ont suscité un intérêt considérable sur le marché des demandes de données d'annuaires, de sorte que l'OFTEL a commencé à recevoir des demandes d'entreprises et de particuliers s'intéressant à la possibilité de proposer un service des demandes de données d'annuaires concurrent de celui qui est fourni par BT mais utilisant des informations numérotées dont disposent les services Phone Base et Phone Disk.

L'OFTEL a pris contact avec BT pour connaître son avis à ce sujet. BT était consciente de l'intérêt qu'elle suscitait mais elle n'a pas été à l'origine en mesure d'autoriser l'utilisation de Phone Base et de Phone Disk par des tiers en vue de la fourniture de services de données d'annuaires. La raison en était que Phone Base et Phone Disk comprenaient à la fois des listages de résidences et d'entreprises et qu'avant d'autoriser la mise en place d'une base de données de cette nature, BT devait demander l'autorisation du Data Protection Registrar (DPR) au sujet du statut des listages de résidences et de l'utilisation par des tiers de ces données aux fins d'exploitation de services de demandes de données d'annuaires. L'autorisation du DPR a été obtenu plus tard au cours de l'année, de sorte qu'en septembre, BT a délivré une licence autorisant des tiers à mettre en place un service de demandes de données d'annuaires lui faisant directement concurrence. A la fin de l'année, BT avait reçu 91 demandes au sujet de la licence et 5 licences avaient été signées.

Gaz

En février 1991, l'Office des approvisionnements gaziers (OFGAS) a pris des mesures d'exécution au titre de la loi de 1986 sur les approvisionnements gaziers dirigées contre British Gas afin d'exiger de cette firme qu'elle assure les approvisionnements en gaz pour deux projets de centrales d'approvisionnement en énergie électrique. L'Office estimait que British Gas refusait déloyalement d'approvisionner les clients en cause et exerçait une discrimination à leur détriment, s'agissant de nouveaux venus sur le marché de la production d'électricité, en privilégiant les entreprises en place appartenant au secteur de l'approvisionnement en énergie électrique, qui étaient approvisionnées en gaz par British Gas. Celle-ci a commencé par contester la régularité des ordonnances d'exécution arrêtées contre elle. Néanmoins, en septembre et sous la menace de nouvelles mesures d'exécution à prendre par l'Office, elle a accepté de verser les dommages-intérêts réclamés pour le compte des deux centrales électriques, dont les droits avaient pour origine des mesures d'exécution arrêtées en février. British Gas a également accepté de recommencer à approvisionner le marché de la production de l'énergie électrique sans distinguer entre les firmes nouvelles venues et les opérateurs présents sur le marché.

Electricité

A la suite du dépôt de plaintes relatives à de fortes hausses des prix de pool pour l'électricité, le Directeur général pour l'approvisionnement en électricité (DGES) a procédé à une enquête sur le fonctionnement du pool de l'électricité de l'Angleterre et du Pays de Galles. Il a conclu que les deux principaux producteurs d'énergie électrique, National Power et PowerGen, avaient été en mesure d'augmenter et de maîtriser sensiblement les prix de pool. C'était une situation dont il a été jugé qu'elle n'était pas de nature à inspirer confiance dans le pool ou à favoriser l'accès de nouvelles entreprises au marché. Deux modifications essentielles ont été proposées.

En premier lieu, une nouvelle condition de la licence a imposer à National Power et à PowerGen afin d'interdire les comportements monopolistiques et anticoncurrentiels. Cette condition les obligerait également à publier des informations sur l'offre d'installation et à arrêter des mesures visant à déterminer si des tiers seraient disposés à acheter des centrales destinées à fermer. En deuxième lieu, les deux firmes seront appelées à expliquer leur offre concernant des installations obligées de fonctionner en permanence en raison de contraintes pesant sur le système de transport d'électricité. Le Directeur général n'a pas saisi la MMC mais il le ferait si les consommateurs et les fournisseurs étaient insuffisamment protégés par la concurrence.

A la fin de l'année, l'Office of Electricity Regulation (OFFER) examinait une plainte déposée par Kingfisher Groupe plc concernant l'émission de bons pour l'approvisionnement "gratuit" en énergie électrique par Eastern Electricity en contrepartie de l'achat de matériel électrique aux Eastern Electricity Retail Stores. Cette affaire était examinée du point de vue de l'exécution des conditions de la licence dont Eastern Electricity est titulaire.

ÉTATS-UNIS

(1er janvier au 31 décembre 1991)

Introduction

Ce rapport décrit l'évolution des questions antitrust aux États-Unis durant l'année civile 1991. Il récapitule aussi bien les activités de la Division antitrust ("la Division") du Ministère de la justice des États-Unis ("le Ministère") que celles du bureau de la concurrence de la Federal Trade Commission (la "FTC" ou la "Commission").

La composition du personnel de la Commission a été modifiée. Le 16 juillet 1991, Dennis A. Yao a prêté serment en qualité de commissaire titulaire du poste précédemment occupé par Andrew Sternio.

La composition du personnel directorial de la Division a été modifiée. Le 18 mars 1991, Charles A. James a prêté serment en qualité d'Attorney General, assistant adjoint, occupant les fonctions préalablement remplies par M. Michael Boudin.

I. Modifications des lois ou des politiques

1. *Modifications des législations, des politiques ou des directives antitrust*

La Commission pénale des États-Unis a établi de nouvelles directives en matière pénale pour la répression des infractions de la législation antitrust commises après le 1er novembre 1991. Les amendes pénales sanctionnant les entreprises convaincues d'avoir enfreint la législation antitrust resteront fonction d'un pourcentage sur le chiffre d'affaires de l'entreprise en cause dans cette infraction. Néanmoins, au lieu des amendes qui pouvaient antérieurement s'échelonner de 20 à 50 pour cent du chiffre d'affaires, pour les délits commis après le 1er novembre 1991, les amendes dont seront passibles les entreprises oscilleront entre 15 et 80 pour cent du chiffre d'affaires concerné compte tenu de plusieurs facteurs tel que le fait de savoir si la haute direction de l'entreprise a participé au délit et si l'entreprise a coopéré avec les pouvoirs publics enquêtant sur ce délit. Les particuliers violant la législation antitrust après le 1er novembre 1991 risquent des peines de prison théoriquement plus élevées et des amendes quelque peu moins élevées que celles qui leur auraient été infligées au titre des directives antitrust précédentes.

2. *Projets officiels de modifications des lois, de la législation connexe ou des politiques antitrust*

Observations du Ministère de la justice sur des projets de loi

Par une lettre de mars 1991, les Ministères de la justice et du commerce ont fait savoir à la Commission sénatoriale du commerce quelle était la position de l'administration face à un projet législatif en instance visant à re-réglementer le secteur de la télévision câblée au détriment des principes anticoncurrentiels. L'administration critiquait en particulier les dispositions qui réclamaient une réglementation globale des tarifs des services câblés de base et l'obligation des programmateurs de chaîne télévisée qui sont la propriété des réseaux câblés de vendre leur production à d'autres services d'émissions en vidéofréquence concurrentiels. Au surplus, l'administration a relevé le fait que la plupart des projets de loi ne tenaient pas suffisamment compte, à l'examen, de la nécessité de lever les obstacles à l'accès de nouveaux concurrents au marché des services de vidéofréquence.

Tout en se prononçant en faveur de l'approbation d'une législation qui étendrait l'application de la loi de 1984 sur la recherche en coopération au niveau national (la "NCRA") aux entreprises de production commune, par lettre adressée en juillet 1991 à la Commission judiciaire du Sénat et signée également par les Ministères des finances et du commerce et le Représentant des États-Unis pour les échanges, le Ministère de la justice a présenté des observations s'opposant énergiquement à certaines dispositions du projet de loi qui permettraient à de nombreuses entreprises de production en association avec des firmes étrangères d'échapper à l'application de la loi en raison de l'importance accordée à l'implantation des installations ou au rôle de chacune des parties dans l'économie des États-Unis. Le projet de loi déposé devant le Sénat (S.479), selon des informations officieuses, limitait le bénéfice de la protection des dommages-intérêts triples prévue par la loi sur la recherche en coopération aux entreprises communes dont les principales installations de production étaient implantées aux États-Unis et dans le cadre desquelles chacune des parties apportait une contribution substantielle à l'économie des États-Unis. L'administration a critiqué énergiquement cette limitation au motif qu'elle était discriminatoire.

Le Ministère a présenté des observations à la Commission judiciaire du Sénat afin de s'opposer au projet de loi qui modifierait les règles d'administration de la preuve de l'existence d'accords de prix de vente imposés illégaux dans certaines affaires où les fabricants avaient reçu des plaintes émanant des distributeurs. L'administration s'est opposée au projet de loi parce qu'il empêcherait des fabricants et des distributeurs de conclure des accords de diffusion favorables à la concurrence, portant sur des produits écoulés au sein de marchés très divers. Elle a fait observer qu'au titre de la législation antitrust en vigueur, les accords de distribution fixant des prix de vente sont déjà *per se* illégaux. La législation réduirait la qualité de la preuve nécessaire pour les poursuites en justice en créant une présomption d'entente illégale dans certains cas. Cette présomption serait fondée sur des éléments de preuve également compatibles avec des décisions légales unilatérales prises par les fabricants concernant la personne qui devra diffuser leurs produits. En conséquence, les jurys pourraient interpréter d'une manière erronée des décisions commerciales licites en les tenant pour des ententes illégales de fixation de prix. De plus, le Ministère a fait remarquer que la législation rendrait également certains accords de distribution ne concernant pas les prix *per se* illégaux, même si ces accords devaient être plutôt examinés sous l'angle de la "règle de raison" antitrust.

L'Attorney General adjoint Rill a témoigné le 15 septembre 1991 devant la Commission consultative sur les Conférences en matière de transports transocéaniques (ACCOS) au cours de ses auditions à New-York City. L'ACCOS est une Commission de 17 membres composée de parlementaires et de représentants du secteur privé sous la présidence du Ministre des transports. Elle a pour mission de déterminer si une dérogation à la législation antitrust en faveur des conférences est dans l'intérêt de la nation. Le rapport définitif de la Commission doit être présenté au Congrès au cours du printemps 1992. Dans son témoignage, l'Attorney General adjoint a soutenu que la dérogation en faveur des conférences à l'application de la législation antitrust devait être supprimée et que le dépôt et l'application de tarifs devraient cesser. Il a déclaré que les conférences relevaient les coûts de navigation pour les usagers des États-Unis et n'étaient pas parvenues à protéger et à encourager les activités d'une flotte de navires de ligne battant pavillon des États-Unis.

Le Ministère avait recommandé, dans un rapport de 1990 au Congrès, l'abrogation de deux dispositions de la loi de 1984 sur la navigation. Dans son rapport, il a recommandé l'abrogation des dispositions qui rendaient illégales les propositions de transporteurs transocéaniques de remises à leur clientèle ainsi que des dispositions permettant de faire échapper à l'application de la législation antitrust des ports et des exploitants de terminaux maritimes. Le Ministère a fait remarquer que, bien que le dépôt des tarifs ne soit pas souhaitable, s'il reste obligatoire, il ne devrait être exigé que pour les tarifs maximaux et que l'offre de remises à la clientèle devrait alors ne plus être illégale comme elle l'est actuellement au titre de la loi de 1984. Il a également recommandé qu'une tarification fondée exclusivement sur le poids et sur le volume ne soit pas rendue obligatoire. Les observations du Ministère figurent dans un document intitulé "Analyse par le Ministère de la justice de l'incidence de la loi de 1984 sur le transport maritime" qui a été présenté en mars 1990 au Congrès et à la

Commission consultative sur les Conférences en matière de transports transocéaniques.

Dans une lettre du 10 mai 1991 au Congrès signée par cinq secrétaires de cabinet, dans un exposé du 3 juin 1991 sur la politique d'administration et dans un témoignage de l'Attorney General adjoint Rill en date du 11 juillet 1991, l'administration s'est opposée énergiquement aux dispositions relatives au contenu national et à la fabrication spécifique à l'État incorporées dans les projets de loi S. 173 et HR.1527, qui abrogeraient la restriction relative à la branche d'activité prévue par le règlement amiable AT & T interdisant aux Bell Operating Companies (BOC) de concevoir, mettre au point ou fabriquer du matériel de télécommunications. L'opposition de l'administration se fondait sur sa conviction que des restrictions de cette nature désavantageraient les BOC au point de vue de la concurrence d'autres fabricants libres de se procurer et de fabriquer du matériel de télécommunications dans le monde entier - et nuiraient non seulement aux BOC, mais aux consommateurs américains de ce matériel - ce qui entraînerait alors des litiges avec les partenaires commerciaux des États-Unis qui risqueraient de freiner les exportations américaines de matériel de télécommunication.

Le 31 octobre 1991, le Ministère des transports et le Ministère des affaires étrangères ont laissé se périmer sans le renouveler un protocole d'accord avec la conférence européenne de l'aviation civile, aux termes duquel les États-Unis avaient accepté de faire échapper à l'application de la loi antitrust des accords d'établissement des prix conclus entre transporteurs aériens passant par des itinéraires de l'Atlantique Nord en échange de la création d'une zone d'application de prix modulés pour les transporteurs américains dans le cadre de l'Association du transport aérien international.

Observations de la FTC sur des projets de loi

La Commission a présenté à nouveau les observations écrites communiquées lors de la session précédente du Congrès aux Commissions judiciaires du Sénat et de la Chambre exprimant son opposition au projet de loi sur les prix minimum imposés (S.429 et H.R.1470). Le projet de loi, sensiblement similaire à celui qui avait été présenté l'année précédente (S.865 et H.R.1236), codifierait l'interdiction *per se* des prix minimum imposés et modifierait les présomptions actuelles en matière de preuve dans les affaires de restriction verticale des prix. Au titre de ce projet de loi, un enquêteur serait autorisé à constater l'existence d'une entente illicite verticale pour la fixation des prix, s'il était avéré qu'un fournisseur avait cessé ou réduit ses ventes à un distributeur accordant des remises et que les plaintes relatives à ce distributeur émanant d'un concurrent avaient été "la cause déterminante" de l'action du vendeur. La Commission a considéré que, dans son état actuel, la loi constituait un obstacle suffisant contre l'exploitation anticoncurrentielle des prix imposés et que le projet de loi était donc inutile. Elle a pris position contre la codification de la règle *per se*, en soutenant que les juridictions devraient rester suffisamment souples pour interpréter la législation antitrust compte tenu des conceptions économiques actuelles. Elle s'est également opposée à la règle en matière de preuves formulée dans les projets de loi, au motif qu'elle entraînerait vraisemblablement la condamnation de méthodes légitimes d'établissement de prix de revente adoptées unilatéralement par les vendeurs.

II. Mise en oeuvre des lois et des politiques antitrust : Lutte contre les pratiques anticoncurrentielles

1. Statistiques du Ministère de la justice et de la Commission fédérale du commerce

Statistiques concernant les effectifs et l'action de la Division antitrust

La Division qui disposait de 601 employés à plein temps (y compris des avocats, des économistes, divers spécialistes et du personnel administratif) a engagé 99 actions antitrust en 1991 et ouvert 152 enquêtes. La section d'appel de la Division a déposé des conclusions dans quatre affaires devant la Supreme Court et dans neuf affaires devant les juridictions d'appel dans des affaires antitrust. Elle a comparu devant les agences fédérales de la réglementation dans le cadre de 20 procédures administratives en déposant des conclusions et des observations, en participant à des auditions et en présentant des observations orales. A la fin de 1991, 146 instructions se poursuivaient devant un "grand jury". Dans le cadre de ses enquêtes civiles, la Division antitrust a déposé 469 demandes civiles aux fins d'enquête ; 13 règlements amiables ou jugements définitifs ont été négociés dans des affaires civiles au cours de l'année et les tribunaux ont ratifié 12 de ces règlements amiables ou jugements.

La Division a engagé des poursuites pénales dans 81 affaires en 1991. Au cours de cette période, les parties défenderesses, dans des affaires antitrust, ont été condamnées à des peines correspondant à 10 000 jours d'incarcération, dont 6 652 devront être effectivement purgées. Les amendes et les dommages-intérêts ont dépassé au total 27 100 000 dollars.

Statistiques concernant les effectifs et l'action de la Commission

A la fin de 1991, le Bureau de la concurrence de la Commission avait à son service 224 employés, dont 157 avocats, 33 cadres divers et 34 employés de bureau. La Commission emploie également des économistes qui participent à ces activités d'exécution de la législation antitrust.

En 1991, toutes affaires de concurrence confondues, y compris en matière de fusions, la Commission a émis un avis, déposé deux plaintes administratives, approuvé définitivement 11 règlements amiables et, à la fin de l'année, avait accepté provisoirement dix règlements amiables, sous réserve des observations du public. Elle a engagé 91 enquêtes préliminaires et procédé à 38 enquêtes complètes. En outre, 28 de ces recherches préliminaires sont devenues des enquêtes complètes. Quatre décisions préliminaires ont été arrêtées par une juridiction administrative. La Commission a modifié ou annulé cinq ordonnances définitives. Elle a engagé cinq actions civiles qui ont abouti à cinq condamnations à des amendes civiles pour un total de 4 600 000 dollars. Il n'avait pas encore été statué au sujet d'une action civile à la fin de l'année. Enfin, la Commission a autorisé des actions dirigées contre cinq projets de fusion, en vue de la délivrance d'injonctions préliminaires.

2. *Affaires antitrust portées devant les cours et les tribunaux*

Affaires portées devant la Cour suprême

a) Affaires intéressant la Division sur lesquelles il a été statué en 1991

Il n'a été statué sur aucune affaire intéressant la Division en 1991.

b) Affaires intéressant la Commission sur lesquelles il a été statué en 1991.

Il n'a été statué sur aucune affaire intéressant la Commission en 1991.

c) Affaires intéressant des particuliers sur lesquelles il a été statué en 1991

L'affaire *Summit Health Ltd c. Pinhas*, 11 S. Ct. 1842 (1991), concerne une action privée en dommages-intérêts triples fondée sur le refus présumé illégal de privilèges hospitaliers. La Cour suprême a fait droit à une demande d'ordonnance *certiorari* en vue de la révision d'une décision de la Cour d'appel de la neuvième circonscription aux termes de laquelle un médecin plaignant avait fait valoir à juste titre le "commerce interétatique", aux fins de l'application de la loi Sherman. Le 19 septembre 1990, le Ministère de la justice et la Commission ont déposé des conclusions à titre d'*amicus curiae* à l'appui des conclusions du plaignant. Le 28 mai 1991, la Cour suprême a émis un avis en faveur de la décision qui en découlait, en soutenant que le plaignant avait fait valoir à juste titre les exigences du "commerce interétatique" aux fins de la poursuite de son action au titre de la loi Sherman. La Cour a relevé que si le grief concernant une entente illicite prétendue visant à priver le plaignant des privilèges hospitaliers était retenu, sur le plan de l'économie pratique, la fourniture de services ophtalmologiques sur le marché en cause serait réduite. La Cour a constaté que, là où la portée concurrentielle de l'exclusion du plaignant du marché se mesurait non pas par une évaluation précise de sa pratique, mais par une évaluation générale de l'incidence de la restriction sur les autres acteurs et les acteurs potentiels sur le marché, cette restriction était couverte par la loi Sherman.

d) Conclusions déposées par le Ministère et par la FTC dans des affaires privées dont la Cour suprême était saisie

En 1991 le Ministère a déposé des conclusions dans plusieurs autres affaires sur lesquelles la Cour suprême n'a pas statué sur le fond au cours de cette année.

Le Ministère a exprimé son avis dans l'affaire *United Artists Communications, Inc. c. The Movie 1 & 2*, 909 F.2d 1245 (9ème Cir. 1991), droit d'évocation refusé, 112 S. Ct. 866 (1992) à l'invitation de la Cour suprême. Dans cette affaire, le plaignant, un distributeur d'oeuvres cinématographiques, avait affirmé que ses concurrents et divers distributeurs de films s'étaient entendus afin de l'éliminer en tant que concurrent et avaient monopolisé et s'étaient efforcés de monopoliser des marchés pour la diffusion de films. Le tribunal d'instance a statué au terme d'une procédure simplifiée en faveur de la partie défenderesse, en jugeant que le plaignant avait omis d'apporter la preuve de l'existence d'une accord entre les parties défenderesses et de faire valoir un point de fait concret à l'appui de ses griefs de monopolisation et de tentatives de monopolisation prétendues. La Cour d'appel a annulé la décision du tribunal d'instance, en jugeant que le plaignant avait apporté des éléments suffisamment probants pour que l'affaire suive son cours, concernant deux thèses. Les parties défenderesses ont tenté de faire annuler par la Cour suprême l'arrêt de la Cour d'appel. Le Ministère a déposé des conclusions en décembre 1991 en pressant la Cour de rejeter une demande des parties défenderesses en vue de la délivrance d'une ordonnance de *certiorari* et en soutenant que la décision de la Cour d'appel n'était pas susceptible de révision. La Cour suprême a refusé une ordonnance de *certiorari* le 13 janvier 1992.

L'affaire *Eastman Kodak Co. c. Image Technical Service, Inc.*, 903F.2d 612 (9ème Cir.), droit d'évocation refusé, 111 S. Ct. 2823 (1991), a été plaidée par l'Attorney général adjoint devant la Cour suprême le 10 décembre 1991. Dans cette affaire, un fabricant de copieurs ne détenant aucune position de force sur les marchés de ce matériel refusait de vendre des pièces de rechange de ce matériel à des entreprises de services indépendantes ou ne vendait des rechanges qu'aux acquéreurs de son matériel qui acceptaient de ne pas acheter de services de réparation à ces entreprises. Celles-ci ont fait valoir qu'en refusant de leur vendre des rechanges, le fabricant avait (i) lié illégalement la vente de services concernant son matériel à la vente de rechanges et (ii) s'était efforcé de monopoliser la vente de ces services. La Cour suprême a demandé son avis au Ministère. Celui-ci a soutenu que, puisque le défendeur ne détenait pas une position de force sur le marché il ne pouvait en droit être tenu pour responsable, quelle que fut la thèse défendue par les plaignants.

Dans l'affaire *Consolidated Rail Corporation c. Delaware & Hudson Railway Company*, 902 F.2d 174 (2ème Cir. 1990), droit d'évocation refusé, 111 S Ct. 2041 (1991), une compagnie de chemins de fer avait engagé une action contre une compagnie concurrente en faisant état d'une monopolisation et d'une tentative de monopolisation du transport de papier de journal depuis l'Est du Canada vers les États du milieu de la côte Atlantique des États-Unis, en violation de l'article 2 de la loi Sherman. Le plaignant faisait valoir que le refus du défendeur d'accepter un arrangement commun satisfaisant en matière d'établissement des prix, fondé sur le partage traditionnel des recettes dans ce secteur constituait une pratique d'exclusion de nature à nuire à la concurrence. Le tribunal d'instance a statué, au terme d'une procédure simplifiée, en faveur du défendeur, au motif que son comportement, tout en étant motivé par la recherche d'un maximum de bénéfices, ne constituait pas une monopolisation illégale, mais l'exercice d'une pratique commerciale légitime. La Cour d'appel a annulé sa décision, en jugeant en partie que le point de savoir si la politique du défendeur constituait une monopolisation soulevait une question de fait et que les voies appartenant à Conrail, partie défenderesse, constituaient une "facilité indispensable" pour D&H. Le Ministère a soutenu que la Cour d'appel avait appliqué erronément la législation relative à la monopolisation et la doctrine des "facilités indispensables" et il a prié la Cour suprême d'accorder une ordonnance de certiorari. Le 13 mai 1991, la Cour suprême a refusé d'accorder cette ordonnance.

Affaires jugées par des Cours d'appel

a)   Affaires intéressant la Division, jugées en 1991

Dans l'affaire *United States c. Brown*, 925 F.2d 1182 (9ème Cir.), décision confirmée et nouvelle audition refusée, 936 F 2ème 1042 (1991), la Cour d'appel a maintenu la condamnation de deux cadres d'entreprises de publicité sur panneaux publicitaires au motif qu'ils s'étaient entendus illicitement afin de diminuer la concurrence pour l'implantation de ces panneaux. La Cour a jugé qu'un accord entre les deux plus importantes entreprises de publicité au moyen de panneaux publicitaires en Californie, accord restreignant la capacité de chaque entreprise de rivaliser avec l'autre afin de s'approprier des sites d'installations pour leurs panneaux, était *per se* illégal au motif qu'il constituait un accord sur la répartition du marché. Elle a également jugé qu'au motif que la répartition du marché constituait *per se* une infraction, les condamnations pouvaient être maintenues même si l'intention des parties défenderesses d'exercer des effets anticoncurrentiels n'était pas constatée.

United States c. Allen's Moving and Storage, Inc., 1991-1 Trade Cas. (CCH) n° 69.474 (4ème Cir. 1991). Dans cette affaire de fixation des prix, la Cour d'appel a confirmé les condamnations d'entreprises de déménagement de la Caroline du Nord, qui intervenaient en qualité d'agents pour des transporteurs interétatiques desservant une base militaire. Les défendeurs, qui faisaient le nécessaire pour l'emballage et le déménagement des meubles personnels du personnel militaire, avaient écarté tous les transporteurs accordant des remises pour les transports interétatiques, obligeant ainsi cette base à demander des services de déménagement à des taux non réduits.

Dans l'affaire *United States c. Blue Mountain Bottling Co.*, 929 F 2ème 526 (9ème Cir. 1991), quatre entreprises défenderesses dans une affaire de fixation des prix ont été condamnées par un tribunal d'instance à financer des programmes locaux de lutte contre la drogue et l'alcoolisme dans le cadre de leur condamnation pour leur conduite anticoncurrentielle. Le Ministère a fait appel de la décision, en soutenant que les condamnations étaient illégales et que les parties défenderesses auraient du être condamnées à des amendes. La Cour d'appel a annulé les condamnations au motif que les organismes bénéficiaires n'étaient pas spécialement lésés par les actions anticoncurrentielles des parties défenderesses.

b)   Affaires intéressant la Commission, jugées en 1991

Dans l'affaire *FTC c. University Health Inc.*, n° 91-8308 (11ème Cir.), une action avait été engagée en vue de l'obtention d'une injonction préliminaire destinée à faire obstacle à l'acquisition de l'hôpital Saint-Joseph à Augusta (Géorgie) par University Health Inc. tant qu'il n'aurait pas été statué par la Commission au sujet de la légalité de la transaction au regard de l'article 7 de la loi Clayton. Le tribunal d'instance a rejeté la demande introduite par la Commission en vue d'une injonction préliminaire. Par ordonnance du 6 mai 1991 et par opinion écrite rendue le 26 juillet 1991, la Cour d'appel a annulé la décision du tribunal d'instance et a ordonné la délivrance de l'injonction préliminaire. La Cour a jugé que la Commission était habilitée au titre de la loi Clayton à contester les acquisitions par des institutions hospitalières ne poursuivant pas de but lucratif et que la Commission avait établi l'existence des éléments nécessaires pour une réparation sous forme d'injonction préliminaire.

L'affaire *Ticor Title Insurance Co. c. FTC*, n° 91-72 (S. Ct.), concerne une demande d'examen d'une décision, aux termes de laquelle la FTC avait estimé que des opérations collectives de tarification des compagnies d'assurance de titres de propriété pour des services de recherche et d'étude de titres de propriété constituaient une forme de concurrence déloyale (fixation des prix). Ces compagnies soutiennent que leur action est justifiée par la doctrine par l'"acte d'État" et échappe également à toute contestation de la part des autorités fédérales au titre de la législation antitrust, au motif qu'il s'agit "de l'activité d'assurance".

En octobre 1991, la Cour suprême a rendu une ordonnance de certiorari afin de faire réviser une décision de février 1991 par laquelle la Cour d'appel des États-Unis pour la troisième circonscription avait jugé que l'action des firmes en cause était protégée par la doctrine de "l'acte d'État". (L'affaire a été plaidée devant la Cour suprême le 13 janvier 1992).

c) Recours formés contre des décisions de la FTC à l'examen en 1991

L'affaire *Barnette Pontiac-Datsun, Inc. c. FTC*, n° 89-3389-3392 (6ème Cir.) concerne une demande d'examen d'une décision, aux termes de laquelle la FTC avait estimé qu'un accord conclu par des concessionnaires de voitures automobiles concurrents de Detroit en vue de la limitation des horaires des ventes de voitures constituait une forme de concurrence déloyale. Cette affaire a été plaidée le 12 mars 1990 et est restée en instance pendant toute l'année 1991. (Le 31 janvier 1992, la Cour d'appel a confirmé pour l'essentiel la décision de la Commission).

L'affaire *Olin Chemical Co. c. FTC*, n° 90-70452 (9ème Cir.) concerne une demande d'examen d'une décision par laquelle la FTC a exigé un dessaisissement dans une affaire concernant une fusion de fabricants de produits chlorés pour les piscines. La demande d'examen a été déposée le 5 décembre 1990 et l'affaire a été plaidée devant la Cour d'appel le 10 octobre 1991.

3. Statistiques sur les actions privées et publiques engagées en 1991

Selon le rapport annuel du Director of Administrative Office des juridictions des États-Unis, les actions nouvelles antitrust civiles et pénales, tant publiques que privées, engagées devant des tribunaux d'instance fédéraux, auraient augmenté de 34.6 pour cent au cours de l'exercice budgétaire qui a pris fin le 30 juin 1991, en passant de 552 pour l'année précédente à 743. Les actions engagées par des particuliers entre le 1er juillet 1990 et le 30 juin 1991 ont augmenté de 43.8 pour cent en passant à 650, contre 452 pour l'année précédente.

4. Affaires importantes engagées en 1991

Mesures d'application prises par le Ministère de la justice et par la FTC

a) Affaires pénales engagées par le Ministère de la justice en 1991

En 1991, le Ministère a engagé des actions pénales contre la fixation et la répartition du marché pour toute une série de produits et de services, notamment en ce qui concerne l'élimination des déchets industriels, les boissons non alcoolisées, les cylindres en acier, les bateaux de marque Lund, les carrosseries de car de ramassage scolaire, les tubes à grille et les produits pour le nettoyage à sec. Il a également engagé des actions pénales visant les soumissions frauduleuses dans toute une série de marchés de produits et de services : approvisionnement des établissements scolaires en lait et en divers produits laitiers, construction de studios pour l'audiovisuel, spéculation immobilière, transport d'équipement utilisé pour les élections, fruits de mer surgelés, projets de construction divers en ce qui concerne notamment les toitures, l'isolation, les murs escamotables et les entreprises de réparation du bâtiment, les marchandises courantes pour les ventes aux enchères de produits en gros.

Le Ministère a poursuivi ses efforts afin de s'attaquer aux ententes constituées en vue de soumissions frauduleuses pour l'achat de marchandises (telles que les machines et l'équipement commercial usagés) lors de ventes publiques dans plusieurs États. Depuis 1987, il a engagé 60 actions de ce type contre 94 sociétés et 58 particuliers. 92 sociétés et 53 particuliers ont été condamnés pour des infractions dans ce domaine. Pour l'ensemble des affaires concernant des ventes publiques, le total des amendes infligées s'est élevé à 4 400 000 dollars et 12 particuliers ont été condamnés à des peines de prison. En 1991, le Ministère a pu faire condamner 12 entreprises et quatre particuliers dans des affaires de soumissions frauduleuses lors de ventes publiques et des amendes pour un total de 700 000 dollars ont été infligées. Les enquêtes se poursuivent.

Le Ministère a également poursuivi ses efforts afin de s'attaquer à des ententes illicites en vue de la fixation de prix de boissons non alcoolisées sur les marchés locaux de nombreux États (voir le rapport 1989 sur les États-Unis). Depuis 1986, il a engagé 45 actions dans ce domaine contre 28 entreprises et 29 particuliers, dont 25 entreprises et 27 particuliers ont été condamnés respectivement pour des infractions pénales à la législation antitrust. En 1991, il a pu faire condamner une entreprise dans des affaires de fixation des prix de boissons non alcoolisées. Les enquêtes sur le secteur des boissons non alcoolisées se poursuivent. Des amendes s'élevant au total à 19 900 000 dollars ont été infligées en 1991 et neuf particuliers ont été condamnés à des peines d'emprisonnement.

Le Ministère a poursuivi avec la même énergie son programme d'application dirigé contre les soumissions frauduleuses dans le secteur de la vente de lait aux écoles. Depuis 1988, il a engagé 45 actions dans ce domaine contre 21 entreprises et 34 particuliers. Il a obtenu la condamnation de 18 entreprises et de 27 particuliers. En 1991, il a obtenu la condamnation de dix entreprises et de six particuliers dans des affaires de fixation de prix du lait. Les amendes et les dommages-intérêts ont totalisé en 1991 11.200.000 dollars et quatre particuliers ont été condamnés à des peines d'emprisonnement.

Le 20 septembre 1990, à la suite d'un procès qui a duré huit jours, les parties défenderesses dans l'affaire US c/ Alston, soit trois dentistes et deux associations professionnelles, établis à Tucson (Arizona), ont été condamnés par un jury pour fixation de prix dans la première affaire pénale en matière antitrust, à laquelle des spécialistes des soins de santé étaient parties, depuis plus de 50 ans. Néanmoins, en décembre 1990, la juridiction a fait droit à des demandes d'acquittement de deux des défendeurs, qui étaient des particuliers, et ordonné un nouvel examen du dossier du troisième particulier. Le Ministère a plaidé en appel en novembre 1981 et attend qu'il soit statué. D'autres affaires concernant les soins de santé font l'objet d'une instruction.

En 1991, le Ministère a également poursuivi ses efforts afin de faire appliquer la législation dirigée contre les comportements anticoncurrentiels dans le domaine des marchés publics fédéraux. En particulier, il a engagé des actions pénales contre les fournisseurs de tissus, de gants, d'uniformes, de lait, de fruits de mer, de boissons non alcoolisées, de services en matière de construction, pour fixation des prix et soumissions frauduleuses dans le cadre de marchés publics fédéraux. 110 actions pénales au total ont été engagées contre 127 sociétés et 109 particuliers dans le cadre d'appel d'offres de biens et de services par le Ministère de la défense. Au total, 181 condamnations à des amendes et à des dommages-intérêts dépassant au total 57.000.000 dollars ont été prononcées et 33 particuliers ont été condamnés à une peine d'emprisonnement de dix mois en moyenne. En 1991, le Ministère est parvenu à faire condamner 15 firmes et 11 particuliers dans le cadre des affaires en cause. Les amendes infligées en 1991 se sont élevées à 9.100.000 dollars et 6 particuliers ont été condamnés à 2004 jours de prison au total. Les enquêtes se poursuivent.

En novembre 1991, les défendeurs dans l'affaire US *c. Builders Fence Company, Inc. et Marshall Frankel*, une firme établie à Sun Valley (Californie) et son président, ont été condamnés par un jury au motif qu'ils avaient participé à une entente illicite en vue de la fixation des prix, concernant des tuyaux et des produits tubulaires utilisés pour la fabrication de palissades de treillis métallique dans l'ouest des États-Unis. Les deux défendeurs attendent la décision de la justice.

En septembre 1991, Maryland et Virginia Milk Producers Cooperative Association, Inc., d/b/a Marva Maid Dairy a été condamnée à l'issue d'un procès du chef de soumission frauduleuse et d'escroquerie au courrier dans le cadre de la fourniture de lait à certains districts scolaires de la Virginie entre 1984 et la fin de l'année scolaire 1986-87. Les parties défenderesse ont été condamnées à une amende de 1 100 000 dollars.

b) Modifications ou abrogation et mise à exécution de règlements amiables auxquels le Ministère de la justice était partie

Le Ministère a continué d'étudier les règlements amiables et les décisions litigieuses qui sont toujours en suspens, afin de déterminer s'ils avaient des effets anticoncurrentiels ou si, par ailleurs, ils ne servaient plus l'intérêt général. En

1991, il a fait le nécessaire pour mettre fin à plusieurs règlements amiables périmés, y compris dans des secteurs tels que les systèmes de détection de fumée, les grands magasins de vente au détail et la distribution de films. En outre, il a pris une ordonnance d'abrogation du règlement amiable dans une affaire concernant les systèmes d'épuration des eaux non-industrielles.

Le 31 mai 1990, un grand jury fédéral a rendu un verdict d'accusation sur un chef contre NYNEX Corporation pour offense au tribunal du fait de la violation du règlement amiable AT & T de 1982. C'est la première affaire pénale engagée pour violation de ce règlement. Ce règlement amiable fait obstacle à ce que NYNEX et d'autres sociétés de portefeuille régionales s'engagent dans diverses branches d'activités, notamment, à l'époque des actes contestés dans cette affaire, les services d'information. Il est reproché à NYNEX d'avoir fourni, par l'intermédiaire de sa filiale Telco Research Corporation, à MCI Communications Corporation l'accès par un réseau téléphonique aux installations informatiques de la Telco Research implantées dans les établissements de cette société. Le tribunal d'instance est maintenant saisi de l'affaire, qui sera jugée en l'absence d'un jury par ordonnance du tribunal.

Le 15 février 1991, le tribunal d'instance qui surveillait l'exécution du règlement amiable AT & T a fait droit à une demande commune du Ministère et de US WEST en vue de l'établissement d'une ordonnance de mise à exécution, obligeant US WEST à payer 10 000 000 dollars, au titre d'une amende civile pour plusieurs violations reconnues de l'accord amiable AT & T. Les violations de cet accord reconnues par US WEST étaient les suivantes : 1) une violation des dispositions en matière de discrimination de l'accord amiable AT & T, relatives à la vente de services de commutation à la General Services Administration ("GSA"), dans le cadre de laquelle US WEST proposait l'accès à ses installations de télécommunications locales à un prix moins élevé si la GSA achetait des services de commutation à US WEST et non à AT & T ; 2) une violation de l'interdiction concernant les services d'information prévue au règlement amiable AT & T du fait de la fourniture de services "inverses" d'annuaires comportant l'indication à un client du nom ou de l'adresse d'un abonné au téléphone et non simplement un numéro de téléphone ; 3) une violation de la disposition relative aux services d'information du fait de la fourniture à Atlantic Richfield Company de services de gestion d'installations informatiques par l'intermédiaire de la filiale US WEST, Applied Communications Inc ; et 4) une violation de la restriction relative aux branches d'activités prévue au règlement amiable en ce qui concerne la fabrication et la fourniture d'équipements de télécommunications sous forme de conception, de mise au point et de commercialisation de stations d'exploitation par l'intermédiaire de sa filiale Knowledge Engineering, Inc.

L'amende civile de 10 000 000 dollars imposée à US WEST est la plus importante qui ait été jamais infligée aux États-Unis dans une affaire d'offense au tribunal en matière de législation antitrust et la plus importante que la division antitrust ait jamais obtenue d'une seule partie défenderesse. Simultanément, US WEST a accepté des dispositions donnant au Ministère des moyens renforcés de veiller à ce que US WEST se conforme au règlement amiable AT & T et de contraindre US WEST à appliquer ce règlement amiable, y compris par des modifications d'un règlement amiable d'application civile préexistant. Dans son ordonnance, le Tribunal a statué sur la responsabilité générale de US WEST en ce qui concerne les violations reconnues du règlement amiable et sur certaines autres actions précises dont US WEST a estimé qu'elles ne constituaient pas des infractions.

Le règlement à l'amiable antitrust AT & T de 1982 n'interdit plus aux Bell Operating Companies (les "BOC") de fournir des "services d'information", c'est-à-dire des services de traitement et de récupération des données accessibles par téléphone. Le 25 juillet 1991, le tribunal d'instance (le juge Harold Greene) a fait droit aux demandes introduites par le Ministère et les BOC en vue de la levée de l'interdiction relative aux services d'information, en concluant que cette levée serait compatible avec l'"intérêt général" eu égard au critère juridique applicable tel que la Cour d'appel l'avait établi (voir le rapport de 1990 pour les États-Unis). Les partisans de l'interdiction relative aux services d'information ont attaqué cette décision devant la Cour d'appel de la circonscription du district de Columbia. Le tribunal d'instance avait initialement sursis à statuer tant que l'affaire resterait pendante devant la Cour d'appel, mais celle-ci a annulé la décision de surseoir à statuer et le 30 octobre 1991, la Cour suprême a rejeté la demande introduite par les appelants en vue de faire à nouveau surseoir à statuer. Les parties ont proposé un calendrier pour le dépôt des conclusions, mais il est vraisemblable que la procédure d'appel ne sera pas achevée avant 1993. Les BOC sont autorisées à fournir des services d'information tant qu'il n'a pas été statué en appel.

La législation antitrust s'applique à la fourniture de services d'information par les BOC, et les règlements de la Commission fédérale des communications en matière de non-discrimination et de répartition des coûts constituent des garanties supplémentaires contre les comportements anticoncurrentiels pour ce qui concerne ces services. Les interdictions prévues au règlement amiable en matière de services intercirconscriptions et de fabrication restent en vigueur. Par conséquent, les BOC ne peuvent se livrer à des activités interdites dans ce domaine, même dans le cadre de services d'information ou en association avec ces services.

Des recours contre les décisions du tribunal d'instance rejetant les actes introductifs d'instance des BOC afin d'être autorisées à fournir des "CCS" (signalisation sur voie commune) aux pourvoyeurs de services intercirconscriptions utilisant un système centralisé plus efficace sont également pendants devant la Cour d'appel de la circonscription du district de Columbia. Ces recours soulèvent deux questions importantes : 1) le point de savoir si le critère de l'intérêt général au titre de la législation antitrust s'applique aux demandes introduites par les BOC, soutenues par les États-Unis et contre lesquelles s'élève AT & T en vue de la modification des interdictions imposées par le règlement aux BOC et 2) le point de savoir si la carence dont a fait preuve le tribunal d'instance en n'appliquant pas le critère de l'intérêt général a pesé sur sa décision de rejeter les demandes de dérogation introduites par les BOC en ce qui concerne les CCS. Le gouvernement des États-Unis estime que le critère de l'intérêt général est applicable et que le tribunal doit approuver le projet de modification au motif qu'il se range parmi les types de règlement compatibles avec l'intérêt général en matière de concurrence. Des critères plus rigoureux appliqués aux demandes de modification des règlements amiables dans d'autres contextes ne seraient pas applicables en l'espèce. AT & T n'a pas d'intérêt juridique ou fondé en équité aux interdictions en cause, qui justifierait une dérogation à la règle normalement appliquée, là où les États-Unis appuient la demande d'un défendeur dans une affaire antitrust en vue de la modification d'une interdiction prévue à un règlement amiable et où ce règlement ne contient pas l'expression de l'intention des parties d'écarter le critère de l'intérêt général dans ce contexte. L'arrêt de la Cour d'appel de la circonscription du district de Columbia est de nature à entraîner des incidences de grande portée pour les procédures ultérieures dans lesquelles les États-Unis déposeront ou appuieront une demande des levées des restrictions prescrites dans des règlements amiables aux BOC en passant outre aux objections de AT & T. La modification particulière en cause en l'espèce est également indispensable pour la mise en oeuvre efficace de la technologie des CCS, qui permettra aux BOC et aux stations de télécommunications intercirconscription de fournir de nouveaux services et d'améliorer leur efficacité conformément aux instructions favorables à la concurrence de la FCC pour ce qui concerne 800 services.

En 1991, le Ministère a recommandé que des dérogations à l'interdiction concernant les services intercirconscriptions prévue au règlement amiable soient accordées de manière à permettre à plusieurs BOC d'être propriétaires de stations terrestres de réception seulement en vue de leur utilisation dans des entreprises étrangères de télévision câblée. Ces stations terrestres seraient exploitées en vue de la réception de signaux de programmes de télévision câblée transmis aux réseaux câblés étrangers directement à partir des États-Unis. Le tribunal d'instance surveillant l'application du règlement amiable a accordé les dérogations en cause en faveur de Bell Altantic, de US WEST, de NYNEX, de Southwestern Bell et de BellSouth le 26 juillet 1991 et de Ameritech le 10 septembre 1991. Ces dérogations ont été calquées sur la dérogation accordée à Pacific Telesis le 12 septembre 1990 aux mêmes fins. Le Ministère a recommandé l'octroi de ces dérogations après avoir conclu que les BOC n'avaient pas de possibilité sérieuse d'exploiter leur position de monopole sur les services de télécommunication locaux aux États-Unis afin d'acquérir un avantage anticoncurrentiel, quel qu'il soit, sur les marchés étrangers de la télévision câblée.

En septembre 1991, le Ministère a recommandé au tribunal d'instance d'accorder des dérogations au règlement amiable AT&T afin de permettre à Bell Atlantic, à Ameritech et à BellSouth de mettre en place la station terminale australienne de services internationaux de télécommunications entre les États-Unis et l'Australie et de permettre à Bell Atlantic de mettre en place la station terminale vénézuélienne de services internationaux de télécommunications entre les États-Unis et le Venezuela. Il a conclu que les opérations proposées ne feraient pas obstacle à la concurrence en matière de télécommunications internationales entre les États-Unis et les pays étrangers en cause. Le 8 octobre 1991, le tribunal d'instance a accordé les deux dérogations susvisées à des conditions similaires à celles qui étaient prévues dans les dérogations de 1990 concernant la Nouvelle-Zélande et le Mexique, en permettant aux BOC d'acquérir des participations pouvant atteindre 10 pour cent dans les câbles sous-marins et les satellites internationaux utilisés pour les télécommunications entre les États-Unis et l'Australie ou le Venezuela. La recommandation du Ministère et la décision judiciaire ont permis aux BOC de présenter une offre pour l'achat de la société australienne de satellite AUSSAT et de demander des autorisations de création d'une deuxième station de télécommunications en Australie faisant concurrence avec la compagnie de téléphone en place et, pareillement, à Bell Atlantic de présenter une offre dans le cadre de la privatisation de la société vénézuélienne de télécommunication, CANTV.

c) Mesures d'application diverses ne concernant pas les fusions, arrêtées par le Ministère de la justice en 1991

En 1991, le Ministère a engagé toute une série d'actions civiles en faisant valoir un comportement anticoncurrentiel dans des contextes étrangers à des fusions. En octobre 1991, il a engagé sa première action en matière de monopolisation depuis plusieurs années en déposant une demande civile antitrust sur deux chefs contre Varian Associates, Inc ("Varian") et Richardson Electronics Limited ("Richardson"). Varian est le plus grand fabricant de tubes à grille dans le monde, et Richardson est le distributeur dominant ou le seul distributeur pour pratiquement tous les fabricants de ces tubes écoulés aux États-Unis. Aux termes de la plainte, les deux firmes avaient conclu des accords illicites afin de coopérer pour l'achat de firmes concurrentes et de recueillir les carcasses de tubes recyclables afin d'empêcher qu'elles ne soient recyclées et vendues en concurrence avec les tubes neufs des firmes participant à cette entente illicite. Ces accords avaient pour objectif, selon la plainte, de relever le prix des nouveaux tubes et de monopoliser la fabrication et la vente de certains types de tubes à grille. L'affaire a fait l'objet d'un règlement amiable, qui a annulé les accords écrits des firmes, interdit certaines communications et activités des défendeurs et obligé chaque firme à payer 1 500 000 dollars à titre de dommages-intérêts à la suite de la revente de tubes de réseaux électriques à divers organismes et administrations du gouvernement des États-Unis. Voir *United States c. Varian Associates, Inc. et Richardson Electronics, Ltd.* 6 Trade Reg. Rep. (CCH) n° 45.091 (N.D. I11.1991).

Une autre action civile de la plus grande importance engagée par le Ministère en mai 1991 concernait l'affaire civile antitrust dans laquelle 9 grandes universités des États-Unis (dont huit sont désignées par le terme "Ivy League") se sont vu reprocher de s'entendre illicitement pour limiter la concurrence au niveau des prix sur l'aide financière à de futurs étudiants, en violation de l'article 1 de la loi Sherman. Huit de ces neuf universités ont accepté de régler le contentieux en signant un règlement amiable leur interdisant de s'entendre illicitiment sur l'aide financière et de se concerter au sujet des futures augmentations des frais d'inscription des étudiants ou des émoluments du personnel enseignant. Le neuvième défendeur, le Massachusetts Institute of Technology ("MIT") a refusé de s'associer au règlement et devra normalement être traduit en justice sur les chefs d'accusation susvisés au cours de l'année 1992. Voir *United States c. Brown University et autres,* 7 Trade Reg. Rep. (CCH) n° 50.731 (E.D. Pa. 1991) ; *id.,* 1991-92 Trade Cas. (CCH) n° 69.534 (E.D. Pa. 1991).

Le 7 février 1991, le Ministère a engagé une action civile contre 22 obstétriciens/gynécologues de Savannah (Georgie) au motif qu'ils avaient violé l'article 1 de la loi Sherman en s'entendant au sujet de l'échange d'informations relatives aux honoraires. Plus précisément, les médecins avaient convenu, au cours d'une série de réunions, d'augmenter leurs honoraires pour les accouchements normaux et pour les césariennes d'environ 500 dollars pour chacun. Tous les défendeurs ont accepté un règlement amiable interdisant l'échange de toute information concernant les honoraires médicaux actuels ou futurs, ainsi que tout accord de fixation de relèvement ou de maintien des honoraires. Voir *United States c. Burgstiner,* 1991-1 Trade Cas. (CCH) n° 69.422 (S.D. Ga. 1991).

Le 10 janvier 1991, le Ministère a engagé une action civile contre deux fournisseurs de poudre sans fumée pour armes légères (Olin Corporation and Hodgdon Power Company, Inc.) en faisant valoir une entente illicite en vue de soumissions frauduleuses en violation de la loi Clayton. Les défendeurs ont accepté de verser au total 25 000 dollars à titre de dommages-intérêts. Voir *United States c. Olin Corp. and Hodgdon Power Co., Inc.,* 6 Trade Reg. Rep. n° 45.091 (W.DD. Tenn. 1991).

d)   Mesures d'application ne concernant pas des fusions, arrêtées par la FTC en 1991

La Commission a déposé une plainte administrative, aux termes de laquelle le Dr. Diran M. Seropian s'était entendu illégalement avec diverses personnes afin d'empêcher la Cleveland Clinic Foundation d'établir une clinique dans le Northern Broward County (Floride). Selon la plainte, le Dr. Seropian et le personnel médical des deux hôpitaux de la région menaçaient de ne pas envoyer de malades et de ne pas fournir des services médicaux à ces hôpitaux, si le Broward General Medical Center adhérait à une entente visant à fournir des services et d'accorder des privilèges médicaux à des médecins de la clinique de Cleveland. Il serait interdit au Dr. Seropian, chef du personnel du Broward General Center, de refuser de traiter avec tout pourvoyeur de services de soins de santé si un juge administratif faisait droit à la plainte. Au début de 1992, la Commission a accepté à titre provisoire un règlement amiable du litige. Voir *Dr. Diran M. Seropian,* Docket n° 9248, 5 Trade Reg. Rep. (CCH) n° 23.007.

Un juge administratif a jugé que Peterson Drug Company de North Chili, New York, Inc. avait participé à un boycottage illégal du régime de remboursement des prescriptions médicales des salariés de l'État de New York en s'efforçant d'augmenter le taux de remboursement dans cet État. Ce juge administratif a ordonné à Peterson de ne s'entendre avec aucune firme pharmaceutique en vue du retrait de l'adhésion à un quelconque régime de remboursement. Les autres défendeurs dans cette affaire ont réglé le litige en acceptant des règlements amiables distincts (voir ci-après). Voir *Chain Pharmacy Association of New York State, et al.* Docket n° 9227, 5 Trade Reg. Rep. (CCH) n° 22.999.

Un juge administratif a rejeté une plainte dirigée contre des accords négociés par la College Football Association ("CFA") en vue de la télédiffusion de matchs de football entre équipes universitaires. La CFA est un organisme sans but lucratif qui regroupe plus de 60 des principales institutions américaines pratiquant le football universitaire. Aux termes de la plainte administrative déposée en 1990, la CFA freinait illégalement la concurrence par des accords donnant à l'American Broadcasting Company (ABC) et sa filiale câblée ESPN des droits exclusifs de diffusion de tout match de football auquel une institution universitaire affiliée à la CFA participait en qualité d'équipe d'accueil. Les matches de football interuniversités dont la télédiffusion n'était pas prévue sur une station d'ABC ou de ESPN pouvaient être diffusés au niveau régional dans la mesure où leur diffusion n'était pas incompatible avec la programmation de ABC pour la diffusion de matchs universitaires. Le juge a estimé que la Commission n'avait pas compétence pour statuer au sujet d'organismes sans but lucratif au titre des articles 4 et 5 de la loi sur la FTC. La loi donne à la Commission compétence pour se prononcer sur des sociétés ou des organismes constitués en vue de l'exercice d'activités lucratives dans leur intérêt propre ou dans celui de leurs membres. Il a également estimé que la CFA n'exerçait pas d'activités dans son propre intérêt puisque les recettes dégagées des programmes télédiffusés de matchs de football étaient réparties entre les instituts qui en étaient membres à diverses fins non lucratives, dont des aides financières à des programmes sportifs.

Enfin, il a estimé que les membres de la CFA étaient des institutions éducatives tenues par l'Internal Revenue Service (autorité fiscale) pour des organisations sans but lucratif. Un recours est formé contre sa décision devant la Commission. Voir *College Football Association,* Docket n° 9242, 5 Trade Reg. Rep. (CCH), n° 23.033.

La Commission a approuvé définitivement un règlement amiable du contentieux dans lequel il était reproché à Nintendo of America Inc., d'obtenir de certains de ses distributeurs des accords de vente de son matériel de jeux vidéo à domicile à des niveaux de prix déterminés. Aux termes de la plainte, les opérations de Nintendo relatives aux prix imposés avaient pour effet d'augmenter les prix à la consommation et de restreindre la concurrence parmi les revendeurs au détail. L'ordonnance interdit à Nintendo de fixer ou de réglementer le prix de vente au détail de tout produit Nintendo, d'obliger les détaillants à s'engager à vendre des produits à des prix préétablis, de réduire l'offre de produits ou d'imposer différentes conditions de crédit aux distributeurs qui vendent des produits Nintendo à des prix inférieurs à ceux qui étaient recommandés par Nintendo ou, pendant une période de cinq ans, de résilier les contrats avec les distributeurs au cas où ils ne vendraient pas aux prix minima recommandés. De même, pour une période de cinq ans, Nintendo est obligée d'indiquer qu'elle dégage sa responsabilité en apposant à cet effet sur tout équipement l'indication d'un prix de revente recommandé et en précisant que le revendeur est libre de fixer les prix auxquels il se propose de vendre les produits Nintendo. Enfin, Nintendo est tenue d'informer par lettre dans les 30 jours tous ses revendeurs qu'ils peuvent annoncer et vendre les produits à n'importe quel prix, sans qu'elle s'y oppose. Voir *Nintendo of America Inc.,* Docket n° C-3350, 5 Trade Reg. Rep. (CCH) par. 22.968.

La Commission a approuvé définitivement un règlement amiable conclu avec les 23 obstétriciens/gynécologues membres de la Southbank IPA, Inc. mettant fin au litige dans lequel il leur était reproché de fixer les prix demandés pour des soins médicaux. Aux termes de la plainte, Southbank, sa société-mère, Southbank Health Corporation et les 23 médecins, avaient constitué l'Independent Practice Association dans la région de Jacksonville (Floride) afin de contracter directement avec des tiers payants, des compagnies d'assurance et des employeurs fournissant des prestations de santé auto-assurées à leurs salariés. Aux termes de la plainte, l'IPA et ses affiliés freinaient la concurrence entre les obstétriciens et les gynécologues dans la région de Jacksonville en boycottant les tiers payants et en s'efforçant d'augmenter les paiements versés aux médecins. Aux termes du règlement, les médecins sont obligés de liquider Southbank IPA et sa société-mère et il leur est interdit de conclure aucun accord avec tout médecin concurrent en vue de la fixation des honoraires demandés pour les services spécialisés. Il est également interdit aux médecins de traiter avec aucun tiers payant à des conditions définies collectivement, à moins qu'ils ne participent à une entreprise commune "intégrée" au sens du règlement ou à une association en participation ou professionnelle. Ce règlement amiable est le premier dans lequel la Commission a ordonné la liquidation d'une entreprise de soins de santé. Voir *Southbank IPA, Inc.,* Docket n° c-3355, 5 Trade reg. Rep. (CCH) n° 23.065.

La Commission a approuvé définitivement un règlement amiable d'un litige, dans lequel il était reproché à The Connecticut Chiropractic Association, une association privée regroupant environ 86 pour cent des chiropraticiens de l'État de Connecticut, d'interdire illégalement à ses affiliés de proposer des services gratuits ou à prix réduits et de limiter leurs campagnes publicitaires. Aux termes de la plainte, l'association s'était entendue illicitement avec certains de ses affiliés en adoptant un code déontologique leur interdisant de proposer des services gratuits ou à prix réduits, de recourir à la publicité pour faire connaître l'existence de ces services aux consommateurs, de faire passer des annonces publicitaires qui n'étaient pas conformes au "bon goût", et de vanter, par la publicité, certaines compétences exceptionnelles, à moins que certaines conditions ne soient remplies. Toujours aux termes de cette plainte, l'association obligeait ses affiliés à se conformer au code en menaçant d'influencer les sociétés d'assurance soins de santé pour qu'elles réduisent les remboursements aux malades, de signaler les affiliés aux assureurs de fautes professionnelles et d'exclure les membres de l'association. L'accord amiable oblige l'association à modifier son code déontologique en vue de la levée des restrictions susvisées tout en lui permettant de continuer à faire obstacle aux prétentions de ses affiliés en matière de connaissances spécialisées, s'ils n'ont pas satisfait aux critères établis par un organisme autorisé à délivrer des licences d'exercice de la chiropraxie. Voir *Connecticut Chiropractic Association,* Docket n° C-3351. 5 trade Reg. Rep. (CCH) n° 22.991.

La Commission a approuvé définitivement neuf règlements amiables distincts conclus entre elle et trois associations professionnelles, quatre chaînes de pharmacies vendant au détail et deux particuliers, qui ont accepté de ne conclure aucun accord avec une autre firme pharmaceutique visant à refuser d'adhérer à tout régime de remboursement par des tiers payants pour les produits pharmaceutiques prescrits. Ces règlements amiables mettaient fin à la procédure administrative engagée en 1989 contre la Chain Pharmacy Association of New York State, Fay's Drug Company, Inc., James E. Krahulec, Kinney Drugs Inc., Melville Corporation, et Rite Aid Corporation, et aux deux actions administratives engagées en 1990 contre Empire State Pharmaceutical Society, Inc., la Capital Area Pharmaceutical Society, et Alan Kadish, l'ancien président de la Pharmaceutical Society of the State of New York Inc. Il avait été reproché aux associations, aux chaînes de pharmacie et aux particuliers de s'être entendus illicitement avec des tiers afin de refuser de participer au projet de régime de remboursement des prescriptions médicales des salariés de l'État de New York destiné à réduire les frais de cet État pour ce régime, et, par là, de réduire le taux du remboursement des prescriptions versé aux pharmacies. Aux termes des plaintes, l'État de New York avait perdu environ 7 000 000 dollars après avoir été obligé d'augmenter les prix payés aux pharmacies au titre du régime de remboursement des prescriptions.

Aux termes du règlement amiable, il est interdit à toutes les parties de communiquer à aucune firme pharmaceutique leur intention particulière de conclure tout accord de participation existant ou en projet pendant une période de huit années. Au surplus, pour une période de huit années, il est interdit à chaque partie de s'entendre ou de communiquer avec toute autre entreprise pharmaceutique en ce qui concerne la conclusion d'un accord de participation concernant les politiques de remboursement des tiers payants. Voir *Chain Pharmacy Association of New York State Inc., Fay's Drug Company, Inc. Kinne Drugs, Inc., James E. Krahulec,* Docket n° 9227, 5 Trade Reg. Rep. (CCH) n° 22.955. *Melville Corp., Rite Aid Corp.,* Docket n° 9227, 5 Trade Reg. Rep. (CCH) n° 22895, *Empire State Pharmaceutical Society Inc., Capital Area Pharmaceutical Society, Alan Kadish, Docket* n°s 9238-9239, 5 Trade Rep. Reg. (CCH) n° 22.895.

La Commission a conclu un règlement amiable avec The Madison County Veterinary Medical Association et avec quatre vétérinaires indépendants, auxquels il était reproché de s'entendre illicitement avec des tiers afin de refuser de participer à tout programme proposant des services vétérinaires d'un coût moins élevé. Aux termes de la plainte, la Medical Association et quatre vétérinaires de Huntsville (Alabama) Robert Neil Cole, D.V.M. Donald Butler Popejoy, D.V.M., Billy Joe Renfroe, D.V.M., et Charles L. Smith, D.V.M. restreignaient la concurrence en convenant illicitement de ne pas participer à un programme proposé par la National Animal Welfare Association (Société nationale de protection des animaux) qui encourageait les vétérinaires à utiliser des moyens peu coûteux de châtrer les animaux. En outre, aux termes de la plainte, la Medical Association et ses affiliés s'étaient entendus illégalement afin de limiter la publication de leurs annonces publicitaires dans les pages jaunes de l'annuaire téléphonique de Huntsville (Alabama). Aux termes du règlement amiable, il est interdit à la Medical Association et aux quatre vétérinaires indépendants de refuser collectivement leur adhésion ou de menacer de refuser leur adhésion à un programme encourageant la vente aux consommateurs de services vétérinaires à des prix réduits. Au surplus, il est interdit, en vertu de l'ordonnance, aux vétérinaires de s'efforcer de réglementer ou de normaliser la publicité ou la promotion des services vétérinaires. Voir *Madison County Veterinary Association,* Docket n° C-3340, 5 Trade Reg. Rep. (CCH) n° 22.997.

La Commission a annoncé aux fins d'observations du public un projet d'accord amiable réglant le litige dans le cadre duquel il était reproché à Kreepy Krauly, U.S.A. Inc., un fabricant d'appareils automatiques de nettoyage des piscines, d'avoir conclu illégalement des accords écrits avec ses distributeurs au sujet des prix de vente au détail de ses produits. Aux termes du projet de règlement amiable, il est interdit à Kreepy Krauly de conclure ou de faire appliquer des accords en ce sens avec des distributeurs ou de contraindre les distributeurs d'imposer ou d'adopter un prix de revente, et, en outre, cette firme doit notifier à ses agents et distributeurs que les revendeurs sont libres de fixer leurs propres prix pour les produits destinés à la vente. Voir *Kreepy Krauly, U.S.A. Inc.,* Docket n° C-3354, 5 Trade Reg. Rep. (CCH) par. n° 22.924.

La Commission a annoncé aux fins d'observation du public un règlement amiable du litige dans lequel il était reproché à Sandoz Pharmaceuticals Corporation d'avoir établi un arrangement de vente liée illicite en obligeant les patients qui achetaient de la clozapine, qui est un médicament utilisé pour le traitement de la schizophrénie, d'acheter également des services de distribution et de suivi commercialisés et organisés par Sandoz au titre de son système d'administration de Clozaril aux patients. La clozapine est vendue sous la marque commerciale Clozaril et est commercialisée exclusivement aux États-Unis par Sandoz. Aux termes de la plainte, l'arrangement illégal des ventes liées restreignait la concurrence et portait préjudice aux consommateurs en relevant le prix du traitement et faisait obstacle à ce que les institutions fédérales, étatiques et locales et les pourvoyeurs de soins de santé privés gèrent leurs propres services de suivi de leurs malades. En vertu du règlement amiable, il sera interdit à Sandoz d'obliger tout acquéreur de Clozaril d'acheter d'autres produits ou services à Sandoz, ou à qui que ce soit désigné par Sandoz. Au surplus, Sandoz doit fournir à tout autre vendeur de clozapine, à des conditions raisonnables, des informations au sujet des malades qui ont mal réagi à la clozapine. Le projet de règlement permet effectivement à Sandoz de refuser de vendre le médicament à quiconque ne fournit pas des services de suivi satisfaisants pour les malades. Voir *Sandoz Pharmaceuticals Corp.* Dossier n° 901-0124, 5 Trade Reg. Rep. (CCH) par. 23.0111.

La Commission a annoncé aux fins d'observations du public un projet de règlement amiable avec The Industrial Multiple et sa société mère, American Industrial Real Estate Association, qui réglerait l'affaire dans laquelle il était reproché à Industrial Multiple d'avoir restreint la concurrence parmi les agents immobiliers spécialisés dans les immeubles industriels en restreignant dans une mesure déraisonnable l'accès au Multiple Listing Service (Service de listage multiple) (MCL), en limitant les options contractuelles que les courtiers affiliés pouvaient proposer à leur clientèle et en réduisant la probabilité d'une concurrence au niveau des réductions des commissions ou des prix chez les courtiers. Industrial Multiple est le seul service de listage multiple à Los Angeles. Au titre du règlement amiable, il serait interdit à Industrial Multiple d'exiger que les candidats à l'affiliation s'occupent essentiellement de courtage dans le secteur immobilier industriel, reçoivent un pourcentage précis de leurs revenus dégagés des commissions immobilières, fassent en sorte qu'une partie précise de leur chiffre d'affaires immobilier concerne des biens industriels, réalisent un chiffre d'affaires minimum en dollars correspondant à des ventes ou à des locations de biens fonciers industriels pendant une certaine période, quelle qu'elle soit ou se livrent à des opérations de courtage portant sur des biens fonciers industriels pendant une certaine période, quelle qu'elle soit. Le règlement amiable interdirait également à Industrial Multiple (1) de subordonner l'affiliation à un critère, quel qu'il soit, qui serait appliqué sous une forme abusivement discriminatoire et qui obligerait les membres à "mettre en valeur" les listages en cause là où le taux de commission différerait du taux normal de la firme de listage et (2) de limiter l'accès du public aux listages de représentation exclusive. Voir *Industrial Multiple,* Dossier n° 851-0057, 5 Trade Reg. Rep. (CCH) par. 23.090.

La Commission a annoncé aux fins d'observations du public un projet de règlement amiable avec Roberto Fojo, M.D., dans l'affaire dans laquelle il était reproché à Fojo, l'ancien président du service d'obstétrique et de gynécologie au North Shore Medical Center à Miami, de s'être entendu illicitement avec d'autres membres de ce département afin de menacer de cesser de fournir des soins dans leurs services d'urgence et donc d'obliger l'hôpital à rémunérer les services d'urgence des obstétriciens ou des gynécologues et de divers médecins. Au titre de l'accord type conclu entre l'hôpital et les médecins, ceux-ci avaient accepté de fournir des services de garde pour les soins d'urgence et diverses prestations gratuitement, en contrepartie des privilèges hospitaliers. Aux termes de la plainte, après les dispositions prises par Fojo, seuls quelques-uns des 20 obstétriciens-gynécologues étaient disposés à fournir des services de garde et ceux qui acceptaient de le faire étaient rémunérés. Le projet d'accord interdirait à Fojo de s'entendre avec d'autres médecins afin de boycotter la salle d'urgence de tout hôpital et, pendant une période de cinq années, d'agiter la menace que tout médecin puisse, en se concertant avec un autre médecin, exercer un tel boycottage. Voir *Roberto Fojo,* M.D. Dossier n° 871-0045, 5 Trade Reg. Rep. (CCH) par. 23.113.

La Commission a annoncé aux fins d'observations du public des projets d'accords amiables avec six cliniques à Rockford (Illinois), mettant fin au différend dans lequel il leur était reproché de s'être entendus illicitement afin de boycotter les registres locaux des cliniques afin de restreindre la concurrence et de réduire le prix du louage des services d'aide-soignants temporaires. Les règlements amiables interdiraient notamment aux défendeurs de conclure des accords avec d'autres acheteurs de cliniques, afin de refuser ou de menacer de refuser l'utilisation des services de tous répertoires de soignants temporaires, de fixer les prix exigés par ces registres ou de s'immiscer par ailleurs dans la fixation de ces prix. En outre, ils interdiraient aux défendeurs pendant une période de cinq années, de communiquer certaines informations au sujet de l'utilisation de leurs services d'enregistrement à d'autres cliniques. Au surplus, la conclusion d'accords avec tout autre défendeur en vue de l'achat ou de l'utilisation des services de tout répertoire de soignants temporaires affiliés serait interdite pendant une période de dix années. Voir *Rockford Illinois Nursing Homes,* Dossier n° 891-0048, 5 Trade Reg. Rep. (CCH) par. 23.115.

Sur la demande de Shell Oil Company, la Commission a réexaminé et annulé une ordonnance de 1961. Aux termes de la plainte administrative, un accord de commercialisation entre Firestone Tire & Rubber Company et Shell prévoyant le paiement par Firestone à Shell d'une commission de vente sur toutes les ventes de pneus, batteries et accessoires écoulés aux points de vente de Shell constituait une méthode de concurrence déloyale. L'ordonnance interdisait à Shell d'exiger cette commission de vente et d'encourager la vente de pneus, de batteries et d'accessoires par tout vendeur à toute personne écoulant des produits Shell. En annulant l'ordonnance, la Commission a relevé que la législation régissant la distribution verticale avait été sensiblement modifiée depuis 1961. Voir *Firestone Tire & Rubber Company,* et autres, Docket n° 6487, 5 Trade reg. Rep. (CCH) par. 23.030.

La Commission a réexaminé et modifié une ordonnance de 1990 afin d'autoriser le New England Motor Rate Bureau (bureau de tarification des transports routiers de la Nouvelle-Angleterre) de déposer des tarifs collectifs pour le transport de marchandises par des entreprises de camionnage aux tarifs publiés et aux activités inter-États dans l'État du New Hampshire. La demande introduite par le bureau de tarification en vue de l'annulation pure et simple de l'ordonnance a été rejetée. L'ordonnance est devenue définitive en novembre 1990 après que la Cour d'appel de la première circonscription eut annulé la décision de la Commission et jugé que la surveillance de la tarification collective par le bureau de tarification s'exerçait de manière satisfaisante et que, par conséquent, elle était conforme à la législation antitrust, dans l'État du Massachussets. L'ordonnance a été ensuite fondée exclusivement sur des opérations de tarification illégales dans le New Hampshire. Voir *New England Rate Bureau,* Docket n° 9170, 5 Trade Reg. Rep. (CCH) par. 22.055.

La Commission a accepté de modifier une ordonnance qu'elle avait obtenue contre l'American Medical Association (l'association médicale américaine) (AMA) en 1982. La modification concerne une clause de cloisonnement et laisse intactes les dispositions prohibitives de l'ordonnance, qui interdisent à l'AMA de limiter le recours à une publicité honnête et non fallacieuse par les médecins et de se mêler de la contrepartie que les médecins se voient proposer par contrat pour leurs services. La disposition en cause exige de l'AMA qu'elle obtienne une attestation des organismes qui en sont membres et suivant laquelle ils ne contestent pas l'ordonnance, et l'AMA tenait à faire supprimer cette disposition. A la place, dans sa version modifiée, l'ordonnance surseoit à l'application de la disposition relative à l'attestation pendant une période de deux ans. Si, au terme de cette période, l'AMA a exécuté certaines obligations énoncées dans l'ordonnance modifiée la Commission estimera que l'AMA satisfait aux exigences

de la disposition relative à l'attestation. Voir *American Medical Association,*
Docket n° 9064, Trade Reg. Rep. (CCH) par. 23.074.

Affaires privées ayant des incidences internationales

Dans l'affaire *Amernational Industries, Inc. c. Action-Tunsgram*, Inc., 1991-1
Trade Cas. (CCH) par. 69.331 (6ème cir.), droit d'évocation refusé, 11 S. Ct.
2957 (1991), une cour d'appel a annulé une décision par défaut qui avait été
arrêtée par un tribunal d'instance dans le cadre d'une procédure antitrust engagée
par un importateur d'ampoules électriques contre Electroexportimport, une société
d'export-import propriété de l'État roumain. Le tribunal d'instance avait arrêté la
décision par défaut après avoir constaté que la partie défenderesse avait manqué
à son obligation de se conformer de manière satisfaisante à l'ordonnance, par
laquelle ce tribunal avait exigé la présentation de documents au plaignant. La
Cour d'appel a ordonné au tribunal d'instance d'annuler sa décision et de
reprendre la procédure. Ce faisant, il a fait état de "la politique énergique" prévue
par le Foreign Sovereign Immunity Act et visant à "encourager les États étrangers
et leurs organes à comparaître devant les juridictions des États-Unis et à permettre
un examen au fond exhaustif des affaires auxquelles les États souverains étrangers
étaient parties". La Cour d'appel a également constaté que le large écart entre les
pratiques culturelles, gouvernementales et politiques entre les États-Unis et la
Roumanie constituait un facteur que le tribunal d'instance aurait dû prendre en
compte dans l'exercice de son pouvoir d'appréciation. La Cour a constaté que le
plaignant n'aurait pas subi de préjudice si la décision par défaut avait été annulée
et que le tribunal d'instance aurait dû examiner les arguments de fond invoqués
par la partie défenderesse pour sa défense dans le cadre de la requête en
annulation de la décision par défaut.

Dans l'affaire *Insurance Antitrust Litigation*, 938 F 2ème 919 (9ème Cir.
1991), la Cour d'appel a annulé le rejet par un tribunal d'instance d'une action
civile engagée contre des assureurs et des réassureurs étrangers et américains, qui
étaient présumés s'être entendus pour boycotter des assureurs tous risques en
utilisant des formulaires non conformes. La Cour d'appel a jugé que des assureurs
ne pouvaient échapper à l'application de la législation antitrust au titre de la loi
McCarran-Ferguson, qui prévoit une dérogation en faveur des comportement
réglementés par les États composant les États-Unis, et que, même s'ils avaient été
en droit de bénéficier de cette dérogation, ils perdaient le bénéfice de cette
protection en se concertant illicitement avec des parties défenderesses étrangères.
La Cour a jugé qu'elle avait compétence à l'égard des assureurs étrangers, au
motif que l'entente illicite comportait l'importation de services d'assurance aux
États-Unis et tombait sous le coup de la dérogation concernant les importations
prévue par le Foreign Trade Antitrust Improvements Act de 1982. Elle a
également jugé que les parties défenderesses n'avaient pas établi qu'elles

pouvaient invoquer pour leur défense la théorie de "l'acte d'État" au titre de la réglementation étatique régissant des aspects de leur comportement. Se fondant sur l'analyse de la courtoisie internationale dans l'affaire *Timberlane*, la Cour a conclu que des considérations relatives à la courtoisie internationale n'exigeaient pas le rejet de l'action engagée contre les assureurs étrangers, au motif que le comportement des parties défenderesses exerçait des effets sensibles aux États-Unis et que l'objectif du boycottage était d'affecter le secteur de l'assurance aux États-Unis (la position adoptée dans cette affaire par le Ministère de la justice est exposée succinctement dans le rapport des États-Unis pour 1990).

Dans l'affaire *Alpha Lyracom Space Communications, Inc. c. Communications Satellite Corp.*, 1991-2 Trade Cas. (CCH) par. 69.608 (2ème Cir. 1991), droit d'évocation refusé, 112 S. Ct. 1174 (1992), la Cour d'appel a jugé que Communications Satellite Corporation ("COMSAT"), une société privée créée par le Congrès, échappait à l'application de la législation antitrust pour les activités qu'elle exerçait en sa qualité de représentant des États-Unis auprès de l'Organisation internationale des télécommunications par satellites. Néanmoins, elle a également jugé que la responsabilité de COMSAT pouvait être engagée au titre de la législation antitrust pour son comportement en qualité de transporteur public.

International Raw Materials c. Stauffer Chemical Co. 1991-2 Trade Cas. (CCH) par. 69.498 (E.D. Pa. 1991) concerne l'interprétation de la loi Webb-Pomerene, qui prévoit qu'une "association constituée dans le but exclusif de se livrer au commerce d'exportation" jouissait d'une immunité lui permettant d'échapper aux poursuites au titre de la législation antitrust en ce qui concerne "tout accord conclu ou tout acte accompli dans l'exercice du commerce d'exportation." American Natural Soda Ash Corporation ("ANSAC") est une association d'exportateurs regroupant les principaux producteurs américains de soude caustique. ANSAC avait noué avec un terminal portuaire une relation financière complexe, prévoyant certaines garanties et engagements de la part de l'association envers ce terminal et la possibilité qu'elle acquière finalement une participation financière dans le terminal. La Cour a jugé qu'ANSAC réunissait les conditions requises pour bénéficier d'une protection au titre de la loi Webb-Pomerene, même si la plupart des entreprises affiliées à l'association étaient propriété étrangère ou à majorité étrangère. Elle a également jugé que la relation financière d'ANSAC avec le terminal n'ébranlait pas son droit à une dérogation à la législation antitrust au titre de la loi Webb-Pomerene.

III. Application de la législation et des politiques antitrust : Fusions et concentrations

1. *Statistiques du Ministère de la justice et de la Division sur les fusions*

Le Ministère et la Commission établissent des statistiques concernant les fusions et les acquisitions signalées en application de la loi Hart-Scott-Rodino sur la notification préalable des fusions. Seules celles qui remplissent certaines conditions de dimension ou autres doivent être déclarées conformément à la loi. En 1991, les deux agences ont reçu 2 930 dossiers concernant 1 537 opérations notifiées en application du programme préalable des fusions.

Examen par le Ministère de la justice de notifications préalables aux fusions

Après examen des dossiers de notification préalable, le Ministère a envoyé 63 lettres pour demander des renseignements complémentaires ("second requests") se rapportant à 37 opérations en 1991. Pendant cette période, il a également étudié 1440 fusions et acquisitions réalisées par des banques et diverses institutions financières non visées par la loi Hart-Scott-Rodino.

Examen par la FTC de notifications préalables à des fusions

Se fondant sur son examen des rapports de notification préalables à des fusions, la FTC a enquêté sur 29 opérations en envoyant des demandes de renseignement complémentaires.

Application des règles relatives aux notifications préalables à des fusions

La Commission et le Ministère se sont activement employés à faire respecter les dispositions de la loi Hart-Scott-Rodino et, à cette fin, ont engagé devant les juridictions fédérales des poursuites et obtenu des condamnations à des amendes civiles. La Commission demande au Ministère de la justice de déposer un acte introductif d'instance pour ses actions en justice. Les plaintes et les règlements sont déposés devant le Tribunal d'instance du district de Columbia.

Le 2 août 1991, le Ministère et la FTC ont annoncé la conclusion d'un protocole d'accord concernant le traitement des affaires dans lesquelles des amendes civiles sont demandées, en application des dispositions de la loi HSR relatives aux notifications préalables aux fusions. Au titre de ce protocole d'accord, la Commission présentera des recommandations en matière d'amendes civiles au Ministère. Celui-ci informera la Commission soit (1) qu'il engagera l'action recommandée (2) qu'il désapprouve l'action recommandée ou (3) qu'il a besoin d'un complément d'information. Si la Commission n'est pas informée par le Ministère dans les 45 jours, elle pourra proposer des avocats à l'agrément de l'Attorney général en vue de la saisine d'une juridiction fédérale pour le compte des États-Unis.

Le 8 mars 1991, le Ministère a engagé une action civile contre Cox Enterprises, au motif qu'elle avait manqué à son obligation de respecter les exigences relatives à la notification et la période d'attente prévues par la loi Hart-Scott-Rodino, dans le cadre de son acquisition de Knight-Ridder Inc. en 1986. Il était reproché à Cox de détenir un portefeuille d'actions de Knight Ridder d'une valeur supérieure à 15 millions de dollars à la suite d'une série d'achats d'actions mais d'avoir manqué à son obligation de notification au Ministère. Cox risquait donc d'être condamné à une astreinte de 10 000 dollars par jour d'infraction à la loi. Le 8 août 1991, Cox a accepté un règlement de l'affaire en versant une amende civile de 1 750 000 dollars. Voir *United States c. Cox Enterprises, Inc.,* 1991-1992, Trade Cas. (CCH) par. 69.540 (N.D. Ga. 1991).

Le Ministère a engagé une action similaire en 1991 contre plusieurs autres parties, dont Aero Limited Partnership, pour manquement à l'obligation de se conformer aux exigences de la loi HSR dans le cadre de leur investissement dans US Air Group, Inc. Aero a accepté de verser 1 125 000 dollars à titre d'amende. Voir *United States c/ Aero limited Partnership,* 1991-1992 Trade Cas. (CCH) par. 45.091 (D.D.C. 1991).

Le 3 janvier 1991, la Commission a accusé General Cinema Corporation d'avoir violé la loi HSR. Aux termes de la plainte déposée auprès de la juridiction fédérale par la Commission, General Cinema avait acquis une participation dépassant 15 millions de dollars dans le capital de Cadbury Schweppes p.l.c. entre septembre 1986 et février 1987, sans avoir déposé la notification requise au titre de la loi Hart-Scott-Rodino auprès de la Commission et du Ministère de la justice. La Cour est invitée à condamner General Cinema à l'amende civile maximum autorisée par la loi. Voir *General Cinema Corporation,* dossier n° 871-0047, 5 Trade Reg. Rep. (CCH) par. 23.129. Le 7 janvier 1992, General Cinema a accepté de payer 950 000 dollars d'amende civile.

Le 7 janvier 1991, dans le cadre d'une plainte et d'un règlement amiable déposés par le Ministère devant une juridiction fédérale, Service Corporation International ("SCI") a accepté de payer 500 000 dollars d'amende civile en vue du règlement des imputations selon lesquelles elle avait violé l'obligation de déposer une notification préalable à la fusion au titre de la loi HSR. Aux termes de la plainte, il était reproché à SCI d'avoir acquis une participation dépassant 15 millions de dollars dans le capital de Centurion National Group., Inc. sans avoir notifié l'acquisition à la Commission et au Ministère de la justice, conformément à ce que prévoit la loi HSR. Aux termes de la plainte, SCI avait été en infraction à la loi HSR pendant 59 jours. Voir *Service Corporation International*, dossier n° 871-0053, 5 Trade Reg. Rep. (CCH), par. 22.927.

Le 30 janvier 1991, dans le cadre d'une plainte déposée par le Ministère devant une juridiction fédérale, Equity Group Holdings, une société en nom collectif, dans laquelle Steven M. Rales et Mitchell P. Rales étaient majoritaires, a accepté aux termes d'un règlement amiable de payer 850 000 dollars pour mettre fin au litige dans lequel il lui était reproché d'avoir violé les exigences de la loi HSR relatives à la notification préalable des fusions, lorsque Equity avait acquis une participation dans Interco Inc. Aux termes de la plainte, les frères Rales, Equity, et la filiale à responsabilité limitée Rales, de création récente, avaient acquis une participation dépassant 15 millions de dollars dans le capital d'Interco, avant de déposer la notification et le rapport en bonne et due forme et d'attendre l'expiration de la période d'attente, conformément à ce que prévoit la loi Hart-Scott-Rodino. En outre, il était fait grief de ce que l'association City Capital Associates Limited Partnership, constituée par les frères Rales et deux associés, avait utilisé deux sociétés en qualité de propriétaires de 49 pour cent du capital dans une tentative d'éluder l'application des dispositions de la loi HSR en matière de notification préalable aux fusions. Voir *Equity Group Holdings,* dossier n° 871-0093, 1991-1 Trade Reg. Rep. par. 69.320 (D.D.C. 1991).

Le 31 janvier 1991, dans le cadre d'une plainte déposée par le Ministère devant une juridiction fédérale, Atlantic Richfield Co. et Union Carbide Corporation ont chacune accepté de payer 1 million de dollars à titre d'amende civile en vue du règlement du litige dans lequel il leur était reproché de ne pas s'être conformées aux exigences de la notification préalable aux fusions au niveau fédéral au titre de la loi HSR, lorsque ARCO avait acquis les installations de fabrication d'uréthane polyether polyol et de propylène glycol. Aux termes de la plainte, les parties avaient effectivement conclu l'acquisition lorsque Union Carbide a transferé la totalité des titres et des risques de propriété des installations de fabrication de produits chimiques à ARCO. En outre, l'acquisition de la propriété effective avait prétendument eu lieu avant que les parties ne déposent les rapports de notification préalable aux fusions prévues par la loi HSR. L'amende civile de 2 millions de dollars est la deuxième en ordre décroissant qui sanctionne une violation de la loi HSR. Voir *Atlantic Richfield Co. c. Union Carbide,* dossier n° 901-0010, 5 Trade Reg. Rep. (CCH) par. 22.878.

Le 20 décembre 1991, dans le cadre d'une plainte déposée par les avocats de la Commission agissant en qualité d'avocats spéciaux auprès de l'Attorney General des États-Unis au titre du protocole d'accord conclu l'année précédente entre la Commission et le Ministère de la justice, Atlantic Richfield Co (ARCO) a accepté de payer 290 000 dollars en règlement du litige dans lequel il lui avait été reproché d'avoir violé la loi HSR lorsqu'elle avait vendu des actions dans ARCO Seed Co à U.F. Genetics. Aux termes de la plainte, les exigences de notification préalable aux fusions n'avaient pas été respectées lorsque U.F. Genetics avait acquis la propriété effective de la totalité des actions de capital ARCO Seed donnant droit de vote avant de notifier l'opération à la Commission ou au Ministère de la justice et de laisser expirer le délai d'attente. L'infraction commise par ces sociétés avait duré 31 jours. Le règlement amiable n'a pas encore été approuvé par le tribunal. Voir *Atlantic Richfield/U.F. Genetics,* dossier n° 87100773, 5 Trade Reg. Rep. (CCH) par. 23.133.

2. *Examen d'affaires concernant des fusions*

Actions engagées par le Ministère de la justice en matière de fusions

En 1991, le Ministère a officiellement engagé des enquêtes sur 93 fusions et acquisitions. Il a contesté publiquement 14 projets de transaction et engagé finalement quatre actions, afin d'y faire obstacle. Dix projets de transaction ont été abandonnés ou restructurés après l'annonce par le Ministère de son intention d'engager une action ou après qu'il a déposé une plainte.

Le 5 janvier 1991, le Ministère a engagé une action civile antitrust pour attaquer le projet d'acquisition de Semi-Gas Systems of San Jose (Californie) par Nippon Sanso de Tokyo (Japon). Il a soutenu que le projet d'acquisition constituerait une violation de l'article 7 de la loi Clayton en réduisant sensiblement la concurrence dans la production et la vente de conteneurs à gaz aux États-Unis. Les conteneurs à gaz servent à la distribution de gaz spéciaux pour la fabrication de semi-conducteurs. L'acquisition regroupait les deux principaux producteurs mondiaux de conteneurs à gaz et renforçait sensiblement la position dominante de Semi-Gas sur le marché des États-Unis. Nippon Sanso fabrique des conteneurs à gaz aux États-Unis par l'intermédiaire d'une filiale en propriété exclusive, Matheson Gas Products à Secaucus (New Jersey).

Le Ministère a demandé une injonction préliminaire afin de bloquer le projet d'acquisition. Le 25 mars 1991, le tribunal d'instance des États-Unis pour la circonscription de l'Est de la Pennsylvanie a rejeté sa demande. Le tribunal a jugé dans un avis juridique que les éléments qui lui avaient été présentés n'étaient pas suffisamment probants pour conclure à l'existence d'une probabilité suffisante que le gouvernement obtienne gain de cause sur le fond. Plus précisément, il a jugé que les éléments de preuve relatifs à la part du marché et à la concentration sur le marché, présentés par le gouvernement, n'étaient pas suffisamment probants pour qu'ils puissent être invoqués à l'appui de sa thèse selon laquelle l'acquisition réduirait sensiblement la concurrence. Voir *United States c. Nippon Sanso K.K. e.a.,* 1991-1 Trade Cas. (CCH) par. 69.337 (E.D. Pa. 1991). Après le rejet de la demande d'injonction préliminaire, le gouvernement a retiré volontairement sa plainte.

Le 10 mai 1991, le Ministère a reçu une décision favorable du tribunal d'instance dans l'affaire *US c. Autotote et United Tote*, 768 F. Supp. 1064 (D. del. 1991). Dans cette affaire civile de fusion, faisant l'objet d'une action engagée en 1990, le projet d'acquisition d'Autotote par United Tote, son principal concurrent pour la conception et la fabrication de systèmes et de services de totalisation (utilisés pour les paris) aurait eu prétendument pour effet de réduire sensiblement la concurrence dans ce secteur. Le tribunal a reconnu que la fusion était anticoncurrentielle et il a arrêté une ordonnance interdisant aux deux firmes de fusionner. Ces firmes n'ont pas interjeté appel.

Le 5 juillet 1991, le Ministère a déposé une plainte dirigée contre la fusion de deux banques : Fleet/Norstar Financial Group, Inc. et New Maine National Bank. La concurrence à laquelle, selon le Ministère, il serait mis fin par la fusion concernait la fourniture de services bancaires aux moyennes et petites entreprises dans certaines régions de l'État du Maine. Le litige a été résolu par un règlement amiable, aux termes duquel les banques ont accepté de se dessaisir de certains actifs de dépôts bancaires des filiales. Le Ministère avait la certitude que ces dessaisissements faciliteraient l'accès d'un nouveau pourvoyeur de services bancaires aux entreprises (ou renforceraient la position d'un petit concurrent en place), en préservant de ce fait la concurrence. *Voir United States c. Fleet/Norstar Financial Group., Inc.*, 1991-2 Trade Cas. (CCH) par. 69.646 (D. ME. 1991).

Le 24 juillet 1991, le Ministère a engagé une action afin de bloquer un projet d'acquisition de Velobind, Inc. par General Binding Corp. General Binding est le plus grand fabricant de machines à relier automatiques de grande capacité, alors que Velobind en est le deuxième par ordre d'importance. Les parties ont par la suite accepté de restructurer leur accord, essentiellement en vue de la création d'un nouveau concurrent pour la vente de machines à relier utilisant des bandes plastiques. Le Ministère a reconnu que la restructuration de la transaction atténuerait les craintes en matière de concurrence et a donc conclu un règlement amiable avec les parties. *Voir United States c. General Binding Corp. et Velobind Inc.*, 7 Trade Reg. Rep. (CCH) par. 50.732 (D.D.C. 1991).

Le Ministère a engagé une action afin de faire obstacle à la fusion de Ashton-Tate Corporation et de Borland International, Inc., deux concurrents pour la vente de logiciels de systèmes de gestion de bases de données relationnelles pour ordinateurs personnels. Le litige a été réglé sous la forme d'un règlement amiable lorsque Borland a accepté de renoncer à engager une action contre des concurrents pour contrefaçon fondée sur le langage de programmation des données de base d'Ashton-Tate (une norme largement utilisée pour le logiciel de système de données de base relationnelles). Le Ministère avait la certitude que les clauses de ce règlement amiable permettraient de protéger la concurrence dans ce secteur d'un chiffre d'affaires annuel de 200 millions de dollars. *Voir United States c. Borland International, Inc. et Ashton-Tate Corp.*, 6 Trade Reg. Rep. (CCH) par. 50.734 (N.D. Cal. 1991).

Actions engagées par la FTC en matière de fusions

Le libre fonctionnement des marchés des capitaux et des valeurs mobilières est indispensable au fonctionnement efficace de l'économie des États-Unis. Fusions et acquisitions permettent une réorganisation efficiente de ces actifs, et elles améliorent le bien-être des consommateurs en réduisant les coûts et les prix. Cependant certaines fusions peuvent réduire sensiblement la concurrence et entraîner la hausse des prix demandés aux consommateurs. Au cours de l'année civile écoulée, la Commission s'est efforcée de faire obstacle à quatre fusions. Elle a déposé une plainte administrative afin de contester un projet d'acquisition. De plus, elle a conclu 10 accords amiables afin de dissiper les craintes que les projets de fusion n'exercent des effets anticoncurrentiels. La Commission a accepté une réduction anticipée de la période d'attente prévue par la loi Hart-Scott-Rodino pour 939 opérations. Ce sont là des efforts qui témoignent de l'engagement pris par la Commission de s'opposer aux fusions risquant d'avoir des effets anticoncurrentiels sans pour autant empêcher des opérations qui peuvent renforcer la productivité.

a)   Injonctions préliminaires autorisées

Le personnel de la Commission a déposé une demande devant le tribunal d'instance des États-Unis pour le district de Columbia en vue d'une injonction préliminaire visant à faire obstacle au projet d'acquisition par Wiggins Teape Appleton p.l.c. d'une papeterie de Vancouver (Washington) propriété de Boise Cascade Corporation. La Commission avait des motifs de croire que l'acquisition réduirait sensiblement la concurrence pour la production de papier non carbonifère chimique aux États-Unis. Ce papier qui est utilisé pour les formulaires commerciaux et les fiches de facturation pour cartes de crédit, est un papier couché qui permet la reproduction du texte écrit en première page sur les pages suivantes sans utilisation de papier carbone. Avant l'audience prévue devant le tribunal au sujet de l'injonction préliminaire, Appleton a renoncé au projet de transaction et la Commission a retiré sa demande d'injonction. Voir *Wiggins Teape Appleton p.l.c.,* dossier n° 911-0006, 5 Trade Reg. Rep. (CCH) par. 22.952.

La Commission a autorisé son personnel à demander une injonction préliminaire pour faire obstacle au projet de Oy Wartsila Ab d'acquérir Computerized Security Systems, Inc. et Winfield Lock, Inc. Elle estimait que le projet d'acquisition réduirait sensiblement la concurrence pour la fabrication et la vente de dispositifs de verrouillage de portes d'hôtel pouvant être recodés. Wartsila, par l'intermédiaire de sa filiale en propriété exclusive, Ving Card Systems Inc., et Computerized Security Systems sont parmi les principaux fabricants mondiaux de ces dispositifs. Les parties ont renoncé à leur projet d'acquisition avant que la Commission n'ait déposé une demande d'injonction préliminaire devant un tribunal d'instance fédéral. Voir *Oy Wartsila AB,* dossier n° 901-0152, 5 Trade Reg. Rep. (CCH) par. 22.929.

La Commission a autorisé son personnel à demander une injonction préliminaire pour faire obstacle au projet de EG&G, Inc. d'acquérir pour 70 millions de dollars Heimann GmbH, une filiale en propriété exclusive de Siemens AG. Elle estimait que le projet d'acquisition aboutirait à la constitution d'un monopole aux États-Unis pour les dispositifs de filtrage radiographique utilisés par des compagnies aériennes, des administrations publiques et l'industrie privée pour détecter les matières dangereuses. Grâce à sa filiale en propriété exclusive Astrophysics Research Corporation, EG&G est le principal fabricant d'équipements de sécurité radiographiques ; Heimann est le plus grand fabricant de dispositifs de filtrage radiographique en dehors des États-Unis. Les parties ont réaménagé la transaction afin de dissiper les inquiétudes de la Commission au sujet d'une violation de la législation antitrust. Voir *Eg&G,* dossier n° 911-0084, 5 Trade Reg. Rep. (CCH) par. 23.037.

La Commission a autorisé son personnel à demander une injonction préliminaire afin de faire obstacle au projet de Instruments SA d'acquérir la division équipements d'épitaxie à faisceaux moléculaires appartenant à INTEVAC, Inc. Elle estimait que le projet d'acquisition réduirait sensiblement la concurrence pour la fabrication et la vente de ces équipements qui sont utilisés pour le développement d'éléments de cristaux structurés artificiellement en vue de leur incorporation dans les semi-conducteurs et les dispositifs optoélectroniques. Les parties ont renoncé à leur projet d'acquisition avant que la Commission n'ait déposé devant les tribunaux une demande d'injonction préliminaire. Voir *Instruments S.A.,* dossier n° 911-0056, 5 Trade Reg. Rep. (CCH) par. 22.995.

b) Décisions administratives arrêtées par la Commission

La Commission a annulé à l'unanimité une décision par laquelle un juge administratif avait en 1990 rejeté une requête dirigée contre l'acquisition par Ukiah Adventist Hospital et Adventist Health System/West de la quasi-totalité du capital de Ukiah General Hospital. Aux termes de la plainte administrative de 1989, l'acquisition nuirait prétendument aux consommateurs en réduisant sensiblement la concurrence entre les services hospitaliers généraux d'urgence en donnant à Adventist Health System/West, la société mère de Ukiah Adventist, le contrôle de trois des cinq hôpitaux de la région Southeastern Mendocino d'Ukiah (Californie). Le juge a estimé que la Commission n'était pas compétente en matière d'acquisition d'actifs par des sociétés sans but lucratif si l'acquisition n'était pas accomplie sous la forme d'une fusion. La Commission a annulé sa décision et estimé que la loi Clayton lui donnait l'autorité nécessaire pour contester les acquisitions d'actifs par des entités ne poursuivant pas un but lucratif. La Commission a renvoyé l'affaire au juge pour qu'il statue sur le fond.

Voir *Adventist Health System/West,* Docket N° 9234, 5 Trade Reg. Rep. (CCH) par. 23.038.

Un juge de droit administratif a rejeté une plainte dirigée contre l'acquisition par Coca-Cola Bottling Company of the Southwest de certains actifs de Dr. Pepper Bottling Co. à San Antonio. Selon la plainte administrative, l'acquisition réduisait la concurrence pour la fabrication de boissons non alcoolisées de marques nationales et aggraverait le risque d'une collusion dans la région de San Antonio. En outre, toujours selon cette plainte, l'acquisition affaiblirait Big Red Bottling Company, une société faisant partie des actifs de Dr. Pepper Bottling Co mais non comprise dans l'achat par Coca-Cola. Le juge a conclu que le marché des produits en cause était plus vaste que celui qui était visé par la plainte et comprenait des marques nationales, des marques privées et des marques stockées de boissons non alcoolisées. En outre, le juge a estimé que le marché géographique était plus vaste que la région se composant des dix comtés situés aux environs de San Antonio et désignés dans la plainte et a constaté que la concurrence sur le marché des boissons non alcoolisées dans cette région était vigoureuse. Le marché en cause se caractérise par une capacité excédentaire, des prix peu élevés et de faibles obstacles à l'accès. Un recours du personnel a été déposé en juillet 1991 et le débat oral devant la Commission s'est déroulé en décembre 1991. Voir *Coca Cola Bottling Company of the Southwest,* Docket, n° 9215, Trade Reg. Rep. (CCH) par. 23.010.

La Commission a déposé une plainte administrative dirigée contre le projet d'acquisition de l'hôpital St. Joseph par University Health Inc. Aux termes de la plainte, l'acquisition réduirait la concurrence en matière de services hospitaliers généraux d'urgence dans la région d'Augusta (Georgie) et priverait les malades, les médecins et les assureurs de soins de santé des avantages d'une franche concurrence fondée sur les prix, la qualité et les services. De même, aux termes de la plainte, la région d'Augusta était déjà fortement concentrée et l'acquisition aggraverait le risque de collusion entre d'autres hôpitaux régionaux. La Cour d'appel des États-Unis pour la 11ème circonscription a ordonné à l'unanimité au Tribunal d'instance d'Augusta pour la circonscription du Sud de la Georgie de rendre l'injonction préliminaire que la Commission avait demandée afin de faire obstacle au projet d'acquisition. Elle a également confirmé la décision du Tribunal d'instance suivant laquelle la Commission avait compétence au titre de la loi Clayton en matière d'acquisition d'actifs concernant exclusivement des organismes sans but lucratif. La demande d'injonction préliminaire a été la première que la Commission ait demandé à une juridiction fédérale afin de faire obstacle à une fusion entre des entreprises hospitalières ne poursuivant pas de but lucratif. L'affaire a fait ensuite l'objet d'un désistement en vue d'un règlement négocié. Voir *St. Joseph's Hospital/University Health Inc.* Docket n° 9246, 5 Trade Reg. Rep. (CCH) par. 22.965.

La Commission a approuvé définitivement un règlement amiable auquel étaient parties Hoechst A.G., une firme allemande et ses filiales américaines, Hoechst Corporation et Hoechst Celanese Company en vue du règlement du contentieux découlant de l'acquisition par Hoechst de Celanese Corporation. Aux termes de la plainte, l'acquisition réduirait sensiblement la concurrence pour la fabrication et la vente d'acétal sur les marchés mondiaux, y compris les États-Unis. Par cette acquisition, Hoechst, la maison mère de Hoechst Celanese, a pris le contrôle de Ticona Polymerwerke en Allemagne, une entreprise commune de production d'acétate formée par Celanese et Hoechst A.G.

Bien qu'elle n'oblige pas les trois firmes à se dessaisir d'aucun actif ou activité existant ou absorbé en matière de production d'acétal, l'ordonnance interdit aux firmes de conclure ou de mettre en oeuvre tout accord pouvant empêcher Polyplastics Company, Ltd (Japon), l'entreprise commune de Hoechst et de Daicel Chemical Industries, Ltd, de faire concurrence à Hoechst et à ses filiales pour la fabrication et la vente d'acétal aux États-Unis. Hoechst A.G. et ses deux filiales américaines, Hoechst Corporation et Hoechst Celanse Corporation, se voient également interdire de conclure avec tout producteur de produits à base d'acétal, tout accord de partage ou de restriction de la concurrence sur le marché pour une période de dix années. Un règlement amiable distinct qui a été conclu en 1987, a mis fin aux accusations selon lesquelles cette même acquisition risquait de réduire sensiblement la concurrence aux États-Unis pour la fabrication et la vente de produits et de fibres de polyester. Voir *Hoechst A.G.,* Docket n° 9216, 5 Trade Reg. Rep. (CCH) par. 23.044.

La Commission a approuvé définitivement un règlement amiable avec Meade Instruments, une filiale de Harbour Group Investments L.P., et Celestron International, une filiale de Diethelm Holding (U.S.A.) Ltd, mettant fin au litige relatif à leur projet de création d'une entreprise commune. Meade et Celestron International se proposaient de constituer une entreprise commune dont chacune serait propriétaire de 50 pour cent du capital, Celestron Meade International, qui fabriquerait et commercialiserait des télescopes Schmidt-Cassegrain de dimension moyenne utilisés en astronomie. Aux termes de la plainte, Meade et Celestron sont deux des plus grands fabricants de ces télescopes aux États-Unis et, à la suite de la fusion, les deux firmes auraient constitué pratiquement un monopole de la fabrication de ces télescopes. L'ordonnance oblige Harbour Group et Diethelm Holding à obtenir l'autorisation préalable de la Commission pendant une période de dix années avant d'acquérir une entreprise fabriquant ou vendant des télescopes Schmidt-Cassegrain de dimension moyenne aux États-Unis. Les parties ont renoncé à leur projet de fusion et se sont ralliées au règlement amiable après que le Tribunal d'instance de la circonscription de Columbia eut fait droit à la demande d'injonction préliminaire déposée par la Commission. Voir *Harbour Group Investments, L.P. et autres,* Docket n° 9244, 5 Trade Reg. Rep. (CCH) par. 22.992.

La Commission a approuvé définitivement un règlement amiable avec M. Harold A. Honickman et Brooklyn Beverage Acquisition Corp. au sujet du litige dans lequel il était allégué que l'acquisition en 1987 de Seven-Up Brooklyn Bottling Company Inc. réduirait la concurrence pour la production, la distribution et la vente de boissons non alcoolisées pétillantes de marque dans l'agglomération de New-York. Aux termes de la plainte, à la suite de l'acquisition, M. Honickman et sa filiale Brooklyn Beverage embouteillaient, distribuaient et vendaient des boissons non alcoolisées dans cette agglomération sous les dénominations Pepsi, Canada Dry et Seven-Up. Les actifs de Seven-Up ont été vendus ultérieurement. Le règlement amiable prévoit que M. Honickman doit obtenir l'approbation préalable de la Commission pendant une période de dix années avant d'acquérir une participation, quelle qu'elle soit, dans une entreprise de mise en bouteilles de boissons non alcoolisées pétillantes dans l'agglomération de New-York. Aux termes de l'ordonnance, une approbation préalable ne serait pas requise si le projet de transaction était notifiée conformément aux dispositions en matière de notification préalable aux fusions de la loi Hart-Scott-Rodino et si Honickman et Brooklyn Beverage se dessaisissaient de tous leurs actifs communs dans les six mois avant d'exercer leur contrôle sur les actif d'acquisition récente. *Voir Harold A. Honickman et Brooklyn Beverage Acquisition Corp.* Docket n° 9233, 5 Trade Reg. Rep. (CCH) par. 22.980.

En octobre, la Commission a approuvé définitivement un règlement amiable auquel étaient parties Nippon Sheet Glass Company Ltd. et Pilkington PLC, au sujet d'un contentieux dans lequel il était allégué que l'acquisition par Nippon en 1990 d'une participation de 20 pour cent dans Libby-Owens-Ford Co, une filiale américaine en propriété exclusive de Pilkington, réduirait probablement la concurrence sur le marché nord-américain de verre armé. Aux termes de la plainte, les conditions de l'accord entre Nippon et Pilkington au sujet de l'acquisition donnaient à leur entreprise commune L-O-F le droit d'écouler en Amérique du Nord le verre armé poli fabriqué tant par Pilkington que par Nippon, ce qui éliminait la concurrence entre Nippon et Pilkington et accroissait la probabilité d'une collusion entre d'autres firmes sur le marché.

Aux termes de l'ordonnance, il est interdit à Nippon et Pilkington de fabriquer ou de distribuer en commun du verre armé poli en Amérique du Nord à la clientèle implantée aux États-Unis par l'intermédiaire de L-O-F ou de toute autre firme sans l'autorisation préalable de la Commission pendant une période de dix ans. En vertu de cette ordonnance, Nippon et Pilkington restent des fournisseurs indépendants de verre armé aux États-Unis. Voir *Nippon Sheet Glass Company/Pilkington,* Docket n° C-3345, 5 Trade Reg. Rep. (CCH) par. 23.007.

La Commission a approuvé définitivement un règlement amiable avec PepsiCo Inc, mettant fin aux imputations suivant lesquelles son acquisition de Twin Ports Seven-Up Bottling Company réduirait sensiblement la concurrence pour la production et la distribution de boissons non alcoolisées pétillantes, dans la région de Duluth (Minnesota). Aux termes de la plainte, Twin Ports, un embouteilleur et un distributeur de Seven-Up et de Dr. Pepper, vend des marques autres que Pepsi en concurrence avec les marques Pepsi vendues par l'embouteilleur Pepsi franchisé dans la région de Duluth. L'acquisition augmenterait de ce fait la probabilité d'une collusion entre les marques, parce que PepsiCo pourrait relever le prix soit de ses boissons non alcoolisées de marque soit de boissons non alcoolisées de marque autre que Pepsi, que ses installations de Twin ports embouteillent et distribuent au titre d'un contrat de franchisage dans la région. En vertu de l'ordonnance, PepsiCo doit se dessaisir de Twin Ports dans les neuf mois au profit d'un acquéreur agréé par la Commission. En outre, pendant une période de dix ans, PepsiCo doit obtenir l'autorisation de la Commission avant d'acquérir les droits de distribution de marques autres que Pepsi, ou d'acquérir toute entreprise titulaire de ce droit dans la région de Duluth. Voir *PepsiCo Inc.* Docket n° C-3347, 5 Trade Reg. Rep. (CCH) par. 22.899.

La Commission a approuvé définitivement un règlement amiable conclu avec RWE Aktiengesellschaft, mettant fin au contentieux résultant de son projet d'acquisition de Vista Chemical Company pour 1 300 000 000 dollars. Aux termes de la plainte jointe au projet de règlement amiable, l'acquisition éliminerait la concurrence sur le marché pour la fabrication et la vente à l'échelle mondiale d'alumine obtenue par le traitement de l'alcool d'un haut degré de pureté. RWE et Vista sont les deux seules firmes qui obtiennent de l'alumine en tant que sous-produit de la production d'alcool de haute pureté utilisé pour la production de catalyseurs pour l'industrie de raffinage du pétrole, l'industrie chimique et le secteur de la fabrication de dispositifs d'élimination des émanations de gaz des voitures. Aux termes de l'ordonnance, RWE est tenue d'autoriser l'utilisation d'une certaine technologie pour la production de son alumine et d'aider le titulaire de la licence à constituer et à exploiter une entreprise en participation capable de se donner les moyens de produire de l'alumine obtenue par le traitement d'alcool extrêmement pur, et qui soit comparable à celle de Vista ou de RWE. Voir *RW Aktiengesellschaft,* Docket n° C-3349, 5 Trade Reg. Rep. (CCH) par. 23.004.

La Commission a définitivement approuvé un règlement amiable avec Sentinel Group Inc., mettant fin aux imputations suivant lesquelles son acquisition d'entreprises de pompes funèbres avait sensiblement réduit la concurrence dans le domaine des services funéraires dans six villes de Georgie et de l'Arkansas. Aux termes de la plainte, l'acquisition renforçait sensiblement le risque de collusion ou de coordination interdépendante entre les autres firmes de ces régions. L'ordonnance prévoit que Sentinel doit se dessaisir d'une de ses entreprises de pompes funèbres sur chacun des trois marchés distincts désignés dans la plainte et obtenir l'approbation de la FTC avant d'en acquérir d'autres sur l'ensemble des six marchés désignés dans la plainte et cela pendant une période de dix ans. Elle prévoit en outre que Sentinel doit se dessaisir de trois des entreprises de pompes funèbres et lui interdit pendant une période de dix ans d'acquérir une telle enterprise dans la région comprise dans un rayon de 14 miles à partir des limites de chacune des six villes. Voir *Sentinel Group, Inc.,* Docket n° C-3348, 5 Trade Reg. Rep. (CCH), par. 23.027.

La Commission a définitivement approuvé un règlement amiable conclu avec Alleghany Corporation, en vertu duquel Alleghany a accepté de se dessaisir dans les 12 mois au profit d'un acquéreur agréé par la Commission de sa participation dans Westwood Equities Corporation, une firme fournissant des inventaires de biens immobiliers dans 18 comtés de plusieurs États. Aux termes de la plainte, le projet d'acquisition de la plus grande partie des actifs de Westwood en matière d'assurances de titres de propriété réduirait la concurrence pour l'établissement et pour la vente d'informations sur les bureaux et succursales de gestion des titres de propriété dans certains comtés des États suivants : Californie, Illinois, Indiana, Tennessee et Washington. A côté de l'obligation de dessaisissement, il est interdit à Alleghany pendant une période de dix ans d'acquérir la moindre participation dans certaines entreprises qui fournissent des services administratifs et auxiliaires de gestion de titres de propriété aux comtés désignés dans l'ordonnance sans l'autorisation préalable de la Commission. Voir *Alleghany Corporation & Westwood Equities Corporation,* Docket n° C-3335, 5 Trade Reg. Rep. (CCH), par. 22.951.

La Commission a approuvé définitivement un règlement amiable avec American Stair-Glide Corporation, mettant fin au litige découlant de son acquisition de Cheney Company Inc. Aux termes de la plainte, l'acquisition éliminait la concurrence et créait une firme dominante aux États-Unis pour la fabrication et pour la vente d'ascenseurs incorporés dans des escaliers et d'ascenseurs pour fauteuils roulants. Le règlement amiable prévoit que ASG est tenue d'accorder à un licencié agréé au préalable par la Commission une licence d'exploitation perpétuelle non exclusive pour la technologie et savoir-faire de Cheney dans la production d'ascenseurs combinés avec des escaliers en courbe, d'ascenseurs combinés avec des escaliers en ligne droite et d'ascenseurs à la verticale pour fauteuils roulants ainsi qu'une licence exclusive perpétuelle sur la marque Cheney. L'ordonnance oblige également ASG à obtenir l'autorisation préalable de la Commisison afin d'acquérir une participation dans une firme s'occupant de la production, de la distribution et de la vente de tous ascenseurs combinés avec des escaliers en courbe, ascenseur pour escalier en ligne droite, ou ascenseur à la verticale pour fauteuils roulants aux États-Unis pendant une période de dix années. L'ordonnance interdit également à ASG d'utiliser la marque Cheney en ce qui concerne tous produits vendus aux États-Unis. Enfin, pendant une période de cinq années, il est interdit à ASG de conclure tout accord de vente à long terme ou tout accord d'exclusivité limitant la capacité d'un distributeur de vendre des ascenseurs combinés avec des escaliers ou des ascenseurs pour fauteuils roulants de tout autre fabricant. Voir *American Stair Glide Company & Cheney Company,* Docket n° C-3331, 5 Trade Reg. Rep. (CCH) par. 22.931.

La Commission a approuvé définitivement un règlement amiable avec Torrington Company et Universal Bearings Inc., mettant fin aux imputations résultant du projet d'acquisition de Universal par Ingersoll-Rand Company. Aux termes de la plainte, Universal avait commencé prématurément à renforcer ses activités de fabrication de demi-essieux au sein de Torrington, une filiale en propriété exclusive d'Ingersoll-Rand, au cours de la période d'attente prévue par la loi Hart-Scott-Rodino. En outre, aux termes de cette plainte, pendant cette même période, Universal avait chargé Torrington de s'occuper de sa clientèle pour les demi-essieux. En vertu de l'ordonnance, Torrington et Universal sont convenues de ne pas renforcer la production, la commercialisation ou tout autre aspect de leurs activités respectives avec un acquéreur avant la réalisation de tout projet d'acquisition. Auparavant dans l'année, la Commission avait déjà autorisé son personnel à demander une injonction préliminaire afin de faire obstacle à l'acquisition de Universal par Ingersoll-Rand. La Commission a estimé que l'acquisition réduirait sensiblement la concurrence pour la fabrication et la vente de rouleaux à aiguilles, de pièces en acier cylindrique anti-friction dans les roulements pour les transmissions de voiture, d'arbres de transmission et de blocs de direction motrice. Les parties ont renoncé à la transaction avant qu'une demande d'injonction préliminaire ait pu être déposée devant un tribunal d'instance fédéral. Voir *Torrington Company & Universal Bearings Inc.* Docket n° C-3330, 5 Trade Reg. Rep. (CCH) par. 22.942.

La Commission a accepté aux fins d'observations du public un projet d'accord amiable qui autoriserait Service Corporation International à acquérir Sentinel Group Inc. Aux termes de la plainte, l'acquisition réduirait sensiblement la concurrence des services de pompes funèbres dans certaines régions de la Géorgie et du Tennessee et renforcerait le risque de collusion entre les autres entreprises de pompes funèbres de ces régions. Aux termes du règlement amiable, SCI serait autorisée à acquérir Sentinel si elle se dessaisissait de six entreprises de pompes funèbres désignées dans les 12 mois : une à Savannah (Georgie), une à LaFayette (Georgie), une à Soddy Daisy (Tennessee) et trois à Chattanooga (Tennessee). En outre, pendant une période de dix années, SCI doit obtenir l'autorisation préalable de la Commission avant d'acquérir toute entreprise de pompes funèbres à Savannah et à LaFayette (Georgie) et dans certaines parties de la banlieue de Chattanooga (Tennessee). Voir *Service Corporation International,* dossier n° 911-0087, 5 Trade Reg. Rep. (CCH), par. 23.028.

La Commission a accepté de soumettre aux observations du public un projet de règlement amiable avec Service Corporation International, qui mettrait fin aux imputations suivant lesquelles le projet d'acquisition par SCI de Pierce Brothers Holding Company réduirait sensiblement la concurrence entre les entreprises de pompes funèbres dans la région californienne de San Bernadino-Riverside. L'acquisition regrouperait les 600 centres funéraires et 150 cimetières de SCI dans 42 États avec les 63 centres funéraires et 12 cimetières de Pierce en Californie du

Sud et en Floride. Aux termes du projet de règlement, SCI serait autorisée à absorber Pierce, mais devrait se dessaisir de quatre des centres funéraires de Pierce et obtenir l'autorisation de la FTC avant d'acquérir tout nouveau centre funéraire dans la région San Bernadino-Riverside. Voir *Service Corporation International,* dossier n° 911-0027, 55 Trade Reg. Rep. (CCH) par. 23.110.

La Commission a accepté de soumettre aux observations du public un projet de règlement amiable avec Hanson plc, la société mère de Kaiser Cement, qui mettrait fin aux imputations selon lesquelles son projet d'acquisition de la firme britannique Beazer plc. pourrait réduire sensiblement la concurrence dans le secteur de la cimenterie en Californie du nord. Beazer était propriétaire pour moitié du capital de Cencal Cement Company. Pour sa part, Cencal possédait un terminal en eaux profondes pour l'importation de ciment au port de Stockholm. Aux termes de la plainte, le projet d'acquisition serait de nature à réduire sensiblement la concurrence pour la fabrication et la vente de ciment dans 48 comtés de l'extrême nord de la Californie en faisant disparaître la concurrence entre Kaiser et Cencal et en renforçant sensiblement le danger de collusion ou de coordination interdépendante entre les autres firmes présentes sur le marché.

Au titre du projet d'accord, Hanson et sa filiale en propriété exclusive seraient autorisés à absorber Beazer, mais seraient tenues dans les 180 jours de vendre la moitié du capital de Cencal qu'elles auraient acquis par la transaction à l'autre copropriétaire de Cencal, soit Ssangyong Cement Inc, ou d'acquérir la participation de Ssangyong dans Cencal avant de se dessaisir de la totalité du capital de Cencal Company dans les 12 mois au profit d'un acquéreur agréé par la Commission. Dans l'un ou l'autre cas, Cencal doit être exploitée indépendamment de Hanson au titre d'un accord de gestion distincte jusqu'à sa vente. En outre, si le dessaisissement n'est pas chose faite dans les 12 mois, Hanson accepte que la Commission désigne un fidéicommissaire chargé d'achever la transaction. Enfin, l'accord interdirait à Hanson d'acquérir, sans l'autorisation de la Commission, aucun actif ou plus de 3 pour cent du capital d'une société qui fabrique, vend, expédie ou distribue du ciment sur le marché de la Californie du Nord pendant une période de dix ans. Voir *Kaiser Cement Company (Hanson plc, et autres),* dossier n° 921-0014, 5 Trade Reg. Rep. (CCH) par. 23.107.

La Commission a accepté de soumettre aux observations du public un projet de règlement amiable qui mettrait fin aux imputations suivant lesquelles l'acquisition de Rapistan Company par Mannesmann A.G. réduirait sensiblement la concurrence sur le marché des États-Unis des convoyeurs à haute vitesse, de capacité légère ou moyenne, pour les distributeurs et les usagers. Tant Rapistan que la filiale de Mannesmann ayant son siège à Cincinnati, The Bushman Company, fabriquent et vendent également ces convoyeurs. Aux termes de la plainte, le marché de ces produits est fortement concentré et l'accès par de nouveaux concurrents est difficile. Le projet d'acquisition mettrait fin à la concurrence effective entre deux concurrents aux États-Unis et donnerait à

Mannesmann la possibilité d'acquérir une position dominante sur le marché et accroitrait le risque de collusion. Au titre du projet de règlement, Mannesmann céderait Bushman à un acquéreur agréé par la Commission dans les douze mois et gérerait séparément les actifs de Bushman et de Rapistan jusqu'à la vente de Bushman. Au surplus, pendant une période de dix ans, Mannesmann serait tenue d'obtenir l'approbation de la Commission avant d'acquérir une entreprise fabriquant et vendant les convoyeurs en cause. Voir *Mannesman, A.G.,* dossier n° 911-0110, 5 Trade Reg. Rep. (CCH) par. 23.117.

La Commission a modifié un règlement amiable de 1977 avec Union Carbide Corporation, aux termes duquel il était interdit à cette dernière de conclure des contrats d'une durée supérieure à un an avec des distributeurs de gaz industriel. Ce règlement mettait fin aux imputations suivant lesquelles Union Carbide se livrait à certaines actions risquant de réduire sensiblement la concurrence pour la vente de gaz industriel et érigeait des barrières à l'entrée au niveau tant du producteur que du distributeur. La Commission a modifié le règlement afin de permettre à la firme d'établir des conditions contractuelles pour une durée plus longue qu'un an avec plusieurs entreprises distributrices, à constituer en propriété commune de la Union Carbide Industrial Gas Division et de ses salariés, à partir d'entreprises de distribution de gaz en conteneur dans le capital desquelles la Industrial Gas Division détient actuellement une participation supérieure à 50 pour cent. Voir *Union Carbide Corporation,* Docket, n° C-2902, 5 Trade Reg. Rep. (CCH) par. 22.961.

La Commission a réexaminé et rectifié un règlement en vertu duquel la firme britannique T&N plc était tenue de se dessaisir de certains équipements de fabrication de roulements pour moteurs de faible épaisseur. A la suite de la modification, T&N n'est plus obligée de se dessaisir du reste de son stock de rouleaux pour moteurs de faible épaisseur. En juin 1991, la Commission a approuvé le dessaisissement par T&N de certains de ses stocks au profit de Automotive Components Ltd (ACL), une firme australienne. L'approbation par la Commission du dessaisissement était prévue par un règlement amiable de 1990, qui a été modifié après que T&N eut établi que l'obligation de la firme de se dessaisir du reste des stocks imposerait des coûts tant à T&N qu'à ACL et qu'il ne semblait pas y avoir la moindre nécessité du point de vue de la concurrence d'exiger un dessaisissement supplémentaire. Voir *T&N plc,* Docket, n° C-3312, 5 Trade Reg. Rep. (CCH) par. 23.104.

c)   Actions engagées par un tribunal d'instance

L'affaire *Adventist health System c. FTC,* n° 91-2320 (DDC), concerne une action visant à faire obstacle à ce qu'il soit statué dans une procédure en cours devant la FTC et dirigée contre l'acquisition d'un hôpital à caractère non commercial au titre de l'article 7 de la loi Clayton. La plainte a été déposée le

11 septembre 1991, et, le 17 octobre 1991, le tribunal d'instance a jugé que la Cour d'appel de la neuvième circonscription devait être saisie de l'affaire pour qu'il soit statué. Les plaignants ont formé un recours contre cette décision.

CableAmerica Corp. c. FTC, n° 91-N-2932-NE (N.D. Ala.) concerne une action dirigée contre une enquête en cours de la Commission au titre de la loi Clayton et de la loi Hart-Scott-Rodino au sujet d'un projet de fusion de deux firmes de réseaux câblés. Les plaignants font valoir que la Commission n'a compétence ni pour enquêter sur les fusions de sociétés de câbles ni pour les réglementer parce que cette compétence appartient exclusivement à la Commission fédérale des Communications. La plainte a été déposée le 16 décembre 1991.

L'affaire *Dr. Pepper/Seven-Up et Harold Honickman c. FTC*, n° 91-2712 (D.D.C.) concerne une requête en révision d'une décision de la Commission refusant son autorisation préalable à Harold Honickman d'acquérir les actifs de Seven-Up Brooklyn Bottling Co., conformément aux clauses d'un règlement amiable. La plainte a été déposée le 22 octobre 1991.

Examens d'activités auxquels le Ministère de la justice a procédé

Le Ministère a procédé à un examen de projet d'activités en 1991. (Pour un exposé de la procédure d'examen d'activités par le Ministère, voir la note 12 en bas de page, au paragraphe 90 du rapport sur les États-Unis pour la période 1982-1983). En mars 1981, le Ministère de la justice a informé la Recording Industry Association of America (RIAA) qu'il n'avait pas l'intention d'attaquer le projet de création par la RIAA d'une entreprise commune de recherche et de développement en matière de technologie propre à l'enregistrement audio avec la participation de Bolt, Beranok and Newman Systems et Technologies Corporation (BBN). Aux termes de la lettre du Ministère à la RIAA, compte tenu des informations actuellement à sa disposition, le projet d'entreprise commune ouvrait des perspectives de bénéfices de renforcement de l'efficacité dans la mesure où il s'agissait d'entreprendre un processus coûteux et risqué d'élaboration de nouveaux produits sans réduire de façon significative la concurrence sur le marché au sein duquel l'entreprise commune se proposait d'exercer ses activités ou sur d'autres marchés sur lesquels les affiliés de la RIAA étaient ou pouvaient être en concurrence. Dans sa lettre, le Ministère se réservait cependant le droit d'engager une action si les activités effectives de l'entreprise commune proposée s'avéraient anticoncurrentielles par leur objet ou par leurs effets.

IV. Questions de politique de réglementation et de politique commerciale

1. *Politiques de réglementation*

Participation du Ministère de la justice aux procédures de réglementation

En 1991, le Ministère n'a pas cessé de préconiser un renforcement de la concurrence dans le secteur réglementé, en insistant pour qu'il soit mis fin à l'ingérence des pouvoirs publics, inutile ou contraire à la productivité, dans le libre fonctionnement du marché. Lorsque les objectifs légitimes de la réglementation appellent une intervention des pouvoirs publics sur le marché, le Ministère préconise l'emploi des formes d'intervention les moins préjudiciables à la concurrence. Certains des dossiers déposés en matière de réglementation sont exposés ci-après.

Au cours de l'été de 1991, le Ministère a déposé des documents dans le cadre d'une procédure du Ministère des transports ("DOT") des États-Unis, engagée dans le but d'examiner les règlements du DOT régissant les activités des systèmes de réservation informatisés ("CRS") appartenant aux compagnies aériennes. Le DOT avait conclu que des raisons commerciales exigeaient que chaque compagnie aérienne introduise ses données de vol dans chaque système de réservation informatisée et que les compagnies aériennes propriétaires d'un tel système et ayant intégré leur système de réservation interne dans celui de leur CRS pouvaient fournir à partir de leur CRS des services supérieurs à ceux des compagnies aériennes utilisatrices qui n'en possédaient pas. Cet avantage provenant de l'intégration a été dénommé "déformation professionnelle de l'architecte" (architectural bias) par le DOT et a été jugé avoir des effets anticoncurrentiels sur les marchés du transport aérien. Afin de stimuler la concurrence sur ces marchés et d'accroître le bien-être du consommateur, le Ministère à proposé que le DOT détermine des règles interdisant aux systèmes de réservation informatisée de faire payer une commission de réservation par les usagers des compagnies aériennes utilisatrices. Un tel usage obligerait les vendeurs de ces systèmes à obtenir des commissions de service de la part des agents de voyages au sein d'un marché compétitif au lieu de celles des compagnies aériennes qui paieraient des prix plus que compétitifs en raison de leur besoin d'être présentes dans chaque système. Afin d'atténuer les effets anticoncurrentiels de la "déformation professionnelle", le Ministère a proposé que le Ministre des transports exige des compagnies aériennes propriétaires de systèmes de réservation informatisée qu'elles séparent leur système interne de réservation de celui de leur CRS et assurent l'égalité d'accès à tous les usagers des compagnies aériennes utilisatrices. Le Ministère a préféré ces deux méthodes aux autres systèmes parce qu'elles limitent à la longue l'interventionnisme du Ministère des transports.

En juin 1991, le Ministère a prié instamment le DOT de libéraliser son "Cities Program" afin de permettre aux transporteurs aériens étrangers d'établir des liaisons aériennes avec un plus grand nombre de villes américaines, qui ne bénéficiaient que de liaisons internationales limitées, dans la mesure où le pays dont relève le transporteur étranger accorde le droit à un accès identique aux transporteurs aériens américains.

Poursuivant ses efforts antérieurs visant à persuader le Ministère de l'agriculture des États-Unis ("USDA") d'abroger ou d'amender les décrets de commercialisation qui font obstacle au libre fonctionnement des lois du marché et portent préjudice aux consommateurs, le Ministère a participé en 1991 à trois procédures relatives aux décrets de commercialisation de l'USDA. Il a réitéré ses recommandations aux termes desquelles le système que l'USDA avait mis en place par son décret sur la commercialisation du lait comportait des règles en matière d'établissement des prix et des restrictions de production excessives et que, par conséquent, il faudrait modifier ce système afin de permettre une utilisation plus grande du lait reconstitué en vue de la substitution du lait de production rentable au lait de production non rentable. Le Ministère a établi que le système en vigueur favorisait les excédents de production d'installations non rentables, ce qui entraîne des hausses de prix inutiles pour les consommateurs de produits laitiers. Cette surproduction lèse également les contribuables qui financent les programmes publics d'achat et de stockage des excédents de produits laitiers.

Le Ministère s'est également opposé à deux décrets de commercialisation du Ministère de l'agriculture visant à limiter la production d'oranges navel et de citrons navel de la Californie et de l'Arizona. Il a soutenu que ces restrictions à la production n'entraînaient aucun avantage justifiant le relèvement des prix et réduisaient l'offre aux consommateurs. L'expérience passée faisait apparaître que des restrictions de cette nature à la production ne favorisaient pas nécessairement la stabilité des prix pour les agriculteurs et qu'en fait, elles pouvaient avoir l'effet opposé en entraînant une instabilité des prix puisque les plantations excédentaires risquaient d'être encouragées par la hausse artificielle des prix à la consommation découlant des restrictions.

Au cours de l'année dernière, le Ministère a participé à deux procédures engagées devant la Federal Maritime Commission (commission maritime fédérale) ("FMC") afin d'encourager la FMC à abroger les réglementations inutiles et coûteuses. Il a vivement encouragé la FMC à déroger, en faveur des transporteurs communs non propriétaires de navires, aux conditions tarifaires de la loi de 1984 sur la navigation. Dans le cadre d'une procédure distincte, il a prié instamment la FMC à y déroger en faveur des accords conclus entre les exploitants de terminaux maritimes et les transporteurs océaniques. Dans ces deux affaires, il a fait valoir que les conditions spéciales, dont certains considéraient qu'elles justifiaient les réglementations tarifaires, n'étaient pas remplies et que la fixation inutile de conditions tarifaires faisait obstacle à la concurrence en relevant les coûts pour les affréteurs.

Le Ministère a encouragé les efforts que la Federal Communications Commission (Commission fédérale des communications) ("FCC") déployait afin d'encourager la concurrence pour la fourniture de services intercirconscriptions. Il a constaté qu'il était à prévoir que l'obligation des compagnies de téléphone locales d'accorder à d'autres pourvoyeurs de services téléphoniques un accès aux réseaux locaux comparable qualitativement aux services d'interconnexion dont dispose la compagnie de téléphone locale avantagerait les consommateurs en matière d'établissement de prix et d'innovation, de même que l'exigence de la FCC sur l'égalité d'accès avait apporté des avantages sous l'angle de la concurrence pour la fourniture de services longue distance.

Le Ministère a également déposé des observations à l'appui du projet de modification par la FCC de sa décision antérieure, aux termes de laquelle l'offre à une collectivité de trois signaux de télévision hertziens apportait une concurrence efficace à un réseau câblé local en ce qui concernait sa fourniture de services câblés de base. La décision antérieure de la FCC avait pour effet de priver la collectivité locale du pouvoir légal de réglementation des tarifs des services câblés de base. Tandis qu'il existe plusieurs facteurs à prendre en considération pour résoudre la question de savoir si l'offre d'un nombre déterminé de signaux de télévision pèsera sur l'établissement des prix d'un réseau câblé local, le Ministère a relevé que les études déjà faites faisaient apparaître que le projet de nouvel essai de six signaux devrait probablement être plus précis que celui relatif à trois signaux.

En 1991, le Ministère a réaffirmé sa conviction que la FCC devrait abroger sa réglementation, adoptée pour la première fois en 1970, et restreignant sensiblement le droit des chaînes de télévision de participer aux bénéfices et aux recettes dégagés des émissions hors réseau de tout programme réalisé par la chaîne et à des ententes sur les programmes télévisés (vente, autorisation d'exploitation, distribution de programmes aux stations de télévision pour la diffusion hors réseau). Il a conclu que la réglementation n'était plus nécessaire pour la stimulation de la concurrence et que le public serait mieux servi si les lois du marché pouvaient s'exercer librement, plutôt qu'à travers une réglementation abusive de la FCC. Celle-ci a modifié sa réglementation dans le sens d'un assouplissement des restrictions.

La proposition de la Federal Energy Regulatory Commission ("FERC") visant à obliger toutes les entreprises de distribution du gaz naturel de dissocier la vente de services de transport et de stockage de la vente de gaz transporté et stocké a fait l'objet d'une réglementation déposée par le Ministère en octobre 1991. Le Ministère a prié instamment la FERC d'aborder le problème de manière plus nuancée. Il a pressé la FERC de ne pas prescrire la dissociation de ces ventes aux entreprises de transport du gaz qui n'avaient pas de puissance sur le marché et de se fonder sur une réglementation axée sur le marché et/ou sur des incitations plutôt que sur le coût du service là où les entreprises de transport du gaz ont de la puissance sur le marché.

Activités de la FTC en matière réglementaire et législative au niveau des États

En s'acquittant de sa tâche en matière de concurrence et de protection du consommateur, la Commission cherche à empêcher ou à atténuer les dommages causés aux consommateurs par les activités privées ou publiques entraînant une ingérence dans le fonctionnement normal du marché. Dans certains cas, les lois ou les règlements ou les règles relatives à l'autoréglementation peuvent porter préjudice aux consommateurs dans la mesure où ils restreignent l'accès au marché, protègent les positions de force sur les marchés, découragent l'innovation, limitent la capacité des entreprises d'affronter la concurrence et entraînent un gaspillage des ressources. L'objectif du programme de défense du consommateur est donc de réduire le préjudice qui risque de leur être causé en informant les organes gouvernementaux compétents et les instances d'autoréglementation des effets potentiels sur les consommateurs, tant positifs que négatifs, du projet de législation ou de réglementation.

Les observations relatives à la défense des consommateurs sont établies par le personnel des bureaux de la concurrence et des affaires économiques et par les dix bureaux régionaux sous l'autorité générale de l'Office of Consumers and Competition Advocacy (Bureau de la protection du consommateur et de la concurrence). Ce dernier bureau est le centre de planification, de coordination, d'examen et d'information pour les activités du personnel dans ce domaine. Au cours de l'année civile 1991, le personnel de la Commission a présenté des observations ou des conclusions en qualité d'amicus aux organismes fédéraux ou des États et aux organismes d'autoréglementation sur des questions se rapportant à la législation antitrust dans les domaines suivants : télécommunications, transport, commercialisation, santé et déontologie juridique.

a) Autoréglementation

Le personnel de la Commission a envoyé une lettre à l'Ethics Counsel, American Bar Association (Conseil de déontologie de l'Association des membres du Barreau des États-Unis) au sujet des effets sur le plan de la concurrence du projet de modification des règles types de conduite professionnelle de l'ABA. Il a approuvé le point de vue exprimé dans le projet du document de travail de l'ABA, en estimant que la multiplication des cabinets juridiques était de nature à avantager sensiblement les consommateurs. Afin d'aplanir toute difficulté, il a proposé d'apporter des modifications minutieuses aux règles types de conduite professionnelle de l'ABA.

b)   Instances fédérales

Un membre du personnel de la Commission a déposé devant l'Advisory Commission on Conferences in Ocean Shipping ("ACCOS") (Commission consultative sur les conférences en matière de transports transocéaniques), en déclarant que la loi de 1984 sur la navigation présentait certains caractères théoriquement anticoncurrentiels et en recommandant d'abroger l'obligation de déposer les tarifs et de n'appliquer la dérogation à la législation antitrust que si les bénéfices dépassaient les coûts. Le personnel a demandé que l'ACCOS examine, en se prononçant sur le point de savoir si le régime réglementaire actuel devait être maintenu ou modifié, la question de savoir si les marchés de la navigation transocéanique différaient essentiellement des marchés du transport là où la déréglementation avait entraîné des avantages tangibles pour les consommateurs ou des autres marchés qui fonctionnent de manière satisfaisante sans qu'il soit dérogé à la législation antitrust.

Le personnel de la Commission a déposé des observations auprès de la FCC à la suite de sa demande d'informations sur le point de savoir s'il y avait lieu d'autoriser l'offre en bloc d'équipement cellulaire pour les établissements de la clientèle (CPE) et de service cellulaires, si ce service était également proposé séparément à un prix non discriminatoire et, dans l'affirmative, sous quelle condition l'offre liée devait être autorisée. Dans ses observations, le personnel a reconnu avec la FCC que les consommateurs seraient très probablement avantagés par une modification réglementaire autorisant l'offre liée du service et de l'équipement en question dans le cadre d'un contrat global moins onéreux que leur offre séparée.

Le personnel de la Commission a présenté des observations au sujet d'une autre communication de la FCC sur un projet de règlement au sujet du point de savoir si la FCC devait maintenir, modifier ou abroger sa réglementation concernant les participations et la cartellisation financières. Le personnel a recommandé l'abrogation pure et simple de cette réglementation. Aux termes de

cette réglementation, il est interdit aux chaînes de télévision de participer à la cartellisation nationale de tout programme ou à la cartellisation étrangère de programmes réalisés par des firmes indépendantes et d'acquérir aucun intérêt financier ou droit de propriété ou une participation dans la diffusion, la distribution ou l'exploitation de programmes réalisés par des tiers, sauf en ce qui concerne le droit exclusif à des diffusions sur réseau aux États-Unis. Dans des observations complémentaires, en répondant à une autre communication de la FCC à ce sujet, le personnel a conclu qu'une élimination progressive, s'étendant sur quatre années, de la réglementation interdisant aux chaînes de s'engager dans la rediffusion et la cartellisation servirait davantage les consommateurs et la concurrence qu'une modification ne donnant aux chaînes qu'un accès limité au marché en cause.

Le personnel de la Commission a présenté des observations en réponse à une proposition de la FCC visant à assouplir la réglementation sur le nombre de stations de radiotélédiffusion dont une seule personne ou entité pouvait être propriétaire, en déclarant qu'en autorisant ces stations à bénéficier des efficiences liées à la propriété commune, des stations qui risquaient par ailleurs d'avoir à cesser de diffuser pourraient éventuellement poursuivre leurs activités dans ce domaine. En conséquence, la propriété commune est de nature à favoriser la variété et à stimuler la concurrence.

En répondant à une demande du Federal Reserve System, le personnel de la Commission a présenté des observations sur les projets de modification de son barème des prix pour le transport des chèques et souligné que ce projet pouvait nuire à l'efficience en obligeant les concurrents privés à limiter leurs services ou à quitter le marché. Le personnel a recommandé que le Federal Reserve détermine les coûts effectifs du transport de chèques en liasse et prétriés entre la banque où ils avaient d'abord été présentés et la banque tirée, avant de remplacer sa redevance de transport préalable à la vérification par une redevance maximale, au-delà de laquelle le prix du transport des chèques ne varierait pas en fonction de la quantité.

En répondant à une demande faite par la Federal Aviation Administration, le personnel de la Commission a présenté des observations au sujet de plusieurs propositions de modification de la répartition actuelle des droits d'atterrissage et du système de transfert des droits dans quatre aéroports très fréquentés. Il a émis l'avis qu'une étude de l'utilisation des droits d'atterrissage ne donnait pas à penser que la modification du système actuel fondé sur le marché pour la répartition et le transfert de ces droits entraînerait nécessairement un accroissement de leur utilisation dans ces aéroports. Il a également conclu qu'en l'absence d'une position de force sur le marché, imposer des retards sensibles ou diverses restrictions au transfert des droits d'atterrissage risquait d'entraver une vaste réorganisation des droits en les transférant des utilisations de moindre valeur aux utilisations d'un plus grand intérêt et que la meilleure manière d'encourager une forte utilisation des droits serait de ne plus autoriser les transporteurs aériens de participer aux tirages au sort des droits, s'ils vendaient trop rapidement les droits acquis par tirage au sort.

Le personnel de la Commission a présenté des observations en réponse à une communication de la FCC sur un projet de réglementation sur la réinstauration des exigences relatives au transport de signaux ("must carry"), en se déclarant opposé à l'obligation faite aux réseaux de télévision câblés de diffuser les signaux des stations de télévision locales. Il a conclu que c'était là une exigence qui obligerait les réseaux câblés à diffuser les émissions de stations peu cotées au lieu de programmer des émissions davantage appréciées par les abonnés au réseau câblé. Il a également conclu qu'il n'était pas suffisamment établi que les règles du "must carry" favoriseraient la concurrence en empêchant les réseaux câblés d'acquérir et d'exploiter une position de force sur le marché de la publicité.

c) États

En réponse à la demande de l'assemblée plénière du Sénat de l'Arkansas, le personnel de la Commission a présenté des observations au sujet des effets potentiels sur la concurrence du projet de loi sur les pratiques commerciales dans le secteur pétrolier. Dans ses observations, il a conclu que l'adoption du projet isolerait les entreprises de raffinage et de commercialisation de l'essence de la concurrence et, de ce fait, entraînerait une hausse des prix de l'essence dans l'Arkansas.

Le personnel de la Commission a présenté des observations à la Commission du commerce de l'Illinois sur leur projet d'amendement aux règles régissant le transport par camion à l'intérieur de l'État, en émettant l'avis que ces règles rendraient plus difficile l'accès à ce secteur dans cet État. Il a également déclaré que l'assouplissement et non l'aggravation des restrictions à l'accès à ce secteur avait favorisé les consommateurs et la concurrence en diversifiant les choix, en améliorant les services et en réduisant les prix du transport de marchandises.

Le personnel de la Commission a présenté des observations au groupe de travail des télécommunications Blue Ribbon de l'Illinois au sujet de la réglementation étatique relative aux services de télécommunication à l'intérieur de cet État. Dans ses observations, il a déclaré que la réglementation sur les prix plafonnés constituait une meilleure solution que la réglementation fondée sur le taux de rendement, parce qu'elle permettait aux firmes de conserver une partie des économies de coût, alors qu'un taux de rendement n'incite guère à réduire les coûts puisque la commission de réglementation de l'État prescrit généralement que les réductions de coût soient entièrement répercutées sur la clientèle.

La Commission a présenté des observations au sujet d'un projet de loi du New Jersey, qui interdirait aux médecins de fournir à tout malade une quantité de produits pharmaceutiques ou de médicaments supérieure à celle qu'il lui faudrait prendre dans les trois jours (72 heures), à moins que le produit pharmaceutique ou le médicament ne soit fourni gratuitement. Le personnel a émis l'avis que l'effet de cette interdiction inutile, faite aux médecins par la voie législative, risque de priver les consommateurs des avantages liés au choix, à la commodité et à la concurrence au niveau des prix et a recommandé au législateur d'examiner le point de savoir si des règles moins restrictives en ce qui concerne la santé et la sécurité suffisent à protéger le public.

Le personnel de la Commission a présenté des observations en répondant à la Cour suprême du Nouveau Mexique en ce qui concerne des modifications au code de conduite professionnelle du Nouveau Mexique. Il a conclu que ces modifications restreindraient la circulation d'informations exactes et utiles aux consommateurs et entraveraient la concurrence ou accroîtraient les coûts dans une mesure plus grande qu'il n'est nécessaire pour favoriser le consommateur. Il a recommandé que la Cour envisage de modifier la réglementation, afin de permettre la communication d'une gamme plus large d'informations exactes et de limiter les interdictions de manière à ce qu'elles ne visent que les déclarations qui sont manifestement de nature à porter préjudice.

2. *Activités du Ministère de la justice en matière de politique commerciale*

Le Ministère a poursuivi sa participation aux débats et aux prises de décision entre les administrations concernant l'élaboration et la mise en application de la politique commerciale internationale aux États-Unis. En 1991, par exemple, il a participé aux discussions avec la Communauté européenne et les gouvernements des pays membres au sujet des problèmes de télécommunications et du financement des programmes de construction d'Airbus. Il a organisé de larges consultations avec le gouvernement japonais concernant l'initiative en matière d'entraves structurelles et a participé aux négocations multilatérales de l'Uruguay Round au sujet de l'Accord général sur les tarifs douaniers et le commerce.

V. Etudes nouvelles relatives à la politique antitrust

1. *Notes de synthèse du Ministère au sujet de questions économiques*

Le Groupe d'analyse économique de la division antitrust prépare régulièrement des notes de synthèse sur des sujets intéressant les praticiens de la législation antitrust. On trouvera à l'appendice I une liste des notes qui ont été publiées en 1991. Ces notes peuvent être obtenues auprès de l'Economic Analysis Group, Antitrust Division, Department of Justice, Judiciary Center Building, Room 11-453, 555 Fourth St. N.W., Washington, D.C. 20001.

2. *Rapports économiques, documents économiques et études diverses de la Commission*

La Commission est avant tout un organisme chargé de l'application de la loi, mais elle réunit, analyse et publie aussi des informations sur divers aspects de l'économie du pays. Ses travaux sont réalisés par le Bureau of Economics et comprennent des études sur un grand nombre de sujets se rapportant aux questions antitrust, à la protection du consommateur et à la réglementation. On trouvera ci-après une liste des études de la FTC qui sont à la disposition du public. Des exemplaires de ces études peuvent être obtenus en s'adressant à la Federal Trade Commission, Division of International Antitrust, 601 Pennsylvania Ave., N.W., Washington, D.C. 20580.

Appendice I

Ministère de la justice : division antitrust

Notes de synthèse du Groupe d'analyse économique, 1991-1992

McAFFE, R. Preston et SCHWARTZ, Marius "Two-Part Tariffs to Competing Firms : Destructive Recontracting, Nondiscrimination, and Exclusivity", EAG 91-1, 7 janvier.

TOWN, Robert J., "Merger Waves and the Structure of Merger and Acquisition Time Series", EAG 91-2, 15 février.

WERDEN, Gregory J., "A Review of the Empirical and Experimental Evidence on the Relationship between Market Structure and Performance", EAG 91-3, 8 mai.

VISTNES, Gregory S., "An Empirical Investigation of Procurement Contract Structures", EAG 91-4, 20 mai.

TOWN, Robert J., "Price Wars and Demand Fluctuations : a Re-examination of the Joint Executive Committee", EAG 91-5, 4 juin.

WERDEN, Gregory J., et FROEB, Luke M., "Correlation, Causality, and all that Jazz : The Inherent Shortcomings of Price Tests for Antitrust Market Delineation", EAG 91-6, 12 juin.

FROEB, Luke M., et WERDEN, Gregory J., "Endogeneity in the Concentration-Price Relationship : Causes and Consequences", EAG 91-7, 1er juillet.

RUBINOVITZ, Robert, "Market Power and Price Increases for Basic Cable Service Since Deregulation", EAG 91-8, 6 août.

KIMMEL, Sheldon, "A Fundamental Bias in Studying Effects of Concentration on Price", EAG 91-9, 15 août.

PITTMAN, Russell, "Some Critical Provisions in the Antmonopoly Laws of Central and Eastern Europe", EAG 91-10, 20 septembre. *The International Lawyer*, à paraître.

WERDEN, Gregory J., "Market Delineation under the Merger Guidelines : A Tenth Anniversary Retrospective", EAG 92-1, 2 janvier 1992.

PITTMAN, Russell, "Merger Law in Central and Eastern Europe" EAG 92-2, 9 janvier 1992.

MAJEURUS, David W., "Durable Goods Monopoly with a Finite But Uncertain Number of Consumers", EAG 92-3, 3 février 1992.

Appendice II

Documents de travail et rapports économiques
de la Federal Trade Commission

Rapports économiques, 1991

ANDERSON, Keith B., et METZGER Michael R., *Petroleum Tariffs as a Source of Government Revenue*, février.

Documents de travail, 1991

REITZES, James D., *Quality Choice, Trade Policy, and Firm Incentives* (WP#183), janvier.

SACHER, Seth B., *Housing Demand and Property Tax Incidence in a Life-Cycle Framework* (WP#184), janvier.

SIMPSON, John David, *Do Employees Regard Wage Cuts and Layoffs as Opportunities?* (WP#185), janvier.

RODRIGUEZ, A.E., *Some Antitrust Concerns of Partial Equity Acquisitions* (WP#186), mars.

COLEMAN, Mary T., *Movements in the Earnings-Schooling Relationship, 1940-1988* (WP#187), mars.

FRY, Richard, *Does North America Labor Demand Adjustment Differ from that in Britain ?* (WP#188), mai.

WILLIAMS, Mark D., *Merger and Regulatory Incentives* (WP#189), mai.

KLIET, Andrew N., et COATE, Malcolm, *Are Judges Smarter than Economists? Sunk Costs, The Threat of Entry and the Competitive Process* (WP#190), juin.

SIMPSON, John, *Bondholder Reaction to Increases in Leverage* (WP#191), juin.

REITZES, James D., *Antidumping Policy* (WP#192), juillet.

Etudes diverses, 1991

IOSSO, Thomas R., *Technological Integration of Large*, juillet.

SANNELLA, Alexander J., *Segment Reporting: The Cost Allocation Issue,* septembre.

COMMUNAUTÉS EUROPÉENNES[1]

(1991)

I.   Modifications à la législation et à la politique de la concurrence

Au cours de la période examinée, l'application des règles de la concurrence aux systèmes de distribution sélective dans les secteurs de l'automobile et des produits cosmétiques a été clarifiée. Des conseils utiles ont été donnés au sujet de l'application des règles de la concurrence dans le secteur des télécommunications. De grands efforts ont été déployés en vue de la mise en place d'un cadre cohérent et efficace pour l'estimation des accords sur l'entreprise commune. Le désir d'encourager l'application décentralisée des règles de la concurrence, en particulier par les juridictions nationales, a été particulièrement net. Pour sa part, la Commission s'efforce de rapprocher sa pratique du public et des entreprises en améliorant la transparence de ses actions. Enfin, et ce n'est pas le moins important, la Commission a réussi a poursuivre et même à accélérer la tendance à la diminution du nombre des affaires en suspens.

Entreprises publiques et monopoles d'État

L'article 90 du traité CEE joue un rôle fondamental en ce qui concerne les efforts que la Commission déploie afin de renforcer la concurrence dans les secteurs réglementés. Il prévoit notamment que les entreprises publiques et les entreprises auxquelles les États membres accordent des droits spéciaux ou exclusifs doivent être soumises aux règles de la concurrence, à moins que leur application ne fasse obstacle à l'accomplissement de missions spéciales d'intérêt économique général et pour autant que le développement des échanges ne soit pas affecté dans une mesure contraire à l'intérêt de la Communauté. La Commission a l'obligation de veiller à l'application de cette disposition en adressant aux États membres les directives ou les décisions appropriées, en tant que de besoin. Par conséquent, l'article 90 constitue un instrument se prêtant particulièrement à la conciliation entre la fourniture des biens et des services d'intérêt général et l'objectif qui est d'éviter des restrictions inutiles à la concurrence.

Télécommunications

La Commission a utilisé cet instrument afin d'arrêter des directives dans le secteur des télécommunications, en obligeant les États membres à ouvrir à la concurrence la fourniture de terminaux et de services des télécommunications. Dans un arrêt capital, la Cour de justice a confirmé le pouvoir de la Commission d'agir en ce sens, en se fondant sur l'article 90, par. 3 du traité CEE. Dans quatre autres arrêts, la Cour a donné d'importantes indications quant aux obligations des États membres au titre de l'article 90, par. 1 et 2, en particulier au sujet de la question de savoir dans quelle mesure ces États sont libres d'accorder des monopoles légaux ou des droits spéciaux. En conséquence, un grand nombre des incertitudes qui faisaient obstacle à une application généralisée de l'article 90 sont désormais dissipées.

Conformément à ce que prévoit le programme de la Commission du 9 février 1988 pour la mise en oeuvre du "Livre vert" sur le développement du marché commun des services et équipements des télécommunications, la Commission a établi des lignes directrices[2] exposant les principes généraux des règles de la concurrence applicables aux organismes de télécommunications (articles 85 et 86 du traité CEE) et le rapport entre ces règles et les règles de la concurrence applicables aux États membres (article 90) et diverses réglementations communautaires (par exemple harmonisation ONP- fourniture d'un réseau ouvert). Les directives font ressortir qu'une concurrence dynamique s'insère parfaitement dans la politique communautaire globale, en particulier dans le contexte du marché unique.

Il ressort clairement des directives que les règles de la concurrence sont parfaitement applicables, même là où les organismes de télécommunications exercent leurs activités dans un contexte réglementé. Les articles 85 et 86 du traité CEE sont directement applicables dans la mesure où les entreprises agissent de manière autonome ; l'article 90 du traité CEE peut être invoqué dans la mesure où leur action est imputable aux pouvoirs publics. Des orientations sont données au sujet des cas dans lesquels l'article 90, par. 2 et les conditions essentielles énumérées dans la directive relative aux services de télécommunications justifient des restrictions à la concurrence.

Afin que l'évolution en faveur de la libéralisation se traduise dans la pratique des autorités et des organismes de télécommunications, la Commission a poursuivi activement ses activités de surveillance de l'application par les États membres des directives sur la concurrence sur les marchés des terminaux et des services de télécommunications. Simultanément, elle étudie les monopoles des communications par satellite et mobiles ainsi que les monopoles de la téléphonie vocale, qui n'ont pas été touchés par la directive sur les services des télécommunications.

Energie

En ce qui concerne l'ouverture des marchés du gaz et de l'électricité à une plus grande concurrence dans les États membres, et en particulier l'autorisation pour les tiers d'accéder aux réseaux du gaz et de l'électricité, à l'issue des travaux des commissions mises en place dans ce contexte, la Commission a accordé son appui à la libéralisation souple et progressive des marchés en cause.

Il en résultera essentiellement une ligne d'action fondée sur l'article 100 A du traité CEE en vue de l'adoption de mesures d'harmonisation des règles et des règlements des États membres, afin de permettre aux industries du gaz et de l'électricité de s'adapter de manière souple et systématique à un environnement plus compétitif. Néanmoins, la Commission se réserve le droit d'exercer l'ensemble de ses pouvoirs au titre du traité, en ce compris les règles de la concurrence, au moment opportun et dans les circonstances requises afin de mettre en place le marché intérieur de l'énergie.

C'est ainsi que la Commission a arrêté une décision constatant qu'un accord conclu entre des entreprises d'électricité constituait une violation de l'article 85, par. 1 du traité CEE dans la mesure où il avait pour objet ou pour effet d'entraver les importations et les exportations par les consommateurs industriels privés, y compris les autoproducteurs[3].

Transport aérien

Le secteur du transport aérien fait depuis longtemps l'objet d'une réglementation très précise, limitant rigoureusement l'accès au marché et nécessitant la surveillance des tarifs et taux de fret imposés par les compagnies aériennes. En conséquence, l'usager du transport aérien n'avait guère de véritables possibilités de choix entre les compagnies aériennes et payait des prix élevés. Le secteur en cause n'était guère en mesure de prendre des initiatives concurrentielles et, n'étant pas exposé à une concurrence effective, était d'autant moins incité à abaisser les coûts.

A partir de 1987, la Communauté économique européenne s'est engagée dans la voie de la libéralisation afin de créer un plus grand nombre de créneaux pour des actions commerciales authentiques dans le secteur du transport aérien au sein de la Communauté, tout en préservant les grands objectifs de la sécurité, de la polyvalence et de la continuité du service et de la protection des usagers.

En vue de la mise en place du marché intérieur du transport aérien à compter de 1993, la Commission a présenté des propositions sur la délivrance de licences aux transporteurs aériens, sur l'accès des transporteurs aériens aux liaisons intercommunautaires et sur les tarifs et taux de fret imposés pour ces liaisons[4].

Afin d'adapter les règlements prévoyant l'application des règles de la concurrence à la situation qui résultera de l'approbation des propositions en ce sens, la Commission a établi une série de propositions parallèles[5] en vue de la modification des règles de la concurrence applicables (règlement CEE n* 3975/87 et 3976/87 du Conseil). Ces propositions auraient pour effet l'élargissement des pouvoirs de la Commission en matière d'application des règles de la concurrence et l'adoption d'exemptions par catégorie en ce qui concerne les transports aériens dans un État membre, dans l'esprit de l'incorporation des services de cabotage dans le marché intérieur pour le transport aérien. Le Conseil a également demandé d'étendre les pouvoirs de la Commission pour lui permettre d'arrêter des exemptions par catégorie dans le secteur du transport aérien au-delà du 31 décembre 1992.

Accord entre la Communauté Economique Européenne et les États-Unis

La coopération transfrontière entre les autorités antitrust a sensiblement progressé du fait de la conclusion d'un accord entre la Commission et le gouvernement des États-Unis en ce qui concerne l'application de leur législation relative à la concurrence. Cet accord comprend des dispositions sur les échanges d'informations, les consultations, la notification et plusieurs autres aspects en matière de procédure. L'accord prévoit également une coopération entre les autorités compétentes des deux parties en matière de concurrence(la Commission de la Communauté économique européenne et la division antitrust du Ministère de la justice et la Commission fédérale des échanges pour les États-Unis), là où elles appliquent leur réglementation de la concurrence à des situations apparentées. Les parties sont également convenues, dans le cadre de leur législation et dans la mesure compatible avec leurs intérêts fondamentaux propres, de s'efforcer de prendre en compte les grands intérêts de l'autre partie en appliquant leur législation.

Néanmoins les parties à l'accord ont reconnu qu'une situation similaire risquait de se présenter là où une autorité compétente en matière de concurrence décidait de ne pas appliquer sa législation à un comportement anticoncurrentiel à l'intérieur de son marché et, de cette manière, par exemple, rendait plus difficile aux entreprises de l'autre partie d'accéder à son marché et d'y rivaliser avec ses concurrents. Elles ont donc décidé d'insérer dans l'accord une disposition sur la "courtoisie internationale positive". Cette disposition met en place une procédure par laquelle une partie peut notifier à l'autre l'existence d'activités anticoncurrentielles sur le territoire de cette autre partie, qui portent préjudice aux grands intérêts de la première partie. La partie à laquelle ces activités sont notifiées examinera ensuite le point de savoir s'il y a lieu ou non de prendre des mesures coercitives ou de renforcer les mesures en vigueur en ce qui concerne la situation précisée dans la notification.

Espace économique européen

En raison du rôle capital que la politique de la concurrence joue par conséquent dans l'intégration économique de la Communauté, les règles de la concurrence ont dû être également tenues pour une composante des accords que la Communauté conclut avec d'autres pays européens afin de resserrer ses liens économiques avec ces pays.

C'est ainsi que la Communauté a estimé que la politique de la concurrence avait un rôle essentiel à jouer dans la création d'un Espace économique européen avec les pays membres de l'AELE et dans la conclusion d'accords européens avec certains pays d'Europe centrale et orientale.

La création de l'Espace économique européen aura notamment pour effet d'étendre aux pays membres de l'AELE, dès janvier 1993, le bénéfice de la liberté de la circulation des marchandises originaires de ces pays et d'accorder à leurs ressortissants le droit à la liberté de circulation pour les personnes, les capitaux et les services.

Certaines caractéristiques des dispositions relatives à la concurrence méritent d'être relevées, en ce qu'elles constituent un progrès sans précédent sous la forme d'un accord international :

-- les règles de la concurrence prévues par l'accord sont appliquées soit par la Commission soit par une nouvelle instance, l'autorité de surveillance de l'AELE, qui sera investie de pouvoirs équivalents et d'une mission similaire à ceux de la Commission dans le domaine de la concurrence, ce qui donnera les mêmes garanties d'indépendance ; cette stratégie a souvent été qualifiée de stratégie du double pilier ;

-- l'Espace économique européen sera régi par des règles uniformes sur la concurrence fondées sur la réglementation communautaire existante ;

-- les agents économiques bénéficieront d'une plus grande sécurité juridique et de l'application de règles cohérentes dans l'ensemble de l'Espace économique européen, puisque les décisions arrêtées par les deux instances qui en sont les piliers seront applicables dans l'ensemble de cet espace (à moins qu'elles ne soient contestées par l'autorité judiciaire compétente).

Dans leur ensemble, les dispositions susvisées devraient permettre, ce qui est déjà le cas au sein du marché commun, la mise en place d'un système qui garantira que la concurrence ne sera pas faussée au sein de l'Espace économique européen. Les sept pays membres de l'AELE, qui sont les principaux partenaires commerciaux étrangers de la Communauté, seront donc régis par les mêmes règles de la concurrence que la Communauté ; il en résultera un renforcement de l'effet d'échelle attendu de la réalisation du marché intérieur.

Accords européens

En décembre 1991, des accords ont été signés avec la Hongrie, la Pologne et la République fédérale tchécoslovaque. Ces accords ont une portée bien plus étendue que celle des accords de libre échange "traditionnels" et peuvent être tenus pour une importante étape de l'intégration de ces pays dans la future architecture de l'Europe.

Ces accords portent sur un large éventail de thèmes, y compris la concurrence. Les dispositions en matière de concurrence visent non seulement les ententes, les cas d'exploitation abusive de positions dominantes et les aides d'État, mais également les monopoles d'État d'un caractère commercial et l'attribution à des firmes de droits spéciaux et/ou exclusifs. Les parties contractantes sont convenues que les règles de la concurrence prévues dans les accords recevront la même interprétation que les règles correspondantes de la CEE ou de la CECA. Il importe de relever en particulier qu'au cours de la période des cinq premières années à compter de l'entrée en vigueur de l'accord, qu'il sera possible de proroger par de nouvelles périodes de cinq ans, le territoire des trois pays en cause sera tenu pour une région au sens de l'article 92, paragraphe 3, sous a) du traité CEE.

Les conseils d'association mis en place au titre de ces accords arrêteront des règles d'application des dispositions susvisées dans un délai de trois ans à compter de l'entrée en vigueur des accords. En l'absence de ces règles, des mesures de protection ne seront adoptées qu'après consultation du conseil d'association.

Réglementation du contrôle des fusions

L'année considérée, soit 1991, a été la première année civile complète d'application des nouvelles dispositions relatives aux fusions (règlement (CEE) n°4064/89). Elle a permis l'accumulation d'expériences très diverses en matière de contrôle communautaire des fusions. L'expérience de cette première année a été dans l'ensemble très fructueuse. Au total, 60 fusions ont été notifiées au titre du règlement et la Commission a été en mesure d'en évaluer les effets sur la concurrence dans les délais très stricts prévus pour les diverses procédures fixées dans le règlement. Aucune des décisions relatives aux fusions et prises par la Commission n'a jusqu'ici été attaquée devant la Cour de justice.

L'expérience initiale de l'application du règlement est par conséquent révélatrice de ce que les procédures prévues pour le traitement des notifications permettent à la Commission d'exercer ses nouveaux pouvoirs de manière efficace dans ce domaine et de ce qu'elles sont généralement bien acceptées tant par les firmes que par les États membres.

II. Application de la législation et de la politique de la concurrence

Exposé succinct des activités

Le 31 décembre 1991, 2 287 affaires étaient en instance au titre des articles 85 et 86 du traité CEE. Par comparaison avec 2 734 affaires en instance au 1er janvier de cette année, c'est là une réduction de 20 pour cent de l'arriéré ; les efforts déployés en vue de la réduction de l'arriéré seront poursuivis et devraient être facilités par une application plus poussée des articles 85 et 86 par les juridictions nationales. Au cours de l'année, un total de 388 affaires a été ajouté à la charge de travail de la Commission ; il s'agissait de 282 demandes ou notifications, de 83 plaintes et de 23 procédures engagées d'office ; d'autre part, 835 affaires au total ont été réglées en 1991. Le 31 décembre 1991, la charge de travail de la Commission au titre des articles 85 et 86 comprenait 1 732 demandes ou notifications, 328 plaintes et 227 procédures engagées d'office.

Sur les affaires réglées, 146 ont été clôturées par l'envoi de lettres de confort, là où les entreprises en cause avaient accepté une mise au point écrite par la direction générale de la concurrence ; dans cinq cas, une notification avait été préalablement publiée conformément à l'article 19, par. 3 du règlement n° 17. Six cent soixante-seize autres affaires ont été réglées parce que les accords n'étaient plus en vigueur, que leur incidence était trop faible pour qu'un examen complémentaire soit justifié, que les plaintes étaient devenues caduques ou que l'enquête n'avait révélé aucune pratique anticoncurrentielle. En 1991, 13 accords ou pratiques ont débouché sur une décision officielle au sujet de leur compatibilité avec les règles de la concurrence. Une décision de lever l'immunité permettant d'échapper aux amendes a été arrêtée à la suite d'un examen provisoire d'un accord notifié au titre de l'article 15, par. 6 du règlement n°17. Dans quatre affaires, la Commission a estimé que les accords constituaient une violation de l'article 85, par. 1 mais n'a pas imposé l'amende ; dans deux autres affaires, une amende a été infligée. Dans cinq décisions, la Commission a accordé une dérogation en bonne et due forme en faveur d'un accord conformément à l'article 85, par. 3 du traité CEE. Enfin, la Commission a jugé dans une affaire qu'une firme en position dominante avait commis une exploitation abusive au regard de l'article 86 du traité CEE et l'a condamnée à une amende.

En vertu des dispositions du traité CECA en matière de concurrence, deux décisions ont été arrêtées au titre de l'article 65 et 27 décisions au titre de l'article 66 en 1991. Treize autres affaires au titre de l'article 65 ont été réglées sous forme d'une lettre administrative et 75 concentrations de faible importance ont bénéficié d'une dérogation au titre de la décision n° 25/67. Il n'y a pas d'arriéré en ce qui concerne les affaires relevant des dispositions du traité CECA.

Principales décisions et mesures arrêtées par la Commission

Accords horizontaux

Screensport/Membres de l'UER

La Commission a arrêté une décision faisant droit à une plainte déposée par Screensport (une chaîne transnationale européenne d'émissions sportives) contre Eurosport[6]. Dans sa plainte, Screensport avait attaqué une série d'accords conclus notamment entre le consortium Eurosport [une association regroupant des organismes de télédiffusion également affiliés à l'Union européenne de radiodiffusion (UER), Sky Television (Sky) et News International plc] sur la mise en place d'Eurosport, une chaîne de télévision par satellite dont les émissions sont consacrées au sport, sous la forme d'une entreprise commune dénommée Eurosport et faisant concurrence à Screensport.

Presque tous les membres de l'UER participent au système Eurovision, un système institutionnalisé d'échanges de programmes télévisés, y compris d'émissions sportives, dont les membres achètent les droits de diffusion conjointement. Ce système d'échanges prévoit que, lorsqu'un membre d'Eurovision diffuse un événement sportif qui a lieu sur son propre territoire national et qui présente un intérêt potentiel pour d'autres membres d'Eurovision, il propose le signal gratuitement à tous les autres membres d'Eurovision, étant entendu qu'en contrepartie, il recevra des offres correspondantes de tous les autres membres en ce qui concerne les événements sportifs ayant lieu dans leur pays respectifs. Les accords étendaient l'application du système Eurovision à Eurosport. Les membres du consortium Eurosport et Sky étant des concurrents potentiels sur le marché des chaînes d'émissions sportives télédiffusées transnationales, ces accords faisaient perdre à Sky toute tentation de concurrencer véritablement Eurosport et il était mis fin à toute concurrence possible entre les deux sociétés mères sous la forme de chaînes transnationales concurrentes consacrées aux émissions sportives.

En outre, l'accès privilégié de la chaîne Eurosport aux émissions sportives (en particulier aux événements sportifs diffusés en direct) la plaçait dans une position indûment favorable vis-à-vis de Screensport et de diverses chaînes similaires ne pouvant en bénéficier. Screensport s'est donc de ce fait vu refuser une possibilité égale de rendre compte d'une série d'événements sportifs aussi complète que la série diffusée par Eurosport.

La demande de dérogation en faveur des accords Eurosport au titre de l'article 85, par. 3 du traité CEE a été rejetée. La Commission a reconnu les réalisations d'Eurosport dans la mise en place d'une chaîne sportive télédiffusée transnationale. Néanmoins, elle a estimé que tout élément positif éventuel pesait moins que la limitation des possibilités d'accès au marché.

Eirpage

Le 18 octobre 1991, la Commission a accordé une exemption au titre de l'article 85, par. 3 du traité CEE en faveur des accords notifiés par Bord Telecom Eireann (Irish Telecom), l'organisme irlandais des télécommunications (TO), et par Motorola Ireland Ltd (Motorola), une filiale du groupe américain Motorola, instituant en Irlande une entreprise commune dénommée Eirpage Ltd, en vue de la création et de l'exploitation d'un service de téléappel à l'échelle du pays en Irlande et relié au réseau de télécommunications d'Irish Telecom[7].

La Commission a estimé que les accords notifiés tombaient dans le champ d'application de l'article 85, par. 1 du traité CEE, parce qu'ils comportaient une clause de non-concurrence entre Irish Telecom et Motorola, qui sont des concurrents potentiels.

Moyennant plusieurs conditions, la Commission a conclu que, compte tenu du fait que l'association des deux parties avait permis la mise en place rapide d'un service de téléappel présentant des caractéristiques auparavant inexistantes en Irlande, telles qu'une couverture à l'échelle nationale, et des contacts directs avec l'abonné au service de téléappel par interconnexion au réseau public, il pouvait être dérogé en faveur de ces accords jusqu'au 31 juillet 2001. Pour que les conditions prévues à l'article 85, par. 3 du traité CEE soient remplies, la Commission a exigé plusieurs modifications aux accords dans leur version notifiée, notamment la suppression de l'obligation de non-concurrence après l'expiration du contrat, imposée aux associés de l'entreprise commune et d'une obligation similaire imposée aux agents indépendants qui servent d'intermédiaires entre Eirpage et les clients finaux.

Amadeus/Sabre

La Commission a examiné l'accord de coopération entre Amadeus et Sabre, deux systèmes informatisés de réservation pour le transport aérien et divers autres modes de déplacement. Amadeus est une entreprise commune, dont Lufthansa, Air France, Iberia et SAS sont les principaux actionnaires. Sabre est propriété de American Airlines.

Au titre des accords, les parties proposaient aux agences de voyages et aux divers abonnés un produit commun permettant l'accès tant aux systèmes Amadeus que Sabre par un terminal d'ordinateur unique. Sa réalisation serait rendue possible par une liaison technique mise en place entre les ordinateurs centraux des parties.

La Commission en a conclu que l'accord tombait dans le champ d'application de l'article 85, par. 1 du traité CEE, au motif notamment que, même si les deux systèmes informatisés de réservation pouvaient être fournis au sein de la Communauté économique européenne, la concurrence au niveau des prix entre ces systèmes serait réduite et que les parties seraient empêchées de commercialiser leur produit de manière autonome au sein de la Communauté.

D'autre part, la Commission a estimé que l'accord améliorerait la distribution en Europe et à l'échelle mondiale, mais elle a tenu à veiller, conformément à l'article 85, par. 3 du traité CEE, à ce qu'il ne soit pas possible aux parties d'éliminer la concurrence dans une partie importante du marché commun. A cet égard, la Commission a relevé qu'Amadeus détenait de très grandes parts de marché dans ses "marchés intérieurs" et que les obstacles à l'accès à ces marchés par d'autres systèmes étaient importants.

A l'issue des négociations, les parties ont souscrit envers la Commission à des engagements précis destinés à ouvrir les "marchés intérieurs" d'Amadeus à une concurrence accrue des autres systèmes informatisés de réservation et à veiller à ce que la concurrence entre les transporteurs aériens ne soit pas compromise. Les engagements ont été fondés sur le principe de la non-discrimination.

Accords de distribution

Vichy

Après avoir procédé à l'examen préliminaire prévu à l'article 15, par. 6 du règlement n° 17, la Commission a estimé[8] que la distribution exclusive de produits cosmétiques par des pharmacies d'officine, telle qu'elle était prévue dans les accords de distribution et les conditions générales de vente de la Société d'hygiène dermatologique de Vichy applicables dans dix États membres, à l'exception de la France en particulier, était incompatible avec l'article 85 du traité CEE.

A la suite de décisions prises par les autorités françaises se fondant sur la législation tant nationale que communautaire, Vichy avait ouvert son circuit de distribution en France à des points de vente autres que des pharmacies d'officine, à la condition que le revendeur soit diplômé en pharmacie. Simultanément, Vichy a continué à appliquer dans les autres États membres (sauf le Danemark, où ses produits ne sont pas écoulés) des conditions de vente exigeant des vendeurs qu'ils soient diplômés en pharmacie.

La coexistence d'un système de distribution exclusive dans dix États membres et d'un système de distribution non exclusive en France ne semble pas justifiée. Par sa décision dans l'affaire APB[9], la Commission s'était déjà prononcée contre la distribution exclusive de produits parapharmaceutiques dans les pharmacies, au motif que la concurrence entre les pharmaciens est limitée par des codes éthiques et déontologiques. Elle tient par conséquent à renforcer la concurrence dans le cadre d'une même marque en veillant à ce que le réseau de distribution de Vichy s'étende à d'autres circuits de distribution de produits non pharmaceutiques. L'accroissement du nombre de points de vente et l'exploitation des écarts entre les prix (jusqu'à 30 %) entre les États membres par des détaillants non pharmaciens auront pour effet de multiplier les possibilités de choix pour les consommateurs.

Eco System/Peugeot

La Commission a fait droit dans une décision[10] à une plainte déposée par Eco System (Rouen, France), une entreprise de services qui aide les consommateurs français à acquérir des voitures en Belgique et au Luxembourg.

Dans sa plainte, Eco System a fait valoir que son entreprise avait subi de graves dommages à la suite de la diffusion d'une lettre circulaire par Peugeot parmi ses distributeurs en Belgique, en France et au Luxembourg, leur donnant instruction de suspendre leurs livraisons à Eco System. Au titre du règlement n° 123/85[11] sur les accords de distribution dans le secteur de l'automobile, il peut être légalement interdit aux distributeurs de vendre des voitures à des revendeurs en dehors du réseau de distribution du fabricant mais non à des intermédiaires agissant sur des instructions précises d'un utilisateur final. Bien qu'Eco System exerce ses activités conformément à des mandats écrits de clients nommément désignés, Peugeot a estimé qu'il s'agissait d'un revendeur ne tombant pas dans le champ d'application de l'article 3, par. 11 du règlement n° 123/85. Cette entreprise a fait essentiellement valoir que les activités d'Eco System ne devaient pas être tenues pour équivalentes à celles d'un revendeur, ce qui résulterait de la communication de la Commission[12] au sujet du règlement (CEE) n° 123/85.

Dans un premier temps, par une décision arrêtée en mars 1990, la Commission a imposé à Peugeot des mesures provisoires destinées à permettre à Eco System de poursuivre ses activités dans certaines limites. Cette décision a été confirmée par le Tribunal de première instance[13]. Dans sa décision définitive, la Commission a estimé que la circulaire de Peugeot à ses revendeurs destinée à refuser systématiquement de vendre à Eco System était incompatible avec l'article 85 et avec le règlement n° 123/85. Dans sa décision, elle qualifie Eco System d'intermédiaire et non de revendeur.

La Commission a décidé que les réseaux de distribution de Peugeot en Belgique et au Luxembourg ne pourraient plus bénéficier de l'application du règlement n° 123/85 à moins que Peugeot n'annule sa circulaire dans les deux mois.

Exploitation abusive d'une position dominante

Tetra Pak II

Tetra Pak, une firme d'origine suédoise, créée en Suisse, est le plus grand fournisseur du secteur du conditionnement en carton de liquides alimentaires (principalement de lait et de jus de fruit). Sur certains des marchés de ce secteur, celui des machines d'emballage et celui des conditionnements en carton aseptiques des liquides de "longue conservations" le groupe détient pratiquement un monopole (environ 95 pour cent du marché).

A la suite d'une enquête faisant suite à une plainte déposée par un des concurrents de Tetra Pak, la Commission a conclu que Tetra Pak avait commis plusieurs infractions diverses à l'article 86 du traité CEE sur ces marchés et sur les marchés connexes des emballages non aseptiques de "liquides frais" et que ces infractions, s'inscrivant dans une politique délibérée du groupe, concernaient presque tous les aspects de sa politique commerciale :

-- politique de commercialisation,

-- politique contractuelle envers la clientèle,

-- politique d'établissement des prix,

-- pratiques diverses visant à éliminer la concurrence.

Les clauses imposant l'utilisation exclusive des cartons Tetra Pak sur les machines Tetra Pak ont joué un rôle particulièrement important dans les activités visant à faire obstacle à la création de toute concurrence réelle sur le marché des emballages aseptiques. Elles ont également assuré à Tetra Pak un revenu tiré de la vente des cartons pendant toute la durée de vie (ou la période de location) de la machine. En outre, la perspective d'une telle vente ne pouvait qu'encourager la pratique de l'application de prix discriminatoires et de prix de bradage pour les ventes et les locations de machines.

En clôturant la procédure engagée contre Tetra Pak, la Commission a par conséquent décidé d'infliger une amende de 75 000 000 d'Ecus au groupe et lui a ordonné de mettre fin aux infractions dans la mesure où elle ne l'avait déjà fait[14].

Il convient de relever à cet égard qu'à l'issue de la procédure, Tetra Pak avait donné son accord sur la plupart des modifications exigées par la Commission. Elle a modifié radicalement ses contrats avec la clientèle et supprimé l'obligation faite à sa clientèle de n'utiliser que des cartons Tetra Pak sur ses machines (sauf au cours de la période de formation pour les nouveaux clients). Le groupe s'est également engagé à informer régulièrement sa clientèle des spécifications auxquelles les cartons doivent être conformes pour l'utilisation sur ses machines, à livrer ces cartons à des distributeurs indépendants tenant à les écouler, à permettre à toute personne qualifiée qui le désire de participer à ses stages de formation et à ne pas exploiter sa position sur les marchés de l'emballage aseptique afin de s'assurer des avantages contraires à l'équité sur les marchés de l'emballage non aseptique.

Contrôle des concentrations

Résumé

Le 1er janvier 1991, six affaires étaient en instance au titre du règlement sur le contrôle des concentrations. Au cours de l'année, 63 nouvelles affaires ont été notifiées à la Commission, alors que 60 affaires ont été clôturées par une décision définitive. A l'expiration de l'année, 10 affaires étaient encore en instance.

Dans cinq des 60 décisions définitives, la Commission a estimé qu'une opération notifiée ne constituait pas une concentration tombant dans le champ d'application du règlement [article 6, par. 1, sous a) du règlement (CEE) n° 4064/89]. Dans 50 affaires, la Commission a estimé que la concentration était compatible avec le marché commun et qu'il n'y avait pas lieu de s'y opposer [article 6, par. 1 sous b)]. La Commission a arrêté quatre décisions d'autorisation des concentrations au titre de l'article 8, par. 2 du règlement à la suite de l'ouverture d'une procédure ; dans trois de ces affaires, l'autorisation a été subordonnée à des conditions et à des obligations. Enfin, une affaire s'est terminée par une décision d'interdiction de la concentration au motif qu'elle était incompatible avec le marché commun (article 8, par. 3 du règlement).

Alcatel/Telettra

Dans sa première décision au titre du règlement relatif aux concentrations, après avoir procédé à une enquête approfondie, la Commission a approuvé la fusion entre le groupe français Alcatel et la filiale de Fiat Telettra, sous réserve d'obligations strictes qui ont été imposées à Alcatel et d'assurances fermes données par Telefonica, l'entreprise de télécommunications espagnole.

Alcatel est la filiale du groupe français Alcatel-Alsthom dans le secteur des télécommunications. Telettra est la filiale du groupe italien Fiat Italia dans ce même secteur. Alcatel et Telettra ont notifié leur fusion à la Commission le 10 décembre 1990. La Commission a décidé de procéder à une enquête approfondie au titre du règlement relatif aux concentrations.

Cette fusion a soulevé de graves questions en matière de politique de la concurrence en raison de son incidence sur le marché des télécommunications en Espagne, la part de marché combinée des parties pour les équipements de transmission étant de 80 pour cent. Ce serait là normalement une fusion inacceptable, mais la Commission a obtenu d'Alcatel des engagements précis aux termes desquels celle-ci a accepté d'acheter les parts de Telefonica dans le capital d'Alcatel et de Telettra. De cette manière, la concurrence serait ouverte aux fournisseurs d'équipements de Telefonica. La Commission craignait que les liens entre une firme de télécommunications et ses fournisseurs ne risquent de fausser la concurrence en donnant à ces fournisseurs un accès privilégié aux marchés. Dans sa décision, la Commission impose donc des obligations juridiques strictes afin de veiller à ce que les engagements susvisés soient pleinement respectés.

En outre, la Commission a reçu l'assurance de Telefonica qu'elle poursuivrait une politique d'achat diversifiée et répondrait favorablement aux démarches de nouveaux fournisseurs. Telefonica a accepté de clarifier ses procédures d'approbation technique et déclaré qu'une présence industrielle en Espagne ne serait plus un élément décisif de l'attribution des marchés.

Dans ces conditions, la Commission a acquis la certitude que le marché espagnol de l'équipement de transmission était ouvert à la concurrence et que la fusion susvisée ne déboucherait pas sur la création d'une position dominante sur ce marché. Les fournisseurs autres que le groupe Alcatel/Telettra, qu'ils soient installés ou non en Espagne, seront en mesure de lui faire efficacement concurrence pour obtenir des commandes en Espagne.

Aérospatiale - Haletai/De Havilland

Le 13 mars 1991, la Commission a reçu notification d'un projet de l'Aérospatiale SNI de France et d'Alenia-Aeritalia e Selena Spa d'Italie, copropriétaires du constructeur d'avions de transport régional ATR, en vue de l'acquisition de De Havilland du Canada.

La Commission a décidé de ne pas autoriser la réalisation de projet de fusion, au motif qu'elle créerait une position dominante puissante et inattaquable sur le marché mondial des avions à turbopropulseur, le premier producteur mondial faisant l'acquisition du deuxième producteur mondial. L'opération aurait exercé une incidence intolérable sur la clientèle et sur l'équilibre de la concurrence au sein du marché communautaire européen.

La Commission a fondé son analyse sur le marché mondial des avions de transport régional et sur l'incidence qu'une fusion sur ce marché exercerait sur l'équilibre de la concurrence au sein de la Communauté. Le marché des avions de transport régional est un marché planétaire parce qu'il n'existe ni obstacle sensible ni coûts importants qui pourraient empêcher la vente de ces avions sur les principaux marchés mondiaux et depuis ces marchés. Le marché des avions à turbopropulseur est distinct de celui des avions à réaction, qui sont considérablement plus coûteux tant à l'achat qu'à l'exploitation et sont par conséquent exploités pour des itinéraires de vol très fréquentés ou sur longues distances.

Le projet de fusion aurait donné au groupe ATR/De Havilland 50 % du marché mondial, et 67 pour cent du marché communautaire des avions de transport régional. La fusion aurait entraîné une augmentation de la part de marché sans déboucher sur des économies d'échelle dans la production.

TNT/Canada Post

Le groupe de transport australien TNT et un consortium de grandes administrations postales (Canada Post, le DBP Postdienst allemand, la poste française, les administrations postales néerlandaise et suédoise) sont convenues de constituer une entreprise commune regroupant les activités de messagerie rapide internationale de TNT et celles des cinq administrations

postales avec les activités internationales de transport et de réexpédition rapide de TNT. La nouvelle entreprise commune deviendrait la troisième entreprise mondiale de messagerie rapide international et la deuxième au sein de la Communauté européenne (avec une part de marché d'environ 30 pour cent). Elle deviendrait le plus grand exploitant en France et le deuxième en Allemagne et aux Pays-Bas, pays dans lesquels les entreprises administratives postales de la Communauté européenne participant à l'entreprise commune sont implantées.

La création de l'entreprise commune exercera essentiellement ses effets sur le marché international de la messagerie rapide. Ce marché est caractérisé par l'existence d'un petit nombre d'entreprises au niveau planétaire fournissant un service intégré à l'échelle mondiale - TNT, DHL, Federal Express et UPS - ainsi que par celle de petits exploitants et entreprises occupant des créneaux. Les activités internationales de messagerie rapide des cinq administrations postales, dénommées EMS, sont fondées sur la coopération entre chacune d'elles et des autres administrations postales.

En examinant cette affaire, la Commission a estimé initialement que le projet de transaction aurait débouché sur la création d'une position dominante pour l'entreprise commune et aurait donc fait naître des doutes sérieux quant à sa compatibilité avec le marché commun. La principale préoccupation de la Commission concernait l'exclusivité de cinq années initialement accordée à l'entreprise commune pour l'accès à tous les débouchés postaux des cinq administrations postales. Après des échanges de vues avec les services de la Commission, les parties ont modifié leur accord :

-- en réduisant la période d'exclusivité à deux années à compter du transfert des activités EMS internationales des cinq administrations ;

-- en réduisant le champ de l'exclusivité au même nombre de débouchés postaux fournissant dès lors le service EMS.

En deuxième lieu, la Commission était préoccupée par le risque que l'entreprise ne sous-traite certains services (principalement des services de collecte, de livraison et de vente) aux cinq administrations postales. Les parties ont accepté que tout contrat de sous-traitance de ce type serait conclu dans des conditions de concurrence normale, sur la base de la rémunération du service. Les administrations postales en cause se sont également engagées à appliquer le même principe en ce qui concerne les services de messagerie qu'elles peuvent fournir aux réexpéditeurs.

Compte tenu des modifications apportées aux accords sur la conclusion d'une entreprise commune et des engagements auxquels ont souscrit les administrations des postes, la Commission a conclu que l'opération notifiée ne soulevait plus de doutes sérieux quant à sa compatibilité avec le marché commun. Il faut relever que les engagements pris par ces administrations sont conformes à l'évolution du secteur des postes dans la Communauté.

Magneti-Marelli/CEAC

La Commission a examiné la fusion entre Magneti-Marelli, qui fait partie du groupe FIAT, et la Compagnie Européenne d'Accumulateurs (CEAC), qui fait partie du groupe Alcatel-Alsthom, et a décidé de procéder à une enquête minutieuse en raison de ses doutes sérieux concernant la concurrence sur le marché français des batteries de rechange.

Fiat a signalé à la Commission qu'elle modifierait son investissement sur le marché français des batteries, en réduisant de 75 à 10 pour cent sa participation dans la Compagnie Française d'Electrochimie (CFEC), un fabricant français de batteries, dont le chiffre d'affaires représente quelque 18 pour cent des ventes de batteries de rechange en France. Fiat a également accepté de n'être représentée que par une seule personne au sein du conseil d'administration de la CFEC et dans divers conseils d'administration.

Eu égard aux engagements auxquels Fiat a souscrit, la Commission a approuvé la fusion Magneti-Marelli/CEAC.

Entreprises publiques et monopoles d'État

Télécommunications

Tous les États membres ont notifié des mesures afin de se conformer à la directive 90/388/CEE sur les services de télécommunications, à l'exception de la Grèce, de l'Irlande et de l'Italie. La Commission a envoyé des avis motivés au titre de l'article 169 du traité CEE à ces trois États membres. Elle a également pris contact avec la plupart des autres États membres afin de s'assurer que les définitions utilisées dans leurs réglementation, qui divergent de celles qui sont utilisées dans la directive, n'aient pas pour effet de réduire la concurrence à un niveau inférieur au niveau de concurrence visé par la directive, en particulier en ce qui concerne l'usage partagé de lignes louées et l'offre sur celles-ci de services à des groupes restreints d'utilisateurs.

La Commission a été saisie d'une plainte dirigée contre la loi française sur les télécommunications (loi n° 90/1170[15], au motif que cette loi étendait le monopole de l'exploitant public France Télécom à l'exploitation de publiphones à carte de crédit placés sur le domaine public ou dans des lieux accessibles au public, en particulier dans les halls d'aéroport (article L 34-1 de la loi).

A la suite des négociations engagées avec le gouvernement français, celui-ci a fini par préciser l'interprétation à donner aux dispositions contestées. Ces dispositions ne seront appliquées qu'aux installations situées sur la voie publique et non pas aux installations implantées dans les parties du domaine public affectées à des activités commerciales.

La Commission a considéré que les éclaircissements apportés par la France étaient satisfaisants et estimé qu'il ne serait pas justifié d'exiger des modifications à ces dispositions. Elle se propose en fait d'en suivre l'application effective.

Services postaux

A la suite de la plainte déposée par un courrier rapide international, le Danemark s'est effectivement conformé aux exigences de la Commission concernant la libéralisation du service de messagerie rapide internationale.

Auparavant, la loi de 1983 sur les services postaux conférait à la poste danoise le droit exclusif de collecter, d'acheminer et de livrer le courrier et empêchait les entreprises privées implantées au Danemark de fournir des services de messagerie rapide internationale. Cette interdiction a été levée par la loi n* 323 du 31 mai 1991, qui a sorti ces services du monopole de l'administration postale[16].

En se rangeant aux vues de la Commission, le Danemark s'aligne sur la Belgique, la France, l'Allemagne et l'Italie, qui avaient déjà accepté de cesser de considérer que ces services relevaient du monopole des postes.

Gaz et électricité

La Commission a poursuivi ses efforts en vue de la mise en place d'un véritable marché intérieur de l'énergie dans les secteurs du gaz et de l'électricité.

Dans un premier temps, elle a relevé que dans plusieurs États membres, la législation prévoyait des droits exclusifs d'importation ou d'exportation de gaz et d'électricité ou de ces deux sources d'énergie, ce qui est manifestement contraire aux articles 30, 35 et 37 du traité CEE, puisque, selon la jurisprudence de la Cour de justice[17], le gaz et l'électricité doivent être assimilés à des marchandises.

Pendant une longue période, il n'y avait pas eu d'échanges de gaz et d'électricité au sein de la Communauté, mais la situation a évolué entre-temps et les échanges se sont accrus sensiblement.

La Commission a par conséquent engagé la procédure d'infraction prévue à l'article 169 du traité CEE contre les États membres qui accordent des droits d'exclusivité dans ce domaine (Belgique, Danemark, France, Grèce, Irlande, Italie, Pays-Bas, Espagne et Royaume-Uni).

Notes

1. Un rapport complet sur les activités de la Commission dans le domaine de la concurrence est publié dans le "XXIème Rapport sur la politique de concurrence", Office des publications officielles des Communautés européennes, 2985 Luxembourg.

2. JO n° C 233 du 6.9.1991.

3. Décision du 16 janvier 1991 (JO n° L 28 du 2 février 1991, p. 32). Voir également le Vingtième rapport de la concurrence, au point 66.

4. COM(91) 275 final (JO n° 258 du 4 octobre 1991).

5. COM(91) 272 final (JO n° 255 du 30 août 1991).

6. JO L 63 du 9 mars 1991.

7. JO L 306 du 7 novembre 1991.

8. Décision du 11 janvier 1991 (JO n° L 175 du 21 mars 1991).

9. JO L 18 du 23 janvier 1990, p. 35.

10. JO L 66 du 11 mars 1992, p. 3.

11. JO L 15 du 18 janvier 1985, p. 16.

12. JO C du 17, du 18 janvier 1985, p. 4.

13. Arrêt du 12 juillet 1991.

14. JO L 72 du 18 mars 1992, p. 1.

15. *Journal officiel de la République française* du 30 novembre 1990, p. 16439.

16. Lovtidende, A.1281, Partie 72, 31 mai 1991.

17. Affaire 6/64 *Costa c.* Enel [Rec. 1964, p. 585].

MAIN SALES OUTLETS OF OECD PUBLICATIONS
PRINCIPAUX POINTS DE VENTE DES PUBLICATIONS DE L'OCDE

ARGENTINA – ARGENTINE
Carlos Hirsch S.R.L.
Galería Güemes, Florida 165, 4° Piso
1333 Buenos Aires   Tel. (1) 331.1787 y 331.2391
Telefax: (1) 331.1787

AUSTRALIA – AUSTRALIE
D.A. Information Services
648 Whitehorse Road, P.O.B 163
Mitcham, Victoria 3132   Tel. (03) 873.4411
Telefax: (03) 873.5679

AUSTRIA – AUTRICHE
Gerold & Co.
Graben 31
Wien I   Tel. (0222) 533.50.14

BELGIUM – BELGIQUE
Jean De Lannoy
Avenue du Roi 202
B-1060 Bruxelles   Tel. (02) 538.51.69/538.08.41
Telefax: (02) 538.08.41

CANADA
Renouf Publishing Company Ltd.
1294 Algoma Road
Ottawa, ON K1B 3W8   Tel. (613) 741.4333
Telefax: (613) 741.5439
Stores:
61 Sparks Street
Ottawa, ON K1P 5R1   Tel. (613) 238.8985
211 Yonge Street
Toronto, ON M5B 1M4   Tel. (416) 363.3171
Telefax: (416)363.59.63

Les Éditions La Liberté Inc.
3020 Chemin Sainte-Foy
Sainte-Foy, PQ G1X 3V6   Tel. (418) 658.3763
Telefax: (418) 658.3763

Federal Publications Inc.
165 University Avenue, Suite 701
Toronto, ON M5H 3B8   Tel. (416) 860.1611
Telefax: (416) 860.1608

Les Publications Fédérales
1185 Université
Montréal, QC H3B 3A7   Tel. (514) 954.1633
Telefax : (514) 954.1635

CHINA – CHINE
China National Publications Import
Export Corporation (CNPIEC)
16 Gongti E. Road, Chaoyang District
P.O. Box 88 or 50
Beijing 100704 PR   Tel. (01) 506.6688
Telefax: (01) 506.3101

DENMARK – DANEMARK
Munksgaard Book and Subscription Service
35, Nørre Søgade, P.O. Box 2148
DK-1016 København K   Tel. (33) 12.85.70
Telefax: (33) 12.93.87

FINLAND – FINLANDE
Akateeminen Kirjakauppa
Keskuskatu 1, P.O. Box 128
00100 Helsinki
Subscription Services/Agence d'abonnements :
P.O. Box 23
00371 Helsinki   Tel. (358 0) 12141
Telefax: (358 0) 121.4450

FRANCE
OECD/OCDE
Mail Orders/Commandes par correspondance:
2, rue André-Pascal
75775 Paris Cedex 16   Tel. (33-1) 45.24.82.00
Telefax: (33-1) 49.10.42.76
Telex: 640048 OCDE

OECD Bookshop/Librairie de l'OCDE :
33, rue Octave-Feuillet
75016 Paris   Tel. (33-1) 45.24.81.67
(33-1) 45.24.81.81
Documentation Française
29, quai Voltaire
75007 Paris   Tel. 40.15.70.00
Gibert Jeune (Droit-Économie)
6, place Saint-Michel
75006 Paris   Tel. 43.25.91.19
Librairie du Commerce International
10, avenue d'Iéna
75016 Paris   Tel. 40.73.34.60
Librairie Dunod
Université Paris-Dauphine
Place du Maréchal de Lattre de Tassigny
75016 Paris   Tel. (1) 44.05.40.13
Librairie Lavoisier
11, rue Lavoisier
75008 Paris   Tel. 42.65.39.95
Librairie L.G.D.J. - Montchrestien
20, rue Soufflot
75005 Paris   Tel. 46.33.89.85
Librairie des Sciences Politiques
30, rue Saint-Guillaume
75007 Paris   Tel. 45.48.36.02
P.U.F.
49, boulevard Saint-Michel
75005 Paris   Tel. 43.25.83.40
Librairie de l'Université
12a, rue Nazareth
13100 Aix-en-Provence   Tel. (16) 42.26.18.08
Documentation Française
165, rue Garibaldi
69003 Lyon   Tel. (16) 78.63.32.23
Librairie Decitre
29, place Bellecour
69002 Lyon   Tel. (16) 72.40.54.54

GERMANY – ALLEMAGNE
OECD Publications and Information Centre
August-Bebel-Allee 6
D-53175 Bonn   Tel. (0228) 959.120
Telefax: (0228) 959.12.17

GREECE – GRÈCE
Librairie Kauffmann
Mavrokordatou 9
106 78 Athens   Tel. (01) 32.55.321
Telefax: (01) 36.33.967

HONG-KONG
Swindon Book Co. Ltd.
13–15 Lock Road
Kowloon, Hong Kong   Tel. 366.80.31
Telefax: 739.49.75

HUNGARY – HONGRIE
Euro Info Service
Margitsziget, Európa Ház
1138 Budapest   Tel. (1) 111.62.16
Telefax : (1) 111.60.61

ICELAND – ISLANDE
Mál Mog Menning
Laugavegi 18, Pósthólf 392
121 Reykjavik   Tel. 162.35.23

INDIA – INDE
Oxford Book and Stationery Co.
Scindia House
New Delhi 110001   Tel.(11) 331.5896/5308
Telefax: (11) 332.5993
17 Park Street
Calcutta 700016   Tel. 240832

INDONESIA – INDONÉSIE
Pdii-Lipi
P.O. Box 269/JKSMG/88
Jakarta 12790   Tel. 583467
Telex: 62 875

ISRAEL
Praedicta
5 Shatner Street
P.O. Box 34030
Jerusalem 91430   Tel. (2) 52.84.90/1/2
Telefax: (2) 52.84.93
R.O.Y.
P.O. Box 13056
Tel Aviv 61130   Tél. (3) 49.61.08
Telefax (3) 544.60.39

ITALY – ITALIE
Libreria Commissionaria Sansoni
Via Duca di Calabria 1/1
50125 Firenze   Tel. (055) 64.54.15
Telefax: (055) 64.12.57
Via Bartolini 29
20155 Milano   Tel. (02) 36.50.83
Editrice e Libreria Herder
Piazza Montecitorio 120
00186 Roma   Tel. 679.46.28
Telefax: 678.47.51
Libreria Hoepli
Via Hoepli 5
20121 Milano   Tel. (02) 86.54.46
Telefax: (02) 805.28.86
Libreria Scientifica
Dott. Lucio de Biasio 'Aeiou'
Via Coronelli, 6
20146 Milano   Tel. (02) 48.95.45.52
Telefax: (02) 48.95.45.48

JAPAN – JAPON
OECD Publications and Information Centre
Landic Akasaka Building
2-3-4 Akasaka, Minato-ku
Tokyo 107   Tel. (81.3) 3586.2016
Telefax: (81.3) 3584.7929

KOREA – CORÉE
Kyobo Book Centre Co. Ltd.
P.O. Box 1658, Kwang Hwa Moon
Seoul   Tel. 730.78.91
Telefax: 735.00.30

MALAYSIA – MALAISIE
Co-operative Bookshop Ltd.
University of Malaya
P.O. Box 1127, Jalan Pantai Baru
59700 Kuala Lumpur
Malaysia   Tel. 756.5000/756.5425
Telefax: 757.3661

MEXICO – MEXIQUE
Revistas y Periodicos Internacionales S.A. de C.V.
Florencia 57 - 1004
Mexico, D.F. 06600   Tel. 207.81.00
Telefax : 208.39.79

NETHERLANDS – PAYS-BAS
SDU Uitgeverij Plantijnstraat
Externe Fondsen
Postbus 20014
2500 EA's-Gravenhage   Tel. (070) 37.89.880
Voor bestellingen: Telefax: (070) 34.75.778

NEW ZEALAND
NOUVELLE-ZÉLANDE
Legislation Services
P.O. Box 12418
Thorndon, Wellington   Tel. (04) 496.5652
Telefax: (04) 496.5698

NORWAY – NORVÈGE
Narvesen Info Center – NIC
Bertrand Narvesens vei 2
P.O. Box 6125 Etterstad
0602 Oslo 6   Tel. (022) 57.33.00
                              Telefax: (022) 68.19.01

PAKISTAN
Mirza Book Agency
65 Shahrah Quaid-E-Azam
Lahore 54000   Tel. (42) 353.601
                              Telefax: (42) 231.730

PHILIPPINE – PHILIPPINES
International Book Center
5th Floor, Filipinas Life Bldg.
Ayala Avenue
Metro Manila   Tel. 81.96.76
                              Telex 23312 RHP PH

PORTUGAL
Livraria Portugal
Rua do Carmo 70-74
Apart. 2681
1200 Lisboa   Tel.: (01) 347.49.82/5
                              Telefax: (01) 347.02.64

SINGAPORE – SINGAPOUR
Gower Asia Pacific Pte Ltd.
Golden Wheel Building
41, Kallang Pudding Road, No. 04-03
Singapore 1334   Tel. 741.5166
                              Telefax: 742.9356

SPAIN – ESPAGNE
Mundi-Prensa Libros S.A.
Castelló 37, Apartado 1223
Madrid 28001   Tel. (91) 431.33.99
                              Telefax: (91) 575.39.98

Libreria Internacional AEDOS
Consejo de Ciento 391
08009 – Barcelona   Tel. (93) 488.30.09
                              Telefax: (93) 487.76.59

Llibreria de la Generalitat
Palau Moja
Rambla dels Estudis, 118
08002 – Barcelona
           (Subscripcions) Tel. (93) 318.80.12
           (Publicacions) Tel. (93) 302.67.23
                      Telefax: (93) 412.18.54

SRI LANKA
Centre for Policy Research
c/o Colombo Agencies Ltd.
No. 300-304, Galle Road
Colombo 3   Tel. (1) 574240, 573551-2
                      Telefax: (1) 575394, 510711

SWEDEN – SUÈDE
Fritzes Information Center
Box 16356
Regeringsgatan 12
106 47 Stockholm   Tel. (08) 690.90.90
                              Telefax: (08) 20.50.21

Subscription Agency/Agence d'abonnements :
Wennergren-Williams Info AB
P.O. Box 1305
171 25 Solna   Tel. (08) 705.97.50
                              Téléfax : (08) 27.00.71

SWITZERLAND – SUISSE
Maditec S.A. (Books and Periodicals - Livres
et périodiques)
Chemin des Palettes 4
Case postale 266
1020 Renens   Tel. (021) 635.08.65
                              Telefax: (021) 635.07.80

Librairie Payot S.A.
4, place Pépinet
CP 3212
1002 Lausanne   Tel. (021) 341.33.48
                              Telefax: (021) 341.33.45

Librairie Unilivres
6, rue de Candolle
1205 Genève   Tel. (022) 320.26.23
                              Telefax: (022) 329.73.18

Subscription Agency/Agence d'abonnements :
Dynapresse Marketing S.A.
38 avenue Vibert
1227 Carouge   Tel.: (022) 308.07.89
                              Telefax : (022) 308.07.99

See also – Voir aussi :
OECD Publications and Information Centre
August-Bebel-Allee 6
D-53175 Bonn (Germany)   Tel. (0228) 959.120
                              Telefax: (0228) 959.12.17

TAIWAN – FORMOSE
Good Faith Worldwide Int'l. Co. Ltd.
9th Floor, No. 118, Sec. 2
Chung Hsiao E. Road
Taipei   Tel. (02) 391.7396/391.7397
                              Telefax: (02) 394.9176

THAILAND – THAÏLANDE
Suksit Siam Co. Ltd.
113, 115 Fuang Nakhon Rd.
Opp. Wat Rajbopith
Bangkok 10200   Tel. (662) 225.9531/2
                              Telefax: (662) 222.5188

TURKEY – TURQUIE
Kültür Yayinlari Is-Türk Ltd. Sti.
Atatürk Bulvari No. 191/Kat 13
Kavaklidere/Ankara   Tel. 428.11.40 Ext. 2458
Dolmabahce Cad. No. 29
Besiktas/Istanbul   Tel. 260.71.88
                              Telex: 43482B

UNITED KINGDOM – ROYAUME-UNI
HMSO
Gen. enquiries   Tel. (071) 873 0011
Postal orders only:
P.O. Box 276, London SW8 5DT
Personal Callers HMSO Bookshop
49 High Holborn, London WC1V 6HB
                              Telefax: (071) 873 8200
Branches at: Belfast, Birmingham, Bristol, Edin-
burgh, Manchester

UNITED STATES – ÉTATS-UNIS
OECD Publications and Information Centre
2001 L Street N.W., Suite 700
Washington, D.C. 20036-4910 Tel. (202) 785.6323
                              Telefax: (202) 785.0350

VENEZUELA
Libreria del Este
Avda F. Miranda 52, Aptdo. 60337
Edificio Galipán
Caracas 106   Tel. 951.1705/951.2307/951.1297
                      Telegram: Libreste Caracas

Subscription to OECD periodicals may also be
placed through main subscription agencies.

Les abonnements aux publications périodiques de
l'OCDE peuvent être souscrits auprès des
principales agences d'abonnement.

Orders and inquiries from countries where Distribu-
tors have not yet been appointed should be sent to:
OECD Publications Service, 2 rue André-Pascal,
75775 Paris Cedex 16, France.

Les commandes provenant de pays où l'OCDE n'a
pas encore désigné de distributeur devraient être
adressées à : OCDE, Service des Publications,
2, rue André-Pascal, 75775 Paris Cedex 16, France.

                                        9-1994